杨 斌◎著

中国社会科学出版社

图书在版编目（CIP）数据

美国隐蔽经济金融战争/杨斌著．—北京：中国社会科学出版社，2010.8
ISBN 978‐7‐5004‐9154‐5

Ⅰ.①美…　Ⅱ.①杨…　Ⅲ.①霸权主义—研究—美国②中美关系：国际经济关系—研究　Ⅳ.①D771.2②F752.771.2

中国版本图书馆 CIP 数据核字（2010）第 195820 号

责任编辑　郭　鹏　田　文
责任校对　郭　娟
封面设计　李尘工作室
技术编辑　李　建

出版发行　中国社会科学出版社

社　　址　北京鼓楼西大街甲 158 号　　　邮　编　100720
电　　话　010—84029450（邮购）
网　　址　http://www.csspw.cn
经　　销　新华书店
印　　刷　北京君升印装有限公司　　　装　订　广增装订厂
版　　次　2010 年 8 月第 1 版　　　　　印　次　2010 年 8 月第 1 次印刷
开　　本　787×1092　1/16
印　　张　30.75　　　　　　　　　　　插　页　2
字　　数　562 千字
定　　价　55.00 元

目　录

附图 1 英国国际战略研究所公开发表的肢解中国计划版图

　　英国国际战略研究所的西格尔，在美国纽约出版的《外交事物》杂志 1994 年 5 月号上，发表了题为"中国的版图处在变化之中"的文章，该文刊登了上述分裂中国战略的计划版图。如该图中的黑色粗线所示，中国将被分裂为内、外两大部分。

附图 2 境外分裂主义组织公开发表的肢解中国计划版图

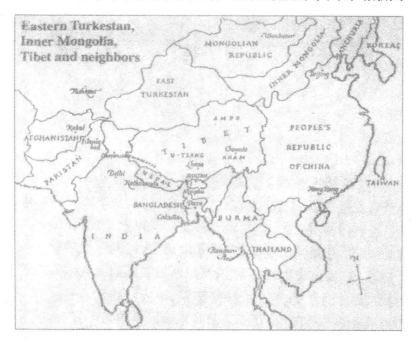

　　"东土耳其斯坦、内蒙古和西藏人民联合委员会",于 1992
年 10 月在美国纽约召开了一次会议,会上散发了上述分裂中
国的计划版图。附图 1 和附图 2 之间的高度吻合,说明美英右
翼势力与境外分裂主义组织之间的密切配合,以及他们在分裂
中国方面具有一致的目标。

中国崛起必然遭遇美国霸权围堵

（代序）

杨　斌

一　中国必须应对软、硬两条战线上的霸权挑战

2009 年 11 月美国总统奥巴马访华后不久就骤然改变了友好姿态，发动了逐步升级的全方位挑战中国核心利益的攻势，包括军事领域中启动向台湾大规模出售先进武器的计划，将美国的反导系统直接延伸至中国的大门口，外交领域中通过会见达赖喇嘛支持威胁中国主权的分裂势力，经济领域中采取强硬态度逼迫中国提高人民币汇率，进一步出台贸易保护主义措施打击中国的出口，等等。2010 年 1 月 27 日，奥巴马在发表国情咨文演说时誓言捍卫美国的全球第一的地位，美国高层智库首脑甚至警告美国将会通过战争手段来阻止全球权力向中国的转移，这就意味着中国经济崛起的趋势必然同美国霸权发生矛盾，这不是由中国希望和谐的善良愿望或"惹不惹美国"来决定的，美国为维护世界霸权利益必然千方百计遏制中国崛起，中国作为一个有影响的大国无法置身与世无争的世外桃源。

2010 年 4 月 22 日，美国不顾国际社会反对太空军事化的舆论压力，进行了具有全球快速攻击潜力的"宇宙战机"试飞，表明美国在拥有核武器和常规武器优势的情况下，仍在企图获得当年大英帝国曾拥有的绝对军事技术优势，其目的显然不是为了防御和保障美国自身安全，而是为了打击任何威胁美国霸权的国际对手的攻击性需要，以确保美国能凭借世界霸权获取源源不断的垄断寻租利益。当前美国正竭力开展太空武器的高科技军备竞赛，不断进行"宇宙战机"和激光武器攻击洲际导弹的试验，一旦获得军事技术绝对优势就随时可能选择发动战争，正像当年大英帝国通过工业革命获得军事技术绝对优势后，不断发动对外扩张战争建立世界霸权并掠夺大量财富。**中国必须高度重视发展高科技军事技术和国防建设，确保美国无法获得像当年大英帝国一样的军事技术**

绝对优势，否则鸦片战争时代遭受西方列强掠夺的悲惨经历还会重演。与此同时，中国还必须警惕美国运用谋略发动攻击国际对手的隐蔽战争，因为，现已暴露出大量证据表明美国在越战失败后为维护霸权衰落，进行了运用软政策武器攻击国际对手的战争形式创新，通过隐蔽战争打击了包括前苏联甚至日本等盟国在内的众多国家，扭转了越战后美国霸权一度衰落的不利国际实力对比格局。

人们普遍认为美国的冷战遏制战略一直持续到前苏联解体，忽略了美国在越战失败后进行的国际战略重大调整。十年前，笔者撰写的专著《威胁中国的隐蔽战争》指出："20世纪60年代末，美国统治阶层鉴于越南战争的惨败，意识到了美国的'冷战'政策已遭到失败，被迫开始酝酿一系列国际战略的重大调整，主动放弃'冷战'转向了'缓和'战略。但是，20世纪70年代初美国开始实施的'缓和'战略，并不是'放弃对抗'或采取'防守战略'，而是采取一种隐蔽的攻击性'软战争'策略。"笔者的分析推论主要依据1983年留学日本研修国际关系时，接触到的美国高层智囊提出的"缓和"战略构想。美国国际战略专家明确提出"冷战"遏制政策效果不好，越南战争的军事冒险付出的代价更大，主张利用经济杠杆培育战略依赖性，通过软政策筹码作为美国支配世界格局的新式战略武器。

随着对此问题进行深入研究，笔者发现，历史事实证明美国高层领导人确实采纳了这种战略构想。尼克松曾明确指出，"从冷战开始直至1969年，美国的政策是遏制，企图以一系列联盟组织包围苏联，这一政策使美国疲于奔命并陷入极其被动境地，从长远来说，遏制是个失败的政策"，"从1969年开始，美国奉行的是讲究实际的缓和政策"，"讲求实际的缓和政策要求胡萝卜和大棒两手并用"。[①] 美国从"冷战遏制"转向"缓和"战略，重视利用各种经济杠杆培育战略依赖性，通过经济、金融、贷款、能源、粮食等筹码，形成维护美国全球霸权的新政策武器网络。在这种历史背景下，基辛格提出，"如果你控制了石油，你就控制了所有国家，如果你控制了粮食，你就控制了所有的人，如果你控制了货币，你就控制了全世界"，清楚表明尼克松政府已开始将经济金融政策筹码，视为影响、控制别国和维护美国霸权的重要战略手段。[②]

笔者所论述的运用谋略攻击国际对手的"软战争"，虽然超出了狭义的经

---

① ［美］尼克松：《1999年，不战而胜》，王观声等译，世界知识出版社1989年版，第46—47页。

② 尼克松提出要将经济联系变成捆住国际对手的绳索，将贸易、先进技术等当做武器而不是礼物，不仅在商品上印有经济价码，而且还印有政治价码。［美］尼克松：《真正的和平》，钟伟云译，新华出版社1979年版，第47—48、249页。

济学和军事学的研究范围，但完全可以涵盖在马克思主义政治经济学的广阔视野。两千年前诞生的世界权威军事经典《孙子兵法》，就是从广义谋略角度而不是狭义军事角度来看待战争。孙子将谋略博弈、外交博弈均纳入广义战争范畴，提出"**上兵伐谋，其次伐交，其次伐兵，其下攻城**"，将广义谋略博弈列在比狭义军事博弈更为重要的位置，将其称之为"**国之大事，死生之地，存亡之道，不可不察也**"。孙子之所以如此强调国家谋略博弈而非攻城略地，很大程度上是因为春秋时期各诸侯国实力接近，这种实力均衡格局条件下的战争代价特别残酷。春秋时期各诸侯国所掌握的军事技术差距，不像列宁所处的帝国主义时代那样悬殊，西方列强通过工业革命获得的先进军事技术，相对于亚非拉民族的落后武器拥有压倒性优势，亚非拉民族的长矛弓箭在西方坚船利炮面前不堪一击，西方进行军事侵略的风险代价很小而掠夺财富巨大，因而西方列强总是优先选择军事侵略进行殖民扩张，没有太大必要考虑非军事的谋略攻击手段，特别是军工垄断财团获利同发动战争存在着密切联系，更不愿意考虑战争给国家和民众带来的残酷代价，直到社会主义阵营和核武器出现才改变这种局面，大规模军事战争逐步降温为冷战、局部战争和软战争。

春秋时期各诸侯国为避免战争两败俱伤的残酷代价，普遍重视运用谋略作为争取生存和攻击对手的手段，管仲曾辅佐齐桓公运用粮食武器征服了鲁国、梁国。因此，孙子强调"**攻城之法，为不得已**"，"**久暴师则国用不足**"，"**夫钝兵、挫锐、屈力、殚贷，则诸侯乘其弊而起**"，意思就是发动战争攻城略地是不得已的办法，长期战争消耗国力会导致财政困难，军队装备损耗、锐气挫伤，物资匮乏、资金短缺，实力对比就会发生不利于本国的变化。**美国发动越南战争遭到失败后陷入的困境，同孙子所论述滥用军事手段招致的困境极为相似，恰恰是因为社会主义崛起改变了世界格局，世界人民运用列宁的帝国主义理论作为武器，弥补军事装备劣势并成功抵抗了帝国主义侵略。但是，美国垄断资本的贪婪本性不会因此而改变，为维护世界霸权不会放弃攻击国际对手，必然寻求运用谋略攻击并进行战争形式创新，这就意味着在新的国际形势下帝国主义的战争形式，必然依照孙子所论述的受经济因素制约的战争规律，发生从赤裸裸军事侵略转向谋略攻击的战争形式变化。**

尼克松显然重视孙子"不战而屈人之兵"的谋略思想，才能在《1999年，不战而胜》等政治著作中，提出要将经济联系变成捆住国际对手的绳索，将贸易、先进技术等当做武器而不是礼物，这些由美国总统亲自构想并付诸实施的国际博弈谋略，无疑符合孙子所论述的广义谋略战争博弈的范畴。历史事实表明，"软战争"的确是孙子强调的不可不察的国家存亡之道。20世纪80年代，里根政府指使情报、外交、经济部门策划秘密战略，发动了旨在瓦解前苏联的"冷酷无情的经济战争"，令人遗憾的是，前苏联解体时戈尔巴乔夫对布什沮丧地宣称美国"赢得了冷战"，他全然不知道美国早就输掉了"冷战"并转向"缓和"战略，导致前苏联解体的是美国策划的软硬兼施的"软战争"。

美国在越南战争失败后实施的"缓和"战略，其本质是在国际格局发生不利变化的新形势下，帝国主义为维护世界霸权进行的战争形式创新，即以政治、经济、外交政策筹码作为武器进行的"软战争"。列宁曾作出了帝国主义就意味着战争的著名论断，他指出，"帝国主义战争，即争夺世界霸权、争夺银行资本的市场和扼杀弱小民族的战争是不可避免的"。[①] 由于谋求世界霸权寻租和超额垄断利润具有排他性，帝国主义为获得世界霸权必然采取各种攻击性手段，遏制、削弱国际对手的崛起和经济军事实力，在拥有军事优势时就会选择战争作为攻击手段，倘若国际均衡格局发生变化导致军事冲突代价高昂，垄断资本贪婪本性也会驱使帝国主义进行战争形式创新，运用各种谋略武器作为攻击国际对手的手段。马克思、列宁虽然没有直接论述运用谋略攻击的战争，但是，根据马列主义政治经济学的基本观点和方法，却可以推导出在特定历史条件下必然出现这种战争形式的创新。

二　美国施压人民币升值的金融战争本质

2010 年 3 月，美国国会一百多名议员联名呼吁将中国定为汇率操纵国，美国民主党议员舒默还提出一份对中国采取惩罚措施的议案，威胁要对从中国进口的商品全面征收 27.5% 的惩罚性关税。[②] 这意味着美国对中国核心利益的挑战正迅速升级。数年前美国也曾对中国挥舞"汇率操纵国"的大棒，但是，事实证明施压人民币升值的结果适得其反，2007 年底人民币兑美元分别比 2005 年底和 2004 年底升值了 14.17%、16.28%，2007 年度中国对美贸易顺差分别比 2005、2004 年度增长了 43% 和 103%。[③] 美国毫无疑问清楚地知道这些客观事实，但却依然顽固地坚持施压推行毫无效果的政策，从维护两国正常贸易利益的角度来看实在令人匪夷所思，但是，倘若从谋求世界霸权的金融战争角度来考察却令人豁然开朗，可以很好地解释许多令人感到困惑的国际政治经济现象。

据英国《每日电讯报》披露，在美国爆发金融危机前夕，美国华尔街重要金融机构曾在华盛顿召开了会议，主要议题是利用金融战争遏制中国经济崛起。

---

① 列宁：《修改党纲的材料》，《列宁全集》第 29 卷，人民出版社 1957 年版，第 474 页。
② 新华社：《美议员群起攻击中国货币政策》，《参考消息》2010 年 3 月 17 日。
③ 张庭宾：《反热钱战争》，中国经济出版社 2008 年版，第 229 页。

谋划金融战争的幕后力量包括美国政界和金融财团，充分证实了列宁论述的金融垄断资本与国家垄断的交织、勾结，美国政界策划对华实施金融战争攻击的幕后力量，就是美国国会下属的美中经济安全审查委员会，以及该委员会的掌舵人——凯洛琳·巴塞洛缪。当时美国施压中国实施人民币升值和金融开放已初见成效，国际热钱涌入中国利用人民币升值套利收益颇丰，而且成功操纵股市暴涨暴跌获取了巨额暴利，中国沿海出口中小企业陷入困境并纷纷停产倒闭，华尔街垄断财团踌躇满志地采取半公开会议的形式进行谋划，准备乘胜追击扩大战果加快中国金融自由化进程。

这次会议提出由金融机构与对冲基金组建所谓的"金融快速反应部队"，针对中国发动一场"没有硝烟的金融战争"。美国金融界专家认为，一个国家金融市场逐步开放的 5 年到 8 年时间内，实施金融袭击相对脆弱的金融体系的成功可能性最大，因而未来 3 年到 5 年内是争取"延缓中国崛起"的机会。美国策划对华金融战的重点是通过施加压力和政策误导，迫使中国实行汇率自由浮动和开放资本账户政策，为美国金融投机热钱进入中国创造有利条件，同时诱迫中国实行刺激泡沫经济的宏观货币政策，向西方资本开放银行领域和商品期货、金融期货等市场，通过炒作股市、楼市暴涨暴跌攫取投机暴利，然后趁泡沫破裂之机控制中国的银行和战略行业。尽管美国深知施压国际对手实施汇率升值无助于解决贸易逆差，但实践证明能够产生破坏国际对手经济的实实在在效果，因此，美国政界才不厌其烦地以消除中美贸易失衡为借口，顽固坚持毫无消除逆差成效的施压汇率升值政策，以实现其维护世界霸权和遏制中国经济崛起的国际战略。

美国华尔街敢于以半公开的形式策划这次会议，很大程度上是因为他们觉得虽然已有大量类似信息曝光，许多中外学者也曾著书揭露美国的隐蔽经济金融战争，如日本著名银行家竹内宏的《日本金融败战》，美国地缘政治家恩道尔的《石油战争》，美国前国际金融家约翰·珀金斯的《一个经济杀手的自白》，美国中央情报局局前雇员施瓦茨关于里根政府瓦解前苏联秘密战略的著作，笔者十年前撰写的《威胁中国的隐蔽战争》，宋鸿宾先生风靡中国的畅销书《货币战争》，等等，但是，这些著作对于美国隐蔽经济金融战争的披露和预警，并未引起中国舆论界和有关方面的充分警惕和重视，许多人将其视为"极左惯性思维"甚至贬低为"阴谋论"。即使在美国次贷泡沫濒临破裂迹象日趋明显之后，美国还能顺利地施压中国汇率改革和人民币升值，成功诱惑中国购买了大量次贷衍生金融有毒资产，误导有关方面承诺金融改革开放"坚定不移地推进金融自由化政策"，华尔街金融财团纷纷成为中国金融机构的战略投资者，美国垄断企业纷纷收购大中型国有企业，渗透中国战略行业并获得许多行业的市场控制权，因此，美国华尔街金融机构才敢于不顾忌引起中国的警觉，有恃无恐地以半公开会议形式策划遏制中国崛起的金融战争。

20 世纪 80 年代美国施压日元升值未能消除日美贸易逆差，但却成功地诱发日本泡沫经济并打击实体经济，导致日本陷入二十多年停滞至今无法康复，从而成功挫败了日本经济崛起对美国霸权形成的威胁。前几年美国施压人民币升值也没有消除中美贸易逆差，但是，却打击了中国沿海出口工业并导致大批中小企业破产，迫使大量资金从实体经济流入投机领域催生各种资产泡沫，同时向国际热钱发出谋利信号使其大量涌入中国，通过人民币升值套利和炒作股市、楼市攫取了巨额暴利，推动原材料、食品价格大幅度上涨干扰了中国宏观调控，大大加剧了国际金融危机给中国经济造成的冲击和困难。**中国应清醒地认识到汇率武器的杀伤力远远超过关税大棒，汇率波动不仅涉及成千上万种商品的国际贸易，而且还涉及被列宁称为国民经济神经中枢的金融领域，能够为国际金融投机资本带来巨大套利收益，向国际金融大鳄、鲨群发出对中国进行金融袭击的信号，吸引数千亿甚至上万亿美元国际热钱涌入中国，推动中国股市、楼市、期货等各种资产泡沫膨胀，为国际资本利用更为复杂的各种金融武器攻击创造条件。**

三 从软战争视角看预测和抵御国际金融危机

从隐蔽战争的视角考察当前国际政治经济问题具有重要的理论和现实意义，能够帮助我们更加深刻地认识当代垄断资本主义的经济规律，预测爆发金融和经济危机的危险并且防范其产生的强烈冲击。美国金融风暴引发波及全球的金融危机的严重程度，几乎完全出乎大多数西方经济学家的预料。英国女王责怪名声显赫的西方经济学家，竟然无法预见到如此严重的金融危机。国际媒体将美国联邦储备委员会主席伯南克等著名金融专家发表的盲目乐观言论列为 2008 年美国最糟糕的经济预言之一。美国政府高官称无人能预见全球金融危机的发生，其实是他们对这样的预测有意采取置若罔闻的态度。笔者十年前撰写的专著《威胁中国的隐蔽战争》（2000 年）就指出美国面临着发生严重金融危机的危险，可能导致货币金融体系崩溃并引发严重全球经济衰退，还论述了中国应如何未雨绸缪维护金融安全并防范全球危机冲击。

2008 年爆发的全球危机同马克思所处的时代相比具有新特点，危机首先从金融领域爆发并逐步向实体经济领域扩散，而不是像 19 世纪那样由工业生产过剩逐步扩展为金融信用危机；当前美国金融垄断财团具有了一定程度的人为操控危机的能力，能够通过借贷杠杆、金融衍生品和宏观货币政策，蓄意制造各种经济泡沫的膨胀并控制泡沫引爆过程，能够暂时缓解、推迟危机并促使其合并成更大的危机，这样就能将具有巨大破坏威力的危机作为武器，有选择地定向攻击国际对手以谋求世界霸权寻租利益，掠夺各国广大民众财富并通过各种途径转嫁危机损失。这次国际金融和经济危机的起因是美国次贷危机，但是，欧洲遭受危机冲击的程度反而超过了危机发源地美国，2009 年末美元遭遇信誉危机出现大幅度贬值之时，美国金融垄断财团不失时机地发动了金融战争攻势，大肆炒作自己参与孕育的迪拜和希腊债务泡沫，美国权威金融评级机构也骤然调高了迪拜和希腊的风险评级，促使迪拜和希腊借贷成本大幅度上升并引爆了债务危机，扭转了美元大幅度贬值的势头并出现了强劲反弹，美国虽然是金融危机的发源地但经济形势反而好于欧洲，将一度威胁美元霸权的欧元经济拖到了分崩离析边缘，显示了美国有能力通过金融战争向别国转嫁巨大危机损失。

由此可见，倘若人们从金融战争的独特视角进行深入考察，就能更加清晰地发现当代资本主义危机与马克思所处时代的不同特点，识破美国金融垄断资本为制造泡沫和提前出货套利，蓄意散布的种种虚假理论、统计数据和媒体舆论的误导，认清其制造泡沫性经济复苏和繁荣的种种假象，预见到危机爆发危险并采取措施防范冲击避免财富损失。2010 年 4 月 16 日，美国证券交易委员会以欺诈罪名起诉高盛财团，揭露的大量证据清楚表明高盛财团曾积极参与制造次贷泡沫，推动泡沫性经济复苏和繁荣以挽救网络泡沫破裂衰退，许多次贷金融衍生产品都是高盛财团首先设计和推广的，高盛财团显然清楚知道次贷蕴含巨大危险并迟早将爆发危机，但是，高盛财团大肆制造舆论宣扬次贷泡沫刺激的复苏和繁荣，串通美国的权威金融评级机构将次贷衍生品包装成 3A 级债券，积极向美国养老基金、投资基金和欧洲、亚洲的金融机构兜售，还操纵政府施压中国人民币汇率改革和大幅度浮动升值，通过中美高层战略会谈施压金融自由化改革和大中型国企私有化，诱骗中国购买了数千亿美元"两房"债券和次贷衍生债券。与此同时，高盛财团却悄悄为次贷危机爆发定向转嫁损失作准备，购买大量信用违约保险蓄意作空其兜售的次贷衍生债券，操纵垄断财团控制的主流媒体压制关于危机的预测，等待其周密布局并顺利抛售持有的高风险次贷债券后，再选择时机利用其竞争对手雷曼的破产最终引爆次贷危机。值得指出，美国垄断财团还蓄意操纵政府制造假象掩盖危机，甚至在次贷危机的各种迹象日趋明显后仍歪曲统计数据，压低通货膨胀数据，将能源、食品涨价排除在物价指数之外，制造出 2008 年头两个季度的实际国内生产总值增长的假象，直到 2008 年 9 月金融危机全面爆发后才修改了统计数据，宣布早在 2007 年第四季度美国实际上已经步入了经济衰退。2009 年 1 月 26 日，英国《卫报》曾撰文指出美国次贷危机是一场人为制造的灾难，美联储前主席格林斯潘和花旗、高盛等华尔街大银行的高管都是核心参与者。

国内外成功预见到美国金融危机的少数学者和研究机构，他们所采取的研究方法具有一个共同的特点，就是运用了从现实出发的跨学科的综合性研究方法，将现实经济问题与国际政治、国际战略密切联系起来，与不同利益集团为追求经济利益进行的博弈、斗争联系起来，正视美国金融垄断财团将金融战争作为掠夺财富手段的现实。风靡全国的畅销书《货币战争》的作者宋鸿宾先生，从新型战争的高度考察金融垄断资本的博弈谋略，论述了金融垄断财团如何通过控制私有中央银行，操纵货币政策蓄意制造资产泡沫和金融危机掠夺财富，对发展列宁关于金融垄断资本的理论有重要意义。不少人仅将《货币战争》看做茶余饭后消遣的畅销书，其实，该书中包含着关于美国将会爆发次贷危机的准确预警，倘若参透该书价值可帮助人们避免巨大经济损失以及中国富豪惨遭美国大投行金融衍生品集体屠杀的悲剧，或许这正是他们不理解、轻视《货币战争》价值所付出的代价。美国著名地缘政治家和经济学家恩道尔，以基辛格重视的控制世界的石油、粮食和货币武器为主线，撰写了《石油战争》、《金融海啸》等一系列著作，以丰富翔实的资料揭露了美国全方位软战争并引起了国内外广泛关注。恩道尔先生曾在 2005 年撰写文章预见到次贷危机迫近，他还在 2008 年石油价格高峰期时指出其泡沫性质并预见到暴跌来临。

倘若有关部门重视宋鸿宾、恩道尔对次贷危机的预警，并且组织人力对"两房"的真实经营状况进行深入调查，而不是简单轻信美国政府和权威机构提供的数据和评级，就能更好确保中国外汇储备安全并避免蒙受巨大损失，中国众多企业就能避免轻信高盛财团并且签订一系列对赌协议，因石油价格骤然暴跌而蒙受高达数百亿元的损失。美国证券交易委员会以欺诈罪名起诉高盛财团之后，欧洲金融机构也纷纷起诉、追讨高盛财团欺诈造成的损失，默克尔甚至声称将发动一场打击金融投机的"战争"；中国也应动员政府、民间和舆论力量追究高盛财团等美国金融机构通过兜售次贷债券和各种金融衍生品给中国造成的巨大损失，这样有利于阻止美国金融垄断财团利用其控制的主流媒体，将全球经济失衡、金融危机和大量失业的责任嫁祸给中国，挫败其将美国民众对华尔街的愤怒情绪转嫁给中国的企图，挫败其通过施压人民币升值遏制中国崛起的金融战争，防止美国制造舆论为今后右翼政府上台推行更加强硬反华政策进行铺垫。

马克思曾预见到资本主义金融制度将会演变为巨大的赌博欺诈制度[①]；列宁也指出金融垄断资本必然贪婪追求垄断利润和世界霸权，其重要手段就是使全世界的竞争者在金融上处于依附地位[②]，从事投机欺诈活动的金融天才将获得大部分利润，并且破坏实体经济作为国民经济基础的作用[③]，这就意味着马克思、列宁已经预见到在特定条件下，帝国主义将会采取金融欺诈作为攻击国际对手的手段。西方自由市场经济理论以不现实假设为前提，完全不考虑包括欺诈在内等任何道德风险，还将考虑到现实存在各种欺诈的理论，统统贬低为不符合所谓学术规范的"阴谋论"，因此，无法预见华尔街大量欺诈行为诱发的金融危机，更无法揭示美国施压背后隐藏的软战争谋略，究其深层根源就在于其维护资本利益有意回避客观弊端。马克思主义理论从维护广大人民利益的立场出发，深刻揭示资本主义基本矛盾必然导致帝国主义战争，当然更不应该回避研究在世界格局改变的条件下，金融资本操纵国家运用欺诈手段进行的金融战争。只有这样，马克思主义才能提供一个科学的理论框架，客观考察垄断资本贪婪所诱发的种种道德风险，包括运用暴力手段发动战争谋求世界霸权，通过欺诈谋略掠夺财富并攻击国际对手，等等，为中国维护国家利益和金融安全提供有力的理论武器。

十年前笔者的专著《威胁中国的隐蔽战争》曾指出："美国的泡沫经济显示了超常的持久性，原因之一是美元拥有特殊国际地位，国内储蓄率为负并存在着巨额贸易逆差，也能吸纳全世界的物质财富来维持泡沫，尽管泡沫维持和破灭的趋势同时存在，很难准确地预测泡沫膨胀何时发生逆转，但是，这种不正常状况最终是难以持续的，我国必须做好防范最坏情况的准备。"美国著名金融评论家吉姆格雷特指出，当前美国政府采取的财政、货币刺激力度，达到了第二次世界大战后历次危机的 10 倍以上的前所未有的规模，当前美国为挽救一个百分点的经济衰退，付出的救市代价相当于大萧条时期的 54 倍，也就是说为治病代价远远超过了疾病本身损失。[④] 显而易见，判断美国经济衰退的病症究竟是好转还是恶化，不能仅仅观察一、两项指标的上升或下降，还必须观察为挽

---

① 马克思：《资本论》第三卷（1984 年），《马克思恩格斯全集》第 46 卷，人民出版社 2003 年版，第 499—500 页。

② 列宁：《论面目全非的马克思主义和"帝国主义经济主义"》，（1916 年 8—9 月），《列宁全集》第 28 卷，人民出版社 1990 年版，第 134 页。

③ 列宁：《帝国主义是资本主义的最高阶段》（1916），《列宁全集》第 27 卷，人民出版社 1990 年版，第 242、432 页。

④ Martin D. Weiss："The Great Hoax of 2009—2010"，11—02—2009（http://www.moneyandmarkets.com/the—great—hoax—of—2009—2010—2—36247）.

救病人采取了多少急救措施，采用大量输血换来脸色稍微好转并不意味着病情康复，美国为促使经济状况略显起色的代价正在激增，当美国经济严重依赖输血措施时根本谈不上真正复苏。在 2009 年底召开的达沃斯世界经济论坛上，众多企业界、金融界的巨头谈论世界经济前景时，也不得不承认当前危机并未消除而是仅仅被推迟了。有人认为宋鸿宾、恩道尔关于当前国际金融危机可能升级的预测不准确，其实，这正是金融垄断资本具备一定程度的操纵危机能力，将制造泡沫和引爆危机作为金融战争武器之后呈现的新特点。恩道尔曾准确预见到次贷危机和石油价格暴跌的来临，但他同时也指出很难准确预测危机爆发的具体时间，因为垄断财团暗中操纵着泡沫膨胀和破裂的过程，往往蓄意制造大量迷惑人的假象再出人预料地引爆泡沫，这样有利于垄断财团诱惑投资者落入骗局并提前出货谋取暴利。

据全球最大的财经通讯社彭博新闻社报道，截至 2009 年 2 月，美国为挽救次贷危机出台的各种救市计划金额高达 9.7 万亿美元，相当于 2008 年美国国内生产总值的近 70%，美国政府 8000 亿美元救市计划的巨大规模引起了世人关注，但是，这只是次贷危机爆发以来美国付出救市代价的一小部分。美联储通过贴现窗口、收购不良资产等方式提供资金高达 5.7 万亿美元，相当于美国政府的 8000 亿救市计划的 6 倍多。[1] 美联储向私人银行机构提供资金不需要征得国会同意，它承担了美国各种救市计划累计成本的绝大部分。据路透社 2008 年 9 月 25 日报道，在雷曼兄弟公司破产引发危急形势时，美联储一周内平均每天向金融体系注资高达 1880 亿美元。[2] 美国注入巨资挽救华尔街金融资本的各种救市计划，本质上是华尔街金融资本挟持政府和公众，为继续获取超额利润进行的一种新的剥削形式创新。2008 年美国爆发严重的金融危机之后，华尔街将挟持政府注资救市视为千载难逢的赚钱机会，美国政府向国际集团（AIG）注入 800 亿美元资金后，该公司的高层经理集体到海滨度假狂欢，尽显骗局得逞的狂喜而丝毫没有愧疚之情。美国华尔街金融资本以公众银行存款和养老金等为人质，还以世界各国的外汇储备为人质要挟参与共同救市，收获丰厚赎金的效应已经产生了严重的道德风险，这就更加促使美国金融机构沉溺于虚拟泡沫经济。统计数据显示，美国金融机构利润更加依赖于投机赌博性交易，高盛的高风险投机性交易日均交易额达到 2.45 亿美元，同次贷危机前 2007 年第一季

---

[1] Joe Weisenthal："Total Taxpayer Bill：$9.7 Trillion"（http：//www. businessinsider. com/2009/2/total—taxpayer—bill—97—trillion），Feb. 9，2009.

[2] John Parry and Jamie McGeeever："Bank borrowing from Fed reaches record $188 billion a day"（http：//www. reuters. com/article/ousiv/idUSTRE48O9B920080925），September 25，2008.

度的数据相比增加了一倍，显示出美国银行业潜伏着比次贷危机前更大的风险。[①]

美国政府宣布 2009 年第四季度国内生产总值呈现较大幅度增长，似乎意味着美国经济已经触底反弹并进入复苏阶段，但是，美国的国内生产总值更多反映虚拟经济而非实体经济状况，2009 年第四季度美国的失业人数仍在持续攀升，美国劳工部发布的 10 月份就业报告显示失业率突破 10%。2009 年 11 月 1 日，美国拥有百年历史的最大中小企业贷款机构 CIT 陷入破产，标志着作为实体经济重要组成部分的中小企业，其经营状况和偿还贷款能力仍在不断恶化之中。2009 年 10 月，美国最大的商业房产融资公司 Capmark 金融集团，因经营状况持续恶化宣布即将申请破产保护，也反映了美国商业及其相关的金融业仍未摆脱严重困境。

尽管美国政府宣布 2010 年第一季度失业率出现了下降，但是，宏观数据与微观数据之间存在着明显的矛盾和差距。2010 年 1 月，美国 372 个城市中有 363 个城市的失业人数上升，美国人口最多的加利福尼亚的 27 个城市之中，几乎所有城市的失业情况呈现恶化而仅有一个城市好转，这个城市恰好属于加利福尼亚失业最严重的城市，其失业率刚刚攀上 27.3% 的高峰后才出现小幅回落。据美国某些媒体分析，美国失业率下降同众多失业者丧失领取失业救济资格，以及长期失业人口丧失信心并不再寻找工作有很大关系。2010 年 6 月 26 日，由于美国国会的延长失业救济期限的法案未获通过，美国有 120 万失业工人丧失了领取失业救济的资格，同时美国劳工部宣布上周新申请失业救济人数达到 47 万人，反映出同政府宣扬的经济复苏不协调的恶化就业状况。[②] 2010 年 6 月 23 日美国商务部公布的数据显示，受美国政府购房退税补贴政策到期影响，美国 5 月份新房销量暴跌 32.7%，跌至近五十年来的最糟糕水平，从侧面反映出美国经济复苏严重依赖于政府"输血"，一旦拔掉输血管病人康复的假象就会破灭。[③]

美欧政府的反危机政策是用新的债务泡沫挽救旧的债务泡沫，债务泡沫可以推迟却无法阻止最终清算日的来临，不断膨胀的债务泡沫最终将导致危机以更加猛烈的形式爆发。美国金融家索罗斯认为当前金融危机的严重程度远远超过 1929 年大萧条，主要原因在于各种债务总额占国内生产总值的比重远远超过

① Martin D. Weiss："Banks still in trouble"，07—20—2009，MONEY AND MARKET.

② Patrick Martin："Nearly One Million US Workers Cut Off Unemployment Benefits"，Global Research，June 19，2010（http：//www. globalresearch. ca/index. php？ context = va&aid = 19810）.

③ 刘洪：《美国 5 月份新房销量暴跌》，新华网，2010 年 6 月 24 日。

了 1929 年，1929 年大萧条时美国未偿付债务的总额是 GDP 的 160%，2008 年爆发金融危机时美国未偿付债务的总额是 GDP 的 365%，而且随着美国消费者和企业陷入困境将会上升到 500%，倘若考虑到金融衍生品未偿付债务总额还将会大幅度扩大十多倍，这就意味着美国蓄积的经济危机能量远远超过大萧条时期，正处于一个随时可能喷发的巨大债务泡沫火山口之上。[①] 人们深入考察一下网络泡沫破灭后美国的强劲经济复苏，就会发现美国媒体广为吹嘘持续数年的经济繁荣，其实也不过是虚假的次贷及相关金融衍生品泡沫膨胀，从广泛欺瞒世人的炫目繁荣到震惊世界的金融风暴，充分揭示了泡沫性经济复苏、繁荣的不可持续性。

美国通过宽松货币政策只能制造危机缓解和经济复苏的假象，促使经济危机从"自然发作状态"转变成"人为压抑状态"，就仿佛将沸腾的水装入密封容器一样变得更加危险，最终无法压抑利滚利形成的巨大债务泡沫而更加猛烈地爆发。美国为挽救网络泡沫破裂仅仅发放了三、四千亿美元次贷，但是，2009 年 7 月 20 日，美国财政部"不良资产援助计划"特别督察长巴洛夫斯基表示，联邦政府各项挽救危机计划的总金额将高达 23.7 万亿美元，远远超过了美国 14 万亿美元的国内生产增值，相当于 2002 年美国挽救网络泡沫代价的一百多倍[②]，这意味着当前美国注入巨资出现的危机暂时缓解迹象，并不表明美国经济已经触底反弹并恢复健康状态，而是通过债务泡沫膨胀蓄积着更大的金融风险隐患，下一次债务泡沫破灭时挽救危机的代价就会成百倍扩大，美国延续这种天量信贷挽救危机办法迟早将导致恶性通货膨胀。中国不应效仿美国的天量信贷政策刺激经济增长，因为笼统的宽松货币政策的副作用很大，难以有效甄别实体经济与楼市、股市的投机泡沫，倘若美欧泡沫经济破裂再次引发全球经济危机之时，中国继续延续这种天量信贷政策刺激经济，就很可能同外部冲击发生共振引发恶性通货膨胀，为美国制造舆论嫁祸各国央行和主权货币提供借口。美国积极误导世界各国央行发放天量信贷刺激经济，其战略目的是准备利用民众对恶性通货膨胀的恐惧，嫁祸各国央行并彻底剥夺各国的货币发行主权，推行由少数金融寡头控制的超主权世界货币，为滥发货币导致美元衰败后继续控制世界金融做铺垫。

中国必须警惕当前美国滥发货币刺激泡沫性经济复苏的情况下，效仿美国诱导各国央行实行的天量货币政策格外危险，美国制造的更大债务泡

---

① 乔治—索罗斯：《反思 2008 年的崩溃风潮》，《南方周末》，2009 年 3 月 20 日。

② 中国新闻社："美国政府挽救经济代价或达 23 万亿美元"，2009 年 7 月 22 日，中国金融网（http://www.zgjrjw.com/news/gjbl/2009722/1054346836.html）。

沫不可持续并且将会迟早破裂，更猛烈的金融风暴冲击将会引发国内外泡沫破裂共振，相互叠加形成远远超过单一泡沫破裂造成的破坏。中国还将面临宏观货币政策陷入失效境地的难题，中国继续扩大信贷可能面临恶性通货膨胀风险，紧缩信贷则会加剧国内外泡沫破裂共振的双重打击，届时中国应立即对银行存款实行通货膨胀贴息保护，防止广大民众的储蓄存款遭到通货膨胀侵蚀甚至化为乌有，导致社会财富和购买力蒙受重大损失加剧经济衰退，同时果断实行严格的物价管制阻止输入性通货膨胀，实行谨慎甄别的区别性信贷政策严格抑制泡沫经济并大力扶植实体经济，等待生产增长足以遏制通货膨胀之后再考虑逐步放开物价。《威胁中国的隐蔽战争》十年前提出的一系列政策建议，对于应对美国金融风暴引发全球经济危机的复杂局面仍有重要意义。

中国应该坚持马克思主义关于国民经济均衡发展的理论，继承陈云同志运用"四平"理论治理经济的宝贵经验，避免受到西方加剧经济失衡的宏观货币财政政策误导，防止中国陷入宏观调控失效和"衰退通胀"的两难困境。中国应清醒地认识到美国宣扬的所谓经济复苏的泡沫性质，利用危机缓解的短暂平静时期抓紧调整经济结构，建立起常备不懈抵御西方危机冲击的经济机制，切不可盲目轻信美国经济复苏并收购美元资产，不可效仿美国诱发了次贷危机的滥发信贷失败的货币政策，不可长期实行西方诱发了主权债务危机的财政赤字政策，必须做好充分准备迎接更加猛烈的金融风暴来临。

四 "华盛顿共识"是美国全球霸权战略工具

20 世纪 70 年代初美国实施"缓和"战略之后，新自由主义思潮开始逐渐在全球范围流行，并在美国政府和国际货币基金组织的支持下，具体化为"华盛顿共识"的结构调整和改革方案，作为提供经济援助和贷款的重要附加条件，向发展中国家和前苏联东欧转轨国家推荐，其核心内容包括金融、贸易、投资领域的自由化，在战略行业、自然垄断行业推行国企私有化，等等。十年前笔者撰写的专著《威胁中国的隐蔽战争》，曾指出美国倡导新自由主义的"华盛顿共识"政策，其实就是酿造金融和经济危机攻击国际对手的厉害暗器，中国应谨防"华盛顿共识"误导中国金融改革和国企改革。笔者的分析判断为国际形势发展所证实，特别是阿根廷金融危机和拉美反新自由主义浪潮的兴起。中国领导人出访考察拉美各国期间也意识到新自由主义危害，中央指示加强研究新自由主义的负面影响，中国社会科学院专门成立了新自由主义研究课题组，汇集众多著名专家学者科研成果的课题报告和专著《新自由主义评析》，深刻剖析了"华盛顿共识"的金融自由化政策弊端,标志着中国对新自由主义的研究跨上了一个新台阶。①

　　随着深入进行研究笔者发现了越来越多的确凿证据,表明新自由主义流行同美国奉行的国际战略之间也存在着密切的联系。冷战时期迫于来自社会主义国家的压力,美国对社会主义阵营的周边国家实行特殊政策,允许韩国、中国台湾等战略盟友推行国有化,通过政府干预措施保护民族工业发展,但是,美国为维护垄断财团在全球范围的经济利益,限制其他发展中国家实行政府干预政策,不少拉美国家一搞国有化就被中情局策划政变推翻。为了遏制社会改良思潮对发展中国家的影响,早在 20 世纪 50 年代,美国政府就将传播新自由主义作为对拉美国家进行经济文化渗透的重点,如被称为新自由主义堡垒的芝加哥大学,1957—1970 年在美国政府资助下为智利培训了数百名经济学家,智利前外交部长瓦尔蒂斯称此为"有组织输出美国意识形态影响别国的惊人例子"。②

　　根据福特执政时期美国参议院调查披露的事实,为了阻止智利社会民主党的阿连德执政,美国政府、中情局和大公司卷入了策划军事政变活动。早在根本没有石油危机滞胀和"凯恩斯失灵"的 1971 年,中情局就资助芝加哥培养的经济学家协助密谋政变的智利军方,拟订在军事政变成功后按新自由主义改造经济的详细计划,有意将智利扶植成第一个推行新自由主义模式的样板。1975年美国参议院的调查报告披露,"中情局合作者参与了一项全面经济计划的初步制定,该计划成为智利军政府最重要的经济决策的基础。这份长达 500 页计划的作者有 80% 曾在芝加哥大学接受培训,75% 以上的资助资金来自中央情报局"。③ 20 世纪 70 年代,美国在拉美推行新自由主义初期遇到很大抵抗,在智利、阿根廷等国都是由中情局策划军事政变开路,通过被称为"肮脏战争"的大规模暗杀清除社会抵抗,然后在军事独裁政权支持下推行新自由主义,充分表明新自由主义根本不是中性的学术理论,实质上是美国谋求全球利益的国际战略工具。④ 西方经济学的其他学派或多或少承认市场失灵,唯有新自由主义顽固拒绝承认任何市场失灵或缺陷,反对实施任何形式的政府监管和经济干预政策,可以为华尔街游说取消金融管制提供理论依据,由此可见,新自由主义

---

① 何秉孟:《新自由主义评析》,社会科学文献出版社 2004 年版。

② [加]诺米·克莱因:《休克原则:灾难资本主义的兴起》,[加拿大]都市图书出版社 2007 年版,第 62页。

③ 美国参议院:《1963—1973 年在智利的秘密行动》,美国政府出版社 1975 年版,第 30 页。

④ 1973 年,美国一边策划智利军事政变并屠杀民主人士,一边对社会主义国家实施人权战略,专门维护少数"持不同政见者的人权",充分暴露了其人权双重标准的虚伪性。

在诱发拉美、亚洲和俄罗斯的金融危机，酝酿美国金融衍生品和次贷泡沫膨胀的过程中发挥着关键作用。

金融自由化是新自由主义的核心内容和主要政策武器，倘若关于新自由主义和金融自由化的重要研究成果，受到有关方面重视必然影响美国实施对华国际战略。2005 年美国大金融财团深知次贷泡沫繁荣正逐步走向破灭，就加紧施压中国推行金融自由化并推销各种有毒资产，通过施压中国金融开放打开输出、转嫁金融危机的大门。时任美国前财长的前高盛总裁保尔森指责中国存在"反金融改革力量"，策动公关力量压制中国反对金融自由化的声音。美联储主席伯南克当年就制造了中国高储蓄影响美国经济的论调，为今后美国爆发次贷危机后将罪责推脱给中国埋下伏笔。国内某些经济学家不知内情也配合推动金融自由化，指责反对"华盛顿共识"就会干扰改革开放大方向。某些经济学家还表示根本不知道什么是新自由主义，但是赞成"华盛顿共识"的非国有化、全球化和自由化政策，中国应"坚定不移地推进金融自由化改革"。他们根本不知道"华盛顿共识"政策的理论基础就是新自由主义，获诺贝尔奖的美国著名经济学家斯蒂格利茨曾深刻指出，"华盛顿共识的政策有时也被称为'新自由主义'政策"，"华盛顿共识"的私有化政策和金融自由化政策，实质上是美国和国际货币基金"让发展中国家下地狱"的误导政策。他们对新自由主义给拉美、俄罗斯造成的灾难视而不见，还竭力阻挠国内了解新自由主义在全球实践失败的真实情况。

值得关注的是，某些学者在主张推行"华盛顿共识"的金融自由化的同时，也提出应该在中国推行"普世价值"和多党制，中国政治改革应该走"民主社会主义"道路，自觉不自觉地扮演了美国对华舆论攻势的配角。他们不知道新自由主义是靠独裁军事政变才在拉美推行开来，即使崇尚民主社会主义的西方社会党国际，也认为新自由主义是代表大资本的极右政策，深感"正面临着新自由主义、个人主义和原教旨主义的威胁"[①]，2005 年社会党国际发表的《圣保罗宣言》中明确提出，"社会民主主义的原则要求反对新自由主义市场意识形态、新保守主义和单边主义的道路"。倘若中国的学者和官员反而对新自由主义的威胁毫不知晓，对其危害采取一种视而不见、麻木不仁的态度，那么中国改革开放可能像俄罗斯一样滑向权贵资本主义的邪路。从这种意义上说，深入批判新自由主义和"华盛顿共识"的经济政策，恰恰有利于继承和发扬中国

---

① 龚加成：《社会党国际纲领和政策的新变化——社会党国际二十二大述评》，《国外理论动态》，2004 年第 1 期。

改革开放的成功经验，维护受到举世赞扬的"北京共识"的成功改革道路，捍卫中国改革开放的成果不受新自由主义侵蚀、威胁，防止中国重蹈俄罗斯等经济转轨国家的灾难覆辙。

由于受到"华盛顿共识"的金融自由化政策的误导，有关方面完全忽视了美国金融泡沫趋于破灭的大量迹象和预警，甚至在危机迹象日趋明显后还大量购买"两房"债券，花费巨资收购濒临破产的美国投行、基金的股份，蒙受了假如重视关于美国经济金融战争的研究成果，吸取拉美推行新自由主义教训就完全能够避免的不必要损失。由于在美国施压下人民币汇率浮动升值过快，数万家中小型出口企业因难以适应纷纷停产，同时吸引大量国际热钱通过各种途径潜入中国，在中国的股票、房地产、期货等各种市场上兴风作浪，通过制造各种投机泡沫和大涨大跌掠夺了大量财富，令广大股民、基民在沪深股指遭受暴跌中蒙受惨重损失，大大增加了政府进行宏观经济调控的难度。**直到美国金融危机猛烈爆发后的今天，美国政府高官还竭力将金融危机的责任推脱给中国，警告中国不要背离金融自由化的改革道路，指责中国操纵汇率并继续施压迫使人民币升值，高盛亚洲区总裁还公开撰文表示中国不应放弃金融自由化和资本主义改革道路。**

自由主义是代表 19 世纪统治阶层利益的经济政策，与之对应的是政治领域的保守主义政策、国际领域中奉行的帝国主义政策、对亚非拉民族实行的殖民主义政策。新自由主义经济思潮在全球范围流行，同样伴随着右翼的新保守主义政治潮流崛起，臭名昭著的帝国主义政策死灰复燃，摇身变为英美右翼政客公开鼓噪的"新帝国主义"，以及对亚非拉国家实施的隐蔽新殖民主义。有些中国经济学家对新自由主义的极右本质茫然不知，误认为"批判新自由主义就是搞极左回潮"，殊不知新自由主义与旧自由主义同属"极右"，旧自由主义是昔日帝国主义国家推崇的经济政策，新自由主义则是今日新帝国主义谋求经济利益的工具，**无论新的还是旧的自由主义经济政策，都代表昔日和今天帝国主义经济利益，倘若我们为了纠正以前极"左"的错误，将新自由主义误当做改革开放的指导思想，其所犯荒谬错误的极"右"程度，就好像为了纠正王明的极"左"错误，干脆追随汪精卫投靠日本帝国主义，出现这种错误倾向的主要原因是受西方的影响和误导，放弃了马克思主义经济理论和列宁的帝国主义理论。**

2004 年底，美国出版了一本引起轰动的畅销书《一个经济杀手的自白》，清晰地揭露了美国策划经济金融战争破坏别国的内幕。该书作者约翰·珀金斯的公开身份是经济学家、国际金融顾问，但他实际上是美国国家安全局的秘密雇员。美国国家安全局（NSA）是比中央情报局（CIA）规模更大、更秘密的庞大情报机构。CIA 和 NSA 招募经济学家来充当"经济杀手"，然后把他们派遣到跨国银行、金融咨询公司、国际贸易公司、跨国制造企业等等。约翰·珀金斯以国际金融顾问的冠冕堂皇身份，穿梭往来于亚洲、非洲、拉丁美洲国家，向当地的政府、银行和民间企业提供金融咨询，暗地里却是扮演着美国"经济杀手"角色。珀金斯揭露，"经济杀手"的目标和任务就是采取一切手段，千方百计建立和维护美国的霸主地位。为了这个目的，"我们尽力让更多的资源和资金流入美国，进入我们的大公司。我们以最少的军事力量投入，做到了最成功。只有到了万不得已的时候，政府才考虑动用武力，比如伊拉克。我们现在的'美帝国'，不同于历史上的强大帝国，主要是以经济操纵别国，而非武力。'经济杀手'无所不做，通过制造虚假财务报告、操纵选举、贿赂、敲诈、色情和暗杀等手段，拉拢别国的精英"。经济杀手大量渗透厄瓜多尔、巴拿马等拉美小国，当然更不会放过中国这样实行社会主义制度的大国。[①]

　　约翰·珀金斯揭露的关于美国经济杀手的大量事实，表明列宁关于垄断资本主义和帝国主义的论述没有过时，由大银行和跨国公司融合而成的金融工业垄断财团，仍然背后操纵美国政府和国际权威金融机构，通过扩大势力范围和建立全球帝国来谋求垄断利润，但是，随着核武器出现大大增加了发动战争的风险成本，传统军事战争越来越多为隐蔽的经济金融战争所替代，采用的武器越来越多的从坚船利炮变成了误导性的经济金融手段，包括经济杀手惯用的经济模型骗术、游说公关、贿赂等，世界银行、国际货币基金组织提供的经济援助和贷款，美国政府和国际权威机构达成并竭力推荐的"华盛顿共识"，特别主张取消政府金融监管的金融自由化化政策，诱迫发展中国家盲目开放，为国际热钱进入敞开大门，通过培育泡沫经济蓄意酝酿金融危机，趁机打击和控制发展中国家的经济金融命脉，等等。由于美国花费大量金钱作为隐蔽经济金融战争的伪装，通过各种基金会慷慨资助文化交流和经济研究项目，人们很容易误以为当代资本主义已改邪归正发生本质性变化，列宁关于帝国主义、金融寡头和战争的理论已过时了，实际上，倘若人们揭开经济杀手和国际货币基金组织提供贷款援助的伪装，认识到国际货币基金组织推荐的所谓规范改革方案和贷款援助，其实就是当代美国谋求全球霸权的软战争武器，隐蔽经济金融战争乃是当代帝国主义谋求霸权的新战争形式，也是垄断资本谋求超额利润和掠夺财富的新剥削形式，就会更加体会到马列主义理论仍然具有强烈的现实意义。

---

① 参见约翰·珀金斯《一个经济杀手的自白》，广东经济出版社 2006 年版。

　　考虑到美国霸权对中国核心战略利益的紧迫威胁，以及广大读者希望《威胁中国的隐蔽战争》再版的期待，笔者同出版社商讨后决定在该著作基础上推出新的扩大、增订版，并且定名为《美国隐蔽经济金融战争》。新版著作增加了十多万字的内容，进行了结构调整和增订、修改，根据当前国际形势发展增加了新的序言和两章新的内容。

　　第一章扼要论述美国总统提供的"软战争"宏观证据，美国经济杀手提供的"软战争"微观证据，以及美国著名经济学家提供的"软战争"证据。该章还论述了孙子兵法重视的谋略战争的现代意义，从列宁的帝国主义战争理论看当代美国"软战争"，等等。

　　第二章论述美国施压人民币升值与遏制中国崛起战略，坚持马列主义理论剖析美国施压人民币升值的汇率战本质，为何屈服美国压力将会陷入全面金融战和贸易战，中国如何反击美国指责中国操纵汇率的舆论战，如何转变对外经济发展方式减少对美国出口依赖，此外，还探讨了如何替代美元霸权根本解决全球经济失衡等问题。

　　著作的其余各章基本上保持了十年前的原貌，但是，适当增加了按语，论述对当前形势的重要现实意义。

我如何意识到隐蔽战争的威胁

（第一版序言）

杨　斌

当前，中国正处在一个特殊的历史时刻，迈过千年之交、世纪之交的门槛，人们正满怀希望迎接新世纪来临，期盼着祖国变得更加繁荣昌盛。但是，我们要想将美好的憧憬变成现实，还应居安思危具有民族忧患意识，认真正视国家安全面临的潜在威胁。有人也许会觉得，国家安全乃是领导人关心的大事，同普通老百姓的日常生活无关，其实不然，它不仅同中国命运和国家安危，还同每一个普通人的切身利益，都有着千丝万缕、密不可分的联系。

美国野蛮轰炸南斯拉夫和中国大使馆，无疑给人们上了极为生动的一课。人们在表示震惊和愤怒之后，心中不由也产生了种种困惑，感觉到有必要重新认识世界格局，以及中国作为大国所处的位置，隐约意识到"和平与发展潮流"背后，似乎隐藏着某种令人不安的危险趋势。为何冷战之后世界仍然不太平？为何千禧年之交和世纪之交的前夕，却在喜庆时刻出现了不吉祥的凶兆？为何美国给世界送来充满血腥气的贺礼？北约宣布新干涉主义战略居心究竟何在？为何李登辉发出分裂国家的狂妄言论？

从以美国为首的北约实施的狂轰滥炸，人们感到了现代高科技战争的威胁，意识到中国应尽快加强国防工业建设，拥有更先进的飞机、军舰和巡航导弹，保卫祖国统一和领空、领土不受侵犯，保卫和平的经济建设和幸福安定生活。军事战争题材一时成为热门畅销书籍，《谁能打赢下一场战争》、《超限战》纷纷面世，走俏国内市场，人们竞相购买、阅读。随着台湾海峡骤然出现紧张局势，人们开始关心海峡两岸的军事实力对比，美国将会采取何种军事手段进行干预，中国能否成功抗衡美国威胁维护国家统一。

但是，中国面临的威胁难道仅仅来自战争吗？难道仅靠更多的高科技武器就能保卫国家吗？中国人在警惕来自美国的军事威胁的同时，还没有意识到有一种隐蔽的"软战争"，甚至能产生超过核弹的巨大破坏威力，此时此刻正威胁着民族命运和国家安危。这样说绝不是为了危言耸听，事实上，这种"软战争"比较军事进攻的"硬战争"，对中国来说构成了更为现实的威胁。近代史上，西方列强对于贫穷软弱的旧中国，可以凭借着"坚船利炮"进行军事侵略，但是，今天中国已经掌握了核武器和洲际导弹，拥有强大武装力量抗衡直接军事威胁，美国不会轻易冒同中国爆发战争的危险。

越南战争惨败后，美国被迫放弃了"冷战"战略，转而实行"缓和"战略，其研究国际战略的智囊纷纷提出，运用政治、外交、经济等方面手腕，继续遏制并且伺机瓦解社会主义国家，扭转不利于美国的世界实力均衡变化，使其作为重新支配世界格局的新式政策武器。这些主张绝不是文人墨客的夸夸其谈，而是亨廷顿之类国际战略大师的杰作，后来果然化成了厉害的"软战争"利器，变成了隐蔽经济战的"杀手锏暗器"。倘若说核武器能摧毁一、两座城市，这种"软战争"威力足以摧毁整个国家，令其庞大的工业金融命脉陷入瘫痪状态，廉价落入西方垄断资本的控制之中。20世纪80年代，拉丁美洲经济陷入"外债陷阱"，20世纪90年代，俄罗斯经济惨遭"休克疗法"破坏，金融风暴横扫亚洲、俄罗斯和拉美，充分显示了这种"软战争"的巨大威力。

南斯拉夫有铁托时代的武装抵抗传统，又有拥有核武库的俄罗斯背后撑腰，为何美国不怕重蹈越战失败的覆辙，也不惧俄罗斯拥有核武库的威胁，敢于粗暴军事干涉炸南斯拉夫呢？其实，美国是先以隐蔽的"软战争"开路，削弱了俄罗斯的强大军事工业实力，控制住了其国民经济命脉和政府高官，迫使南斯拉夫陷入经济危机动荡状况，长期暗中扶植科索沃的武装分裂势力，然后待时机成熟后才发动"硬战争"，重新运用越南战场上的野蛮狂轰滥炸，悍然提出北约的新干涉主义国际战略，赤裸裸地公然谋求建立世界霸权秩序。

一个多世纪以来，中国人曾饱受西方列强的侵略欺辱，对于西方列强发动"硬战争"记忆犹新，但是，大多数中国人还不熟悉也不愿相信，美国会发动一场"没有硝烟的软战争"，其破坏威力甚至超过令人恐怖的核弹。近二十年来，西方主动改善对华关系表示友好姿态，善良的中国人早已不念昔日旧恶，相信曾捕杀自己的豺狼改邪归正。因此，美国悍然轰炸我国驻南斯拉夫使馆事件，颇为出乎善良中国人的意料，内心中难免产生种种困惑和不解。作为普通中国人中的一员，我非常理解善良同胞们的心情，自己也曾有与多数人相同的想法，只是经过漫长的留学和研究生涯，才逐渐意识到中国面临的潜在威胁。

20世纪80年代初，我曾留学日本研修国际关系学，那时很羡慕西方市场经济的好处，但是，西方国际政治理论却令人惊讶，主张通过市场经济和自由贸易，促进人类社会和谐发展的理论，被认为是不切实际的"理想主义"，而占据主流地位的"现实主义理论",认为国际关系的基础是"实力均衡",明确提出运用任何战略手段或筹码,包括军事、政治、经济文化等任何领域,谋求扩大势力范围和世界霸权秩序。当时西方流行的国际"缓和"理论,明确提出"冷战"遏制政策效果不好,主张应利用经济利益培育战略依赖性,通过贸易、资金、能源、粮食等筹码,形成支配世界格局的新政策武器网络。

当时我出于善良中国人的天性,认为追求和谐发展乃是天经地义,曾积极为"理想主义"的合理性辩护,倘若用今天的话来说,就是相信"和平与发展"的潮流,但是,美国教授却说"理想主义"并非不好,只是从历史上看统治者从来不把它当回事。于是,我对西方国际政治理论产生反感,情愿陶醉于西方的经济学理论,那里可以找到"理想主义的共鸣"。后来,我又赴美国长期留学,专门研修西方的经济学理论,有意躲开讨厌的国际政治理论。我除了进修宏、微观经济学理论之外,还选择了一些专业经济学课程,如比较经济制度学、发展经济学,更多接触到前苏联和第三世界的状况,了解到资本主义国家之间的巨大差距,以及前苏联的工业军事实力和福利状况。

20 世纪 80 年代,随着美、英右翼保守政府纷纷上台,新自由主义经济理论盛行一时,国际权威机构达成"华盛顿共识",强迫拉丁美洲推行自由化改革。但是,令人敬佩的是,我接触的许多美国经济学教授,他们非常关心发展中国家经济,却批评国际机构推荐的"规范改革",促使我辩证地认识市场经济的作用。发展经济学乃是"冷战时期",西方为了同前苏联争夺第三世界,才资助发展起来的新兴学科,比较关注发展中国家的实际困难,如改善发展中国家的贸易条件,政府推动工业化进程的作用,改善社会收入分配与贫富悬殊,跨国公司投资所造成的正负面影响,不适合发展中国家的技术转移,等等。令人遗憾的是,新自由主义排斥发展经济学,认为自由市场能解决一切问题,反而令我对它产生了很大怀疑。

留学归国后,我研究经济体制和国有企业改革,始终对新自由主义的经济思潮,国际权威组织推荐的"规范改革药方",采取了不盲从和适当批评的态度。但是,我只是认为这些改革药方不符合国情,从未批评这些药方是"蓄意误导"。我曾撰写关于前苏联改革失败的文章,虽然批评美国推荐的激进"休克疗法",却从未指责过美国搞阴谋蓄意进行破坏,也未将其同美国的国际战略联系起来。直到后来接触到美国出版的《胜利——美国政府对前苏联的秘密战略》一书,才迫使我从骤然意识到潜在的威胁,开始将以前早就感到可疑的种种情形,提高到国际政治战略的角度来进行分析。

美国中央情报局的前雇员彼得·施瓦茨,1996 年出版了《胜利——美国政府对前苏联的秘密战略》一书，透露了20世纪80年代美国中央情报局雇佣一大批专家，策划瓦解前苏联的秘密战略的幕后活动，他们先千方百计迫使前苏联经济陷入困境，动摇前苏联领导人对自身制度的信心，进而巧妙诱导其走上自杀性改革道路。他还在书中透露，"前苏联垮台不是上帝青睐美国，而是里根政府奉行的政策所致"，关于前苏联"客观上"是否具有生命力，里根根本不感兴趣，他提出的任务就是，将这种生命力降低到零。

越来越多的证据表明，美国政府和中央情报局通过各种形式，积极介入了戈尔巴乔夫和叶利钦时期的改革，如指使索罗斯赞助和参与制订"五百天计划"，国际货币基金通过提供贷款的附加条件，规定俄罗斯的"休克疗法"改革方向，等等。以前我从不赞成戈尔巴乔夫的改革方式，特别是采用沙塔林制订的"五百天计划"，也知道索罗斯积极资助参与了拟订计划过程，甚至还知道索罗斯同中央情报局有特殊关系，20世纪80年代曾因此而被中国政府拒之门外，但是，却从来没有将这些种种可疑迹象，同熟悉的西方国际政治理论联系起来，仿佛怀疑别人就是自己的罪过。

尤其令人感到震惊的是，彼得·施瓦茨还居然在该书序言中露骨地说道，"谈论前苏联崩溃而不知道美国秘密战略的作用，就像调查一件神秘突然死亡案子而不考虑谋杀。死亡的原因究竟何在？病人吃的是真正对症的药方吗？死亡事件是否存在着特殊反常和预谋"？彼得·施瓦茨的洋洋得意言辞，仿佛是嘲笑那些不幸遭到阴谋陷害，却仍然不愿怀疑凶手的善良被害者。现在面对着彼得·施瓦茨的无情嘲讽，我开始对潜在威胁感到不寒而栗，被迫重新考虑自己的习惯思维方式，担心同样的命运也会降临到中国身上。

施瓦茨不愧是经验丰富的情报老手，一眼就看出了善良人容易犯的错误，面对这样训练有素老师的坦率指点，的确不能再像以前那样粗心大意，明知别人被害却不担心谋杀威胁，也不怀疑存在预谋和病人吃错了药方。经过彼得·施瓦茨的指点迷津，我不再将自己局限于纯粹经济研究，而开始从更广阔的视野分析问题，借鉴各种学科甚至侦探破案的方法，深入细致地观察每个微细环节，不轻易放过不合逻辑的可疑之处。有趣的是，以前学术研究感到困惑的问题，许多始终感到难以解释的现象，从新视角思考反而变得清晰明了。

以前我常常暗自纳闷，新自由主义的"规范经济改革药方"，从经济理论的逻辑分析上说漏洞百出，还遭到如此众多西方经济学家反对，特别是经过长期实践检验明知效果不佳，很容易造成社会经济灾难性后果，为何国际权威机构却仿佛视而不见，偏要固执地强迫俄罗斯、拉美国家推行呢？难道果真如此痴迷于"自由市场神话"吗？现在拜读了彼得·施瓦茨的大作，回想起熟悉的西方国际政治理论，如追求国家自私利益的"现实主义理论"，主张以新政策武器支配世界的"缓和理论"，深入考察西方的思维方式和行为动机，令人困惑不解的谜团也就昭然若揭。

其实，不需要妄加任何的猜测和推断，西方战略家已清楚吐露了战略动机，公开宣称将中国视为重大战略威胁，甚至公布了自己搞阴谋破坏别国的前科，倘若我们对此视而不见无动于衷，蒙起眼睛一心做"善良的羔羊"，还担心怀疑别人就会冤枉好人，那么迟早必将成为"豺狼喜爱的美餐"。彼得·施瓦茨洋洋得意地吹嘘，他曾作为美国雇用的大批专家之一，参加了策划瓦解别国的秘密战略。难道中国从事经济工作的专家学者们，却不耻于分析西方策划的地缘战略阴谋，陶醉于作书斋学问传播西方规范理论，而不顾民族命运和国家安危面临威胁吗？

我深深知道，许多善良的中国人阅读这本书时，一定会感到不理解和观点偏激，担心如此怀疑别人会冤枉西方国家，担心怀疑西方推荐药方会影响改革开放。由于轻信了西方主流新闻媒体的误导，许多中国人将俄罗斯和东南亚的不幸遭遇，统统归罪于这些国家自身管理不善。爆发亚洲金融风暴之后，中国报刊上常常有为美国辩护的论调，如"金融危机是裙带资本主义造成的"，"索罗斯只是为赚钱何罪有之？"，"苍蝇不叮有孔的蛋吗？""毛病出在鸡蛋自身有孔，爱闻腥的苍蝇何罪有之？"但是，按照"鸡蛋有罪论"的逻辑推演下去，岂不是谋杀应该责怪被害人粗心大意，而谋财害命的狡猾凶手反而无罪了吗？

令人敬佩的是，许多美国著名学者却看出了问题，还敢于站出来为亚洲国家辩护，指责国际货币基金的药方加重危机。美国的诺贝尔经济学奖获得者詹姆斯·托宾，尖锐地批评国际货币基金的所谓援助计划，"同金融危机相比，'挽救'韩国、泰国和印度尼西亚的行动，将给更多人带来更多的痛苦，历时也更久"，"就像墨西哥在1994年和1995年那样，韩国和其他亚洲国家是由于自己没犯下的罪行而受到惩罚"。

美国著名经济学家斯蒂格利茨则更为明确指出，20世纪80年代以来，由世界银行、国际货币基金组织推荐的规范理论和改革政策，即被广泛称为"华盛顿共识"的改革药方，涉及宏观、价格、产权、财政、金融等方面，已被拉美、俄罗斯、亚洲的实践证明是灾难性的，斯蒂格利茨明确指责其"往坏里说是误导"，现在应进入"后华盛顿共识的时代"，还意味深长、耐人寻味地说，"不论新的共识是什么，它都不能基于华盛顿"，直接点出了从华盛顿的立场出发，不可能符合广大发展中国家利益。斯蒂格利茨身为世界银行的副行长兼首席经济学家，却如此尖锐批评"华盛顿共识"，是因为这套所谓规范药方危害如此之大，实在难以再用种种借口来遮掩了。

美国著名经济学家克鲁格曼，曾准确预言过东南亚将会爆发经济危机，指出"墨西哥、泰国、马来西亚、印度尼西亚、韩国，一个接一个陷入经济衰退，它们都发现规范的政策工具只会令局面恶化"，他还指出，由于众多西方经济学家的强烈批评，国际货币基金组织曾被迫承认政策失误，但是，1998 年巴西爆发危机之后，经济下降，失业增加，通货膨胀已被通货紧缩替代，而国际货币基金组织却依然如故，强迫巴西"提高税收，减少政府支出，维持高利率。这种极端的财政和金融紧缩政策，肯定会令巴西陷入剧烈的衰退"。显而易见，美国操纵的国际货币基金组织，绝不是偶然失误加重危机，而是明知故犯火上浇油。

近年来，金融风暴横扫亚洲、俄罗斯和拉美大陆，国际货币基金组织不顾社会强烈批评的所作所为，不幸更加证实了我以前的分析判断。尽管美国暗中策划的"软战争"谋略，属于政府绝对机密外界无从得知，只有大获全胜后才会由某些知情人，以类似《胜利》一书形式向外界披露，但是，从美国国际战略家们公开发表的著作，可以清楚看出其思维方式和战略动机，从二十多年来世界各地发生的经济灾难，可以感觉到这些智囊大师的宏伟谋略，绝不是纸上谈兵的夸夸其谈，正化为横扫全球的"软战争"攻势，显示其威力的证据几乎俯拾皆是。

20 世纪 80 年代，美国从战略考虑采取对华怀柔政策，先集中力量打击超级大国前苏联和有重大经济利害关系的第三世界，给中国人造成了"冷战后天下太平"的错觉。但是，随着美国摧毁了前苏联的工业军事实力，运用"软战争"重新控制住了第三世界，其谋求单极全球霸权的欲望日益膨胀。广为流传的《即将到来的美中冲突》一书，反映出美国已将中国视为重点战略目标，蓄谋铲除威胁其全球称霸的任何障碍。美国轰炸南斯拉夫和我国大使馆，令我深深感到威胁正在逼近国门，由此产生了强烈的民族忧患意识，激励我融汇多年的研究成果撰写这本书，无论如何也要警惕美国制定秘密战略，采取"软战争"办法来对付中国，绝不允许美国人再出版一本书，炫耀"瓦解中国秘密战略的胜利"。

我隐约感到美国的隐蔽经济战炮口，正暗中瞄准着中国的经济命脉要害，威胁着广大人民和自己的切身利益。凡是误吞西方推荐经济改革药方的国家，尽管它们远隔万里彼此国情相差很大，所患病症却几乎都是完全相同的，到处都是工业企业纷纷破产，银行体系坏账成堆濒临崩溃边缘，工人失业猛增造成社会动荡。20 世纪 80 年代，中国走自己的改革道路欣欣向荣，但是，1993 年市场转轨热潮后，随着西方规范经济理论广泛流行，反而出现了越来越多的潜伏隐患，这似乎不是一种偶然巧合，值得经济学界重新进行反思。当前中国经济中存在的许多潜伏隐患，同俄罗斯爆发金融危机前的征兆很相似，如三角债拖欠数额巨大，企业银行纷纷陷入经营困难，社会失业人数不断增长，等等。

可惜俄罗斯并未充分重视上述经济病症，反而轻信西方宣扬的规范化经济理论，将其归咎于"改革阵痛"和产权不明晰，误以为加快市场改革和私有化就能渡过难关，结果爆发了全面的财政金融危机，政府财政枯竭甚至无法支付军队工资，银行体系因坏账积累陷入全面瘫痪，社会民众无法提取存款大规模挤兑银行，新兴资产阶级的股票、存款也损失惨重，戈尔巴乔夫损失了全部的私人财产。由此可见，中国应该充分吸取俄罗斯教训，切不可麻痹大意，因为，"软战争"不仅威胁到国家经济安全，也直接威胁到我们每个人的切身利益，包括自己的工资、就业、存款、股票等等。倘若中国不能及时消除重大隐患，一旦时机成熟美国很可能乘虚而入，不仅广大人民的切身利益受到损害，国家主权和领土完整也会面临威胁，甚至像南斯拉夫那样惨遭武力干涉肢解。

撰写本书不是为煽动反美的民族情绪，而恰恰是为了维护正常的中美交流，防止像俄罗斯人那样盲目崇拜美国，遭到欺骗之后产生强烈的反美情绪。美国《波士顿环球报》专栏作家威廉撰文写道，改革初期，俄罗斯人曾对美国满怀热情，但是，由于改革六年以来事态的发展，"现在人们普遍抱有这样的看法，美国蓄意要毁掉俄罗斯，故意出了导致经济和体制瘫痪的坏主意，为的是使它不再成为自己的竞争对手"。

美国处理国际关系中的一贯作风，乃是尊重有实力和智谋的对手，而玩弄容易受骗上当的朋友。中国人天性善良"不存害人之心"，但是，也必须"防人之心不可无"。须知道，善良的人可以原谅公开的敌人，却难以原谅暗中欺骗的朋友。倘若中国人受到"软战争"伤害，中美关系必遭难以弥补的损失。中国人通过吸取俄罗斯的教训，应该变得更加的成熟起来，避免上当受骗更好维护自身利益，扩大国际交往中立于不败之地，从而更好地实现改革开放的大业。

以下扼要介绍本书的结构和主要内容。

本书共十四章，第三章至第七章，论述中国面临的国内外严峻挑战，美国谋求霸权的全球隐蔽经济战攻势，时代呼唤中国实施富国强兵的大举措。

第三章从美国悍然用武力干涉南斯拉夫，野蛮轰炸我驻南大使馆事件谈起，讲述了美英两国谋求霸权的历史传统，第二次世界大战以来谋求霸权国际战略的演变，为何从"冷战"转变到"缓和"战略，指出"缓和"并不意味着"韬光养晦"，而是富有隐蔽性的攻其不备谋略。本书认为，美国并未赢得"硬冷战"的胜利，但是，后来精心策划了"缓和"战略，出其不意发动了"软热战"，却反而攻其不备大获全胜，成功地瓦解了超级大国前苏联，扭转了不利于美国的实力均衡变化。本书还从历史、文化渊源的角度，分析了为何中国没有称霸的野心，为何难以理解西方国际战略的攻击性。

第四章讲述了越战失败导致美国衰落，世界格局一度出现了多极化趋势，东西对峙下蓬勃发展起来了南北斗争。但是，美国为谋求重建世界霸权秩序，暗中策划全球隐蔽经济战攻势，酝酿"世界经济有控制解体"战略，向东方和南方发动了猛烈进攻。二十年来，美国谋求霸权的全球隐蔽经济战攻势，先是横扫了拉丁美洲和非洲大陆，紧接着摧毁了前苏联这个超级大国，随后又猛烈袭击了曾生机勃勃的亚洲，所到之处无不伤痕累累、满目疮痍，令昔日的世界战略格局面目全非。美国"软战争"改变世界实力均衡后，才再次显露出险恶面目公开追求霸权。

第五章论述了超级大国前苏联衰落的惨重教训，为何前苏联瓦解未发生在体制僵化的时期，而恰恰发生在戈尔巴乔夫大胆改革的年代，美国策划瓦解前苏联秘密战略所起的作用，误导俄罗斯推行激进改革造成的灾难，深入剖析了俄罗斯私有化改革失败之谜，为何股份制改革导致了资产掠夺狂潮。本书认为，美国采取了"软硬兼施"的攻心战略，集中于动摇前苏联领导人的制度信心，这是西方深入研究了前苏联制度的优缺点，专门攻击其薄弱环节的一种精明厉害战略。前苏联同美国在历史上从未发生过战争，而新中国成立后与美国发生过多次冲突，美国右翼对中国的仇恨绝不会亚于前苏联，肯定也会制定针对中国的"攻心战"秘密战略，值得引起我国政府和广大人民的高度警惕。

第六章深入剖析了美国的隐蔽经济战暗器，为何能产生超过核弹的巨大破坏威力。美国趁俄罗斯向市场经济转轨之机，蓄意推荐了一整套规范改革药方，结果导致俄罗斯陷入了巨大社会灾难。书中深入剖析了其破坏原理和作用机制，如"看不见的手"为何失灵，"放开价格、管紧货币"的骗局，"科斯产权定律"的神话，财政、金融、外贸改革的误导，上述各种战略暗器如何相互密切配合，构成隐蔽经济战的杀手锏与交叉火力。值得警惕的是，西方宣扬的所谓规范化经济改革药方，改革开放以来也曾在中国广泛流传，因此，对于亲身品尝西方药方的种种前车之鉴，特别是俄罗斯市场改革的失败教训，我们应该深入研究以免重蹈覆辙。本书告诫中国人必须"防人之心不可无"，谨防美国隐蔽经济战暗器的袭击，消除西方理论影响形成的种种改革误区。

第七章论述了当前我国面临的国内外严峻形势，主张应果断采取富国强兵的新宏伟谋略。当前国内外形势提出了一系列新的挑战，包括通货紧缩和社会失业的挑战，美国谋求建立全球霸权战略的挑战，"台独"势力制造海峡紧张局势的挑战，兴修水利抵御频繁洪涝灾害的挑战，防范爆发全球经济大萧条的挑战。本书认为，时代呼唤着"富国强兵"的宏伟谋略，我们应不辱时代赋予的艰巨使命，将国内外种种严峻形势的重大威胁，再次化为振兴中华民族的历史机遇。当前，我国应借鉴罗斯福的新政和动员经济，吸取新政因力度不足重新陷入衰退的教训，借鉴动员经济迅速摆脱萧条的成功经验，果断地扩大社会基础建设的启动力度，推动国民经济进入局部动员的状态，迅速消除通货紧缩，巩固社会稳定，加强国防建设抗衡美国威胁，这样，多年来难以治愈的种种社会顽症，不难出现药到病除的神奇疗效。

本书第八章至第十四章，论述了改革如何肩负新的时代重任，如何迎接新世纪的经济安全挑战，识别和防范美国的隐蔽经济战暗器，及时化解改革开放中潜伏的风险，实现改革决策的科学化与民主化，剖析了国有企业改革的种种误区，探讨了国有企业如何摆脱困难重振雄风。

第八章为展望新世纪的人类文明前景，回顾了千年、百年以来的沧桑变迁。该章回顾了千年以来中华文明的坎坷经历，如何从繁荣辉煌走到生死存亡关头，又再从逆境中进行顽强不屈的艰苦奋斗，迎来了近代史上最繁荣、强盛的时刻。本书认为，全球化对世界来说并不陌生，19世纪也曾流行过"世界主义潮流"，旧中国也曾有上百年被迫开放门户历史，那段纳入全球化体系的经历颇值回味。本书还分析了第二次世界大战后资本主义的变化，哪些因素促成了西方社会改良运动，为何会出现历史少有的"黄金时期"，提醒人们西方世界的风向正在逆转，垄断资本为了遏制西方社会改良潮流，打击第三世界的"南北斗争"潮流，操纵社会舆论推出了"全球化"潮流，鼓吹新自由主义的"复古倒退"政策，自由放任资本主义的种种弊病正在重现，威胁着人类文明和各国人民的利益。

第九章论述如何迎接新世纪的经济安全挑战，涉及到关系国家前途的一系列重大问题，包括如何识别美国暗器防化解潜伏风险，实现改革开放决策的科学化与民主化，探索符合国情的完善政治民主之路，正确处理开放与保护民族工业的关系，加入世贸组织与维护我国经济安全，团结世界各国人民共同反对美国霸权等。上述内容构成了本书中内容最为重要的章节，值得读者耐心阅读、研讨其中的细节。

关于识别和防范美国的隐蔽经济战暗器，本书分析了其各种暗器容易奏效的原因，如设计巧妙、隐蔽性强，引诱对手落入圈套后再发动猛攻，精心炮制真假难辨的误导理论，等等。本书认为，经济学家不仅应掌握必要的经济知识，还应熟悉西方统治阶层的思维方式，了解真正支配其决策的地缘战略思想，这样才能看穿西方设置的经济理论陷阱，及时根据美国的战略利益动机和行为，准确判断美国谋求霸权的国际战略攻势，采取有效措施防范其隐蔽经济战的偷袭。此外，还必须改善我们的经济工作思想方法，提高辩证认识客观经济规律的能力，特别是克服简单、片面的思维方式，因为，美国暗器往往利用片面合理性迷惑人。

本书认为，政治改革照搬西方的民主模式，容易导致社会经济秩序陷入混乱。建立和完善社会主义政治民主制度，必须从中国国情出发"扬长避短"，发挥公有制条件下群众能广泛参与、民主范围可涉及到一切领域的优势，探索出一种不仅能充分发表不同意见，而且还能对不同方案进行科学试验，建立社会科学的"可控制实验室"，通过实践不断掌握更多、更新的知识，有效化解改革开放中潜伏的种种风险，避免主观主义仓促推行不成熟政策产生不良社会后果并影响领导人威信，帮助党内外消除意见分歧并统一认识，促进制度创新的广阔前景和巨大潜力，源源不断转化为造福社会的美好现实。本书还探讨了实现上述构想的途径。

本书认为，当此全世界面临美国霸权挑战之际，中华文明应责无旁贷肩负起反霸责任。中华文明曾为人类作出重大贡献，树立了各种文明和睦相处的典范，中华民族有着悠久的反抗强权历史，曾经同全世界各国人民一道反对西方列强，成功地击败了野蛮的旧殖民主义统治。现在，无论是出于爱好正义的优秀品质，还是维护民族利益的迫切现实需要，中国都应广泛团结世界各国人民，再次形成反对美国霸权的统一战线，共同铲除美、英地缘权谋文化的毒瘤，这样才能创造各种文明和谐发展的环境，争取"和平与发展"的世界潮流。

第十至十四章，详细讨论了国有企业改革问题，指出改革成败关乎国家命运，深入剖析了改革中潜伏的种种风险，西方产权理论影响形成的种种误区，如何避免出现掠夺资产的腐败风潮，阐述了现代企业的动态成长过程中，产权结构与组织形态的演化规律，总结了企业改革中积累的丰富成功经验，探讨了国有企业应如何发挥独特优势，"扬长避短"寻找出摆脱困难的途径，如何建立有中国特色的现代企业制度，如何才能摆脱沉重债务负担轻装上阵，如何解决职工下岗困难维护社会稳定，等等。

第十章剖析了私有制企业的内在利弊，重温了中国私营企业昔日繁荣历史，一个世纪多来所经历的不幸遭遇，进而论述了公有制企业诞生的原因，促进人类社会进步的历史作用，挽救中华民族命运树立的丰功伟绩。该章还回顾了旧中国的股份制发展过程，为何未能成功建立起现代的大工业，公有制企业为何仅用短短数十年时间，成功完成了西方数个世纪的工业化历程，还再析了现代企业制度的定义，为何说公有制企业正是民族振兴希望。

该章认为，倘若国有企业陷入了崩溃，意味着数万亿银行贷款和百姓存款的损失，意味着丧失维系国家实力的工业命脉，意味着民营企业将丧失生存市场和发展机遇，意味着竭力赞扬私有制的政府官员和学者，将失去曾为之提供工资、教育的衣食父母。当前在通货紧缩和市场疲软的形势下，国有企业才能从社会利益出发"力挽狂澜"，发挥分布在国民经济关键性产业的优势，带动整个国民经济摆脱疲软的困境，才能为民营企业提供不可替代的广阔市场。国有企业和民营企业同属民族企业，两者的生存与发展是戚戚相关的。

第十一章从一则伊索寓言的启示谈起，阐述了中国建立现代企业制度，为何不能简单模仿西方企业制度模式。改革以来，我国的政府官员和学者纷纷访问西方，考察了西方国家企业制度发展的现状，详细了解了关于股份制、公司制的情况，主张也模仿西方的现代企业制度模式，对国有企业进行股份化、公司化改造。但是，我们必须认识到这种思路存在着局限性，只侧重于借鉴西方企业制度演化的静态结果，而忽略了其复杂的、漫长的动态演化过程。

人们很容易落入认识论的误区，容易观察到现存的某种静止状态，而往往忽略复杂的动态演化过程，就像鱼儿忽略了鸟儿的漫长进化过程，误以为只要勇敢地跳跃到岸上就能飞翔。西方的私有企业是经历了漫长的过程，才从简单的私人业主型企业，逐渐产生了合伙制企业和有限责任公司，最终演化为股权分散的大型股份公司的。为了弥补上述缺陷，该章考察了西方企业的动态成长过程中，企业的产权结构和法律形态的演化规律，以及企业的组织结构和经营管理的创新过程，以便更好地在改革中借鉴股份制的合理内涵，避免俄罗斯推行激进产权改革遭到的失败。

第十二章论述了国有企业改革的关键所在，究竟应选择责任制创新还是产权制度创新。中国和俄罗斯企业改革的一个显著区别，就是中国的企业改革是从责任制创新起步，而俄罗斯企业改革则依据科斯产权定律，从一开始就以深层次的产权改革为主。许多西方经济学家批评中国改革不规范，没有触及到更深层次的产权不明晰问题，但是，转眼间时光如梭，俄罗斯改革已有十个年头，两种改革思路究竟孰优孰劣？世界银行副行长斯蒂格利茨先生，对此有一番颇为精彩的深刻论述。

该章从斯蒂格利茨谈产权与代理制开始，总结了中国企业改革积累的丰富经验，论述了为何中国的"不规范改革"成效显著，而俄罗斯的规范产权改革却遭到惨痛失败。中国的企业改革从经营责任制创新入手，通过引入市场机制和扩大经营自主权，改善激励机制调动企业广大职工的积极性，加强国有企的自我积累和技术改造，同时在保留原有责任制框架的基础上创新，有充分的监督约束防止代理人滥用职权，避免急剧的产权变革引起经营秩序混乱，不仅不排斥还能加速正确的产权改革，即随着企业经营能力提高和效益改善，创造出更多的吸收法人和社会投资的条件，有条不紊地进行公司制和股份制改造，巩固和发展公有制适应社会大生产的优越性。本书还以生物进化规律为生动的例子，形象揭示了现代企业制度演化的客观规律。

第十三章论述国有企业应该如何搞产权改革，指出有必要区别两种不同的产权改革思路，一种产权改革思路符合客观经济规律，能通过调整生产关系促进生产力发展，提高广大人民生活水平实现共同富裕，巩固和发展社会主义的经济基础，还有一种产权改革思路不符合客观经济规律，将会造成社会生产力的巨大破坏，导致社会分配的两极分化和贫富悬殊，甚至形成控制经济命脉的寡头家族统治，重温解放前资本主义初级阶段的噩梦。本书结合我国改革实践积累的经验教训，深入分析了各种形式的产权改革，如股份制、公司制、股份合作制，建立和完善企业的破产整顿制度，各种形式的企业产权重组，等等。本书认为，产权改革既然属于深层次的改革，就意味着有更大的难度和风险性，必须谨慎地采取符合客观规律的办法，才能避免重蹈俄罗斯改革失败的覆辙。

第十四章再析了建立现代企业制度的难点问题，如产权结构的多元化问题，企业的沉重债务负担问题，企业的社会保障与办社会问题，企业的冗员负担与职工下岗问题等，提出了与学术界流行观点不同的看法。

建立现代企业制度的一个重要设想，是将国有企业改造成多元投资主体的有限责任公司，但由于国有企业普遍经济效益不佳，吸收外来法人多元投资的条件不成熟，负债率普遍较高且自有资金尚不充裕，很难有动力将资金投入外部企业。企业产权结构多元化不能急于求成，应根据不同企业的具体情况长期逐渐进行。倘若急于求成地加速产权多元化改革，就只能采用行政办法搞"拉郎配"，这种做法不仅难以提高企业的经营效率，还可能造成矛盾纠纷干扰正常经营秩序。

20世纪80年代，我国国有企业的职工福利不断提高，包括住宅福利和各种非工资生活补贴，养老、医疗等社会保障费用支出也增长很快，社会购买力提高保证了旺盛的市场需求，有力调动了广大职工多创效益的积极性，从未妨碍国有企业经济效益的大幅度增长，也未造成国有企业亏损和职工下岗现象。近年来，尽管我们不断减员增效和下岗分流，削减国有企业承担的各种社会义务，但是，国有企业的效益未能好转反而大幅度滑坡，因社会需求不断萎缩陷入了更深的困境，人民银行多次降低利息也未能促进市场需求，原因之一是职工缺乏社会保障的安全感。我们应警惕西方新自由主义理论的误导，反思导致国有企业陷入困境的真正原因，适当调整国有企业和社会保障制度改革的思路。

本书附录中收入一些有价值的参考资料，揭露了国际货币基金组织强加的改革方案，给亚洲、拉美、东欧国家造成的社会灾难。此外，还收入了作者撰写的一些研究报告，涉及到宏观调控、社会失业和企业改革等问题，仅供读者参考。

作者访谈录：不唯洋的"老海归"

杨 燚

采访杨斌，是他确定了电话采访，过程似乎过于简单，但他称不注重形式和炒作，重要的是用高效率的方式表达思想。这样，电话那一端，他的声音听起来京韵十足，给人的感觉很亲切，很熟络。

杨斌出生在20世纪50年代，高中时期正赶上"文化大革命"，学校一片混乱，社会上盛行"读书无用论"，他却深信越是知识遭到贬低，知识对社会的价值就越大。他那时就对高等数学、政治经济学、英语等学科兴趣浓厚，长期坚持自学，也因此被扣上了走"白专道路"的帽子。当时中国学术界的老前辈陈翰笙先生，在家中开办了英语班，帮助"文化大革命"中遭到迫害的一些干部、学者的子女学习，杨斌也是当年陈翰笙先生的门下弟子之一。"文化大革命"后，为弥补社会科学研究人才的紧缺，中国社会科学院在全国范围公开招考研究人员，杨斌以优异的成绩考上了中国社会科学院的实习研究员，直接跨过了大学阶段的学习，后来又顺利成为中国改革开放后最早一批派往海外深造的留学生。现在的他，专于治学，在经济学界以批判西方新自由主义的独到见解著称。

思考　海外生涯

曾看过一篇介绍杨斌的文章，题为《一位老"海归派"谈新自由主义的危害》，特别强调了他长期的海外求学背景。的确，在当今经济学界，拥有丰富留学经验者并不鲜见。翻开长达近十年的留学日历，日本就读期间，杨斌师从于日本前外相大来佐武郎先生，那是一位在中国大连出生长大，对中国有着深厚感情的学者。杨斌回忆到，大来先生虽然年事已高，活动不便，但是还是坚持在秘书的陪同下每周亲自为学生授课一次。特别令杨斌感动不已的是，大来先生能够直接担任自己的硕士论文导师。"大来先生特别关心发展中国家，撰写了论述发展中国家经济问题的著作，而当时新自由主义已经开始流行，单纯强调自由市场经济，忽视发展中国家特点，贬低发展经济学的重要性，大来先生的态度与新自由主义形成了鲜明反差。"现在回想起来，应该就是那个时候，杨斌的脑中开始出现了对新自由主义的审慎思考。

如果说日本是杨斌独到见解的萌芽地，那么在美国研究发展经济学的中心波士顿大学继续深造，则让他坚定了自己的研究方向。那里，他正面接触了被西方尤其是被美国政府极力鼓吹的新自由主义。杨斌说，"新自由主义是美国政界的主流，而不是美国学术界的主流。留学期间，我亲身体验到了美国学术界的对立冲突。当时哈佛一位持新自由主义观点的学者，被董事会任命到我们系当系主任，他把研究发展中国家经济的课程砍掉了许多，大量增添讲授抽象经济数学模型的课程，弄得从事发展经济学研究的美国著名教授们非常愤慨，他的做法遭到大多数美国教授的反对，他们鼓动发展中国家的留学生集体签名抗议。记得当时有一个未接触过经济学的数学系的学生，他连宏观经济学最基本的凯恩斯乘数都不知道，课改之后竟然考了全班第一"。这段小插曲杨斌至今记忆犹新。杨斌认为对自己学术研究产生较大影响的，还有美国研究发展经济学的著名教授安德鲁·威斯，他曾长期同获得诺贝尔经济学奖的斯蒂格利茨教授从事合作研究，很早就向杨斌传授了斯蒂格利茨的独特学术观点。"斯蒂格利茨认为西方经济学模型仅是一种理想状态，而研究一个国家是要考虑到复杂的现实，对于不同发展中国家没有统一适用的经济模型，必须依照具体情况建立不同的模型，新自由主义用自由市场模型套所有发展中国家是脱离现实。"

杨斌认为自己的经济学观点之所以比较独特，不同于一般海归派经济学家，原因之一是自己涉足的专业领域比较广泛，研修过西方的国际关系学和国际政治理论，经济领域不仅研究西方发达国家，研修专业还选择了以发展中国家为研究对象的发展经济学，以前苏联东欧国家为研究对象的比较经济制度学，因而能从国际政治与经济结合的全球视角多方面来考察经济问题；此外还有一个原因就是善于从历史角度思考，比较自己同老海归派经济学家留学经历的差异，体会老一辈海归派经济学家学术思想形成背后的历史原因。杨斌称自己撰写学术专著的观点，更能获得陶大镛、胡代光、高鸿业等老一辈海归派经济学家的赞同和欣赏，原因是老一辈海归派经济学家亲身经历过旧中国的资本主义，丰富的历史阅历使他们更能洞察西方经济学的利弊，对中国改革方向的思考也更为全面、成熟。

"一些人初到美国访问，走马观花看着摩天大楼，羡慕地说资本主义有什么不好？这同我刚到西方发达国家的羡慕心情相似。"话锋偏转，杨斌接下来的话题回答了很多人心中的疑问——一个中国改革开放初期的留学生，只身站在美国的繁华街头，怎能不为所动？"其实这是刚接触西方社会容易产生的误区。当时我在羡慕西方的情绪冲动之后，常常静下来进行更为深刻的反思，为什么我接触的一些新中国成立前留学西方国家的老前辈，他们一直坚持批判资本主义？许多老一辈留学生都出身于地主、资本家家庭，为什么他们留学后反而相信马克思主义，甚至不顾生命危险投身革命？为什么今天中国的留学生和访问学者普遍受到尊重，而当年不少老留学生却饱受歧视和屈辱？我国著名学者闻一多留学美国后曾撰文称'国人旅外之受人轻视，言之心痛'，新、旧中国两代留学生经历的不同境遇，究竟说明了资本主义的优越性，还是社会主义的优越性？社会主义究竟扩大还是缩小是中西方的历史差距？一些第三世界资本主义国家的留学生，他们不羡慕美国、日本，反倒羡慕社会主义的中国又是为什么？这些看似书本之外的细微观察和深入思考，恰恰是我形成独特学术观点的重要原因。"

感动　言传身教

谈到杨斌，常常会有人想到他的父亲杨培新老先生，这位被人们称为"杨承包"的经济学家，他与"吴市场"（吴敬琏）、"厉股份"（厉以宁）等一起，都是改革开放以来受到广泛关注的著名经济学家。杨培新老先生解放前一直在周恩来、董必武的领导下做争取民族资产阶级的统战工作，解放后在陈云、南汉辰领导下为开创新中国的金融事业作了不少贡献。

"文革期间父亲因为解放前曾在白区工作过，受冲击很大，我往往要跟黑几类的子女归在一块儿，入团入党自然谈不上，坚持自学又被扣上白专道路的帽子。所以，现在有人指责我的观点是'左的惯性思维'，我总感到暗自好笑"，"我父亲文革中长期挨整，不能直接过问、帮助我学习，但是他不时谈到自己的丰富经历，对我后来的经济研究有很大启发"。杨斌举了一些例子，新中国成立初期，杨培新作为人民银行首任行长的业务秘书，直接参加了陈云同志领导下的稳定财经工作，当时很短的时间内就把国民党多少年都没有解决的恶性通货膨胀和严重失业问题都治理了，而且在抗美援朝对抗世界头号强国美国的同时，促使新中国的经济获得了高速发展；后来在改革开放的初期，中国面临着数千万知识青年返城的待业困难，还有消费品严重短缺的隐性通货膨胀压力，当时有人主张按照西方货币主义理论紧缩货币供给，为控制通货膨胀不惜加重就业困难，但杨培新却主张适度扩大银行信贷规模促进经济结构调整，通过支持国有企业面向市场扩大消费品生产，迅速繁荣市场并缓解了通货膨胀压力，同时又通过发展生产解决了数千万知青的就业问题。"要知道按照西方流行的货币主义经济理论，治理通货膨胀必带来失业，反之亦然，许多西方经济学家都认为同时治理通货膨胀和失业是不可能的，但是，新中国建国初期和改革开放初期，恰恰在很困难的情况下做到了这一点，令许多西方著名经济学家也赞叹不已。我父亲在应美国联邦银行邀请访美期间，曾遇到美国货币主义理论的著名创立人弗利德曼教授，他对中国治理通货膨胀和失业的成就也非常钦佩，他称倘若谁能解释中国的成功就能获得诺贝尔经济学奖。父亲参加新中国建设和金融改革的亲身经历，让我明白了从实际出发的重要性，使我尽管在西方读了很多书，却始终能不迷信西方的正统经济理论，始终在经济研究中把关注实际民生放在重要位置。盲目追随和崇拜西方的经济学理论，其实并不能赢得西方学者的尊重，只有从实际出发敢于坚持中国独有的特色，才能取得改革和建设的成功并赢得西方学者的尊重。西方学者对中国走'北京共识'道路成功的赞扬，对俄罗斯追随'华盛顿共识'失败的批评，也充分说明了这一点。"

谈到父亲"杨承包"的称号，杨斌笑说有人觉得"承包"不如"股份"洋气，误认为父亲不懂市场经济。他说实际上父亲在解放前就已经写了很多书，专门分析旧中国资本主义下各种各样的市场，那时股票、期货、黄金、外汇市场等都非常活跃，股票市场不仅买卖股票现货，而且还交易股票期货，不仅交易中国股票，而且还交易西方国家企业的股票，金融市场开放、发达程度甚至超过今天，上海曾是仅次于纽约、伦敦的重要金融中心，但是，当年就是投机黑幕重重，腐败弊病丛生。当年父亲曾勇于揭露国民党官僚操纵金融的腐败黑幕，在重庆、上海、香港等地经济界赢得了很大的声望。父亲同胡代光、高鸿业等老一辈经济学家一样，恰恰是由于深知股票市场投机弊端，才不像新一代经济学家那样对股份制抱浪漫幻想，主张对国有企业的股份制改革持慎重态度。父亲正是亲身体验过当年民族资产阶级报国无门、救国无望的困境，才在今天改革方向上主张坚持社会主义和公有制。

"父亲一方面注重实际，一方面又写书、搞研究，从新中国经济建设到改革开放年代，工作都非常勤奋、辛苦。现在由于长期辛劳、身体多病的原因，他很难再写东西了。他现在对国内改革中的新自由主义倾向非常担忧，像各地改革中大量贱卖国企的私有化倾向。他还认为金融开放中应特别注意维护经济主权，避免出现旧中国金融遭受西方资本控制的局面。他谈到当年民族资产阶级和许多民主人士如章士昭，都呼吁保护国内市场和民族工业，但因旧中国没有经济主权而无能为力，官僚、买办资产阶级不关注民生，迫使广大民众为求生存起来革命，今天应珍惜前辈流血牺牲赢得的经济金融主权。"

坚持　治学之路

尽管杨斌不喜欢这么划分，但是在一些标准下，他的名字的确在中国非主流经济学家之列。杨斌始终坚持称自己是改革派，对新左派、非主流的称呼都不以为然。他认为自己是主张继承、坚持有中国特色的改革成功之路，提醒人们警惕美国倡导的新自由主义误导改革，从"北京共识"的改革成功之路，滑向"华盛顿共识"的失败之路。在西方，新自由主义公开主张回到亚当·斯密时代，因而绝不是改革而是返古复辟，而且是复辟最原始、野蛮的资本主义，拉美、俄罗斯等众多国家的改革实践充分证明的这一点。

"做学问正确与否不是靠人数多少来评判，看持哪种观点的人多就是正确的，而是要靠社会实践去检验，正像检验自然科学理论要靠实验，而不能靠人数多少或投票来决定一样。"对此，他的说理简单有力。

"我不是泛泛地批判西方经济学，而是将主要矛头指向新自由主义，中国经济学界现在受它影响很大，其实它在西方长期以来甚至到今天都只是一个边缘学派，是代表美英右翼势力的里根、撒切尔政府上台后，才依靠政界和资本力量而非学术界的共识，当做所谓规范改革药方推荐给经济转轨国家和发展中国家，风靡全球成为垄断资本掠取全球利益的战略工具的。"

杨斌提到，美国2004年出版了一本国家安全局前雇员约翰·珀金斯撰写的书《一个经济杀手的自白》，作者曾长期以大公司首席经济学家、金融顾问的公开身份活跃在世界各国，实际上却是执行着"经济杀手"的特殊任务。约翰·珀金斯揭露，"经济杀手"无所不做，通过制造虚假财务报告、操纵选举、贿赂、敲诈、色情和暗杀等手段，拉拢别国的政治、经济精英，设置经济陷阱把第三世界国家拖下水，进而控制别国的经济命脉和自然及资源，等等。尽管美国主流媒体对此书进行了全面封锁，但是，该书仍然在美国出版后的头五周之内就再版了五次，销量排第一，引起轰动和受欢迎程度可说是超乎想象。

杨斌说，"早在1999年我就撰写了一本书，题为《威胁中国的隐蔽战争》，正是分析论述美国设置经济陷阱误导别国，书中的很多分析、推论都为今天的大量证据所证实，包括2004年出版的《一个经济杀手的自白》，美英高官近年来鼓噪的新帝国主义论，公开称将国际经济机构当做新帝国主义工具，可用包括欺骗在内的'丛林规则'对付中国和第三世界国家，还有拉美、俄罗斯等转轨国家的大量改革实践，等等。国内对社会不和谐、不公正现象的关注，对频发矿难暴露的原始资本主义苗头的谴责，也证实了我提出防止新自由主义误导改革的正确性。今天支持我观点的人正多起来，而且随着形势发展还会越来越多"。

杨斌谈到他遇到一位德国华裔经济学家，赠送给他一本《威胁中国的隐蔽战争》，他在回德国飞机上就急切地读完了，到家后马上打电话称，书中对新自由主义的评价，对美国经济霸权的批判和揭露，其实也是欧洲经济学家的主流意见。杨斌对自己观点能引起欧洲学者共鸣感到欣慰，对国内仍有很多人不理解自己感到遗憾。杨斌还谈到，我国领导人出访拉美期间，拉美社会各界人士纷纷提醒中国警惕新自由主义，防范其危害经济金融安全和百姓利益，引起了国内越来越多的重视。近年来，胡锦涛总书记指示加强研究新自由主义的负面影响，中国社会科学院专门成立课题组，2004年出版了汇集课题组报告和众多知名学者论文的《新自由主义评析》一书，从不同角度支持了杨斌多年来坚持的学术观点。俄罗斯和拉美各国当年持新自由主义观点的所谓主流经济学家现在声名狼藉，反对新自由主义的政党在许多国家纷纷赢得选举执政，170多个国家的社会党在巴西圣保罗宣言中明确表示反对新自由主义，杨斌多年来坚持学术观点的正确性，似乎正在国内外获得越来越多的证据支持。

杨斌还讲了一个颇有启迪的趣事，他回忆1986年曾陪一位日本教授参观北京，当时中国改革还没有受到新自由主义影响，各个社会阶层都从改革中获益，没有像现在这样的贫富悬殊和社会问题。尽管当时没有今天这样多豪华宾馆大楼，但那位教授却说中国像西方发达国家，因为他曾在众多亚非拉发展中国家工作，到处都是三多，妓女多、小偷多、专给汽车轮胎扎眼讹钱的无业游民多。他在许多国家都经常遇到过一种令人捧腹又心酸的事情，汽车刚刚在路边停下，一群声称要帮助"照看汽车"的人就围了上来，如果他说有锁不需要照看，转身汽车轮胎就会被扎一个眼。他对1986年访问中国留下了良好的印象，当时还没有大量的下岗、失业和犯罪现象，他感觉中国仿佛是一个发达国家，主要是大多数人民有稳定的工作，有较好的医疗保障和受教育机会，而这些比豪华宾馆更反映社会生活质量。杨斌认为那时真正体现了中国改革的成功经验，所以外国一些学者才将其总结为"北京共识"，迥然不同于美国倡导的新自由主义"华盛顿共识"，但20世纪90年代中期以来一些经济学家受新自由主义的影响，以深化改革的名义引入了"华盛顿共识"的所谓规范改革，以前中国改革开放根本没有的社会问题，也像饱受新自由主义之害的俄罗斯、拉美一样，开始逐渐侵蚀、破坏中国改革的成功果实。今天难怪有些经济学家特别反感批判新自由主义，他们私下坦言批判新自由主义，就会批到自己的头上来，因为他们的各种所谓深化改革的主张，诸如（管理层）买断收购（MBO）和国有企业的私有化，都是拉美、俄罗斯推行新自由主义时期，由实践充分证明失败的"华盛顿共识"药方。虽然不能谋面,但是我完全能想象到电话另一端的主人,此时会有怎样一种忧国忧民的复杂心情。

关于"郎顾之争"后社会各界对某些经济学家的强烈不满,杨斌说这同新自由主义经济理论的流行有密切关系。新自由主义倡导的改革给少数人带来巨大利益的同时,却给广大人民的切身利益带来巨大的损害,一方面造成腐败泛滥和社会财富集中于少数人;另一方面却造成严重的失业和社会贫富悬殊。某些经济学家将新自由主义当做规范的时髦经济理论,用来指导改革时必然损害到广大人民的利益,这样也会败坏自己的声誉遭到民众的反感。新自由主义表面上主张最彻底的市场改革,实际上却给民众带来巨大痛苦并败坏了市场改革的声誉。杨斌还谈到自己多年前曾预见到新自由主义经济理论的流行,可能损坏中国经济学家的社会声誉的危险性。他在撰写专著《威胁中国的隐蔽战争》中,曾指出"由于中国改革开放取得的辉煌成就,中国政府官员和学者享有很高威望,但是,值得注意的是,许多干部学者也产生了盲目乐观情绪,特别是随着西方规范经济理论的流行,许多学者觉得已掌握了市场经济规律,认为应依据西方规范理论搞系统改革……但是,随着改革措施越来越接近西方规范理论,改革开放中却面临着越来越多难题,出现了许多'三个不利于'的现象,造成了越来越多的种种社会痛苦,这一切恰恰不符合中国改革的成功历程,反而同俄罗斯爆发经济危机前的症状,出现了越来越多令人不安的相似",倘若这种状况不能引起重视并得到改变,就很可能像俄罗斯、阿根廷等国的主流经济学家那样,随着新自由主义带来的灾难加重招致社会各界的强烈反感。

杨斌还提醒人们关注美国的前经济杀手约翰·珀金斯,在《一个经济杀手的自白》一书中揭露的严峻威胁,即今天美国的经济杀手在世界各地无孔不入,他们为了建立和维护美国的世界霸主地位,不择手段收买、控制别国的政治、经济精英,力图通过操纵别国经济命脉的方式来控制世界。俄罗斯、阿根廷等国主张新自由主义的经济精英,如被称为"市场之父"、"私有化之父"的盖达尔、丘拜斯、卡瓦略,他们积极推动新自由主义改革服务于美国的全球利益,却给本国经济和广大民众利益造成了巨大损害。盖达尔、丘拜斯在俄罗斯几乎成为人人喊打的"过街老鼠",在西方经济学界也成为遭到批评、耻笑的对象,他们在美国占领伊拉克后受雇设计私有化改革,充当甚至连西方经济学家都不耻扮演的角色,充分暴露了其受到美国极右翼势力特殊信任的买办身份。阿根廷前经济部长卡瓦略推动私有化颇受美国赞扬,他在爆发金融危机后因涉嫌违反经济安全法遭到逮捕,罪名是向美国跨国银行泄密协助资本外逃和逃避管制。俄罗斯、阿根廷的政治家如叶利钦、梅内姆,也因重用新自由主义经济学家带来社会灾难变得声誉扫地，叶利钦后悔地说都是主管私有化的"丘拜斯惹的祸"。委任卡瓦略担任经济部长的阿根廷前总统梅内姆，也因涉嫌私有化腐败遭到阿根廷引渡通缉。阿根廷推动私有化的政府官员和学者，通过廉价贱卖国有资产虽然捞了不少好处，但最终难以逃脱自己酿造的社会恶果的惩罚，他们通过私有化腐败攫取的财富，又在银行危机和股市崩盘中损失惨重，遭到更加贪婪的金融大鳄的洗劫，丧失银行存款的民众为发泄愤怒的情绪，甚至将他们的家产也付之一炬。杨斌指出，中国作为一个有影响的大国，必然对美国谋求建立全球霸权构成障碍，无法置身与世无争的"世外桃源"，因而也必然是美国经济杀手渗透的重点对象，中国经济学家应该认识到自己的责任重大，警惕美国通过宣扬新自由主义经济理论，蓄意设置经济陷阱误导中国改革的潜在危险，否则也有可能像俄罗斯、阿根廷某些主流经济学家那样，最终因误国误民而陷入身败名裂的境地。

采访结束时，杨斌还建议我再去接触一下中国经济学界的一些老前辈，如陶大镛、胡代光、高鸿业等。他说这些老前辈们解放前曾留学西方国家，学识渊博精深，人品高尚，不追逐名利，只是甘于平淡寂寞，不赶风头，人们往往关注善于炒作的学者，而忽视这些海归派老前辈经济学家们的声音。今天众多新一代经济学家向往西方市场经济，而只有这些早年留学西方的老前辈经济学家，才真正熟知西方和旧中国的资本主义市场经济，他们堪称是中国经济学界的国宝。倘若能在不影响他们身体健康的前提下，就国内外的重大改革开放的方向问题，问计于有着真才实学和丰富阅历的他们，耐心求教他们形成与众不同观点的深层原因，中国的改革开放就能少走许多弯路，则国家幸甚，人民幸甚。

最后，就用杨斌称最为欣赏又略加改动的一句话来结束全文吧，"陈云同志曾说他做事的基本态度是'不唯书，不唯上，只唯实'，我想说我再添三个字——'不唯洋'"。

（载《中国城乡金融报》2006 年 3 月 17 日）

第 一 章

隐蔽战争、经济杀手与当代帝国主义

2010 年 1 月 27 日，奥巴马在发表国情咨文演说时誓言捍卫美国的全球第一的地位，美国高层智库首脑甚至警告美国将会通过战争手段来阻止全球权力向中国的转移。中国必须高度重视发展高科技军事技术和国防建设，确保美国无法获得像当年大英帝国一样的军事技术绝对优势，否则鸦片战争时代遭受西方列强掠夺的悲惨经历还会重演。与此同时，中国还必须警惕美国运用谋略发动攻击国际对手的隐蔽战争，因为，现已暴露出大量证据表明美国进行了运用软政策武器攻击国际对手的战争形式创新，通过隐蔽战争打击了包括前苏联甚至日本等盟国在内的众多国家。

近年来随着对此问题进行深入研究，笔者发现了更为确凿的证据，越战时期美国政府的最高领导人尼克松，确实采纳了西方国际专家的软战争构想，并且由美国情报机构、政府和经济界的人士，将"软战争"的宏观战略构想在微观上付诸实施，从元帅到士兵都提供了确实存在"软战争"的证据。据曾拥有跨国公司首席经济师和经济杀手双重身份的约翰·珀金斯揭露，今天美国为谋求建立全球霸权，派遣经济杀手发动的"软战争"，到达了令人恐怖的空前巨大规模，几乎牵扯到全世界的所有国家。美国中央情报局前雇员彼得·施瓦茨的著作透露，美国政府实施针对前苏联的秘密战略牵涉到最高层官员，包括里根总统、中央情报局局长、国防部长、国务卿、政府部长，等等，美国政府还设有负责策划和实施"软战争"的专门机构，里根执政时期由总统直接领导的国家安全委员会，成立了具有协调、指挥"软战争"能力的"国家安全规划组"，统一调动中央情报局和政府外交、经济部门力量。

笔者所论述的运用谋略攻击国际对手的"软战争"，虽然超出了狭义的经济学和军事学的研究范围，但完全可以涵盖在马克思主义政治经济学的广阔视野。两千年前诞生的世界权威军事经典《孙子兵法》，就是从广义谋略角度而不是狭义军事角度来看待战争。孙子将谋略博弈、外交博弈均纳入广义战争范畴，提出"上兵伐谋，其次伐交，其次伐兵，其下攻城"，将广义谋略博弈列在比狭义军事博弈更为重要的位置，将其称之为"国之大事，死生之地，存亡之道，不可不察也"。中国古代军事家强调善于运用任何手段的谋攻，包括自然现象如四季变化、风雨雷电、山川地貌，社会现象如敌国内部矛盾、国情民心、商品物价，运筹帷幄的将帅善于借助自然、社会规律力量，对敌国造成的打击、破坏不亚于百万雄兵。尼克松显然重视孙子"不战而屈人之兵"的谋略思想，才能在《1999 年，不战而胜》等政治著作中，提出要将经济联系变成捆住国际对手的绳索，将贸易、先进技术等当做武器而不是礼物。这些由美国总统亲自构想并付诸实施的国际博弈谋略，无疑符合孙子所论述的广义谋略战争博弈的范畴。

约翰·珀金斯揭露的关于美国经济杀手的大量事实，表明列宁关于垄断资本主义和帝国主义的论述没有过时，由大银行和跨国公司融合而成的金融工业垄断财团，仍然背后操纵美国政府和国际权威金融机构，通过扩大势力范围和建立全球帝国来谋求垄断利润，由于美国花费大量金钱作为隐蔽经济金融战争的伪装，通过各种基金会慷慨资助文化交流和经济研究项目，人们很容易误以为当代资本主义已改邪归正发生本质性变化，列宁关于帝国主义、金融寡头和战争的理论已过时了，实际上，倘若人们揭开经济杀手和国际货币基金组织提供贷款援助的伪装，认识到国际货币基金组织推荐的所谓规范改革方案和贷款援助，其实就是当代美国谋求全球霸权的软战争武器，隐蔽经济金融战争乃是当代帝国主义谋求霸权的新战争形式，也是垄断资本谋求超额利润和掠夺财富的新剥削形式，就会更加体会到马列主义理论仍然具有强烈的现实意义。

一 美国总统、高官提供的"软战争"宏观证据

十年前，笔者撰写的专著《威胁中国的隐蔽战争》，提出尼克松访华后西方国家对华态度变化，源自越战惨败后的美国国际战略的重大调整，源自美国迫于国际格局变化进行的战争形式创新，以隐蔽的"软战争"替代了传统的"硬战争"，其重要目的之一就是令中国人产生上述种种错觉，令人们怀疑自己的历史并抛弃马列主义，进而攻击、破坏社会主义的意识形态和经济基础。笔者的专著指出，"20 世纪 60 年代末，美国统治阶层鉴于越南战争的惨败，意识到了美国的'冷战'政策已遭到失败，被迫开始酝酿一系列国际战略的重大调整，主动放弃'冷战'转向了'缓和'战略。但是，20 世纪 70 年代初美国开始实施的'缓和'战略，并不是'放弃对抗'或采取'防守战略'，而是采取的一种隐蔽攻击性'软战争'策略"。

　　笔者对美国实施"缓和"战略进行战争形式创新的推论，主要依据1983年留学日本国际大学研修国际关系时，接触到的西方国际专家提出的"缓和"战略构想，以及前苏联、拉美国家和东南亚经济遭到破坏的大量事实。这些国际专家明确提出"冷战"遏制政策效果不好，越南战争的军事冒险付出的代价更大，主张利用经济杠杆培育战略依赖性，通过贸易、金融、贷款、能源、粮食等筹码，形成"控制、支配世界格局的新政策武器网络"，清楚表明他们企图利用经济金融手段作为新式武器，来达到谋求世界霸权和征服、控制别国的目的。但是，这些国际专家的战略构想和众多国家惨遭破坏的事实，毕竟只是无法充分证明笔者推论的间接证据。近年来随着对此问题进行深入研究，笔者发现了更为确凿的证据，越战时期美国政府的最高领导人尼克松，确实采纳了西方国际专家的宏观战略构想，并且由美国情报机构、政府和经济界的人士，将"软战争"的宏观战略构想在微观上付诸实施，从元帅到士兵都提供了确实存在"软战争"的证据。

　　尼克松的重要著作《1999年，不战而胜》明确指出，"从冷战开始直至1969年，美国的政策是遏制，企图以一系列联盟组织包围苏联，这一政策使美国疲于奔命并陷入极其被动境地，从长远来说，遏制是个失败的政策"，"从1969年开始，美国奉行的是讲究实际的缓和政策"，"讲求实际的缓和要求胡萝卜和大棒两手并用"。[①]西方国际专家提出的"缓和"战略构想，属于美国高层智囊团提供的政策建议，没有纳入国际政治教科书并引起学术界广泛关注，人们普遍认为美国的冷战遏制战略一直持续到前苏联解体，忽略了美国在越战失败后进行的国际战略重大调整，但是，尼克松清楚表明美国政府确实采纳了"缓和"战略，其目的不是单纯放弃对抗并扩大经济文化交流，而通过"胡萝卜和大棒两手并用"的软硬兼施手腕，实现"不战而屈人之兵"的"软战争"谋略。

　　尼克松实施的"缓和"战略的理论渊源可追溯到英国战略家利德尔的著作，利德尔撰写的《间接路线战略》曾精辟阐述过"软战争"的精髓，他认为冷战时期当权的西方政治家们犯了眼光短浅的错误，误以为赢得军备竞赛的优势就能确保经济利益和国家安全。利德尔认为军事战略必须接受"大战略"的指导，因为只有"大战略"才会有更深远的预见和更广博的观点。利德尔还写道，人类历史上，发动战争征服对手所选择的攻击"路线"，如果不具有某种程度的"间接性"，不能使敌人感到措手不及、难以应付，就难于使战争取得

---

① ［美］尼克松：《1999年，不战而胜》，王观声等译，世界知识出版社1989年版，第46—47页。

令人满意的结果。战争攻击的"间接路线"既是物质性的又是心智性的，但归根结底是一种运用智慧和谋略征服敌人的办法。**利德尔认为战略学的最重要原则是，既要经常保持固定的目标，而在追求这个目标时，则应该适应环境变化，随时改变路线，避免向坚固的阵地作正面的突击，尽量从侧翼采取迂回行动，猛击对方最薄弱、要害之处，这就是所谓"间接路线战略"。战略上最漫长的迂回道路，常常又是达到目的的最短途径。**

20 世纪 80 年代里根政府同前苏联东欧集团相互对抗的时期，尼克松撰写的著作《真正的和平》（1984 年）已预感到美国的软战争策略即将获得成功，尼克松声称"增加贸易相接触，能够促进苏联集团内部的和平演变。在冷战对抗的那些漫长的、冷淡的年代里，东欧各国内部几乎没有发生什么变化；冷战时期结束以来却发生了重大的变化。正像我最近访问东欧四国所看到的，那里正呈现出较多的自由——有些国家里是经济上的自由，另一些国家里则是政治的或社会的自由。而且，发生进一步变化的条件已经成熟"。[①]人们通常认为冷战一直持续到 20 世纪 80 年代末前苏联解体，但是，早在 1984 年尼克松眼里冷战已经结束相当长一段时间了，这显然是指 20 世纪 70 年代以来美国实施"缓和"政策的时期。在尼克松看来，20 世纪 50 年代、60 年代漫长的冷战岁月里，冷战遏制和经济封锁丝毫没有促使社会主义国家动摇、退缩，而由自己开始实施的"缓和"战略却改变了这种状况，扩大接触和经济文化交流促使东欧国家发生了重要的政治经济变化，更多的社会自由、经济自由正诱导东欧国家向着美国的战略目标演变。[②]

值得指出，高度重视美国在"越战"失败后的重大战略调整，认识到美国早已承认冷战遏制失败并转向"缓和"战略，对于识破西方制造的列宁的帝国主义理论失效的假象，维护社会主义意识形态和政治稳定具有重要意义，甚至关系到社会主义制度和民族、国家的生死存亡。笔者的专著《威胁中国的隐蔽战争》指出，"现在人们普遍认为，美国是'冷战'的胜利者，前苏联是'冷战'的失败者，但事实上恰恰相反，美国是'冷战'的失败者，前苏联才是'冷战'的胜利者。美国并未赢得'硬冷战'的胜利，但是，后来精心策划了'缓和'战略，出其不意发动了'软热战'，却反而攻其不备大获全胜"。戈尔巴乔夫不清楚美国越战后的重大战略转变，抛弃了马克思的科学社会主义理论转向民主社会主义，抛弃了马克思的国家、阶级理论转而追求所谓全人类的

---

① 尼克松：《真正的和平》，新华出版社 1985 年版，第 110—111 页。
② ［美］尼克松：《1999 年，不战而胜》，王观声等译，世界知识出版社 1989 年版，第 158 页。

"普世价值"，为此付出了制度解体、经济崩溃和国家分裂的代价。前苏联解体时戈尔巴乔夫对布什沮丧地宣称美国"赢得了冷战"，他全然不知道美国早就输掉了"冷战"并转向"缓和"战略，导致前苏联解体的是美国策划的软硬兼施的"软战争"。[①]

2002 年 9 月 17 日，布什总统正式签署了新世纪的美国国家安全战略文件。这份文件所述与其说是"国家安全战略"，不如说是赤裸裸的"美国霸权战略"，明确提出永久保持美国的绝对优势地位，不容许任何有挑战美国潜力的国家崛起，可采取先发制人的打击消除潜在威胁。新的美国国家安全战略意味着，完全放弃了冷战时期的"相对安全观"，转而追求一种危险的"绝对安全观"，只考虑本国的安全利益而不顾及别国，不惜违反主权国家不容侵犯的国际法准则。由于美国采取"先发制人"的战略准则，意味着美国将以潜在能力而非具体行为，作为判断是否威胁到美国安全利益的依据，实际上美国可根据单方面的主观判断，超越国际法对任何主权国家采取遏制和军事打击行动。

2002 年，布什政府批准美国的新国家安全战略，在前苏联解体和国际格局失衡的情况下，坦率阐明了谋求全球经济、军事霸权的目标，提出了先发制人遏制国际对手崛起的原则，对中国的政治、经济和军事安全构成严重威胁。美国的新国家安全战略引起了轩然大波，世界各国的舆论普遍对此反映强烈。2002 年 9 月 23 日，法国总统希拉克称将通过一切途径，反对美国单边主义的先发制人原则，因为"这一原则一旦付诸实施，将导致最糟糕的滥用权力局面"。2002 年 9 月 24 日，俄罗斯国防部的官方报纸发表评论，称"华盛顿正式宣布进行的国家安全战略转变，放弃了冷战以来一直奉行的'威慑战略'，转向一种新的'先发制人战略'，这意味着世界上任何国家不服从华盛顿的要求，都可能被判定为对美国的利益构成威胁，从而面临遭受'先发制人打击'的威胁"。当时美国的国家安全助理赖斯声称，多极世界不利于国际局势的稳定，美国绝对权威有利于维护世界秩序，但是，世界大多数国家却对此持截然相反的看法，深感自己的国家安全利益受到威胁，笼罩在遭到先发制人打击的恐怖阴影中。

美国第二次世界大战后国际战略的演变过程，特别是从尼克松时期的"缓和"战略，到小布什政府推行的新国家安全战略，凸显了美国国家利益形成过程的复杂性，美国政府制定国际战略的灵活多变性。尼克松放弃冷战遏制转向推行"缓和"政策，但是扩大经济文化交流的"缓和"战略，并不是单纯的促进经济贸易的战略，而是具有更为隐蔽图谋的国际政治战略。20 世纪 80 年代，

---

① 约翰·珀金斯：《一个经济杀手的自白》，杨文策译，广东经济出版社 2007 年版，第18—19 页。

里根提出强硬对抗前苏联的"星球大战",表面上仅仅是关于导弹防御的军事战略,其实,是利用"缓和"时期培育的经济依赖性,集中打击前苏联经济上的薄弱环节,综合运用经济、外交和军事手段,动摇其领导人信心的隐蔽"攻心战"。**布什总统制定的"先发制人"的战略,同里根总统实施的"星球大战"战略一样,不是单纯的军事战略而是综合性国际战略,威胁先发制人并不意味着立即采取战争行动,而是意味着美国将采取综合政治、经济、军事手段,遏制国际对手的崛起对美国全球霸权构成的挑战。**

布什政府的副总统切尼领导的"美国新世纪"(PNAC)高层智囊机构,明确提出:"21世纪美国的对外政策基本方针,是谋求建立在全球的永久绝对优势地位,威慑企图发挥更大全球或地区性作用的潜在竞争者,先发制人打击被怀疑发展大规模毁灭性武器的国家……""阻止发达的工业国家挑战我们的领导地位,甚至不要让它们有发挥更大的地区或全球作用的野心",这就清楚地表明美国的先发制人打击原则,目的是阻止任何国家崛起并拥有挑战美国霸权的力量,是指针对任何对美国霸权而非国家安全的威胁。显而易见,**美国的先发制人打击战略类似于里根的星球大战战略,更多属于以军事打击恫吓国际对手的"软战争"谋略,美国从军事上实施先发制人打击战略的代价太大,而且在道义和外交上也会遭到国际社会的反对,因此,美国的先发制人打击战略是一种综合性战略,意味着任何国家崛起并影响、威胁到美国全球霸权,都会被美国视为潜在对手并采取一切手段加以遏制,且遭到政治、经济、外交、军事领域的全方位"软战争"攻击,倘若美国认为时机恰当和成本收益合算的条件下,军事恫吓的攻心战也可能变成真正的战争威胁。美国副总统切尼领导的"美国新世纪"高层智囊机构,还特别强调重视中国的"政权更迭"问题,意味着美国已将中国视为"软战争"的重点打击目标。**

布什总统虽然制定并签署了"先发制人"的国家安全战略,但是,美国尚不敢真正采取军事行动攻击任何有实力的大国,而是仅仅攻击了美英明知没有大规模杀伤性武器的伊拉克,尽管伊拉克等小国对美国霸权构成的威胁,远远不及任何有实力的大国,这表明布什总统的"先发制人"战略,同里根总统的"星球大战"战略一样,军事威胁更多属于恫吓国际对手的攻心战,其目的是配合运用综合政策武器攻击的全方位软战争。从尼克松总统实施的"缓和"战略,到里根总统实施的"星球大战"战略,再到布什总统制定的"先发制人"战略,本质上都是在不同的历史时期和国际格局条件下,运用综合手段维护美国全球霸权的"软战争"谋略。事实证明,这种综合运用经济、政治和军事手段,"软硬兼施"攻击国际对手的薄弱环节的做法,对于一国的经济、政治和军事安全来说，隐蔽性强且难以被识别和防范，具有极大的现实威胁性和破坏性。因此，当前中国研究的国家安全和经济金融安全问题，应该采用跨学科的综合性研究方法，超越单纯的军事学和经济学的狭隘视角，直接面对美国国际战略的强烈攻击性。

20 世纪末期的美国外交战略，还以"民主"和"人权"为标榜，21 世纪伊始却转向武力威胁，超级大国的面孔变换如此突然，不由令人们颇感意外和震惊。美国国际战略似乎变幻无常，其中却并不是无规律可循。《威胁中国的隐蔽战争》十年前曾指出，"美英两国实施重大国际地缘战略，都是在国际战略家们中间酝酿诞生的，越战后这些学者智囊提出了'缓和'战略，笔下文中勾画着各种新式政策武器，后来果然变成了'隐蔽软战争'的利剑，变成了里根瓦解前苏联的秘密战略，变成了国际权威机构的'华盛顿共识'，对于亨廷顿等美英战略家们，勾画的世界前景的'大棋局'，我们切切不可等闲视之"。笔者认为，尽管美国政府的涉外计划属于绝对机密，但是，在其战略构想变成具体政府计划之前，一般也要经历一个学术争论、酝酿的阶段，由此可见，仔细研究美国国际战略家发表的著作，可洞察到美国政府重大战略转变的酝酿过程，知晓其智囊人物不加掩饰吐露的真实意图，甚至可提前十年预见美国战略演变的趋向，从而为我们研究具体对策争取宝贵的时间。美国的新国家安全战略的出笼过程，再次为笔者的分析、判断提供了有力例证。

美国的新国家安全战略的"先发制人"原则，并非出于"9·11"事件后反恐战争的需要，而是早在前苏联阵营刚刚解体之时，就在美国某些重要战略家中酝酿产生了，这些右翼鹰派智囊后来都荣升布什政府要职。冷战时期美国的主要对手前苏联解体，并未使美国高层智囊感到和平机遇降临，而是看到了荣登世界霸主宝座的良机。1990 年，美国副总统切尼当时任国防部长，委托当时的前国防政策助理沃尔福威茨，启动了在前苏联阵营瓦解的新国际形势下，美国如何制定新国际战略的研究，提出要抓住这一千载难逢的历史机遇，努力建立美国主宰的世界新秩序，绝不再让任何国家崛起挑战美国优势，不惜采取先发制人手段排除威胁。1992 年 2 月 1 日，美国《纽约时报》刊登了一篇文章，题为"五角大楼正寻找冷战后的新敌人"，透露了切尼领导研究项目的报告草本，包括建立美国不受挑战的绝对优势地位，采取先发制人手段排除别国挑战威胁。1993 年，切尼领导研究项目的成员扎尔迈，撰写出版了一本关于美国战略的著作，书名为《从冷战遏制到全球领导者》，重申了《纽约时报》透露的报告基本原则，即"美国应在永久的未来中，阻止另一个全球力量的崛起，为此必要时不惜使用武力"。

2002年4月1日，《纽约人》杂志发表了莱曼的文章，题目为"未来的世界秩序"，详细介绍了切尼、沃尔福威茨等政要，如何催生美国"先发制人"战略的过程，"柏林墙刚刚倒下，当时的国防部长切尼，就组建了一个智囊班子，从全球大战略的角度，研究冷战后美国的对外政策。这个研究项目是悄悄进行的，当年这个研究班子的成员，如今都荣升布什政府要职，如现任国防部副部长的沃尔福威茨，切尼的总参谋长刘易斯·利比，切尼的资深外交政策顾问艾德曼"。沃尔福威茨作为智囊班子骨干的更是官运亨通，他在第一届布什政府中担任国防部副部长，为发动入侵伊拉克的战争大显身手，后来又被布什任命担任了世界银行行长的要职，为实现美国全球战略在经济领域继续拼杀。莱曼的文章继续写道，"这是一个紧密的保守派智囊团，他们自认为比起华盛顿的官僚，更为志向远大，更为冷酷无情，更为敢想敢干……鲍威尔当年任联席参谋总长，他领导着一个更温和的研究班子，也构想冷战后美国的外交和国防政策。两个班子都向切尼汇报，再由切尼向前总统老布什汇报，以确定美国对外政策的大战略走向"。

1990年5月21日，两个班子按预定安排同时向切尼汇报，由沃尔福威茨首先发言，他侃侃而谈远远超过预定时间，而切尼对鹰派观点兴致勃勃，丝毫不想去提醒或制止，结果鲍威尔根本没有时间发言，直到数周之后才汇报了他的不同构想。轮到切尼向前总统老布什汇报时，绝大部分采用了沃尔福威茨的材料。莱曼的文章还提到，"此后这个班子继续工作，1992年，美国《时代》杂志搞到了相关材料，刊登头版消息称按照五角大楼的构想，美国将阻止任何国家或联盟成为全球力量，从而引起了一场争议，招来了布什政府鹰派搞单边主义的指责"。1992年春季，《纽约时报》刊登了切尼班子的报告摘要，遭到某些有影响议员的反对并被抨击为"建立美利坚帝国的狂想"。外界的强烈反映迫使切尼的班子降低调门，对研究报告进行了修改并适当增加了某些温和色彩。

20世纪90年代初，尽管美国政界的主流派还无法接受右翼鹰派智库的主张，但是，仅仅十年之后，切尼研究班子的成员都荣升布什政府要职，摇身一变成了美国政界的主流派，他们表现出了更加强硬的鹰派姿态，对外界的批评指责根本不屑一顾，大胆地发展了原先的谋求全球霸权设想，甚至赤裸裸地提出要建立新罗马帝国，为美国享有"永续世界霸权"提供各种理论依据。2002年美国颇有影响的《外交事务》杂志3—4月号，刊登了美国国际智囊巴斯蒂安的文章，题为《不得不帝国主义》，随后英国首相布莱尔的外交政策顾问罗伯特·库柏，也在英国《观察家报》刊登了一篇题为《我们为什么仍然需要帝国》的文章，再次提出了新帝国主义论，在国际上盛行一时引起了轰动。他们追随亨廷顿的文明冲突论，将非西方国家划分为"前现代国家"和"现代国家"，"前现代国家"如阿富汗、索马里等，"现代国家"如巴基斯坦、中国等，认为两者对主要由西方发达国家组成的"后现代国家"构成了威胁。为了对付这种威胁，**美英为首的西方国家必须采用两套策略，在内部用法律与合作的和平手段协商解决彼此间的矛盾；而对外则需要恢复传统的武力、先发制人的打击和欺骗，甚至可以不择手段。**库柏还认为新帝国主义在现实中已经存在，如国际货币基金组织和世界贸易组织等，就是所谓"全球经济帝国主义"的实例。

库柏等人作为资深的外交和国际问题顾问，在科索沃战争期间曾帮助布莱尔首相设计"新干涉主义理论"、"人权高于主权"等理论。在新的国际形势下，**库柏将"新干涉主义理论"发展到了一个新的高度，鼓吹霸权有利于维护世界秩序的稳定，新帝国主义是霸权统治的最好形式。**显然，库柏认为世界实力均衡格局已严重失衡，可以毫无顾忌地提出帝国主义的口号，重温大英帝国昔日统治世界的荣耀，军事强权操纵贸易带来的滚滚财富，不必担心勾起非西方国家的痛苦回忆。库柏重新沿用殖民扩张时代的语言，声称"当我们与后现代欧洲大陆以外的老式国家打交道时，我们需要采取比旧时代更强硬的方式——武力、先发制人的进攻、欺诈以及一切必要的手段。我们遵守法律，但当我们生活在丛林中时，我们必须运用丛林规则"。鸦片战争中，大英帝国正是打着"文明"的旗号，对中国进行帝国主义的强盗掠夺。尽管库柏为了兜售新帝国主义论，提出所谓"合作的、自愿的帝国主义"等等，用一些美丽辞藻装饰令人憎恶的帝国主义，但是从美英两国公然不顾欧洲盟国反对，绕过联合国发动伊拉克战争的事实，所谓西方国家的合作不过是宣传幌子，美国主宰的单极世界霸权才是本质。**美国新国家安全战略的先发制人原则，不仅违反了尊重国家主权的国际法，而且针对可能挑战美国霸权的任何国家，显然也包括法国、德国和欧洲盟国。美国政要公开声称要惩罚法国、德国，让它们为反对伊拉克战争付出代价。**

美国新国家安全战略针对的潜在威胁，其实并不是指威胁美国的国家安全利益，而是指威胁美国的政治军事霸主地位，威胁其不受国际法律和任何国家的制约，运用手中霸权获取巨大利益的前景。世人皆知超级大国前苏联自我解体后，美国是唯一拥有强大军事机器的超级大国，世界上任何国家真正担心的问题，是如何自我防御并维护自身正当权益，根本谈不上对美国国家安全构成威胁。美英两国不顾别国甚至盟友的反感，公开宣布"先发制人"的单边主义原则，甚至声称想要建立新的罗马帝国，正是因为只有帝国才能凭借强大武力，随心所欲地支配别国获取巨大利益。政治是经济利益的集中体现，战争则是政治在军事领域的延续。布什政府军政高官不少是富豪商贾，热衷国际政治并非痴迷于做全球领导以及希望维护世界秩序促进"和平与发展"，他们曾卷入美国媒体曝光的公司丑闻，为谋取经济利益不惜涉嫌违反法律，很难想象他们能廉洁奉公地遵守国际法，成为公正维护世界秩序的领导者。

二　美国经济杀手提供的"软战争"微观证据

倘若说尼克松以元帅身份提供了"软战争"证据，那么2004年底美国出版引起轰动的畅销书《一个经济杀手的自白》，则从参战士兵的角度提供了"软战争"证据，更为清晰地揭露了美国策划软战争破坏别国经济的内幕。该书作者约翰·珀金斯的公开身份是经济学家、国际金融顾问，但他实际上是美国国家安全局的秘密雇员。美国国家安全局（NSA）是比中央情报局（CIA）规模更大、更秘密的庞大情报机构。CIA和NSA招募经济学家来充当"经济杀手"，然后把他们派遣到民间企业和私人公司工作，例如金融咨询公司、国际贸易公司、跨国制造企业，等等。约翰·珀金斯以一家大型私人企业首席经济顾问的冠冕堂皇身份，穿梭往来于亚洲、非洲、拉丁美洲国家，向当地的政府、银行和民间企业提供金融咨询，帮助电力、港口、高速公路建设筹措资金，暗地里却是扮演着美国"经济杀手"角色。

尼克松的著作《1999年：不战而胜》透露越战导致美国意识到冷战遏制政策的失败，从1969年起开始转向"胡萝卜和大棒两手并用"的"缓和"政策，此后不久的1971年，约翰·珀金斯就开始被美国国家安全局培训成一名经济杀手，在经济战线上继续美国在越南战场上输掉的战争，为谋求建立美国全球帝国的霸权目标而效力。**约翰·珀金斯揭露，那时美国已经清楚地意识到，如果想要实现全球帝国的梦想，就必须发展一种通过经济杀手发动的征服世界的隐蔽战争，**"这是唯一能躲过核灾难，不留一滴血就能战胜苏联的方式"，"自人类社会有历史记载以来，绝大多数的帝国都是建筑在强大的军事实力及其威慑力上的。然而，'二战'结束后，由于前苏联的核武器对美国造成的威胁，使得诉诸军事对抗的方法太过冒险"，"在建立帝国主义的进程中，我们一直试图以经济手段取代武力手段达到目的，越南战争中我们使用了武力，结果让自己陷入了泥淖。美军在东南亚的经历让我们懂得武力是有局限性的，于是，美国经济师们立即作出回应，共同制定了一个比单纯的武力入侵更好的行动计划"。

约翰·珀金斯揭露，经济杀手披着经济学家、银行家、国际金融顾问之类的合法外衣，其实却肩负着建立美国全球霸权的战略任务，现在的"美帝国"

不同于历史上的强大帝国，主要是以经济而非武力操纵别国；"经济杀手"无所不做，如通过贿赂、色情、威胁敲诈甚至暗杀等手段，拉拢、控制别国的政治经济精英；蓄意作出错误的宏观经济分析和产业投资建议，诱骗发展中国家落入预设的经济陷阱，控制这些国家的经济命脉和自然资源，通过欺骗手段让成万亿资金源源不断地流入美国，巩固、扩大美国在全球的经济、政治和军事霸权。约翰·珀金斯揭露，在经济全球化的时代，美国为谋求建立全球霸权，派遣经济杀手到世界各地发动的隐蔽经济战争，其规模空前巨大，令人恐怖。约翰·珀金斯以参战士兵身份提供的证据，表明尼克松不仅确实采纳了美国国际专家的建议，实施"缓和"战略，策划运用经济筹码的"软战争"，而且还委派像约翰·珀金斯那样的大批经济杀手，确实发动了规模巨大的"软战争"以维护美国霸权。

　　约翰·珀金斯揭露的经济杀手内幕，并不是孤立的、缺少旁证的陈述，已经有大量西方披露的史料从不同的侧面，证实了美国经济杀手和隐蔽经济战争的真实性。1996 年，美国中央情报局前雇员彼得·施瓦茨，撰写出版了一本著作，题为《胜利——美国政府对前苏联的秘密战略》，透露了 20 世纪 80 年代美国中央情报局雇用一大批专家，包括国际政治、经济学、心理学等方面的专家，策划瓦解前苏联的秘密战略的幕后活动，揭示了美国为谋求全球霸权策划的"软战争"，在不同的政府执政时期和不同的战场上展开的历史过程。施瓦茨曾亲自参与中央情报局的这项秘密活动，为撰写该书还走访了里根政府的许多高级官员，包括国防部长温伯格、国务卿舒尔茨等，他撰写的著作得到了美国高官的肯定和赞许，他提供的大量宝贵史料具有很高的真实性和研究价值。施瓦茨在该书中透露，中央情报局局长凯西为了实施秘密战略，被里根总统赋予极大的权力，超过历届政府的前任中央情报局局长，可以直接进入总统的椭圆办公室，要求外交、经济、军事部门予以合作，国际事务权限甚至与国务卿相同。① 2004 年 3 月，美国出版了《万丈深渊：一名知情者记忆中的冷战史》一书，作者托马斯·里德曾担任空军部长兼国家安全委员会成员，他撰写的著作透露，在里根政府执政时期，威廉·凯西领导的中央情报局对苏联展开了"冷酷无情的经济战"，包括以假技术情报造成西伯利亚的一条天然气管道发生了大爆炸，堪称仅次于核爆炸的威力最为巨大的爆炸，破坏了对前苏联赚取外汇硬通货具有关键性的能源产业，这种惊险间谍影片的情节竟变成了美国策划"软战争"的真实一幕。

---

① ［美］施魏策尔：《里根政府是怎样搞垮前苏联的》，殷雄译，新华出版社 2001 年版，第 15 页。

前面提到的施瓦茨的著作具有很高的研究价值，记录了大量的客观历史事件过程，提供了"软战争"存在的真实证据。施瓦茨在该书中写道，"里根总统和几位重要顾问开始制定一项战略，对苏联体制的经济与政治弱点进行攻击。我们采取了一项包括经济战在内的全面战略，用以攻击苏联的弱点。它是一场无声的战役，与盟国一道开展工作"。施瓦茨的著作清楚地表明，里根政府对苏联表现强硬姿态，大肆宣扬导弹防御"星球大战计划"，其实是精心设计的"攻心战"，明显不同于冷战时期的军备竞赛。施瓦茨引用了前国防部长温伯格对经济战的回忆，称其核心思想"以己之长攻彼之短"，而"美国的长处是经济与技术"，这就意味着要把东西方军事竞争的重点从数量转向质量。尽管当时前苏联在核武器数量上有优势，而"星球大战"的技术根本不成熟，但美国凭借技术优势发动的宣传攻势，也能够产生强大心理威慑作用，促使前苏联领导人担心经济弱点，对自身制度的信心发生动摇。施瓦茨的著作透露，"前苏联垮台不是上帝青睐美国，而是里根政府奉行的政策所致"，关于前苏联"客观上"是否具有生命力，里根根本不感兴趣，他提出的任务就是，将这种生命力降低到零。

施瓦茨还写道，中央情报局局长凯西为了实施秘密战略，他有意提供前苏联策反的假情报，以说服沙特政府减产压低石油价格，减少前苏联出口石油的外汇收入，迫使其陷入外汇危机和物资短缺，难以进口西方商品、设备和技术。20 世纪 70 年代的"缓和"时期，美国曾向前苏联提供贸易、信贷优惠，有意培育战略依赖性并涣散其斗志，20 世纪 80 年代美国毫不留情地收缩绳套，通过各种经济制裁卡住前苏联脖子。事实上，20 世纪 80 年代前苏联的经济军事实力，远远超过了 20 世纪 50、60 年代的水平。美国历史学家施莱辛格 1982 年访问莫斯科后曾说，"我在商店里看到了更多的商品，在市场上看到了更多的食品，在大街上看到了更多的轿车，几乎所有东西都比以前更多。美国有些人认为前苏联处在经济与社会崩溃的边缘，只要用力推一下就把它翻到悬崖下去了，但这些人只是自欺欺人"。美国获诺贝尔奖的著名经济学家萨缪尔森，在 1981 年出版的畅销经济学教科书中也曾写道，"如果认为大多数东欧人生活在悲惨中，那么就犯了一个低级的错误"。尽管第二次世界大战后前苏联、东欧经济发展较快，20 世纪 60 年代就开始尝试经济体制改革，重视经济刺激和物质奖励的做法，一定程度缓解了经济体制僵化的矛盾，明显改善了人民的生活水平，消费品供应也处在历史最好水平，但是，美国通过"缓和"战略培育的依赖性，却令其领导人难以忍受西方经济制裁，里根正是抓住其心理脆弱性发动进攻。

施瓦茨的著作透露，凯西命令中央情报局将情报搜集重点，从冷战时期的军事领域转向更广范围，包括关于前苏联社会经济的详细情报，特别是其薄弱环节的状况和趋向，及时向里根总统和有关高级官员汇报。施瓦茨在该书中写道，"总统喜欢阅读前苏联经济的原始资料，特别是一些趣闻轶事，诸如工厂因缺乏备品、备件而停工，硬通货匮乏和排队购买食品等"。施瓦茨还引用了里根在日记中的自述，"他们的境况极其糟糕，如果我们能够切断他们的信贷，他们就不得不呼喊'大叔'，不然就得挨饿"。前国防部长温伯格主持的"星球大战计划"，目的是通过心理威慑误导前苏联领导人，促使他们相信新一轮的军备竞赛，"正在以一种前所未有的步伐和形式急剧地加强"。施瓦茨在著作中写道，"在五角大楼的绝密文件中，温伯格称此为'经济战'的一种方式"，"温伯格坚定地认为，苏联如果从西方得不到贷款和技术，那么它的日子就无法过下去了。只要有可能，他就抓住每一次机会努力争取对东西方之间的贸易进行限制"。

施瓦茨还在著作中透露，里根政府策划瓦解苏联的秘密战略，"其政策的制定和实施，在很多情况下只限于国家安全委员会和内阁的少数人，这些倡议几乎没有在内阁会议上讨论过，总统只是在办公室里与两三个顾问作出决定"，前中央情报局局长凯西、前国防部长温伯格，在制定秘密战略过程中处于显赫位置。施瓦茨写道，里根政府制定的"这项战略打击了苏联体制的核心，包括：

- 用隐蔽手段对波兰团结工会的活动予以财政、情报和后勤方面的支持，以确保反对派在苏联帝国的心脏得以生存；
- 对阿富汗抵抗组织提供确实的财政与军事支持，也向穆斯林游击队提供支持，把战争引向苏联自身；
- 通过与沙特合作而压低石油价格，并且限制苏联向西方出口天然气，从而发起一起使苏联的硬通货显著减少的战役；
- 发动一场圆滑而详细的精神战，在苏联领导层中间煽风点火，使他们变得优柔寡断和担心害怕；
- 发动一场包括秘密外交在内的全面的全球性战役，从而极大减少苏联获得西方高技术的可能性；
- 发动一场广泛散布假技术情报的战役，企图瓦解苏联的经济；
- 开展一场具有进攻性的高技术国防建设，使苏联在经济上感到严重的压力，并且加剧其资源危机"。

施瓦茨还描述了美国秘密战的实施过程。由于中东战争曾触发石油危机，西欧国家普遍迫切希望寻找替代能源，而前苏联石油、天然气特别有吸引力。20世纪70年代"缓和"时期，前苏联、东欧尝到经济交流的甜头，也非常想获得西方国家的硬通货和贷款，购买西方的消费品、设备和技术。20 世纪 80 年代，里根政府骤然紧缩银根提高贷款利率，一些东欧拉美国家纷纷落入外债陷阱，波兰因外债危机诱发经济社会动荡，促成了团结工会反对派力量的诞生，美国抓住前苏联阵营的这些薄弱环节，趁势发动了猛烈的经济、外交和人权攻势。尽管前苏联能通过出口石油获取外汇，从而没有因借西方贷款陷入外债危机，但它出于稳定本国和东欧经济的需要，迫切希望建立通向西欧的输油管道，从而扩大石油出口获得更多硬通货。里根看出了前苏联的经济薄弱环节，委派中央情报局局长凯西出访西欧各国，反复游说甚至动用各种筹码进行威胁，迫使西欧国家放弃支持输油管项目，加入美国对前苏联、东欧国家的经济制裁。与此同时，美国有意散布石油开采技术的假情报，在关键的石油设备的部件尺寸上暗做手脚，通过工业间谍传给前苏联工业部门，结果导致前苏联的石油项目运转失常，经常维修仍频繁陷入瘫痪影响生产，直到前苏联解体后仍不知原因何在。这种类似 007 间谍大片中的情节，竟然在美国瓦解前苏联的秘密战略中真实地发生了，由此可见，"隐蔽软战争"之说绝非杜撰虚构，甚至导致了一个超级大国的瓦解。

我国的许多学者认为，前苏联"剧变"原因在于没有进行体制改革，这种说法虽有一定道理但并不全面。如果我们对历史事实不采取简单的态度，而是进行深入细致的观察，就会发现特别令人费解的是，前苏联、东欧的"剧变"不是发生在体制僵化或谨慎改革时期，而恰恰是发生在戈尔巴乔夫大胆推行政治经济体制全面改革的年代。由于前苏联长期片面强调重工业和军事工业，经济结构的不合理消耗了过多的资源，20 世纪 80 年代以来，其经济发展速度渐趋缓慢，里根政府推行针对前苏联的秘密战略，进行核恫吓逼迫前苏联进行军备竞赛，压低油价枯竭外汇来源造成很大困难，戈尔巴乔夫没有察觉到美国的险恶用心，也没有深入分析导致经济困难的原因，将经济增速趋缓全部归罪于自身的经济制度，恰好误入了西方动摇其制度信心的战略陷阱。其实，当时前苏联面临的美国制造的核恫吓和经济困难，远远不及二战后初期遍地战争创伤的时期，戈尔巴乔夫善良有余而未经风浪老练不足，误入美国攻心战陷阱导致了前苏联解体。

笔者的专著《威胁中国的隐蔽战争》十年前曾指出，美国策划"软战争"所利用的新式政策武器，范围广泛到包括能影响别国以获取本国利益的任何手段，美国为谋求扩大势力范围和世界霸权，可以不择手段地运用任何形式的实力筹码，包括政治、经济、外交、文化等一切领域，也包括公开的、隐蔽的合法甚至非法手段，不受任何道德规范的约束和国际法律的制约，唯一标准就是以最小成本获得最大利益。

近年来西方媒体和知情人士透露的大量内幕证实了这一点。约翰·珀金斯利用的武器是貌似科学的计量经济预测模型，还有似乎能够帮助发展中国家的巨额贷款，通过利用错误的经济预测误导经济发展和投资计划，促使发展中国家落入无法偿还的债务陷阱并爆发外债危机，这样国际金融组织就可以债务警察的身份介入，逼迫发展中国家接受"华盛顿共识"的新自由主义改革，放弃经济主权并推行贸易、投资、金融自由化和大规模私有化，允许跨国公司廉价控制经济金融命脉和自然资源。彼得·施瓦茨实施里根政府瓦解前苏联的秘密战略，则是利用尼克松时期扩大经济交流培育的战略依赖性，利用经济制裁减少以前给前苏联的贸易、贷款和技术引进好处，迫使冷战时期不惧怕美国的前苏联领导人变得心理脆弱，难以割舍"缓和"的经济利益并惧怕里根的"星球大战"恐吓，丧失对社会主义制度的信心并屈服于美国的攻心战压力，抛弃马列主义并推行自杀性的政治经济体制改革，在美国提供援助的诱惑下落入新自由主义改革的陷阱，最终导致了经济军事实力衰败和国家四分五裂的恶果。

三　美国著名经济学家提供的"软战争"证据

1994 年笔者留学归国工作后撰写的研究成果，就提出应警惕新自由主义的危害，防止其误导中国的改革开放事业。2000 年笔者出版的专著《威胁中国的隐蔽战争》，不仅对新自由主义持强烈批判态度，还将其比喻为美国隐蔽经济战的工具，有人质疑现实中是否有支持笔者观点的证据。笔者的专著指出，美国出于蓄谋已久的谋求霸权动机，一直暗中策划隐蔽经济战的攻势，推荐误导性改革药方并酿造金融风暴，猛烈打击了拉美、前苏联和亚洲经济，改变越战后不利于美国的实力均衡对比，然后才敢于赤裸裸地谋求建立世界霸权。许多中国经济学家不愿意相信"阴谋论"，认为经济研究中不应掺杂国际政治因素。1997 年爆发的震惊世界的亚洲金融风暴，许多中国人受到西方新闻媒介的误导，都认为是亚洲国家自身的原因造成的，但是，**近年来逐渐暴露出的越来越多的证据，特别是知情的西方著名经济学家透露的内幕，表明美国曾暗中操纵国际金融机构，蓄意为亚洲国家的金融危机推波助澜，其强加政策造成破坏的证据更是俯拾皆是。**

美国著名经济学家斯蒂格利茨先生，曾任世界银行副行长兼首席经济学家，因有社会正义感并且敢于仗义执言，坦率批评国际金融机构政策而被迫辞职。他后来在《我从世界危机中学到了什么》一文中，揭露了国际金融机构的决策过程不透明，实权掌握在幕后暗中操纵的人手中，经常不采纳著名专家学者的意见。亚洲金融危机中，斯蒂格利茨和其他著名经济学家，曾反复提醒国际金融机构应修改其政策药方，否则必然加重金融危机造成恶性循环，特别是印度尼西亚处于社会失业危机之中，放开价格取消政府补贴很可能爆发严重动乱，但是，国际金融机构对他们的反复提醒视而不见，依然通过贷款附加条件强迫印度尼西亚推行，导致印度尼西亚爆发了代价惨重的社会动荡。据报道，仅印度尼西亚首都雅加达就有数千人死亡，全国各地还有大批华人和民众死于动乱，导致印度尼西亚一度处于社会动荡和国家分裂的边缘。

笔者曾在《威胁中国的隐蔽战争》中指出，"人们纷纷谴责暴徒野蛮排华和苏哈托独裁，但是，很少有人指责美国和国际货币基金组织，正是美国隐蔽经济战诱发的社会动荡，给印度尼西亚人民和当地的华侨造成巨大生命财产损失，而幕后的罪魁祸首却逃脱了社会谴责"。现在，斯蒂格利茨等正直的西方著名学者，根据自己亲身经历揭露的惊人内幕，充分证明了美国暗中操纵的国际金融机构，对于强迫印度尼西亚推行政策的社会后果，其高层决策者不但事先早已知情，而且还遭到了著名经济学家的强烈反对，但却一意孤行蓄意酿造了社会悲剧。斯蒂格利茨还揭露，国际金融机构曾在内部秘密报告中，明确表明希望其改革计划激起社会动荡，厄瓜多尔和玻利维亚都不幸因此遭受劫难。这些血的惨痛教训提醒我们，不应天真以为政治同经济可以截然分开，其实，美国政府和国际金融机构的决策过程，并不受一般经济、技术专家的意见左右，策划国际战略的智囊专家们的谋略建议，总是直通最高决策层获得支配地位。我们必须正视隐蔽经济战争的残酷现实，才能维护国家经济安全和百姓切身利益。

笔者的专著曾论述美国如何设置改革陷阱，巧施隐蔽经济战暗器破坏俄罗斯经济，还提醒中国人也必须"防人之心不可无"，但有些善良的中国人却不愿怀疑别人。现在从斯蒂格利茨揭露的惊人内幕来看，尽管印度尼西亚的实力根本无法威胁美国，但美国谋求全球霸权的隐蔽经济战，打击对象居然不放过这样的发展中国家，更何况前苏联和中国等有实力的大国，无疑是美国称霸道路上的重大障碍，难道野心勃勃的美国会轻易放过吗？倘若中国不提高警惕严加防范，完全可能重演前苏联和印度尼西亚的悲剧。斯蒂格利茨在《我从世界危机中学到了什么》一文中，对美国造成俄罗斯改革灾难的责任，提供了更为直接有力的证据。

斯蒂格利茨在上述文章中还明确写到，"俄罗斯的灾难的主要特点与东亚的灾难完全一样——包括国际货币基金组织和美国财政部的政策在唆使和引诱它的过程中所起的作用都一样。但是在俄罗斯，这种唆使和引诱进行得要早得多"。他揭露说，国际货币基金组织委派指导俄罗斯改革的经济学家，根本不了解俄罗斯经济的历史和特点，往往是缺乏经验并盲目相信市场教条，忽视历史、制度和社会分配因素的年轻学者。国际货币基金组织未经公开的学术和政策争论，就采取和实施了"休克疗法"方案，却有意排斥研究俄罗斯问题专家们的意见，以及许多著名经济学家的渐进改革主张，包括他还有肯尼思·阿罗等获诺贝尔奖的经济学家。斯蒂格利茨在文中提到，有一位熟悉俄罗斯的杰出经济学家欧斯萨格，曾在美国总统顾问委员会中任高级顾问，"他正是那种拥有美国财政部和国际货币基金组织所需要的专门知识的人。但是，也许正是因为他知道得太多了，他们几乎从来不向他咨询"。

　　斯蒂格利茨还揭露了国际货币基金组织的决策草率，根本不深入了解各国的实际经济情况，而将新自由主义经济政策作为万灵药方，强迫苏联、东欧和第三世界国家推行，国际货币基金组织认定，"普遍真理就是休克疗法，适用于所有那些向市场经济转型的国家：下的药越猛，不管造成的反应也越痛苦，经济恢复得越快，推理过程就是这样的简单武断"。斯蒂格利茨还提到，"当国际货币基金组织决定帮助一个国家，它派出一个经济学家的'使团'。这些经济学家往往缺乏对这个国家的广泛了解，他们可能对这个国家的五星级饭店，比对它的分布在乡下的村子拥有更多的了解。这些工作小组因为在出发前就拟好报告的草稿而著名。我听说过这样的不幸事件，这些小组成员把给一个国家的报告的大部分拷贝下来，并把它们全部转变为给另一个国家的报告。他们带着这份拷贝转变而来的报告出发了，但是由于文字处理软件的'寻找并替换'功能没能正常工作，结果在一些地方仍保留着原来那个国家的名字。原来如此"！

　　由于美国推荐的所谓规范改革药方，20世纪80年代以来流行全世界，对中国经济学界也产生了很大影响，识破其暗藏的陷阱机关并提高警惕，对维护改革大业和经济安全至关重要。值得指出的是，有些迷信西方经济理论的经济学家，将新自由主义的经济数学模型视为科学，不愿正视其脱离现实世界的种种缺陷，不愿面对其给转轨国家造成的社会灾难。他们认为经济研究应保持中性立场，不应掺杂复杂的国际政治因素。但是，必须正视国际政治因素的存在，才能正确地认识复杂的客观现实世界，解释所谓规范经济理论屡遭失败的事实。从某种意义上说，正视美国谋求全球霸权的动机和行为，才能提出反映复杂客观现实的理论假说，比起那些采用忽视现实的虚假前提条件，单纯进行抽象演绎的数学模型更具科学性。

　　尽管新自由主义造成了巨大社会灾难，但许多中国经济学家却茫然不知，仍然将其作为规范理论来指导改革，这同经济研究与国际政治完全脱节，忽视复杂的客观现实世界有很大关系。例如，俄罗斯依据西方产权理论推行私有化，不仅没有提高企业效率促进增长，反而导致国民经济和工业生产下降了50%，企业亏损面迅速增长扩大了几倍，各种效率指标均急剧恶化下降了30%，包括劳动生产率、能源和材料利用率等，西方媒体也称俄罗斯推行私有化后，变成了腐败泛滥的"强盗掠夺国家"，每年均有数百亿美元私有化掠夺资产，通过各种洗钱途径被非法转移到海外，难怪俄罗斯核战略部队连电费也交不起，这种误国误民的改革直接威胁到国家生存。令人遗憾的是，有些中国经济学家仍在鼓吹私有化，不愿意正视"科斯产权理论"的神话，在俄罗斯改革中遭到惨痛失败的现实，也不愿意了解俄罗斯依照产权明晰思路，推行各种形式私有化的丰富实践，完全不知道他们仍在主张的许多产权改革，已在俄罗斯充分实践并造成了巨大破坏。国内一度流行的经营者买断收购（MBO），各地一度纷纷出台的拍卖大中型国企方案，已经变成不加掩饰的私有化行为，很可能造成类似俄罗斯的灾难恶果，严重威胁到中国的经济和国防安全。

美国《国际论坛先驱报》于1999年8月26日，发表了一篇评价俄罗斯经济转轨的文章，指出美国推荐的改革药方导致了大灾难，"联合国发表的最令人刺耳的报告说，以西方国家为首的通过大规模私有化改变前苏联阵营国家经济模式的努力已经使一亿多人陷入赤贫。对除波兰和斯洛文尼亚以外的其他国家来说，人均寿命减少了四年或更多。西方国家不仅出了馊主意，而且受到了牵累。主意的威力是巨大的，尤其当它们是馊主意时"。美国《波士顿环球报》专栏作家威廉撰文写道，"俄罗斯人以前对美国抱有好感，现在人们却普遍抱有这样的看法，美国蓄意要毁掉俄罗斯，故意出了导致经济和体制瘫痪的坏主意，为的是使它不再成为自己的竞争对手"。

美国竭力鼓吹新自由主义经济政策，还通过操纵国际组织强行向全球推广，特别是第三世界和前苏联转轨国家，有人误以为美国是奉献自己的宝贵经验，帮助这些国家克服经济转轨的困难，但实际上美国的真实意图恰恰相反，稍微了解美国信奉的国际政治理论，以及美国国际专家公开宣扬的全球战略，不难知道谋求建立单极霸权的美国，绝不会无私推荐自由市场的法宝，帮助世界各国走上繁荣富裕的道路。美国向各国推荐新自由主义改革药方，乃是有意发掘灾难时期的历史教训，特别是曾导致频繁危机的自由放任政策，人为地制造破坏别国的经济金融危机，用于打击威胁其建立霸权的国际对手。

近年来，西方媒体透露出的大量证据表明，早在20世纪90年代之初，正当前苏联阵营刚刚解体后不久，俄罗斯人还天真地以为实行了"休克疗法"，忍耐一下"短期阵痛"就会康复痊愈，很快就能享受西方的富裕物质生活之时，美国战略家却早已知道俄罗斯实力将被彻底摧毁，开始酝酿新一轮的重大国际战略调整，讨论 21 世纪美国的新国家安全战略，如何永久确保美国享有世界霸主地位，绝不允许任何国家再崛起挑战美国优势，构思筹建新罗马帝国的宏伟战略蓝图。由此可见，美国向俄罗斯推荐的所谓规范改革药方，确实与美国的全球战略有密切联系。

令人深思的是，我国著名经济学前辈陈岱荪，曾于 1995 年撰文深刻指出，"近年来在国内滋长的对西方经济学的盲目崇拜倾向，深究起来，实质只是对当代西方经济学中新自由主义这一古旧学派的崇拜，而人们之所以以腐朽为神奇，盲目崇拜这一带有浓厚的复古色彩的学派，主要原因有三：一是误认为新自由主义是主流派经济学；二是为其光怪陆离的理论表象所迷惑，没有认识到它与从亚当·斯密到马歇尔的旧经济自由主义一脉相承的理论渊源关系；三是没有识破西方国家和某些国际经济组织在发展中国家特别是社会主义中国强制推行自由主义经济学及新自由主义经济模式的险恶用心。西方国家在国内甚至国际经济生活中厉行国家干预主义政策，但要求广大发展中国家特别是社会主义国家推行新自由主义改革模式和经济政策，取消国有企业，取消国家对经济生活的管理特别是计划管理，洞开国内市场，与西方国家牢牢控制的世界经济接轨，其目的无非是要在发展中国家恢复殖民主义统治，在社会主义国家搞和平演变，演变为资本主义，或外围资本主义。我们的某些学者十分卖力地在国内贩卖这一套新自由主义货色，而且非常顽固地加以坚持，实际上扮演了一个可悲的角色"。

当年陈岱荪先生提出的深刻见解，今天重读显得格外令人回味。许多新一代的著名中国经济学家，还有接触西方不长的党内老干部，都误将陈岱荪先生的谆谆告诫，当做是思想僵化甚至是附和权势。其实，陈岱荪早年曾获哈佛经济学博士，不曾留恋美国高等学府的优厚待遇，还拒绝过国民党政府的高官厚禄，"文化大革命"中挨整远远超过了年轻人。他的警世告诫来自一片爱国真情，来自长期严谨治学的真知灼见，来自经历百年沧桑领悟的人生真谛。尤其值得敬佩的是，陈岱荪先生富有远见的警世之言，正越来越为世界局势的发展所证实，特别是亚洲爆发金融危机之后，还得到了许多西方著名学者的呼应，尽管他们对于国际组织的强烈批评，来得要比陈岱荪先生晚了好多年。

美国为谋求全球霸权暗中策划的"软战争"，涉及了意识形态、政治经济和文化交流等各个领域，其中核心的是推行新自由主义的意识形态，作为攻击社会主义国家和第三世界的政策武器。中国已经深感政治领域自由化的危害，但还没有意识到美国宣扬的规范经济理论，是新自由主义在经济领域的表现形态，不仅会造成改革失误和经济损失，加剧贫富悬殊和社会的两极分化，而且还会推动隐蔽的政治自由化，两者彼此呼应有密切的相互联系，从长远来看先瓦解社会主义经济基础，然后渐进积累到矛盾尖锐的危险时期，就随时可能诱发经济危机和社会动荡，进而导致政治危机甚至使国家陷入分裂，值得引起充分警惕并及早采取防范措施。

其实，旧中国也广泛流行自由主义经济理论，但是，那时中国正饱受西方列强的掠夺压榨，人们根本不相信自由市场和私有产权神话，甘愿冒生命危险阅读违禁的马克思著作。但是，今天对于强大起来的社会主义中国，美国主动表现了种种友好亲善行为，邀请了大批中国政府官员和学者进行访问，展示着西方国家拥有的财富和富裕生活，这种情况下人们很容易产生种种错觉，仿佛亚当·斯密学说和科斯产权定律，确实有"点石化金"的神奇功效，为急于求富甚至不惜全盘效仿西方模式。改革以来随着对外经济文化交流的扩大，特别是国际组织不断向中国施加影响，其建议也被缺乏警惕的许多中国学者，误认为是规范经济理论和改革方案，新自由主义思潮在中国广泛流行。哈耶克的著作不断在中国翻译出版，在理论界和经济学界影响日益扩大，甚至成为许多中青年学者的崇拜偶像。

一些地方和部门重视政治领域自由化的危害，却不懂得国际组织推荐药方的破坏性，忽视了新自由主义经济思潮的危害，对哈耶克著作的影响日益扩大视而不见。试想前国际组织推荐的规范改革药方，给拉美、俄罗斯造成如此巨大灾难，如何能用来帮助中国深化经济改革？哈耶克属于极端右翼的经济学家，甚至不能容忍西方的温和社会改良，如何能容忍公有制和中国共产党存在？如何能容忍有中国特色的社会主义存在？难怪随着新自由主义在学术界流行，现在盛行否定自己历史的翻案风潮，否定从共产党到孙中山的任何革命，甚至还有梁启超、康有为的社会改良。也难怪信奉哈耶克的许多中青年经济学家，不断提出政治体制改革是绕不过去的。倘若任由新自由主义经济思潮的泛滥，不仅将会导致贫富分化和社会不稳定，还可能瓦解削弱社会主义经济基础，而且随着公有制萎缩而私有制扩大，必然随之提出政治领域的要求和主张，要求修改宪法宣布"私有产权神圣不可侵犯"，最终还必将明确提出复辟资本主义，取消社会主义制度和共产党的领导，用资本主义的政治经济制度取而代之。

四 孙子论谋略战争与列宁的帝国主义理论

尼克松政府的国务卿基辛格精通国际政治谋略，他提出"如果你控制了石油，你就控制了所有国家，如果你控制了粮食，你就控制了所有的人，如果你控制了货币，你就控制了全世界"，清楚地表明尼克松政府已开始将经济金融政策筹码，视为影响、控制别国和维护美国霸权的战略政策武器。**美国著名地缘政治学家、经济学家恩道尔，依据基辛格提出依靠能源、粮食和货币武器控制世界的名言，撰写了一系列关于美国谋求全球霸权国际战略的著作，利用大量翔实丰富的资料揭露了美国策划"软战争"的事实。**2009年中央电视台策划了关于恩道尔战争思维的对话，某些国际问题专家对恩道尔著作的观点提出了质疑，如将战争从狭义军事领域扩展到广义经济领域是否合理，恩道尔列举的大量事实虽然真实但是否以偏概全，有些专家承认这些事实的真实性但将其视为"真理的颗粒"，质疑重视"真理的颗粒"是否会妨碍中国改革开放和对外交往。①

实际上，早在两千年前《孙子兵法》这部世界权威军事经典，就是从广义谋略角度而不是狭义军事角度来看待战争。孙子将谋略博弈、外交博弈均纳入广义战争范畴，提出"上兵伐谋，其次伐交，其次伐兵，其下攻城"，将广义谋略博弈列在比狭义军事博弈更为重要的位置。《管子·轻重戊》也记载了春秋时期管仲辅佐齐桓公，运用贸易、粮食、价格杠杆等作为谋略武器，通过经济战争巧妙征服、控制鲁国、梁国的历史。**中国古代军事家强调善于运用任何手段的谋攻，包括自然现象如四季变化、风雨雷电、山川地貌，社会现象如敌国内部矛盾、国情民心、商品物价。运筹帷幄的将帅善于借助自然、社会规律力量，对敌国造成的打击、破坏不亚于百万雄兵。**至于国家之间的广义谋略博弈较量是否重要并关乎全局，孙子将首先包含国家谋略博弈较量在内的广义战争，称为"国之大事，死生之地，存亡之道，不可不察也"。尼克松显然重视孙子"不战而屈人之兵"的谋略思想，才能在《1999年，不战而胜》等政治著作中，提出要将经济联系变成捆住国际对手的绳索，将贸易、先进技术等当做武器而不是礼物，利用紧张局势缓和破坏共产党政府理论等谋略，这些由美国总统亲自构想并付诸实施的国际博弈谋略，客观上导致了前苏联的思想混乱、经济崩溃和国家分裂，无疑符合孙子所论述的广义谋略战争博弈的范畴。至于重视经济筹码武器化是否妨碍经济贸易往来，《管子·轻重戊》已回答了贸易利益与战争谋略的孰轻孰重，倘若鲁国、梁国能够识破齐国运用粮食武器的"软战争"谋略，在保证基本耕地和粮食安全的条件下谋求服装贸易利益，就能破解齐国谋略获得较高收入并避免国破家亡，同陷入饥荒和国家败落相比更

---

① 陈伟鸿：《关于恩道尔战争思维的对话》（央视对话节目文字稿），乌有之乡网站（http://www.wyzxsx.com/Article/Class20/200909/104847.html），2009年9月17日。

有利于长期稳定贸易。中国重视美国的"软战争"谋略并深入研究应对策略，无疑有利于更好推进改革开放并捍卫其宝贵成果。

美国策划"软战争"的大量事实表明帝国主义本质未变，列宁关于帝国主义和战争的理论并未过时、失效，但美国从冷战遏制转向实施"缓和"战略之后，帝国主义战争的形式确实发生了很大变化，美国一度减少了对社会主义国家的军事恐吓威胁，以及在全球范围进行的军事干涉、入侵行动。美国为维护垄断资本的利益进行了战争形式创新，采取了同传统战争有很大区别的"软战争"形式。由于美国运用"软战争"打击国际对手时，往往先制造缓和气氛麻痹对手令其放松警惕，主动给予对手一些贸易、经济、文化交往方面的好处，作为引诱其落入经济陷阱和培养战略依赖性的诱饵，因此，"软战争"的出现容易给人们造成很大的错觉，误以为帝国主义已改邪归正并发生了本质变化，战争的危险已经大大减少甚至将会完全消失，曾被证明正确的列宁关于帝国主义和战争的理论已失效了。约翰·珀金斯揭露美国派遣的经济杀手是以帮助发展中国家的友善面目出现，他们所运用的巨额贷款等金融武器和经济模型等误导性理论武器，同帝国主义进行殖民扩张时期的坚船利炮相比确实有很大欺骗性，发展中国家一开始会尝到甜头，最后会因债务陷阱引发严重经济危机。尼克松提出将贸易、贷款、先进技术作为武器而不是礼物，但经济政策武器同传统战争武器相比具有很大迷惑性，这种美国在越战失败后进行的政策武器和战争形式创新，致使人们容易仅仅看到获得经济贸易利益的一面，而忽视美国利用经济筹码作为隐蔽软战争政策武器的一面，容易促使人们将这些本应证明帝国主义本质未变的证据，误认为是证明列宁的帝国主义理论已经失效的证据。

列宁所处的时代帝国主义国家在经济军事上拥有压倒性优势，西方列强总是毫不犹豫地运用先进军事武器发动赤裸裸的侵略战争。西方列强不屑于选择谋攻方式是因为武力征服具有更大确定性，动用坚船利炮轻易征服弱小民族后就可以任意掠夺财富，当年英国凭借先进武器甚至战胜了国内生产总值大得多的中国。谋攻方式是否发挥作用受多种因素影响具有不确定性，倘若鲁国、梁国能够识破诡计，齐国的粮食战争谋略就无法奏效。春秋时期盛行谋攻方式也是因为各诸侯国实力相差不大，运用谋攻方式虽然无法保证获胜但可降低战争风险代价。在资本主义发展的数百年历史中，西方列强始终拥有压倒性的先进军事技术优势，垄断资本拥有更大的操纵国家军事机器能力，因此，列宁关于帝国主义和战争的理论没有论述"软战争"，但是，马克思、列宁都预见到资本主义的虚拟金融化的趋势，谋利贪欲可能促使其演化为最纯粹、最巨大的欺诈制度，这就意味着一旦帝国主义不再拥有压倒性军事优势，发动赤裸裸侵略战争的成本代价远远超过所获收益，帝国主义谋求霸权的贪欲必然促使其进行战争形式创新，运用欺诈、谋略攻击国际对手的"软战争"也就会应运而生。

"软战争"是在特定的国际政治环境中出现的特殊现象，它是帝国主义在传统的"硬战争"侵略政策屡遭失败，国际实力均衡格局变得越来越不利于霸权主义，全世界进步力量对"硬战争"侵略形成强大阻力，"硬战争"的代价变得难以承受的情况下被迫作出的选择。"软战争"的出现暂时减少了"硬战争"爆发的频率，但它并不代表垄断资本主义弃恶从善发生了本质变化，相反它代表着垄断资本在新国际形势下的灵活多变，善于不断采取新的手腕继续追求最大垄断利润，貌似温柔的外表下其贪婪谋求霸权利益的本质丝毫没有改变。"软战争"的出现并不意味着"硬战争"的危险减少了，"软战争"与"硬战争"之间存在着密切的联系。当美国发现运用"硬战争"攻击国际对手付出的代价太大时，就可能被迫放弃"硬战争"转而采取"软战争"的形式，但是，一旦美国运用"软战争"攻击国际对手获得成功，大大削弱了国际对手拥有的经济、军事实力，从局部或整体上改变了国际实力均衡的格局，就随时可能重新运用"硬战争"作为攻击国际对手的手段，爆发"硬战争"的危险就会重新大大增加，美国实施"软战争"瓦解前苏联并改变世界格局之后，又重新采取了帝国主义强硬姿态并进行军事干涉，先后发动了入侵科索沃、阿富汗和伊拉克的战争。**这就意味着识别和抵御新帝国主义的"软战争"，对于防止"硬战争"和维护世界和平具有重大意义。**

从美国经济杀手约翰·珀金斯的自白中可清楚看出，第二次世界大战结束后世界格局发生了很大变化，国际对手的核武器使得美国诉诸军事对抗太过冒险，世界各国人民在列宁的帝国主义理论指导下进行斗争，运用落后武器抵抗帝国主义侵略战争的能力大大增强，美国虽拥有先进武器也在越南战场上遭受了惨重失败，但是，美国垄断资本追求超额垄断利润的贪欲并未改变，操纵国家"争夺全球霸权和构建全球帝国的野心"没有改变，这就促使美国迫于国际格局变化压力进行战争形式创新，寻找比军事入侵风险代价更小的隐蔽战争方式。约翰·珀金斯揭露，美国政府、大银行、大企业融合构成的"公司王国"，是派遣经济杀手进行全球隐蔽经济金融战争的幕后元凶。约翰·珀金斯创造了一个新名词"corporatocracy"（译为公司王国或公司帝国），意指美国大银行、大企业同政府融合而成的权力核心，海外媒体称约翰·珀金斯对公司王国的揭露使人大开眼界，但是，当年列宁早在帝国主义理论中对此进行过详细论述，约翰·珀金斯揭露的内幕充分证明马列主义理论没有过时，"经济杀手"所发动的"软战争"依然体现了帝国主义战争的本质。

西方自由主义经济学理论以各种不现实的假设为前提，如不存在运用欺诈、暴力手段等种种道德风险，不仅难以反映旧帝国主义时代的充满掠夺战争的残酷现实，也无法反映新帝国主义时代运用欺诈谋攻方式进行的"软战争"。约翰·珀金斯运用的计量经济预测模型，甚至本身就是经济杀手的"软战争"理论武器，专门用来误导发展中国家落入巨额债务陷阱。马列主义理论从来正视资本主义充满欺诈、暴力和战争的残酷现实，因此，列宁的帝国主义理论曾准确预见到爆发大规模帝国主义战争的危险，成为世界各国人民抵御帝国主义战争的有力理论武器。西方经济学将研究欺诈谋利行为斥之为违反学术规范的"阴谋论"，但是，垄断金融资本不会因害怕违反不存在道德风险的经济学假设，就节制贪欲并高尚地放弃运用欺诈手段谋取暴利的机会，新自由主义经济学以价值中立为借口回避道德风险是虚伪的，马列主义政治经济学重视跨学科的研究方法，正视国际政治与垄断资本经济利益之间的密切联系，能够为我们研究当代垄断资本操纵国家机器的欺诈谋攻行为、新帝国主义攻击国际对手的隐蔽经济战争提供科学的理论框架。深入研究美国垄断资本为谋求全球霸权策划的"软战争"，有利于我们抵御美国攻击马列主义的意识形态战争，有利于我们在继承并创造性发展马列主义的基础上，更好地认识当代资本主义并维护国家的经济金融安全。

五 "软战争"的显著特征与软武器共振效应

从近年来西方媒体暴露出的大量材料来看，当代帝国主义策划并发动的"软战争"具有一些显著特点：

首先，"软战争"的规模巨大涉及全球范围，几乎牵扯到全世界的所有国家。里根执政时期的美国空军部长兼国家安全委员会成员托马斯·C. 里德，著书透露当时的中央情报局局长威廉·凯西，在里根总统领导下对苏联展开了"冷酷无情的经济战"，但与此同时，**美国经济杀手约翰·珀金斯的著作揭露，1981 年里根政府还策划了针对厄瓜多尔前总统和巴拿马前总统暗杀事件，两位拉美小国总统遭遇空难并不是意外事故而是谋杀，因为这两位总统拒绝帮助美国成为全球性帝国，而且两国拥有美国觊觎的石油资源和巴拿马运河。这两起暗杀恰逢里根实施针对前苏联秘密战略的高潮时期，证明当年里根政府发动了规模巨大的"软战争"，打击对象不仅有社会主义大国而且有资本主义小国，其最终目标显然是建立美国的单极全球霸权秩序，为此不会放过任何阻碍美国全球称霸的国家。**约翰·珀金斯揭露，今天美国为谋求建立全球霸权，派遣经济杀手发动的"软战争"，达到了令人恐怖的空前巨大规模，证明了列宁关于帝国主义就意味着战争的著名论断："帝国主义战争，即争夺世界霸权、争夺银行资本的市场和扼杀弱小民族的战争是不可避免的。"

其次，美国参与策划和实施"软战争"的人员非常广泛，涉及政府、大企业、大银行、大学、会计公司等各种组织。美国中央情报局前雇员彼得·施瓦茨的著作透露，美国政府实施针对前苏联的秘密战略牵涉到最高层官员，包括里根总统、中央情报局局长、国防部长、国务卿、政府部长等，美国政府还设有负责策划和实施"软战争"的专门机构——里根执政时期由总统直接领导的国家安全委员会，成立了具有协调、指挥"软战争"能力的"国家安全规划组"——统一调动中央情报局和政府外交、经济部门力量，实施了通过隐蔽经济战加速前苏联解体的秘密战略，但是，前苏联仅拥有应对传统战争和间谍活动的国防、安全部门，难以应对超出其管辖范围的政治、经济、外交和攻心战新式政策武器。约翰·珀金斯亲历30年美国经济杀手生涯，他的著作揭露美国经济杀手总以冠冕堂皇的身份出现，诸如"首席经济师、经济与区域规划总监、财务分析师、社会学家、计量经济师、影子定价专家"，等等，"现在这个系统日益庞大，人员日益庞杂。他们拥有更多优雅的头衔，他们穿梭于孟山都（农业跨国垄断企业）、通用电器、耐克、通用汽车、沃尔玛和全球几乎所有主要企业"，"这些人，纷纷从纽约、芝加哥、旧金山、伦敦和东京等大城市的企业里走出来，涌向全球每一个大洲，劝说腐败的政客接受他们的贷款，让公司王国为他们的国家套上永远打不开的枷锁"。约翰·珀金斯虽然是美国"软战争"的普通士兵，但他以跨国公司的首席经济学家身份穿梭全球时，却经常同国际金融组织和亚非拉国家的高级政要交往，如世界银行总裁以及厄瓜多尔和巴拿马的总统、政府部长、行业协会会长等。约翰·珀金斯运用的武器虽然是经济预测模型和巨额贷款，但通过误导发展中国家的发展规划和产业投资计划，能够控制这些国家的经济金融命脉并产生巨大破坏作用。美国经济杀手通过"软战争"掠夺全世界的巨大财富，丝毫不亚于殖民扩张时代帝国主义士兵通过侵略战争掠夺的财富。

再次，美国为谋求全球霸权实施的是全方位"软战争"，可以运用任何政策武器并且在任何战线上展开，任何领域的政策筹码都可改造成"软战争"的利器。英国的著名战略家亨利·利德尔，曾精辟阐述过"软战争"的精髓。他在《间接路线战略》一书中写道，冷战时期当权的西方政治家们，误以为军事竞赛起决定性作用。利德尔还写道，攻击对手战争所采取的"路线"，如果不具有某种程度的"间接性"，不能使敌人感到措手不及，难以应付，那么也就难于取得有效的结果。《荷马史诗》所记述的特洛伊战争中决定胜负的恰恰是似乎同战争无关的木马，管仲辅佐齐桓公征服鲁国、梁国运用的也是似乎同战争无关的粮食武器。越南战争失败后美国面临着经济军事霸权全面衰败的危机，布雷顿森林体系解体导致美元出现丧失国际主导货币地位的危险，美国为挽救美元霸权运用的竟然是似乎同金融无关的石油武器。1973 年，美国政府和金融、能源巨头联合伊朗、沙特等中东盟友，推动以美元计价的石油价格暴涨了400％，促使石油贸易对美元需求猛增以挽救美元衰败。美国还利用石油涨价给发展中国家造成的经济困难，先将回流石油美元以低息贷给发展中国家，然后骤然提高浮动利率促使众多国家落入了外债陷阱。美国著名国际地缘政治学家恩道尔的著作《石油战争》，记述了这一时期基辛格等美国高官在中东斡旋的历史过程，1973 年石油危机期间担任沙特石油部长的亚马尼王子，称《石油战争》"讲述了 1973 年石油价格发生变动的真相"。[①] 美国经济杀手约翰·珀金斯的著作，也讲述了他以参战士兵身份运用石油、债务武器，为挽救美元霸权穿梭于中东、拉美地区的亲身经历。

美国发动"软战争"运用的不同领域的政策武器，相互之间往往存在密切联系并能产生共振效应，如美国推行能源金融化政策放开相关金融衍生品投机，石油价格暴涨暴跌导致能源危机并扩大了能源武器威力，同时石油投机所获暴利又进一步扩大金融投机领域，高盛等投行趁机以对冲、保值为名运用金融武器，诱惑众多中国企业因落入金融衍生品陷阱蒙受巨大损失。美国为操控全球粮价大力推行生物能源政策，消耗大量玉米等作物推动了粮食价格持续不断上涨，能源价格暴涨也扩大了能源生产消耗粮食加剧粮食危机，石油武器和粮食武器之间相互作用并产生了强烈共振效应。20 世纪 70 年代，美国前总统福特签署的美国国家安全备忘录 200 号，提出美国应通过各种方式限制发展中国家的人口增长，避免消耗大量自然资源影响美国的国家安全和海外利益。**自然资源消耗减少只能被动地延长资源使用期限，不能从根本上避免自然资源被耗尽所带来的危机，根本解决办法是以科技进步方式推动经济发展，充分发挥全人类的创造性智慧源源不断开发新资源，但是，当代美国金融垄断资本主义占统治地位的时代，同工业资本主导的时代比较具有更大的腐朽性，为维护美国的全球霸权地位并获取高额垄断利润，有意采取损人利己的方式限制发展中国家的工业发展，为此美国不断运用粮食、能源武器制造粮食、能源危机，以此作为控制全球人口增长的国际战略的重要政策武器。**

---

① ［美］恩道尔：《石油战争》，赵刚译，知识产权出版社 2008 年版，第 146 页。

六 美国通过隐蔽战争制造马列主义失效假象

美国在越战失败后从"冷战遏制"转向"缓和"战略,放弃经济贸易封锁转而扩大经济文化交流,是一种"不战而屈人之兵"的"软战争"谋略,其重要的战略目标之一就是动摇社会主义国家的意识形态,让人们误认为马列主义理论特别是帝国主义理论已经失效,进而推动社会主义国家走资本主义改革道路并发生制度解体,丧失社会、民族凝聚力并出现社会动荡和民族分裂主义。尼克松的重要政治著作《1999 年:不战而胜》,明确表述了美国政府推动"缓和"政策的战略目的,他称"紧张局势的缓和破坏了共产党政府的理论,这无情地推动共产党人通过实行改革或获得更大的民族独立性来寻求合法化"。[①] 由此可见,尼克松特别重视利用经济文化交流促使紧张局势缓和的表象,来动摇马克思主义理论作为社会主义国家的指导思想的重要地位,使其抛弃马列主义理论,难以继续认清当代美帝国主义的本质,从而迷失方向无法制定有效政策应对美国的"缓和"战略。尼克松提出要将经济文化交流变成捆住国际对手绳索的政策,经济金融往来中不仅有明确的经济价码,背后还有暗藏的推动美国国际战略的政治价码,包括实施经济制裁并最终推动社会主义国家分裂解体。戈尔巴乔夫不清楚美国越战后的重大战略转变,抛弃了马克思的科学社会主义理论转向民主社会主义,抛弃了马克思的国家、阶级理论转而追求所谓全人类的"普世价值",为此付出了制度解体、经济崩溃和国家分裂的代价。前苏联解体时戈尔巴乔夫对布什沮丧地宣称美国"赢得了冷战",他全然不知道美国早就输掉了"冷战"并转向"缓和"战略,导致前苏联解体的是美国策划的软硬兼施的"软战争"。

戈尔巴乔夫抛弃了马列主义理论并非仅仅出于信仰动摇,还在于没有认清美国实施"缓和"战略给外交政策带来的新变化,制造出掩盖当代帝国主义本质的种种烟幕假象。美国从"冷战遏制"转向实施"缓和"战略,改变了对社会主义国家一贯采取的敌视威胁态度,容易给人们形成帝国主义已经弃恶从善的假象;美国实施"缓和"战略放弃了"冷战"时期经济封锁政策,主动扩大同社会主义国家的贸易往来和经济文化交流,社会主义国家获得了比以前更有利的经济发展条件,也容易让人们误认为美国已经放弃冷战思维转向和平共处;美国利用经济、贸易、贷款等手段培育战略依赖性,随时可能利用经济金融筹码进行制裁或谈判施压,促使社会主义国家感受到丧失经济利益的损失代价,

---

① [美]尼克松:《1999 年:不战而胜》,王观声等译,世界知识出版社 1989 年版,第 158 页。

从而比冷战遏制时期更容易屈服于美国的政治压力；尼克松就提出将贸易、贷款、先进技术作为武器而不是礼物，但经济政策武器同传统战争武器相比具有很大迷惑性，这种美国在越战失败后进行的政策武器和战争形式创新，致使人们容易仅仅看到获得经济贸易利益的一面，而忽视美国利用经济筹码作为隐蔽"软战争"政策武器的一面，容易促使人们将这些本应证明帝国主义本质未变的证据，误认为是证明列宁的帝国主义理论已经失效的证据；美国通过扩大经济文化交流展示其聚敛的物质财富，容易促使人们忽视造成东西方经济差距的复杂历史原因，羡慕资本主义模式并误认为马列主义理论失效、过时了；美国还操纵国际组织将贷款附加条件同新自由主义经济政策挂钩，同美国鼓吹的西方价值体系和政治制度改革挂钩，诱导、胁迫符合美国意愿的大规模私有化改革，通过削弱国有经济基础动摇社会主义的意识形态，等等。

七 美英高官鼓吹新帝国主义证明列宁的理论并未失效

早在 20 世纪初，列宁曾作出了帝国主义就意味着战争的著名论断，他认为，自由竞争产生生产集中，生产集中发展到一定程度就产生垄断，银行和工业资本日益融合或者说生长在一起，逐渐形成有能力控制整个经济生活的金融资本财团。在金融资本的时代，私人垄断组织和国家垄断组织相互交织在一起，金融资本财团不满足于获取一般竞争利润，为了追求超额垄断利润操纵国家军事机器，发动战争以谋求世界霸权并征服、控制弱小民族。列宁论述帝国主义的政治经济学理论，深刻剖析了垄断资本主义的弊端，揭示了帝国主义频繁发动侵略、掠夺战争的根源。

一个多世纪以来，中国知识分子都能清楚感受到马列主义政治经济学理论，比较西方的自由主义经济学理论更准确反映了现实世界。西方自由主义经济学论述的美妙"看不见的手"，是以种种不现实的隐含假设为前提条件，如存在完善、充分的竞争而不存在垄断，理性经济人虽然追求自私利益却不伤害别人，不存在运用欺诈、暴力手段等种种道德风险。西方自由主义经济理论建立了种种数学模型，以貌似科学、严谨的推理论证资本主义市场的美好，但是，中国人从一百多年来同西方列强交往的屈辱经历，深知西方自由主义经济理论是不现实的天方夜谭，正因如此，陈岱孙、高鸿业等前辈虽然留学西方精通西方经济学，却认为批判资本主义的马列主义理论符合现实世界。

新中国成立后，中国人从西方国家对新中国的长期封锁围堵，能够清楚感受到帝国主义对中国的敌视和破坏。但是，自从 20 世纪 70 年代初尼克松访华以来，中国人对西方国家的感受发生了变化。昔日敌视、傲慢、封锁遏制中国的帝国主义，变得友善、平等待人并主动扩大经济文化交流，慷慨地资助中国人访问并学习西方国家的经验，列宁论述的贪婪、腐朽的西方垄断资本主义，变成了令人羡慕的"美欧发达市场经济模式"，被某些著名经济学家视为中国改革开放的目标方向，中国人在长期斗争中相信的马列主义，特别是列宁关于帝国主义和战争的论述，在某些人眼中已过时、失效了，有些人还重新发掘历史材料的蛛丝马迹，以证明西方国家其实一直对中国是文明、友好的，有人甚至为汪精卫叛国和日本侵华大屠杀翻案、辩护。

列宁的帝国主义理论是全世界人民斗争的有力理论武器，曾经有效帮助过世界各国人民抵抗帝国主义的侵略战争。但是，人们容易认清推行殖民扩张和战争侵略的帝国主义，容易认清推行经济封锁和"冷战遏制"的帝国主义，却很容易被扩大经济文化交流和实施"缓和"战略的帝国主义所迷惑。有些人将西方展示扩大经济文化交流的友好姿态，视为列宁的帝国主义理论已经失效、过时的证据，但是，美国通过"缓和"战略策划隐蔽攻击的"软战争"，摧毁前苏联的经济军事实力并改变世界格局之后，又重新暴露出了赤裸裸的帝国主义强硬扩张姿态，美英政府高官甚至重新鼓吹实行新帝国主义政策，证明了列宁的帝国主义理论事实上从未失效、过时。当前中国应对复杂的国际环境和美国霸权的挑战，迫切需要坚持并与时俱进地发展马克思主义理论，深刻认识当代资本主义和帝国主义的新特点。

英国首相布莱尔的外交政策顾问罗伯特·库柏公开撰文鼓吹新帝国主义，他于2002年在英国《观察家报》发表了题为《我们为什么仍然需要帝国》的文章。库柏重新沿用帝国主义殖民扩张时代的语言，公开鼓吹运用包括欺诈在内的丛林规则对付包括中国在内的大多数发展中国家，他明确提出"**当我们与后现代欧洲大陆以外的老式国家打交道时，我们需要采取比旧时代更强硬的方式——武力、先发制人的进攻、欺诈以及一切必要的手段。我们遵守法律，但当我们生活在丛林中时，我们必须运用丛林规则**"。库柏还认为新帝国主义在现实中已经存在，如国际货币基金组织和世界贸易组织等，就是所谓"全球经济帝国主义"的实例。

值得指出，库柏并不是西方传统的右翼政治家，他是布莱尔领导的英国工党政府的资深外交顾问，科索沃战争期间提出了"人权高于主权"等新干涉主义理论，但是，**倡导"人权至上"的英国工党政治家公开主张新帝国主义，更加充分说明垄断资本利益始终需要推行帝国主义政策，他们动辄以人权、民主、普世价值为借口攻击别国**，本质上是以政治和意识形态筹码作为软战争武器，以达到通过制造政治经济混乱伺机控制别国的目的，但是，一旦这种"软战争"谋略成功改变了实力均衡格局，时机成熟后甚至不屑于继续沿用人权、民主的虚伪包装，迫不及待地赤裸裸暴露出帝国主义的真面目。

英国首相布莱尔的外交政策顾问罗伯特·库柏，显然非常仰慕当年的罗马帝国和大英帝国，竭力赞扬它们所谓"维护世界秩序的作用"，声称"秩序意味着帝国，只有在帝国的疆域内才有秩序、文化和文明。帝国之外只有野蛮、混乱和纠纷，通过单一霸权国家建立和平和秩序的观念一直延续至今"。但历史证明，在罗马帝国和大英帝国的时代，所谓"世界秩序"意味着强者意志，强者随心所欲凭借武力进行侵略、掠夺，将别国财富窃为己有，将别国人民沦为奴隶，强行贩卖本国禁止的鸦片，逼迫签订种种不平等的条约。从公元前167年起，罗马帝国掠取的滚滚财源，甚至使罗马人免去了纳税义务，因为纳税负担转嫁给了被征服民族。大英帝国丧失北美殖民地后，为弥补损失发动了鸦片战争，逼迫中国割让土地偿还巨额赔款，通过鸦片贸易掠夺了数亿两白银。库柏显然忘记了不列颠人的祖先，曾顽强不屈地反抗罗马帝国统治，坚决拒绝强加的所谓世界秩序，法国的高卢人，德国的日耳曼人，也同样英勇不屈地反抗，正是这些曾遭蔑视的"野蛮民族"，最终导致了昔日罗马帝国的崩溃。

布什政府的一些高层智囊也发出了类似的新帝国主义鼓噪。2002年美国颇有影响的《外交事务》杂志3—4月号，刊登了美国国际智囊巴斯蒂安的文章，题为《不得不帝国主义》。布什政府的副总统切尼领导的新保守主义"美国新世纪"高层智囊机构（PNAC），大胆地发展了原先的谋求全球霸权设想，甚至赤裸裸地提出要建立新罗马帝国，为美国享有"永续世界霸权"提供各种理论依据。该机构明确提出"21世纪美国的对外政策基本方针，是谋求建立在全球的永久绝对优势地位，威慑企图发挥更大全球或地区性作用的潜在竞争者，先发制人打击被怀疑发展大规模毁灭性武器的国家……"，"阻止发达的工业国家挑战我们的领导地位，甚至不要让它们有发挥更大的地区或全球作用的野心"。它们还特别强调重视中国的"政权更迭"问题，主张增加美国在亚洲地区的军事部署遏制中国。

人类进入21世纪的今天，美国究竟为何总渴望当世界霸主？甚至公开称要建立新的罗马帝国？难道真是好心想要维护世界秩序？还是想要炫耀盖世武功当武林盟主？这实在令不少中国人感到困惑费解，似乎完全违背了"与时俱进"的精神，就仿佛唐吉诃德效仿中世纪的骑士精神。倘若不是出自美英政界高官之口，恐怕会被误当做"左"倾思潮的主观臆断。悠悠历史长河中，尽管中华文明曾遥遥领先于西方，却从没有追求世界霸权的传统，因此，中国人很难理解霸权背后隐藏的奥秘，即全球霸权寻租的巨大经济利益。美国不怕世人谴责公开追求世界霸权，正是出于垄断资本追求最大利润的贪欲，因为，拥有世界霸权意味着不受任何约束，像大英帝国操纵国际贸易和全球化那样，随心所欲地强权寻租获取超额利润，一般国际贸易的获利远远无法比拟，库柏先生显然深谙祖先敛财之道。

奥巴马表面上是主张改革的美国民主党总统，声称反对布什政府奉行的单边主义国际政策，但是，无论是中国善良愿望还是美国民主选举都无法改变帝国主义本质，因此，奥巴马也必然继承美国右翼政府一贯奉行的对华战略，继续支持威胁分裂中国的台独、藏独和疆独势力，继续施压中国推行曾导致大批中小企业破产的汇率政策，这样就不会对奥巴马访华不久后采取一系列政策感到困惑不解。美国对华政策多变的根源在于"冷战"转向"缓和"战略，仅仅意味着帝国主义的攻击手段变化而不是本质改变，美国不能容忍任何国家崛起对其世界霸权构成威胁，因此必然不断变换软硬手腕不断对国际对手进行攻击。2010年1月27日，奥巴马在发表国情咨文演说时誓言捍卫美国的全球第一的地位，美国高层智库首脑甚至警告美国将会通过战争手段来阻止全球权力向中国转移。2010年4月22日，美国不顾国际社会反对太空军事化的舆论压力，进行了具有全球攻击潜力的"宇宙战机"试飞，表明美国在拥有核武器和常规武器优势的情况下，仍在争取获得当年大英帝国享有的绝对军事技术优势，其目的显然不是为了防御和保障美国自身安全，而是为了列宁论述的垄断资本贪婪决定的攻击性需要，通过世界霸权获取源源不断的寻租利益和超额垄断利润。当前美国正竭力开展高科技和太空武器的军备竞赛，一旦获得军事技术绝对优势就随时可能选择"硬战争"，在此之前为避免军事冲突代价太大则会更多选择"软战争"，一旦实施"软战争"严重削弱国际对手实力时又会再次选择"硬战争"。这就意味着中国为维护国家安全和和平发展的国际环境，必须随时做好准备应对新帝国主义在软、硬两条战线上的威胁。

八　美国对华政策多变与冷战思维挥之不去的深层原因

深刻认识美国实施"缓和"战略的理论渊源，我们就能发现美国政府对华政策多变背后隐藏的规律，就能知己知彼、处之泰然并从容应对。实际上，美国实施"缓和"战略根本不意味着放弃冷战思维，而是用友好姿态和扩大经济文化交流作为掩护，替代冷战遏制时期赤裸裸的军事威胁和经济封锁，为运用政治、经济、外交等软政策筹码发动攻击创造条件，这就是为何冷战结束而冷战思维始终挥之不去的原因。不管美国总统个人是否真诚希望保持对华友好关系，美国垄断资本从全球霸权战略角度必然施加压力，迫使中美关系改善到一定程度时出现恶化趋势，但是，**美国政府表现强硬姿态时也会谨慎掌握尺度，以免紧张局势失控影响美国的实施"缓和"战略。**尼克松以恭谦姿态访华并改善中美关系，恰恰是因为中国支持越南沉重打击了美国的封锁遏制。克林顿领导的民主党政府曾表示对华友好，甚至提出中美两国之间建立战略伙伴关系，但是，就在朱镕基总理访美展现对中美关系的重视后不久，美国就悍然轰炸了中国驻南斯拉夫的大使馆，表明美国将中国友好视为挑衅不会过于触怒中国的理由。俄罗斯对美国轰炸科索沃后作出比较强烈的反应，中途取消总理访美计划并派兵抢占科索沃机场，美国却有意对俄罗斯保持克制以避免紧张局势过度升温。普京执政时期吸取叶利钦对美国过于软弱的教训，有意将强硬姿态作为防止俄美关系恶化的措施。

2009 年 11 月奥巴马访华时曾表现出对华友好姿态，声称将对中国崛起采取欢迎而不是遏制的态度，将高度重视中美双边战略互信关系的发展。但时隔不久，奥巴马却采取了一系列挑战中国核心战略利益的行动：启动向中国台湾大规模出售先进武器的计划，将美国的反导系统直接延伸至中国的大门口，会见达赖喇嘛支持威胁中国主权和领土完整的分裂势力，表示将采取强硬态度逼迫中国人民币升值，进一步出台贸易保护主义措施打击中国的出口，等等。2010 年 3 月 15 日，美国国会 130 名议员甚至对中国提出汇率操纵国指控，威胁对中国出口全面征收 27.5% 的惩罚性关税，这意味着中美两国之间可能爆发全面贸易大战，引起了中国政府的抗议和各界舆论的轩然大波，人们感到诧异为何中美关系骤然从高潮跌入低谷，美国为何骤然改变友好姿态挑起全面紧张局势。令许多中国人感到难以理解的是，奥巴马访华是近年来中美关系发展的高潮标志，友好气氛应该有助于加强相互理解和寻求两国共赢，为何奥巴马却一转脸就公然挑战中国核心利益？有些人将奥巴马对华政策骤变归于美国的选举政治形势，称奥巴马对华强硬是为安抚失业引发的愤怒情绪。实际上，**美国对台军售和施压人民币升值等重大政策措施，不可能根据经济形势和民众舆论而朝三暮四变化，甚至违背美国政府的长期国际战略和形势判断。**

美国政府的对华政策如此频繁出现戏剧性变化，**其主要原因不是某个政治家情绪变化无常，也不是为应对政治选举形势暂时采取的政策调整，而是源于美国针对社会主义国家采取的"缓和"国际战略。**美国在越南战争惨败后被迫放弃了"冷战遏制"，转而采取基辛格等国际战略家提出的"缓和"战略，扩大同社会主义国家的接触和经济文化交流，目的正是通过培育战略依赖性获得政治、经济、外交等政策筹码，以便运用比军事冲突代价小的制裁手段推动美国的国际战略。尼克松明确提出要将经济联系变成捆住国际对手的绳索，将贸易、先进技术等当做武器而不是礼物,不仅在商品上印有经济价码而且还有政治价码。① 正因如此,美国对华政策才会反复出现戏剧性的变化,当友好接触气氛渐浓时往往出人预料发生敌对事件,如朱镕基总理访美后不久便发生的轰炸中国驻南斯拉夫大使馆事件,2008 年北京奥运会前夕美国在全球各地策划的支持藏独分裂活动,奥巴马访华后不久便采取一系列行动挑战中国核心战略利益,等等。

美国运用"缓和"战略打击国际对手,其厉害之处恰恰软硬兼施、灵活多变,时而"友好亲善",时而"强硬恫吓","忽软忽硬"令对手捉摸不定、无所适从,出其不意攻击对手的薄弱、要害环节。中国对付美国"软硬兼施"的两面攻势,也不能采取单纯"软"或"硬"的办法,而应采取"刚柔并济"的巧妙应对策略,避实就虚闪过对手的攻击锋芒,头脑清醒、认清形势、站稳脚跟,继承并发展马列主义国际政治理论,认清帝国主义的不变本质和政策手腕创新,维护国家安全要害不给对手可乘之机、灵活应变、借力打力、趁势反击。当美国对中国表示比较友好的姿态时,中国也应冷静认识到美国的长期对华战略;当美国突然再次对中国进行硬恫吓时,中国也应处变不惊、毫不畏惧、沉着应对,有理、有利、有节地进行反击,不被其故扮疯狂牛仔的强硬姿态和攻心战吓倒,不幻想以顺从、让步来换取一时太平,软弱退让只能让对手更加得寸进尺、变本加厉。有些国际专家担忧中美关系恶化主张屈从美国压力,殊不知这样恰恰会让美国反华势力感到得逞尝到甜头,反而会变本加厉地推动强硬的反华政策。据 2010 年美国民意调查显示,大多数美国民众不支持奥巴马连任总统,下一届总统很可能采取强硬对外政策,甚至有意表演"非理性的疯狂"来促进美国利益,中国对美国对外政策由软变硬应有充分准备。

美国向国际对手施压往往选择要害、薄弱环节,为迷惑国际对手甚至可能有意提供经济利益诱饵,对手一旦顺从美国压力往往就会招致更大麻烦。奥巴马政府以维护人权和言论自由为名,攻击中国对美国的谷歌等在华网络公司依法进行管理,中国采取坚定立场回应美国挑战是完全正确的,否则将来无论在意识形态和美中关系领域,都很可能面对更多、更大的麻烦和冲突。2007 年美国次贷危机爆发后,美国政府高官访华要求中国帮助美国渡过难关,中国动用宝贵储蓄购买大量美国国债和"两房"债券后,美国反而指责中国储蓄率高是导致美国金融危机的原因,美国高层智库甚至提出中国应承担数千亿美元的挽救危机代价。当前中国政府大量减持美国国债是完全正确的选择,这样不仅可

---

① [美]尼克松:《真正的和平》,钟伟云译,新华出版社 1979 年版,第 47—48、249 页。

以减少美元不断贬值给中国造成的损失，还可逐渐让美国丧失将金融危机责任嫁祸中国的借口。

中国不可认为顺从或积极配合美国的经济政策，形成某些美国高层智囊所说的"G2"伙伴关系，通过购买美国国债并提供出口产品支持美元霸权，美国就不会找中国麻烦并且设法阻止中国崛起。实际上，美国高层智囊竭力鼓吹的"中国威胁论"，并非指中国崛起会威胁美国的国家安全，而是指威胁美国在全球范围的霸权利益。由于美国希望通过全球霸权谋求不正当利益，通过美元霸权无偿占有别国的资源和财富，通过涉嫌广泛欺诈的金融交易掠夺各国民众，因此，中国对美国友好并且尽量避免招惹美国，并不能让美国满足并以同样友好态度对待中国，美国金融将危机归咎于中国出口和储蓄高就是明证。

美国经常对关系密切的战略伙伴采取两面利用态度，先利用萨达姆遏制伊朗并且默许其入侵科威特，再将反对伊拉克侵略作为美国军事介入中东借口；美国政府和中央情报局先扶植智利的皮诺特策划军事政变，同时资助芝加哥大学培养的智利经济学家作为经济顾问，拟订一旦政变成功后就开始推行新自由主义改革的详细经济计划，通过大规模镇压、暗杀清除社会进步力量抵抗之后，将智利扶植成拉美第一个推行新自由主义模式的样板；美国、英国积极参与扶植皮诺特的军事政变，等待皮诺特作为傀儡政权价值耗尽后又从反面利用皮诺特，以政变后推行社会镇压侵犯人权为由逮捕皮诺特，将其作为美国推行人权战略的牺牲品，充分利用其价值。

美国经常有意公布其全球各地代理人的腐败信息，从两面利用美国代理人并威胁国际对手作出更多战略让步，如以腐败洗钱罪名逮捕叶利钦的总管并威胁俄罗斯等。同美国打交道就如同接近黑社会老大一样非常危险，因为美国从来认为没有永恒的朋友只有永恒的利益，谋求最大利益本能要求其从正反两面利用战略伙伴，这样可以节省信息成本、欺骗成本有利于谋取最大利益。马克思主义深刻揭示了当代金融垄断资本主义本质，只有坚持马克思主义才能认清世界政治经济格局变化的规律，才能从战略高度认清美国的霸权谋略和两面手腕，更好应对复杂多变的世界动荡局势并维护中国国家利益。

九 中国如何反击美国挑战中国战略核心利益

2010 年 1 月奥巴马启动大规模对台军售计划之后，中国宣布将对美国有关企业进行制裁是完全正确的和必要的。有些人士却认为中国扩大开放和加强经贸联系就能遏制美国反华势力，这种单纯经济观点缺乏长远的国际战略眼光。某些西方大财团和跨国公司为了谋求最大利润，既为对华投资贸易作出友好姿态，又为高额军火利润支持右翼势力反华，包括蓄意夸大所谓中国的军事威胁，怂恿政府将中国作为战略对手和假想敌，支持台湾地区分裂势力搞渐进"台独"的举措，等等。中国也应将战略利益目标同经济贸易挂钩，促使其明白不能既赚中国的钱又搞反华，从自身经济利益出发也要谨慎行事，否则不可能获得最大利润和中国巨大市场的商机。中国将经济贸易与战略目标挂钩能够有效地维护核心战略利益。2001 年笔者曾撰文建议中国应开发将一系列经济与政治结合的综合对策，涉及范围广泛而且可灵活调节力度，对于民进党推进"台独"的渐进性小动作，中国也应及时给予程度恰当的惩罚，这样才能有效遏制其打"擦边球"的分裂政策。当年台湾地区有许多被称为绿营财源的大财团，一方面在大陆大量投资赚了大钱，同时却又积极支持陈水扁和民进党上台，但近几年来发生了转变公开表明反对台独态度，并且为促使陈水扁下台作出了一定贡献，这充分说明将国家战略目标同经济贸易挂钩，不仅是必要的同时也是非常奏效的。

中国不必担心对美国有关财团进行经济制裁，会得罪美国并促使其恼羞成怒，因为，美国垄断财团一向精明善于计算成本收益，注重实际经济利益而从不感情用事，他们不一定惧怕中国的道义谴责和外交抗议，但肯定会认真计算丧失中国巨大市场的利润损失。中国运用经济制裁手段可以灵活调节力度，针对不同反华行动采取程度恰当的反制措施，促使幕后操纵着美国反华政治势力的垄断财团，谨慎计算利弊得失不敢对中国轻举妄动，最终还可能作出拉拢讨好中国的举动。我们同美国某些垄断财团支持的反华势力开展斗争，应该善于发挥自己的长处并避免薄弱环节。中国必须坚持马列主义才能深刻认识垄断资本的本质，才能在借鉴西方经验的同时认清其存在的种种弊端，认清美国经济的泡沫本质并避免重大投资损失，认清垄断资本两面性避免落入不择手段谋利的陷阱。中国企业在实力方面同美国企业相比仍有较大差距，倘若实行经济与政治分开并任由企业单打独斗，中国同美国进行国家战略利益较量必然处于下风。旧中国的民族资本对帝国主义始终软弱无力，广大人民群众只有进行社会主义革命才能挽救国家。普京采取果断措施打击俄罗斯金融寡头的重要原因，就是金融寡头为谋求私利向美国出卖俄罗斯战略利益。**中国必须发挥社会主义制度和公有制的优势，协调一致维护国家核心战略利益和整体经济利益，这样就能形成任何西方跨国企业也难以抵御的力量，共同采取措施抵制、制裁某些美国垄断财团，有效迫使其放弃危害中国核心战略利益的反华行动。中国不仅应直接制裁参与对台军售的美国军工企业，还应查清这些企业属于哪些金融工业融合垄断财团，同哪些银行、企业存在着密切的资金、贸易和技术往来，动**

员中国的有关政府部门、各种类型企业的力量，通过扩大或减少贸易、投资合作优惠等各种措施，劝说美国有关银行、企业帮助共同向反华企业施加压力。中国应该视其合作程度扩大或减少相应的经济优惠待遇，这样在有效促进中国核心战略利益的同时，也有利于实现"共赢"并促进各方面的经济利益。

有的中国金融机构曾在对美投资中蒙受巨额损失，宣称难以判断美国危机走势并不敢继续对美投资，如今受到美国宣扬的经济复苏迹象鼓舞并恢复信心，准备再次动用巨资收购美国股票和银行有毒资产。 中国切切不可认为积极购买美国国债和困难金融机构的股票、债券，就能够赢得美国好感并树立良好的国际形象。尽管中国一直动用宝贵储蓄购买美国国债，向美国出口大量物美价廉产品有助于美国抑制物价上涨，但是，美国财政部长盖特纳和美联储主席伯南克，先后将金融危机起因归咎于中国储蓄率太高和出口太多，美联储前主席格林斯潘也指责中国储蓄率高是金融危机的诱因，美国著名智库甚至提出中国应承担5000亿美元的挽救危机代价。**美国爆发次贷危机之后，美国政府高官和华尔街金融人士频频来华，呼吁中国施加援手帮助美国解救危机，中国也慷慨购买美国国债、"两房"债券等积极相助，甚至因帮助华尔街陷于困境的银行而蒙受重大损失，美国为何倒打一耙、恩将仇报值得中国深思。**

西方媒体披露了华尔街诱发次贷危机的大量欺诈行为，充分揭示了垄断资本不择手段谋求超额利润的贪婪。盖特纳、伯南克、格林斯潘都是华尔街利益的代理人，他们为贪婪欲望不惜严重损害美国民众利益，当然更不会对中国有丝毫怜悯同情之心，为了帮助华尔街逃脱罪责可能采取任何手段。美欧广大民众正日益意识到金融资本的贪婪和欺诈，正在寻找制造金融危机并损害自身利益的"元凶"，而美国和大西洋两岸贪婪的银行家成为发泄愤怒情绪的对象。但是，华尔街金融资本及其在美国政府中的代理人，也正在制造舆论为转移民众愤怒寻找替罪羊，特别是寻找借口将危机的责任、代价转嫁给中国。**中国面对美国无端指责不能仅仅被动地为自己辩护，而应积极向世界各国和美国公众阐明全球金融危机的真正起因，否则就会鼓励美国故意混淆真相并把中国当做替罪羊，中国越是增购美国国债并供给廉价产品就越是成为美国攻击对象。**

中国继续购买美国国债和困难金融机构股票、债券，动用国内宝贵储蓄救助美国也无法赢得欢心，反而会提供他们将危机起因嫁祸给中国的口实，责难中国高储蓄流向美国造成贸易失衡和金融危机。美国反华势力刊登广告称中国购买美国国债，将令其后代沦为中国债务仆从并听命于中国。**中国应积极主动提出维护美国民众和本国利益的主张，冻结巨额金融衍生品坏债，遏制金融危机升级，力阻美联储印钞救市威胁美国民众存款和中国外汇储备，呼吁对美国**

民众存款和各国持有美债实行通胀贴息保值，让美国民众从切身利益出发积极拥护中国立场。中国应抓紧时机进行争取美国民众的舆论工作，以防金融危机升级导致美国国内矛盾激化之时，美国受财团控制媒体骤然发动嫁祸中国的舆论攻势，导致中美关系恶化不利于中国的和平发展战略。

2010年2月，奥巴马以对华贸易存在顺差为借口，威胁将采取强硬措施逼迫人民币升值。中国绝不应屈服美国压力允许人民币浮动升值，因为，这实际上是美国发动对华金融战的借口，一旦人民币浮动升值就会吸引更多热钱涌入，导致中国出现更为严重的外汇盈余问题，这样就会招致美国获得更多借口向中国施压。中国应该反守为攻向世界各国人民呼吁，反对美国实行滥发货币政策导致美元不断贬值，操纵汇率严重威胁世界各国外汇储备和美国人民财产，主动争取包括美国人民在内的世界各国人民支持，防止奥巴马政府和今后可能上台的美国右翼政府，利用金融危机责任、人民币汇率、西藏人权等借口，为推行强硬反华政策和干涉中国内政进行舆论铺垫。中国还应要求美国像20世纪60年代对德国一样，采取具体措施保障中国购买的美国国债价值，弥补因美元贬值造成的汇率损失和通货膨胀损失，这样保障中国利益才能建立国际合作的互信基础。中国还应加快推进建立新型超主权国际货币的进程，联合俄罗斯、印度、巴西、印度尼西亚等支持中国主张的国家，商议先行建立一种过渡性的新型超主权国际货币，用于多边的经济交往和国际贸易计价、结算，以后逐步扩大适用范围并吸引更多的国家加入，这样可以让众多新兴国家获得有力的谈判筹码，切实反击美国逼迫中国实行人民币浮动升值的无理要求，同时有效制约美国滥发货币和操纵汇率的恶劣行为。

附录：刚柔并济应对美国的全球霸权战略

该文系笔者2003—2004年参加中国社会科学院一项国家经济安全重大课题时撰写的研究报告。1999年美国轰炸中国驻南斯拉夫大使馆，2001年美国国防部报告称美国的战略重点将从欧洲转向亚洲，公开宣称将中国作为头号"战略对手"，此后不久美国间谍飞机又在中国南海撞毁中国军机，激起了中国民众的强烈愤慨和爱国主义情绪。但是，笔者发现某些国内官员、企业家和学者，却表现了同中国广大民众截然不同的态度，指责中国外交部门态度强硬导致中美关系恶化，甚至指责中国军机维护主权行为引发中美冲突。笔者发现他们的子女往往在美国定居、经商，非常担心中美关系恶化影响在国外的子女，主张中国屈从美国霸权和反华舆论压力，殊不知美国右翼大肆鼓吹"中国威胁论"，通过编造类似"李文和窃取核机密"事件的手法，蓄意制造反华舆论并非为了冤枉某个人，而是为了通过全球霸权寻租获得长期经济利益，倘若中国遇到压力就屈从美国霸权，恰恰会让美国右翼势力感到得逞尝到甜头，反而会变本加厉地更积极推动反华。

李光耀先生曾回忆到，旅美华人曾长期遭受种族歧视，但是，中国人民志愿军跨过鸭绿江打败了美国军队，美国人才放弃了以前的蔑视态度开始尊重中国人。中国著名经济学家高鸿业也曾回忆到，他留学美国时长期遭受美国人的轻蔑对待，他感到中国抗美援朝之后才受到了美国人应有的尊重。中国人应清醒地认识到，西方人对中国人根深蒂固的轻蔑态度，恰恰来自旧中国对西方霸道的软弱无能，妥协退让并未赢得西方列强的欢心和满足，反而激起了帝国主义的更大贪欲和侵略掠夺。有些中国人正积极为李鸿章讨好、安抚西方列强的政策辩护，但是，历史事实证明日本为掠夺财富而不断发动侵华战争，同李鸿章"量中华之物力，结与国之欢心"政策激发的贪欲有密切关系。高鸿业先生历经沧桑，深知中国人的尊严来之不易，因而不会像某些著名经济学家没有亲身品尝国耻之痛，很容易被西方慷慨资助中外文化交流所迷惑，盲目崇拜西方并主张中国改革效仿美欧市场经济模式，殊不知复辟资本主义将再次导致中国陷入软弱可欺的境地。

该研究报告指出，美国政府对华政策经常"忽软忽硬"变化，表面反复无常变化背后隐藏着"软硬兼施"的攻心战谋略，能够产生强烈心理震撼引起国际对手内部发生分歧、矛盾，正像钢铁虽然坚硬不惧怕外部的硬撞击，却难以耐受反复弯折因缺乏韧性发生断裂，主张中国"刚柔并济"应对美国"软硬兼施"的两手策略，无论对美国"软诱惑"和"硬恫吓"，中国都应处变不惊、头脑清醒、沉着应对。据 2010 年美国民意调查显示，大多数美国民众不支持奥巴马连任总统，下一届总统很可能采取强硬对外政策，甚至有意表演"非理性的疯狂"来促进美国利益，中国对美国对外政策由软变硬应有充分准备。

（一）中美关系为何出现一波三折的反复

近年来，美国对华政策经历了戏剧性变化，令许多中国人感到不安和困惑，为何美国对华忽而友善又忽而敌对？反复无常的变化背后究竟是什么缘由？中国是否也像前苏联一样，面临美国策划"软战争"秘密战略的威胁？对于中国维护政治、经济与军事安全来说，抵御"软战争"的威胁具有很大现实意义，因为，中国是一个正在崛起的大国，而布什政府的 21 世纪新国家安全战略明确提出，绝不允许任何国家再崛起挑战美国优势，并将采取先发制人的手段来遏制国际对手。由于中国是拥有"两弹一星"的大国，直接的军事冲突可能付出重大代价，因此，美国很可能采取"软战争"来对付中国。特别是布什再次当选总统之后，代表温和派的国务卿鲍威尔宣布辞职，显示出美国右翼鹰派势力上升并全面掌权，新国务卿赖斯作为俄罗斯问题的专家，曾参与策划瓦解苏联的秘密战略，国防部副部长沃尔福威茨因竭力鼓动伊拉克战争声誉不佳，如今竟被布什任命担任了世界银行行长的职务，这预示着在伊拉克战争后的复杂国际形势下，布什政府不会放弃谋求全球霸权的目标，而是更可能在经济、金融、外交诸多领域，以软硬兼施手腕发动"软战争"攻势，以应对硬的军事冒险后美国面临的困难局面。美国在中亚地区频繁策动"颜色革命"，国务卿赖斯访俄期间公开鼓动推翻白俄罗斯亲俄政府，也表明美国正更多采用软谋略配合硬的霸权攻势。**里根政府策划的瓦解前苏联秘密战略显示出，新型"软战争"的形式灵活多变，攻击点可选择国际对手的任何部位，但都是围绕其薄弱环节和制度要害，往往采用外交、经济、金融等软政策武器，配合军事包围、遏制等传统硬恫吓手段，因而有可能产生致命性的破坏作用，值得我们从国际政治和经济的综合视角，进行深入细致的研究并且防患于未然，以更好地维护国家战略利益和经济金融安全。**

回顾 20 世纪 90 年代中期，中美关系进入相对平稳发展的时期，当时江泽民同志应邀访问了美国，同前总统克林顿会谈并达成了共识，要建立面向新世纪的中美战略伙伴关系。但是，人们不曾想到形势很快就发生了骤变，1999 年 4 月，美国发动了武力干涉南斯拉夫的战争，此时正值朱镕基同志应邀访美的前夕，中国考虑到维护中美战略关系的大局，按原定计划执行国事访问表示了友好姿态，并未像俄罗斯前总理普里马科夫那样，取消访美计划将飞机中途掉头返回。但是，恰恰在朱镕基同志访美归国不久，就发生了美国从本土派遣战略轰炸机，悍然轰炸我驻南斯拉夫大使馆事件。这一事件究竟是偶然误炸还是蓄谋？是否预示着中美关系将遭遇更多麻烦？后来事态的发展证实了人们的担忧。2001 年小布什上台执政后，明确抛弃了克林顿政府的对华政策，公开称中国不是"战略伙伴"而是"战略对手"。2001 年 3 月 24 日，外电广泛报道了美国国防部提出的一份报告，称美国的战略重点将从欧洲转向亚洲，将中国作为头号"战略对手"。此后不久的 4 月 1 日，发生了美国间谍飞机在我国沿海地区活动，在中国南海上空公然撞毁我军机的事件，仿佛证实了美国对华战略转变的真实性。

1999 年美国轰炸我驻南大使馆后，有些善良中国人虽然明知不是"误炸"，但希望这只是一个偶然挑衅事件。但是，现在将此后一系列事件串联起来，可清楚看出轰炸我大使馆绝非事出偶然，预示着美国对华战略面临着重大调整，乃是美国发动全球霸权新攻势的前奏。**笔者的专著《威胁中国的隐蔽战争》曾**

详细剖析的美国战略思维逻辑，并非是市场促进和谐发展的"理想主义"，而是综合运用政治、经济和军事手段，作为实力筹码谋求霸权的"现实主义"，当军事手段代价大时就侧重玩软手腕，而对手实力削弱后重新运用硬恫吓。2002 年，布什政府高官公开承认其战略调整，正是根据所谓的"新现实主义"。据外电报道早在布什就任总统之前，高层右翼智囊就向他提出战略转变建议，根本放弃冷战时期的力量均衡思考模式，因为，新的现实是前苏联衰败后世界已经失衡，美国已经成为失去制衡的超强力量，应该运用超强力量尽情追求最大利益，还提出要"展开各种进攻性的军事部属"，明确提出以此确定美国的"霸主地位"，并通过全球霸权寻租谋求更大的超额垄断利润。

有些中国人担心怀疑美国就是"冷战思维"，其实从某种意义上说，"新现实主义思维"甚至比"冷战思维"更恶劣，因为当时美国为对抗前苏联力量的制衡，还要考虑到利用盟国和中国搞战略平衡，而"新现实主义"则意味着搞单边霸权主义，企图随心所欲利用超强的军事力量，打破以前国际利益格局追求更多利益。据海外报刊报道，美英政府高官正公开鼓吹新帝国主义论，提出了建立"新罗马帝国"的宏伟蓝图，还利用学者制造"霸权永续"的"新帝国共识"，以求永远无限制地扩大世界实力失衡格局，打击遏制对手追求无限制的霸主利益。美国宣称将奉行的"新现实主义"，乃是中国无法回避的"新现实"，这是由国际实力格局的失衡决定的，而不是由"中国惹不惹美国"来决定的。

美国间谍飞机撞毁我军机的事件，激起了广大中国人民的强烈义愤，但是，有些经济界人士却主张中国顺从美国霸权，担忧中美关系恶化影响到经济利益，他们认为不断扩大开放和加强经贸联系，靠单纯经济利益就能遏制美国霸权和台独分裂势力，但其实不然，某些拥有巨额对华投资和贸易额的跨国公司，其军工生产部门也积极资助反华智囊团，推动美国政府将主要战略目标转向中国，以既亲华又反华的两面姿态谋求最大利润。显然，缺乏国际战略眼光的单纯经济观点，不利于维护国家战略利益和长远经济利益，甚至可能成为美国"软战争"攻势下的薄弱环节。里根政府策划针对前苏联的秘密战略时期，前苏联的经济精英特别是某些涉外经济人士，迷恋尼克松"缓和"政策培育的经济依赖性，曾经积极支持戈尔巴乔夫倡导的"新思维"，加速了前苏联的政权崩溃和国家解体。

"9·11"恐怖袭击事件之后，中国为打击国际恐怖主义，向美国提供了许多合作与帮助，这种做法是必要的、正确的，因为，恐怖主义违反基本文明准则，不是反对霸权主义的正确途径，还会为推行霸权主义提供借口。美国出于反对国际恐怖主义的需要，的确做了改善中美关系的一些努力，中美关系进入了近年来最好的时期，这种情形有利于中美两国人民的利益。但是，中国人也应清醒地认识到，美国对外政策的理论基础是现实主义，其政府高官曾反复宣称其外交信条，乃是"只有永恒的利益，没有永恒的朋友或敌人"。正当西欧盟国和俄罗斯等许多国家，主动配合美国反对国际恐怖主义，赢得了阿富汗战争的胜利之后，美国的单边霸权主义欲望再次抬头，2002 年推出了一系列战略举措，包括公然违反国际法的 21 世纪新国家安全战略，威胁对主权国家进行"先发制人打击"，美英两国高官公开鼓吹的"新帝国主义论"，声称可对中国和广大第三世界国家，运用包括欺骗在内的"丛林竞争规则"，他们还不顾世界各国包括西欧盟国的强烈反对，发动伊拉克战争威胁到法、德、俄罗斯利益。在这种严峻国际形势的大背景下，中国不能对中美关系的改善过于乐观，必须深入研究美国全球战略和对外政策的演变，做好应对各种复杂局面的充分准备。2005 年 5 月据外电报道，美国右翼保守派认为反恐战争牵扯了布什政府太多精力，主张将关注点重新转向制定对华战略的呼声强烈，美国国防部官员也认为"从长期看左右美国国家利益的是中国"，已将中国列为制定美国长期国家战略的中心地位。美国曾操纵石油价格迫使前苏联陷入经济困境，还逼迫日元升值诱导日本陷入长期金融危机。当前石油、原材料价格猛涨对中国经济形成冲击，美国国会逼迫人民币升值的呼声日益强烈，这些问题都需要我们超越单纯经济贸易的视角，从国际大环境的战略高度进行深入考察，才能更好维护中国的战略利益和经济安全。

（二）美国"软硬兼施"两手战略的威胁

美国全球战略始终有"硬"、"软"两手，有的时期侧重于发动"硬"的攻势，有的时期则侧重于玩弄"软"的手腕。布什上台执政后，美国政府的全球战略和对外政策，明显地向右翼鹰派强硬路线倾斜。2002 年 6 月 1 日，美国总统布什在西点军校发表演讲，明确提出"这些在冷战时期有效的战略，即通过经济、外交、军事和道德压力，而不是通过武力实现目标，已不适合 21 世纪的国家安全需要"。美国右翼高层智囊马拉比则更明确提出，"那些非帝国主义的手段，特别是外援和各种扶植政权的努力都是靠不住的"，必须恢复帝国主义时代的强硬手段。

从表面上看，布什的强硬姿态是迫于严峻国际局势，但令人感到奇怪的是，冷战时期，美国的经济军事地位远不及今天强大，不仅面临超级大国前苏联阵营的威胁，还面对频繁爆发的民族解放运动的挑战，特别是越南战争遭到惨败之后，美国的全球霸权地位受到严重的削弱，那时美国全球战略反而侧重玩

"软"手腕，重视运用经济、外交、人权民主战略，间接地为实现美国的全球战略目标服务。今天美国成为世界上唯一的超级大国，经济、外交、文化手段的影响力本应更大，为何缺乏自信抛弃成功的"软"谋略，反而转向不得人心的帝国强硬政策呢？

美国全球战略从"软"到"硬"的转变，背后隐藏着垄断财团追求最大利润的贪欲，它不会满足于对美国民主、强大的空洞赞美，而必然要求将实力筹码兑换为无限财富，前苏联解体后的世界实力失衡格局，恰好为实现其野心提供了天赐良机，于是毫不顾及帝国主义的声誉不佳，因为只有重新恢复帝国的强硬手段，才能随心所欲最大限度追求超额利润。越南战争失败之时，美国深感实力均衡不利于自己，一概采取硬武力代价太大，于是转向了软的"缓和"战略，现在前苏联解体后世界格局失衡，虽然竞争对手威胁已不存在，本是"和平与发展"的大好时机，军工集团却不愿放过超额利润机遇，于是就制造"文明冲突"更危险的舆论，直接推动赤裸裸的帝国强硬政策。

布什的强硬政策并不意味放弃软谋略，相反是以强硬手段推进软谋略，正可谓是"硬中有软，以硬促软"。布什上台后曾声称，他最佩服美国前总统里根，将效仿他的作风处理国际事务。里根的国际战略的最大特色，正是表面上处处显露强硬姿态，实际上却是装扮牛仔的硬恫吓，以攻心战来推动背后的"软谋略"。据美国媒体报道，设计里根对外政策的高层智囊，公开声称美国不应表现理性姿态，而应有意表现"非理性的疯狂"，这样才能最大限度地促进美国利益，因为"凡有理性的人都不愿惹疯子"。里根政府大肆宣扬的"星球大战计划"，有意透露可能对前苏联发动核打击，后来都证明是精心策划的"攻心战"。同样，今天布什政府大肆宣扬"导弹防御计划"，尽管科学界抨击其技术根本不成熟，其本质也是以硬恫吓推进全球霸权战略，为军工综合体提供巨额的订单和利润。

里根政府表面上采取强硬的对外政策，但实际上对于较有实力的国际对手，主要是通过硬恫吓推动"攻心战"，除了拉美后院的小国格林纳达，并未轻易以武力作为解决国际冲突手段。例如，伊朗扣押美国使馆人质事件，卡特政府曾打算武力解救遭到失败后，里根政府暗地同伊朗进行秘密交易，通过向对手提供武器达成交换人质协议。里根政府对前苏联的硬恫吓产生效果，成功动摇了前苏联领导人的制度信心，也是以上几届美国政府的软谋略为基础的。第二次世界大战后初期，美国曾拥有绝对的军事经济优势，但是，更加强硬的冷战遏制并未撼动前苏联，而到了 20 世纪 80 年代里根政府执政时，美苏之间军事经济差距已大大缩小，前苏联核武器数量上还占有优势，里根的硬恫吓反而却产生了更大效果，同前几届美国政府的缓和谋略有很大关系。尼克松、基辛格制定的"缓和战略"，是通过提供贸易、资金、技术等经济好处，培育战略依赖性作为牵制对手的筹码，里根政府恰恰是充分利用了这些牵制软筹码，最大限度发挥硬恫吓的攻心效果。

20世纪六七十年代，是美国推行"缓和"政策的时期，前苏联接受西方的大量贷款，进口西方的技术和高档消费品，产生了对西方的经济依赖性。美国先通过有意培育经济依赖性涣散前苏联人的斗志，到了80年代，美国毫不留情地收缩绳套，通过各种经济制裁卡住前苏联的脖子，美国中央情报局策动沙特阿拉伯，压低石油价格导致前苏联外汇储备剧减，同时经济制裁限制前苏联进口技术。前苏联经济增长趋缓、进口消费品减少，在前苏联领导人和中上阶层中产生很大心理震撼。在后来披露的五角大楼绝密文件中，前美国国防部长温伯格称此为"经济战"的一种方式，温伯格坚定地认为，苏联如果从西方得不到贷款和技术，那么它的日子就无法过下去了。美国在"缓和"时期同前苏联的文化交流，在知识分子和青少年中培育了异己价值观，"甲壳虫"摇滚乐曾在前苏联引起轰动。据报道前苏联刚刚解体之后，"甲壳虫"乐队就再次访问俄罗斯，摇滚乐手在几乎疯狂的观众中如醉如痴，仿佛骤然体会到扮演了特殊的历史角色。过着有社会保障生活的前苏联民众，并不知道资本主义生活的艰辛动荡，对西方的自由和消费品抱有浪漫幻想，在对摇滚乐的狂热中表现得淋漓尽致，但当通过激进改革置身于资本主义时，这种浪漫的自由幻想就很快破灭了。具有讽刺意味的是，外电报道有些俄罗斯人饱尝生活艰辛，情愿有意犯一些小罪住进监狱，也不忍受颠沛流离的自由生活。俄罗斯民众通过亲身体验资本主义，终于领悟到美国推销的新自由主义，并非"平民自由"而是"权贵自由"。

美国采取强硬的"硬恫吓"政策时，也精明地善于计算成本和收益。1991年第一次海湾战争时期，由于伊拉克尚有大规模杀伤武器，美国并不急于推翻萨达姆政权，等通过联合国核查销毁了大部分武器，反而放心大胆地发动伊拉克战争。正是考虑到伊朗、朝鲜的军事力量，美国不愿冒太大风险动用武力。中国是拥有"两弹一星"的核大国，即使布什政府采取硬恫吓的政策，也是像对付前苏联那样"以硬促软"，主攻方向是动摇中国意志的攻心战，"软战争"乃是更加厉害的杀手锏。美国对华友好的"缓和"政策时期，正常外交、经贸、文化交流的背后，也是"柔中带刚"暗藏着重重杀机。**克林顿是对华比较友好的美国领人**，他曾倡导建立中美战略伙伴关系，但据外电报道，克林顿同一时期曾公开对记者说，"柏林墙已经倒下去了，现在该轮到紫禁城了"。克林顿有一次在国会发表讲话时还声称，中国本来早应像前苏联那样陷入垮台，但却依然存在并获得较快的发展，这对美国来说是个有待解决的问题。由此可见，中国固然不应害怕美国的硬恫吓，但对美国的软谋略也不可掉以轻心。

倘若美国一直采取"硬"或"软"的战略，对手就可能逐渐熟悉并且适应其战略，摸索出削弱其战略破坏力的对付办法。殖民主义时代，尽管帝国主义国家拥有绝对优势，采取强硬军事手段侵略亚非拉国家，但是，亚非拉民族虽处劣势却不屈服压迫，通过长期反抗斗争终于战胜了强敌。中国的革命斗争更是以弱胜强的典范，曾经打败了强大的帝国主义国家，还在朝鲜、越南战争中让美国饱尝苦头，迫使美国放弃了"冷战"遏制战略，转而采取新的软硬兼施的"缓和"战略。**美国的"缓和"战略具有攻击性和破坏力，恰恰在于瓦解对方的警惕性和抵抗力，出人意料反复大幅度调整战略，骤然"从硬变软"或"从软变硬"，使对手忽而麻痹大意忽而过度恐惧，无所适从并摸索有效的应对策略，然后攻其不备打击对手的薄弱环节。**

英国的著名战略家亨利·利德尔，曾精辟阐述过"软战争"的精髓。他在《间接路线战略》一书中写道，冷战时期当权的西方政治家们，误以为通过军事竞赛中的优势，就能赢得自身利益和确保和平，眼光始终没有超出直接战略目标。他认为，军事战略必须接受"大战略"指导，因为只有"大战略"，才会有更深远的预见和更广博的观点。利德尔还写道，人类历史上，攻击对手战争所采取的"路线"，如果不具有某种程度的"间接性"，不能使敌人感到措手不及，难以应付，那么，也就难以使战争取得有效的结果。这种"间接路线"，既有物质性的，也有心理性的，但终归总是心理性的。如同在战争中一样，在制服敌人以前，应首先削弱他的抵抗力，而达到这个目的的最好办法，就是把对方诱出其防御阵地。利德尔认为战略学的最重要原则是，既要经常保持固定的目标，又要在追求这个目标时，适应环境变化，随时改变路线，避免向坚固的阵地作正面的突击，尽量从侧翼采取迂回行动，猛击对方最薄弱、要害之处，这就是所谓的"间接路线战略"。战略上，最漫长的迂回道路，常常又是达到目的的最短途径。

美国被迫放弃直接的硬"冷战"战略，转而采取间接路线的"缓和"战略，并不意味放弃征服对手的固定目标，而仅仅意味着随着国际形势的变化，随时改变进攻路线采取侧翼的迂回行动，这种骤然"从硬到软"的战略改变，能令对手难以适应产生巨大的破坏力，其原理仿佛在远古的"冰河"时期，众多动物如猛犸象为适应寒冷的天气，已进化出厚厚的脂肪和长长的绒毛，一旦"冰河"时期过去寒冷气候消失，从前适应恶劣环境的脂肪和绒毛，反而变成了无法适应温暖气候的障碍，面临着在夏季被气温升高热死的危险。生物进化史上环境骤然发生变化，曾导致大量物种因难以适应而灭绝，同样，社会进化过程中环境发生的骤变，也可能导致国家瓦解和社会制度的消亡。

当美国突然转向软的"缓和"战略，给予昔日对手种种经济贸易的好处，这种积极的环境变化也带来了负效应，令对手为适应恶劣环境进化的制度特征，似乎突然变得过时并失去了存在的合理性。倘若对手不能认识这种变化的原因，向党政干部和民众作出合理的解释，就难以有效地利用环境的积极变化，甚至导致意识形态上的混乱和断裂带，产生怀疑和否定自己历史的社会思潮。当政府官员和学者纷纷应邀访问西方，被西方国家奉为上宾受到热情款待时，很容易令人感到以前批判资本主义弊病，统统都是意识形态教条和政治宣传，进而在进行政治经济体制改革的过程中，不愿意进行客观、冷静的历史比较，出现全盘效仿西方模式的盲目冲动。其实，美国被迫放弃"冷战"封锁遏制，扩大经济文化交流并且给予种种优惠，恰恰证明了社会主义建设的巨大成就，只有坚持并不断完善自身制度的优越性，才能成功进行政治经济体制的改革，否则将会造成国家瓦解和经济崩溃的灾难。

美国采取利德尔的"间接路线战略"，通过"缓和"扩大经济文化交流，是为了将对手引诱出"坚固的防御阵地"，一旦条件成熟和国际形势发生变化，随时都可能变换貌似温和的面孔，骤然进行"从软到硬"的战略调整，重新启用经济制裁和军事威胁，正像里根政府制订的"星球大战"计划，故意表现非理智疯狂恫吓前苏联领导人，以及随着前苏联解体和世界格局改变，突然转移战略目标将中国作为主要对手。倘若对手不充分认识美国的谋略，放弃了"坚固的防御阵地"，缺乏应对策略进行有效的抵抗，"从软到硬"的骤然战略转变，就能够产生巨大的心理震撼，很容易造成内部分歧矛盾发生分裂，正像钢铁虽然坚硬不惧怕硬撞击，却难以耐受"忽软忽硬"的反复弯折，容易因缺乏韧性发生内部断裂一样。美国通过"缓和"培育的战略依赖性，很容易使一些人无法清醒判断形势，看不清美国硬恫吓的"攻心为上"计谋，屈服于美国施压的政治和经济压力，期待以重大让步来缓和美国的威吓。美国发动攻心战削弱对手抵抗力后，便会趁机攻击对手的薄弱、要害之处，根本动摇意识形态和社会制度的基础，利用全盘效仿西方的盲目社会思潮，推销新自由主义的灾难改革药方，诱迫完全取消政府对经济的干预调节，推行国有企业的大规模私有化，放弃经济金融主权全面开放市场，人为酿造经济金融危机削弱对手实力，进而廉价收购并控制对手的经济命脉，达到摧毁对手实力和谋求霸权的目的。

（三）"刚柔并济"应对美国霸权的挑战

美国的"缓和"战略的厉害之处，在于为征服对手的"固定目标"，运用隐蔽迂回的"间接攻击路线"，时而"笑里藏刀"，时而"虚张声势"，"忽软忽硬"令对手捉摸不定、无所适从，出其不意攻击对手的薄弱、要害环节。中国对付美国软硬兼施的两面攻势，不能采取单纯"软"或"硬"的办法，而必须既要保持"刚性"，又要增加"韧性"，以耐受对手忽软忽硬的反复弯折，采取**"刚柔并济"的"太极拳"策略，避实就虚闪过对手的攻击锋芒，头脑清醒、认清形势、站稳脚跟，保护自身要害不给对手可乘之机，灵活应变、借力打力、趁势反击**。当美国对中国表示比较友好的姿态时，中国也应冷静认识到美国的战略考虑，一方面充分抓住国际环境改善的机遇，积极借鉴国外经验推动改革开放事业，另一方面应对中外差距做客观的纵横比较，避免全盘效仿西方模式的盲目冲动，防止意识形态上的混乱和错误思潮，警惕美国鼓吹的新自由主义误导改革，重视维护国家经济、金融安全。当美国突然再次对中国进行硬恫吓时，中国也应处变不惊、沉着应对，认清美国的"软硬兼施"两手策略，不被其故扮疯狂牛仔的攻心战吓倒，不幻想以顺从、让步来换取太平，软弱退让只能让对手变本加厉。但是，中国也不应独自采取强硬对抗办法，而应广泛联合世界各国形成统一战线，在发展壮大经济、国防力量的基础上，尽量采取"软牵制"来抗衡美国霸权。

中国应善于全面统筹考虑国家安全和经济利益，让更多的经济工作者具有国际战略眼光，这样才能识破美国软战争手腕维护经济金融安全，同时反过来利用经济措施牵制西方反华势力和台独分裂势力。某些外国大财团和跨国公司为了谋求最大利润，既为对华投资贸易作出友好姿态，又为高额军火利润支持右翼势力反华，包括蓄意夸大所谓中国的军事威胁，怂恿政府将中国作为战略对手和假想敌，制造反华舆论或资助歪曲历史的教科书，支持台湾地区分裂势力搞渐进"台独"的举措，等等。中国也应将战略利益目标同经济贸易挂钩，促使其明白不能既赚中国的钱又搞反华，从自身经济利益出发也要谨慎行事，否则不可能获得最大利润和中国巨大市场的商机。例如前几年某些台湾地区的大财团和企业，在大陆大量投资赚了大钱，却又积极支持陈水扁和民进党上台，但近来发生了转变公开表明反对台独态度，这充分说明将国家战略目标同经济贸易挂钩，不仅是必要的同时也是非常奏效的，而某些经济界精英人士缺乏国际战略眼光，单纯强调扩大开放和加强经济贸易联系，有可能损害国家战略目标和长远经济利益。

某些经济界人士单纯考虑经济贸易利益，还担心中美关系恶化影响在国外

的子女，主张中国屈从美国霸权和反华舆论压力，殊不知美国右翼大肆鼓吹"中国威胁论"，通过编造类似"李文和窃取核机密"事件的手法，蓄意制造反华舆论并非为了冤枉某个人，而是为了通过全球霸权寻租获得长期经济利益，倘若中国遇到压力就屈从美国霸权，恰恰会让美国右翼势力感到得逞尝到甜头，反而会变本加厉地更积极推动反华。国内某些主张自由化的人士和腐败分子，甚至主张从政治到经济全面追随美国，政治制度上实现全盘"西化"，经济上实现全面私有化，似乎这样能确保自己的政治地位和经济利益，殊不知巴拿马和智利的某些前国家领导人，曾经积极配合美国的所谓"亲密伙伴"，但时过境迁也遭美国抛弃沦为阶下囚，独联体和中亚一些转轨国家的精英人士，也曾在政治上推行美国倡导的民主选举，在国际政策上讨好、顺从美国霸权，配合美国反恐战争允许设置境内军事基地，在经济上推行新自由主义"华盛顿共识"，通过大规模私有化掠取了巨额财富，建立了子女控制的庞大家族企业集团，但如今也被美国支持的"颜色革命"抛弃，成为反对派以"反腐败"为借口的清算对象。**美国的精明之处在于一方面推广"华盛顿共识"，误导、纵容转轨国家的私有化及其产生的腐败现象，一方面利用私有化造成的贫富悬殊和民众不满，时机成熟后大撒金钱支持反对派闹事，制造社会动荡和政权更迭以谋求更大战略利益。我们应该警惕新自由主义思潮的流行，防止私有化产生的腐败和两极分化，建立和谐社会并维护安定团结的局面，消除美国利用软谋略制造"颜色革命"的土壤。**

由于美国的霸权战略是针对全世界，因此，或迟或早会侵犯不同国家的利益，必然激起越来越多的国家的反抗。法国、德国都是美国的传统盟国，但是，布什上台外交政策转向单边主义，很快引起了它们的警觉和批评，迅速采取行动对抗美国的单边外交政策，以"软牵制"办法遏制美国称霸野心膨胀。例如，2001年初，法德联合许多欧盟和第三世界国家，投票将美国逐出了联合国人权委员会。有些中国人不理解法国、德国的立场，美国似乎并未将矛头指向它们，为何不韬光养晦保持沉默，反而要冒风险去惹美国？有些中国人甚至担心美国恼羞成怒，误认为中国在人权委员会捣乱进行报复。有些中国人认为躲还来不及，法国人却居然大胆出头打抱不平，动机何在似乎令人难以理解。

法国、德国所为并非单纯出于正义感，而是深知美国全球战略的趋势，迟早必然会威胁、损害自身的利益，与其坐视形势恶化不如先下手为强，选择有利的时机、场合主动出击，才能联合更多的国家共同遏制美国霸权。法国、德国都是老牌资本主义国家，都经历过帝国主义扩张争夺的历史，深知帝国主义之间无法合作共享利益，对库柏的新帝国主义论不抱幻想，不愿坐视美国全球扩张侵犯自身利益，因而坚决反对美英发动侵伊战争，从西方内部形成了反对美国霸权的阵营。①

法国显然知道对抗美国的霸权，必须广泛联合许多国家的力量，抵消美国向法国施压的影响。2003 年在巴黎举行八国峰会期间，法国总统希拉克在特意邀请巴西、中国、印度等国领导人，举行具有战略意义的南北高峰对话，实质上是为联合第三世界的反霸力量，开展牵制抗衡美国全球霸权的外交攻势。**中国应与法国开展广泛的战略合作，特别是在发展两国的战略性产业方面，如航空、航天、军工、高科技产业，扩大贸易合作和技术交流的规模，增强两国综合国力有利于抵御美国霸权。中国还应同欧盟国家大力发展经贸关系，扩大欧元储备减少对美元的过度依赖，减少美元贬值趋势带来的金融风险，削弱美国利用美元霸权对国际金融的操纵，共同维护欧亚大陆国家的金融货币稳定。**

法中两国在社会经济制度方面，也存在许多可以相互借鉴之处。法国和中国同属大陆文明国家，价值观念更为强调家庭、社会和谐，显著不同于强调个人主义的英美文化，如法国重视政府宏观指导和社会公平，国有企业在战略性行业有很高比重。**法国具有悠久的民主社会主义传统，不赞成英美倡导的新自由主义政策。**20 世纪 80 年代初，正当英美两国大肆鼓吹私有化之时，法国却推行了最大规模的国有化运动。法国社会党前总理若斯潘曾指出，美、英推动的新自由主义潮流，对法国的价值观和社会经济制度，构成了不容忽视的严重威胁。近年来，在法国和欧洲社会党的积极支持下，有 150 多个国家参加的社会党国际，一致通过并发表了《圣保罗联合宣言》，明确提出反对新自由主义和新保守主义。法国总统希拉克邀请第三世界国家领导人，举行具有战略意义的南北高峰对话，显示出理解、同情发展中国家的立场。法中两国应广泛联合亚、非、拉国家，在改革现行的国际政治经济秩序，建立更公正的新秩序方面开展战略合作。

中国还应加强同亚洲国家的战略合作，特别是"东盟＋3 会谈"和"上海合作组织"。1997 年亚洲金融危机期间，有些国家提出了建立亚洲货币基金组织，以减少对国际货币基金组织的依赖，从而帮助亚洲国家更好稳定金融体系，

---

① 美国高官曾明确表示要惩罚法国、德国，让它们为反对伊拉克战争付出代价，为此美国通过各种渠道竭力影响法国、德国政局，促使法国、德国后来大选中右翼政府上台，采取亲美立场并改变了对华友好传统，甚至不惜在 2008 年北京奥运会前夕充当美国反华的马前卒，萨科奇、默克尔都表示推行金融自由化并放松监管，这些政策措施严重损害了法国、德国的民族经济利益，致使欧洲金融机构在次贷危机爆发前落入美国圈套，大量购买了美国的次贷金融衍生债券形成巨额有毒资产，深陷美国蓄意炒作的欧洲主权债务危机困境。

独立制定更加符合自身情况的经济政策。美国对亚洲货币基金组织极为敏感，表示坚决反对并施加压力竭力阻挠。马来西亚敢于反抗国际货币基金组织的压力，加强了政府干预和资本流动的管制，结果金融危机造成的损失较轻，泰国官员总结发生金融危机以来的教训，认为国际货币基金组织的政策造成了很大危害，表示将尽快偿还国际货币基金组织的贷款，效仿马来西亚维护主权自主制定经济政策。中、韩、日和东盟国家应加强经济合作，努力建立区域性贸易和货币金融组织，减少对美国市场的依赖维持稳定增长，抵御下次爆发国际金融危机冲击，同时还应将合作扩大到地区安全领域，防止地区不稳定和美国插手干涉。

中国同俄罗斯、中亚五国通过协商，共同建立了"上海国际合作组织"，在维护地区稳定和反对恐怖主义方面，已经取得了令人欣喜的成绩，今后还应加强经济贸易方面的合作，建立连接欧亚大陆的新丝绸之路，通过铁路、管道、物流、信息等网络，将合作区域向东扩大到朝、韩、日，向南扩大到印度和东南亚各国，通过多边磋商达成互惠互利的协议，努力创造和谐环境避免激烈竞争，推动整个欧亚大陆发展跨上新台阶，通过发展经济减少贫困和民族冲突，消除民族矛盾和恐怖主义滋生的根源。美英地缘战略家一向重视欧亚大陆，视为控制世界的地缘战略中心地带，主张在巴尔干和中亚制造不稳定。欧盟国家领导人和俄罗斯总统普京，已认识到美英地缘战略的潜在威胁，针对其鼓吹的所谓"邪恶轴心"论调，提出要形成"欧亚大陆稳定弧线地带"。中国、欧盟、俄罗斯和亚洲各国，存在共同利益开展全面战略合作，挫败美、英鹰派地缘战略家的图谋。

第 二 章

反击美国施压人民币升值的金融战争

尽管美国深知施压国际对手实施汇率升值无助于解决贸易逆差，但实践证明能够产生破坏国际对手经济的实实在在效果，因此，美国政界才不厌其烦地以消除中美贸易失衡为借口，顽固坚持毫无消除逆差成效的施压汇率升值政策，以实现其维护世界霸权和遏制中国经济崛起的国际战略。中国即使承受美国惩罚性关税也只会影响对美出口，但是，允许人民币升值就会打击中国对所有国家的出口贸易。人民币升值20%就意味着美国金融投机资本获利20%，它们当然希望继续施压人民币升值获取更多投机套利收益，这就意味着美国施压人民币升值是无止境的，倘若中国屈服于美国压力就会激发金融资本的更大贪欲。数年前美国曾经指责中国人民币汇率低估了30%，但当前人民币已大幅度升值了20%之后，美国反而施压中国要求将人民币汇率进一步提高40%。美国国会挥舞着对中国出口全面征收惩罚性关税的大棒，目的是迫使中国接受远比关税更厉害的金融战打击。中国应清醒地认识到汇率武器的杀伤力远远超过关税武器，汇率波动不仅涉及成千上万种商品的国际贸易，还能推动中国股市、楼市、期货等各种资产泡沫膨胀，为国际资本利用更为复杂的各种金融武器攻击创造条件。

据英国《每日电讯报》披露在美国爆发金融危机前夕，美国华尔街重要金融机构曾在华盛顿召开了会议，主要议题是利用金融战争遏制中国经济崛起，美国政界策划对华实施金融战争攻击的幕后力量，就是美国国会下属的美中经济安全审查委员会，以及该委员会的掌舵人——凯洛琳·巴塞洛缪。这次会议提出由金融机构与对冲基金组建所谓的"金融快速反应部队"，针对中国发动一场"没有硝烟的金融战争"。美国金融界专家认为，一个国家金融市场逐步开放的5年到8年时间内，实施金融袭击相对脆弱的金融体系的成功可能性最大，因而未来3年到5年内是争取"延缓中国崛起"的机会。美国策划对华金融战的重点是通过施加压力和政策误导，迫使中国实行汇率自由浮动和开放资本账户政策，为美国金融投机热钱进入中国创造有利条件，同时诱迫中国实行刺激泡沫经济的宏观货币政策，向西方资本开放银行领域和商品期货、金融期货等市场，通过炒作股市、楼市暴涨暴跌攫取投机暴利，然后趁泡沫破裂之机控制中国的银行和战略行业。

美国华尔街敢于以半公开的形式策划这次会议，很大程度上是因为他们觉得虽然已有大量类似信息曝光，许多中外学者也曾著书揭露美国的隐蔽经济金融战争，如日本著名银行家竹内宏的《日本金融败战》，美国地缘政治家恩道尔的《石油战争》，美国前国际金融家约翰·珀金斯的《一个经济杀手的自白》，美国中央情报局前雇员施瓦茨关于里根政府瓦解前苏联秘密战略的著作，笔者十年前撰写的《威胁中国的隐蔽战争》，宋鸿宾先生风靡中国的畅销书《货币战争》，等等，但是，这些著作关于美国隐蔽经济金融战争的披露和预警，并未引起中国舆论界和有关方面的充分警惕和重视，许多人将其视为"极左惯性思维"甚至贬低为"阴谋论"，即使美国次贷泡沫濒临破裂迹象日趋明显之后，美国还能顺利地施压中国汇率改革和人民币升值，成功诱惑中国购买了大量次贷衍生金融有毒资产，误导有关方面承诺金融改革开放"坚定不移地推进金融自由化政策"，华尔街金融财团纷纷成为中国金融机构的战略投资者，美国垄断企业纷纷收购大中型国有企业，渗透中国战略行业并获得许多行业的市场控制权，因此，美国华尔街金融机构才敢于不顾忌引起中国的警觉，有恃无恐地以半公开会议形式策划遏制中国崛起的金融战争。

当前美国以中国造成全球经济失衡为借口施压人民币升值，中国应动员经济理论和舆论战线的力量进行有效反击，这样彻底搞清全球经济失衡和爆发危机的罪魁祸首，才能为中国赢得道义优势和世界各国的广泛支持，迫使美国顾忌世界舆论压力停止威胁中国，不敢任意栽赃嫁祸中国并动辄威胁进行经济制裁，甚至在更强硬的右翼政客担任总统后制造战争借口。中国应提高对美出口跨国企业、环境保护和碳排放等方面的征税措施，特别是扩大中美贸易顺差并支持反华的美国跨国企业，这样比较调整汇率能够更有针对性减少中美贸易顺差，不会吸引国际热钱伪装成出口顺差和直接投资涌入中国，有利于保护环境并节省宝贵资源用于中国的可持续发展，有利于降低外贸、外资依存度并实现经济发展方式转变。美国贸易逆差的根源是美国依靠美元霸权滥发货币占有各国财富，因此，美国同世界上九十多个国家存在着贸易逆差，其他国家货币即使升值大幅度提高了出口商品价格，也不会影响美国依靠成本近乎为零的美元弥补财政、贸易赤字。世界各国解决同美国贸易失衡问题的根本办法，是开展国际合作，建立不依赖美元的国际贸易结算体系，并最终在联合国框架下建立新型超主权国际储备货币，动摇美元霸权从而削弱美国经济军事霸权对世界稳定的威胁。

一 美国制造站不住脚的借口施压人民币升值

2009 年 11 月美国总统奥巴马访华后不久就骤然改变了友好姿态，采取强硬态度逼迫中国提高人民币汇率。2010 年 3 月，**美国国会一百多名议员联名呼吁将中国定为汇率操纵国，美国民主党议员舒默还提出一份对中国采取惩罚措施的议案，再次重弹数年前美国参议院通过议案指责中国操纵汇率的老调，威胁要对从中国进口的商品全面征收 27.5% 的惩罚性关税。**[①] **这意味着美国对中国核心利益的挑战正迅速升级，发展为通过金融手段实施全面的贸易保护主义，严重威胁到中国出口经历大幅度下跌后脆弱的恢复势头。**

令许多中国人感到难以理解的是，奥巴马访华是近年来中美关系发展的高潮标志，友好气氛应该有助于加强相互理解和寻求两国共赢，为何奥巴马却一转脸就公然挑战中国核心利益？有些人将奥巴马对华政策骤变归于美国的选举政治形势，称奥巴马对华强硬是为安抚失业引发的愤怒情绪。其实，奥巴马上台初期美国失业率不断大幅度攀升，奥巴马访华时恰逢美国失业率跨上 10% 的新高峰，但是，这并未引起要求奥巴马对华强硬的民意压力，而奥巴马骤然对华变脸的 2010 年第一季度，恰逢美国政府公布的失业率出现明显了下降，所谓失业压力导致美国对华态度强硬之说难以成立。美国某高官也承认同美国企业界长期交流过程中，从未听到有将经济困难归咎于人民币低估的责难，民意调查也显示美国民众不支持将经济失衡责任推给中国，不满情绪主要是针对华尔街主要金融财团的腐败贪婪。

实际上，**美国对台军售和施压人民币升值等重大政策措施，不可能根据经济形势和民众舆论而朝三暮四变化，甚至违背美国政府的长期国际战略和形势判断。**数年前美国次贷泡沫经济繁荣和失业率很低时，美国政府就曾反复指责中国操纵汇率并低估人民币。2009 年 1 月奥巴马政府刚刚上台，美国财政部长盖特纳对媒体发表谈话时就曾声称，奥巴马总统认为中国操纵了人民币汇率，美国将通过各种外交手段施压中国改变汇率政策。但是，2009 年 3 月中国提出建立超主权新型国际储备货币的主张后，盖特纳立即通过多种沟通渠道向中方询问并表示担忧，其紧张之态仿佛美元已坏债累累并即将陷入挤兑危机，这种压力促使盖特纳改变态度公开承认中国并未操纵汇率。由此可见，**奥巴马访华**

---

① 新华社：《美议员群起攻击中国货币政策》，《参考消息》2010 年 3 月 17 日。

后不久出台的一系列挑战中国政策，更像是根据美国一贯对华战略进行了长期谋划，仅仅碍于金融危机有求中国而被迫暂时推迟，待经济形势略有好转后又精心选择时机再次推出。许多中国人认为奥巴马访华推动中美友好关系，就应该有利于消除误会并减少摩擦冲突，但是，美国政府却似乎认为关系改善后可以放手制造摩擦，不必担心关系过于紧张而影响美国长期对华战略。

2010 年 3 月 21 日，中国商务部长陈德铭在"中国发展高层论坛"上发表谈话，以大量事实有力驳斥了美国对中国低估人民币汇率的指责，他指出："2005 年至 2008 年，人民币汇率升值约 20%，中国贸易顺差不降反升；2009 年以来人民币汇率基本稳定，中国贸易顺差反而大幅度下降了 34.2%；2010 年 1—2 月，中国贸易顺差下降了 50%。"他还指出中国向美国提供了大量进口机会，美国却以限制高技术产品出口为由加以拒绝。中国各界舆论也纷纷发表评论愤怒批评美国的无理威胁，指出美国施压中国提高人民币汇率是损人不利己的做法，中美两国的产业结构截然不同并不存在价格竞争关系，提高人民币汇率不仅无助于增加美国的就业和制造业对华出口，还会大幅度提高一般工业品价格并且降低美国民众的生活水平。斯蒂格利茨、斯蒂芬·罗奇等美国著名经济学家也发表评论，指责美国将自身经济失衡问题归咎于中国人民币汇率，联合国贸易和发展组织（UNCTAD）也表示支持中国在人民币问题上的立场，称让人民币汇率受不稳定国际市场摆布会给全球带来更大风险。

倘若美国政府的目标确实是减少美国对华贸易逆差，那么美国根本不应该施压中国提高人民币汇率，因为，几年前美国也曾挥舞着"汇率操纵国"的大棒，威胁对中国出口全面征收 27.5% 的惩罚性关税，但是，事实证明施压人民币升值的结果适得其反，美国对华贸易逆差丝毫没有减少反而大幅度增加，2007 年底人民币兑美元分别比 2005 年底和 2004 年底升值了 14.17%、16.28%，2007 年度中国对美贸易顺差分别比 2005 年度、2004 年度增长了 43% 和 103%。[①] 美国毫无疑问清楚地知道这些客观事实，但却依然顽固地坚持施压推行毫无效果的政策，从维护两国正常贸易利益的角度来看实在令人匪夷所思，但是，倘若继承并发展列宁的帝国主义理论的基本观点和方法，从谋求世界霸权的金融战争角度来考察却令人豁然开朗，可以很好地解释许多令人感到困惑的国际政治经济现象。

---

① 张庭宾：《反热钱战争》，中国经济出版社 2008 年版，第 229 页。

二 坚持马列主义理论剖析美国汇率战本质

列宁曾作出了帝国主义就意味着战争的著名论断，他指出"帝国主义战争，即争夺世界霸权、争夺银行资本的市场和扼杀弱小民族的战争是不可避免的"。[①] 帝国主义的特点是金融垄断资本取代工业资本占有统治地位，金融垄断资本为攫取最大经济利益必然采取一切可能手段，包括操纵国家机器发动谋求世界霸权和征服别国的战争。帝国主义政治是垄断资本经济利益的集中体现，帝国主义战争则是垄断资本不择手段谋求最大利益的攻击性表现。列宁所处的时代西方列强拥有军事上的压倒性优势，因而优先选择运用坚船利炮发动征服弱小民族的战争。但是，由于世界各国人民运用列宁关于帝国主义的有力理论武器，推动社会主义革命和民族解放运动改变了世界格局，20世纪60年代美国在越南战场遭受惨重失败，美国发现通过军事手段发动战争的代价越来越大，而掠夺财富和攫取垄断利润的收益正日益缩小，国际局势变化迫使美国进行了战争手段和形式的创新，采取更加隐蔽的政策武器和战争形式攻击国际对手。越战失败后尼克松提出放弃"冷战遏制"战略，转向运用政治经济手段进行谋攻的"缓和"战略，将经济贸易不是作为礼物而是作为武器，基辛格也提出通过能源、粮食和货币来控制世界格局，以扭转当时美国经济军事霸权全面衰落的局面。这种帝国主义在不利形势下被迫采取的战争形式变化，一方面说明垄断资本和帝国主义的贪婪本性没有改变，另一方面说明列宁的帝国主义理论不仅没有过时、失效，而且具有改变世界历史进程的强大生命力，迫使帝国主义采取新的伪装掩盖掠夺财富的战争，需要根据新的形势变化进行理论创新以揭露其伪装。

2010年初，奥巴马在发表国情咨文演说时誓言捍卫美国的全球第一的地位，美国高层智库首脑甚至警告通过战争手段来阻止全球权力向中国转移，当然也不排除比传统战争更隐蔽、代价更小的金融战争。据英国《每日电讯报》披露，在美国爆发金融危机前夕，美国华尔街重要金融机构曾在华盛顿召开了会议，主要议题是利用金融战争遏制中国经济崛起，谋划金融战争的幕后力量包括美国政界和金融财团，充分证实了列宁论述的金融垄断资本与国家垄断的交织、勾结，美国政界策划对华实施金融战争攻击的幕后力量，就是美国国会下属的美中经济安全审查委员会，以及该委员会的掌舵人——凯洛琳·巴塞洛缪。这次会议提出由金融机构与对冲基金组建所谓的"金融快速反应部队"，

---

① 列宁：《修改党纲的材料》，《列宁全集》第29卷，人民出版社1957年版，第474页。

针对中国发动一场"没有硝烟的金融战争"。美国金融界专家认为，一个国家金融市场逐步开放的 5 年到 8 年时间内，实施金融袭击相对脆弱的金融体系的成功可能性最大，因而未来 3 年到 5 年内是争取"延缓中国崛起"的机会。美国策划对华金融战的重点是通过施加压力和政策误导，迫使中国实行汇率自由浮动和开放资本账户政策，为美国金融投机热钱进入中国创造有利条件，同时诱迫中国实行刺激泡沫经济的宏观货币政策，向西方资本开放银行领域和商品期货、金融期货等市场，通过炒作股市、楼市暴涨暴跌攫取投机暴利，然后趁泡沫破裂之机控制中国的银行和战略行业。① 当时美国施压中国实施人民币升值和金融开放已初见成效，国际热钱涌入中国利用人民币升值套利收益颇丰，而且成功操纵股市暴涨暴跌获取了巨额暴利，中国沿海出口中小企业陷入困境并纷纷停产倒闭，华尔街垄断财团踌躇满志采取半公开会议的形式进行谋划，准备乘胜追击扩大战果加快中国金融自由化进程。

美国华尔街敢于以半公开的形式策划这次会议，很大程度上是因为他们觉得虽然已有大量类似信息曝光，许多中外学者也曾著书揭露美国的隐蔽经济金融战争，如日本著名银行家竹内宏的《日本金融败战》，美国地缘政治家恩道尔的《石油战争》，美国前国际金融家约翰·珀金斯的《一个经济杀手的自白》，美国中央情报局前雇员施瓦茨关于里根政府瓦解前苏联秘密战略的著作，笔者十年前撰写的《威胁中国的隐蔽战争》，宋鸿宾先生风靡中国的畅销书《货币战争》，等等，但是，这些著作关于美国隐蔽经济金融战争的披露和预警，并未引起中国舆论界和有关方面的充分警惕和重视，许多人将其视为"极左惯性思维"甚至贬低为"阴谋论"，即使美国次贷泡沫濒临破裂迹象日趋明显之后，美国还能顺利地施压中国汇率改革和人民币升值，成功诱惑中国购买了大量次贷衍生金融有毒资产，误导有关方面承诺金融改革开放"坚定不移地推进金融自由化政策"，华尔街金融财团纷纷成为中国金融机构的战略投资者，美国垄断企业纷纷收购大中型国有企业，渗透中国战略行业并获得许多行业的市场控制权，因此，美国华尔街金融机构才敢于不顾忌引起中国的警觉，有恃无恐地以半公开会议形式策划遏制中国崛起的金融战争。

美国向中国施压经常顽固坚持不符合现实的理由，如人民币升值有利于消除美中贸易逆差，引入各种金融衍生产品有利于规避金融系统风险，中国为了顾全中美关系大局已多次对美让步，多年来实践已证明其带来了截然相反的严重危害，为何美国依然乐此不疲坚持施压令许多中国人困惑不解。对于通过常

---

① 张莺：《美"金融快速反应部队"密谋对华出手》，《上海译报》2007 年 11 月 8 日。

识和逻辑难以解释的复杂国际政治经济现象，唯有继承并发展马克思主义理论和中国传统军事智慧，将其视为美国的"软战争"谋略才能清晰地洞察其中奥秘。孙子云："兵者，诡道也。近而示之远，远而示之近。利而诱之，乱而取之。攻其不备，出其不意，此兵家之胜"，就是说战争必须运用诡诈的谋略，必须用种种借口来掩盖真实的战争目标，近的要说成是远的，远的要说成是近的，有害的要说成是有利的，这样才能趁对手陷入混乱之机，攻其不备，出其不意，运用谋略成功地战胜对手。倘若人们不从金融战争谋略的角度，来剖析美国施压人民币升值的种种借口，就会对其顽固不顾客观事实感到困惑不解，就难以理解美国为何采取粗暴强硬的施压办法，来推行美国声称对中国非常有利的金融改革措施，但是，倘若将其视为诱骗、逼迫国际对手的金融战争诡计，就能透过种种令人困惑不解的烟幕假象洞察其本质。孙子还曰："夫未战而庙算胜者，得算多也；多算胜，少算不胜，而何况无算乎"，就是说必须充分认识对手谋略并制定相应对策，进行周密策划先赢得谋略上的优势，才能够增加战胜对手并赢得战争胜利的机会，反之识不破对手谋略并缺少周密策划必然陷于失败，特别是当代新帝国主义运用欺诈谋略发动的金融战争。

马克思曾预见到资本主义金融制度将会演变为巨大的赌博欺诈制度①，列宁也指出金融垄断资本企图将竞争者从全世界排除掉，其手段就是使竞争者在金融上处于依附地位②，从事投机欺诈活动的金融天才将获得大部分利润，并且破坏实体经济作为国民经济基础的作用③，这就意味着马克思、列宁已经预见到在特定条件下，帝国主义将会采取金融欺诈作为攻击国际对手的手段。西方自由市场经济理论以不现实假设为前提，完全不考虑包括欺诈在内等任何道德风险，还将考虑到现实存在各种欺诈的理论，统统贬低为不符合所谓学术规范的"阴谋论"，因此，无法预见华尔街大量欺诈行为诱发的金融危机，更无法揭示美国施压背后隐藏的软战争谋略，究其深层根源在于维护资本利益，有意回避客观弊端。马克思主义理论从维护广大人民利益的立场出发，深刻揭示资本主义基本矛盾必然导致帝国主义战争，当然更不应该回避研究在世界格局改变的条件下，金融资本操纵国家运用欺诈手段进行的金融战争。只有马克思主义才能提供一个科学的理论框架，客观考察垄断资本贪婪所诱发的种种道德风险，包括

---

① 马克思：《资本论》第三卷（1984），《马克思恩格斯全集》第46卷，人民出版社2003年版，第499—500页。

② 列宁：《论面目全非的马克思主义和"帝国主义经济主义"》，（1916年8—9月），《列宁全集》第28卷，人民出版社1990年版，第134页。

③ 列宁：《帝国主义是资本主义的最高阶段》（1916），《列宁全集》第27卷，人民出版社1990年版，第242、432页。

运用暴力手段发动战争谋求世界霸权，通过欺诈谋略掠夺财富并攻击国际对手等，为中国维护国家利益和金融安全提供有力的理论武器。

当前美国施压人民币升值提出了种种冠冕堂皇的理由，如市场决定人民币自由浮动有利于提高效率，有利于消除全球经济失衡、贸易逆差、抑制通货膨胀等，但是，既然这些政策措施有利于中国改革开放为何强硬粗暴施压，甚至挥舞着必然导致两败俱伤的加征全面关税大棒，为何这些措施同一系列挑战中国核心利益的政策同时出台，这暴露出冠冕堂皇的理由不过是掩盖"软战争"攻击的借口。中国必须坚持马列主义理论剖析美国发动汇率战的本质，清楚地识破美国施压人民币升值的种种诱骗借口，识破美国不同政客装扮黑脸、白脸的软硬兼施伎俩，识破美国利用汇率操纵国和惩罚性关税作恫吓武器，逼迫中国在一系列重大领域作出妥协让步的战略企图，包括美国在多年双边战略会谈中曾反复提出的要求，如金融改革推行"华盛顿共识"的金融自由化政策，以控制风险为由引入股指、外汇期货等金融衍生品，加快国有大中型企业特别是垄断行业的私有化进程，推行西方普世价值观并改善西藏、新疆的人权状况，配合美国的国际地缘战略对朝鲜、伊朗进行经济制裁，等等。中国应清醒地认识到美国声称对中国有利的政策措施，其实都是有利于美国霸权利益而不利于中国崛起的，美国施压中国推行的金融改革开放政策措施，基本上都是来自新自由主义的"华盛顿共识"。美国获诺贝尔奖的著名经济学家斯蒂格利茨，严厉抨击"华盛顿共识"诱发了一百多次严重经济危机，实际上是"让发展中国家下地狱"的灾难政策，因此，中国应该推行与"华盛顿共识"截然相反的经济政策，中国应该坚定拒绝美国诱骗、施压并采取反击措施，有效维护本国核心战略利益和国家经济金融安全，避免美国软战争策略得逞后继续施压更大的压力。

由此可见，美国顽固坚持施压中国推行人民币汇率升值政策，不是为了获得实践证明无效的消除贸易逆差结果，而是为了获得实践证明非常有效的诱发泡沫经济效果。20世纪80年代美国施压日元升值未能消除日美贸易逆差，但却成功诱发日本泡沫经济并打击实体经济，导致日本陷入二十多年停滞至今无法康复，从而成功挫败了日本经济崛起对美国霸权形成的威胁。前几年美国施压人民币升值也没有消除中美贸易逆差，但是，却打击了中国沿海出口工业并导致大批中小企业破产，迫使大量资金从实体经济流入投机领域催生各种资产泡沫，同时向国际热钱发出谋利信号大量涌入中国，通过人民币升值套利和炒作股市楼市攫取了巨额暴利，推动原材料、食品价格大幅度上涨干扰了中国宏观调控，大大加剧了国际金融危机给中国经济造成的冲击和困难。**尽管美国深知**

施压国际对手实施汇率升值无助于解决贸易逆差，但实践证明能够产生破坏国际对手经济的实实在在的效果，因此，美国政界才不厌其烦地以消除中美贸易失衡为借口，顽固坚持毫无消除逆差成效的施压汇率升值政策，以实现其维护世界霸权和遏制中国经济崛起的国际战略。

三　美国汇率武器破坏力远远超过关税大棒

2010 年美国政界再次发动施压人民币汇率升值的攻势以来，中国领导人在许多场合反复表达了不屈服美国压力的立场，但是，美国政界见施压收效不大又重弹汇率操纵国的老调，威胁要对中国输美商品全面征收 27.5% 的惩罚性关税。西方媒体正制造舆论称中国准备对美国进行妥协求和，以避免美国实施全面惩罚性关税打击中国对美出口。西方媒体还称中国有关方面进行压力测试是准备让步，因而正估测各行业出口企业对人民币升值的承受能力，美国著名投行高盛还预测中国将同意让人民币一次升值 10%。中国应清醒地认识到美国施压不是为了贸易利益双赢，而是为了发动金融战争实现遏制中国崛起的战略目标，因此，中国绝不能屈服于美国迫使人民币浮动升值的压力，否则将会承受远比惩罚性关税更为严重的损失。中国应继承并发展马列主义关于帝国主义战争的理论，清醒地认识到妥协求和不能满足垄断资本的贪婪欲望，只能鼓励帝国主义发动更加频繁、凶猛的金融战攻势，正像腐朽的清政府在西方列强战争压力下割地赔款，反而激发帝国主义贪欲更加频繁发动掠夺财富的战争。

据中国机电、轻工、纺织品进出口商会的测试结果显示，人民币升值过快将会给众多行业带来巨大冲击[①]，许多行业的出口企业利润将大幅度下降甚至面临亏损。据中国机电产品进出口商会测算，如果人民币在短期内升值 3%，家电、汽车、手机等生产企业利润将下降 30%—50%，许多议价能力低的中小企业将面临亏损。机电是我国出口产品中的大户，约占到出口总额的六成。中国许多机电产品虽占有较大的国际市场份额，但因缺少自主创新的核心技术，产品竞争力较弱，较高市场份额并未带来相应经济效益和市场定价权，因此在相当长时间内企业难以适应人民币升值冲击。

据来自中国轻工工艺品进出口商会的信息，中国规模以上轻工企业出口利润普遍在 5% 左右，而规模以下企业毛利率就只有 2% 左右。由于中国轻工行业进入门槛低、技术含量低，议价能力弱，中小企业数量多，产能严重过剩，长期恶性竞争，汇率升值很难通过提高价格转移成本，如中国陶瓷行业的企业能

---

① 张莫：《人民币升值压力测试不乐观》，《经济参考报》2010 年 4 月 2 日。

承受的人民币升值幅度仅为 1% 左右，如果人民币升值幅度超过此限度就会导致众多企业亏损。

中国纺织品进出口商会的测试结果显示，目前我国纺织品服装企业的平均纯利润率在 3%—5% 之间，有的企业利润低于 3%。如果人民币升值将压缩企业仅有的利润空间，降低产品出口竞争力，将对我国纺织服装出口造成严重的打击。据企业调查反映，人民币升值带来的损失是刚性亏损，无法通过与客户协商、改善供应链管理等方法消化。据企业家反映，人民币汇率升值将有助于优化经济结构的理论脱离实际，其错误在于认为结构调整可随着汇率升值迅速实现，而实际情况则是经济结构改善需要较长时间才能完成，人民币过快、过度升值不仅难以优化经济结构，反而可能削弱企业生存能力导致问题积重难返。

许多沿海地区特别是浙江的民营出口企业，纷纷表示难以承受人民币升值带来的冲击。但是，值得关注的是，中国许多主张国企改革推行私有化、民营化的经济学家，却一改以往声称为民营企业说话的态度，毫不同情民营企业的困难并主张果断"断奶"，仿佛中国民营企业的发展是仰仗美国"喂奶"，还责怪民营企业抱怨困难是"婴儿不愿断奶"的哭闹。许多著名经济学家完全不顾多年来人民币升值的恶果，仍然纷纷呼应美国散布的人民币升值有利于中国的论调，如人民币升值有利于控制通货膨胀和纠正贸易失衡，无视人民币升值期间导致严重通货膨胀和贸易失衡扩大的事实。国内有些著名经济学家甚至追随附和美国的"中国导致全球失衡和金融危机"的论调，完全不顾美国荒谬责难激起中国民众的强烈愤慨和政府的坚决驳斥，这种罔顾事实的"自虐、自责"现象不合常理而且绝非偶然，这种现象显示出为实施栽赃中国的战略，美国能够有效组织公关活动达到舆论宣传目的。数年前美国为配合施压人民币升值的金融战争攻势，也曾公关中国有关方面和学者制造舆论进行策应，压制批判新自由主义和金融自由化的声音，结果导致国际热钱涌入炒作股市、楼市泡沫攫取巨额暴利，炒作各种原材料、大宗商品诱发了物价大幅度上涨，央行加息抑制通货膨胀反而增加了国际热钱的套利收益，政府宏观调控受到严重干扰并陷入了两难的困境，国内企业普遍陷入困境并有数万家民营中小企业破产倒闭，中国购买美国次贷衍生有毒资产蒙受了巨大损失，为美国通过金融战争向中国输出次贷危机损失创造了条件。当前美国政府高官再次发动指责中国低估人民币的舆论攻势，污蔑中国导致了全球经济失衡和美国的严重失业，背后依然隐藏着妖魔化中国并发动金融战争的谋略，特别是为美国泡沫破裂导致危机升级和社会矛盾激化时，寻找能转移民众愤怒情绪的"替罪羊"进行舆论铺垫。当前关于全球经济失衡和金融危机责任的国际争论，不是围绕经济学抽象概念进行的学术游戏，而是美国为遏制中国崛起发动战略攻势进行的前哨舆论战。中国必须积极向世界各国揭露美国政客制造的谎言，阐明此次金融危机产生的真相，明确提出维护包括美国人民在内世界各国人民正当权益的主张，争取赢得广泛的国际支持才能掌握舆论主动权，挫败美国通过汇率战、舆论战遏制中国崛起的图谋。

中国即使承受美国惩罚性关税也只会影响对美出口，但是，允许人民币升值就会打击中国对所有国家的出口贸易。国际金融危机时期中国积极开拓欧洲和亚非拉市场，弥补对美出口损失并降低了对美出口贸易的依赖，倘若人民币升值将给中国对所有国家出口带来更大困难。中国面对美国污蔑中国造成全球经济失衡的指责，以及对华进口全面征收惩罚性关税的威胁，不应回避妥协而应向世贸组织起诉美国贸易保护主义，因为当前美国威胁涉及到成千上万种中国出口商品，是远比轮胎、钢铁个案更为严重的贸易保护主义。中国还应追究美国滥发美元弥补财政赤字侵吞各国财富，操纵汇率频繁制造金融危机打击各国货币金融体系，纵容金融投机造成石油、粮食价格暴涨暴跌和危机，导致众多发展中国家发生社会动荡和人道主义灾难，造成全球经济失衡和广泛多边贸易逆差的罪责，这样彻底搞清全球经济失衡和爆发危机的罪魁祸首，才能为中国赢得道义优势和世界各国的广泛支持，迫使美国顾忌世界舆论压力停止威胁中国，不敢任意栽赃嫁祸中国并动辄威胁进行经济制裁，甚至在更强硬的右翼政客担任总统后发动战争。

多年来中国已经允许人民币升值20%以上，但是，美国丝毫没有满足反而不断提出了更高的升值威胁，深层原因在于列宁论述的金融垄断资本的统治地位和贪婪本性，人民币升值20%就意味着美国金融投机资本获利20%，它们当然希望继续施压人民币升值获取更多投机套利收益，这就意味着美国施压人民币升值是无止境的，倘若中国屈服于美国压力就会激发金融资本的更大贪欲。2008年4月中国人民币已经连续多年升值，美国财长、高盛前总裁保尔森却丝毫没有满意，他参加中美高层战略会谈时施压人民币加快升值，还要求中国推行汇率市场化和完全自由浮动，给予美国金融垄断资本以操纵中国汇率的最大自由。数年前美国曾经指责中国人民币汇率低估了30%，但当前人民币已大幅度升值了20%之后，美国反而施压中国要求将人民币汇率进一步提高40%。据报道，美国某高官称与美国大型企业定期交流时，从未听到来自企业界对于人民币低估的不满，美国民众也不满将经济失衡责任推给中国，担忧汇率战引发物价上涨并降低民众生活水平。但是，美国金融寡头具有列宁所论述的操纵政府的统治力量，它们完全不顾本国实体经济和普通民众的利益，顽固坚持对中国低估人民币的毫无道理指责，并操纵国会和政府对中国进行施压和威胁。

美国征收关税将会明确自己发动贸易保护战的责任和恶名，而美国施压中国提高人民币汇率则会以隐蔽方式，误导中国不由自主地陷入全面的金融战争和贸易战争。倘若中国明确表示不惧怕美国挥舞的关税大棒，美国很可能会退缩而不敢真正实施全面关税制裁，因为保护工业和就业是金融垄断资本的借口而不是目的，一旦征收关税导致全面物价上涨引起美国民众不满，美联储就很难实行低利率和滥发美元的货币政策，华尔街金融机构就很难通过金融援助计划掠夺民众财富，深陷投机赌博坏债泥潭的华尔街金融机构就可能彻底破产。美国一次征收关税引起民众和世界舆论不满后，很难找到借口和舆论支持向中国反复征收惩罚性关税，但是，美国通过不断反复施压中国提高人民币汇率，可为金融资本谋取永无止境、源源不断的投机暴利，同时还可在世界舆论面前混淆是非、推卸责任，掩盖美国推行隐蔽贸易保护主义和操纵汇率的事实。

四 屈服美国压力将会陷入全面金融战和贸易战

美国国会不惜冒实行全面贸易保护主义的恶名，挥舞对中国出口全面征收27.5%惩罚性关税的大棒，目的是迫使中国接受远比关税更厉害的金融战打击——人民币浮动升值和全面的金融自由化。[①] 中国应清醒地认识到汇率武器的杀伤力远远超过关税武器，汇率波动不仅涉及成千上万种商品的国际贸易，而且还涉及被列宁称为国民经济神经中枢的金融领域，能够为国际金融投机资本带来巨大套利收益，向国际金融大鳄、鲨群发出对中国进行金融袭击的信号，吸引数千亿甚至上万亿美元国际热钱涌入中国，推动中国股市、楼市、期货等各种资产泡沫膨胀，为国际资本利用更为复杂的各种金融武器攻击创造条件。国际金融资本利用先培育泡沫繁荣再引爆泡沫崩溃作为武器，导致日本、东南亚、拉美和俄罗斯陷入了严重金融危机，这些金融危机都需要汇率升值吸引国际热钱进行投机炒作，为股市、楼市、期货等各种泡沫武器注入巨大爆炸能量，同时需要以规避风险为名引入各种金融衍生品武器，如股指期货、融资融券、信用违约（CDS）、外汇对冲套利工具等，这样金融资本一面可以毫无顾忌地推动各种资产泡沫的极度膨胀，一面可以利用股指期货等金融武器作空市场谋取双重暴利。

中国股指期货在遭遇阻力反复推迟后终于出台，为国际金融资本通过作空

[①] 杰里米·沃纳：《美国逼迫人民币升值就是主张威胁世界》，英国《每日电讯报》2010年3月19日。

股市谋利开辟了危险战场。由于时机恰逢天量信贷刺激股市、楼市泡沫严重，人民币升值预期激发了国际热钱涌入中国的贪欲，此时倘若中国向美国的压力稍微妥协也会带来很大风险。华尔街金融家詹姆斯·查诺斯善于利用股指期货谋取暴利，他曾正确预见安然破产和次贷危机并利用股指期货作空大发横财。查诺斯认为目前世界上没有什么地方比中国的信贷过度问题更加严重，天量信贷刺激的股市、房地产泡沫可能导致经济崩溃，他还准备在中国重操利用股指期货作空的办法大赚一笔。**华尔街金融机构特别擅长在制造泡沫的同时利用股指期货作空谋取双重暴利，中国应高度警惕美国金融资本在吹捧中国经济的同时发出的利用股指期货作空谋利信号。**

英国《金融时报》2010 年 4 月 29 日撰文指出，股指期货推出短期内就演变成中国的"最大的赌场"，交易启动后的第三天股指期货成交量已经超过了上海证交所的股票成交量，2010 年 5 月股指期货交易合约的价值达到了惊人的 96 万亿元人民币左右。[①] 尽管存在着种种限制性措施，而且经过了三年多的准备，但股指期货市场的开局似乎仍不太符合监管部门的期望。这个市场成为富有投机者的乐园，而不是机构投资者为股票资产组合对冲风险的场所。该文还提到投资者认为股指期货市场非但没有成为稳定性的来源，反而只会加剧更广泛金融市场的动荡。法国与中信合资的新时代期货公司上海首席代表迪安·欧文表示，"很明显，散户投资者并没有把股指期货当做针对自身股票资产组合的对冲工具"。他还指出擅长投机的浙江富豪占据了股指期货市场的半壁江山，中国股指期货 90% 的交易属于高度投机性的"超短期交易"。倘若证券监督机构出台关于境外投资者参与规定，允许具有更大资金实力的西方金融机构进入，股指期货市场的投机性和动荡还会大规模扩大。

美欧发达国家证券市场稳定性相对好于发展中国家，主要原因是美欧发达国家有能力投入大量资金阻止股市泡沫崩溃，而不像西方金融垄断财团宣扬的那样归功于股指期货。西方二战后社会改良时期采取严厉措施打击金融投机，尽管没有股指期货金融市场也保持了相对稳定，20 世纪 80 年代里根政府推行金融自由化以来，推出股指期货并未像西方媒体宣扬的那样促进稳定，相反促使金融财团有恃无恐地炒作股市泡沫，股市泡沫膨胀和动荡远远超过二战后社会改良时期。 日本二战后社会改良时期很少出现股市泡沫和动荡，但是，20 世纪 80 年代日本在美国诱迫下推行金融自由化的时期，引入股指期货非但没有遏制泡沫膨胀和促进稳定，反而成为美国引爆日本股市泡沫崩溃的导火索，成为美

---

① 罗伯特·库克森：《股指期货：中国"最大的赌场"？》，英国《金融时报》网站，2010 年 4 月 29 日。

国将日本逼入长达二十年经济停滞的强有力金融武器。

中国必须依据马克思关于金融为实体经济服务的理论，清醒地认识到西方所谓金融市场规范为垄断财团服务的本质，不盲目照搬西方的政策法规而且围绕社会目标进行创新，采取果断措施打击、遏制股指期货市场的投机性，才有可能确保金融市场为实体经济和社会利益服务。中国从股指期货试点阶段开始直至今后任何时期，都应始终严格限制国际金融资本入场参与，试点阶段和今后交易参与者资格必须要有严格限制，只允许国家主导、经营规范的金融机构、中小股民投资基金、社会保障基金参与，改变当前浙江私人投机资本占据半壁江山的局面，不允许其像在房地产、商品期货市场上那样大肆投机，谋取短期投机暴利并严重损害社会公众利益。中国监管部门不应允许超过对冲风险需要为追求盈利进行作空投机，进行股指期货交易时必须证明需要对冲风险的持股仓位，股指期货交易超过持股仓位就应该视为违规投机套利，实在持股比较高杠杆的股指期货和融资融券更不利于投机。中国监管部门应制定详细规定禁止投机并进行严厉处罚，必须有类似区别性房贷政策那样遏制投机的精确打击武器，否则就会像以往的抑制房地产泡沫法规一样流于形式。倘若中国发现股指期货市场有可能诱发严重金融动荡，成为类似美国引爆日本泡沫崩溃的金融武器时，中国就应有魄力果断宣布暂停、整顿股指期货市场，必要时还应该考虑永久性关闭股指期货市场。

中国对金融参与机构和人员应该进行马列主义金融理论教育，以肃清美国"华盛顿共识"的金融自由化理论的误导，中国金融监管部门应依据马克思的金融理论，借鉴西方社会改良时期金融监管的成功经验，吸取美国推行新自由主义金融自由化的失败教训，制定比美国放纵金融衍生品时期更为严厉的法规，确保股指期货市场的交易金额大大小于股票市场，就像规避风险的财产保险金额不应该超过拥有财产总额，这样才能防止美国发明的股指期货金融衍生产品，像华尔街发明的其他金融衍生产品一样酿成金融风暴，避免股指期货像打击日本一样成为遏制中国的金融武器。中国制定关于境外投资者参与股指期货市场的法规，应该禁止有遏制中国战略企图的国家进入市场，禁止西方有明显短期投机倾向的对冲基金类机构参与，高盛等美国金融机构有大量操纵欺诈劣迹的应坚决排除在外。美国石油、粮食期货市场长期以来严格限制参与者资格，将高盛之类金融投机机构排除在外因而运转平稳，但1991年高盛买通商品期货监管机构暗中授予特许参与权，结果导致了石油、粮食期货市场投机猖獗和价格暴涨暴跌，造成了全球石油、粮食危机和众多发展中国家的社会动荡。近年来高盛还利用石油价格和美元汇率的剧烈波动，诱惑中国众多企业为规避风险购买欺诈性商品、外汇期货，利用复杂金融衍生品武器给中国造成数百亿元损失。高盛还指使其欧洲区希腊籍总裁利用多种金融衍生品武器，包括外汇期货、货币交换和信用违约（CDS）等，策划并引爆了希腊债务危机以打击欧元并转嫁美国金融危机的损失代价。

当前海外媒体盛传高盛亚洲区前总裁胡祖六，将出任中国央行副行长并主管外汇管理业务，这种传闻不管是否属实都已威胁到中国汇率稳定，因为，高盛的保尔森、盖特纳和胡祖六都曾施压人民币升值，胡祖六还撰文主张中国走资本主义的金融自由化改革道路，国际金融资本将此视为人民币投机套利的利好消息。**根据列宁关于金融垄断资本与国家垄断交织、融合的理论，中国应高度重视高盛等金融财团施压人民币升值的主张与美国遏制中国崛起的全球霸权战略的密切联系。**美国重视通过隐蔽经济战争谋求全球霸权，美国政府和国会均设有专门负责经济安全的机构，里根执政时期由总统直接领导的国家安全委员会，成立了具有策划隐蔽经济战争能力的"国家安全规划组"，统一调动中央情报局和政府外交、经济部门力量，实施了通过隐蔽经济战加速前苏联解体的秘密战略。当前，美国正将策划隐蔽经济战争的主要目标转向中国，值得引起中国高度警惕并采取有效措施维护国家安全。中国应成立由党中央直接领导的国家安全委员会，坚持马克思主义从战略高度维护国家安全和经济金融安全，纠正某些部门将美国金融垄断财团视为中性金融机构的错误观念，统一领导、协调政府各部门和安全部门的力量，谨慎审查有关金融改革、汇率政策和金融部门的重大人事任命，防止本位主义和部门利益干扰国家的整体利益和战略利益，更好应对国际金融和经济危机对中国形成的各种威胁，防止全球危机外来冲击与国内不稳定因素发生共振，为国际敌对势力和分裂势力趁机利用以阻止中国崛起。

五　反击美国指责中国操纵汇率的舆论战

据国际媒体分析报道，2010 年 5 月中美战略会谈期间，美国暂时放弃公开施压人民币升值，目的是为了利用汇率操纵国作为谈判筹码谋求战略利益，但是，就在中国同意联合国制裁伊朗决议并连续两个月增持美国国债之后，美国朝野再次一致发动了施压人民币升值的凶猛攻势。美国财政部长盖特纳也改变了以往"中国通"的温和姿态，2010 年 6 月 10 日，他公开宣称"中国汇率失真的影响已经蔓延到中国以外，是对我们所需恢复的全球平衡的阻碍"；他还表示赞许美国参议员舒默提出的对华实施全面惩罚性关税议案，声称美国政府对中国的汇率政策越来越没有耐心，他称："重要的是要让中国知道，如果中国不采取行动，美国国会就会采取行动。"[1] 盖特纳骤然变脸并且发表最强硬的施压人民币升值言论，充分表明中国不应对所谓美国的温和派抱有任何幻想，他们在遏制中国崛起上同强硬派有着完全一致的战略目标。中国绝不应再次被美国政客扮演的"黑脸"、"白脸"所欺骗，必须坚持马列主义，充分认识到帝国主义的本质，抛弃幻想，做好斗争准备，才能捍卫核心战略利益。

2010 年 3 月，美国国会一百多名议员联名呼吁将中国定为汇率操纵国，以便为美国发动金融战和贸易战提供借口。[2] 2010 年 6 月美国参议员舒默声称议员们很快就将推动立法行动，对中国操纵人民币汇率实施全面的惩罚性关税报复。中国应调查幕后怂恿这些美国议员反华的跨国垄断财团背景，限制并减少其在华经营的优惠待遇并促使其改变立场，迫使其支持的美国议员放弃毫无道理的反华活动。中国不仅应以推迟中美两军高层交流作为制裁反华措施，还应考虑宣布推迟、减少中美双边战略会谈，以美方反华破坏互信为由剥夺其发动金融战的施压途径，促使美国知道无法重演通过中美双边战略会谈，施压中国推行人民币浮动升值和金融开放，沉重打击中国出口中小企业和所持美元资产的故伎，否则美国反华势力尝到甜头还会不断地制造麻烦、纠纷。

中国进行中美战略会谈应充分吸取日本的教训。20 世纪 80 年代美国为遏制日本经济崛起，也是通过日美战略会谈作为重要的施压途径，迫使日本实行汇率自由浮动和大幅度升值，放弃二战后社会改良时期的金融监管化政策，转而推行导致泡沫投机泛滥的金融自由化政策，最终因股市、楼市泡沫破裂陷入一蹶不振的长期停滞。由于日本政府官员缺乏国际博弈的大战略思维，全盘接受了美国鼓吹的新自由主义的金融自由化政策，致使日本在日美战略会谈中陷入了极为被动的境地，根本谈不上互利双赢而只能消极防御、受制于人。1985 年美日两国政府签署了著名的"广场协议"，导致日元对美元的汇率两年间大幅度升值一倍，吸引大量国际投机资本涌入刺激泡沫经济。日本二战后迫于冷战压力实行社会改良，借鉴了马克思关于金融为实体经济服务的理论，推行金融监管化政策并严厉打击金融投机，银行贷款质量很高从未发生金融危机，截至 1980 年银行贷款坏账率仅为 0.5%。但是，日本推行金融自由化导致了投机泛滥，非生产性贷款的比重迅猛上升了两三倍，并且大部分流入了股票和房地产投机市场，银行贷款坏账总额 10 年间增长了 100 倍。尽管 20 世纪 90 年代日本泡沫经济破灭之后，政府积极采取凯恩斯主义政策挽救经济，但是，日本主权

① 新华社：《美国酝酿对人民币展开新攻势》，《参考消息》2010 年 6 月 12 日。
② 新华社：《美议员群起攻击中国货币政策》，《参考消息》2010 年 3 月 17 日。

债务不断积累远远超过了国内生产总值，日本经济却始终无法摆脱长期停滞的困境，充分说明新自由主义和凯恩斯主义都存在弊端。当年社会改良造就了日本经济奇迹和"一亿人总中流"社会，今天日本媒体则将新自由主义改革称为"社会改恶"，指责其导致了"一亿人总下流"和社会经济沉沦。

数年前，中国为了维护中美关系曾在中美战略会谈中多次让步，承受了人民币不断升值导致了一系列经济社会恶果，但是，美国金融资本获得丰厚收益后却并不满足，反而进一步提出了人民币升值和金融自由化的要求，还误导中国官员承诺金融改革坚定不移推行金融自由化，诱惑中国购买了数千亿美元"两房"债券和各种有毒资产，在全球金融危机爆发后美国非但不反思自己的责任失误，还倒打一耙试图将责任和危机损失转嫁给中国。**倘若中国政府官员不能坚持并发展马列主义理论，认清当代帝国主义和金融垄断资本的本质，就不可能具备捍卫中国国家利益的战略眼光，这种情况下就不如推迟、暂停中美双边战略会谈，对有关方面人员应组织加强马列主义理论的教育和学习，充分认识到美国谋求全球霸权的种种谋略、手腕，认识到美国鼓吹新自由主义的金融自由化的危害，认识到美国经济复苏的泡沫性质和随时可能破灭的危险，这样才能摆脱理论观念受美国误导造成的被动局面。**

中国不应在接受新自由主义的金融自由化前提下进行战略谈判，因为，金融自由化本身就是为美国的金融垄断资本服务的经济政策。中国应坚持马克思主义并敢于明确指出美国的经济政策失误，指出新自由主义的金融自由化政策是酿成金融危机的重要原因，只有彻底摒弃金融自由化政策才能消除金融危机的根源，中国才可能在中美战略会谈中改变被动挨打局面，同时反守为攻明确指出美国金融政策酿成的巨大金融风险，并且在参与国际经济金融秩序改革中发挥积极建设性作用。中国不能接受美国施压推行资本账户的开放和自由化，尤其不能以资本账户开放来换取美国暂缓实施贸易制裁，因为，中国的外汇顺差来源主要不是贸易账户而是资本账户，中国要想控制外汇顺差增长就应该限制西方投资，尤其是不应顺应美国的金融自由化压力开放资本账户，否则人民币浮动升值越多就会吸引更多热钱涌入套利。

中国面对美国污蔑中国造成全球经济失衡的指责，以及对华进口全面征收**惩罚性关税的威胁，不应回避妥协而应向世贸组织起诉美国贸易保护主义，因为当前美国威胁涉及到成千上万种中国出口商品，是远比轮胎、钢铁个案更为严重的贸易保护主义。**中国还应追究美国滥发美元弥补财政赤字侵吞各国财富，操纵汇率频繁制造金融危机打击各国货币金融体系，纵容金融投机造成石油、粮食价格暴涨暴跌和危机，导致众多发展中国家发生社会动荡和人道主义灾难，造成全球经济失衡和广泛多边贸易逆差的罪责，当前美国以中国造成全球经济失衡为借口施压人民币升值，中国应动员经济理论和舆论战线的力量进行全面反击，通过广泛的舆论攻势促使各国人民弄清是非曲直和事实真相，认识到究竟谁是造成全球经济失衡和爆发危机的罪魁祸首，这样才能为中国赢得道义优势和世界各国的广泛支持，迫使美国顾忌世界舆论压力停止威胁中国，不敢任意栽赃嫁祸中国并动辄威胁进行经济制裁，甚至在更强硬的右翼政客担任总统后制造战争借口。

当前中国应坚持保持人民币汇率稳定的坚定立场，不应稍微屈服美国压力允许人民币浮动小幅升值，这样才能打破国际投机资本利用人民币升值套利的预期，防止国际热钱涌入导致更为严重的外汇盈余问题，招致美国获得更多的借口向中国施压人民币升值。中国还应反守为攻向世界各国人民呼吁，反对美国实行滥发货币政策导致美元不断贬值，操纵汇率严重威胁世界各国外汇储备和美国人民财产，主动争取包括美国人民在内的世界各国人民支持，防止奥巴马政府和今后可能上台的美国右翼政府，利用金融危机责任、人民币汇率、西藏人权等借口，为推行强硬反华政策和干涉中国内政进行舆论铺垫。美国施压人民币升值意味着国际金融资本获得投机套利收益，而中国购买的美元债券则会蒙受美元贬值导致的汇率损失。中国应向美国明确指出倘若美国继续施压人民币升值，中国就不能继续购买美国国债帮助其弥补财政赤字，因为美元贬值将给中国购买的美元债券造成巨大汇率损失。中国还应要求美国像20世纪60年代对德国一样，采取具体措施保障中国购买的美国国债价值，弥补因美元贬值造成的汇率损失和通货膨胀损失，只有保障中国利益才能建立国际合作的互信基础，否则应大幅度减少购买和持有美国国债的数量。美国著名教授赫德森曾指出当年美国向德国提供这样的承诺，是为减少对美元贬值的恐慌并维护美元信誉，当前中国不应被动地应对美国施压人民币升值，而应据理力争向美国指出其错误政策以维护自身利益。

中国不应坐视美国采取不当的反危机经济政策，加剧国际金融动荡局面并导致美元不断贬值，持续不断造成我国出口形势恶化和外汇储备损失。中国作为一个国际影响不断上升的大国，应该联合世界各国指出美国反危机经济政策的失误，积极主动地维护全球经济稳定并促进和谐发展。对中国经济构成主要威胁的美国反危机经济政策失误之一，就是不惜代价注入巨资挽救银行体系有毒资产的计划。尽管美国政府向银行体系注入数万亿巨额资金，但是相对于美国各大银行的巨额有毒资产仍然是杯水车薪，美国政府和央行还将不断被迫实施新的注资挽救计划，甚至不顾通货膨胀危险直接开启印钞机解决资金紧缺困境。这种救市行为将会导致美元不断贬值并严重威胁中国出口和外汇储备。中国应明确指出美国为了维护金融垄断资本利益，通过滥发货币操纵汇率才是造成全球经济失衡的根源。

美国民众将自己的存款、养老金以及购买的各种保险，委托给银行机构、各种基金和保险公司进行管理，但是，这些金融机构以规避风险的名义从事了大量高杠杆投机赌博，结果因赌博失利造成了规模庞大的金融衍生品坏债和有毒资产，进而挟持民众的存款、养老金等财产为人质逼迫政府注资救市。倘若美欧银行机构、基金和保险公司直接到拉斯维加斯赌场下注，由此产生了数百万亿美元彼此相互拖欠的赌债，人们就会清楚地看出这些金融机构从事的是违法行为，就会要求政府将这些沦为赌徒的金融高管撤职并绳之以法，进而将这些赌徒之间的对赌协议视为废纸并冻结、废除，绝不会同意政府动用纳税人的金钱来挽救巨额赌债。但是，由于投机赌注被精巧地伪装成非常复杂的金融衍生产品，金融资本就以维护民众利益为借口堂而皇之地挟持政府救市，从而轻而易举地获得了成千上万亿美元的巨大收益，随着美国政府和央行开动印钞机挽救规模庞大的银行有毒资产，泛滥的货币洪水最终就会造成逐步升级的通货膨胀压力，无情地吞没民众拥有的存款、债券、养老金等各种资产，以及中国和世界各国拥有的巨额外汇储备和美元资产。

中国和世界各国人民应联合起来要求美国政府纠正反危机政策的错误，立即停止依靠发行货币来挽救银行有毒资产，纠正被克鲁格曼批评为"现金换废纸"的错误救市办法，将实为一堆废纸的金融衍生品赌债彻底冻结、废止，将节省下来的紧缺资金用于维护民众的存款、养老金，用于确保世界各国拥有的外汇储备和美元资产的价值，用于推动全球贸易复苏和实体经济摆脱严重的衰退。美国包括中产阶级、实业家在内的社会各阶层的利益，在这一问题上同华尔街金融资本的利益存在着尖锐的对立，同中国人民和世界各国人民的利益则存在着广泛的一致。

中国应联合世界各国人民共同向美欧政府领导人发出呼吁，停止当前滥发美元挽救银行金融机构有毒资产的错误救市政策，主动拆除高达600多万亿美元规模的金融衍生品定时炸弹，争取不待其爆炸并造成破坏就先行将其全部冻结、注销，否则将不断引发一轮轮金融海啸和全球经济衰退，并且最终导致经济崩溃与恶性通货膨胀并存的"崩溃膨胀"灾难，致使美国人民的存款、养老金和持有的基金、债券等资产，以及世界各国的外汇储备和持有的各种美元资产，在类似德国魏玛时期的恶性通货膨胀中蒙受惨重损失或化为乌有。冻结、废除金融衍生品巨额债务符合美国人民的利益，符合包括中国在内的世界各国人民的共同利益，甚至也符合世界各国实体经济领域企业家和财团的利益。奥巴马竞选时尖锐批评华尔街金融财团曾赢得了美国民众的拥护，但是，他上台后继续任命华尔街精英担任政府要职也令美国民众深感失望，中国向全世界发出这样的维护世界各国利益的倡议，将会赢得包括美国人民在内的全世界人民的广泛支持。

中国应联合世界各国人民向美国政府施加压力，要求美国政府救市时应严格区分两种性质完全不同的债权：一种债权是花费真金白银形成的债权，像美国人民拥有的存款、养老金等资产，中国金融机构购买的美国"两房"等金融机构的3A级债券，世界各国拥有的巨额外汇储备和美国政府债券，这些才是美国政府必须优先保障的实实在在的债权；还有一种债权是金融机构投机产生的赌债，如具有高杠杆投机性质的金融衍生品，已高达天文数字的庞大规模根本无法挽救，挽救这类投机坏债必将导致恶性通货膨胀。金融衍生品债务是脱离实体经济的投机赌债，彻底废除这类债务不会影响实体经济的运行，相反废除这类债务才能避免美欧银行陷入彻底破产，节省充裕的资金用于刺激实体部门有利于推动经济复苏。

当前美欧广大民众正日益意识到金融资本的贪婪和欺诈，正在寻找制造金融危机并损害自身利益的"元凶"，而美国和大西洋两岸贪婪的银行家成为发泄愤怒情绪的对象。但是，华尔街金融资本及其在美国政府中的代理人，也正在制造舆论为转移民众愤怒寻找替罪羊，特别是寻找借口将危机的责任、代价转嫁给中国。中国面对美国无端指责不能仅仅被动地为自己辩护，而应积极向世界各国和美国公众阐明全球金融危机的真正起因，否则就会鼓励美国故意混淆真相并把中国当做替罪羊，中国越是惧怕美国施压并允许人民币不断浮动升值，就会吸引更多热钱涌入并面对更大的人民币升值压力，中国越是增购美国国债并向美国提供廉价产品，就越是成为美国攻击对象并被指责造成全球经济失衡。中国应积极主动提出维护美国民众和本国利益的主张，冻结巨额金融衍生品坏债遏制金融危机升级，力阻美联储印钞救市威胁美国民众存款和中国外汇储备，呼吁对美国民众存款和各国持有美债实行通胀贴息保值，让美国民众从切身利益出发积极拥护中国立场。中国应抓紧时机进行争取美国民众的舆论工作，以防金融危机升级导致美国国内矛盾激化之时，美国受财团控制媒体骤然发动嫁祸中国的舆论攻势，导致中美关系恶化不利于中国的和平发展战略。

美国爆发严重金融危机之后，美国新任国家情报总监丹尼斯·布莱尔在出席参院情报委员会例会时表示，危机已取代恐怖主义和本·拉登，成为对美国国家安全的最大挑战，他称"美国现时面临的最大安全威胁是，全球金融危机和它将带来的地缘政治后果"。加利福尼亚是美国最大、最富有的州，由于金融危机导致州政府面临严重的财政危机，被迫释放了五万五千名囚犯任其流入社会，直接威胁到美国人民的人身安全和社会稳定。特别值得警惕的是，受美国军工、金融垄断财团支持的右翼政治势力，深知不妥善解决巨额银行有毒资产则政府刺激计划难以奏效，正在布局推举主张对外扩张的右翼强硬派赢得下届大选，倘若全球危机出现二次探底或新一轮金融海啸，全球各地都可能出现动荡局面，为美国军工、金融垄断财团支持的右翼势力主张对外扩张提供借口，世界各国人民都可能面临丧失和平发展的国际环境的危险。

六 反击美元霸权根本解决全球经济失衡

美国贸易逆差的根源是美国依靠美元霸权滥发货币占有各国财富，因此，美国同世界上九十多个国家存在着贸易逆差，其他国家货币即使升值大幅度提高了出口商品价格，也不会影响美国依靠成本近乎为零的美元弥补财政、贸易赤字。世界各国解决同美国贸易失衡问题的根本办法，就是开展国际合作，建立不依赖美元的国际贸易清算体系，并最终在联合国框架下建立新型超主权国际储备货币，动摇美元霸权从而削弱美国的全球经济军事霸权的威胁。

美国是全球经济失衡和金融危机的始作俑者却频频指责中国，中国虽然坚决反驳并申辩却难以改变被动局面，但是，2009 年中国提出建立超主权新型国际储备货币的主张，直接打中了美国利用美元霸权转嫁危机代价的要害，立刻赢得了广泛的国际支持并扭转了被动局面。2009 年 3 月 30 日，美国《华盛顿邮报》撰文指出中国的建议将美国推向了被告席，迫使美国放弃傲慢指责别国的态度处于被动辩解的地位。尽管国际上不断有学者主张建立新型国际储备货币，但中国提出这一主张却使其具有了前所未有的国际影响力，这充分说明中国应该更加积极主动地维护自身的合法权益。

2009 年 1 月，美国财政部长盖特纳曾称奥巴马认为中国操纵人民币汇率，美国将通过各种外交手段施压中国改变汇率政策。但是，2009 年 3 月中国提出建立超主权新型国际储备货币的主张后，盖特纳立即通过多种沟通渠道向中方询问并表示担忧，其紧张之态仿佛唯恐美元是坏账累累的银行即将遭人挤兑，这种压力促使盖特纳改变态度公开承认中国并未操纵汇率。但是，在美国放松汇率指责并频频表示友好后，中国没有继续积极推进建立新型超主权国际货币的进程。美国在安抚中国并等待经济复苏减轻不利舆论压力后，又再次以强硬姿态提出中国操纵人民币汇率的指责，甚至挥舞征收全面关税大棒使中国再次陷入被威胁境地。

由此可见，中国必须反守为攻才能根本改变被动挨打局面，必须始终牢牢抓住美国利用美元霸权占有各国财富的关键，主动联合世界各国积极推进各种替代美元霸权的方案，从根本上解决美国经济军事霸权对世界稳定的威胁。中国建立新型超主权国际储备货币不能仅仅作为长期目标，而应看做争取在较短时期内付诸实施的现实目标，以应对滥发美元可能导致全球经济动荡和通胀压力的紧迫威胁。考虑到美国在国际货币基金内拥有一票否决权，中国应争取在**联合国框架下建立新型国际储备货币**。联合国委托斯蒂格利茨等著名学者组成的独立专家小组，也认为新型国际储备货币系统简单易行，而且有利于防止通货膨胀和国际贸易失衡等问题，建议联合国各成员国的领导人尽快展开讨论、磋商。

中国应加快推进建立新型超主权国际货币的进程，联合俄罗斯、印度、巴西、印尼等支持中国主张的国家，商议先行建立起一种过渡性的新型超主权国际货币，用于多边的经济交往和国际贸易计价、结算，以后逐渐扩大适用范围并吸引更多的国家加入，逐步形成联合国范围内众多国家加入的新型国际货币体系。新型的国际储备货币应采取灵活、自愿的原则，不排斥使用美元、欧元等现有的国际储备货币，而是同美元、欧元形成互补的良性竞争关系，同时也不排斥双边货币互换和长期贸易、投资协定。这样一方面可以减少美国及受其控制的盟国的反对阻力，另一方面可以让众多的新兴国家获得有力的谈判筹码，施加现实压力迫使美国在发行货币方面更加谨慎行事，切实有效反击美国施压中国人民币升值的汇率战攻势，形成国际压力有效制约美国滥发货币和操纵汇率的恶劣行为。

当前，考虑到众多发展中国家出口下降和外汇储备减少的困难，中国应大力推动不依赖美元的双边长期协定贸易，扩大实践证明卓有成效的双边货币互换协议的规模，促使双方获得充足的低成本外汇开展贸易投资活动，开展长期工业化计划和结构调整方面的深层合作，同双方扩大市场抵御金融危机的刺激计划紧密挂钩，促进新兴国家的投资需求和能源、原料供应能力，促使双方都能获得廉价充裕的工业品和能源、原料供应。当前全球经济和国际贸易尚未完全摆脱疲软状态，通过宽松货币政策和扩大银行信贷刺激出口的效果有限，企业普遍反映最缺乏的不是资金而是长期稳定出口订单。中国"一五计划"期间中苏的长期贸易投资协议，就是双边协议贸易促进工业化蓬勃发展的成功范例。未来即使建立新型国际储备货币之后仍应保留双边协议贸易，以利于节制新型国际储备货币的发行并维护币值稳定。**中国广泛开展不依赖美元的双边长期协定贸易，并且同各国的经济刺激和长期发展计划建立密切联系，能够推动有利**

于外贸、外汇平衡的经济发展方式转变。中国还可通过这种方式促进国际地缘战略利益，支援朝鲜、巴基斯坦、中亚和其他缺少美元外汇的国家稳定经济，有利于维护周边国家的社会稳定与和平发展的国际环境，共同阻止分裂、恐怖势力渗透和美国扩张势力范围。

广大发展中国家应积极推进"南南"货币合作和区域货币合作，通过双边货币互换建立不依赖美元的国际贸易结算体系，双方中央银行依据可调整固定汇率互换足够数量的货币，以确保双方在不采用美元计价和结算的情况下，双方的国际贸易和对外投资活动也能正常进行。这样能防止汇率自由浮动引发的外汇投机和汇率操纵，减少双方为赚取和持有美元付出的代价和风险，防止双方贸易投资活动遭受美元汇率大起大落的干扰，避免美元危机深化造成国际贸易萎缩和本国财产损失。中国已经同俄罗斯、阿根廷等国签订了货币互换协议，实践证明这一做法产生了积极的效果。**广大发展中国家还应将双边货币互换发展为多边货币合作，形成多国参与的不依赖美元的国际贸易结算体系，为多国协商建立新型过渡性国际储备货币打下基础。**同一地区的多个国家开展区域性货币合作，共同出资建立区域性货币基金和区域性银行机构，也有利于促进本地区的经济发展和金融稳定。广大发展中国家开展双边、多边和区域性货币合作，能够防止国际金融资本操纵美元汇率制造金融危机，导致发展中国家的实体经济和国际贸易陷入困境，限制美国利用美元霸权无偿占有别国的财富和资源，巩固、扩大美国在全球的经济、政治和军事霸权。

七 调整结构转变发展方式减少对美国依赖

美国获诺贝尔奖的著名经济学家斯蒂格利茨，曾建议中国主动以征收出口税的办法回应美国指责、施压。这种出口税可以有针对性地减少中美贸易逆差，而不像人民币升值会影响中国对所有国家出口，同美国征收关税相比确保税收归中国避免利益外流。中国不应惧怕美国征收进口惩罚性关税的威胁，美国这样做将损害自身特别是金融垄断资本利益，迫使美联储碍于物价上涨压力难以延续滥发美元的货币政策，减少美国利用美元霸权廉价获得中国创造的物质财富，某种意义上也有利于中国调整对外经济发展方式。**中国征收出口结构调整税应主要针对跨国公司对美国出口，因为跨国公司所占价值链份额很高且承受能力强**，中国还可利用出口结构调整税收益加快转变对外经济发展方式，扶植承受力较弱的中小企业调整经营开拓国内市场。

中国应对在华跨国公司提高各种资源价格和征收税率，提高对美出口跨国企业、环境保护和碳排放等方面的征税措施，特别是扩大中美贸易顺差并支持反华的美国跨国企业，因为，中国相当大部分对美贸易顺差来自西方跨国公司出口，中西方在资源价格和环保政策方面存在着较大差异，这样比较调整汇率能更有针对性地减少中美贸易顺差，不会吸引国际热钱伪装成出口顺差和直接投资涌入中国，能够敦促美国跨国企业帮助制止某些议员、政客的反华主张，保护中国出口中小企业的竞争优势并广泛开拓其他出口市场，限制跨国公司将消耗资源和污染环境的产业转移中国，降低中美贸易顺差并且提高中国所占的价值链份额，积聚财力扶植符合国家政策的企业扩大国内市场服务内需，有利于保护环境并节省宝贵资源用于中国的可持续发展，有利于降低外贸、外资依存度并实现经济发展方式转变。

尽管在全球经济长期动荡的过程中，不排除出现美欧政府大量救市注资推动的经济增长，但这是类似美国滥发次贷时期的虚假泡沫繁荣，从当前美国为挽救一个百分点的经济衰退，付出的救市代价相当于大萧条时期的 54 倍，就能判断资本主义生产方式的需求不足矛盾多么突出、信用膨胀掩盖的生产过剩矛盾积累到多么严重的程度、债务泡沫支撑的经济复苏和繁荣是多么脆弱，就能预见到经济复苏随时可能重新转变为严重经济危机。中国应该准备应对世界经济的长期动荡和深度衰退，经济刺激计划既要考虑应急也要从长计议。西方经济学的货币财政扩张政策，适合短期应对一般经济周期波动，长期实行将会带来一系列副作用，包括财政负担和通货膨胀压力日趋严重，难以应对特大泡沫崩塌造成的深度衰退和长期动荡。中国不应效仿西方"量化宽松"货币政策，实践证明这种政策存在着很大弊端，很容易刺激股市、楼市的虚假繁荣，却难以推动实体经济走出困境，甚至会提前透支、扼杀实体经济的复苏。

美国著名经济学家斯蒂芬·罗奇曾准确预见美国次贷危机，他于 2009 年 7 月 30 日在英国《金融时报》发表文章，表示他开始担心中国银行信贷猛增导致经济失衡。斯蒂芬·罗奇称大量迹象表明西方刺激泡沫经济的教训正在中国重演，"两年多前，中国总理温家宝曾警告称，中国经济正变得越来越'不稳定、不平衡、不协调、不可持续'。这是先见之明。如今，面对严重的全球衰退，中国却让温总理警告过的那些问题更为恶化：将受流动性推动的巨额刺激方案瞄准了最不平衡的行业"，"中国各银行的贷款质量多数确实受到 2009 年上半年大量信贷投放的影响，这一趋势可能为新一波银行不良贷款播下了种子"。他提到的最不平衡的行业，两年前是同美国次贷泡沫相联系的出口泡沫，如今是同美国次贷泡沫相似的中国房地产泡沫繁荣。[①] 即使中国对美国的出口形势出现明显

---

① 斯蒂芬·罗奇：《我开始担心中国经济》，英国《金融时报》2009 年 7 月 30 日。

好转，中国也不应麻痹大意、掉以轻心，不应再次像美国次贷繁荣时期那样为债务刺激的消费泡沫吸引，像斯蒂芬·罗奇批评的那样将中国经济增长引擎系于出口泡沫。

特别值得警惕的是，美国脆弱的经济复苏随时可能再次面临恶化形势，像大萧条时期那样出现双底或多底型经济衰退。美国继续沿用滥发货币政策救市将导致美元严重贬值，中国以巨大的资源消耗和环境恶化代价换来的外汇收入，将会因美元不断贬值而蒙受巨大的汇率风险损失。由于中国经济的对外依存度高达60%左右，出口市场需求锐减必然产生强烈冲击，通过复杂的产业联系造成乘数扩大连锁反应，导致大面积的企业开工不足、资源闲置和效益下滑，企业上缴税收和偿还贷款能力也随之下降。倘若中国出口贸易再次因美欧衰退出现大幅度下降，意味着中国将缺乏足够的政策弹药刺激经济，继续扩大财政赤字和发放天量银行信贷，将会造成沉重财政包袱和严重通货膨胀隐患。中国面对全球经济长期动荡的严峻挑战，以及美国随时可能爆发更大危机的风险，应该建立一种常备不懈的有效应对经济危机体制，随时能有效利用计划调节解决市场失灵问题，启动市场无法利用的闲置资源用于有益社会用途，阻断经济危机造成的乘数扩大连锁反应，维护经济金融安全并防止周期性危机引发社会动荡。

2010年2月3日，胡锦涛总书记在省部级主要领导干部深入贯彻落实科学发展观加快经济发展方式转变专题研讨班上深刻指出："国际金融危机对我国经济的冲击表面上是对经济增长速度的冲击，实质上是对经济发展方式的冲击。综合判断国际国内经济形势，转变经济发展方式已刻不容缓。我们必须见事早、行动快、积极应对，为我国加快转变经济发展方式、保持经济平稳较快发展增添推动力"，并把"加快推进对外经济发展方式转变"作为亟待落实的重点工作之一。当前在欧洲主权债务危机蔓延加大全球经济第二次探底危险，美国不断以贸易失衡为借口施压中国人民币升值，中国外汇储备面临着越来越大的美元贬值风险的形势下，中央提出的加快推进对外经济发展方式转变的方针具有深远意义，是中国抵御可能爆发的更大国际金融和经济危机冲击，防止中国像日本那样在金融战败后陷入长期经济停滞，像东南亚国家那样在危机冲击下丧失数十年的发展成果，实现中国的长期可持续发展并且建立和谐社会目标的关键。

值得指出，中国落实对外经济发展方式转变也面临着很大困难，关键是美国通过美元霸权拥有操纵全球市场的能力，无论人民币如何升值也难以削弱美国的购买力，难以阻止美国依靠成本近乎为零的美元弥补贸易逆差，这正是数年来中国人民币持续不断浮动升值之后，中美贸易顺差非但没有减少反而大幅度增加的重要原因。因此，中国落实加快对外经济发展方式转变的方针，不能依靠受到美元霸权操纵的全球市场自发调节，不能效仿西方的天量信贷和财政赤字刺激经济政策。美国次贷危机证明了笼统的宽松货币政策有刺激泡沫经济的危险，欧洲主权债务危机证明了凯恩斯财政赤字政策具有很大副作用。中国必须依据马克思关于国民经济均衡发展的理论，继承陈云同志运用"四平"理论治理国民经济的经验。有人认为陈云同志的经验适合计划经济而非市场经济，其实新中国成立初期中国面对的正是市场经济的烂摊子，尚未实行社会主义改造且私有经济占相当大比重，失业严重、物资短缺和物价失控等困难远远超过今天，还同世界头号强国美国进行着艰苦的抗美援朝战争，但是，陈云同志在保持信贷平衡、财政平衡的情况下，成功克服了各种经济困难并实现了国民经济高速发展，创造了西方凯恩斯主义、货币主义都无法实现的奇迹。

中国社会科学院副院长王伟光撰文指出，无论是资本主义还是社会主义市场经济，都不可避免存在着发生经济危机的可能性，这是由商品具有的二重性内在矛盾决定的，社会主义必须发挥自身制度的优越性，通过计划调节加强针对经济危机的制度建设，才能约束市场经济的消极面并防止经济危机。[①] 周期性经济危机是市场经济的必然伴生物，社会主义市场经济应坚持计划与市场相结合原则，并且随着经济形势变化灵活调整计划调节范围，才能有效防止爆发经济危机的周期性威胁，抵御西方不时爆发金融和经济危机的冲击。凯恩斯主义的宏观财政赤字和宽松货币政策，只能利用债务膨胀暂时推迟、缓解有效需求不足，利用新债务泡沫延缓旧债务泡沫破裂的后遗症，不能解决只能暂时掩盖资本主义的基本矛盾，因而根本无法消除经济危机爆发的根源，而且财政失衡和通货膨胀的隐患将会越来越大，推迟和防止危机爆发的效果则会越来越差，最终无法阻止债务泡沫利滚利酿成更大规模的危机。美国走出网络泡沫衰退不久又爆发更为严重的次贷危机，充分说明凯恩斯主义存在"治标不治本"的弊端，因此，建立有中国特色的社会主义市场经济制度，不应只提政府宏观调控而完全不敢提计划调节，不应只提借鉴凯恩斯主义的宏观财政货币政策，而不敢提坚持马克思主义关于经济危机的科学理论。适当的政府计划调节非但不会限制市场经济，非但不会必然降低资源的合理配置和使用效率，还会通过防止周期性经济危机更好发挥市场积极作用，通过启动市场闲置资源避免浪费并提

---

① 王伟光：《运用马克思主义立场、观点和方法，科学认识美国金融危机的本质和原因》，载李慎明主编《美元霸权和经济危机》，社会科学文献出版社 2009 年版，第 12 页。

高经济效率。

十年前，笔者所著专著《威胁中国的隐蔽战争》，提出中国应借鉴罗斯福实施"动员经济"的成功经验，以应对美国可能爆发金融危机造成全球经济衰退的危险。罗斯福"动员经济"在刺激经济方面优越于"新政"之处，在于政府对启动闲置的人力、物力资源使用进行全面规划，确保刺激和启动经济的力度达到充分开工和充分就业程度，避免像"新政"一样因刺激力度不足反复陷入经济衰退，美国是依靠"动员经济"而非"新政"才最终摆脱了大萧条的影响。笔者提出中国应建立一种常备不懈应对外来危机冲击的体制，实施局部"动员经济"将计划调节同市场调节结合起来，并且详细论述了实施局部"动员经济"的步骤和措施，包括对出口锐减导致的闲置产能进行周密调查，通过试验不同方案摸索适宜的刺激力度，资金投放应严格区分实体经济和泡沫经济，谨防股市、楼市投机导致资源浪费和政策失效。

值得指出，局部"动员经济"不排除市场经济的积极作用，主要将计划调节用于有限的关键性领域，克服市场经济运转的宏观和微观失灵，目的是更好发挥而不是限制市场经济的作用。局部"动员经济"实施有限计划调节的目的，是确保或恢复一些关键性的宏观经济平衡，以及一些具有宏观影响的微观供求平衡，绝非试图解决全部经济平衡的集中计划经济。政府仅在有必要、有把握的一些关键性领域，进行局部的计划调节和宏观、微观干预，剩余部分留给市场经济进行自发调节，这样很容易达到信息和计算能力要求，即使犯了错误还有市场调节补充矫正，能够促使计划和市场相互取长补短，不坐视而且灵活矫正彼此存在的明显缺陷。

新加坡用政府计划办法建设大部分居民住宅，因为通过人口数据很容易计算住宅需求，而且房地产价格上涨容易诱发投机加剧供求失衡，形成泡沫过热造成宏观失衡和经济危机，属于具有重要宏观影响的关键性微观市场失灵，因此，政府果断将其纳入计划调节并加强国有企业投资，但是，政府却明智地将高端住宅和商业房地产，留给市场进行自发调节而不实行政府干预，这样既能确保绝大多数居民享有廉价优质的住宅，又能避免像其他国家那样反复出现房地产投机泡沫，由微观失衡引发一系列宏观失衡并爆发经济危机。

中国实施"家电下乡"政策像新加坡住宅计划一样成效显著，原因也在于有限计划调节加强了宏观与微观的联系，促使局部的微观干预产生了显著的宏观经济效果，这种计划与市场调节相结合的原则和成功经验，应该迅速扩大并推广到国民经济的关键性领域，如借鉴新加坡住宅计划经验满足居民住宅需要，住宅建设需要巨大投资并能带动建材、家电等相关行业，政府果断介入能防止该行业因投机泡沫导致市场失灵，扼杀增长潜力、影响社会稳定并引发宏观经济风险。政府有计划启动巨大的住宅建设投资，能有效弥补出口锐减造成的生产过剩，防止房地产泡沫与外来危机冲击产生共振，导致宏观失衡引发金融危机并影响社会稳定。

科研开发投资也有振兴国民经济的宏观意义，重大科技进步能催生新兴产业并带动投资热潮，形成长期发展动力推动经济走出疲软低谷。为缓解许多行业的产能过剩和过度竞争，中国应将大量闲置企业、车间改造成科研开发基地，加强关键性领域的科研开发推动产业升级，以较少成本将现有科研开发规模扩大数倍，提供大量高质量就业机会利用宝贵知识人才，减少企业裁减技术人员造成的人才浪费，加强新产品、新能源、新材料的开发力度，以跨越式科技进步培育新的经济增长点，促进经济增长方式转变更好应对全球经济动荡。

解决当前人类面临的能源、资源、环境危机，迫切需要通过政府扶植实现重大科技突破。科研开发投资能提高生产效率和产品质量，通过节能降耗、降低成本抑制通货膨胀，优越于凯恩斯"挖坑埋坑"的粗放扩大投资方式，为刺激需求长期扩大低效率投资必然带来通胀压力。美国二战时期政府通过动员经济大力扶植科研开发，催生一系列新兴产业并产生了千百倍的经济效益。中国政府还应周密规划、协调各方面的科研力量，加强企业、大学与政府机构之间的分工合作，趁西方经济危机导致大量人才过剩的有利时机，利用外汇储备引进国外的关键性技术和科研人才，这种"引智创新"模式能以较小代价带来长期高收益，优越于引进境外战略投资者或出让市场换技术。

西方凯恩斯主义的货币财政宏观调控政策，缺乏像计划调节那样将宏观、中观、微观联系起来的机制，不顾微观效率的"挖坑埋坑"粗放扩大需求方法，长期实行导致刺激生产和就业的效果越来越差，容易引起泡沫投机过热和严重通货膨胀压力，结果实施宽松宏观政策难以扩大就业，实施紧缩宏观政策难以抑制通货膨胀，不得不加大紧缩或宽松力度致使宏观政策渐渐失效，陷入了经济停滞与通货膨胀并存的"滞胀"困境。当前中国在财政开支猛增和税收减少的压力下，有些政府部门削减科研经费以减轻财政压力，其实，科研是具有巨大提高效率潜力的生产性投资，美国著名学者赫德森将其称为广义社会基础建设，完全不同于股票证券等虚拟投机性第三产业，自然科学研究能催生新兴产业并带动投资热潮，形成长期发展动力推动经济走出疲软低谷，社会科学研究能推动社会经济领域的制度创新，维护经济金融安全并促进和谐社会关系。当前中国扩大内需并实现经济增长方式的转变，应将科研投资作为社会基础建设投资的重点，这类投资不会形成产能过剩和闲置公用设施，远比凯恩斯主义的"挖坑埋坑"更有利于提高经济效率，有利于中国减少对国外技术依赖并建立自主创新型经济，提升中国在国际产业价值链中的位置和分配份额。

中国既要强调刺激经济方面"出拳的速度和力度"，也要重视其"准确性、有效性和可持续性"，这样才能确保宝贵巨额资金不被浪费，持续源源不断地投入振兴经济的关键领域。中国应确保刺激经济的紧缺资金，准确流向"上缴财税大户"和"银行还贷大户"，重点扶植国家产业振兴规划培育的新增长点，确保这些战略性企业的安全生存和稳定发展，防止其遭受全球经济衰退冲击导致经营恶化，影响企业还贷、纳税危及金融安全和财政稳定，反过来削弱银行和财政持续刺激经济的能力。

倘若采取笼统、粗放的货币财政刺激政策，就很难促使投放资金准确流向关键性领域，充分调动闲置资源以实现整体经济增长目标。天量信贷政策难以保证实体经济持续、健康增长，股市快速反弹不能反映实体经济复苏，甚至可能吸引资金拖累实体经济增长。中国若要实现整体经济增长预定目标，需要采取可持续、均衡的刺激经济方式，但是，财政赤字和天量银行信贷刺激政策只能暂时为之，是具有很大副作用且不可持续的政策措施，可能导致刺激经济政策弹药短缺并且后继乏力。因此，中国迫切需要实现宏观政策的精确定向化，确保刺激计划资金准确流向关键性实体领域，严格限制企业牟利导致资金流向股市。只有实体经济复苏引领的股市自然反弹，才能实现股市摒除泡沫的可持续健康发展，股市超前反弹将会透支、拖累实体经济复苏。传统宏观货币政策过于笼统无法进行细致甄别，稍有不慎很可能诱发泡沫经济过热和通货膨胀，难以持续刺激因泡沫经济破裂引发的实体经济衰退。

中国应努力加强宏观政策与微观经济的联系，如资金投放与刺激计划紧密挂钩不准随意支配，采取特殊信用凭证形式限制企业用于增加采购和就业，经人民银行等监督机构核实用途后才能支取贴现，杜绝刺激计划投资、配套贷款被挪用并流向泡沫经济。中国应有计划节省经济刺激政策的弹药，准备应对全球经济和出口市场长期动荡，努力提高经济刺激配套资金的使用效率，实现宏观政策的杠杆化和精确定向化，尽量采取财政和央行的定向政策性补贴、贴息，以较少资金作为杠杆撬动更多资源流向关键性领域，促使宏观货币财政政策产生更大的乘数效应，并且更准确地落实到产业层面和企业层面。中国应采取谨慎甄别的宏观货币政策，在发放贷款方面仔细区分泡沫投机性资金需求，以及实体经济维持再生产和技术改造的资金需求，对于前者应该严格限制并且实行高利率紧缩政策，而对后者则应积极鼓励并且实行低利率的宽松优惠政策，不能简单实行一律从紧或一律放松的政策。

中国不应拘泥于凯恩斯主义的宏观调控政策，应认识到其财政、货币刺激政策的副作用，长期实行将会带来财政失衡和通货膨胀的弊端，难以应对特大经济泡沫破灭后的长期经济动荡。中国应坚持马克思主义的国民经济均衡发展理论，继承陈云同志运用"四平"理论治理经济的经验，探索一条在保持财政平衡和信贷平衡的基础上，根据经济危机冲击或主动减少出口造成的市场闲置资源数量，不增发可能造成通货膨胀的一般货币和银行信贷，而是发放有充分人力、物力资源保证的特殊信用凭证，在政府计划调节指导下专门用于启动闲置资源，解决社会就业困难实现充分就业和人力资源平衡，解决企业经营困难提高纳税能力实现财政平衡，改善企业偿贷能力实现信贷平衡，消除金融风险隐患，充分启动国内需求持续增长实现外贸、外汇平衡，这样才能主动转变对外经济发展方式，减少对美国依赖，推动立足国内的可持续经济发展并实现建立和谐社会的目标。

中国为减少外汇顺差不应继续以优惠待遇吸引西方投资，而是应该利用外汇储备大量收购西方在中国的投资企业。中国应彻底改变以污染环境和消耗资源为代价，向美国大量出口工业产品换取不断贬值的美元，然后购买美国国债将宝贵储蓄资金提供给美国，任由美国反过来廉价收购中国战略性资产的恶性循环。中国应考虑主动运用不断贬值的美元外汇储备，赎回被美国企业收购的中国重要国有企业资产，收购控制着中国战略性行业的跨国公司股份，趁中国在海外上市公司股价被低估的有利时机，利用美元大量回购中国海外上市公司的股份。2009 年中投公司收购美国银行、基金蒙受惨重损失，但依靠对国有大中型企业投资仍然保持了较高赢利，投资中国远比收购美国的高风险资产更为安全可靠，中国不应轻视、放弃令西方资本垂涎觊觎的本国投资机会。美国限制中国收购美国有价值的企业和资源，但美国无法阻拦中国利用外汇储备收购国内的外资企业。中国应效仿美国限制外国收购本国有价值的战略资产。中国不应惧怕美国指责中国违反世贸组织的规定，因为美国从来将国内法律置于国际组织的各种法规之上，美国认为世贸组织的起诉过程烦琐、漫长不构成威胁，不待最终仲裁有结果美国早已获得充足经济利益。美国的国际贸易培训班甚至教唆同时违反许多世贸组织规定，故意让贸易对手和仲裁法庭难以处理众多诉讼案件，有利于拖延法律程序为美国争取更多的现实经济利益。

第 三 章

美国谋求世界霸权的严重威胁

十年前，该章揭示了中国正面临着美国隐蔽经济金融战争的威胁。该章揭示了美国策划"软战争"的历史渊源，可以追溯到美国遭受越南战争失败后被迫放弃"冷战"遏制战略并转向隐蔽攻击的"缓和"战略。大量历史事实证明了笔者分析判断的正确性，包括美国总统、高官提供的"软战争"宏观证据，以及美国经济杀手提供的"软战争"微观证据。美国政要坦言实施"缓和"战略的重要目的之一，是要将经济文化交流变成捆住国际对手的绳索，动摇马列主义作为共产党政府的指导思想地位，因此，充分认识美国策划的"软战争"的意识形态攻击性，识破美国通过"缓和"战略制造的种种马列主义失效假象，对于更好地坚持并发展马克思主义理论，帮助广大干部群众认识"六个为什么"有重要意义。

一 美国炸弹和同胞鲜血敲响了警钟

1999 年 5 月 8 日，是一个历史永远难忘的日子。这一天，美国派遣 B—2 远程战略轰炸机，从本土起飞不远万里前往欧洲，连续用五枚远程巡航导弹，悍然轰炸了中国驻南斯拉夫的大使馆，造成了重大人员伤亡和财产损失。

随着美国导弹轰然爆炸，无辜中国同胞鲜血飞溅，这场突如其来的惨剧横祸，令十亿中国人民无比震惊，神州大地掀起了愤怒的抗议浪潮。首都北京成千上万群众，纷纷涌向美国驻华大使馆，高喊口号愤怒抗议野蛮暴行。从北方的辽宁、吉林和黑龙江，到南方的四川、广东和海南岛，到处回荡着愤怒的抗议呼喊。

尤其令人气愤的是，美国官员和北约的军事将领，一方面以旧地图之类荒唐理由搪塞，一方面声称将毫不留情扩大轰炸力度，直到南斯拉夫完全向北约屈服为止。美国国务卿奥尔布莱特公然宣称，北约将推行超出防御范围的新干涉战略，南斯拉夫只是北约推行新战略的试验场。美国终于撕下了和善伪装，赤裸裸暴露了谋求霸权的嘴脸，全世界爱好和平的人们，心头顿时仿佛乌云密布。

1999 年 5 月 12 日，惨遭杀害的烈士骨灰回归祖国，举国上下观看了沉痛的哀悼仪式。伴随着激昂的国歌旋律奏响，烈士的骨灰被安放在灵位上，无数人情不自禁地洒下了热泪。"起来！不愿做奴隶的人们，把我们的血肉筑成我们新的长城，中华民族到了最危险的时刻，每个人都被迫发出最后的吼声……"这是多么令人熟悉的旋律啊，但此时此刻却仿佛有特殊的意义，体现出一种动人心魄的震撼力，因为，当面临着美国谋求霸权的严重威胁，轰炸和同胞鲜血敲响警钟之时，它将习惯于宁静琐碎生活中的人们，重新带到了那烈火与鲜血交融的年代，亲身感受到国歌创作之初，民族面临危难的生死关头，无数同胞英勇抗争的悲壮情怀。

其实，炸弹轰响和同胞鲜血，对中国人来说并不陌生。自从鸦片战争的隆隆炮声响起，西方列强仿佛群狼角逐中华大地，一百年来中国浸透了"烈火与鲜血"。但是，对于许多人特别是年轻一代来说，这一切仿佛是渐渐淡忘的过去，已经失去了同今天现实的联系，西方资本主义已经发生了本质变化，和平与发展也成为不可阻挡的世界潮流，美国仿佛已成为令人向往的富裕之邦。如今美国突然撕下了"民主人权"的伪装，导弹的野蛮轰炸和无辜同胞的鲜血，突然将人们从好莱坞大片的美梦中惊醒，心中的"自由女神"形象也轰然倒塌。

北京《视点》杂志撰文这样写道："睡梦中的中国人，遭到了来自黑暗的袭击。中国人并不怕死，但是，面对美国和北约小人式的袭击，全世界的中国人流下了悲愤的泪水。"一位北京市民说："美国政府煞有介事地在全世界寻找他们大兵的遗骸，好像很看重生命，但他们又如何对待别人的生命呢？想起这些真让我恶心。"清华大学教授朱育和说："过去美国的民主有一定迷惑性，讲课时同学们会提一些问题。现在同学们就跟我讨论一个问题，对这种强盗加流氓怎么办？"《工商时报》刊载的一篇文章写道："中国使馆被炸绝不是一个偶然孤立的事件，这仅仅是美国为首的霸权主义者为中国所作的'罪恶乐章'中的一段插曲，其高潮还远远没有到来。"

当美国开始轰炸南斯拉夫时，中国人还很少由此联想到自己，但是，当美国导弹夺取自己同胞的生命时，他们开始真正为国家的前途担忧了，因为，他们知道美国也随时会寻找类似借口，如维护新疆、西藏和台湾的人权，通过扶植分裂势力和武力干涉肢解中国。多少年来人们都以为生活富裕就是一切，现在也认识到了加强国防的重要性，为当年艰苦奋斗拥有"两弹一星"感到庆幸，呼吁制造出更多的核潜艇和巡航导弹，抗衡美国的军事威胁保卫祖国的和平建设。

毫无疑问，中国必须建设强大的国防力量，但是，难道美国的威胁仅仅来自军事吗？仅仅靠更多的导弹就能保卫国家吗？人们在警惕美国军事威胁的同时，还没有意识到一种隐蔽的"软战争"，也能产生超过核弹的巨大破坏威力，此时此刻正威胁到国家安危和自身利益。这并不是"天方夜谭"，而是已有大量证据的真实威胁，世界上许多国家已经惨遭厄运，对中国也构成了严峻生存挑战。

南斯拉夫战争就是一个例证。许多人以为美国赢得"侵南"战争，是靠巡航导弹的狂轰滥炸，其实不然，美国轰炸对南联盟军队的破坏有限。尽管美国声称摧毁了多少坦克，但是，直到停火后人们才发现，南联盟的大批坦克安然无恙，有秩序地撤离了科索沃，几乎没有找到什么毁坏坦克的残骸。那么，美国靠什么逼迫南斯拉夫让步呢？南斯拉夫人事后愤怒地指责俄罗斯，在关键时刻背叛了南斯拉夫。原来美国人是凭借"软战争"手段，控制住了俄罗斯经济命脉和政府官员，进而通过俄罗斯逼迫南斯拉夫让步，最终接受了轰炸无法实现的结局。无怪乎北约的高级将领也说，是俄国人结束了南斯拉夫战争。

现在西方的各大新闻媒介，正大肆宣扬俄罗斯的洗钱丑闻。实际上，这正是美国控制俄罗斯的厉害杀手锏。美国中央情报局的一位专家弗利兹，近来在美国《国家利益》杂志撰文透露，早在1992年他曾向当时的布什政府汇报，他获得证据表明俄罗斯在私有化过程中，一些政府官员和私有化暴发户相互勾结，将200多亿美元掠夺资产转移到了海外，而他的上级官员却如此答复说，"资本外逃是正常的，不管是否是盗窃来的，只要属于私人所有就是好事"。

由此可见，美国对俄罗斯私有化掠夺资产转移海外，不仅早就知情而且一直暗中鼓励。这对美国来说是一举多得：因为私有化导致掠夺资产泛滥成灾，必然削弱俄罗斯的工业军事实力；大量私有化掠夺资产流入美国银行，不仅有利于刺激美国经济和股市，还远远超过美国对俄罗斯的援助，真可谓是白捡便宜；最为重要的是，这样就掌握了俄罗斯官员的把柄和要害，随时可用作谋求美国利益的要挟手段，同以前用核武器进行威胁相比，真可谓成本更低而效果更佳。美国蓄意误导俄罗斯盲目推行私有化，同时还要求容许资本的自由流动，准许西方银行进入俄罗斯经营，正是为实现上述战略目的创造条件。前几年西方报刊曾经透露，俄罗斯前总理切诺梅尔金在任时，曾转移50亿美元到海外账户。不难想象，美国掌握着切诺梅尔金的这类把柄，当他身为俄罗斯特使进行斡旋时，出卖南斯拉夫利益就绝非偶然了。难怪当西方记者问克林顿，倘若北约轰炸南斯拉夫，导致同核大国俄罗斯的对抗怎么办？克林顿胸有成竹地回答说，"早就考虑好了"。

其实，切诺梅尔金也出卖了俄罗斯的利益，美国解决了南斯拉夫的硬核桃后，果然又开始打俄罗斯高加索的主意，通过暗中扶植分裂主义势力，制造麻烦企图最终肢解俄罗斯。前苏联曾拥有强大的核军事力量，是抗衡美国的唯一超级大国，但是，精明的美国人推荐的害人改革药方，兵不血刃地摧毁了其工业军事实力。俄罗斯继承了前苏联留下的上万枚核弹，自以为能保证自身安全绰绰有余，经常声称"急了就用核武器"。但是，美国国际战略谋士布热金斯基所著《大棋局》，公开鼓吹将俄罗斯肢解为三块，积极主张北约势力向独联体扩张，丝毫不把俄罗斯的核武器放在眼里。昔日大英帝国曾暗中支持高加索地区叛乱，削弱分裂俄罗斯以实现其全球地缘战略，俄罗斯人没有料到类似事情又重新上演了。前不久，车臣的分裂主义势力入侵达吉斯坦，还在莫斯科等城市接连制造爆炸事件，造成了大量平民伤亡和社会恐慌，俄罗斯虽然知道外国势力背后插手，声称这是对俄罗斯发动的又一场战争，但自拥上万枚核弹头却无可奈何，因为，精明的美国人根本无需直接搞核对抗，略施小计就足以玩弄俄罗斯忙得团团转。

其实，美国玩弄隐蔽手腕打击的不仅是俄罗斯，1997 年爆发的震惊世界的亚洲金融风暴，许多中国人受到西方新闻媒介的误导，都认为是政府干预和裙带资本主义造成的，殊不知这也是美国导演的全球悲剧的一幕，而且全球各地四处肆虐的强大金融飓风，转眼令许多国家工业企业纷纷破产，银行坏账堆积，社会失业猛增，也显示了美国隐蔽经济战争的巨大威力。倘若这一切是真的，许多人或许会感到不寒而栗，说不定美国也正在暗中算计中国人呢？不知哪天类似悲剧也会落到中国人头上？不幸的是，美国发动的全球软战争，确实对中国构成了生存威胁，而且甚至大于直接军事威胁。

近代史上，西方列强面对贫穷软弱的旧中国，可以凭借着坚船利炮长驱直入，不需要采取隐蔽迂回的谋略之术。但今天，中国已成为拥有核武器和航天技术的大国，在这种情况下，精明的美国不会轻易冒险同中国军事对抗，但是，不能排除美国利用隐蔽"软战争"颠覆破坏中国。众所周知，前苏联从来没有同美国直接交战，韩国、泰国曾经是美国的忠实盟国，而新中国成立后却同美国多次交手。倘若美国采用了隐蔽的"软战争"手段，暗中破坏前苏联和以前的盟国，那么美国难道会对中国手下留情吗？倘若美国敢于公然冒天下之大不韪，悍然用导弹轰炸我国驻南斯拉夫大使馆，不惜违反保护外交人员的国际法律，那么为何不会采取隐蔽的"软战争"袭击我国呢？难道杀人强盗却害羞做玩弄权谋的小人吗？倘若美国的隐蔽破坏获得成功，难道不会像对待南斯拉夫那样，乘虚而入以武力干涉威胁中国吗？自古以来，中华民族天性善良缺乏攻击性，不熟悉西方谋求世界霸权的权谋之术，但是，**今天无辜同胞鲜血已经敲响了警钟，美国谋求全球霸权的野心昭然若揭，任何关心国家安危和自身利益的中国人，都应擦亮眼睛，提高警惕，正视这一威胁。**

二 美英霸权主义的历史传统和文化渊源

今日美英谋求世界霸权的所作所为，可以追溯到其历史传统和文化渊源。美英两国同属盎格鲁－撒克逊文化，其价值观以个人主义为核心，强调个人追求自身利益的最大自由，甚至不惜损害集体、社会和别国的利益，具有强烈的趋利性、攻击性色彩。英国历史上曾建立了最大的殖民帝国，其殖民统治范围遍及全世界的所有角落，号称"日不落帝国"。英国将追求最大个人利益的文化，同资本主义的工业、军事机器相结合，以气吞山河之势向全球不断扩张。**英国为了掠夺资源财富和获取超额利润，善于研究、总结谋求全球霸权的战略规律，巧妙地运用政治、经济、外交领域的谋略，以配合军事力量为基础的全球扩张政策。**1890年美国军事战略家、历史学家马汉在《海洋控制权对历史演进的影响》的名著中，指出英国人精明地控制了全球大部分航海咽喉要道，通过航道控制了世界商业贸易往来，非常有利于自身扩张和遏制竞争对手。英国还特别警惕新兴西方列强崛起的威胁，采取各种巧妙方式遏制其工业化进程，如大肆宣扬"自由贸易"和"世界主义"潮流，以诱惑世界各国向英国资本家敞开大门，将别国的民族工业扼杀在萌芽状态之中，美、法、德等国都曾一度受骗上当，因耽误工业发展蒙受了巨大损失，后来改而奉行李斯特的贸易保护理论，才成功地促进了本国的工业化进程。随着美、德、法、日等西方列强群雄崛起，英国不甘心综合国力相对衰落的趋势，又巧妙地施展挑拨离间、分化瓦解之术，成功地将其全球霸权延长了近一个世纪。今天人们都谴责德国纳粹的独裁，但很少有人指出两次世界大战的灾难，都同英国遏制德国的战略有很大关系，《凡尔赛条约》的苛刻战争赔款，是导致希特勒上台的重要原因之一，希特勒崇尚的"生存空间"理论，也不过是步大英帝国殖民扩张的后尘，推行弱肉强食的社会达尔文主义。今日人们谴责日本军国主义的侵略行径，日本右翼政客则诡辩当年效仿了西方文明潮流，为无人谴责大英帝国的榜样而愤愤不平。第二次世界大战后世界格局发生了深刻的变化，民族独立的浪潮风起云涌，英国再次施展战略诡计，在中东、南亚、非洲等许多地区，种下民族、领土的矛盾冲突的火种，令昔日遭受英国掠夺的民族自相残杀，巧妙地令其忘却了对英国的仇恨，英国趁机最大限度地保留了自身利益。

美国独立战争之初，代表新兴资产阶级的政府，具有较强的反英意识和进步性，甚至提出了反对殖民主义的革命口号。但是，随着美国资产阶级的成长壮大，对外扩张的能力和贪欲也日益增强，私有产权无休止追求财富利润的本能，促使美国垄断资本也开始效仿大英帝国的榜样，探求扩大势力范围和谋求霸权之道。19世纪末，美国的西部土地已基本上开发完毕，国内市场难以容纳过剩的工业产品，垄断资本鼓吹对外扩张的呼声也甚嚣尘上。美国军事战略家马汉，主张效仿英国建立海上霸权的精明战略，参与重新瓜分世界的殖民掠夺竞争，并且深深影响了美国政府的对外政策。美国垄断资本早已垂涎亚洲太平洋地区，1866年起曾三次入侵朝鲜，强迫签订了不平等条约，后来相继吞并夏威夷和菲律宾，作为向亚洲进一步扩张的海上基地。美国还打出"泛美主义"的旗号，大肆向拉丁美洲扩大势力范围，排挤其他西方帝国主义国家。1900年，美国参加"八国联军"入侵中国，积极参与瓜分中国的竞争，要求与其他西方列强"利益均沾"。美国作为瓜分世界宴席的后来者，所控制的势力范围不及其他西方列强，野心勃勃的美国一直耿耿于怀。第二次世界大战中，美国通过实行战争动员经济，一举摆脱了历时十多年的大萧条困扰，三年中工业生产增长了100%，拥有的工业和军事实力大为增强。二战后，其他西方列强因战争消耗陷入衰落，美国国土未遭战火侵扰大发战争横财，成为谋求世界霸主地位的天赐良机。抗战炮火未熄之前，美国就拟定了重点遏制盟友中国的战略方针，将其视为向亚洲扩张的重大战略威胁。二战硝烟尚未散尽，美国就迫不及待地大举进军中国，野心勃勃地企图独吞中国市场，1946年签订的《中美友好通商航海条约》，对美国人在华经商投资赋予"国民待遇"，在美国大量生产过剩产品的倾销之下，中国民族私营工业企业苦不堪言，当年津、平、沪就有60%的私营企业纷纷倒闭。但是，美国万万没有料到好梦难圆，其发动的独占中国的经济军事攻势，反而激发了中国人民的革命反抗斗志，大大加快了蒋家王朝灭亡的步伐，精良的美式武器装备也成了殉葬品。①

根据西方国际政治的"实力均衡理论"，二战后世界霸主的地位非美国莫属，因为，美国的综合实力远远超过了其他国家，但是，前苏联以及中国等一系列社会主义国家的诞生，深刻改变了世界政治力量的对比，极大鼓舞了亚非拉争取民族独立的斗争，迫使赤裸裸的旧殖民主义退出了历史舞台，美国不仅无法效仿英国重登世界霸主的宝座，还必须面对整个资本主义体系崩溃的威胁。

---

① 参见李明银等《帝国主义对华经济侵略史况》，经济日报出版社1991年版。

美、英再次成为忠实的国际盟友，美国需要英国统治世界的智慧，共同对付社会主义阵营的威胁。英国的国际政治战略家，帮助美国策划了"冷战"战略，美、英构成了西方自由世界阵营的核心，长期对前苏联、中国实行封锁遏制。**冷战时期，美、英的国际政治战略家深知，社会主义制度具有巨大的潜力和优越性，单纯依靠美国的力量难以遏制其扩张趋势，正因如此，美国才改变了将德国、日本变成农业国的初衷，通过"马歇尔计划"大力扶植西欧、日本和中国台湾、韩国。**正如新加坡前总理李光耀所说，倘若没有"冷战"压力，西方不会宽容新兴工业国的成长。美国对于许多亚非拉发展中国家，采取了隐蔽的新殖民主义做法，但对于与其有重大经济利害的国家，则毫不容忍出现民族主义的倾向，动辄策划右翼军事政变进行野蛮镇压。

三　究竟是本性改变还是策略调整?

美国悍然轰炸我驻南斯拉夫使馆事件，引起了举国上下的震惊和愤怒。当人们纷纷以各种形式举行抗议活动时，内心中也产生了许多困惑和不解。不少人从近20年来西方对华态度的改善，认为资本主义已发生了本质性变化，因此，这次轰炸使馆事件颇为出乎他们的意料。美国炸弹和同胞鲜血为人们敲响了警钟，举国震惊之余，我们应重新思考近20年来的世界变化，美英究竟是本性改变还是策略调整，认真反思中国的历史遭遇和前途命运，重新审视国家安全面临的各种潜在威胁。

回顾历史，我国一百年来曾饱受西方列强的凌辱掠夺，西方资本主义的贪婪本性数百年从未改变过，解放前中国长期处于贫穷落后的状态，但是，西方列强从来不曾对中国发过善心，反而不断发动战争进行侵略掠夺，一百年来强加了上千个不平等条约，从中国掠走了无数的财富和资源。

据统计，1800年至1839年，中国从输入鸦片的贸易中，损失了三亿五千万两白银，从第一、二次鸦片战争至清朝末年，损失增加到二十一亿九千多两白银。从中英《南京条约》的鸦片战争赔款，到后来《辛丑条约》的庚子赔款，甲午战争的《马关条约》赔款，仅仅五项主要条约赔款，连本带息共计十六多亿两白银。这些巨额赔款远超过了清朝的财政收入，被迫向外国高息借贷并抵押海关征税权偿还，向民间横征暴敛诱发了社会剧烈动荡。中国虽然曾是富甲天下的文明古国，由于缺乏现代工业制造枪炮自我保护，转眼间变成了西方群狼争食的一头肥羊。

那么，为何近20年来西方对华态度会有较大改善呢? 有些人认为，是股份公司已扬弃了资本的私有属性，私有家族企业已演化为社会公众所有的企业。

实际上，公司制、股份制已拥有数百年的悠久历史，早在十四、五世纪已经诞生了其雏形，无论是荷兰、英国或丹麦的东印度公司，都曾经向社会广泛募集股份，实现了产权多元化和法人治理结构，但是，这仅仅促进了私人资本贪欲的膨胀，大大加快了对外侵略掠夺的步伐，英国的东印度公司等大股份公司，正是对华发动罪恶鸦片战争的幕后元凶。

近20年来，西方邀请了我国大批官员学者进行访问，许多人深为西方国家的慷慨友好所感动，也非常羡慕崇拜西方国家的富裕生活，有些人认为这表明西方列强已弃恶从善，内心对西方侵略中国的历史早已既往不咎，有些人甚至还后悔中国不该进行革命反抗斗争，对中国社会主义制度的信心也深为动摇。殊不知，西方国家的慷慨大方举动，并不表明已发生了本质的变化，也不表明资本主义制度的优越性。西方对华态度的积极改善，恰恰证明了社会主义制度的优越性，它来自我国工业化的巨大成功，来自我国综合国力的日趋强大，迫使西方无力推行昔日侵略掠夺政策，被迫放弃了冷战遏制中国的封锁禁运，转而采取新的"缓和"国际战略对付中国。

美国放弃遏制中国转向改善双边关系，并非是为了帮助我国改革开放，加速发展成为现代化强国，因为，美国的心头大忌恰恰是中国的强大和崛起。正当抗日战争的硝烟弥漫，中美作为盟友浴血奋战之时，美国谋划的战后远东战略格局，早已将中国列为重点遏制对象。二战后，美国趁其他西方列强衰落之机，大举进军中国企图独占市场，一方面向蒋介石提供军火大打内战，另一方面逼迫签订卖国的《中美通商航海条约》，向中国大肆倾销过剩商品占领市场，逼得中国民族资本家纷纷破产倒闭。美国对于资本主义的旧中国如此无情，今天为何要帮助社会主义中国发展经济？事实上，正当中国积极援越反美之时，美国却主动接近中国改善关系，这是因为美国的冷战封锁遏制政策已遭到了失败，它企图变一种软的办法继续牵制并伺机搞垮中国。从西方的国际缓和理论著作中，我们可以清楚地看出这一点。

在朝鲜、越南两度交手遭到惨败之后，美国深知站起来的中国人民不好对付。英国具有丰富的国际地缘政治经验，曾成功玩弄手腕延长全球帝国统治，向美国积极传授了摆脱困境的经验，教唆美国人采取了迂回的谋略之术，将"冷战"战略改为了"缓和"战略，但是，美国"缓和"战略既不意味着"和平"，也不意味着放弃军事威胁的手段，而只是缓和一下"冷战"的紧张气氛，向昔日的战略对手施加小利令其放松警惕，为运用新型"软战争"谋略创造条件。由此可见，美国放弃"冷战"转向了"缓和"，既不是"韬光养晦"，也不是"弃恶从善"，而是更富有威胁性的攻其不备谋略。当美国在综合国力相对衰落的情况下，暂时放弃了赤裸裸的侵略扩张政策，转而开发一系列新的"软战争"利器——涉及政治、外交、军事、经济、文化等领域，充分施展软硬兼施、分化瓦解的手腕，以谋求重新建立美国支配世界的霸权。

四 从"硬冷战"到"软热战"

现在人们普遍认为，美国是"冷战"的胜利者，前苏联是"冷战"的失败者，但事实上恰恰相反，美国是"冷战"的失败者，前苏联才是"冷战"的胜利者。美国并未赢得"硬冷战"的胜利，但是，后来精心策划了"缓和"战略，出其不意发动了"软热战"，却反而攻其不备大获全胜。

美国的上述国际战略转变，是从越南战争失败开始的。法国殖民主义者因奠边府战败，被迫仓皇从越南撤退之后，美国迅速插手扩大势力范围，开始卷入了越南的冲突。美国的民主党前总统肯尼迪，倾向社会改良违反垄断资本意志，他曾对记者说打算将军队撤出越南，据认为这是他遭到暗杀的重要原因之一。对美国的垄断资本财团来说，发动一场越南战争可谓"一箭双雕"，既能加强封锁遏制中国的"包围圈"，又能通过扩大军火生产大发横财。但是，美国没有料到在越南战场上遭到了惨败，越南军队在中国的大力支援之下，20世纪60年代后期在战场上不断获胜，后来美军有十多万人在自贡地区被包围，随时面临着丢脸的全军覆灭危险。正是考虑到越战的失败，以及牵制前苏联崛起的需要，就在中国反美态度最强硬的时期，尼克松亲自前来北京拜访毛泽东主席，弥补当年杜勒斯拒绝周恩来的傲慢失礼。

尽管美国拥有世界上最强大的军事力量，但是却深深陷入越南战争泥潭，引起了国内广大人民的强烈抗议，庞大军费导致了巨额财政赤字和通货膨胀。国际上，除了英国一如既往地坚定支持美国，众多亚非拉国家甚至西欧的盟国，都强烈地表示反对美国的侵略越南战争。美国感到自己从不可一世的超级大国，骤然陷入了内外交困的窘迫境地，已无力以西方领袖自居支配世界战略格局。

20世纪60年代末，美国统治阶层鉴于越南战争的惨败，意识到了美国的"冷战"政策已遭到失败，被迫开始酝酿一系列国际战略的重大调整，主动放弃"冷战"转向了"缓和"战略。但是，20世纪70年代初美国开始实施的"缓和"战略，并不是"放弃对抗"或采取"防守战略"，而是在英国经验丰富的谋略家的教唆下，采取的一种隐蔽的攻击性"软战争"策略。

尽管美国对社会主义国家长期实行冷战遏制，但是，并未阻止这些国家的工业化步伐和综合国力提高。二战后初期，美国曾对前苏联拥有绝对的核武器优势，工业产值相当于前苏联的三倍之多。尽管前苏联曾遭受纳粹蹂躏战争创伤巨大，美国本土未受战火波及反而大发战争横财，但是，前苏联凭借着计划经济特有的动员优势，迅速医治了战争创伤而且奋起追赶美国，20世纪50—60年代经济增长比美国快2.5倍，工业产值从1950年相当于美国的30%，上升到20世纪80年代相当于美国的80%，20世纪80年代许多工业品甚至超过美国居世界第一，成为能够同美国抗衡的唯一超级大国，无论是核潜艇、导弹或先进的飞机坦克，前苏联拥有的数量不仅同美国旗鼓相当，甚至足以抗衡全部西方盟国的军事机器。前苏联的某些高科技武器研制甚至领先美国，如曾先于美国试验成功摧毁敌方卫星的太空武器等。由此可见，美国推行的"冷战"并未搞垮前苏联，反而促使前苏联建立了强大工业军事实力，倘若没有美国攻心战和戈尔巴乔夫失误，前苏联是不会骤然陷入全面瓦解的。20世纪70年代，前苏联在欧洲咄咄逼人的进攻态势，也是迫使美国从东南亚仓促撤退，甚至接近强硬反美的中国的原因之一。

美国对中国实行的长期封锁禁运也失败了。尽管旧中国的工业基础非常薄弱，封锁禁运不利于发展对外经济联系，"文化大革命"等错误也耽误了经济发展，但是，新中国仍然取得了巨大的经济建设成就，短短20年完成了西方数个世纪的工业化历程，已成功地建立起门类齐全的完整工业体系，包括重工业、民用工业和强大的国防工业，从汽车、飞机和各种工业机器设备，到核弹、洲际导弹和人造卫星均能自行制造，倘若美国继续执行敌视中国的冷战遏制政策，根本无法阻止中国综合国力的日益强大，还可能付出比越南战场上更为惨痛的代价。

冷战期间，美国忙于集中精力对付前苏联，对日本和西欧采取了宽容的扶植政策，但是，20年间这些国家的实力不断崛起，美国开始担心自身国力的相对衰落。20世纪50—60年代，美国占世界国民生产总值的比重，大约下降了11%，而日本所占的比重却翻了3倍之多，西德所占的比重也增加了50%。法国戴高乐领导的民族主义政府，不愿总是围绕美国的指挥棒打转，退出了以美国为首的北约军事组织。越南战争爆发后，大多数西欧国家强烈反对美国的政策，美国尚无法在外交上协调北约的成员国，更不要说指挥北约各国参与侵略战争了。20世纪50—60年代，西方迫于冷战压力进行的社会改良，如推行政府干预政策和国有化运动，蓬勃发展的工会和民权运动，也威胁到了垄断资本的政治经济统治地位。

令美国特别担心的是第三世界力量的崛起，改革旧的不平等国际经济秩序的呼声日益强烈。尽管以前也出现过西方列强争霸的多极世界，但掠夺财富的竞争只加剧了亚非拉人民的痛苦，二战后出现的东西方对峙的两极局面，不仅使绵延不断的热战"冷"了下来，而且还形成了围绕社会道义的世界竞争，第三世界国家纷纷赢得了独立，获得了独立发展国民经济的权利。20世纪50—60年代，亚非拉国家纷纷推行国有化运动，将某些矿产资源和外资企业收归国有，民族工业的发展比殖民地时期快得多。在东西方阵营的两极对峙之下，世界出现了有利于第三世界的多极化，南北斗争和不结盟运动蓬勃发展，南方国家强烈要求改革旧的国际经济秩序，如改善初级产品和原材料的贸易条件，在关贸总协定中增加保护发展中国家的条款，要求西方国家补偿殖民地时期的掠夺损失，提供官方无偿援助扶植第三世界的工业化，等等。第三世界改革旧国际经济秩序的要求，直接威胁到美国的世界统治和经济利益。

美国的统治阶层惊慌地发现，在亚洲封锁遏制中国的企图已经失败，越南战争上面临着丢脸的失败危险，国内人民掀起了声势浩大的反战浪潮，在欧洲前苏联的军事崛起咄咄逼人，核武器和常规军备甚至在数量上占优势，西欧、日本的经济实力也不断增强，羽翼日丰后不愿听从美国指挥，第三世界公然反对现有国际经济秩序，直接威胁到美国垄断资本的长远经济利益。

这种内外交困的形势下，美国政府的一批高级国际战略谋士，纷纷为美国的国际战略转变出谋划策。美国的前国务卿基辛格博士，就是这批国际战略谋士的杰出代表。基辛格博士精通国际关系的演变和谋略，特别同英国上层保持着密切的战略合作关系。英国曾统治其全球帝国长数个世纪，具有丰富的世界地缘政治战略经验，敏锐地察觉到世界潮流变化的潜在威胁，积极向美国传授软硬兼施、分化瓦解之术，以求延长和重建美英阵营的全球霸权。20世纪60年代末，基辛格推动美国国际战略转变的过程中，英国的国际战略智囊机构起了举足轻重的作用。基辛格曾回忆道，"1969年至1977年间，我作为美国政府的特殊代表，曾使英国外交部比美国国务院更充分了解内情，从而使英国的智谋更紧密地融入美国的对外政策中"。有些人因英国的国力衰落而轻视其作用，其实，英国玩弄的全球地缘政治权谋之术，其威力之大甚至远远超过美国核武库，前苏联不曾畏惧美国的"硬冷战"，却遭英美谋划"软热战"暗算而土崩瓦解。英国首相布莱尔最先提出北约新干涉主义，积极怂恿地面进攻科索沃也绝非偶然，充分显示了英国扮演角色的特殊重要性。①

美英两国的国际战略家们认为，多极化趋势不利于世界的稳定，因为，新兴国家的崛起会改变实力均衡，必然威胁和挑战现有的霸权秩序，但是，美国

---

① 参见亨利·基辛格《伙伴关系的回顾：英国和美国对战后外交政策的态度》，美国华盛顿国际战略研究中心1982年版。

的综合国力已经相对衰落，维护霸权力不从心必须采取新战略，应改变针对前苏联、中国的强硬冷战遏制战略，转而采取软硬兼施的"缓和"战略，局部放弃封锁遏制社会主义国家，有意识通过经济文化交流培育目标国的依赖性，从精神上涣散社会主义国家的斗志，再利用依赖性作为攻击、制裁的手段，施展"胡萝卜加大棒"的手腕，软硬兼施地诱迫社会主义国家"和平演变"。美英国际战略家还认为，美国不应坐视西欧、日本等国家的强大，应采取措施削弱这些国家的经济实力，特别应警惕第三世界国家力量的崛起。人口众多的发展中国家实现工业化，必然大大增强它们的经济和军事实力，成为同美国争夺自然资源的竞争对手，对美国的国家安全利益构成了严重的威胁，应及早阻止上述不利于美国的实力均衡变化趋势。[①]

美国在国际政策战略转变后采取的新政策武器，涉及意识形态、政治经济和文化交流等各个领域，经济方面包括以贸易、贷款、投资为诱饵，培育依赖性而后作为谈判筹码或攻击手段，形成支配世界各国的复杂政策武器网络；操纵国际经济组织推行有利于美国的政策，特别是推行新自由主义经济政策和全球化政策，诱迫各国敞开大门以控制其经济命脉，在提供贷款时强加精心设计的附带条件，诱迫各国为贪图小利推行自杀性经济政策；政治方面包括将意识形态和经济贸易挂钩，以"人权"为借口向前苏联等国施加压力，以动摇这些国家的基本政治经济制度，胁迫许多国家在条件不成熟时推行"民主改革"，蓄意制造内乱、分裂以渔人得利；意识形态和文化交流等方面，加强垄断资本对各种大众媒介的控制，利用殖民时代遗留的英语通用优势，推销美国的意识形态和个人主义价值观，大肆宣扬新自由主义经济政策，攻击威胁垄断资本利益的社会改良思潮，以美国的摇滚乐、唱片、好莱坞电影为利器，潜移默化地破坏世界各国的传统文化，瓦解其维护民族利益的社会集体价值观，等等。

美英的统治阶层特别崇尚"实力政策"，他们认为"实力"涉及的范围非常广泛，包括能影响别国以获取本国利益的任何手段，为了谋求扩大势力范围和世界霸权，可以不择手段地运用任何形式的实力筹码，包括军事、政治、经济文化等一切领域，也包括公开的、隐蔽的合法或非法手段，不受道德规范或国际法律的制约，唯一标准就是以最小成本获得最大利益。当美英两国拥有军事实力的压倒优势时，就毫不犹豫地采取赤裸裸的炮舰政策，倚

---

① 参见亨利·基辛格《国家安全研究备忘录 200 号：世界人口增长对美国安全和海外利益的威胁》，1974年，未发表，美国华盛顿国家档案中可以找到。

强凌弱地屠杀弱小国家的人民，一旦发现对手拥有了与之抗衡的军事实力，他们也会审时度势地改变策略、玩弄手腕，巧妙地将国家之间正常的经济、文化交流，都改造成操纵别国以谋求私利的战略工具，还毫不脸红地以"人权"为借口，攻击曾经遭受自己侵略、掠夺的国家，似乎完全遗忘了自己践踏人权的历史。

五　勿以羔羊之心度豺狼之腹

由于中西方文化的种种差异，中国人往往很难理解西方国际政策的攻击性。历史上，中国占统治地位的治国之道是孔子创立的儒家思想，提倡的是"君子好财，取之有道"，"己所不欲，勿施于人"，道家的老子也倡导"天下为公"，提出了朴素的"天下大同"思想。相比之下，美英两国的盎格鲁－撒克逊文化，则是以个人主义价值观为核心，强调个人追求私利的自由，谴责对个人谋私的社会约束。精通权谋之道的英国统治阶层，还刻意为其政策披上天使外衣，东印度公司曾资助亚当·斯密，创立了自由市场和自由贸易理论，论证了个人享有谋私的最大自由，即使个人追求的私利是卑鄙的，也会在"看不见的手"引导下，自发实现最大的社会利益。倘若说亚当·斯密理论具有很强的欺骗性，**美英统治阶层崇尚的现实主义国际政治理论，则将自由贸易促进人类和谐发展的理论，斥责为不切实际的"理想主义"空想，明确提出运用任何手段或实力筹码，谋求扩大势力范围甚至追求世界霸权，淋漓尽致地暴露了其行为准则，乃是"霸权至上，取财无道，己所不欲，偏施于人"，崇尚的是弱肉强食的社会达尔文主义。**

纵观历史，我们会发现中西方文化差异造成了深远的影响。据记载，1405—1433 年间，明朝皇帝朱棣曾派遣郑和七下西洋，航程遍及东南亚、阿拉伯和非洲。第一次航行中，郑和的船队拥有 300 艘大船，最大的船长度为 400 英尺，水手和兵士多达 2.8 万名。郑和的船队之庞大，拥有航海技术之先进，甚至此后的数百年中也无人可及。1492 年，哥伦布进行首次航行时，仅拥有 3 艘船和 90 名水手，最大的船也仅长 85 英尺。毫无疑问，中国曾是当之无愧的世界第一海洋强国，但是，中国并未像西方那样倚强凌弱，利用自己的海洋军事实力进行侵略，从事殖民扩张或掠夺别国的财富。近年来，美国右翼大肆宣扬中国崛起的威胁论，试图挑拨中国同东南亚之间的关系，马来西亚总统马哈蒂尔对此反驳道，中国人若是真想扩张和威胁别人，郑和下西洋时早就可以这样做了，但是，郑和所做的是礼尚往来和友好贸易，历史证明大肆扩张的是西方列强。郑和作为泱泱大国的文明使者，给东南亚人民留下了良好的印象，至今马来西亚遗留的古代建筑中，仍有当年纪念郑和来访修建的"三宝寺"。[1]

西方列强也是从海上之路开始殖民掠夺的，中国"四大发明"中的指南针和火药，成为殖民主义者争夺世界霸权的手中法宝。同郑和远洋船队不一样的是，尽管殖民者的船队规模较小，但是，他们途经之处遍地都是血雨腥风。继哥伦布首次航行美洲大陆之后，一支由 3 艘船和 180 名士兵组成的西班牙探险队，竟然以利刀快斧与阴谋诡计相结合，挟持好客的国王大肆掠夺无数金银财宝，一举灭亡了有悠久文明的印加帝国。以后的三个世纪中，西班牙殖民者共灭绝了 2500 万印度安人。郑和抵达非洲的一百多年后，英国殖民者也到了非洲，但是，非洲人迎接的不再是友好东方使者，而是专门贩卖奴隶的贪婪西方强盗。英国进入资本主义早期阶段，私有产权追求利润的贪欲更加膨胀，股份公司集资更是为之如虎添翼，向北美贩卖奴隶的船队迅猛增长，从 1680 年至 1789 年间，一共贩卖黑奴 250 万人。郑和远洋航行的四百多年后，成长为第一海洋强国的大英帝国，派遣战舰发动了罪恶的鸦片战争，曾创造了辉煌的海洋文明的古老中华民族，尝到的竟然是"以恶报善"的苦果。[2]

中国不仅在郑和航海时代遥遥领先于西方，还在悠悠数千年的历史长河中，一直比欧洲任何地区都富裕、先进和开放，依据西方信奉的实力均衡国际关系理论，中国是当之无愧第一世界强国，但是，中国却并未凭借自己的实力称霸全球，郑和下西洋时也未依靠强大的海军力量，侵地掠财横扫亚洲、非洲大陆，也未霸占马六甲海峡等航海要道，更未将落后的非洲部落居民掳掠为奴。中国文明有无数灿烂辉煌的成就，但是，却从未研究过世界何处为战略要地，何处海峡为咽喉要道，如何将别人财富掠为己有。不妨大胆设想一下，倘若当年郑和奉行西方的炮舰政策，推行殖民扩张掠夺了无数金银财富，控制航海要道垄断商贸往来，朝廷儒士或许不会批评航海开支浩大，皇帝或许会源源不断派遣军队出海，"日不落帝国"称号当非中国莫属，或许不会有西方列强崛起危害中国，西方文明或许早被扼杀在萌芽之中。难道我们应责备祖先不该为人君子，或者责备祖先缺乏远见养虎为患，或者认同落后就该挨打的强盗逻辑？绝不对！我们不应认同弱肉强食的强盗逻辑，我们应维护落后国家的生存权利，我们应谴责西方自私自利的霸权主义，乃是全人类文明发展的共同死敌。

从某种意义上来说，中西方文化之间的内在差异，可形象地比喻为"羊与狼"之间的差别。西方列强凭借着先进的"坚船利炮"，对虚弱的旧中国百般

---

[1]　杨文静：《踏勘郑和下西洋的足迹》，《参考消息》1999 年 6 月 18 日。
[2]　参见李明瀚等《世界史》，人民出版社 1996 年版。

欺辱蹂躏，其豺狼本性曾暴露在光天化日之下，中华民族虽有不倚强凌弱的善良天性，但也有威武不能屈的民族精神，面对着西方列强的强大经济军事实力，为争取民族生存展开了可歌可泣的抗争。近代史上，中华民族为反抗压迫经历了无数磨难，最终选择了社会主义革命的道路，一方面是出于对社会正义的渴求，另一方面更是为了最广泛地动员社会民众，共同抵抗实力悬殊的外部强敌。当面对西方的经济军事封锁遏制时，中国人不惧恫吓维护民族尊严，自力更生建立了完整的工业体系。美国看到冷战遏制遭到了失败，被迫转向了新的缓和战略，不管美国的战略转变出于何种目的，这种国际环境的改善毕竟有利于中国，这是无数先辈以生命代价换来的历史进步。

但是，**我们也应冷静地意识到，中国人缺乏攻击性的善良天性，既是高贵品质也是潜在弱点，中国人没有谋求全球霸权的贪欲，也不精通操纵世界政治的权谋之术，因此，很难理解美英谋求全球霸权的欲望动机，洞察错综复杂的国际政治暗流险滩。**当中国人从自己的善良天性出发来观察世界事物和国际关系的演化时，很难领会美国"缓和"战略的深谋远虑，识破正常国际交往中暗藏的杀机。中国文化崇尚的是"以和为贵"，期望的是与世无争的和谐宁静生活，一旦昔日曾残酷捕杀自己的豺狼，放弃了赤裸裸的攻击、恐吓做法，甚至主动亲近作出种种友好表示，中国人很容易放松警惕解除戒心，相信豺狼已弃恶从善发生本质的变化，相信世界从此进入没有猛兽横行的伊甸园，相信"和平与发展"从此成为世界潮流，甚至以"羔羊之心度豺狼之腹"。

第 四 章

美英谋求霸权的全球隐蔽经济战

十年前，该章揭露了美国为挽救越战失败后霸权衰落趋势，策划并发动了全球规模的隐蔽经济金融战争。据曾拥有跨国公司首席经济师和经济杀手双重身份的约翰·珀金斯揭露，今天美国为谋求建立全球霸权，派遣经济杀手到世界各地发动的隐蔽经济金融战争，其规模空前巨大，令人恐怖。美国著名地缘政治家和经济学家恩道尔，以基辛格重视的控制世界的石油、粮食和货币武器为主线，撰写了《石油战争》、《金融海啸》等一系列著作，以丰富翔实资料揭露了美国的全方位"软战争"。

该章还指出美国在全球推行新自由主义的目的，是蓄意重演自由放任资本主义时代的经济灾难，人为制造瓦解别国工业金融体系的经济危机，打击威胁其建立全球霸权的潜在国际对手。随着深入进行研究，笔者发现了越来越多的确凿证据，表明新自由主义流行同美国全球霸权战略之间存在着密切的联系。根据福特执政时期美国参议院调查所披露的事实，早在根本没有石油危机滞胀和"凯恩斯失灵"的1971年，中央情报局就资助芝加哥大学培养的经济学家协助密谋政变的智利军方，拟订军事政变成功后推行新自由主义模式的计划。智利、阿根廷等国都是由中央情报局策划军事政变开路，通过被称为"肮脏战争"的大规模暗杀清除社会抵抗，然后在军事独裁政权支持下推行新自由主义，这充分表明新自由主义是美国的国际战略工具。近年来，美国一直施压中国推行新自由主义的金融自由化政策，正确认识其金融战争本质直接关系到国家安危和百姓利益。

一 美英锻造隐蔽经济战的利剑

（一）酝酿世界经济有控制解体战略

越战失败后美国被迫放弃了冷战战略，有些人误以为美国老实了或弃恶从善了。实际上，美国从未放弃追求单极世界霸权的目标，只是在英国经验丰富的谋略家的教唆下，采取了更为阴险、隐蔽的"软战争"手段。20 世纪 70 年代，**美国上层精英制定了"世界经济有控制解体"的战略，标志着美国发动全球隐蔽经济战的开始，打击范围甚至从前苏联扩大到了昔日盟友，特别重点遏制第三世界国家力量的崛起。**这一战略起源于美国一家重要智囊机构，即对决策层有重大影响的"纽约外交关系协会"，基辛格和布热金斯基都曾在该机构任职。这家高级智囊机构的成员弗雷德·赫希，于 1975—1976 年间撰写了题为《八十年代计划》的政策报告，首先提出了上述战略构想的框架轮廓。美国联邦储备委员会前主席沃克曾公开宣称，将采取导致"世界经济有控制解体"的政策，从而将弗雷德·赫希的战略构想付诸实施。

越战失败后，美国操纵国际政治格局的能力大大削弱，亚非拉的众多发展中国家利用这一机会，掀起了蓬蓬勃勃的反抗斗争高潮，强烈要求改革不合理的国际经济秩序，如 1973 年在阿尔及尔召开的不结盟国家首脑会议上，七十七国集团督促以政治联合来争取经济利益，参与国要求西方国家作出大量的经济让步。随后的一年中，在南方国家的共同努力之下，联合国大会通过了《建立国际经济新秩序宣言》和《国家经济权利与义务宪章》。特别令美国政府和垄断财团担心的是，第三世界改革旧的国际经济秩序的呼声，竟然得到了某些西方发达工业国家的响应。例如，德国社民党曾提出了著名的"勃兰特报告"，主张南北相互合作谋求共同的发展，提出了一个全球范围"新马歇尔计划"，北方国家大大增加对南方国家的经济援助，以推动南方国家的工业化并改善社会福利，同时也为北方国家过剩的工业能力找到市场，摆脱中东石油危机后的长期经济停滞。20 世纪 70 年代，国际上盛行的潮流并不是什么"全球化"，而是争取国际经济新秩序的"南北斗争"。

毫无疑问，美英两国都深知"勃兰特计划"是可行的，二战后"马歇尔计划"的成功已证明了这一点，不仅欧洲、日本从战争废墟中迅速恢复，甚至中国台湾、韩国等前殖民地也实现了经济起飞，这充分证明了只要有合适的环境土壤，任何民族国家或地区都能成功地实现工业化。但是，这也正是美国垄断资本和右翼政客所最担心的，他们不愿看到第三世界国家势力的崛起，担心工业化会增强它们的经济军事势力，促进世界实力均衡向不利于美国的方向发展，威胁到美国谋求单极世界霸权的战略目标。20 世纪 70 年代，日本曾拟订了对伊朗、墨西哥、东南亚等国家的援助计划，包括许多大型的社会基础设施和工业项目，以此为日本严重过剩的重工业部门寻找出路，但是，当时美国国家安全助理布热金斯基，用核保护伞威胁日本放弃了上述援助计划。

美英统治阶层认为，为了阻止第三世界国家的工业化进程，必须扭转二战

后经济重建时期的成功政策，包括推行政府干预政策和国有化运动，有利于民族经济的"保护与开放相结合"，此外还必须扭转20世纪50—60年代的社会改良，因为，这些在冷战压力下作出的策略性让步，唤起了世界各国人民争取社会利益的觉悟，正导致一系列不利于统治阶层的社会变化。西方垄断资本控制的主流新闻媒介，制造舆论主张恢复以前的自由放任经济政策，利用中东石油危机后的"滞胀"问题，大肆宣扬"凯恩斯主义"过时了，政府干预和国有企业导致了效率低下，社会福利导致了工资成本和物价上涨，等等。实际上，一些西方著名经济学家已经证明，"滞胀"的原因是石油危机引起的总供给变化，并非涉及总需求管理政策的"凯恩斯主义"。美英政府还反对勃兰特推动世界经济摆脱滞胀的方案，指责其违反了自由市场经济分配资源的原则，尽管它们知道正是违反自由市场原则的"马歇尔计划"，推动了二战后世界经济的迅速复兴。

20世纪70年代末，美国垄断资本还暗中操纵国际经济组织，包括国际货币基金组织、世界银行和世界贸易组织等，在华盛顿开会达成了一系列共识，抛弃了二战后西方黄金时期的成功经验，主张推行完全相反的新自由主义政策，并且将其作为规范化经济理论和改革药方，向世界各国特别是发展中国家推荐，包括恢复自由放任的市场经济政策，放弃政府干预和推行国企私有化，削减政府公共投资和社会福利开支，采取严厉的财政、金融紧缩政策，限制各国保护民族工业的经济主权，向外资开放工业、电讯、金融等战略行业，拆除阻碍商品、资本国际流动的壁垒，推行有利于跨国公司的贸易金融全球化，大力培育外汇、股票和金融衍生品投机市场，等等。实际上，这些国际权威机构鼓吹的所谓规范化理论和政策药方，并未在西方的经济学理论界达成一致共识，甚至还遭到相当多西方经济学家的强烈反对，因此，它不是"哈佛共识"或"麻省理工学院共识"，而是代表美国统治阶层意志的"华盛顿共识"，具有强烈的政治性和特殊利益集团的色彩。**美国著名经济学家斯蒂格利茨，最近强烈地批评了"华盛顿共识"，称其"往坏里说是误导"，现在应进入"后华盛顿共识"时代，还说"无论新的共识是什么，都不能基于华盛顿"，直接点出了从华盛顿的立场出发，不可能符合广大发展中国家利益。**

世人所难以领会的是，美国政府倡导的这一套新自由主义政策，并非来自经济学界或是无的放矢，而是来自统治阶层的高级智囊机构，是服务于其全球战略的强烈攻击性武器。美英国际战略机构的智囊专家们，设计这一套隐蔽经济战武器并不困难，因为，西方资本主义市场经济运行数百年来，一直是掠夺、战争和经济危机不断，唯有二战后才进入了一个"黄金时期"，因此，只要抛弃西方"黄金时期"的成功经验，系统地发掘灾难时期的历史教训，特别是曾导致频繁经济危机的自由主义政策，就不难锻造出威力巨大的隐蔽经济战利剑，重演自由放任资本主义时代的社会经济灾难，人为地制造瓦解别国工业金融体系的经济危机，以此用于打击威胁其建立霸权的国际竞争对手，削弱国内代表社会中下层的社会改良运动。

美英国际战略家在锻造出经济战的利剑之后，还需为其披上一件蒙蔽世人的华丽外衣，这一点也并不困难，英国在维护其全球霸权统治的数百年中，积累了大量利用御用学者制造意识形态的经验，曾将其损人利己的"自由贸易"政策，成功地包装成关心全人类的"世界主义"。当年的德国著名经济学家李斯特曾揭露，为了操纵世界舆论服务于自己的商业利益，英国政府和商人们从来是不惜任何代价的，他们不仅炮制了一整套细致加工的经济理论体系，而且还拥有一个强大的动力——金钱。现在美英的国际战略家们再次故伎重演：实力雄厚的垄断财团提供大量金钱资助，调动右翼思想库和御用学者制造理论依据，垄断财团控制的新闻媒介则大造社会舆论，利用殖民帝国遗留下来的英语通行世界优势，发动了对国内外社会进步力量的妖魔化运动，精心炮制出新自由主义的"全球化潮流"，同19世纪时髦的"世界主义潮流"如出一辙。

（二）对东方和南方发动猛烈的进攻

20世纪80年代，里根前总统和撒切尔夫人共同发动了"世界保守革命"，直言不讳地提出回归到"亚当·斯密时代"。美国作家瓦尔登·贝罗曾撰文指出，里根代表的右翼保守势力认为，"美国正在遭受两方面的围攻：国际上的共产主义和国内的'新政'；对里根主义者而言，大政府的开明民主传统、社会福利以及对劳工的支持，与美国牌号的个人主义自由和自由市场是互相抵触的，代表了一种偷偷摸摸的社会主义"。里根的右翼政府主张采取进攻性政策，一方面击退对美国权力的国际性威胁，另一方面击退经济活动中的政府干预，具体来说，国际性威胁包括前苏联集团和第三世界的崛起，他们从东方和南方对西方形成了夹击之势，国内的威胁主要是经济生活中的大政府和大劳工，他们以社会利益为由限制垄断资本的谋私自由，威胁到了垄断资本的政治经济统治地位。美英两国曾联手推行过冷战遏制政策，这次两国右翼政府再次携手并肩，从东西、南北两条国际战线上，共同发动了凶猛的隐蔽经济战争，甚至对于法国、日本等不顺从的盟国，也暗中运用经济手腕进行遏制和打击。20世纪70年代美英两国联手谋划的"缓和"战略，到了20世纪80年代已经受到了丰厚的效果，波兰和拉丁美洲相继落入了"外债"陷阱，美英抓住薄弱环节趁势发动了猛攻。①

里根政府发动的针对前苏联的隐蔽经济战，已为美国 1996 年出版了的一本著作所曝光。该书题为《胜利——美国政府对前苏联的秘密战略》，作者是中央情报局的一位前雇员，他为策划隐蔽经济战获得的巨大胜利，洋洋得意的心态溢于言表。该书透露了当年美国政府和中央情报局曾雇佣一大批专家，包括心理学、历史学和国际政治经济方面的专家，拟定了美国瓦解前苏联的"软战争"战略，先千方百计迫使前苏联经济陷入困境，再设法动摇前苏联领导人对自身制度的信心，还抓住波兰外债危机诱发的社会动荡，积极资助"团结工会"等反对派势力，将其作为颠覆前苏联阵营的突破口。美国政府一直大力推进核军备竞赛，蓄意利用前苏联曾遭受侵略的敏感心理，逼迫其片面发展军事工业以消耗经济实力，20 世纪 80 年代里根政府提出了"星球大战计划"，同时设法压低石油价格以耗尽前苏联的外汇来源，迫使其陷入经济困境进而瓦解对自身制度的信心。尽管美国凭借其经济军事实力和美元的地位，能够从世界各地廉价获得大量的资源，但是，美国仍然为其秘密战略付出了沉重的代价，20 世纪 80 年代国债从 7000 亿美元猛增至 30000 亿美元。美国为摧毁瓦解前苏联制度发动的隐蔽经济战，如此不惜代价几乎令人难以置信。② 由于存在着根本的利益对立，美国必须在其主宰的世界经济体系内，重新征服越来越难以管理的第三世界。美国的右翼思想库在主流新闻媒介的配合下，积极发动了将南方国家政府"妖魔化"的运动，将他们描绘成失败的政府干预主义者，贪污腐败而且将本国经济搞的一团糟。美国抓住南方国家从殖民地时代遗留的弱点，如经济结构单一严重依赖原材料出口市场，金融状况脆弱欠下西方银行大量债务，有意将贸易、贷款、投资等好处，同推行新自由主义的全球化政策挂钩，诱迫南方国家吞下其炮制的隐蔽经济战毒药。美国还改变冷战时期拉拢第三世界的做法，率先削减了对发展中国家的政府援助，此后其他西方发达工业国家也纷纷效仿，从而加重了贫穷发展中国家的资金困难。1981 年，美国政府改组了世界银行等国际金融组织，安排了执行里根路线的人担任行长，中止了世界银行帮助穷人的"温饱计划"，将国际发展机构（IDA）的贷款标准，从原来的优先分配给那些最需要的贫穷国家，改为分配给那些在"经济的结构重整中作出最大努力的"国家，这个结构调整方案有意剥夺了受援国的经济主权，强迫其接

---

① 参见瓦尔登·贝罗等《里根与第三世界命运的逆转》，中国与世界电子杂志，WWW. CHI. ABULLETI. CO—。

② 参见彼得·施瓦茨《胜利——美国政府对前苏联的秘密战略》，美国大西洋月刊出版社 1996 年版。20 世纪 80 年代，美国的国债包袱迅猛增长，除了巨额军费开支之外，里根推行新自由主义政策，导致泡沫经济不断膨胀，实质经济衰落和税源萎缩也是重要原因。

受一系列新自由主义的改革政策。

二 破坏威力大于核弹全球经济满目疮痍

中国人曾饱受西方列强一个多世纪的侵略欺辱，因此，对西方列强发动硬战争之残酷记忆犹新，但是，大多数中国人还不熟悉也不愿相信，美英会发动一场"没有硝烟的战争"，其破坏威力如此之巨大，甚至远远超过了令人恐怖的核弹。倘若说核弹的破坏力能摧毁一、两座城市，这些隐蔽经济战核弹足以毁掉整个国家，令其庞大的工业和金融体系陷入瘫痪，以极为低廉的价格落入西方垄断财团的手中。这场没有硝烟的全球经济战争，巧妙地隐藏在巨额美元贷款的背后，披着"自由市场经济神话"的美丽外衣。特别令人惊叹不已的是，自从美英联手发动"世界保守革命"以来，新自由主义的隐蔽经济战"核弹"，先是横扫了拉丁美洲和非洲大陆，紧接着摧毁了俄罗斯这个前超级大国，随后又猛烈袭击了曾生机勃勃的亚洲诸国，美英发动的"软战争"攻势可谓所向披靡，所到之处无不狼藉遍地、满目疮痍。

（一）拉丁美洲沦为首批牺牲品

美国全球"软战争"的征服对象首先指向了拉丁美洲。美国历来视拉丁美洲国家为自家后院，是美国垄断资本进行投资和控制的重点。20 世纪 70 年代美国银行以提供低息贷款为诱饵，引诱拉丁美洲国家大量举借外债，但是，西方贷款都附加了市场浮动利率的条款。20 世纪 80 年代美国总统里根推行自由主义的经济紧缩政策，骤然大幅度提高了利率，大大加重了拉美国家的外债负担，拉美国家纷纷因无法偿还外债而陷入危机。国际货币基金组织利用外债危机趁火打劫，强迫拉美国家推行自由主义经济改革，否则不给予美元再贷款，从而切断不屈服国家的进口来源。拉美国家迫于外来压力，被迫接受了丧失主权的各种苛刻条件，纷纷吞下了新自由主义的改革毒药，其具体措施与后来俄罗斯的"休克疗法"如出一辙，如完全放弃政府干预经济，削减政府公共投资和社会福利，推行国有企业的私有化，开放国内市场并取消贸易保护，推行国际贸易、投资的自由化和全球化，等等。

拉丁美洲被迫推行自由化改革带来的恶果，使 20 世纪 80 年代拉美国家的经济发展普遍陷入"停滞"，许多国家人均收入水平迅速下降，被广泛称为"失去的十年"。拉美国家曾非常重视发展国有企业，有效地加速了工业化特别是社会基础建设，而推行国有企业的大规模私有化以来，不仅增加失业加剧了社会矛盾，而且降低了民族工业的整体实力，民族私营工业也陷入更加脆弱的境地；放开国际贸易和投资后，跨国公司大量收购民族私人企业，净利润汇出和资本流失更加严重，美国鼓吹的非国有化结果变成了外国化。1980—1989 年间，拉美国家人均国民收入下降幅度，最小的为 2.4%，最多的为 37%。1980年，拉美的贫困者的人数为 1.12 亿，1990 年增至 1.92 亿，占拉美人口的46%；十年间贫困人口增加了大约 8000 万人，每年平均大约增长 7%，其中一半生活在极度贫困之中，社会贫富悬殊问题显著恶化。1980—1985 年间，拉美地区的年平均工资下降了 16%，工业部门下降了 12%，建筑业下降了 18%，公共部门下降了 17%。拉美国家还普遍削减社会卫生开支，如 1980—1984 年间，乌拉圭削减了 13.4%，阿根廷削减了 14%，智利削减了 23%，危地马拉削减了58%。与此同时，各国的社会健康状况明显恶化，如乌拉圭的婴儿死亡率从千分之二十八升到三十二，巴西则从千分之六十六上升到七十四；秘鲁的人均营养水平从必要基准线的 97% 下降到 85%；各种传染病呈上升趋势，如 1976—1984 年间秘鲁的传染病发病率增加了两倍。20 世纪 80 年代后期拉美国家出现了霍乱大流行，同医疗卫生条件恶化有直接关系，整个社会人心惶惶，广大人民深受其害。①

　　对于 20 世纪 80 年代拉丁美洲国家遭受的苦难，国际货币基金组织曾用"改革阵痛"为其灾难性政策狡辩，但是，新自由主义改革已经搞了 20 年，拉丁美洲国家却在灾难陷阱中越陷越深，外债雪球越滚越大，贫富差距不断扩大，社会痛苦不断加深。一些拉美国家暂时恢复了经济增长，外汇储备有所增长，国际货币基金组织就大吹大擂改革成功，但是，这种成功仅仅意味着有钱偿还外债，而且是以降低工人工资和国内消费，廉价出售国有企业为代价的，是有利于美国而不利于本国人民利益的。20 世纪 90 年代以来，拉美国家的社会贫困问题更趋严重，许多国家出现了严重的社会动荡，如近年来阿根廷虽然恢复了经济增长，但是，其全国的失业率仍高达 17%，大多数人的实际收入持续下降，1997 年阿根廷爆发了全国性大罢工；墨西哥有七万人游行反对石油工业私有化；智利煤炭工人为恢复失业救济而举行大罢工。社会运动的矛头直接指向新自由主义政策，抗议其损害了广大劳动者的权益，造成了广泛的饥饿、失业和社会贫困。墨西哥深深卷入了美国主宰的全球化经济体系，直接导致了曾一度壮大的民族工业的瓦解。工业瓦解也连带了银行体系的危机，内外债一起增加，外债还本付息的雪球越滚越大。20 年来，墨西哥已深陷外债陷阱无法自拔，1980 年的外债总额为 580 亿美元，15 年来偿还本息共 1500 亿美元，1996

---

① 上述数据引自中国《拉丁美洲研究》1993—1995 年中的有关文献，原引自世界银行和联合国拉美经委会以及拉美报刊的有关资料。

年外债总额却增加至1800亿美元,美英垄断资本甚至向墨西哥提出要求,廉价出售银行系统和石油资源以偿还债务。1995年,墨西哥爆发了强烈金融经济危机,靠借贷维持的繁荣土崩瓦解,短短几个月里就有15000家企业倒闭,300万人因此失去了工作,居民的购买力缩小了至少三分之一,政治动乱、罢工和农民起义震撼着这个国家。1998年墨西哥再次爆发金融危机,银行坏账率上升到50%以上,被迫宣布容许外资收购本国银行的100%股权,还被迫出售战略行业国有企业以清偿外债。近年来,巴西、阿根廷等国也相继爆发了金融危机,货币大幅度贬值,外债大幅度增长,金融体系坏账堆积,居民纷纷挤兑银行,国民经济濒临崩溃边缘。[①]

（二）前苏联实力遭到彻底摧毁

20世纪80年代,美国政府发动的针对前苏联的秘密战略,成功地诱导了前苏联的社会制度剧变。叶利钦崇拜西方发达国家的政治经济制度,天真地认为只要全面效仿了西方的经济模式,就能尽快赶上西方发达国家的生活水平,这为美国发动新一轮隐蔽经济战攻势,彻底削弱俄罗斯的地缘政治大国地位,提供了千载难逢的天赐良机。美国操纵的国际货币基金组织,趁机推荐美国经济学家萨克斯作为顾问,并且以提供附加了各种条件的贷款为诱饵,直接干预了俄罗斯推行激进改革的过程,明确地规定俄罗斯政府的经济改革方向,必须完整地遵循新自由主义的规范经济理论,特别是市场价格理论和科斯产权理论,力求短期内彻底破坏旧的经济体制,"全面、系统地"引入西方发达市场经济的规范做法。美国人也不讳言这套药方的破坏性,形象地将其比喻为"休克疗法",但是,却哄骗说"改革阵痛"很快就会过去,而且"长痛不如短痛"。天真的俄罗斯人没有料到,"短期阵痛"已持续了近十年,不仅没有从"休克"中恢复,而且还陷入了新的严重金融危机,至今仍是茫茫苦海望不到头。

20世纪80年代末或90年代初,独联体、东欧的大多数国家实施了激进改革,几乎无一例外地经历了经济长期衰退、人民生活水平严重下降的灾难性后果。俄罗斯实行激进改革多年来,国民经济和工农业生产均遭受到破坏性打击。从1990年初起俄罗斯经济开始大滑坡,到1993年为止,工业生产下降为1989年的58%,社会商品零售额下降为1989年的53%,固定投资总额下降为1989年的49%。俄罗斯放开价格控制之后,通货膨胀率连续数年高达1000%以上,物价上涨了数十倍,广大人民数十年的劳动积蓄化为乌有。改革后俄罗斯取消了对农业优惠补贴,推行土地私有化,原来机械化作业的配套服务体系遭到破

---

① 参见汉斯－彼得·马丁《全球化陷阱》,中央编译出版社1998年版。

坏，农业生产持续下降。1994 年，俄罗斯的国民收入和工业生产分别下降了 17% 和 27%，1996 年的国民收入和工业生产继续下降了 4%—5%，1997 年俄罗斯经济在衰退 50% 之后增长了 1%，俄罗斯官方和国际货币基金组织都吹嘘改革取得成效，但是长期积累的各种矛盾并未得到缓解，企业亏损和财政金融状况仍然呈现恶化趋势，1998 年终于爆发了严重的财政金融危机，货币贬值，物价飞涨，股市崩溃，银行倒闭，国民生产总值大幅度滑坡了 6%，俄罗斯经济仿佛未能从"低谷"回升，反而又落入了新的灾难"深渊"。①

俄罗斯实行"休克疗法"政策，给人民生活、社会保障与治安方面带来了灾难性后果。前苏联曾长期片面强调发展重工业和军事工业，农业和轻工业相对比较落后，但是，一般生活消费品还是有充分供应，相当多的家庭拥有小轿车和郊区别墅，交通、水电、房租收费低廉，有比较完善的社会医疗保障体系。前苏联解体后，尽管大量进口消费品很快充斥市场，但是，物价飞涨令普通人民难以问津，广大人民的实际购买力大为贬值。社会分配两极分化严重，10% 左右的俄罗斯新贵通过各种不法手段大发横财，60% 以上的人口实际收入下降，40% 的人口陷入贫困之中。由于物价猛涨而收入拮据，俄罗斯居民的营养水平出现了大幅度下降，从 20 世纪 80 年代居世界的第 7 位下降到现在的第 36 位，甚至俄罗斯军队士兵也普遍出现营养不良现象，国防经费严重不足导致军心涣散、士气低落。由于社会经济环境恶化和医疗保障体系遭到瓦解，俄罗斯居民的健康水平迅速恶化，以前得到控制的传染病 如麻疹、哮喘、结核、梅毒等有了惊人的发展，1990—1993 年间，几种疾病的发病率分别上升了 142%、72%、34%、300%，甚至以前消失的霍乱、白喉、鼠疫等恶性传染病也死灰复燃。前苏联以犯罪率低而闻名，但是，如今俄罗斯却黑手党猖獗，到处从事贩毒、走私、盗窃、敲诈等各种犯罪活动。据法国中央银行的调查，俄罗斯和其他独联体国家的黑社会组织流入法国的资金大约有 100 亿美元，而这只是能查出的一小部分。黑社会组织与腐败官僚相勾结，大规模参与证券市场投机，大约骗走了普通居民数十万亿卢布的钱财。20 世纪 60 年代前苏联曾以世界上人口死亡率最低而自豪，目前，由于社会经济状况恶化，疾病和凶杀死亡率大幅度上升，俄罗斯居民的人均寿命下降了五岁，而且新增死亡人口大多是中青年人，这种恶劣情形一般只有在大规模战争中才会出现。据统计，改革以来俄罗斯人口的死亡人数 ，比较改革前同期净增加了四百五十多万，社会财富的损失远远超过了第二次世界大战。难怪著名的"民主斗士"索尔仁尼琴也认为，"俄罗斯正

① 引自 1993—1996 年香港《文汇报》、《参考消息》以及俄罗斯、东欧报刊的有关资料。

处于巨大的灾难之中，到处都是痛苦的呻吟"。改革初期，俄罗斯人民虽然忍受了巨大痛苦，他们对美国人的改革药方却坚信不疑，相信"改革阵痛"会很快过去，现在他们终于领悟到上了美国人的当，但是可惜已经为时太晚了。美国《波士顿环球报》专栏作家威廉撰文写道，"现在人们普遍抱有这样的看法，美国蓄意要毁掉俄罗斯，故意出了导致经济和体制瘫痪的坏主意，为的是使它不再成为自己的竞争对手"。正因如此，改革初期俄罗斯人民曾对美国抱有好感，但是，现在却出现了越来越强烈的反美情绪。

（三）日本落入金融全球化陷阱

美英两国发动全球隐蔽经济战也没有遗忘亚洲。20 世纪 80 年代，美国暗中制定了打击日本的隐蔽经济战略，以遏制日本经济咄咄逼人的崛起势头。美国对付日本不像对付第三世界那样容易，因为，日本工业拥有世界一流的强大竞争能力，甚至许多美国的跨国公司也不是其对手。但是，精明的美国战略家善于"以己之长攻人之短"，他们打击日本的办法是利用美国的金融优势，尽管日本拼命出口拥有世界第一位的外汇储备，但也根本无法同美国联邦银行的印钞机抗衡，换言之，在金融领域美国对日本依然拥有压倒性优势。20 世纪 70 年代，日本曾计划向第三世界大量出口工业基础设备，包括墨西哥、巴西、伊朗和中东国家。但是，当时美国国家安全主管布热金斯基，警告日本不能帮助墨西哥等国家，因为美国无法容忍在后院出现一个新的日本。布热金斯基以核保护伞和美国市场相威胁，强迫日本放弃了帮助第三世界工业化的计划，从而堵塞了日本为其庞大投资品工业寻找市场的努力。20 世纪 80 年代中期，美国政府强迫日本推行金融自由化、全球化，放弃战后成功的日本政府的干预政策，取消产业政策指导和金融投资管制，大量推动外汇、股票、房地产的市场投机，利用日本的过剩资金来推动全球泡沫投机，并且在日本内部植下金融癌症的祸根。**美国财政部长里甘于 1983 年向日本财政部长提出，两国政府组建一个美日金融市场联合工作组，此后里甘财长通过此机构不断向日本施加压力，强迫其拟订详细的日本金融市场自由化计划。**美国著名经济学家拉鲁什曾说："美国实际上命令日本，'我们不许你们在世界其他地方投资，你们必须将赚来的美元聚集起来，炒高美国和日本的房地产价格，形成名义资产的虚假膨胀，进而形成巨大的金融投机泡沫，这样日本出口赚得的美元收入，就源源不断地输入进投机泡沫，变成了过度膨胀的虚假资产，并且用于防止巨大泡沫的崩溃'。"

20 世纪 50—60 年代，日本政府通过计划指导和产业政策，引导着日本银行大量投资于工业部门和社会基础领域，投向生产领域的贷款占了总额的一半以上，还通过政府管制严格限制了金融投机活动，这不仅推动了日本工业的持续高速增长，而且银行贷款质量很高从未发生金融危机，截至 1980 年银行坏账率仅为 0.5% 。20 世纪 80 年代中期，日本被迫推行金融自由化、全球化以来，银行的生产性贷款的比重下降了 50% 左右，非生产性贷款的比重则上升了两、三倍，大部分流入了金融证券和房地产投资市场。日本前财政部长曾惊呼道，美国华尔街和伦敦金融界不断提出要求，强迫日本政府取消金融市场管制，实际上意味着日本在输入外国的"金融艾滋病"。从 1985 年至 1992 年期间，日本的投资者购买了价值 720 亿美元的美国房地产，而这一时期正是美国房地产泡沫的顶峰，房地产价格已因投机而过度膨胀，美国的投机家正在纷纷抛售。日本外汇投机几乎猛增了数倍之多，日本外汇交易额对外贸金额的比值，20 世纪 70 年代大体上为 6 美元比 1 美元左右，1985 年已经上升到 38 美元比 1 美元，1985 年以后则猛增至 62 美元比 1 美元，相当于美国外汇投机指数的两倍。随着泡沫经济的发展，日本的股市和房地产市场也出现了疯狂暴涨，在日本的六大城市中，住宅、商业和工业用地的价格，从 1970 年的每平方米 6000 美元，猛涨至 1991 年的每平方米 6.2 万美元，上涨幅度高达十倍之多，创下世界前所未闻的记录。20 世纪 80 年代末，日本政府感觉到泡沫经济的威胁，决定采取措施遏制泡沫投机，但已经为时太晚了。日本经济因泡沫盛极而衰陷入了灾难，银行账目上已积累了大量的坏账，房地产市场失去了资金支持，从此陷入了长期萧条之中。随着房地产公司纷纷倒闭，日本银行的坏账也越积越多。根据所罗门证券公司人士的估计，日本银行的坏账从 1981 年的 1 万亿日元，猛增至 1995 年的 100 万亿日元，折合 1 万亿美元。美英鼓吹取消政府管制和推行金融自由化，就能大大提高金融体系的运行效率，但是，**日本落入美国设置的金融自由化、全球化陷阱之后，短短 10 年中银行体系的坏账就增长了 100 倍，从此陷入了已持续 10 年的长期萧条**，美英发动隐蔽金融战威力之巨大，甚至拥有强大世界竞争力的日本也劫数难逃，实在令人感到可悲可叹。①

（四）亚洲经济惨遭金融风暴重创

20 世纪 90 年代，美英两国将针对亚洲的隐蔽经济战的打击范围，进一步扩大到了亚洲"四小龙"和东南亚国家，这一举措有着深远的全球战略意义。从 20 世纪 80 年代日元升值以来，日本为了降低出口产品成本，不断将制造业迁移到东南亚国家，正逐步形成以日本为核心的经济圈，而且在东南亚国家华侨经济中占很大比重，中国港台地区、东南亚和中国大陆加强经济往来，正在形成日益强大的泛华人经济圈。有些人根据亚洲经济的蓬勃发展态势，甚至认为 21

---

① 参见凯塞·沃尔夫《美英诱导了日本的泡沫经济和银行危机》，美国政治经济信息述评 1995 年 10 月。

世纪将是"亚洲的世纪",美英两国的国际战略家早已看出这一威胁,蓄谋已久,要铲除自己的心头之患,扫清妨碍其建立全球霸权的任何障碍。美国强烈反对日本输出工业设备,帮助发展中国家建立独立自主的工业体系,但对于依附美国市场的出口导向战略,曾一度采取了默许的态度。**20 世纪 90 年代以来,美国利用东亚和东南亚的出口依赖性,强迫其全面推行贸易、金融自由化,将"全球化"隐蔽经济战的炮口,暗中对准了"四小龙"和"四小虎"。**

泰国首先推行了贸易金融自由化政策。随着开放国内市场进口大幅度增长,泰国的国际收支恶化出现贸易逆差,依靠廉价劳动力的依附型出口战略,随着国际竞争激化和美国市场日趋饱和,越来越难以支持泰国的经济增长,开放资本市场有利于吸引外资,帮助泰国弥补贸易账户的逆差。随着香港回归临近,英国政府和金融资本积极游说东南亚国家,向泰国、菲律宾等国推销金融自由化的药方。1995 年英国财长克拉克访问了东南亚各国,劝说各国政府领导人开放金融市场,放松外资进入证券、租赁和保险业等行业,取消外资持有当地企业和银行股份的限制,政府退出电力、通信、交通的公用事业,对战略行业的国有企业实行私有化。克拉克还宣扬英国私有化的所谓成功经验,许诺将英资从面临回归的香港撤出转向东南亚,促使东南亚成为新的国际贸易金融中心。英国发动金融自由化攻势获得了巨大成功,1997 年据《曼谷邮报》报道,东南亚各国金融业的外资持股比例猛增,商业银行业达到 25%,人寿保险达到70%,金融公司达到 40%,英国金融资本的持股比例高于平均水平,在泰国和菲律宾成为欧洲的最大投资者。

20 世纪 90 年代以来,西方诱导东南亚国家推行金融自由化,取消政府对外国资本流动的政策管制,导致东南亚国家的外债结构严重失衡,工业投资下降而金融投机热钱猛增。1996 年东南亚国家的外债结构中,一年以下的短期外债占绝大部分,其中泰国的短期外债比例为 86%,菲律宾的比例为 84%,印度尼西亚的比例为 60%。泰国的短期外债中相当大部分,来自于曼谷的国际金融市场,国际货币基金组织曾对此大为赞扬,称此为金融自由化吸引外资的成功典范。美英投机资本大量涌入推动泡沫经济,形成了泰国房地产和证券市场的投机热潮,获利后又大举撤资造成货币金融市场暴跌,导致当地投资者陷入困境被迫恐慌抛售,再趁火打劫全面廉价地收购当地的资产。泰国的泡沫经济经过数年恶性膨胀,1997 年在索罗斯等金融资本的攻击下,终于爆发了严重的货币金融危机,饱尝盲目贸易金融自由化的恶果。但是,国际货币基金组织趁向泰国提供援助贷款之机,开出的却是一剂更为阴险致命的药方,强迫泰国进一步大规模推行自由化和国际化,建立境内金融衍生品市场并容许无限制的投机活动，削减社会福利支出并且不容许提高工人工资，提高增值税赋并且运用政府资金收购不良债权，以确保能够及时偿还欠西方垄断资本的债务，取消外国资本拥有泰国银行和战略行业的限制，推行严厉紧缩政策以勒紧民族经济的血脉，从而有利于西方垄断资本全面廉价控制泰国经济。国际货币基金组织的这剂雪上加霜的毒药，大大增强了隐蔽金融战的破坏威力，促使局部货币危机迅速转化为全面经济危机，工业企业纷纷破产倒闭，工人大批失业引起社会动荡，私有企业偿还外债的代价成倍增长，像拉美国家那样陷入了外债泥潭，被迫廉价出售工厂设备以偿还债务，正像美英国际战略家精心设计的那样，泰国的私营、国有企业甚至银行体系的资产，纷纷廉价地落入了西方垄断资本控制之中。美英资本还趁势对整个东南亚发动猛烈进攻，金融风暴很快从泰国蔓延开来，马来西亚、菲律宾、印度尼西亚均遭重创。

继东南亚金融危机之后，韩国也爆发了严重的外债和金融危机。西方新闻媒介为了配合垄断资本的经济战略攻势，大肆宣扬亚洲的价值观和政府干预是灾难根源，实际上韩国长期推行政府指导下的市场经济，数十年来获高速发展而从未发生过外债危机，但是，近年来为了加入发达国家的经济合作组织，被迫接受了西方提出的种种苛刻条件，推行了国际货币基金组织倡导的金融自由化，放松了政府对金融体系和资本市场的监督管制，银行和企业纷纷拆借低息外债进行投机活动，两三年中外债额就急剧地增加了三四倍，1996年外债结构中短期外债高达71%，1997年终于爆发了严重的国际支付危机，被迫接受国际货币基金组织规定的苛刻条件，实行严厉紧缩并且取消保护政策，国内众多银行和企业集团纷纷倒闭，大约一半以上的私人小企业陷入破产，大量工厂设备闲置价格跌为原价的几分之一，美国垄断企业趁机掀起了廉价兼并热潮。国际货币基金组织还强迫韩国修改劳工法，要求资方享有充分的解雇工人的自由，还规定一年内韩国企业至少裁员100万人，1998年社会失业人数迅猛增加到150多万人，还有300万每周仅能工作两日的半失业人口，进一步加深了市场萎缩和企业困难。中国台湾地区也积极推行了金融自由化、全球化，但侥幸的是，中国在台湾海峡举行军事演习之后，外国投资热钱纷纷撤离台湾地区，从而大大缩小投机泡沫的膨胀程度。

（五）挫败西方国家的社会改良运动

里根和撒切尔夫人代表的右翼势力认为，还必须扭转西方发达国家于冷战时期进行的社会改良，击退国内的大劳工、大政府和大社会福利，这种改良导致了社会中下层欲望膨胀，正在国内搞偷偷摸摸的渐进社会主义，在国际上搞对苏联和第三世界的绥靖妥协，直接威胁到垄断资本的政治经济统治地位。美英的右翼思想库和主流新闻媒体，发动了对大工会和大政府的"妖魔化"运动，将中东战争的石油禁运造成的物价上涨归罪于贪婪的工会和无能的政府干预，宣传社会福利导致了懒惰和效率低下。撒切尔夫人上台后，首先发动了严厉的打击工会的运动，二战后曾势力强大的工会纷纷被解散，1980年里根本人也发出明确的信号，工会活动必须置于国家的严格安全监控之下，随后政府和国会多次修改劳动法，允许企业资方以激进方式处理劳工事宜，而这是在战后期间还从来没有过的事情。美国公司企业资方受到里根政策的鼓舞，纷纷公开宣布不想再同工会打什么交道，从而防止和拒绝职工提出任何利益要求。

　　西方右翼政府的政策导致社会失业大幅度增长，从英、法、德、北欧到美洲大陆，企业解雇裁员的浪潮席卷了所有的国家。德国《明镜》杂志的著名作家汉斯·马丁，在世界畅销书《全球化陷阱》中写道：诸如在工资会计部门、计算机和建筑机械维修部门以及税款结算部门中工作的无数职工，纷纷收到解除雇工合同的通知；他们被告知，他们的工作将由一个下属机构接管；稍晚些时候，这类部门的工作人员又有许多人发现，他们只有接受无比低的薪金，不领取医疗保险金和养老保险金和几乎普遍允诺不参加工会组织的条件下才会受雇。企业资方和主流新闻媒体抛弃了冷战时期的和善面具，闭口不提企业应该考虑职工和社会利益，宣扬"股东利益"才是衡量企业成败的尺度，从前顾忌社会反对不敢提的"减员增效"，现在成了资本家追求自己利益的响亮口号。

　　从1979年至1995年间，美国有4300万人失去了他们的工作岗位，其中相当多人找不到正式工作被迫打零杂工，三分之二的人不得不满足于低得多的报酬和更糟糕的工作条件。1995年，美国五分之四的民众的实际收入，比1973年不仅没有增长反而有所降低。这表明，20年来，对绝大多数人来说，实际的生活水平下降了[①]。克林顿政府的第一任劳工部长罗伯特·赖克，也承认在1983—1992年间，美国的20%最富有者在财富增长总额中占99%，1980—1995年间，富人收入增长了10.7%，中等收入者收入下降了3.6%，最低层收入下降了9.6%。冷战后的社会改良时期，西方发达国家的相对贫困化有所缩小，而20世纪80年代右翼保守革命时期，社会中下层的绝对贫困化重新出现扩大。美国经济学家爱德华·卢特沃克，以前曾是反对前苏联的冷战鼓吹者，现在却成了新自由主义经济政策的尖锐批评者，他认为新自由主义的所谓经济改革，纯系一场"令人不快的恶作剧"，使得马克思主义者100年前所作的断言，"资本家越来越富，工人阶级却越来越穷"，虽然在冷战时期似乎已经失效，今天竟

----

　　① 参见汉斯—彼得·马丁《全球化陷阱》，中央编译出版社1998年版。

然又重新变成了现实。爱德华还认为，新自由主义的全球化政策，正"把人们投入绞肉机"，导致社会福利国家濒临崩溃的边缘。**美国麻省理工学院的经济学家莱斯特这样写道：人们完全可以说，美国的"资本家向他们的工人发动了一场阶级战争，并且战胜了他们的工人"。**

（六）20 年间世界格局面目全非

从里根和撒切尔夫人发动"世界保守革命"以来，短短的 20 年间，昔日的世界战略格局已经面目全非，美英两国策划的全球隐蔽经济战的猛烈炮火，已经横扫了前苏东地区和亚非拉大陆，昔日的超级大国前苏联何等威风凛凛，曾经击败了数百万希特勒的虎狼之师，自拥上万枚核弹头对抗美国毫无惧色，却在美国软硬兼施的攻心战下土崩瓦解，抗衡西方的社会主义阵营也不复存在；趁"东西对立"之机发展起来的"南北斗争"，也逐渐偃旗息鼓失去了轰轰烈烈的势头，第三世界国家已无法团结一致争取利益，不是被美英隐蔽经济战的炮火打得遍体鳞伤，就是被分化、收买丧失了斗争的勇气。西方国家曾经声势浩大的工会运动，从罗斯福"新政"时代逐渐成长壮大起来，二战后曾为提高工资福利待遇积极斗争，现在已被妖魔化为经济"滞胀"的罪魁祸首，失去了往日广泛动员社会力量的号召力，正在垄断资本的凶猛攻势下步步退缩。显而易见，**里根和撒切尔夫人发动的"世界保守革命"，无论在国际和国内战场上都大获全胜，在国际战线上已击败前苏联和第三世界，消除了来自"东方"和"南方"的威胁，在国内战线上已击败大政府和大劳工，实现了"大资本"和"小社会"的战略目标。**20 世纪 70 年代，美国右翼思想库策划的全球战略设想，特别是"世界经济有控制解体"的方针，已将全球经济拖入了风雨飘摇的动荡时期。拉丁美洲遭受新自由主义蹂躏 20 年，俄罗斯被强行"休克"了近十年之后，又再次遭到发源于亚洲的金融风暴波及，俄罗斯和巴西也相继爆发了强烈的金融危机，真是旧伤疤尚未痊愈又添新刀痕。频繁的金融风暴挟着飓风般的巨大威力，横扫过俄罗斯、拉丁美洲和亚洲大陆，到处是工业纷纷破产和银行坏账成堆，社会失业猛增而人民痛苦呻吟，全球经济呈现出遍体鳞伤、满目疮痍。**美国发动"软战争"成功改变了世界实力对比之后，终于显露出险恶面目公开追求全球霸权，再次发动"硬战争"野蛮轰炸南斯拉夫，提出了"北约"的新干涉主义全球战略。**

第 五 章

殷鉴不远，在夏后之世

该章论述了美国如何策划针对前苏联的"软战争"，动摇前苏联领导人信心抛弃社会主义制度，导致国家分裂和经济长期衰退的历史教训，对于帮助广大干部群众更好认识"六个为什么"，坚持马克思主义和社会主义的改革方向有重要意义。该章还论述了美国如何推荐新自由主义政策误导俄罗斯改革，巧施隐蔽经济金融战争暗器造成俄罗斯经济衰败，提醒中国人必须"防人之心不可无"。2000年，笔者专著出版后不久，俄罗斯改革风向终于发生了变化，普京意识到俄罗斯改革受到了美国误导，采取了一系列措施纠正叶利钦时代的错误，包括打击趁私有化浪潮暴富的金融寡头，在经济金融命脉领域重新推行国有化，等等。

2008年俄罗斯总统大选期间，普京在回顾俄罗斯的经济改革并阐明政治纲领时，再三表示与戈尔巴乔夫、叶利钦时期的"改革"彻底划清界限。他对叶利钦时期的经济政策进行了严厉抨击，指责当年的政治家打着改革的旗号出卖俄罗斯利益，不顾百姓的疾苦，厚颜无耻、疯狂敛财。普京尖锐地指出："10年前，政治投机者控制了联邦会议和政府的关键席位，高官们为了迎合寡头而不惜损害俄罗斯的社会和国家的利益，把国家财产挥霍殆尽，腐败是他们进行政治和经济竞争的手段，导致我们负债累累，经济崩溃，人民生活水平成倍地下降。"

俄罗斯改革的悲剧值得中国人引以为鉴，因为，当年俄罗斯许多经济学家和干部、官员，也是怀着满腔热情和美好愿望投身改革的，他们希望通过解放思想抛弃教条主义束缚，进行全面、系统的改革并建立规范化的市场经济，但难以料到由于对西方推荐的规范改革方案缺乏警惕，结果却造成了经济衰败和腐败泛滥的恶果，给国家、民众带来了巨大的社会灾难，当年许多名声显赫的改革家如今声誉扫地，甚至因给国家造成深重灾难而成为历史罪人。

一　超级大国的衰落：俄罗斯的惨痛教训

20 世纪 80 年代末，前苏联发生了社会"剧变"。究竟是什么原因造成了这种"剧变"？这一转轨过程产生了何种经济社会效果，其长期发展方向如何？对我国经济改革有何启示？这些问题是人们普遍比较关注的。的确，这种剧烈的社会变迁就像千载难逢的"木星彗星碰撞"一样，为实践检验各种经济理论和政策提供了巨大的实验场，仔细观察其实际效果，总结其经验与教训，对于防范美国隐蔽经济战的攻击，把握我国经济改革的正确方向，避免不必要的社会代价，无疑具有重大的理论和现实意义。

国内许多人曾有一种错误的认识，误以为俄罗斯已经渡过了改革难关，社会经济形势正趋向好转。实际上，国内许多报刊报道国际新闻的消息来源，主要出自西方和俄罗斯大通讯社的消息，而这些大通讯社都是由大垄断财团控制的，倘若俄罗斯经济的病症略有减轻，垄断资本控制的新闻媒介一定会大肆宣扬，而俄罗斯经济的病情出现恶化，垄断资本控制的新闻媒介则会压低调子报道。1997 年初俄罗斯政府通过大量举借高利贷外债，发放了部分长期拖欠的工资和养老金，俄罗斯和西方新闻媒介都广泛宣扬"形势大好"，1997 年国际货币基金组织在召开的年会上也曾宣称，"俄罗斯经济前景令人感到乐观"，但是，1997 年底俄罗斯就开始爆发了金融动荡，而且 1998 年以来俄罗斯财政金融危机正愈演愈烈，戳穿了西方媒介关于俄罗斯经济好转的谎言。墨西哥和泰国爆发金融危机之前，西方报刊也曾广泛将其吹捧为"经济奇迹"，以诱导其他的发展中国家进行效仿。

世界银行的副行长兼首席经济学家斯蒂格利茨，认为俄罗斯经济改革的前景仍然困难重重，他批评了某些参与俄罗斯改革的西方经济学家，为了给自己推荐的错误改革药方辩护，随意制造俄罗斯即将摆脱经济困境的舆论。他说，"他们出版了《即将到来的俄罗斯的繁荣》的书，这种乐观的看法正被广泛接受。令人吃惊的是如此乐观的观点竟然没有数据支持"，"就在金融危机爆发之前，他们刚刚宣布取得了改革的胜利"。①

俄罗斯选择了资本主义的激进改革道路，认为只要全面效仿了西方资本主义经济模式，就能尽快赶上西方发达国家的生活水平。代表西方政治经济利益的国际货币基金组织，趁机推荐美国经济学家萨克斯作为政府顾问，直接干预了俄罗斯推行激进改革的过程，其改革方案完整遵循了西方的规范经济学理论，

---

① 参见斯蒂格利茨《改革向何处去：论十年转轨》，中国科学院国情报告译文，1999 年。

特别是市场价格理论和科斯产权理论，其激进改革方案的主要内容包括：全面放开价格、工资，"一步到位"，放弃政府干预并完全依靠市场调节供求；解散各级政府的计划部门和行业管理部门，大规模推行国有企业的私有化，彻底实行政企分开和明晰产权界定，以求提高企业的经营效率；实行紧缩的货币政策，推行银行体系的私有化和商业化，勒紧对原来国营企业的贷款；财政改革取消各种政策补贴，实行高额所得税、增值税，以增加财政收入和减少赤字；立即实现国际贸易和投资的自由化，全方位对外开放。这种做法似乎属于"全面、系统的改革"，从西方经济学的逻辑来看的确是很完美，可以实现微观体制转轨和宏观控制的同步化，似乎实践中也应该取得良好的效果，美国经济学家萨克斯曾许诺"半年内控制通货膨胀并恢复经济增长"，可惜事实却完全相反。

斯蒂格利茨指出，"对前苏东国家经济转轨前十年的平均增长率与过去的十年加以比较，除了一个例外，这些国家在向市场经济转轨后比转轨前经济增长更差劲了。从平均意义上来看，这些国家今天比转轨之前更穷了。这一结果被其他生活富裕水平指标，比如人口平均预期寿命所证实。这些国家的预期寿命即使在全世界预期寿命平均提高两年的情况下，其平均水平仍有所下降"。"有关贫困的统计数据更加令人担忧。在有统计数据的 25 个国家中，有 18 个国家的平均贫困人口占总人口比例从 4% 增加到 45%，反映了这些国家人民生活水平的急剧恶化"。①

俄罗斯经济经过连续多年的严重衰退，社会失业和人民贫困现象严重，私有化导致了社会财产和收入的两极分化，国民收入和工业生产已下降了一半，不仅冶金、机械、化工等重工业生产下降，轻工消费品生产也大滑坡，从 1990 年至 1996 年，俄罗斯的煤炭、石油产量下降了 40% 左右，机械产品如机床、拖拉机产量下降了 80% 左右，洗衣机、电冰箱、录音机产量也下降了 80% 左右。农业方面，俄罗斯的粮食生产下降 50%，牛的饲养头数减少 23%，猪的饲养头数减少 35%，农用拖拉机产量减少 30%，收割机产量减少 40%，食品供应严重依赖于进口。

美国通过诱导俄罗斯进行自杀性激进改革，摧毁了俄罗斯的物质生产和科技实力，迫使脆弱的俄罗斯经济全面依赖于西方，俄罗斯正逐渐沦为西方垄断资本的经济殖民地，甚至丧失了制定本国经济政策的自主权。俄政府为勉强度日被迫出售战略行业的国有资产，放宽外国资本购买战略行业资产的限制，外国资本正大举进军俄罗斯的石油、通信等战略领域，俄罗斯的股市价值大约

---

① 参见斯蒂格利茨《改革向何处去：论十年转轨》，中国科学院国情报告译文，1999 年。

60%已为外资所拥有。国际货币基金组织还以推迟贷款来威胁俄罗斯，要求加速大型工业企业的破产进程，以帮助西方垄断资本廉价控制俄罗斯经济，这引起了俄罗斯政府和社会各界的强烈不满。

正如斯蒂格利茨指出，俄罗斯已从工业生产大国，沦为西方的矿产等自然资源输出地，他说"我们应该清楚一点：即一个自然资源蕴藏丰富的国家要找到愿意开发这些资源的海外投资者并不难，尤其是价格合适的时候。然而，更难的是创建一个以产业或服务为基础的经济。1994年，制造业投资占外国投资总额比重仅为7%，而自然资源投资却占了外国投资总额的57%。1997年，虽然数据依然不够完整，但初步统计数据显示制造业外国投资比重进一步下挫，大约为3%。投资是受到了自然资源的吸引，而不是用于生产制造方面"。

斯蒂格利茨还幽默地讽刺道："那些冷战经济学斗士们，似乎自认为肩负着铲除共产主义'罪恶'的重任。那些主张实行休克疗法的人，那些主张迅速实现私有化的人，至今仍认为问题并不是冲击太大，而是药方太小了，冲击太小了。实行的改革还不够激进。药是对的，只是病人没有按医嘱进行治疗！一个俄罗斯的改革者最近讥讽说他们颁布的法律都没有错，就是没有执行罢了。"①

目前，国际货币基金组织已从起初的诱骗办法，转向不加掩饰地剥夺前苏东国家的经济主权，如强迫俄罗斯将男性公民领取退休金年龄提高5岁，尽管改革后男性公民的人均寿命比以前下降了5岁，以节省政府经费保证优先偿还欠外国资本的债务；1997年初趁保加利亚出现全国饥荒之机，强迫其廉价出售邮电通信等战略行业的控股权；强迫乌克兰关闭大批矿山，取消进口产品的质量检查；等等。

20世纪80年代前苏联缩小了同美国的工业化差距，于是认为已进入了发达社会主义的阶段，联合国有关机构也将前苏联列为工业发达国家。前苏联改革初期，许多人天真地认为放弃了社会主义制度，很快就能过上发达资本主义的富裕生活，但是，俄罗斯选择资本主义改革道路造成了巨大灾难，非但没有进入发达资本主义国家的行列，反而堕落成了贫富悬殊的不发达资本主义国家，从"发达社会主义阶段"蜕变为"资本主义初级阶段"。前苏联广大人民因领导人推行改革的失误，付出了经济崩溃和国家分裂的巨大代价，遭受了黑社会组织泛滥、传染病猖獗和广泛失业的灾难，饱尝了生活水平急剧下降和社会保障瓦解的痛苦。**1998年联合国的开发计划署宣布，不再将俄罗斯列为工业发达国家，因为，俄罗斯的许多社会经济指标都明显恶化，包括医疗开支、出生率、**

---

① 参见斯蒂格利茨《改革向何处去：论十年转轨》，中国科学院国情报告译文，1999年。

死亡率和犯罪率,以及财产集中程度和社会贫富差距等,其人均寿命甚至降低到了不发达国家的水平。20 世纪 60 年代前苏联曾以世界上死亡率最低而自豪,目前,由于经济状况恶化和社会保障瓦解,俄罗斯的人口死亡率大幅度上升,同改革前同期相比死亡人数净增加了 450 多万人,而且新增死亡人口大多数是中青年人,俄罗斯居民的平均寿命也下降了 5 岁,这种恶劣情况一般只有在大规模战争中才会出现。倘若类似的社会灾难发生在中国,就意味着多死亡三四千万无辜的人民,任何一个稍有良知的中国人,都绝不应容忍类似灾难在中国重演。

二 揭开俄罗斯私有化改革失败之谜

1998 年俄罗斯爆发严重金融危机的深层原因,是复辟资本主义的改革道路的失败,特别是推行国有企业私有化改革的失败。值得注意的是,戈尔巴乔夫改革的初期,曾经探索过多种改革道路,强化激励、企业扩权和租赁制等,但是,由于受西方宣扬的规范经济理论影响,戈尔巴乔夫认为产权改革才是关键,决定大力推行股份化,并将其称之为"社会化"。1990 年,苏共中央向二十八大提出的纲领草案,明确肯定了股份制的作用,决定以此来加快经济改革。1991 年戈尔巴乔夫参加西方七国首脑会议期间,曾发表宏论称,"我们愿意实现经济自由,但这主要由社会来决定。我们应当做什么,推动人们进入股份企业"。戈尔巴乔夫的改革初衷,或许是建立一种新型的社会主义,但是,他没有料想到的是,一旦人们动摇了对公有制的信心,改革就迅速滑向了复辟资本主义,曾经拥护社会主义的前苏联民众,纷纷转向拥护主张激进改革的叶利钦。

叶利钦曾以反腐败赢得民众支持,他主张推行私有化实现"人民资本主义",但是,俄罗斯民众没有料到私有化的结局,竟然将俄罗斯变成了"强盗掠夺"的国家,迅速形成了七大金融寡头家族的垄断,昔日号称"反腐败英雄"的叶利钦,如今也涉嫌通过洗钱将巨额资产转移海外。1991 年叶利钦上台后,开始大规模推行国有企业的私有化,其措施包括出售、拍卖中小型国有企业,对大中型国有企业实行股份化改造,第一阶段称之为"凭证私有化",发放可出售、转让的私有化证券,第二阶段则称之为"货币私有化",向私人、外资出售国有资产和股权,法人购股、持股基金和产权重组等。早在 1994 年底,俄罗斯已有 70% 的工业企业进行了私有化,但是,俄罗斯私有化政策的实践效果究竟如何呢?根据国际货币基金组织提供的统计资料,1998 年俄罗斯的私有化企业有 50% 陷入了亏损,有 25% 的私有化企业实际上已经破产。据我国访问俄罗斯的学者考察,俄罗斯民众普遍认为,他们名义上虽然成了股东,却根本没有参与的权利和机会，感到自己非但没有成为"主人"，倒是沦为了"雇工"，经常受到拖欠工资和失业的威胁，众多俄罗斯人因生活艰难而将私有化证券或股票低价出卖。①

俄罗斯社会早已广泛熟知，私有化中存在着严重的违法腐败现象，黑社会组织和腐败官员、经理相勾结，实际控制了一半以上私有化企业和银行。新兴腐败经理阶层并不关心企业的经营，而将其作为非法牟利的工具，多元产权化结构和董事会、监事会，无法监督制衡反而相互勾结进行掠夺，导致俄罗斯的企业投资连年持续下降，每年约有数百亿美元非法收入转移境外，形成了俄罗斯经济"动脉"大出血。这种变态的私有产权结构一旦形成很难纠正，所带来的灾难性后果将是长期性的。俄罗斯居民普遍认为，私有化已成为合法化的盗窃行动。目前，俄罗斯形成了掌握经济命脉的七大垄断财团，通过其拥有的大新闻媒介影响社会舆论，提供政治资金和安插内线关系操纵政府决策。

根据西方经济学的产权理论，私有化是唯一能够彻底明确公有企业产权界定的办法，应该能够减轻国有企业的"预算软化"现象，大大提高企业效率，为什么俄罗斯改革的实践效果却同西方的产权理论的推论完全相反呢？根据西方现代企业制度的演化规律，企业的产权结构总是在企业成长的漫长过程中适应生产规模、经营管理、代理成本等生产力因素的需要，逐渐地有机形成的。一般来说，私人企业是由业主、合伙、有限责任企业逐渐成长为股权较分散的大型股份公司的，这样控股股东才有充分的时间，逐步积累控制企业和选择、监督代理人的经验，将由于股权分散化和两权分离造成的代理成本限制在一定范围。如果私人企业的股权分散化过程过快，可能造成企业权力体系失去控制，因内部矛盾和纠纷干扰经营权的统一性和权威性，导致企业的亏损甚至解体。但是，俄罗斯私有化运动，不顾国有企业的不同动态成长经历，试图模仿西方股份公司几百年演化的静态结果，完全违反了上述经济规律。由政府官员和某些经济学家，仅仅凭着主观的空想，在短期内以任意方式决定成千上万企业的所有权结构，这样一方面给原有经营秩序带来巨大冲击，另一方面却无法保证经营才能同财产分配重新结合的自然过程。例如，产权的平均分配破坏了经营权的权威性和统一性，如果企业财产落入善于权术而无能力经营的人手中，低效率将以私人产权的形式固定化。调查表明，在私有化进程中，俄罗斯的原国有财产的控制权正迅速集中在官僚、黑社会组织和投机集团的手中，这种所有权结构是否能提高原国有企业的经济效率，是不难想象的。《威胁中国的隐蔽战

---

① 杨斌：《警惕西方产权理论对改革的误导》，《经济管理》1995 年第 5 期。

争》一书还从更深的层次，论述了为何单纯模仿西方企业演化的静态结果，而忽略其长期演化的动态规律会造成灾难性后果。

前苏联的旧经济体制有僵化的弊病，但依然存在着比较严格的责任制度和监督体系，在一定程度上限制了"预算软化"和贪污浪费现象，如国营企业对设备工具、行政费用和现金出纳等有比较严格的管理制度。根据现代组织理论，实行分权化和引入市场化改革时，企业应特别重视用新的责任制来取代旧的责任制，否则经营部门易于滥用新获得的权力，导致代理成本的扩大。但是，俄罗斯推行的私有化却违反了上述规律，对所有权结构进行任意而且过快的分散化，破坏了经营权的权威性和统一性，导致众多股东之间信息交流和协调成本的大幅度增加，这样做虽然瓦解了旧的责任制，但是新的有效责任制却难以建立起来。俄罗斯实行私有化后许多企业的实例证实了这一点。例如，前苏联的民航体系很发达，责任制度也非常严格，甚至飞行员用哪一只脚先登上飞机都有规定，违反了要受处罚，因此，前苏联民航以其安全性而闻名。但是苏联解体后，民航实行了私有化，经营责任制却非常涣散，恶性航空事故大幅度上升，而且大多是缺乏责任心所致，1994 年失事的一架飞机，竟然从黑匣子的录音带上发现了驾驶员的孩子的声音，专家推断这种明显违反驾驶安全规定的做法同事故有直接关系。又如，前苏联的发电设备制造工业很发达，我国电力系统经常购买其设备，虽然其体制僵化，同部委的交涉时间较长，但批准后执行却很快；前苏联解体并私有化后，同各个厂家的经理交易都要用现金贿赂，因此尽管其设备价格便宜，国内正规企业也难以再购买。上述实例比理论分析更加生动地说明了俄罗斯实行私有化后"预算软化"问题恶化的事实。显然，**俄罗斯的私有化非但没有解决国有企业的所谓"产权虚置"问题，反而却真的造成了"责任虚置"的问题，而现代企业在实行两权分离的条件下，经营责任制是决定企业效益的更为直接的因素。**

由于俄罗斯私有化改革造成了企业经营秩序的混乱，征收高额增值税加重了企业的负担，结果是生产萎缩和税源枯竭，而且 80% 的私有化企业有严重逃税行为，1997 年俄罗斯的财政税收不足预算的一半，政府出现了严重的财政危机，拖欠了巨额的工资、养老金和福利费用。政府为了弥补不断扩大的财政赤字，兑现叶利钦 1996 年总统选举许下的承诺，避免因拖欠工资出现社会爆炸的局面，被迫依靠大量举借高利息外债勉强度日。但是，近来在亚洲金融危机冲击下，俄罗斯举借外债日趋困难，利息成本大幅度增长，偿还债务支出已占全部财政预算的 30%，甚至俄罗斯政府将国债实际利息提高到 150%，在国际货币基金组织提供了 200 多亿美元贷款之后，外国投资者也不愿购买反而纷纷抛售，最终成为一场国际金融风暴的发源地。俄罗斯推行国有企业的私有化改革之后，几乎没有投资建立一家新的工厂企业，资金不是外流就是进入金融泡沫投机领域，实质生产不断萎缩而股市却出现虚假繁荣，1998 年泡沫经济崩溃触发了股票市场暴跌，私有化企业的亏损面急剧上升到80%，沉溺于投机的私有化银行也纷纷破产。

三 戳穿西方经济理论与国际经济组织的误导

前苏联、东欧国家实行"休克疗法"带来巨大恶果，其对我国经济改革的重要启示，就是改革方案的设计不能照搬西方规范经济理论，不能从西方的新自由主义经济理论出发，特别应警惕代表美国操纵的国际经济组织的误导。西方经济学对于研究我国经济改革有一定借鉴意义，但是，我们也应认识到，西方的各种经济理论一般建立在许多抽象假设基础上的，不仅难以反映西方国家的经济现实，同社会主义国家的经济现实更是南辕北辙。至于西方的自由主义经济理论，提倡完全自由放任的市场经济，不仅具有强烈的反社会的意识形态色彩，而且还直接服务于某些西方大国的政治经济利益。数百年来，西方列强一直打着自由主义经济理论的幌子，名为奉行不干预经济政策，实为维护本国大资产阶级的利益，积极借助各种政治、军事和经济手段，对外推行弱肉强食的强权政治，对弱小民族国家进行野蛮的殖民掠夺。但是，在 20 世纪 30 年代的大萧条中，一些西方国家奉行自由主义经济政策，对严重的社会失业危机置之不理，最终因社会动荡引发了第二次世界大战，自由主义经济理论也因此声誉扫地，曾经长期陷入一蹶不振 。二战后迫于社会主义的强大压力，西方国家进行了广泛的社会改良，加强了政府干预经济和社会福利，自由主义理论甚至被认为是反动思潮。但是，20 世纪 70 年代石油危机后，西方出现了严重的"滞胀"问题，自由主义经济理论经过包装又趁机卷土重来，攻击二战后的政府干预经济和社会改良，公开主张重新回归到"亚当·斯密的时代"。

尽管在众多西方经济学派的抨击下，新自由主义经济理论显得漏洞百出，仅仅是有争议的非主流学派，但是，在西方右翼政客和大垄断财团的全力支持下，居然在英美等国政坛上取得了主导地位。20 世纪 80 年代，英、美两国保守政府以控制通货膨胀为号召，曾再度推行新自由主义经济政策，带来了严重的社会经济恶果，十年中两度出现严重经济衰退和失业危机，原来缓和的贫富差距再度显著扩大，遭到人民的普遍反对。新自由主义经济理论看起来是主张改革创新，实际上是主张复古倒退。尽管新自由主义经济理论越来越声誉扫地，但是，美国垄断资本出于政治经济战略利益，仍然通过操纵一些国际权威经济组织，向第三世界和前苏联、东欧地区兜售，用贷款附加条件的办法逼迫这些国家就范；20世纪80年代许多拉美国家推行的"自由化改革"，20世纪90年代前苏联、东欧采取的"休克疗法"，也都是来自新自由主义的经济理论药箱。这些国家普遍因采纳了其错误的政策主张，长期遭受了经济衰退、失业加剧和贫困恶化的巨大痛苦，民族工业逐渐落入西方跨国公司手中。

经历了多年的曲折转轨过程，一些东欧经济学家前不久指出，独联体、东欧国家实行"休克疗法"遭受失败带来的重要启示，是应努力避免受到代表西方政治经济利益的某些国际经济组织的误导，特别是应防止陷入了五个经济理论的误区。某些国际经济组织如国际货币基金组织制造了一些神话般的经济理论陷阱，真正的受益者是跨国公司、买办资本以及新兴的政治权贵。

第一个经济理论陷阱，是过渡越彻底，社会代价就越小。自由主义经济学家曾经许诺，向市场经济的过渡越彻底，持续的时间越短，所付出的社会代价就越小，东欧国家会在数月或一年内跨入市场经济，数年内赶上西方发达国家。不幸的是，一些独联体、东欧国家已经"休克"了多年，如保加利亚、罗马尼亚仍深陷经济萧条，保加利亚五年来国内生产总值下降了40%—50%，失业率保持在16%—20%，贫困率仍高达85%—90%，经受了保加利亚历史上的最大灾难。一位保加利亚前民主积极分子痛心地说，"在共产党垮台以前，我和许多人一样，认为共产党政府有关美国的一切说法和警告，纯属欺骗和宣传。从1989年到1993年，我是一个支持民主的积极分子。我们的陷落，是因为我们受到了民主和开放的引诱。那些老人、妇女搜寻垃圾桶的情景，使我见了心痛欲碎！十年以后的今天，我真希望当初这一切都没有发生"。1999年罗马尼亚的蒂米什瓦拉市，数千名工人举行了抗议示威游行，打出了这样的口号"回来吧，齐奥塞斯库同志，我们愿意与您在一起，不想再受苦了"。具有戏剧性的是当年也在这座城市，爆发了诱发社会剧变的动荡，后来有报道说是西方特工机构操纵的。[①]

第二个经济理论陷阱，是付出代价后，很快会得到补偿。经济理论家向人民宣扬这样的观点，只要忍受一下收入下降和社会保障的消失，就会迎来经济繁荣和现代化。但事实上，许多国家忍受的不是短期阵痛，而是长期煎熬。最令人民失望的不是短期的代价，而是经济的长期发展方向。的确，国民经济迟早会从衰退转入复苏，一些东欧国家如波兰、匈牙利和爱沙尼亚，经历了三、四年的严重衰退后，逐渐开始了经济复苏，但是，人民的失望情绪变得比衰退

---

① ［保加利亚］扬科夫：《走出改革理论的五大误区》，《上海经济研究》1995年8月；《苏维埃俄罗斯报》1999年11月25日。

时期还要强烈，因为他们从资本主义式的经济增长中，几乎得不到多少好处，许多人的实际收入仍在下降。据《华尔街日报》刊登《中东欧经济评论》1997年5月号发表的一篇调查报告，1996年匈牙利仅有6%的人口收入增长，72%的人口收入下降，21%的人口收入保持不变，波兰仅有20%的人口收入增长，37%的人口收入下降，40%的人口收入大体没有变化。尽管西方报刊将波兰视为"改革楷模"，宣扬靠引进外国投资培育了新中产阶级，但是，占70%多的大多数人口仍未真正受益，属于类似拉丁美洲的两极分化型经济增长。①

第三个理论陷阱，是所有社会成员同样承担了向市场经济过渡的痛苦。东欧人民认为那些付出艰苦努力创造财富的人应该致富，但实际上，在大多数人陷入贫困的同时，一小部分人依靠不法手段一夜之间成了百万富翁，改革的成果"仅仅是将社会划分为穷人和富人"，这种情形同许多拉美国家实行自由化改革的恶果如出一辙。原来依靠西方援助的期望也落了空，因为西方国家采取了"对上钩的鱼不必多给食饵"的态度，以前给予大量援助的许诺并未兑现。

第四个经济理论陷阱，是实行国有企业的私有化，社会就可以实现均富。许多国家推行大规模私有化的结果，并没有像理论家宣传的那样产生一个富裕的"中产阶级"，而是导致大多数居民的实际收入锐减，失业人数猛增，老弱病残陷入赤贫的地狱。理论家认为私有化企业提高了效率，通过增加税收可以实现再分配，达到比原来更高的社会保障水平。但事实上，私有化企业并没有提高效率，而是千方百计逃避税收，如叶利钦政府面对巨额财政赤字，根本无力建立社会保障体系，甚至无法给现有职工和军队发工资，为了赢得1996年总统选举，强迫中央银行动用了数十亿美元的外汇储备拉拢人心，却加速了1998年爆发严重的财政金融危机。

第五个理论陷阱是，产权一变更，就会提高经营效率。中国台湾地区、韩国二战后推行的土地改革，是将土地分配给农民。近年来东欧国家的土地改革，则是剥夺农民的土地，将其归还给地主。例如，保加利亚曾有很高的农业生产率，农产品大量出口，但是，私有化后生产下降了一半，变成了农产品进口国。西方国家一般是将效益不佳的国有企业私有化，而东欧国家私有化的对象是任何国有企业，包括大批盈利的国有企业，许多国有企业在剧烈的产权变更中，反而陷入了严重的亏损。私有化从一种经济手段，变成了经济目的，甚至不惜破坏生产力发展，不惜降低人民生活水平，其真正受益者仅仅是西方跨国公司和本国的新生贵族阶层。

---

① 《中东欧经济评论》1997年5月。

四　为何前苏联倒退到"资本主义初级阶段"？

为何前苏联会放弃"发达社会主义阶段"，倒退到"资本主义初级阶段"呢？为何拉美国家的众多人民处于极度贫困之中，甚至每年有数十万儿童因营养不良而死亡，但这些国家的资本主义制度却没有垮台？为何前苏联不仅拥有强大的工业军事实力，而且保障了全体人民的就业、医疗和养老，却反而在一夜之间发生制度"剧变"呢？为何前苏联"剧变"不是发生在僵化或谨慎改革的时期，而恰恰发生在戈尔巴乔夫大胆推行全面改革的年代？这些都是关系国家存亡而又亟待解答的重大问题。近来美国出版的《胜利——美国政府对前苏联的秘密战略》一书，透露了美国政府曾采取"攻心为上"的软战争策略，动摇前苏联领导人对自身制度的信心，成功地诱导了前苏联的制度解体。鉴于这一新披露的历史教训，我们应对前苏联剧变的原因重新进行反思。许多人将前苏联垮台的原因归于计划经济的僵化，这种观点有道理但却是不够全面的。尽管前苏联、东欧的工业化起步较晚，发展水平的确落后于西方发达国家，但是，发展速度却远远高于西方资本主义国家，如俄国曾是欧洲非常落后的资本主义国家，日俄战争中无论海战、陆战均被日本打得一败涂地，但是十月革命后前苏联的工业化取得了巨大成就，第二次世界大战时期，前苏联的坦克、飞机在数量和质量上均优越于日本，以致在外蒙和东北的战争中日本已显得不堪一击。美国著名国际战略专家保罗·肯尼迪，曾撰写《大国的兴衰——没有永恒的霸权》一书，提到以1913年的工业生产为基数，到第二次世界大战前的1938年，前苏联的工业增长速度比较美国快十多倍，确保了拥有强大工业实力对抗德国侵略。尽管前苏联曾在二战中蒙受了巨大损失，而美国因国土未受到战火的波及，工业科技实力反而大大增强，但是，前苏联迅速医治战争创伤并缩小了同美国的差距，20世纪80年代许多工业品生产甚至超过美国居世界第一，成为能够同美国抗衡的唯一超级大国，特别是军事力量，无论在常规军备和核导弹方面，强大到足以对抗美、英、法等全部西方盟国。实际上，二战后美国的国际战略家早已深知，社会主义制度具有巨大的潜力和优越性，单纯依靠美国的力量难以遏制其扩张趋势，正因如此，美国才改变了将德国、日本变成农业国的初衷，通过马歇尔计划大力扶植西欧、日本和中国台湾、南韩。美国哈佛大学的著名教授爱德华曾指出，美国的对外援助总额的百分之八十，提供给了社会主义世界的周围国家和地区。倘若社会主义确实是效率低下的落后制度，历史上总是贪婪地掠夺别国资源的西方列强，绝不会突然改变本性大发善心，甚至对以前的敌对国家也进行大量的援助。第一次世界大战之后，西方列强曾强迫德国割让了大片工业发达的领土，放弃了74%的铁矿和26%的煤矿，而且还需支付难以忍受的巨额战争赔款。世界上有许多人口众多的资本主义国家，如巴西拥有一亿多人口和丰富的资源，但主要工业行业几乎都为外国公司垄断，存在着严重的两极分化和社会贫困问题，根本无法拥有苏联同美国抗衡的经济军事实力。

表1　　　　　　　反映若干国家的经济发展与结构特点的统计数据

	人均GNP（1985年）	农业人口（1985年）	GNP年增长（1980—1985年）	钢产量（1985年）人均	发电量（1985年）人均	谷物（1985年）人均	肉产量（1985年）人均
	（¥）			（公斤）	（度）	（公斤）	（公斤）
前苏联	7400	19%	2.0%	558	5563	690	61
捷克	8750	13%	1.5%	970	5201	773	99
匈牙利	7560	18%	—	342	2501	1412	112
保加利亚	6420	20%	1.2%	328	4642	1040	94
中国	340	68%	9.3%	45	392	362	16
美国	16710	3%	2.4%	344	10318	1450	73
法国	13755	9%	1.3%	344	5865	1002	71
英国	12042	3%	1.7%	277	5247	396	41
意大利	10928	13%	0.8%	416	3413	317	38
西班牙	9008	18%	1.4%	362	3235	541	43
希腊	6854	31%	1.0%	99	2499	36	—
印度	250	70%	4.1%	15	223	221	10

　　数据来源：有关各国的国民生产总值（G.P）、农业人口、增长率的数据来自美国格利高力著《比较经济制度学》，原引自经合组织（OECD）的有关经济统计资料。工农业的实物产量数据来自中国《世界经济统计简编》1987年。

表2　　　　　　前苏联与美国的经济发展水平比较（前苏联为美国的百分比）

	1950年	1960年	1970年	1980年
国民收入	31	58	65	67
工业生产	30	55	75	80
钢产量	30	71	95	142
发电量	22	33	43	53
工业用电	31	46	69	91
原油	14	42	74	142
天然气	3	12	30	69
化肥产量	31	43	88	110
化学纤维	4	27	28	30
水泥产量	26	81	141	180

续表

	1950 年	1960 年	1970 年	1980 年
农业生产	55	70	85	85
谷物产量	56	69	99	70
棉花产量	54	47	105	122
铁路	68	175	218	247
社会劳动生产率	—	—	约 40	约 40
工业劳动生产率	—	44	约 53	55 以上
农业劳动生产率	—	—	20—25	20—25

数据来源：中国《世界经济统计简编》1987 年，引自前苏联中央统计局的数据，价值数据如国民收入对统计口径进行了调整，对美国的国民收入按前苏联的统计方法（不包括非物质生产部门的收入）进行改算后，按可比价格进行比较，故同西方数据相比有较大的差距。

有些人仅仅将社会主义国家同发达资本主义国家进行静态的比较，这种比较是片面的。20 世纪 80 年代中苏外交关系比较紧张，妨碍了我们客观地认识前苏联的经济发展，现在我们有必要进行更为全面、动态的比较分析。同西欧、北美的发达资本主义国家相比较，前苏联、东欧的经济仍然相对落后，无论在工业化程度和人民生活水平方面都存在着较大的差距，但是，二战以来前苏联、东欧仍实现了较快的经济发展，如 20 世纪 50 年代前苏联的国民收入和许多主要工业品产量仅为美国的三分之一，到了 20 世纪 80 年代，前苏联的国民收入上升到美国的 67%，工业生产上升到美国的 80%，钢铁、石油、化肥、水泥的产量甚至超过了美国。在就业水平和社会分配方面，前苏联、东欧经济显示出相当的优越性，长期以来基本上不存在失业现象，相当多部门还面临着劳动力的短缺，社会收入的分配也更加平均化。前苏联、东欧国家还建立了广泛的社会保障制度，其覆盖面与北欧社会福利国家相差不大，工人农民均享有公费医疗和养老保障，而且前苏东国家人民不面临失业的威胁，这种就业保障比较西方的失业救济制度，能够为劳动者及其家庭的生活和工作，提供更多的安全感和稳定、舒适的环境。前苏联在普及全民教育方面也取得了很大成就，1984 年的中学入学率为 100%，而美国同期的中学入学率为 95%，法国为 90%，西德为 80%，巴西仅为 36%。在社会治安方面，前苏联、东欧国家一直以社会秩序良好闻名，显著优越于一些犯罪率高的西方国家如美国、意大利。前苏联、东欧国家的发展水平虽然明显落后于西欧和美国，但是，这种情况同上述国家工业化的历史起步不同有很大关系，而且西方长期实行的封锁遏制政策也造成很大影响。如果同起步较晚的南欧国家相比，如西班牙、希腊和葡萄牙，前苏联、东欧国家的经济发展水平就相当接近或略胜一筹，在重化工业和高科技方面更为发达，在消费品工业方面可能有所逊色。南欧国家尽管享受欧洲联盟的经济援助，但仍然存在不少严重的社会经济问题，如近年来西班牙的失业率高达20%，社会收入分配也更为不平等，社会保障制度也落后于西欧。

前苏联、东欧国家与大多数发展中资本主义国家相比，包括拉美的许多新兴工业国家，无论在国民收入、工业化水平、收入分配和社会保障方面，都具有明显的优势。拉丁美洲的工业化进程开始较早，19世纪英、美就曾对拉美进行了大量工矿业和铁路投资。二战以后，拉美国家的工业化进程普遍加快，发展程度明显高于其他发展中国家。但是，拉美经济突出地反映了资本主义发展过程中的内在弊病，由于社会财富过于集中于私人资本和外国跨国公司手中，贫富差距悬殊，人民贫困严重。1980年，拉美的贫困者的人数为1.12亿，1990年增至1.92亿，占拉美人口的46%，其中一半生活在极度贫困之中。墨西哥在1963—1975年间，占人口50%的穷人的收入在总收入中的比重由15%下降为13%，而20%的富人的收入比重则由40%上升到60%，20世纪80年代推行自由化改革以来，社会贫富差距和两极分化进一步加剧。1985年拉美城市的公开失业率为11.1%，半失业、隐性失业现象更为严重。尽管拉美国家按美元计算的人均国民收入大大高于中国，但是，由于拉美存在严重的两极分化，人民贫困严重，社会保障和医疗卫生落后，而中国生产资料分配和收入分配比较平等，人民基本生活有保障，医疗卫生事业较发达，经济改革又促进生产力发展，因此，拉美许多国家的人均营养水平和人均寿命都落后于改革后的社会主义中国。拉美国家还存在严重的贩毒和贪污腐败问题，黑社会组织将贩毒视为积累财富的捷径，许多人为贫困所迫而卷入，致使贩毒现象遍布城乡；政府官员的贪污腐败由来已久，丑闻不断，黑社会的贩毒贿赂加重了这个问题。尽管前苏联经济远远优越于拉丁美洲国家，但是，由于现在俄罗斯的社会经济状况严重恶化，贫富悬殊和黑社会组织犯罪猖獗等许多方面，已接近甚至比拉丁美洲国家的状况更为糟糕（详见表1、2）。[①]

美国的国际战略专家布热金斯基认为，前苏联的计划经济虽然能够生产出大量的洲际导弹和核潜艇，但是，无法生产出充足的"黄油面包"，从而导致了失败的结局。实际上，布热金斯基曾经担任政府的国家安全秘书，深知这正是美国瓦解苏联制度的秘密战略。近年来，美国中央情报局前雇员彼得·施瓦茨撰写出版了一本著作，题为《胜利——美国政府对前苏联的秘密战略》，透

---

① 参见［美］格利高力著《比较经济制度学》，美国霍格顿出版公司1989年版。

露了美政府秘密策划瓦解前苏联制度的内幕，里根政府和中央情报局曾雇佣一大批专家，包括心理学、历史学和国际政治经济方面的专家，拟定了美国瓦解前苏联的"软战争"战略，重点放在动摇前苏联领导人对自身制度的信心。美国政府一直大力推进核军备竞赛，蓄意利用前苏联曾遭受侵略的敏感心理，逼迫其片面发展军事工业以消耗经济实力，20世纪80年代里根政府提出了"星球大战计划"，设法压低石油价格以耗尽前苏联的外汇来源，迫使其陷入经济困境进而瓦解对自身制度的信心。**尽管美国凭借其经济军事实力和美元的地位，能够从世界各地廉价获得大量的资源，但是，美国仍然为其秘密战略付出了沉重的代价，20世纪80年代国债从7000亿美元猛增至30000亿美元。令人遗憾的是，前苏联政府没有识破美国的秘密战略，否则经济陷入破产的可能不是前苏联而是美国。**

前苏联长期以来经济发展战略的一个重要失误，就是片面强调发展重工业和军事工业，为此消耗了过多的宝贵资源和科技力量，20世纪60年代曾一度有所调整，但未能根本改变农业、轻工业落后的局面，影响了人民生活水平的提高。**如果仅仅以此解释前苏联失败的原因，则过于简单化了，因为，前苏联在钢铁、航天和军工方面的成就，毕竟反映了相当的经济实力，没有理由认为一个国家能够发射数千个卫星，但却无法生产相对简单的轻工消费品。**事实上，前苏联的农业、轻工业虽然比较落后，但一般生活消费品还是有充分的供应，小轿车等耐用品以及郊区别墅的拥有率也很高。匈牙利20世纪60年代实行改革并改变发展战略后，出现了消费品市场的繁荣，农业生产率接近西欧国家。值得指出，前苏联、东欧国家的人民生活水平虽然落后于西方发达国家，但是，由于有充分就业和较完善的社会保障，仍然高于大多数的发展中资本主义国家，特别是许多贫富悬殊的拉丁美洲国家。尽管许多拉美国家的众多人民处于极度贫困之中，甚至每年有数十万儿童因营养不良而死亡，社会动乱和武装斗争此起彼伏，但是，美国从经济利益和意识形态方面的需要出发，强迫这些国家推行自由主义经济政策，不顾由此引起广大人民贫困状况恶化，从来没有认为这些国家的资本主义制度失去了合理性。

我国的许多学者认为，前苏联、东欧国家发生"剧变"的原因在于没有进行体制改革。这种说法有一定道理，的确，前苏联在发展重工业和备战方面取得很大成绩，但是，随着国民经济规模的扩大，体制僵化越来越限制了生产率进步，大大限制了社会主义发挥的应有经济潜力。但是，这种说法仍然是不够全面的，事实上，前苏联、东欧国家早在20世纪60年代就开始尝试经济改革，如前苏联实行了更加重视利润指标和物质奖励的做法，匈牙利从1968年起取消了指令性计划，采取重视农业、轻工业的发展战略，这些改革曾取得了较好的经济效果，缓解了体制僵化的矛盾，改善了人民生活水平。如果我们对历史事实不采取简单的态度，而是进行深入细致的观察，就会发现特别令人费解的是，前苏联、东欧国家的"剧变"不是发生在体制僵化或谨慎改革时期，而恰恰是发生在戈尔巴乔夫大胆推行政治经济体制全面改革的年代。由于前苏联长期片面强调重工业和军事工业，经济结构的不合理消耗了过多的资源，20世纪80年代以来其经济发展速度渐趋缓慢，**里根政府推行针对前苏联的秘密战略，进行核恫吓逼迫前苏联进行军备竞赛，压低油价、枯竭外汇来源，给前苏联造成很大困难**，戈尔巴乔夫没有察觉到美国的险恶用心，也没有深入分析导致经济困难的原因，将经济增速趋缓全部归罪于自身的经济制度，恰好误入了西方动摇其制度信心的战略陷阱。其实，当时前苏联面临的美国制造的核恫吓和经济困难，远远不及二战后初期遍地战争创伤的时期，戈尔巴乔夫善良有余而未经风浪老练不足，误入美国攻心战陷阱导致了前苏联崩溃。彼得·施瓦茨的著作详细记载了这一时期，美国政府为了瓦解前苏联的秘密战略，巧妙发动的政治、经济、心理、外交、军事等方面攻势。

美国策划的"软战争"取得初步成效之后，又开始发动了"攻心战"的第二阶段，通过新闻媒介大肆赞扬戈尔巴乔夫的"新思维"，20世纪80年代后期资助了一大批前苏联知识分子，来美国考察学习西方政治经济制度和理论。戈尔巴乔夫开始进行改革的关键时期，美国秘密战略发挥了更为重要的作用。**现在有越来越多的证据表明，美国政府和中央情报局都通过各种形式，积极介入了戈尔巴乔夫和叶利钦时期的改革，如培养盖达尔、丘拜斯等年轻经济学家，指使索罗斯赞助和参与制订"五百天计划"，推荐精心配制的具有巨大破坏性的改革药方，国际货币基金组织通过提供贷款的附加条件，规定俄罗斯的"休克疗法"改革方向，委派哈佛教授萨克斯前往指导俄罗斯改革，等等。**最近涉嫌上百亿美元洗钱案的主角之一、俄罗斯驻国际货币基金组织代表卡加洛夫斯基，在前苏联时期曾接受哈耶克基金会精心培训，同西方上层政界人物有直接的联系，后来同盖达尔等人一样被安插担任了要职。在戈尔巴乔夫和叶利钦推行改革时期，美国曾用所谓规范的经济理论和政策药方，蓄意误导俄罗斯走上自杀性改革之路，直接造成了俄罗斯遭遇的巨大社会灾难。

其实，戈尔巴乔夫曾经面临着许多的改革选择，他本人的改革初衷并非就是瓦解前苏联，但是，却被美国精心诱导走上了毁灭之路。美国的垄断财团的智囊机构和基金会组织，如属于索罗斯和哈耶克的右翼基金会，精心培训来自前苏联的年轻知识分子，灌输特殊配制的政治经济改革药方。戈尔巴乔夫的改革初期，也曾尝试类似中国的渐进的改革道路，如加强激励机制、企业扩权和租赁制等，但是，**随着西方精心灌输的规范化改革药方的流传，人们心浮气躁地很快被误入了改革歧途。前苏联经济学家缺乏对市场经济的了解，于是轻信了来自西方权威专家的改革建议，否则他们不会发明出成套的规范理论和改革药方，轻率地放弃许多符合本国国情的政策措施。**试想阅历不深的盖达尔、丘拜斯等人，如何能自己创造出深奥的"产权明晰理论"，认定产权改革乃是深层次的关键改革呢？如何明知前苏联面临着商品供应短缺，却主张全面放开价格一步到位，推行"放开价格、管紧货币"的政策呢？无论是戈尔巴乔夫还是叶利钦时期，几乎所有导致灾难性后果的改革政策，虽然都曾经由本土的经济学家所积极倡导，但实际上都来自美国精心配制的害人药方。

美国中央情报局的前雇员彼得·施瓦茨撰著说："前苏联垮台不是上帝青睐美国，而是里根政府奉行的政策所致。"他在书中透露，关于前苏联"客观上"是否具有生命力，里根根本不感兴趣，他提出的任务就是，将这种生命力降低到零。尽管存在着如此大量的事实证据，许多中国人仍不愿相信"阴谋说"，仍将前苏联社会剧变和全面瓦解，归罪于计划经济僵化等自身制度的原因，积极否定美国瓦解前苏联秘密战略的作用，这种看法容易误入美国的攻心战陷阱，仿佛同里根秘密战略的目的不谋而合。美国中央情报局的前雇员彼得·施瓦茨还毫不掩饰地写道："谈论前苏联崩溃而不知道美国秘密战略的作用，就像调查一件神秘突然死亡案子而不考虑谋杀。死亡的原因究竟何在？病人吃的是真正对症的药方吗？死亡事件是否存在着特殊反常和预谋？"彼得·施瓦茨的话如此露骨，倘若我们仍然麻木不仁无动于衷，就难免哪一天也吃错药重蹈前苏联的覆辙。[①]

西方国家特别重视培养前苏联的青年知识分子，因为他们缺少长期工作的实践经验和分辨能力，容易对西方政治经济制度产生盲目崇拜。西方国家培养了盖达尔等一批年轻经济学家，后来分别担任了俄罗斯总理和政府部长的要职，成为俄罗斯推行灾难性"休克疗法"的主力军。西方国家纷纷为戈尔巴乔夫的改革出谋划策，撒切尔夫人曾亲自向他面授"私有化"的奥秘，趁机诱导前苏联进行自杀性的激进改革，有意利用自由化市场的内在弊端作为战略武器，以求彻底摧毁前苏联作为大国的经济军事实力，还提出了"改革阵痛"的烟幕蒙蔽前苏联人民。不幸的是，前苏联的领导人和负责国家安全的部门，仅仅熟悉以前帝国主义时代的"硬战争"，对于西方采取的"软战争"却完全缺乏戒备。

---

① 参见彼得·施瓦茨《胜利——美国政府对前苏联的秘密战略》，大西洋月刊出版社1996年版。

　　戈尔巴乔夫采取了直接效仿西方发达国家模式的办法，大胆提出了一系列全面政治、经济改革设想，其影响很快波及到整个东欧地区。戈尔巴乔夫的改革从政治体制入手，首先举行了有反对派参加的全民自由选举，在经济体制方面准备实施著名的沙塔林"五百天计划"，拟用一年半完全实现经济体制向市场经济过渡，大规模推行企业的非国有化和私有化，完全放开价格和政府管制，等等，美国资本家索罗斯积极参与并资助了拟订"五百天计划"的过程。索罗斯同中央情报局有密切的合作关系，他资助和参与制订的经济改革计划，是否能符合前苏联国情不难想象。这些改革措施来自西方的规范药方，不仅脱离了前苏联的实际情况，还严重动摇了人民对社会主义的信心，实践中推行矛盾重重，加剧了经济混乱，国民经济从以前缓慢增长变为加速下滑，人民群众对改革的期望落空，普遍产生了怨恨不满情绪，从初期选举中主要投共产党改革派的票，转为投激进反对派的票，最终导致了叶利钦上台和前苏联的解体。

　　由此可见，经济体制僵化固然是一部分原因，但是，前苏联领导人推行改革政策的失误，也应负有不可推卸的历史责任。戈尔巴乔夫的大胆改革遭到了彻底的失败，但是，西方摧毁前苏联的"软战争"却大获全胜。前苏联人民现在认识到自己上当受骗了，但不幸的是这已经为时太晚了。美国《波士顿环球报》专栏作家威廉撰文写道，改革初期俄罗斯人民对美国和西方是有热情的，但是，由于改革六年来事态的发展，"现在人们普遍抱有这样的看法，美国蓄意要毁掉俄罗斯，故意出了导致经济和体制瘫痪的坏主意，为的是使它不再成为自己的竞争对手"。

五　警惕西方动摇我们制度信心的"软战争"

　　美国政府策划瓦解前苏联的秘密战略，重点是采取"软硬兼施"的攻心战略，设法动摇前苏联领导人对自身制度的信心，这是西方专家深入研究了前苏联制度的优缺点，专门攻击其薄弱环节的一种精明厉害战略。二战后美国曾依靠经济军事实力的强大，经常采取封锁遏制甚至军事侵略的行径，但是，美国为自己的傲慢态度付出了沉重代价，深深陷入了越南战争的泥潭难以自拔，领悟到社会主义国家具有理想主义的优势，能够动员全社会的力量共同抵抗外敌，但是，倘若西方采取"攻心战"瓦解其对自身制度的信心，就有可能诱导其领导人自动放弃社会主义制度，或因改革出现失误不慎瓦解社会主义制度。尽管拉美国家的众多人民处于极度贫困之中，无法获得基本生活、教育、医疗的保障，经常发生社会动乱和武装斗争，但是，国内外垄断资本及其控制的专政机构，一直采取各种措施严厉镇压人民的反抗活动，因此，即使这些国家陷入了严重的社会经济危机，人民也绝对没有机会和平地推翻资本主义制度。但是，社会主义国家却存在着"和平演变"的可能性，原因是社会主义国家的党和政府领导人们，整体上是真心为全社会的利益而工作的，倘若他们认为改革符合全社会的利益，甚至愿意为改革而牺牲个人的既得利益，至少不会像资产阶级那样采取暴力维护自身利益。西方国家鉴于侵略战争和封锁遏制的失败教训，意识到难以通过"硬战争"打败社会主义国家，才提出了诱导社会主义国家"和平演变"的战略，发动"攻心战"瓦解前苏联领导人对自身制度的信心。

美国采取"攻心战"的秘密战略瓦解前苏联，导致俄罗斯正逐渐沦为西方的经济殖民地，值得引起我国政府和广大人民的高度警惕。美国同前苏联历史上从未发生过战争，而新中国成立后与美国发生过多次冲突，尼克松访华也是为了摆脱越南战争困境，因此，美国右翼对中国的仇恨绝不会亚于前苏联，肯定也会拟定针对中国的"攻心战"秘密战略。我国近代史上曾饱受西方列强的欺辱掠夺，但是，当前西方国家的对华的态度似乎有了积极改变，许多人认为资本主义已经发生了本质性变化，仿佛从掠夺成性的强盗骤然间变成了慈善家。但是，为何西方资本主义的贪婪本性数百年一直不变，而近20年来对华态度却骤然发生较大变化呢？为何旧中国长期处于贫穷落后状态，西方资本主义强国从来不曾对中国发过善心，反而不断发动战争强加不平等条约和巨额赔款呢？实际上，西方资本主义国家对华态度改变的根本原因，是新中国成立后中国工业化的成功和综合国力的日益强大，迫使西方国家无力推行侵略掠夺和封锁遏制政策。冷战期间，美国曾花费大量财力封锁遏制社会主义国家，特别是越南战争中不惜耗资近2000亿美元，但是，遭到了惨重失败和国内人民的强烈反对，无奈中修改了"冷战"的国际政治战略，采取了以"软战争"瓦解社会主义国家的策略。越战失败之后美国许多国际战略专家提出，美国在综合国力相对衰落的条件下，应试图利用一系列新的战略政策武器，来实现支配世界战略格局的目标。美国国际专家提出的战略政策武器，涉及意识形态、政治经济和文化交流等各个领域，包括局部地放弃封锁遏制社会主义国家，利用经济文化交流和经济军事制裁手段，软硬兼施地诱迫社会主义国家"和平演变"。西方许多著名的国际战略专家早就提出，在人口众多的发展中国家实现工业化，必然大大增强它们的经济和军事势力，成为同美国争夺自然资源的竞争对手，对美国的国家安全利益构成了严重的威胁，美国应及早设法阻止这一实力均衡变化趋势。倘若我们认为西方积极资助经济文化交流，目的是帮助我国改革开放并成为现代化强国，那实在是一种误入西方陷阱的幼稚想法，因为，西方垄断资本绝不会提供"免费的午餐"。我们从许多微妙迹象不难洞察西方的对华战略动机，如1989年布什访华不忘特别拜访方励之，克林顿在白宫"偶然巧遇"达赖喇嘛，等等。我们从西方一贯奉行的国际地缘战略方针，以及国际政治斗争中的大量客观事实，不难知道西方列强时刻都在寻求分裂瓦解中国，倘若说西方尚未公开针对中国的秘密战略，仅仅是因为尚未获得类似瓦解前苏联的"胜利"。近年来随着瓦解前苏联的秘密战略获得成功之后，美国的国际专家和新闻媒介纷纷制造舆论，宣扬中国综合国力日趋强大威胁美国的利益，竟然将中国列为最大的潜在战略对手。倘若我们对西方的对华战略缺乏清醒认识，随时可能误入西方列强设下的战略陷阱，为潜藏在正常交往中的战略暗器所重伤，甚至重蹈前苏联经济崩溃和国家分裂的覆辙。**从美国政府针对前苏联的"攻心战"秘密战略，我们不难知道对社会主义制度的信心，正是直接关系到国家兴衰存亡的生命线，直接关系到改革道路的选择是否正确，同时我们也可以由此而断定，社会主义是经得起历史考验的正确选择，否则美国何必不惜耗费巨资发动秘密"攻心战"，何必将80%的外援提供给社会主义周围国家，倘若社会主义真是效率低下的落后制度，中华民族何以雪洗一百多年来的耻辱，进入前所未有的繁荣昌盛时期？**

改革开放以来，中国同西方发达资本主义国家之间的国际交流日益频繁，但是，很少有机会深入了解不发达资本主义国家的状况。当然，西方发达国家有较强的经济条件资助文化交流，但另一方面确实也有国际政治战略的目的。国际文化经济交流的机会增多，为我们对外开放和发展经济创造了良好条件，是我们争取民族利益斗争的胜利成果，但是，这的确也带来了一定的风险。由于追求富裕生活是人们的共同愿望，许多人难免不急切地希望效仿西方发达国家，以为只要搞市场经济就必定带来经济繁荣，没有必要坚持社会主义的改革方向，忽略了造成中西方之间差距的复杂历史原因，以及不发达资本主义国家的贫穷状况。**西方邀请我国大量的官员、学者进行访问，许多人因中西方差距而动摇了对本国制度的信心，但实际上，我们看到的不是中西方差距的扩大而是缩小，不是资本主义的而是社会主义的优越性。旧中国的留学生曾倍感西方人的严重歧视，饱尝"东亚病夫"和"劣等民族"的屈辱，甚至激励了许多出身资本家、地主家庭的留学生，回国后义无反顾地投身于中国的革命事业。我国著名学者闻一多20世纪20年代留学美国，深感国家贫穷软弱遭受外人欺负的耻辱**，他写道："国人旅外之受人轻视，言之心痛"，"我堂堂华胄，有五千年之政教、礼法、文学、美术，除不娴制造机械以为杀人掠财之用，我有何落后于彼哉？而竟为彼所藐视蹂躏，是可忍孰不可忍！"现在西方列强被迫放弃了封锁遏制"硬战争"策略，**我国到西方考察或学习的官员和留学生，普遍受到**

来自强大国家的客人应有的礼遇，从新旧中国两代留学生的截然不同境遇，我们应该体会到正是社会主义制度挽救了中国，社会主义建设取得了巨大的辉煌成就。但是，新中国毕竟仅有数十年的工业发展史，同西方工业发达国家比较仍有巨大的差距，倘若不从历史的动态角度来进行思考，有些人难免会对中西方经济比较产生认识误差，甚至对社会主义制度产生一定怀疑，西方国际战略家正是希望利用这种认识误差，诱导我们对两种制度的比较产生判断失误，进而瓦解我们对社会主义制度的信心，误导我们作出类似前苏联的错误改革选择，落入美国"攻心战"秘密战略设下的陷阱。某些西方国际组织和俄罗斯的激进改革派，曾大肆宣扬走资本主义道路，数年内即可达到西欧国家的富裕水平，利用了社会上普遍存在的急于求富心理，误导俄罗斯选择了"休克疗法"错误政策。事实证明，俄罗斯非但没有因此进入西方发达国家的行列，反而堕落成了一个贫富悬殊的不发达资本主义国家，人们的善良愿望被自私的政客愚弄了。前苏联曾经是一个能够同美国抗衡的超级大国，曾向第三世界国家提供数百亿美元的经济军事援助，如今却沦为了一个四分五裂的乞丐国家。"殷鉴不远，在夏后之世。"我们应该从前苏联改革失败的惨痛代价中吸取教训，以免重蹈覆辙。

由于中国社会主义建设取得了巨大成就，同西方工业化国家的差距缩小了上百年，西方列强再也无法用军事强权威胁我们的民族生存，也无力支付封锁遏制中国的巨大代价，只能寄希望于通过"和平演变"的战略，让我们因急于求富和判断失误而自乱阵脚。我们必须认识到，对外开放是经济发展的必要条件，闭关锁国更是没有前途的，同时，我们也应认识到，改革开放是一个艰难的历史任务，既存在着巨大的机会，也存在着巨大的风险，如果我们在改革开放中缺乏清醒的头脑，同样可能出现国家四分五裂、经济崩溃的巨大灾难，从政治、经济上再次沦为西方列强的附庸。由于我国是一个人口众多而资源相对贫乏的国家，经济基础比前苏联更为薄弱，这种灾难对于民族生存与发展的打击，无疑将大大超过前苏联解体带来的损失，这种局面也许正是某些西方列强所盼望而无法用枪炮得到的结果。

正如我们的前述分析，俄罗斯目前面临的严重社会经济问题，如人民生活贫困、缺乏社会保障及黑社会组织犯罪猖獗等，同许多拉美国家的社会状况有惊人的相似，这实际上并非是经济转轨过程中的短期阵痛，而是不发达资本主义国家长期存在的社会弊病。西方经济学家也承认，走资本主义的经济发展道路，需要经历一个相当长的痛苦时期，其间贫富差别不断扩大，以保证私人资本积累的积极性，在度过漫长的"黑暗隧道"之后，才能进入发达工业化国家行列，才能有充足的财力实行广泛的社会保障。我们应该认识到，西方发达国家的高生活水平虽然令人羡慕，但这些是在经过漫长的、残酷的资本主义积累，掠夺了众多第三世界国家资源财富基础上建立的。我国是一个相对落后的发展中国家，人口众多而经济基础较差，由于生产资料和收入分配比较平等，改革开放坚持了社会主义方向，实现了人民的共同富裕，因此，许多社会经济发展的指标，如人均营养水平、人均寿命、婴儿死亡率、人均拥有医生数量、成人识字率，等等，已经列居世界上发展中国家的前列。由联合国委派到发展中国家长期工作的一位日本教授说，他到过亚非拉的许多发展中国家，一个共同的特点是有"三多"，即妓女多、乞丐多、无业游民多，他在许多国家都经常遇到过一种可笑又可悲的事情，汽车刚刚在路边停下，一群声称要帮助"照看汽车"的人就围了上来，如果他说有锁不需要照看，转身汽车轮胎就会被扎一个眼。他曾于1986年访问中国，留下了良好的印象，感觉中国仿佛是一个发达国家，主要是大多数人民有稳定的工作，有较好的医疗保障和受教育机会，而这些比豪华宾馆更能反映社会生活质量。发展中国家主要依靠私人资本实现工业化，不可避免会面临着重重困难。由于现代工业需要掌握复杂的技术，而且面临着西方跨国公司的强大竞争，私人资本往往不愿承受巨大的风险，因此，发展中国家的资本积累率一般相当低，大约在10%—15%，不到我国积累率的一半，难以提供充足的就业机会，城乡的公开、隐性失业率一般较高，从而制约了这些国家的工业化进程。拉美国家主要依靠跨国公司的投资，结果是国民经济受到西方强国的控制，长期有大量的利润汇出，导致了严重的净资本流失，广大人民难以分享经济增长的利益，无法摆脱贫困落后的处境。

中国台湾、韩国在殖民地时期非常落后，二战后经济发展较快，一个重要原因是美国为了封锁遏制社会主义中国，向中国台湾、韩国提供了大量经济援助和贸易优惠待遇，如果没有中国争取解放斗争胜利的强大压力，从来自私自利的西方列强绝不会变得慷慨大方，中国台湾、韩国也难以获得如此优越的经济发展条件，从这个意义上说，中国的解放为它们的经济发展也间接地作出了贡献。许多人认为解放后中国同西方国家的经济差距反而扩大了，这种观点是不正确的。事实上，解放后中国的综合国力大大增强，用数十年完成了西方发达国家数个世纪的工业化历程，国民生产总值从解放前的居世界第四十多位，上升到1988年的第八位。解放前中国与西方国家之间的实力差距如此之巨大，以至于直接威胁到我们的国家主权和民族生存，但是，今天这种差距已经有了历史性的缩小，以至于西方列强再也无法依靠经济军事强权直接威胁我们，而且为中国的综合国力不断强大而感到忧心忡忡。

尽管我国的经济建设和改革开放取得了巨大的成就，但是，如果我们盲目羡慕西方发达国家的经济模式，对市场经济的利弊缺乏辩证的观点，不珍惜自己取得的巨大成果，甚至不坚持社会主义的改革方向，那样就很可能重蹈前苏联、东欧国家的覆辙，所带来的社会经济灾难无疑将更为严重。近年来，我国改革和经济发展中暴露出一些社会问题，如贫富差距明显扩大，外资垄断许多行业市场，城市贫困人口增加，停产、半停产的职工生活困难，卖淫、贩毒现象死灰复燃等，这些问题都是发展中资本主义国家的社会顽症，应该及早引起注意，认真进行有效治理，否则可能出现严重的后果。例如，拉美、东南亚、非洲普遍存在严重的卖淫、贩毒、艾滋病问题，泰国人口的艾滋病病毒感染率为1%，成人的感染率甚至接近3%，许多非洲国家因艾滋病泛滥导致了经济崩溃。据我国有关方面估算，如果我国的艾滋病感染率达到泰国的水平，就意味着将带来庞大的医疗费用和各种经济损失，那样不仅我国的医疗保障制度会被拖垮，而且发展经济和提高生活水平的愿望也会落空。前些时一位朋友考察了印度归来，他吃惊地发现印度虽然软件产业发达，但整体经济水平却大大落后于中国，全部人口中竟然50%以上是文盲，中国任何中小城镇都超过了印度首都新德里，没有想到资本主义国家还会如此贫穷。**改革开放以来，我国派遣了大量官员和学者考察西方国家，但是，很少有人前往考察发展中资本主义国家，这样不利于我们全面认识资本主义制度。当前我们有必要也派遣大量官员和学者，前往亚、非、拉发展中国家进行考察，这样才能认识到处于资本主义初级阶段国家的社会贫富悬殊和人民生活的艰难痛苦，自觉地珍惜社会主义制度和公有制企业，纠正向资本主义初级阶段倒退的错误倾向。**

第 六 章
剖析美国的隐蔽经济战暗器

美国操纵国际货币基金组织向世界各国推荐的"华盛顿共识"政策，涉及到市场、价格、企业产权、财政、金融、外贸等诸多方面，十年前该章论述了美国推荐的这一整套所谓规范改革政策，实质上是美国谋求霸权的隐蔽经济金融战争暗器，并且深入剖析了这些政策暗器发挥作用的原理机制，如何给拉美、东南亚、俄罗斯等国造成了惨重损失。十年来"华盛顿共识"在全球造成的危害有目共睹，遭到了各国经济学家越来越严厉的抨击，2008年美国金融风暴引发了全球经济危机，"华盛顿共识"政策在全球变得更加声誉扫地，甚至曾推行新自由主义的西方政要如英国首相布朗，也公开承认"华盛顿共识"的时代已经终结了。

美国获诺贝尔奖的著名经济学家斯蒂格利茨曾深刻指出："'华盛顿共识'政策有时也被称为'新自由主义'政策，它是建立在'市场原教旨主义'的基础上，是19世纪的统治阶层曾竭力推动的自由放任政策的一种复兴。"美国政府通过操纵国际货币基金组织推行"华盛顿共识"政策，美国中央情报局通过策划军事政变推行新自由主义模式，因为其本质都是美国谋求全球霸权的国际战略工具。根据世界银行2006年的统计数据，从1980年至2005年，在"华盛顿共识"倡导的金融自由化和私有化风靡全球的时期，105个发展中国家的平均经济增长率仅为0.8%，远低于二战后发展中国家推行国有化并加强金融监管的年代。斯蒂格利茨指出："国际经济组织声称推动新自由主义政策是为了发展中国家的利益，但是实践表明这些政策未能带来许诺的效果，经济增长或是陷入停滞，或是少数富人才能享受增长的成果，众多国家更加频繁地爆发经济危机，过去三十年爆发了一百多次严重危机。"

令人遗憾的是，某些中国著名经济学家和官员不久前仍然固执认为，"华盛顿共识"政策"是为了帮助解决世界各国的问题的"，是"全面、系统的规范改革方案"，是中国推进"改革开放和国际接轨的长期目标"。近年来在中国引起颇多争议的一系列改革措施，包括管理层收购（MBO）、国有股减持、廉价出售国有企业和国有资产、国有企业和国有银行改革引进境外战略投资者、金融改革领域推行金融自由化政策、在美国施压下推进汇率市场化改革、引进高风险的金融衍生产品等，同众多发展中国家以及经济转轨国家爆发金融危机之前，推行的一系列经济政策存在着惊人相似，都来源于"华盛顿共识"的一揽子所谓规范改革方案。因此，如何正确认识"华盛顿共识"政策的本质与利弊得失，对于中国推进改革开放并维护百姓利益仍有重要现实意义。

一　隐蔽经济战的杀手锏与交叉火力

美国隐蔽经济战的破坏威力如此巨大，甚至希特勒的数百万虎狼之师也自叹不如。当年德国纳粹大军长驱直入前苏联，众多的工厂企业来不及转移遭到破坏，曾令前苏联经济经历了一年半的下滑，但是，如今美国发动的隐蔽经济战的猛烈攻势，已令俄罗斯经济持续衰退了近十年，国民生产总值下降一半以上，工业、国防和科学事业衰败不堪，社会财富损失远远超过第二次世界大战。

美国为谋求霸权发动的隐蔽经济战，以所向披靡的凌厉攻势横扫全球，无论在拉美、前苏联东欧或亚洲，均获得了令人惊叹的巨大成功，应归功于以隐蔽的、巧妙的方式，运用了市场经济规律作为破坏力量。自从人类社会进入资本主义时代以来，激烈的市场竞争和生产无政府状态，曾频繁地导致爆发周期性经济危机，正因如此，尽管数个世纪以来科学技术迅速地进步，但掠夺、危机和战争灾难却始终连绵不断。美国垄断资本操纵的国际权威机构，20世纪80年代达成的所谓"华盛顿共识"，竭力恢复自由放任的市场经济政策，殊不知其真实目的实在居心叵测，乃是为了释放难以驯服的市场盲目力量，重演自由放任资本主义时代的悲剧，人为制造曾频繁爆发的金融经济危机，锻造威力巨大的隐蔽经济战暗器，攻击威胁其全球霸权的国际竞争对手。

凡是深入研究或了解内情的人们，都会感叹美、英的国际谋士城府之深。美英倡导的这套规范化经济政策药方中，有意识总结了市场经济运行的长期历史经验，系统发掘了爆发经济危机灾难时期的教训，集中了最具破坏性的各种经济政策的组合，特别巧妙的是，倘若某一项经济政策在特定的条件下，以合理的力度实施恰当的时间，可能是合理的、必要的，但是，将这些经济政策以错误的方式组合起来，有意识地在错误的条件下以错误的剂量实施，就成为无比厉害的烈性毒药，仿佛是强迫体寒虚弱的病人吃泻药，还仿佛是蜂蜜和大葱都有营养，掺在一起却成为毒药一样。倘若说核弹的破坏性能摧毁一两座城市，这副经济烈性毒药却足使其毁坏整个国家，令其庞大的工业和金融体系陷入瘫痪，使其以极为低廉的价格落入西方垄断财团的手中。

许多善良的中国经济学家，曾认为国际组织推荐的规范药方，是"全面的、系统的改革方案"。的确，这套经济政策组合并非随意堆砌而成，堪称"全面的、系统的"改革方案，但是，不是从积极意义上来说，而恰恰是从消极意义上来说，这些经济政策所产生的相生相克作用，能够有效遏制彼此的正面效应，相互激荡放大彼此的负面效应，促使受害国经济陷入恶性循环，而且很难将其产生的巨大破坏效果，归咎于某一项具体经济政策措施，人们一时难以发现隐藏的因果关系，西方媒体有意制造迷惑人的社会舆论，致使一个国家接着一个国家上当受骗。

俗话说，"若要人不知，除非己莫为"，"天下没有不透风的墙"。尽管美英锻造的经济战暗器，设计巧妙具有很强的隐蔽性，但是，随着世界各国接连不断惨遭厄运，人们开始怀疑各国接连发生的经济危机，其根源究竟是自身体质虚弱生病造成的，还根本就是由于医生开错药方造成的，不然的话，为何世界上那么多国家都命运不济？为何医生总是用一种药方治疗所有病人？而且几乎所有病人服药后都病情加重，甚至所呈现的病症也都如此相似呢？

20世纪80年代，拉丁美洲落入了外债陷阱之后，率先吞服了"华盛顿共识"的药方，结果经济陷入了十年的"停滞"，20世纪90年代虽然恢复了一定增长，但是，社会贫困和两极分化却不断加深。20世纪90年代初，前苏联东欧国家发生社会剧变之后，也纷纷吞服了同一剂改革药方，大多数国家遭到更加悲惨的厄运，无论是国民经济遭到破坏的严重程度，还是社会保障制度瓦解带来的灾难，都远远超过了拉丁美洲国家。20世纪90年代，亚洲国家被胁迫推行金融自由化，泡沫崩溃爆发金融危机之后，被迫吞下的还是同一剂药方，结果从生气勃勃的"小龙、小虎"，顿时变成了瘫痪的"小虫、小猫"。

特别令人怀疑的是，无论是拉美、前苏联、东欧或亚洲国家，尽管彼此之间远隔万里，具体国情存在着很大差异，但是，服用了所谓规范化改革药方之后，所患病症却几乎都是完全相同的，到处都是工业企业纷纷破产，银行坏账成堆濒临崩溃边缘，失业人数激增社会急剧动荡。难怪就连许多西方的著名经济学家，甚至包括国际组织推荐的权威专家，面对20年上演的一幕幕经济悲剧，再也无法湮没自己良心保持沉默，纷纷尖锐批评国际权威机构的做法，以及它所推荐的规范化改革方案，公开指责其为制造危机的罪魁祸首。

美国的诺贝尔经济学奖获得者詹姆斯·托宾，尖锐地批评国际货币基金组织的所谓援助计划，"同金融危机相比，'挽救'韩国、泰国和印度尼西亚的行动，将给更多人带来更多的痛苦，历时也更久"，"就像墨西哥在1994年和

1995年那样，韩国和其他亚洲国家是由于自己没犯下的罪行而受到惩罚"。托宾还批评了国际货币基金组织蓄意歪曲危机的原因，将其归罪于亚洲国家的政府干预政策，他指出"在危机没有发生之前，国际货币基金组织年度报告赞扬'韩国的宏观表现继续给人好印象'，'泰国经济表现出色，宏观经济一贯健全'，但现在国际货币基金组织却又将韩国困境归罪于政府与企业合作的体制，而韩国30年来从贫困状态上升到富裕地位，正是政府与企业合作体制的功劳"。

美国著名经济学家斯蒂格利茨则更为明确指出，20世纪70年代以来，由世界银行、国际货币基金组织推荐的规范理论和改革政策，即被广泛称为"华盛顿共识"的改革药方，涉及宏观、价格、产权、财政、金融等方面，已被拉美、俄罗斯、亚洲的实践证明是灾难性的，斯蒂格利茨明确指责其"往坏里说是误导"，现在应进入"后华盛顿共识的时代"，他还意味深长、耐人寻味地说，"不论新的共识是什么，它都不能基于华盛顿"。斯蒂格利茨身为世界银行的副行长兼首席经济学家，却如此尖锐地批评国际权威机构达成的"华盛顿共识"，是因为这套规范化改革药方施用得太久了，其破坏性如此明显实在无法掩盖了，再也难以用种种借口和"改革阵痛"来搪塞了。

种种令人可疑的情形，值得引起我们的高度警惕。因为，西方宣扬的所谓规范化经济改革药方，改革开放以来也曾在中国广泛流传。对于亲身品尝西方药方的种种前车之鉴，特别是俄罗斯市场转轨改革的失败教训，我们必须进行深入研究以免重蹈覆辙。美国趁俄罗斯向市场经济转轨之机，蓄意推荐了一整套规范改革药方，结果导致俄罗斯陷入了巨大社会灾难。我们应深入剖析其破坏原理和机制，对于正确识别美国的隐蔽经济战暗器，防范美国利用类似的办法袭击我国，无疑具有重大的现实和理论意义。

美国向俄罗斯推荐的这一套改革药方，其基本原则来源于"华盛顿共识"，但是，还包含转轨国家所特有的改革内容，特别是在取消政府计划调节和私有化方面，其规模和力度远远超过发展中国家。这套改革方案完整遵循了西方规范经济学理论，尤其是市场价格理论和科斯产权理论，如"放开价格、管紧货币"，全面放开价格"一步到位"，依靠市场机制自发调节供求；完全取消政府的干预和计划调节，解散政府计划部门和行业管理部门，彻底实现了"政企分开"；大规模推行国有企业的私有化，明晰产权界定提高经营效率；推行银行体系的私有化和商业化，严格限制对原来的国营企业发放贷款；财政改革取消各种政策补贴，实行高额所得税、增值税，以增加财政收入和减少赤字；立即实现全方位的对外开放，取消政府管制开放外贸与外商投资，等等。下面我们将深入剖析这些改革措施产生的恶果，以及造成这种恶果的具体原理和机制。

（一）"看不见的手"为何失灵了？

首先，我们来考察美国推荐药方的一味重要成分，即完全取消政府的计划调节功能，让市场机制充分发挥作用。美国鼓吹的新自由主义经济理论，信奉自由市场神圣不可侵犯的教条，任何政府干预都会降低市场运行效率，因此，僵化的政府计划部门必须立即取消。实际上，美国最害怕的就是前苏联的计划经济体制，因为其具有强大的动员社会资源能力，能够建立令人生畏的庞大军事工业体系。二战后初期，前苏联饱受创伤，工业仅为美国的三分之一，而20世纪50—60年代增长速度为美国的两倍，20世纪80年代工业上升为美国的80%，常规军备和尖端核武器均能抗衡美国。美国深感前苏联计划经济体制的威胁，视之为心头大忌，必欲除之而后快。美国也深知计划经济中引入市场调节，两者相互取长补短弥补原来缺陷，能释放出难以想象的经济发展潜力，二战后西方"黄金时期"的经验，日本和韩国经济奇迹都证明了这一点。因此，美国大肆鼓吹极端的自由放任政策，竭力贬低任何中间的、渐进的改革道路，编造各种理论主张激进的市场转轨，唯恐前苏联逐渐摸索获得改革的成功。

美国有意鼓吹激进的市场经济改革政策，迅速解散前苏联的政府计划和行业部门，也是为了制造经济转轨过程的秩序混乱。前苏联的计划体制虽然存在某些弊病，但是，毕竟担负着至关重要的资源分配功能，而且还监督协调着成千上万的国有企业，尚未建立市场机制就迅速摧毁计划体制，必然导致经济资源分配过程出现瘫痪，众多企业缺乏监督协调陷入混乱状态。美国将其激进改革称之为"休克疗法"，说明他们深知这种鲁莽做法的副作用，但是，他们恰恰就希望天真的俄罗斯人上当，利用激进改革作为摧毁俄罗斯的战略暗器。美国著名经济学家斯蒂格利茨指出，"社会机构资本一旦被挥霍掉，就很难重新建立起来"，"激进改革闪电般地毁掉旧机构，而不是建立新规范替代旧规范，也就清除了防止社会腐败的最后屏障"。美国人大肆宣扬政府必然导致寻租腐败，但是，俄罗斯迅速解散政府计划与行业部门，缺乏监督协调导致了经济秩序混乱，任意掠夺和贪污腐败现象也泛滥成灾。**美国诱骗俄罗斯迷信市场并且取消政府计划，还为经济战暗器充分发挥杀伤力创造了条件，俄罗斯取消计划体制与政府管理功能后，政府丧失了防止经济危机蔓延扩散的手段，对三角债拖欠、企业纷纷破产和社会失业，只能采取坐视不管的消极态度，听任美国暗器利用市场规律的破坏力量，摧毁自己的工业军事实力和银行金融体系。**

（二）"放开价格、管紧货币"的骗局

我们再来分析美国推荐的另一味"药"，即"放开价格、管紧货币"的改革，据说这样做能迅速地理顺价格体系，还能有效地防止出现通货膨胀现象。

国际货币基金组织推荐的经济顾问，声称全面放开价格"一步到位"，自由市场经济的"看不见的手"，就会代替政府有效地分配经济资源，促进经济增长和改善社会福利，因而是市场转轨的关键性改革。美国专家还以德国战后的货币改革为例证，称其实行了"放开物价、管紧货币"，仅仅忍受半年的"短期阵痛"，价格改革就推动了自由市场高效运转，结果创造了德国的经济奇迹。西方的新闻媒体曾广泛宣传这种神话，右翼基金会组织还积极培训俄罗斯学者，还向盖达尔等经济学家灌输这种主张，致使全面放开价格在俄罗斯深入人心。

叶利钦上台之后大搞"休克疗法"，立即推行了全面放开价格的改革，俄罗斯政府和民众经过西方的灌输宣传，都殷切盼望忍受"短期阵痛"之后，"经济奇迹"会降临至俄罗斯大地。令人遗憾的是，**天真善良的俄罗斯人民失望了，他们望眼欲穿迎来的不是经济奇迹，而是高达 2000% 的恶性通货膨胀，还有超过 20 世纪 30 年代大萧条的严重衰退。俄罗斯人不由心中暗自纳闷，"艾哈德的经济奇迹为何迟迟不至呢"？其实，他们是轻信了西方传播媒介宣扬的骗局，"放开物价、管紧货币"的政策，根本就不是德国的成功经验，而且同其历史的成功经验，几乎可以说是恰恰相反的。**

德国的贤人委员会主席施奈德先生，曾坦率地说当年德国采取了渐进价格改革，虽然放开了影响不大的最终消费品，但是对影响广泛的工业原材料和能源，政府保持了长达 10 多年的价格管制，直到生产供求达到基本平衡后才放开，战后严重短缺的住宅租金和价格，政府甚至实行了长达 20 多年管制。德国为遏制恶性通货膨胀发行新马克，压缩货币供应后社会失业急剧增长，幸亏冷战迫使美国提供"马歇尔计划"援助，为德国重建注入了大量资金和物资供应，德国还以"马歇尔计划"援助资金为基础，再创造了五、六倍的银行货币信贷，促进了工业高速增长并扩大社会就业。倘若放开价格真是神通广大，自私自利的美国人何必破费钱财，为防止欧洲赤化提供"马歇尔计划"援助呢？为何不像第一次世界大战后以巨额赔款来勒索德国呢？由此可见，德国经济复兴的真正成功经验，恰恰是"渐进地推进价格改革"，以及相对宽松的货币信贷政策。

人们也许会恍然大悟，原来美国推荐的所谓规范化改革，实际上同德国的成功经验恰恰相反，难怪俄罗斯人盼不到艾哈德奇迹重现，反而饱尝恶性通货膨胀与经济衰退之苦呢！这样美国人岂不是太缺德了吗？

深入分析一下俄罗斯的改革过程，就不难看出事实的确是如此。前苏联的军事工业高度发达，消费品工业虽能满足基本需要，却相对落后于广大居民购买力，本来这是一个绝好的经济增长机会，因为俄罗斯既有先进的机械工业，很容易生产消费品工业的设备，同时还存在巨大的居民购买力，这一条件远比中国改革初期优越，但是，"放开价格、管紧货币"的错误政策，致使俄罗斯永远失去了宝贵的历史机遇。由于存在着普遍的商品物资短缺，"放开价格"立即导致物价猛涨，美国人称价格一上涨，就会刺激市场供应，但是，事情并非如此简单，企业增加生产需要扩大固定投资，而兴建厂房增添设备需较长时间，这些问题绝非价格一上涨就能解决。"放开价格、管紧货币"，据说既能刺激生产又能遏制物价，但实际情况却恰恰相反，放开价格导致的物价狂涨，使企业供给和需求均遭受打击。从供给方面来看，物价上涨使企业资金大大贬值，难以购买变得昂贵的原料和设备，"管紧货币"更令企业雪上加霜，无法获得调整结构的设备贷款，甚至无法获得维持生存的周转资金；从需求方面来看，物价猛涨造成的恶性通货膨胀，将广大居民数十年储蓄一扫而光，社会需求萎缩导致市场陷入萧条，企业难以维持生产更谈不上扩大投资，原来短缺的彩电、冰箱等消费品，不仅没有发展反而大幅度滑坡，"管紧货币"加深了社会需求萎缩，企业资金困难连环债务拖欠猛增，三角债在生产、流通领域迅速蔓延，私有化企业有一半以上陷入亏损，企业固定资产投资持续大幅度下降，银行不愿意向困难生产企业贷款，资金大量流入股票、房地产泡沫，最终泡沫破灭爆发了严重的金融危机，国民经济仿佛未脱苦海又入火坑。

（三）"科斯产权定律"神话原形毕露

我们来考察美国推荐的产权改革药方。美国竭力倡导私有化改革的经济理论根据，乃是中国人所熟悉的"科斯产权定律"。西方蓄意大肆吹捧"科斯产权定律"，将其视为推行私有化的"金科玉律"，构成了"华盛顿共识"改革药方的关键核心。**历史上英国为维护全球殖民帝国的利益，曾反复将意识形态作为战略工具，今天美英再次利用"科斯产权定律"蒙蔽世人，作为掩饰私有化战略暗器的华丽外衣，但是，人们深入考察不难发现其卑劣政治目的。**科斯本人提出的是纯学术的抽象分析，他根本没有涉及企业产权制度的问题。科斯在研究污染等经济外部性问题时，认为在交易费用为零的不现实假设下，明晰的私有产权不论分配结构如何，都能达到帕累托的最佳效率状态。这一结论似乎论证了私有产权的合理性，其实是恰恰相反，因为，倘若考虑到现实中的巨大交易费用，显然即使存在明晰的私有产权结构，也无法达到帕累托的最佳效率状态，正因如此，现实中政府为了控制污染问题，必须严格限制私有企业的行为。

令人遗憾的是，人们往往将注意力集中于理论分析，而忽视了其隐含的假设是否符合现实。特别是当某种理论被捧为"定律"时，人们往往误认为是普遍适用的**真理**。科斯本人不赞成将他的抽象分析，归纳成某种"经济定律"的形式。西方蓄意利用人们迷信权威的心理弱点，将科斯的抽象分析吹捧为"定律"，甚至直接违反了科斯本人的意愿，充分暴露了其隐藏的政治目的，乃是为制造蒙骗公众的意识形态，为推行大规模私有化披上华丽外衣。科斯被授予了诺贝尔经济学奖的荣誉，令世人更盲目相信"科斯产权定律"。**正像美国著名经济学家斯蒂格利茨所指出，"经济学中没有一个神话像'产权神话'那样在人们心目中根深蒂固，这一神话的危害在于，误导了许多转型中国家把注意力集中在产权问题上，而不是去关注在更大范围内的一系列问题"。**《威胁中国的隐蔽战争》一书还更为详细介绍了斯蒂格利茨的观点，特别是他对代理制与产权改革关系的论述，进而分析了俄罗斯私有化失败教训对中国的启示。

其实，人们稍微回顾一下大量历史事实，就不难看穿"产权神话"的荒谬。自从人类进入资本主义时代以来，私有产权曾经不受任何政府约束，随心所欲地追求最大私人利益，但是，神圣自由市场的"看不见的手"，并未引导其促进最大社会福利，达成私人欲望与社会利益的和谐，倒是殖民掠夺和战争灾难绵延不断。西方列强宣扬私有产权神圣不可侵犯，但却残忍地剥夺弱小民族的生存权利，包括其土地、自然资源和私人产权。什么达到帕累托的社会利益最佳状态？纯粹是蒙蔽世人的"天方夜谭"！第二次世界大战后，社会主义和公有制的巨大成就，才迫使私有产权收敛贪婪掠夺行为，西方也发展国有企业促进社会改良，出现了历史少有的"黄金时期"。今天，美英大肆鼓吹推行国有企业私有化，不是因为国有企业的效率太低，而是担心其成功会动摇垄断资本统治。美国深知前苏联依靠公有制的优越性，能广泛动员社会资源实现高速增长，建立威胁自己的强大军事高科技工业。美国还担心第三世界纷纷效仿国有化浪潮，通过发展国有企业促进工业化，实力增强必然威胁其全球霸权统治。正因如此，美国垄断资本从战略利益出发，才决定扭转"黄金时期"的国有化潮流，转而贬低国有企业大肆鼓吹私有化，蓄意编造"科斯产权定律"的神话，诱骗前苏联、东欧和第三世界国家，落入私有化改革的灾难性陷阱。

由于受到了"科斯产权定律"的误导，前苏联人动摇了对公有制的信心，改革迅速滑向了复辟资本主义，直接导致了制度剧变和国家瓦解。俄罗斯人盲目地相信了西方产权理论，误认为只要私有化实现了产权明晰，不论原来的公有产权落到谁的手中，都能大大提高企业的经营效率，于是出现了几乎疯狂的私有化浪潮，不计代价采取一切形式来加速私有化，从中小企业出售拍卖到大企业股份化，从私有化凭证分配到货币购买产权，从法人认购股权到公众持股基金会，从破产廉价拍卖到干脆赠送亲戚朋友，**凡是一切能够"化公为私"的**

改革办法，转眼间都被五花八门地创造了出来，原来坚定维护公有制的共产党领导人，一旦为"科斯产权定律"动摇了根本信念，谋求私人利益的贪婪欲望顿时膨胀，也纷纷投入了掠夺公有财产的大宴席。由此可见，美英大肆鼓吹的"科斯产权定律"，确实是威力巨大的战略暗器，其厉害之处在于制造"产权神话"，利用人们迷信"权威定律"的心理弱点，从根本上动摇共产党的基本信念，瓦解作为社会主义的基石的公有制。

正如美国的著名经济学家斯蒂格利茨，在总结俄罗斯私有化失败教训时所指出的，那些大肆鼓吹国有企业私有化的西方学者，"往往是富于冷战精神的学者斗士，他们认为自己肩负着铲除共产主义的'罪恶'，重新建立纯粹的私有制市场经济的重任"，"整个私有化程序被广泛地认为是不合法的，这种'强盗贵族'式的私有化过程，使市场资本主义更加名誉扫地"，"有些人认为资产最终会卖到最有能力的管理者手中，即'强盗贵族'至少能有效地拍卖，但这一做法也没有能够获得成功，新兴的寡头们发现掠夺国有资产，比利用资产进行生产创造财富来得更快"，"由于缺乏公共制约，'掠夺的手'更加肆无忌惮地掠夺，资本账户的迅速放开，使得私有化的银行业鼓励每年上百亿的美元从俄罗斯被掠走"。

俄罗斯推行私有化已近十个年头，西方的"产权神话"终于原形毕露，造成的社会恶果令人触目惊心。自从推行私有化改革以来，俄罗斯经济命脉落入七大寡头手中，新兴的贵族式经理忙于掠夺财产，私有化企业经营不善，陷入了大面积严重亏损，1998年爆发金融危机后，亏损面甚至上升到80%。大多数私有化企业有严重逃税行为，特别是与政府有特殊关系的大寡头，通过各种渠道疏通逃避税收，政府因税源枯竭濒临破产的边缘，无法保证国防和科教事业经费。饱受煎熬的还是广大普通民众，他们没有成为主人而是沦为雇工，随时面临丧失工作、医疗养老的威胁。最近，西方媒介暴露的俄罗斯洗钱丑闻，非法转移资金高达上百亿美元的惊人数字，不仅涉及了私有化中爆发的金融寡头，而且还牵涉了叶利钦等众多政府高官。

（四）财政、金融、外贸改革的暗器

美国专家推荐的"华盛顿共识"药方，将前述三项改革视为关键性改革措施，但实际上却是隐蔽经济战的"杀手锏"，具有隐性核弹般的巨大破坏威力。除此之外，"华盛顿共识"还包括一系列配套改革，涉及财政、金融、外贸等方面，构成了所谓"全面、系统改革"的重要环节。这些改革措施本身具有的破坏威力，也许不如前述三项非常致命的"杀手锏"，但是，配合在一起运用形成"交叉火力"，却能大大增强隐蔽经济战的杀伤力。

美国专家推荐的财政改革措施，包括征收高额的增值税、所得税，取消政府的各种政策性补贴，据说这样做是为了平衡财政预算。实际上，熟悉市场经济的美国人深知，征收高额的增值税、所得税，会大大增加企业的负担，对于转轨中困难重重的企业，很可能构成加速破产的威胁。美国每逢出现经济危机之时，都采取宽松财政政策减轻税负，但是，现在却胁迫俄罗斯推行相反政策，居心叵测地逼迫俄罗斯企业陷入绝境。美国面临经济危机的困难时期，一般是增加财政补贴促进社会需求，此时却有意逼迫俄罗斯立即取消政策补贴，造成物价猛涨打击广大居民生活水平，蓄意诱发经济恶性循环和社会动荡。但是，**人们不难发现美国建议的自相矛盾，如美国声称必须控制通货膨胀，却无视取消补贴造成物价猛涨；美国强迫俄罗斯减少政府财政开支，却允许偿还外国债主的支出不断膨胀。**

美国专家还打着控制通货膨胀的幌子，强迫俄罗斯采取严厉的金融紧缩政策，令人窒息的高利率加重了企业负担，致使企业无力购买设备和原材料，但是，却要求俄罗斯立即开放金融外汇市场，根本无视货币贬值造成的进口物价上涨。实际上，美国面临经济危机的困难时期，都是采取宽松货币政策扩大银行信贷，二战后西方还普遍实行了长期外汇管制，直到经济实力增强后才逐步实行自由兑换，美国向俄罗斯推荐的所谓规范改革药方，与历史成功经验都是恰恰相反的。同时，美国还要求俄罗斯银行迅速私有化，形成了大批中小规模的私人银行，抗风浪能力差加剧了转轨的金融风险，允许外国银行进入俄罗斯形成了洗钱渠道，加速大量私有化掠夺资产纷纷转移国外，美国先是暗中默许这种非法洗钱交易，适当时机又用作敲诈俄罗斯的把柄。

美国著名经济学家克鲁格曼，曾准确预言过东南亚将会爆发经济危机，指出"墨西哥、泰国、马来西亚、印度尼西亚、韩国，一个接一个陷入经济衰退，它们都发现规范的政策工具只会令局面恶化"，他还指出，由于众多西方经济学家的强烈批评，国际货币基金组织曾被迫承认政策失误，但是，1998年巴西爆发危机之后，经济下降，失业增加，通货膨胀已被通货紧缩替代，而国际货币基金组织却依然如故，强迫巴西"提高税收，减少政府支出，维持高利率。这种极端的财政和金融紧缩政策，肯定会令巴西陷入剧烈的衰退"。克鲁格曼还指出，国际货币基金组织丝毫没有吸取教训，总是强迫推行类似当年胡佛的政策，"巴西的援助计划特别极端，基本上是一年前强迫亚洲推行政策的讽刺性模仿。过去数年中，华盛顿在一个又一个国家推行的政策，基本上是'凯恩斯契约'的绝对对立面：即当经济面临衰退时，强迫提高利率，猛减政府开支，提高政府税收"。显然，美国操纵的国际货币基金组织，绝非偶然失误，而是明知故犯。

美国还打着经济全球化的旗号，逼迫俄罗斯全面开放贸易投资，这虽属大英帝国的昔日老招数，却依旧是非常有效的战略武器。当俄罗斯企业面临转轨中的重重困难，为财政紧缩深感税收负担沉重，为金融紧缩寻求贷款无门之时，如何抵挡如狼似虎的跨国公司呢？随着大量进口产品潮水般地涌入，虚弱的俄罗斯企业纷纷陷入了困境。此时，美国操纵国际货币基金组织神机妙算，提出了加速破产兼并改革的贷款条件，俄罗斯工业企业的厂房和机器设备，便纷纷廉价地落入跨国公司的囊中。但是，许多工业企业被外国资本收购后，并未起死回生重新投入有效运转，而是变成废铜烂铁被弃之不用，原来西方资本收购俄罗斯企业的目的，是消灭扼杀俄罗斯企业的发展机会。历史上，美国也曾中过英国的自由贸易诡计，开放市场几乎扼杀了美国的新兴工业，**美国为了保护自己的民族工业，曾经不惜同英国爆发过两次战争，忍受了英国发动的全球封锁围堵。美国坚持了近一个世纪的高关税保护，有效促进了民族工业的蓬勃发展，时至今日虽然口头上高喊自由贸易，每当经济萧条或进口冲击威胁本国工业时，仍然毫不犹豫地挥舞保护主义的大棒。美国未将成功经验授予俄罗斯，却蓄意传授了不顾具体国情，敞开大门任凭外国占领的馊主意，真是"己所不欲，偏施于人"。**

（五）各种战略暗器的相互配合

无论是"华盛顿共识"的三项"杀手锏"，还是各种配套改革的隐蔽战暗器，都能产生相互巧妙配合的杀伤火力，相互激荡放大负面效应形成恶性循环。美国诱骗俄罗斯盲目相信自由市场神话，仓促取消了计划体制和政府管理功能，不仅导致经济资源分配过程出现瘫痪，众多企业缺乏监督协调陷入失控状态，而且还大大加深了私有化改革的恶果，鼓励黑社会组织和腐败官员勾结大肆掠夺，加剧了产权多元化造成的经营秩序混乱。私有化过程中形成的暴发金融寡头阶层，通过贿赂收买官员控制了俄罗斯政府，反过来确保改革为少数新兴贵族服务，特殊既得利益集团阻挠修正改革方向。由于俄罗斯盲目相信了自由市场神话，天真地以为"短期阵痛"很快会过去，就为美国推荐改革药方的各种战略暗器创造了淋漓尽致发挥作用的绝好条件，如取消计划体制和政府经济管理功能，彻底剥夺了政府防止经济危机的手段，政府无论对放开价格造成的恶性通货膨胀，紧缩货币政策造成的巨额三角债拖欠，还是开放市场后外国竞争的强烈冲击，私有化企业解雇工人造成的社会失业，都采取了麻木不仁坐视不管的态度，还为卖光国企实现私有化而沾沾自喜，因此，俄罗斯国民经济长期陷入严重衰退，损失惨重超过二战和大萧条就不难理解了。

美国对亚洲各国发动的隐蔽经济战，基本过程同俄罗斯也是大同小异。美国先是利用亚洲国家的市场依赖性，强迫这些国家推行贸易金融自由化，使其落入了泡沫经济和巨额外债的陷阱，然后趁提供援助贷款时附加苛刻条件，逼迫这些国家接受所谓结构性调整，其具体内容也来自"华盛顿共识"药方，包括取消政府干预任凭自由市场调节，取消财政补贴放开一切商品的价格，削减政府福利支出和公共投资，紧缩银行信贷勒紧民族工业血脉，进一步推行贸易金融自由化，向跨国公司开放工业金融战略行业，任凭外资廉价收购控制民族工业，等等。亚洲各国因泡沫经济崩溃陷入危机后，政府本来应该采取强有力的干预措施，实行宽松的财政和金融政策，扩大公共投资和银行信贷，刺激社会需求以摆脱困境，但是，美国为何强迫其采取相反的政策呢？实际上，**美国深知 1929 年泡沫经济崩溃后，胡佛总统盲目坚持自由市场教条，采取了错误的财政金融紧缩政策，加深 20 世纪 30 年代大萧条的惨痛教训，因此，蓄意逼迫陷入困境的亚洲国家，重蹈当年胡佛总统的失败覆辙，人为制造出类似大萧条打击亚洲各国。难怪美国获诺贝尔奖金的经济学家托宾，认为同亚洲的金融危机相比，国际货币基金组织的援助行动，将给更多人带来更多的痛苦。**

美国隐蔽经济战暗器的破坏作用，在特定条件下或积累到一定程度，还会引起社会动荡与经济危机相互激荡。例如，国际货币基金组织在印度尼西亚爆发金融危机后，提供所谓援助贷款时附加了种种条件，规定必须立即取消政府的政策性补贴，放开各种必需品的价格任凭市场调节，正当印度尼西亚私有企业困难社会失业猛增之时，水电、煤气、交通等价格猛涨激起民愤，经济困难迅速转化为社会爆炸局势，出现了大规模的游行、抢劫和暴乱，人们纷纷谴责暴徒野蛮排华和苏哈托独裁，但是，很少有人指责美国和国际货币基金组织，正是美国隐蔽经济战诱发的社会动荡，给印度尼西亚人民、华侨造成巨大生命财产损失，而幕后的罪魁祸首却逃脱了社会谴责。国际货币基金组织提供的贷款附加条件，还规定废除劳工保护和自由解雇工人，如对韩国规定失业人数增加 100 万，其目的乃是形成加速恶性循环的链条，促使经济危机扩散转化为社会动荡。

国际货币基金组织提供贷款的附加条件，剥夺了政府防止危机蔓延的手段，各种隐蔽战略暗器造成的杀伤效应，通过受害的银行、企业和人群迅速扩散，形成复杂的社会经济恶性连锁反应，其过程仿佛是众多核子受到冲击之后，释放能量相互激荡引起剧烈的核爆炸，难怪美国隐蔽经济战破坏威力，竟然大于令人恐怖的核弹。由于美国隐蔽经济战造成的社会灾难，20 世纪 80 年代前苏联的人口增长趋势，已经为急剧的减少趋势所取代，从 1992 年至 1998 年的短短六年中，俄罗斯人口净减少了 450 万人，减少速度甚至比内战超过一倍以上，更为严峻的是，这种趋势至今仍然有增无减，未来人口损失很快就会超过千万人。乌克兰拥有发达的机械工业和农业，受教育水平很高甚至超过许多西方国家，但由于具有较强的经济依赖性，独立中断了以前的经济分工联系，大大加剧了激进市场改革的恶果，人口损失速度甚至超过了俄罗斯。20 世纪 80 年代末，南斯拉夫就接受了国际货币基金组织的结构调整方案，"放开价格、管紧货币"造成物价狂涨，工业陷入萎缩，社会失业增加，经济困难大大激化了民族矛盾，国际货币基金组织为保证偿还外债，还要求中央政府提高征税集中税源，致使各个共和国发生尖锐的摩擦，最终社会动荡导致了内战和国家分裂。

20 世纪 70 年代，在美国国际战略专家撰写的研究报告中，提出全球人口增长对美国战略利益的威胁，特别指出了 14 个亚非拉人口大国，包括墨西哥、巴西、印尼、泰国等，今天这些国家都陷入了严重经济危机。上述报告尚未包括的前苏联、东欧国家，当时这些社会主义国家不受美国操纵，但是，如今这些国家发生社会制度剧变后，巨大社会经济灾难造成了人口剧减。这种淘汰人口趋势符合美国的战略利益，有利于其建立单极的世界霸权秩序。国际货币基金组织还强迫非洲国家接受结构调整，据统计，20 世纪 90 年代由于灾难性改革造成严重困难，诱发了社会动荡、饥饿和战争，撒哈拉南部非洲损失了 3000 万人口。冷战时期，美国和苏联为争夺非洲国家而竞相提供援助，20 世纪 60—70 年代非洲人均寿命增长很快，但是，20 世纪 90 年代以来非洲人均寿命急剧下降，许多国家人均寿命已低于 20 世纪 60 年代的水平，如纳米比亚、赞比亚、马拉维、乌干达等。显而易见，美国隐蔽经济战的破坏威力，丝毫不亚于真枪实弹的热战争。①

二　防范美国隐蔽经济战对我国的威胁

（一）中国必须"防人之心不可无"

尽管美国隐蔽经济战的凌厉攻势，已横扫全球造成了巨大的破坏，但是，仍然没有引起善良中国人的足够警觉，许多人茫然不知美国谋求霸权的威胁，甚至盲目轻信西方新闻媒介的误导，将前苏联、东欧和亚洲国家的不幸遭遇，统统归罪于这些国家自身管理不善。人们阅览广为流传的中国报纸杂志，经常可以看到为美国辩护的论调，例如，东南亚经济危机根源是自身的弊病，在于政府过度干预和"裙带资本主义"，索罗斯为赚钱投机是天经地义的，"将经济泡沫早日挑破"有何不好？更何况"苍蝇不叮有孔的蛋吗"？"毛病出在鸡蛋自

---

① 参见《国际货币基金政策的破坏性》，《美国政治经济信息述评》1999 年 4 月 16 日。

身有孔，爱闻腥的苍蝇何罪有之"？但是，**按照"鸡蛋有罪论"的逻辑推演下去，岂不是谋杀应该责怪被害人粗心大意，而谋财害命的狡猾凶手反而无罪了吗？殊不知为索罗斯辩护的那些中国人，正是粗心大意、缺少心计的善良人，很容易成为狡猾凶手暗中谋算的目标。**善良的中国人不相信"阴谋论"，他们唯恐这样会重犯左的错误，凭白冤枉无辜的西方金融资本，不然国际货币基金组织为何提供巨额援助，帮助俄罗斯和东南亚国家呢？

我们不妨听一听知情美国专家们的看法。美国哈佛大学的教授萨克斯，曾经是国际货币基金组织委派的经济顾问，前往俄罗斯、东欧国家指导经济改革。由于"休克疗法"造成了巨大灾难，萨克斯也名誉扫地受到人们广泛指责。亚洲危机爆发之后，萨克斯不再甘心继续充当"马前卒"，反戈一击尖锐地批评了国际货币基金组织，他说："国际货币基金组织精心粉饰自己在公众面前的模糊形象，打扮得像个超人向地球俯冲下来，扑灭金融危机的火焰。然而，仔细考察一下它的所作所为就会看到，**这个忠于正统金融理论的国际货币基金组织，只关心西方债权人的利益，而无视债务国的利益，实际上经常是火上浇油。国际货币基金组织加剧了恐慌感，不仅由于它的可怕公开宣告，还因为它开出的药方——提高利率、缩减预算、关闭银行。国际货币基金组织不是迅速灭火，而是在剧院中喊起火制造恐慌。"**①

查默·约翰逊是美国加州大学的著名教授，他长期研究亚洲及日本经济问题。当前在亚洲金融危机问题上，他对国际货币基金组织和美国持强烈批评态度，特别批评西方新闻媒介歪曲亚洲危机起因，将其归咎于政府干预和所谓"裙带资本主义"。查默深刻地指出，美国政府称不应干预市场宠爱企业，但为了维护美国金融资本集团的利益，1998年美国联邦银行却干预市场注入巨额资金，挽救投机失误濒临破产的长期资本管理基金，体现了美国式"裙带资本主义的"虚伪性，导致美国提倡的新自由主义在亚洲信誉扫地。他还指出，日本、韩国和东南亚爆发金融危机的真实原因，是误入了西方胁迫推行的金融自由化陷阱，当前从日本、韩国到东南亚各国，都在重新对金融危机的原因进行反思，酝酿采取同"华盛顿共识"相反的政策，恢复以前政府干预经济的成功经验，包括恢复政府计划部门和产业管制政策，对过度投机濒临破产的私营银行进行国有化，等等。②

俄罗斯改革失败的惨痛教训，也未引起中国人的应有警惕。早在前苏联发

---

① 《改革》杂志1998年第2期。

② 1998年10月2日，查默·约翰逊同美国《政治经济信息述评》记者谈话。

生社会剧变之时，许多中国人甚至还认为，俄罗斯的实力远远超过中国，现在又解放思想大胆改革，必然将中国远远抛在后边，倘若中国再不奋起改革追赶上，中国将会被俄罗斯消灭掉。尽管俄罗斯推行激进改革陷入困境，中国人仍然没有察觉出其中奥妙，丝毫没有怀疑西方推荐的药方存在问题，而归罪于计划体制顽固和改革不彻底。直到俄罗斯忍受近十年"短期阵痛"，不仅没有复苏反而爆发了金融危机，许多中国人仍然主张类似规范化改革，丝毫没有从前车之鉴中吸取教训。即使美国中央情报局的前雇员彼得·施瓦茨，公开撰著透露美国瓦解前苏联内幕，善良的中国人仍然没有怀疑美国阴谋，不少人反而积极贬低否定"阴谋说"，开脱甚至美国人自己也公开承认，已变成了"公开秘密"的"阳谋"。大概担心人们心地过于善良不愿怀疑罪犯，彼得·施瓦茨在书中居然露骨地说，人们议论前苏联的突然全面崩溃，而不知道美国秘密战略的作用，就仿佛调查一个人突然神秘死亡了，而粗心大意丝毫不考虑谋杀，不怀疑存在预谋和病人吃错了药方。彼得·施瓦茨的洋洋得意、丝毫不加掩饰的言辞，仿佛是嘲笑那些仍在为凶手申辩的善良被害者，讥讽那些仍在为有意开错药方的医生辩护的倒霉病人。

法国《费加罗》杂志于1999年7月份，刊登了一位前苏联的不同政见者的谈话。20年前这位前苏联作家季诺维也夫，曾因反对当局而被驱逐出境流亡西方。令季诺维也夫感到悲伤的是，尽管他反对共产主义的目标实现了，但是他看到俄罗斯也随之被毁灭了。**季诺维也夫回答法国记者说，"我过去离开的是一个受人尊重的、强大的大国，现在重新见到的却是一个被打败了的、破败的国家。苏联共产党政权的崩溃并不是由于国内的原因，这乃是西方历史上取得的最大的胜利"。他还说，"俄罗斯的灾难是西方所希望的，也是西方策划的。我之所以这样说，是由于我知道内情。我看过一些文件和材料，参与过一些准备引导俄罗斯走向死亡的研究活动。我对此感到受不了，以至我再也无法生活在那个要消灭我的国家和我的人民的阵营里了"。**[①]

中国人曾经熟悉西方列强的"硬战争"，激荡百年中"火与血"的洗礼，锻造了中国人刚强不屈的性格，但是，他们还不熟悉西方"软战争"的诡计，因为西方列强对弱者从来刀兵相见，不懈于采用迂回曲折的权谋之术。今天，无数先烈英勇抗争换来了胜利果实，成功建立强大工业击败了美国冷战遏制，已迫使昔日强敌改弦更张变换手腕，放弃冷战遏制转而采取缓和战略。中国人缺乏攻击性的善良天性，使他们容易宽恕原谅昔日的敌人，向往和谐国际关系

---

① 《参考消息》1999年9月6日译文，原载法国《费加罗》杂志1999年7月24日。

而放弃应有戒心，将西方倡导的"国际缓和战略"，误以为是"和平与发展的潮流"。殊不知，"缓和战略"虽然是历史的进步，标志着美国"冷战战略"的失败，为中国对外开放提供了机遇，但是，正常交往背后仍然暗藏杀机，美国"软战争"暗器的杀伤威力，并不亚于昔日"硬战争"的真枪实弹。

美国处理国际关系的一贯作风，是尊重有实力和智谋的对手，而玩弄容易受骗上当的朋友。中国人天性善良"不存害人之心"，但是，也必须"防人之心不可无"，因为，中国作为一个有国际影响力的大国，必然威胁美国建立全球霸权的图谋，无法置身与世无争的"世外桃源"，无论凭借坚船利炮或"糖衣炮弹"，具有全球扩张野心的美国都会找上门来。新中国曾同美国爆发过两次战争，反复交手不断令美国遭到失败。美国政府主动接近中国，恰逢越南战争遭到惨败，中国持强硬反美立场之时，充分体现了美国的全球战略——从实用主义出发灵活善变，深谋远虑而不计一时得失。但同时也说明，对于具有谋求全球霸权野心，如此精通权谋之术的美国，中国人实在是不可不防。

前苏联从未同美国发生过战争冲突，赫鲁晓夫还曾高喊"和平口号"，对美国百般讨好大献殷勤，戈尔巴乔夫和叶利钦等人，更是崇拜美国的政治经济模式，掏心至腹尊美国为良师益友，对美国可谓言听计从并不断退让，但是，美国不但没有领俄罗斯领导人的情，反而利用其天真解除戒心之机，发动了凶猛的隐蔽经济战攻势，仿佛长驱直入无人设防之地，尽情地摧毁其庞大工业军事体系，转眼间将威风凛凛的前超级大国，破坏到满目疮痍惨不忍睹的地步。**美国对曾卖身投靠自己的朋友，一旦丧失利用价值也毫不留情，智利和巴拿马的前独裁政府总统，曾同中央情报局进行过密切合作，今日也都锒铛入狱沦为阶下囚，叶利钦和丘拜斯大力推进私有化，曾指望将资产转移海外以防不测，今天却成为美国大肆宣扬的把柄，真是"狡兔死、走狗烹"。人们常说"落后就要挨打"，殊不知"缺少心眼也要挨打"。**

（二）谨防美国用隐蔽经济战袭击中国

值得警惕的是，自从改革开放以来，西方的所谓规范经济理论和改革药方，特别是新自由主义的经济思潮，也开始在中国逐渐广泛流传开来。其实，旧中国也流行过自由主义经济理论，但是，那时中国正饱受西方列强的掠夺压榨，人们根本不相信自由市场和私有产权的神话，甘愿冒生命危险阅读违禁的马克思著作。新中国成立后，人们对西方经济学进行批判较多，忽略了辩证地借鉴其中的合理内容。改革开放以来，随着同西方的经济文化交流日益频繁，西方邀请了大批中国官员学者进行访问，美国操纵的各种权威国际经济组织，向中国大力宣扬所谓规范化改革药方，正常经济文化交往的掩盖烟幕背后，美国的

隐蔽经济战对中国也构成了威胁。

中国人看不透美国的隐蔽经济战暗器，因为，他们熟悉的是西方列强的真枪真炮，以及美国冷战的经济军事封锁遏制，而这些战略暗器是在美国冷战失败后，才被主张缓和战略的智囊谋士设计出来，同昔日真枪真炮的差别实在太大了。美国隐蔽经济战暗器的设计非常巧妙，用贷款、贸易、投资等经济利益为诱饵，掩盖着杀伤力巨大的咄咄逼人锋芒。中国的改革开放刚刚起步之时，人们不熟悉市场经济和西方经济理论，因此，采取了"摸着石头过河"的谨慎办法，重视在继承原来体制优点的基础上，逐步引进市场调节和扩大开放，因此，美国的所谓规范化改革药方影响不大。但后来随着改革获得了巨大成功，许多人采取了简单的直线思维方式，将成功完全归于市场和开放，误认为进一步深化改革开放的方向，就是效仿西方的规范市场经济模式，推行国际组织倡导的规范化改革药方，为新自由主义经济理论广泛流行敞开了大门。

1. 1992 年泡沫经济的教训

善良的中国人天性坦率真诚，不熟悉美国国际战略的权谋之术，因此，受到"华盛顿共识"影响情有可原。的确，这一套规范经济理论和改革药方，不是由国际权威机构所竭力推荐的吗？我们深入考察中国改革开放的历程，不难发现"华盛顿共识"产生的影响。20 世纪 80 年代，中国选择了坚持社会主义的渐进改革道路，实行计划调节与市场调节相结合，有条不紊地逐步扩大市场调节范围，同时保持了重大比例关系的计划调节，国民经济实现了协调的顺利发展，从宏观上保证了企业的经济效益良好，国有、集体企业仍是经济增长的主导力量，公有制企业必须接受政府的监督和指导，因此，政府比较容易通过产业政策和计划调节，及时调整经济结构并且纠正经济失衡，协调企业利益矛盾和分工合作。但是，1992—1993 年的经济过热中，由于没有正确总结中国的改革成功经验，放弃了计划与市场相结合的原则，以及"摸着石头过河"的谨慎态度，片面地强调了市场和开放的作用，甚至把市场的盲目性弊端也美化为活力。从改革的指导思想上，某些经济学家完全忘记了马克思的论述，甚至认为凯恩斯干预政策也过时了，反而将西方时髦的新自由主义，当做了最新的规范化经济理论，用来设计各种市场经济转轨的方案。

在一片向市场经济过渡的盲目热情中，我国经历了较大的宏观经济波动，出现了泡沫经济的投机过热现象。1992 年开发区、股票和房地产热中，占用和消耗了大量宝贵资金，仅房地产和钢材滞销就占压了数千亿元资金，投机涨价还误导了大量的盲目重复建设，各种经济损失累计起来接近上万亿元。由于国有企业的资产总值不过数万亿元，流动资产所占的比重就更少，因此，泡沫经济的损失仿佛"人体失血几分之一"，必然引起一系列恶性循环的连锁反应，包括大面积企业亏损和三角债危机。私营、外资企业所占比重急剧增长，国有经济所占的比重大幅度下降，大大削弱了政府进行宏观调控的能力。**一些著名经济学家认为，1992 年出现的不是"泡沫经济"，而是"经济泡沫"问题不大，但是，"经济泡沫"的损失究竟有多大呢？20 世纪 80 年代国有企业的全部亏损额为 500 多亿元，而 1992—1993 年的"经济泡沫"，两年中就造成了数千亿元的损失，比较国有企业十年的全部亏损，还要高出令人惊讶的十倍以上！**有些经济学家认为，房地产是新兴市场不属于泡沫经济，当前应炒作房地产、股市以刺激经济，但是，正是这类新兴市场的泡沫投机，诱发了东南亚国家的金融危机，造成了万亿美元的巨大损失，由此可见，鼓励炒作投机只能暂时刺激经济，而最终扼杀新兴产业并导致经济危机。

无论是任何市场经济国家，泡沫经济过热都会造成巨大损失，美国 1929 年的股票市场泡沫崩溃，不仅导致了 20 世纪 30 年代的经济大萧条，而且社会动荡还触发了世界大战。美国大肆鼓吹新自由主义，胁迫日本、韩国和东南亚国家，放弃了政府计划干预的成功经验，结果泡沫投机泛滥爆发了金融危机，这充分说明市场经济弊端不容忽视。**人们常说中国的市场经济不规范，但是，西方发达国家的规范市场经济，仍然难以避免周期性爆发经济危机，难道中国尚不成熟的不规范市场经济，就具有防范经济危机的特殊免疫力吗？1992—1993年泡沫投机造成数千亿元损失后，仍然能够安然无恙不出现连锁反应吗？**

1993 年，我国政府采取了正确的宏观调控措施，及时遏制了泡沫经济的继续膨胀，但是，由于对市场经济弊病的认识不足，没有采取强有力的政府干预措施，来矫正泡沫经济后遗症的连锁反应。当前，中国面临的各种严重经济困难，包括通货紧缩和生产过剩，大面积企业亏损和三角债，职工下岗和社会失业增加，同美国、东南亚泡沫经济破灭之后，呈现的各种病症如此相似绝非偶然。中国人必须认识到，国际经济组织倡导的新自由主义，以及自由市场经济的神话，乃是杀伤力巨大的经济战暗器，已经给拉美、俄罗斯和亚洲各国，造成了巨大的社会经济灾难，因此，中国今后设计经济改革的方向，必须坚持计划与市场相结合的成功经验，认真肃清西方宣扬新自由主义的影响，充分重视市场经济不容忽视的内在弊端，特别是泡沫经济过热的巨大破坏性，采取坚决措施纠正泡沫经济的后遗症，避免市场经济再次爆发周期性危机，这样才能防范美国隐蔽经济战暗器攻击。

2. "价格改革闯关"的教训

如前所述，西方倡导的"放开价格、管紧货币"，曾给俄罗斯经济改革造成了巨大的灾难。20 世纪 80 年代，中国进行谨慎的价格改革获得了成功，但是，后来西方宣扬的价格改革药方，也曾在中国广泛流传造成相当影响，如1988 年的"价格改革闯关"，1992 年的"悄悄的价格革命"，都产生了很大的负面效果。改革初期，由于"文化大革命"的后遗症影响，中国面临着严重的物资匮乏，数千万知青返城没有工作，形势远比前苏联改革初期严峻。中国采取同西方规范药方相反的办法，一方面进行谨慎、渐进的价格改革，另一方面增加银行贷款支持轻纺工业，加速产业结构调整和技术改造，既增加供给抑制了通货膨胀，又解决了数千万知青的就业问题。但后来，受到西方倡导的规范改革影响，我国一些经济学家包括著名学者，也主张"放开价格、管紧货币"，全面放开价格"一步到位"，1988 年提出了"价格改革闯关"口号，结果当年的投资规模虽然并不大，价格上涨预期却导致了抢购风潮，人们纷纷提取存款，银行资金大量流失，群众不满也是诱发 1989 年政治风波的原因之一。1989 年政府被迫实行严厉的紧缩政策，压缩基建投资规模以抑制通货膨胀，市场疲软导致产品大量积压，国有企业亏损面急剧扩大了两倍多，引起了大规模的三角债连环拖欠，幸亏政府及时全面清理三角债，注入资金有效缓解企业资金困难，才避免出现类似俄罗斯的灾难局势。

由于受西方倡导规范价格改革的影响，人们没有继承渐进价格改革的成功经验，吸取 1988 年"价格改革闯关"的教训，1992 年向市场经济过渡的改革热潮中，又再次搞了一场"悄悄的价格革命"，推出了以前争议颇多的价格改革措施，一下放开了钢材、建材等生产资料价格和房地产价格，价格盲目飞涨误导了市场供求，出现了全国炒钢材、炒房地产热潮，形成了"泡沫经济"的膨胀，消耗和浪费了正常工业部门大量资源，仅钢材的盲目进口就耗费了 100多亿美元，国内冶金企业的生产和效益均遭受了巨大损失，机械、建材、建筑工业也陷入市场疲软，房地产价格飞涨超出了社会承受能力，尚未充分起步就出现大量积压，数千亿元资金陷入了呆滞状态，诱发了泡沫经济后遗症的连锁反应。

这种形势下，本来应该优先治理泡沫经济的后遗症，政府应一方面严格抑制泡沫投机，另一方面应大力扶植实质经济部门，以补充泡沫造成的资源损失。但是，由于缺乏经验轻视了市场经济弊端，人们没有认识到泡沫经济后遗症的严重性，反而推行了加重连锁反应的市场改革。1994 年的全面放开粮价改革，加上 1992 年价格改革的滞后效应，触发了改革以来最高的通货膨胀，政府被迫采取了严厉的紧缩政策，压缩基础建设投资和银行贷款，为遏制通货膨胀付出很高的代价，国有企业蒙受了泡沫经济损失后，又因物价上涨加重了生产成本，压缩基建导致需求疲软产品滞销，紧缩银行信贷加剧了资金周转困难，再次爆发了大规模的三角债拖欠，国有企业陷入了严重的经营困难，效益急剧滑坡而亏损却大幅度上升。两三年后好不容易控制了通货膨胀，人们却发现并未真正实现物价稳定，而是又陷入了通货紧缩的困难局面，当时物价已经连续 30 个月下降，出现了市场疲软和普遍生产过剩，职工纷纷下岗社会失业迅猛增长。

我国价格改革正反两方面的教训，值得我们进行深刻的反思。20 世纪 80 年代，我国采取了谨慎、渐进的价格改革，以及增加供给的相对宽松货币政策，既消除了物资短缺的通货膨胀压力，又解决了数千万知青的就业难题。但后来，受西方"放开价格、管紧货币"的影响，我国为"价格改革闯关"付出很大代价，蒙受了泡沫经济膨胀的巨大损失，经历了从通货膨胀到通货紧缩的剧烈波动。当前，人们往往将我国面临的严重困难，归罪于国有企业的产权制度不明晰，殊不知，这同西方改革药方的误导有很大关系，难怪许多经济病症同俄罗斯很相似，如三角债、企业普遍亏损和社会失业等。无论是俄罗斯或我国的经验都证明，仓促放开价格容易造成物价猛涨，单纯紧缩货币存在较长滞后效应，不仅难以有效控制物价的上涨，而且还会严重打击供给和需求，诱发大规模三角债和企业亏损，最终还可能矫枉过正导致通货紧缩。倘若改革初期，中国采取西方的价格改革药方，不仅必然会出现恶性的通货膨胀，严重威胁人民生活和存款安全，扼杀新兴轻纺家电工业的发展机遇，还会加剧当时严重的失业矛盾，遭到比俄罗斯更为悲惨的命运。

如前所述，**西方推荐的"放开价格、管紧货币"，同德国战后的成功经验恰恰是相反的。事实上，几乎所有国家的历史经验都证明，当国民经济面临着重大困难的时期，无论是经济危机、战争和自然灾害，还是经济转轨或结构急需调整的特殊时期，面临物资短缺或过剩的严重供求失衡，政府都应保持比较严格的价格控制，同时采取比较宽松的货币信贷政策，一方面遏制通货膨胀或通货紧缩的危害，另一方面支持国民经济迅速调整结构，扩大有效需求并且增加有效供给，消除严重的生产过剩或物资短缺，增加就业机会并维护社会稳定。**第一次世界大战时期，西方面临严重的通货膨胀压力，缺乏经验没有实行价格管制，物价上涨严重损害了广大民众，也给政府大大增加了财政负担。第二次世界大战时期，罗斯福实行动员经济之后，联邦银行大大增加了货币发行量，但由于政府成立了物价管理局，物价稳定上涨远远小于第一次世界大战期间，不仅摆脱了长达十年的严重萧条，消除了严重的通货紧缩和社会失业，而且工业企业获得了充分资金，迅速调整结构实现了生产高速增长，保证了战时旺盛物资需求和物价稳定。解放初期，我国面临着恶性通货膨胀和社会失业，政府加强价格管理打击投机哄抬物价，实行了"三紧三松"的灵活货币政策，即消除了旧中国遗留的恶性通货膨胀，还促进了国民经济恢复时期的高速增长，支援了"抗美援朝"战争的顺利进行，通过迅速扩大生产消除了严重社会失业。鉴于俄罗斯价格改革造成的灾难，西方蓄意歪曲真正的成功经验，我们必须保持戒心提高警惕，防范美国隐蔽经济战暗器的攻击。

3. "科斯产权神话"的误导

如前所述，西方宣扬的科斯产权理论神话，在俄罗斯付诸实践已有近十个年头了，不仅没有促进企业改善经营提高效率，反而将俄罗斯变成了"强盗掠夺"的国家。美国著名经济学家斯蒂格利茨曾经说过，"经济学中没有一个神话像'产权神话'那样在人们心目中根深蒂固"。的确，西方大肆宣扬的"科斯产权定律"，改革开放以来在我国也获得广泛流传，我国许多经济学家形成了"产权崇拜"，他们认为"公有产权不明晰是根本矛盾"，认为"产权是绕不过去的关键性改革"。令人遗憾的是，**中国许多主张产权改革的经济学家们，不愿意正视"科斯产权理论"的神话，在俄罗斯改革中遭到惨痛失败的现实，也不愿意了解俄罗斯依照产权明晰思路，推行各种形式的私有化改革的丰富实践，完全不知道他们仍在主张的许多产权改革，已在俄罗斯充分实践并且造成了灾难性恶果。**

有些著名的经济学家认为，当前改革应大力引进民间资本，股份制改造出售国有资产，不同于俄罗斯推行的私有化，后者是采取了"分"和"送"的形式，股份公司应将国有股比重降低到30%。有些经济学家积极主张"产权改革"，但是，竟然不了解俄罗斯产权改革的基本情况。事实上，俄罗斯私有化的主要形式，正是对小型国有企业出售拍卖，对大中型国有企业股份化。俄罗斯股份制改造的初期，曾以凭证形式"分和送"国有资产，后来则采取了各种形式出售国有股权，因此被广泛称之为"货币私有化"。但是，事实证明，后来各种私有化方式造成的恶果，甚至远远大于初期的私有化凭证分配，出现了政府和企业的腐败领导人，纷纷利用手中职权进行私有化寻租，以更加模糊复杂的产权重组形式，大肆野蛮掠夺将国有资产窃为己有，斯蒂格利茨称之为"贵族强盗式掠夺"。

值得指出，中国经济学家主张的各种产权改革形式，在俄罗斯推行私有化过程中都曾广泛尝试，包括出售国有股权和法人收购股权，银行直接贷款给企业家购买股份，用政府提供的企业抵押贷款购买股权，向国内外私人资本出售国有企业，破产兼并和各种产权重组，通过股市并购和多层次间接并购，各种持股基金会购买国有企业股权，向企业经理廉价出售或赠送国有股权，等等。

倘若按许多中国经济学家的说法，俄罗斯也根本没有推行私有化，因为，出售的国有资产变成了货币形态。但是，这种产权改革造成了灾难性的恶果，企业经理不关心改善经营提高效率，他们更关心通过复杂的产权重组交易，将资金转移到完全属于自己的账户，特别是更加安全的海外私人账户上。由于种种原因俄罗斯的私有化企业，往往仍有30%左右国有股尚未出售，但是，这根本无法制止腐败官员经理肆意掠夺。

更为令人担忧的是，近年来我国的企业产权改革实践中，也广泛采取了上述出售拍卖和产权重组形式，各地推行股份合作制普遍强迫职工购股，还纷纷廉价出售或直接赠送国有企业，河南、山东等地为了"卖光国有企业"，要求银行贷款给企业领导购买产权，许多地方借公司改制和破产兼并之机，暗中侵吞国有资产和蓄意逃避银行债务，也出现了种种"化公为私"的掠夺现象，造成了国有资产和银行贷款的重大损失，少数经理掌握了企业的控制权之后，严重侵犯广大职工的各种合法权利，剥夺职工的工作、医疗和养老保障权益，造成了社会财产和收入的两极分化。**正如江泽民同志在1999年7月1日讲话中批评指出，"我们有的同志也产生了错误认识，结果在一些地方的工作中出现了某些偏差。我们的国有资产已达八万多亿元，这是属于全国人民的财产。如果头脑不清醒，随意地加以处理，比如不加区分、不加限制地把国有资产大量量化到个人，并最终集中到了少数人手中，那样我们的国有资产就有被掏空的危险，我们的社会主义制度就会失去经济基础"。**

尽管出售国有股权不是直接"分或送"，但是，在这种产权交易和重组的过程中，能够为掌握权力的政府和企业领导人提供大量暗中谋求私利的合法机会，创造出名目繁多的"化公为私"形式，打着改革的高尚幌子进行强盗般的掠夺。斯茨格利茨总结俄罗斯的教训时指出，各种形式的出售国有股权和产权重组，"表面上虽然腐败也不那么直接，程序比将国有资产直接送给朋友还要不透明，但实际上这两者之间几乎没有什么两样。由于整个程序被广泛地认为是不合法的，这种"强盗贵族"式的私有化使市场资本主义更加名誉扫地"。中国和俄罗斯的改革实践都证明，产权改革非常复杂尚无成熟经验，搞不好会产生不可逆转的负效应，特殊利益集团特别是腐败官员、经理，会有强大的谋私动力推动这项改革，国家和职工利益却可能遭到严重侵犯，因此，我们不应轻信各种冠冕堂皇的产权改革理论，而必须长期谨慎试点反复观察正负效果。

值得警惕的是，早在改革初期，美国就非常重视向中国推荐私有化改革，遭到中国领导人的拒绝之后，就采取各种形式包装私有化，如将私有化改称为社会化，主张通过股份化和产权多元化，来隐蔽地、渐进地实现私有化。中央

情报局曾积极赞助专家学者，研究如何在中国推行隐蔽的私有化。前苏联领导人戈尔巴乔夫，一开始也是主张国有企业股份化，但后来却急剧地滑向了全面私有化，其原因在于依据的"科斯产权理论"，从根本上动摇了人们对公有制的信心，的确，既然公有产权不明晰而且效率低下，为何还要保留而不干脆推行私有化呢？由此可见，科斯产权理论乃是美国攻心战的利器，其厉害之处在于能够"四两拨千斤"，先从根本上动摇公有制的经济基础，进而摧毁整个社会主义制度的大厦。

我国推行国有企业的产权改革，必须以马克思的产权理论为依据，彻底肃清西方"科斯产权神话"的影响。近代史上，旧中国早就有股份制、公司制企业，私营、外商企业也遍布中国大地，但是，却始终未能实现工业化挽救中国。正是所谓产权模糊的国有、集体企业，发挥了公有产权的一系列独特优势，在创立之初就向人民提供完善的社会保障，迅速建立了独立自主的完整工业体系。事实说明，国有、集体企业等公有制企业，正是挽救中国的"现代企业制度"。公有产权归全体人民所有是非常明晰的，新中国正是凭借这一独特的优势，才能形成团结全体人民的凝聚力，动员全社会资源投入关键性产业，建立强大的民用和国防工业体系，实现振兴中国的艰巨时代使命。

事实证明，全体人民所有的公有产权不仅能管理好，而且已创造了比私有产权更高的效率，正因如此，中国才摆脱了解放前的悲惨命运。至于进一步改善公有产权的管理制度，应该是"明晰责任"而不是"明晰产权"，下放经营权的同时创新协调监督机制，这样才能避免美国利用科斯产权理论，作为隐蔽经济战的厉害暗器，从根本上动摇人们对公有制的信心，误导产权改革滑向隐蔽的私有化。因此，**我国推行国有企业的产权改革中，必须依据马克思主义的产权理论，而不是西方大肆宣扬的科斯产权理论，明确公有产权乃是适应社会化大生产，优越于私有产权的明晰产权制度，进行股份制、公司制改造的目的，乃是进一步发挥公有产权优势，通过广泛筹集资金促进社会化，巩固和加快公有制企业的发展。**《威胁中国的隐蔽战争》一书还从企业动态演化角度，论述了公有制企业应遵循不同于西方企业的进化规律，这样完全能扬长避短发挥自身独特优势，形成优越于西方股份制公司的崭新企业制度。

股份制、公司制改革的产权多元化，目的是吸收社会资金补充公有产权，而不是代替公有产权来搞私有化，这样才能保证股份制、公司制改造，不滑向用多元化包装私有化的错误道路。因此，国有企业进行股份制改造过程中，绝不应该出售国有产权搞私有化，国有股权一般应保持绝对控股的地位，集权分权矛盾应通过完善经营责任制，明晰政府与企业的"责、权、利"关系来解决，这样既能保持政府计划协调的优势，又能调动企业灵活利用市场的积极性。相对控股的界限模糊、操作弹性很大，很难保证有效地控制、协调和监督，制止股东、经理相互勾结掠夺资产，先通过各种复杂交易"化公为私"，然后再进一步"化大私为小私"，隐蔽地转移到完全属于个人的腰包，俄罗斯的改革实践充分证明了这一点。

我国的公司制改造试点仍然不理想，现在尚不具备大规模推广的条件，强迫推行只能用行政办法"拉郎配"，违反经济规律干扰正常经营秩序。各种持股基金会难以形成有效监督主体，正如俄罗斯、捷克的实践所证明，各种投资基金比它们所拥有公司，本身还存在着更大的"公司管理"问题，投资基金不仅难以完成监督的任务，而且本身也是高度权力滥用的工具。由此可见，**产权多元化虽然有一定监督作用，但本身也会产生众多复杂的问题，如暗中相互勾结掠夺企业资产，容易造成矛盾摩擦干扰经营秩序，还有各种腐败和滥用权利的问题，因此，产权多元化吸收法人资金入股，只能作为国有控股监督的必要补充，而不能代替国有股的协调监督作用，否则可能失去控制出现腐败泛滥成灾，重蹈俄罗斯误中美国的隐蔽经济战暗器，企业产权改革遭到惨痛失败的覆辙。**

4. 各种宏观、微观配套改革的误区

美国倡导的"华盛顿共识"有一整套改革药方，除了全面放开价格和产权改革以外，还涉及到财政、金融、外贸等方面。改革开放以来，随着经济、文化和学术交流的日益扩大，美国也积极向中国推荐、宣扬这些改革药方。1992—1993年我国出现了泡沫经济的过热，炒钢材、股票、房地产热浪费了大量资源，众多国有、集体、"三资"和私营企业，都因卷入了泡沫投机而蒙受巨大损失。这种形势下，应该一方面抑制泡沫经济投机活动，另一方面采取相对宽松的财税金融政策，以扶植遭到牵连的正常生产企业，弥补其资源损失以防止出现负面连锁反应。美国1929年泡沫经济崩溃后，胡佛总统曾采取紧缩的财政金融政策，结果打击社会需求加深了经济大萧条，后来美国吸取教训采取减税增支的办法，来防止泡沫经济后遗症的连锁反应。但是，1997年东南亚爆发经济危机之后，美国却向东南亚提出相反的政策建议，实行紧缩征收高额增值税和所得税，目的是打击这些国家工业金融命脉，确保政府财税来源偿还欠西方的债务。1994年我国缺乏处理泡沫后遗症的经验，也采取了严格的紧缩财政金融政策，征收增值税加重了国有、集体企业负担，蒙受泡沫损失的众多企业再次雪上加霜。政府实行财税政策应考虑时机选择，企业蓬勃发展时适当提高征收税负，而企业困难时则应适当降低税负。国际货币基金组织称积极向中国提供经济建议，包括宏观经济和财政金融改革等方面，我们必须对此采取谨慎对待的态度。

许多经济学家认为金融改革的方向，是将国有银行改造成为商业银行，大力发展股票证券金融市场，逐步推行金融自由化并与国际接轨。国有银行经营应该更多面向市场，但是，银行金融体系不同于一般产业部门，具有国民经济的神经中枢的重要地位，能够影响宏观经济形势和产业结构，集聚广大人民存款具有很高社会风险性。因此，国有银行改造成只顾赚钱的商业银行，将会丧失重要功能和增加社会风险，特别在国民经济面临较多困难的时期，政府难以利用金融杠杆调节宏观经济，新建政策性银行设立的分支机构少，不具备充足信息和调节经济的实力，将政策性业务同商业性业务截然分开，从理论上说可行而实践中很困难。历史上美国经济呈现高速增长的时期，往往是面临爆发战争威胁的时期，政府直接监督和调控银行金融体系，提供大量长期低息贷款扶植工业发展，如南北战争时期和第二次世界大战时期，美国经济增长比平时快数倍之多，而没有战争威胁的和平时期，美国金融垄断资本强调谋私的自由，银行体系经常出现轻视实业的泡沫化倾向，一般每隔十年就会爆发周期性经济危机，经济增长和人民生活改善缓慢，由此可见，我们应该借鉴美国真正的成功经验，而不是垄断资本倡导的自由市场经济模式。我国转轨时期过早发育股票、证券市场，容易诱发类似1992年的泡沫投机热潮，鼓励商业银行和众多企业沉溺于投机。俄罗斯推行了银行的私有化和商业化改革，大力培育股票市场并且开放资本账户，大量资金流入泡沫投机加剧了工农业危机，改革以来没有建立一家新工厂企业，令戈尔巴乔夫损失全部存款的大私有银行，将全部资金都投入了股票、房地产投机，金融全球化接轨加剧了掠夺资金外逃，仿佛是形成了经济动脉的大出血。中国应该充分吸取俄罗斯推行银行体系改革，以及金融国际化接轨的失败教训。

1993年我国发生的泡沫经济过热，给众多企业和银行造成了重大损失，再次出现了数额巨大的三角债拖欠。但是，由于受到西方规范经济理论的影响，许多经济学家认为政府不必进行干预，应该由市场机制进行自发的调节，结果泡沫经济损失产生了连锁反应，通过经济联系形成了乘数扩大效应，三角债的蔓延使企业银行背上沉重包袱。东南亚泡沫经济破灭后，国际货币基金组织提供贷款时附加了苛刻条件，规定必须放弃政府干预的裙带资本主义，任凭市场自发调节扩大恶性循环，三角债蔓延沉重打击了工业金融命脉，但是，美国却对本国债务危机采取了相反态度，1998年长期资本管理资金濒临破产，1999年老虎基金投机失误陷入困境，美国联邦银行都动员巨额资金抢救，以免债务危机出现蔓延扩散趋势，形成连锁反应触发金融体系崩溃，美国教授查默将这种言行不一的行为，讥讽为"美国式裙带资本主义"。1991 年我国政府曾全面治理三角债危机，将其列为当时的首要经济任务，注入一定资金解开了数倍的连环债务，迅速缓解了企业面临的严重资金困难，避免了出现企业破产和职工下岗问题。一家破产的中型股份制企业经理说，1991 年治理三角债曾帮助企业渡过难关，但 1994 年企业再次被三角债缠住，政府却没有出面帮助解决困难，尽管 1993 年股份制改造筹集了资金，长期三角债拖欠令企业苦不堪言，勉强支撑，最终于 1996 年宣布破产。**当前，我们应继承 1991 年治理三角债的成功经验，采取果断措施全面治理三角债问题。市场经济调节具有盲目性的弊病，经济失衡积累必然反复引起三角债，尽管每次诱发三角债的原因不同，政府都应采取果断措施进行治理，及时防止出现乘数扩大的连锁反应。即使是金融投机领域的三角债危机，美国政府尚且采取积极治理的态度，更何况我国现在面临的三角债拖欠，很大部分牵涉到众多正常生产企业。我国面临着通货紧缩困难，单纯增加货币供给不易见效，因为实质经济的链条受到了梗阻，清理三角债仿佛将资金注入"穴位"，实质经济的链条重新获得修复，注入资金成倍扩大促进"活血化瘀"，才能有效缓解通货紧缩和企业困难。**《威胁中国的隐蔽战争》还更深入讨论了企业债务问题，并提出了帮助减轻企业负担的政策措施。

由于 20 世纪 30 年代大萧条造成失业危机，曾经触发了社会动荡和第二次世界大战浩劫，西方二战后重建时期特别重视社会就业。但 20 世纪 80 年代以来，美国为了推行新自由主义经济政策，人为制造金融经济危机破坏别国经济，打击维护社会中下层利益的工会组织，重新拾起了自由放任时代的陈词滥调，鼓吹社会失业是不可避免的无害现象，低通货膨胀和充分就业是不可兼得的，工会维护工人就业导致了效率低下，等等。随着美国鼓吹的规范经济理论的流传，我国的社会就业政策也受到某些误导。近年来，我国对于就业问题有两种不同观点：一种认为应不惜以失业为代价治理通货膨胀；另一种认为失业问题比通货膨胀更为可怕，两种观点都受到西方不可兼得论的影响，忘记了中国曾发挥社会主义制度优势，成功地同时克服了通货膨胀和社会失业。实际上，无论是通货膨胀还是社会失业，都对人民利益构成了严重威胁。解放初期陈云同志领导财经工作时期，曾采取"三紧三松"的灵活货币政策，一举战胜了恶性通货膨胀和严重失业，改革初期我国曾采取增加有效供给的灵活货币政策，再次成功克服了通货膨胀和失业压力。由于受到西方"放开价格、管紧货币"政策的影响，我国放开价格改革诱发了严重物价上涨，严厉紧缩政策又忽视了社会就业问题，致使市场需求萎缩和企业开工不足，出现了生产设备和人员大量闲置现象，但是，经济学界将此归罪于国企产权不明晰，认为应该"减员增效"和削减社会负担。**近年来，一些企业大量减员暂时缓解了困难，但实际上却将困难转嫁给整个社会，社会需求萎缩加剧了生产过剩现象，通货紧缩和企业效益滑坡也日趋严重。**正如著名经济学家斯蒂格利茨先生所说，"单纯地将工人从低生产率的就业，变成公开失业不能够提高生产率。事实上，生产率会更低，因为有些生产率毕竟比没有强。失业公开化是成本高而无效率的过程，常常会展现出残酷的萨伊法则，大量闲置工人造成的就业需求，形成资方强迫降低工资的压力"。在自由放任的资本主义时代，萨伊曾主张由市场调节自发解决失业，当时曾遭到了马克思的严厉批判。这种旨在维护资本最大利益的主张，曾导致了社会动荡和第二次世界大战的悲剧，现在再次成为美国垄断资本的法宝，用来人为制造打击别国的经济危机，东南亚和韩国的严重社会失业，大大加深了金融危机的危害程度。中国应继承本国解决失业的成功经验，绝不应转而信奉西方的萨伊法则，因为，这乃是自由放任资本主义的野蛮政策，现在则是美国破坏别国经济的战略暗器。《威胁中国的隐蔽战争》一书还以较多的篇幅，论述了我国应如何疏通国民经济的"堵塞穴位"，有效地解决职工下岗困难维护社会稳定。

20 世纪 80 年代以来，新自由主义保守思潮泛滥以来，美英鼓吹凯恩斯时代的大政府过时了，现在应推行"大社会、小政府"的政策，这种主张不是改革创新而是复古倒退，不应成为我国政府机构改革的依据。自由放任的资本主义时代，西方国家的政府所占比重很小，政府既不承担宏观调控的责任，也不提供社会保障和福利服务，但是，那时经济频繁爆发周期性危机，社会贫困和两极分化现象严重，**垄断财团口头上主张"政府不干预"，却毫不犹豫地操纵政府谋求私利，甚至不惜进行赤裸裸的军事侵略，其鼓吹的所谓"大社会、小政府"，真实含义乃是"大资本、小社会"。**二战后，政府承担的社会责任大大增加，所占经济比重也大幅度提高，恰恰是历史罕见的"黄金时期"。有人认为，现在我国政府所占的经济比重，达到了不合理的历史最高水平，但是，不应将现代工业社会的政府机构，同旧中国甚至封建朝代的政府相比，其依赖和服务的经济基础根本不同。解放初期和改革初期，我国的政府机构发展非常迅速，有力地推动了当时的经济发展，以及科学研究和文化教育事业。当然，我们应该注意控制政府机构膨胀，防止比例失衡和财政负担过重，但从整体上看，政府机构和服务范围的不断扩大，乃是社会化大生产的必然需要，应该侧重控制其适当比例和增长速度，而不应依据垄断资本鼓吹的"小政府"主张，大规模地削减政府机构和社会职能。英国撒切尔夫人大幅度削减政府，结果导致社会贫困人口大大增加，成为欧洲贫富悬殊程度最高的国家。一位西方学者曾指出，即使是推行新自由主义的今天，西方国家的政府机构规模之庞大，也远远超过了前苏联的计划经济时代，美国公务员占劳动人口比重约为20%，而前苏联的党政机构人员比重仅为12%，中国大约有3000万吃皇粮的干部，占全体劳动人口的比重不到5%，占非农业人口的比重也不足10%。当前我国面临通货紧缩和市场疲软，削减政府机构必然导致需求萎缩，加剧已经非常严重的社会失业矛盾，罗斯福总统推行"新政"的时期，就曾大幅度地扩大公共部门的就业，因此，我国政府也应采取"反周期"行为，在经济不景气时期增加政府就业，而在经济过热时期再适当进行精简。**我国政府机构改革应采取增量调整办法，而避免采取代价大的压缩存量办法，一方面大力推动实质经济领域发展，另一方面控制政府机构的不必要膨胀，促使政府改变监督方式和服务方向，加强高层次社会服务和科研开发功能，适当降低政府的相对比例而不是绝对规模，这样有利于缓和失业和维护社会稳定，促进经济发展和防止宝贵人才流失。我们应该吸取俄罗斯政府机构改革的教训，俄罗斯骤然撤销了政府所有行业管理部门，缺乏监督加剧了经济混乱和腐败猖獗，由于俄罗斯社会混乱和贫困人口剧增，私有化企业存在着严重的逃避税收现象，俄罗斯的政府公务员数量反而大量增加，如增设救济穷人的大量社会机构，维持社会治安的警察和税务稽查人员，等等。**

美英右翼政府为了推行"世界保守革命"，扭转二战后争取社会利益的潮流，还竭力贬低和攻击社会保障制度，诬蔑其造成了20世纪70年代的经济滞胀，加重财税负担超过了社会承受能力。西方攻击社会福利和政府职能的宣传，也对我国经济学界造成了很大影响。许多学者认为国有企业面临的困难，也是提供社会保障和各种福利造成的，认为要想提高效率就必须甩掉社会包袱，他们没有深入地考察西方国家的历史，盲目相信了西方媒介攻击社会福利的宣传。实际上，正是二战后冷战压力下的社会改良，改善社会保障制度和收入再分配，才缓解了贫富差距增加了有效需求，出现了经济增长的"黄金时期"。**德国著名记者汉斯在《全球化陷阱》中指出，所谓社会保障制度造成负担过重纯系谎言，"德国的社会福利负担绝对没有爆炸性增长，1995年它在全部社会生产中所占的比例比20年前还要低"，统治阶层贬低社会保障制度的目的，是为了恢复像以前一样追求资本利益，"削减国家开支、降低工资、取消社会福利，这个纲领到处成为欧洲各国政府政策的核心"。**许多中国学者认为，中国应效仿西方国家的社会保障模式，国有企业应将承担的保障义务推向社会，但是，他们忽略了大多数发展中国家，根本缺乏财力建立社会保障制度，即使是西方的发达市场经济国家，一旦放弃了政府干预和计划调节，不受约束的资本谋利的盲目竞争，必然导致经济失衡和逃避税收，这正是西方的社会福利国家，因财税来源短缺濒临崩溃的原因；中国解放初就能建立社会保障制度，正是依靠公有制的"船大抗风浪"的优势，依靠计划协调减少企业破产风险，倘若放弃自身优势盲目效仿西方模式，必然也面临发展中国家缺少社会保障的困境，重蹈西方社会福利国家濒临崩溃的覆辙。当前中国正面临通货紧缩和生产过剩，企业单纯追求产权利益的改革措施，包括"减员增效"和"削减社会义务"，"破产废债"和"产权重组"，从一个企业来看确实有利于摆脱困难，但从整个经济来看却会加剧市场萎缩，甚至形成经济恶性循环的连锁反应。正如汉斯先生指出的，"国际经济组织捍卫资本自由的斗争……盲目地适应世界市场的竞争压力，必将把迄今为止的福利社会，引入无法无天的社会反常状态，摧毁其赖以生存的必要条件……从而导致社会福利制度濒临崩溃"。

第 七 章

时代呼唤富国强兵的大举措

美国政府高官称无人能预见全球金融危机的发生，其实是他们对这样的预测有意采取置若罔闻的态度。十年前该章就指出美国面临着发生严重金融危机的危险，可能导致货币金融体系崩溃并引发全球经济严重衰退，还论述了中国应如何未雨绸缪维护金融安全并防范全球危机冲击。从"软战争"的视角考察国际金融和经济危机具有重要的理论和现实意义，能够帮助我们更加深刻地认识当代垄断资本主义的经济规律，预测爆发金融和经济危机的危险并且防范其产生的强烈冲击。

当前美欧政府、央行不断出台各种大规模的挽救经济计划，主权债务泡沫和美元债务泡沫膨胀达到了空前规模，但是，远远不足以挽救天文数字的有毒资产和金融衍生品泡沫，美欧经济尚未根本摆脱衰退并处于不稳定的震荡状态，欧洲国家主权债务危机可能导致全球危机第二次探底，即使债务泡沫膨胀一时刺激国内生产总值恢复增长，也不是实质上摆脱了经济衰退并进入经济复苏，而是从"自然发作状态"转变成"人为压抑状态"，就仿佛将沸腾的水装入密封容器一样变得更加危险，最终无法压抑利滚利形成的巨大债务泡沫而更加猛烈地爆发，从这种意义上说，希腊主权债务危机仅仅是欧元区乃至全球经济动荡的小插曲。

由于美欧的脆弱经济复苏随时可能再次面临恶化形势，像大萧条时期那样出现双底或多底型经济衰退，中国效仿西方的天量信贷和财政赤字挽救危机办法，无法应对全球经济长期动荡和危机爆发越来越频繁的挑战，还会给国民经济埋下财政失衡和通货膨胀的隐患。十年前该章提出中国面对美国将会爆发严重金融危机，引发全球经济衰退和长期动荡的严峻挑战，应该建立一种常备不懈的有效应对经济危机体制，随时启动市场无法利用的闲置资源用于有益社会用途，阻断经济危机造成的乘数扩大连锁反应，抵御周期性危机冲击并维护百姓利益和经济金融安全，防止大规模失业和民众财富损失引发社会动荡。该章还论述了如何依据马克思主义的国民经济均衡发展理论，通过摸底调查和试点确定力度适当的经济刺激计划规模，实施谨慎甄别实体经济和泡沫经济的区别性信贷政策，提出了像精确武器一样抑制泡沫和刺激实体经济的融资办法，无需实行天量信贷和财政赤字政策也能有效克服危机，对于当前中国应对美欧主权债务危机不断深化和蔓延，可能引发全球经济长期动荡的复杂局面有现实意义。

当前有些经济学家认为天量信贷是"非常时期"采取的"非常手段"，但是，全球经济动荡不会随银行天量贷款而消失，特大经济泡沫破裂将带来全球经济的长期动荡，"非常手段"不能应对长期持续的"非常时期"，甚至可能刺激股市、楼市泡沫膨胀酿成更大金融危机隐患。十年前该章明确提出中国应对危机冲击和刺激经济，"绝不应用刺激房地产泡沫扩大需求，鼓励少数富人购买多套住宅投机，这样必然步东南亚、日本泡沫后尘，重蹈我国 1992 年房地产泡沫覆辙。历史经验充分证明，人为制造股票、房地产泡沫，虽能暂时刺激虚假社会需求，最终必然造成更大经济衰退"。该章还提出了一系列严格区别实体经济与泡沫经济，既能避免力度不足又能防止经济过热的政策措施，对于当前中国采取正确方法抵御全球危机的冲击，避免天量信贷可能诱发泡沫经济和通货膨胀的负面影响，防止宏观调控陷入两难境地具有重要的现实意义。

一　迎接国内外严峻形势的新挑战

1999 年我国扩大基建投资的政策初见成效，在出口下降和消费不振的不利情况下，国有企业经济效益出现了明显回升。但是，我们也应该清醒地认识到，这仅仅是初步扭转了严重滑坡趋势，同摆脱经济困难还相距甚远。特别值得关注的是，国内外形势的一系列新变化，向我们提出了更为严峻的挑战，迫切要求我们摆脱常规思维的束缚，认真思考采取新的经济发展战略。我们面临的国内外严峻形势挑战，包括通货紧缩加深和市场持续低迷，乡镇、私营企业纷纷陷入困境，金融体系和社会失业的风险加大；美国悍然侵略南斯拉夫和轰炸我国驻南斯拉夫使馆，公开提出谋求全球霸权的新战略，严重威胁着我国主权与领土完整；近年来我国连续遭受洪涝灾害，水利设施严重滞后于抗洪需要，各地再次频繁发出洪汛警报；出口下降可能长期持续甚至深化；世界各地频繁爆发严重金融危机，预示酝酿一场全球经济大萧条的危险。

（一）美国谋求全球霸权的挑战

美国具有悠久的对外扩张、谋求霸权的历史传统。19 世纪，美国战略家马汉主张效仿英国建立海上霸权的战略，参与重新瓜分世界的殖民掠夺竞争，并且深深影响了美国政府的对外政策。抗战炮火未熄之前，美国就拟定了重点遏制盟友中国的战略方针，将中国视为向亚洲扩张的重大战略威胁。二战硝烟尚未散尽，美国曾野心勃勃地企图独吞中国市场，但因中国革命胜利挫败了其美梦，就对中国进行了 20 年冷战封锁遏制。越战失败后美国虽然被迫放弃了冷战战略，但却从未放弃追求单极世界霸权的目标，只是综合国力相对衰落的情况下，采取了更为阴险、隐蔽的"软战争"手段。20 世纪 70 年代，美国精英制定了"世界经济有控制解体"的战略，打击范围甚至从前苏联扩大到昔日盟友，特别重点遏制第三世界国家力量的崛起。近 20 年来，美国发动的全球隐蔽经济战频频得手，利用垄断财团控制的大众媒介作为舆论武器，大肆宣扬灾难性的新自由主义经济政策，先是成功地将拉丁美洲拖入债务陷阱，通过贸易金融自由化控制了当地经济，再以"软战争"成功地搞垮、瓦解了前苏联集团，兵不血刃地削弱了其工业、军事实力，1997 年美国金融资本为亚洲金融风暴推波助澜，又沉重地打击了日本、韩国和东南亚经济，还操纵国际货币基金组织等国际经济组织，强迫这些国家开放工业、金融等战略行业，牢牢勒住了这些国家的经济命脉。**1999 年美国统治集团认为时机已经成熟，国际实力对比已发生了根本变化，于是美国才露出了险恶的真面目，毫无顾忌地提出了北约新战略，悍然轰炸南斯拉夫和我国驻南斯拉夫使馆，明目张胆地追求建立单极的世界霸权。**

美国曾同中国反复交手遭到失败，出于战略考虑采取了对华怀柔政策，先集中力量对付超级大国前苏联，以及有重大经济利害关系的第三世界。近年来，随着美国摧毁了俄罗斯的工业军事实力，重新征服了一度积极斗争的第三世界，美国谋求全球霸权的欲望日益膨胀，再次将中国视为建立霸权秩序的威胁，导致国内右翼的反华声浪日益高涨。广为流传的《即将到来的美中冲突》一书，反映出美国右翼已将中国视为重点战略目标，蓄谋铲除威胁其全球称霸的任何障碍。美国蓄意向日本和中国台湾施加压力，将其纳入针对中国的战区导弹防御体系，对我国的国家主权构成了重大威胁。正是受到美国一系列反华行动的怂恿，李登辉悍然提出了分裂中国的"两国论"，以及更为阴险恶毒的"七块论"，大肆制造台湾海峡紧张局势。李登辉发表的分裂中国论调，同美英国际战略专家的设想，以及新疆西藏分裂势力的图谋，具有如此惊人的相似绝非偶然。据香港《亚洲周刊》透露，美国中央情报局正暗中谋划分裂中国，已确定分裂地点为中国的新疆，1997 年还曾斥资 20 多万美元，资助某大学教授研究分裂中国途径，以对中央情报局的谋划进行学术包装。[参见附图 1 和附图 2]

美国发动侵略南斯拉夫战争和轰炸我国驻南斯拉夫使馆，提醒我们应重新

审视世界政治战略格局，对严峻的国际形势保持清醒的认识，丢掉幻想做好充分的斗争准备。我们不应善良地认为不惹美国人，美国就会放弃颠覆分裂中国的图谋。美国战略家虽然有谋求霸权的贪婪欲望，但也非常精明擅长成本利益分析，倘若看到中国人抱有善良幻想，很可能会毫无顾忌地侵犯中国利益，而看到中国人维护国家利益的坚定决心，才会对采取反华行径三思而行。美国战略家信奉的是"实力政策"，我国维护国家主权和领土完整，粉碎外国反华势力的颠覆分裂图谋，必须以经济实力和综合国力为后盾，尽快建设起强大的国防工业体系，拥有足够数量的洲际导弹和核潜艇，以及先进的飞机、巡航导弹和海军舰艇，形成对美国的强大威慑和制衡力量，这样才能保卫和平的经济建设，鼓舞世界各国人民反对霸权的勇气，争取"和平与发展"的世界潮流。

值得注意的是，美国的新闻媒介纷纷报道，中国经济陷入困境即将爆发严重危机；美国轰炸我国驻南斯拉夫使馆之后，美国人在互联网上还公然声称，"中国的银行体系即将崩溃，必须靠美国和国际货币基金组织来挽救，中国人大吼大叫没有什么了不起，用不了多久还得去求美国"。由此可见，美国敢于悍然轰炸我国使馆，同我国经济中潜伏着许多隐患，很可能存在着一定联系。不管美国人的说法是否夸大，我们都应清醒地认识到，美国擅长利用各种隐蔽经济战暗器，攻击别国的经济命脉和薄弱环节，我国经济要害正是美国瞄准的目标，我国经济安全的潜伏隐患，包括国有企业陷入困境，社会失业的不稳定因素，银行体系的坏账风险，都会被精明的美国人加以利用。倘若中国不能及时消除重大隐患，一旦爆发危机美国很可能乘虚而入，不仅广大人民切身利益受到损害，国家主权和领土完整也面临威胁，美国必然更加大胆放肆地攻击中国。美国不断制造事端发动反华宣传，考克斯报告公然诬蔑我国盗窃核机密，正是为下一步反华战略攻势做舆论上的准备。

美国即使暂时不愿冒军事对抗的风险，绝不会放弃以隐蔽方式破坏中国经济。由于中国是拥有"两弹一星"的大国，美国的攻击必然以"软战争"为主，先运用暗器诱发经济社会动荡，然后乘虚而入分裂肢解中国。美国一直向我国积极宣传所谓规范经济理论，通过国际经济组织推荐"华盛顿共识"药方，正是为了巧施暗器发动隐蔽经济战攻势。美国还在我国加入世贸组织谈判中，不断施加压力开放战略行业市场，也是为伺机攻击弱点控制我国经济命脉。美国正积极开发反弹道导弹的防御体系，谋求建立导弹战和太空战的绝对优势，倘若我国不发展高科技军事工业迎头追赶，不能排除重新出现鸦片战争时代的危险。当前，无论为了应付台湾海峡紧张局势，还是为了增强我国经济军事实力，抗衡美国霸权的长期威胁，我们都必须超越和平时期的常规思维，刻不容缓地采取果断的重大举措，动员充足力量加强国防工业建设，迅速消除经济金融安全的重大隐患，谨慎审视开放市场的潜在战略风险，像备战一样构筑经济安全的防御体系，这样才能迎接国内外严峻形势的挑战。

（二）防范全球经济大萧条的挑战

在全球经济动荡低迷的形势下，1999 年初我国的出口出现了明显滑坡。第一季度，出口大幅度下降了 7.9%，4 月份出口比去年同期下降 7.3%，降幅虽比第一季度趋缓，比上月却扩大了 3.7 个百分点。与此同时，进口出现了较大幅度增长，1 月份至 4 月份累计贸易顺差为 52 亿元，比上年同期锐减了 1997 亿元。下半年出口虽然有较大增长，很大程度上是依靠大幅度退税。有些人认为，随着东南亚经济的复苏，我国出口将会出现回升势头，但实际上，这种估计过于乐观了，东南亚国家巨额外债缠身，挤压国内资源和生产消费，拼命出口以偿还欠西方的外债，因此，出口和国际收支状况略有好转，并不表明经济恢复了健康状况，此外，全球经济动荡仍在深化之中，我国外贸出口必将面临长期的困难形势，稍有不慎仍然可能出现恶化的局面。

值得警惕的是，全球经济长期阴霾密布，可能酝酿着一场更大的风暴来临。美国为谋求霸权发动全球隐蔽经济战，推行"世界经济有控制解体"战略，已将全球经济拖入了风雨飘摇时期。美国操纵国际货币基金等国际经济组织，强迫俄罗斯和拉丁美洲推行自杀性改革，这些国家饱受蹂躏，国力极为虚弱，1997 年又遭受亚洲金融风暴的冲击，内外交困也相继爆发了金融危机，频繁的金融风暴挟着飓风般的巨大威力，横扫过亚洲、俄罗斯和拉丁美洲，形成相互激荡和四处蔓延之势，所到之处工业纷纷破产，银行坏账成堆濒临崩溃，失业猛增引发社会动乱，全球已有三分之二的地区陷入了衰退。

更为令人担心的是，美国的泡沫经济也出现了渐趋破灭的迹象。20 世纪 90 年代以来，美国的股市泡沫出现了迅猛的膨胀，从 1990 年的 3.5 万亿膨胀到 1998 年的 14.5 万多亿，而同期国民生产总值仅仅增长了 3 万亿左右，换言之，大约 76% 的股市总市值的增长，是缺乏实质财富支撑的虚拟价值，每 4 美元股市升值中就有 3 美元是泡沫。美国股市一枝独秀的持续高涨，与其说是新经济的繁荣景象，不如说是泡沫经济膨胀已病入膏肓。实际上，企业兼并收购频繁争夺有限的饱和市场，大量过剩资金从生产领域不断撤出，涌入股市推动虚假繁荣的景象，正是类似 1929 年爆发大萧条的前兆。难怪道·琼斯股票指数突破六千点时，格林斯潘就一再警告说这种现象不正常，但现在道·琼斯股票指数已一路飙升，异乎寻常地突破了一万点大关。

有人说，美国繁荣是靠信息产业带动了新经济，但是，为何亚洲也有信息产业却陷入了萧条？当众多工业生产部门普遍陷入不景气，新兴信息产业也会受到牵连难有很大作为，难怪半导体、计算机芯片产业也严重过剩。美国著名经济学家克鲁格曼曾准确预测东南亚危机，他说："五年之后知识经济将变成可笑的说法。"德国前总理施密特曾坦率指出，美国正变成世界上最大的债务国，它维持繁荣与债务激增有关，世界其他地区并未经历类似繁荣，拉丁美洲正相反，欧洲经济整体上停滞不前，美国称世界经济处于上升时期，这种说法完全不切合实际。

应该说同其他国家的泡沫经济相比，美国的泡沫经济显示了超常的持久性，原因之一是美元拥有特殊的国际地位，近年来美联储采取了积极的货币扩张政策，国内储蓄率为负并存在着巨额贸易逆差，也能吸纳全世界的物质财富来维持泡沫，大量过剩资金从爆发危机地区流入美国，也是为美国股市推波助澜的重要原因。据报道，1999 年美国购买股票的边际贷款激增，贷款的质量恶化而不良债权增加。尽管泡沫维持和破灭的趋势同时存在，很难准确地预测泡沫膨胀何时发生逆转，但是，这种不正常状况最终是难以持续的，因此，我国必须作好防范最坏情况的准备。

近年来，美国贸易逆差却迅猛增长，1997 年为 1230 亿美元，1998 年为 2300 亿美元，2000 年甚至可能突破 4000 亿美元，比较 1997 年猛增了数倍之多。繁荣的美国不是输出商品和资金，而是"狮子大开血口吃遍全球"。这充分反映出美国繁荣的泡沫性，本国实质经济无法满足居民需要，必须从全球经济汲取更多的营养，依靠美元的特殊国际货币地位，源源不断地输入大量商品和资金，才能维持其股市暴涨和新经济繁荣。美国凭借霸权寻租可获得如此巨大的利益，难怪它处心积虑策划全球金融战攻势。

1999 年以来，有些人误认为世界金融局面趋于平静，其实不然。1999 年 7 月国际货币基金组织发表的报告宣称，美国经济活动过于依赖股市繁荣，一旦暴跌必然严重冲击美国和世界经济。1999 年 5 月以来，美国的高科技网络股票暴跌了一半，有人分析是股市风暴即将来临的前兆，6 月份，美国老虎对冲基金投机失误爆发债务危机，对全球金融体系的冲击严重程度，甚至超过了 1998 年长期资本管理基金事件，正因如此，美国政府请求各国中央银行联手暗中干预，据估计挽救代价高达 300 亿美元，七、八倍于挽救长期资本管理基金的代价，8 月份，瑞士最大银行又出现巨额投机亏损，为了避免社会舆论恐慌情绪，西方新闻媒介有意进行低调报道，貌似平静的海面下暗流汹涌。

美国金融资本家索罗斯也承认，美国的泡沫经济已像日本 20 世纪 80 年代一样严重，边缘地带的金融危机正向中心扩散，可能触发全球金融体系的崩溃。

美国经济学家拉鲁什警告说，今天西方制造的金融衍生品泡沫的规模，远远超过了 20 世纪 20 年代末的股票市场泡沫，达到了超过百万亿美元的天文数字，如仅有 22 亿美元资本的美国长期资本管理基金，1998 年濒临破产时涉及的金融衍生品交易额，竟然高达一万两千多亿美元，美国所有大银行从事金融衍生品投机的规模，均超过了自有资本的一、两百倍，一旦美国因经济泡沫破裂爆发危机，很可能导致整个世界货币金融体系的崩溃。①

美国股票和金融衍生品投机狂潮，仿佛就像脱缰的野马一样不断迅速膨胀，这样才能不断汲取营养防止泡沫破灭，显而易见这一过程是无法永远维持下去的，一旦整个泡沫中止了不断膨胀的过程，逃避灾难的情绪很快就会变成大恐慌，这种金融恐慌将以计算机运行的电子速度，沿着现代化的光缆和卫星通讯网络，以"核爆炸"般的"逆转的金融杠杆"机制，转瞬之间就扩散到全球的范围，导致世界金融货币交换体系陷入瘫痪，西方沉溺于投机的众多金融机构坏账累累，社会经济秩序因坏账危机陷入混乱，大批企业和银行濒临全面破产的边缘，市场供求一片萧条而社会失业急剧攀升。

有些人认为，我国加入世界贸易组织能促进出口，实际上，由于深深卷入了西方经济体系，就会大大增加全球大萧条的冲击程度。现在全球已出现工业生产的全面过剩，包括汽车、化工、钢铁甚至电脑芯片，一旦全球大萧条来临竞争将趋于白热化，实力不强的中国企业将无情地被淘汰吞并。1929 年世界大萧条中，旧中国遭受的冲击远远大于危机发源地美国。墨西哥 1986 年加入关税贸易总协定后，进口大量涌入而出口却反而下降，出现了持续多年的巨额贸易逆差，开放资本账户虽然有利于弥补逆差，但导致了外债雪球越滚越大，1995 年最终爆发了严重的金融危机。

索罗斯曾预言，世界自由贸易体系的崩溃，将尾随全球金融体系的崩溃而至，导致世界各国发生社会政治动荡。东南亚金融危机已严重冲击了我国经济，造成出口下降和企业效益滑坡，而美国泡沫经济破灭将触发全球大危机，对我国的潜在冲击必将几倍于东南亚危机。由于我国出口更多依赖于美欧市场，出口可能面临 30%—50% 大幅度滑坡，国民经济很可能随之陷入严重衰退。**为了构筑防范全球大萧条冲击的防御体系，我国应考虑进入国民经济局部动员状态，这样一旦天有不测风云爆发全球大萧条，或者台湾海峡危机升级出现战争威胁，我国就能灵活而敏捷地采取强有力的措施，迅速启动充足的国内需求弥补出口下降，有效地防止经济衰退和维护社会稳定，剥夺美国利用出口市场威胁我国**

① 乔治·索罗斯：《全球资本主义危机与中国》，《战略与管理》1999 年第 1 期。

的筹码，还可能反客为主增强我国市场的吸引力，遏制西方垄断资本和"台独"势力的反华行径，争取世界各国共同反对美国谋求霸权。

二 国民经济应进入局部动员状态

国内外的种种严峻形势，向我们提出了新的挑战。中国人善于辩证地看待"危机"，善于化"危险"为"机遇"。自古以来"多难兴邦"，一百年来西方列强的侵略掠夺，曾经将中华民族逼到危难关头，但是，这反而激发中华民族的强大凝聚力，无数先辈抛头洒血拼死抗争，终于建立了繁荣昌盛的新中国。今天，当我们面对通货紧缩和社会失业的隐患，美国妄图以霸权威胁我国的和平经济建设，凶猛洪水频繁造成人民生命财产的巨大损失，金融危机几乎横扫了世界的所有角落，酝酿着更大的全球经济风暴的来临之际，**我们应该勇敢地迎接国内外严峻形势的挑战，以科学严谨而又谨慎求实的态度，超越常规思维方式构思新的发展战略，果断地进入国民经济的局部动员状态，迅速缓解通货紧缩和生产过剩的局面，消除社会失业和金融体系的重大隐患，建设强大的国防力量制衡美国霸权威胁，构筑维护我国经济安全的有效防御体系，做好防范全球经济大萧条的充分准备。时代呼唤着"富国强兵"的宏伟谋略，我们应不辱时代赋予的艰巨使命，将国内外种种严峻形势的重大威胁，再次化为振兴中华民族的历史机遇。**

1999 年初以来，我国扩大基建投资启动内需的政策已初见成效，经济增长的速度有所加快，国有企业的经济效益明显改善。尽管存在出口下降、消费不旺等一系列不利因素，国有企业的经济效益却出现了显著回升，扭转了多年来效益持续滑坡的局面。据国家经贸委有关人士说，1999 年上半年，国有工业企业完成增加值 5538 亿元，增长了 7.6%，同比提高了 4 个百分点；实现利润 243 亿元，同去年同期相比增长了 2.8 倍，一举扭转了持续多年的净亏损。特别是国有大中型企业的效益好转尤为突出，重点国有企业的亏损户数，从 230 户下降到 175 户，减少了 55 户，亏损额减少 23 亿元。2000 年第一季度，全国 30 个省区中，有 7 个省区盈利增长，11 个省区扭亏为盈，25 个省区实现了减少亏损。企业效益改善促进了政府税收增长，2000 年上半年税收增长了 19.6%，大大超过了国内生产总值的增长幅度，超额完成了财政上半年的税收计划。

据国家经贸委人士指出，当前国有企业的经济效益回升，属于从低谷中的恢复性增长，但是，同持续多年的严重滑坡相比，已是实属来之不易的良好趋势。尽管这种效益改善的趋势尚不稳固，但是，已经给人们带来了许多有益启示。多年来，人们一直将国有企业的效益滑坡，归咎于所有制原因和产权不明晰，但是，尽管近年来推行了一系列企业改革措施，包括公司制和股份制改造，各种形式的产权重组和破产兼并，"下岗分流"和"减员增效"，"抓大放小"和以提高效益为核心，国有企业的经济效益始终未能好转，还出现了越来越严重的滑坡趋势。1995 年和 1996 年，国有工业企业的实现利润，分别下降了 20% 和 38%，亏损额却分别上升了 32% 和 23%。随着国有企业的职工纷纷下岗，不断削减企业承担的各种社会义务，人们缺乏安全感致使社会购买力下降，市场需求不振加重了生产过剩，反而导致各类企业效益进一步滑坡。1998 年国内景气同亚洲金融危机交织在一起，国有企业的效益出现了惊人的急剧下滑，实现利润大幅度下降了 433%，而亏损额却大幅度增长了 40%。[①]

有人将 1998 年效益恶化归于亚洲危机影响，但是，实际上 1998 年出口额还有所增长，而 1999 **年一季度出口额却下降了 7.9%，为何国有企业却能在外部环境恶化的条件下，一举扭转持续多年的严重滑坡趋势呢？这充分说明，国内市场需求是不可忽视的关键因素，政府扩大投资启动内需政策非常正确，正是抓住了当前经济矛盾的关键症结。**前几年政府采取了各种产权改革措施，而且在出口大幅度增长的有利情况下，国有企业的效益却持续不断地滑坡，1999 年出口额虽然首次出现了大幅度下降，国有企业却在基建投资需求的拉动下，克服不利因素扭转了效益滑坡。据统计，1999 年一季度，我国的固定资产投资规模，比 1998 年同期增长了 374 亿元，同比增长了 22.7%（不包括城乡集体和个人投资）。关于扩大投资拉动经济增长的成效，《经济日报》一位记者的评价是，"开局良好，不负众望"。[②]

当前，我国迫切需要进入经济局部动员状态，其原因是扩大基建投资政策虽然成效显著，但是，由于投资启动的规模、力度明显不足，仍难以带动国民经济走出通货紧缩局面，更无法适应国内外严峻形势提出的新挑战。1999 年上半年，国有企业的经济效益虽然显著回升，比去年同期大幅度增长了 2.8 倍，但是，这是在 1998 年急剧下降后的初步回升，倘若同 1997 年同期相比则仍为下降，更未恢复到 20 世纪 80 年代的正常水平，通货紧缩和生产过剩仍有惯性加深的趋势。尽管扩大基建投资政策仅仅初见成效，但是，毕竟一举扭转了持续多年的效益严重滑坡，其难能可贵之处并不在于成效大小，而在于多年探索未见成效之后，为国有企业克服困难指明了正确方向，只要我们沿着这一正确方向不懈努力，加大投资启动力度进入局部动员状态，国有企业摆脱困境不仅

---

① 杨斌：《工业规模结构"二元"分化及治理对策》，《经济工作者学习资料》1999 年 4 月。
② 参见《今年固定资产投资开局良好》，《经济日报》1999 年 5 月 18 日。

指日可待，还可充满信心地迎接国内外的新挑战。

三 借鉴罗斯福的新政和动员经济

当前我国克服紧迫的经济困难，迎接国内外严峻形势的新挑战，值得借鉴国内外的成功历史经验。我们不仅应借鉴罗斯福推行"新政"的经验，更应借鉴他实施战备动员经济的经验，因为，新政政策虽然缓解却并未摆脱萧条，正是从1939年推行的战备动员经济，促使美国经济从长期萧条中一举崛起，从此奠定了二战后世界超级大国的地位。

20世纪20年代，美国经历了若干年繁荣发展之后，1927年就出现了生产过剩危机，社会过剩资金纷纷涌入股票投机市场，1929年股市崩溃触发了经济大萧条。当时美国总统胡佛，坚信市场经济自发调节的教条，反对政府干预经济的政策，私营企业家面对严重的生产过剩，纷纷裁减工人以降低成本，私营银行则压缩信贷以避免坏账，结果国民经济陷入了恶性循环，出现了通货紧缩和物价持续下跌，私营企业减员非但未能增效，反而导致需求萎缩和亏损状况恶化，三角连环债务引起了企业银行破产风潮，工人失业猛增导致了社会动荡。罗斯福当选总统后推行了"新政"政策，大力兴办社会基础建设如水利、铁路和市政设施，政府部门增加了一千多万人就业，刺激了对钢材、建材、机械等生产资料的需求，并通过产业联系扩大了整个社会的市场需求，增加了企业开工率和就业机会，一度严重的通货紧缩得到控制，物价长期下跌后重现回升势头，从而缓解了经济萧条和失业危机。

但由于遭到了美国垄断资本的强烈反对，罗斯福扩大公共投资规模受到很大限制，因此，"新政"政策未能促进国民经济的全面复苏，1937—1938年美国经济再次陷入了严重衰退，国民生产总值下降了6%，失业率在逐年下降之后，又大幅度上升了35%。1937年出现严重经济衰退有许多的原因，其中之一是保守派反对扩大政府支出，受根深蒂固的传统预算平衡教条的影响，人们对增加政府财政赤字深怀内疚和恐惧，政府对扩大公共投资始终十分谨慎，不敢为完全消灭失业而大量增加开支，1933—1936年扩大公共投资初见成效之后，1937—1938年政府又迫不及待地增税减支，连续两年大幅度减少了财政赤字。但是，由于美国经济长期陷入大萧条，其破坏作用持续多年影响深远，企业银行的三角债长期积累过多，困难缓解之后仍难以消除债务拖欠，一旦政府的公共投资稍微减少，信心脆弱的市场景气顿受冲击，私营企业纷纷重新陷入困境，三角债务拖欠再次迅速膨胀，银行不良债权也随着急剧增长。1933—1936年间，新政扩大公共投资的政策初见成效，长期肆虐的通货紧缩一度受到控制，消费物价水平开始逐年略有回升，但由于受 1937 年政府增税减支的影响，1938—1939 年通货紧缩又死灰复燃，私营企业投资急剧下跌了 55% 。①

幸运的是，1939 年第二次世界大战的爆发，迫使美国为准备战争进入了经济动员状态，才终于摆脱了经济大萧条的阴影。1939 年 9 月，希特勒对波兰发动了闪电战，战争在欧洲全面爆发的威胁，促使罗斯福总统和国会修改了中立法，大幅度增加了国防预算开支，进入了战备的局部动员状态。美国著名历史学家沙伊贝写道，"联邦政府的庞大国防开支，以彻底地应用凯恩斯药方，终于结束了经济大萧条，这副药方的剂量远远超过了和平时期，把美国从 1937 年大萧条陷入的经济困境中解救出来"。美国右翼保守政客强烈反对"新政"，主要担心扩大政府干预经济的作用，将会限制垄断资本的谋求私利自由，包括利用萧条廉价地吞并中小资本，随意解雇工人强迫降低工资，等等。因此，倘若是和平时期，罗斯福总统很难获得国会的支持，采取更大规模的政府干预政策，即使这种政策有利于社会整体利益。

从 1939 年起美国进入了局部动员状态，政府专门成立了"战时物资局"，以协调庞大的国防工业生产计划，1940 年又成立了"紧急管理属"，下设两个重要经济管理机构，一个是"生产管理局"，统一协调军工、民用物资的生产，负责优先调拨、合同、采购、劳工等业务；另一个重要机构是"物价管理局"，负责管理和稳定物价的工作。从 1939 年至 1942 年，美国的工业生产增长了近一倍，消费品生产也增长了 25%，通货紧缩和生产过剩均迅速消失，不仅彻底摆脱了持续十年的萧条，而且实现了难以想象的高速增长。大萧条时期，众多工业企业严重亏损并坏账缠身，大量生产能力过剩设备闲置不用，现在只要能生产战时需要的物资，不管以前状况如何都能获得贷款支持，转眼间纷纷开足马力投入了生产，这种违反往常市场经济规律的做法，帮助企业银行迅速摆脱了经营困难，出人意料地解开了坏账缠身的包袱。

1941 年"珍珠港事件"爆发，美国直接对日本、德国宣战，经济从局部战备动员状态转入了全面战争动员状态。由于局部动员时期积累了丰富经验，为美国全力以赴投入第二次世界大战奠定了良好的工业生产基础。战争期间，至少有六分之五的新建工厂，都是由政府的战时生产局投资兴建的，而且这些工厂拥有最先进的设备。战争末期，政府拥有了飞机、船舶生产设备的 90%，铝、镁、合成橡胶生产设备的 70% 以上。几乎各个工业行业，都出现了难以想象的生产奇迹，工业机器设备的生产增长了 3 倍，汽车、船舶、铁路设备则增

---

① 参见沙伊贝《近百年美国经济史》，中国社会科学出版社 1983 年版。

长了 7 倍。"珍珠港事件"爆发时，美国海陆空三军仅有 1000 多架飞机，此后的 5 年中，美国生产了 29.7 万架飞机，坦克、大炮和枪械也大幅度增长。[①]

美国长期驱之不散的失业难题，转眼间变成了劳动力短缺。即使在推行新政后的 1936 年，失业率虽然比 1933 年显著降低，但仍然徘徊在 16% 的高水平，随着经济进入全面动员状态，工业企业开工充足，劳动力需求迅速增长，1944 年失业率下降至 1.2%，美国不仅终于实现了充分就业，还广泛动员妇女、退休者参加生产。美国鉴于第一次世界大战的教训，成立了"战时物价管理局"，专门负责稳定物价的工作，政府还定量分配重要军工、民用物资，有效地避免了通货膨胀的痛苦，节省了大量战争费用开支。正是依靠战争动员经济创造的奇迹，众多企业银行不仅摆脱了巨额坏债的阴影，美国经济也从持续十年的衰落中一举崛起，从此奠定了世界上经济最强大国家的地位。[②]

四　实行局部动员经济的意义

我国政府曾借鉴 20 世纪 30 年代罗斯福的"新政"，提出了扩大社会基础建设的方针，主张实行"有中国特色的新政"。事实证明这一政策主张是非常正确的，取得了迅速扭转国有企业效益滑坡的显著成效。尽管多年来，我国不断强调以提高经济效益为核心，推行了各种形式的企业产权改革，限产改造、下岗分流和减员增效，企业效益并未改善反而却持续严重滑坡，但是，1998 年政府推行了扩大基础建设政策，很快就取得了"立竿见影"的效果，这充分说明"中国式新政"的成功，真正抓住了经济运行的突出矛盾。

尽管"有中国特色的新政"成效显著，但是，仍然难以充分启动国民经济走出疲软困境，通货紧缩和生产过剩仍在不断深化，国内外严峻形势还提出一系列新挑战。这种形势下，我们应再次借鉴罗斯福执政时期的"新政"和"战备动员经济"，吸取新政因力度不足重新陷入衰退的教训，借鉴动员经济迅速摆脱萧条的成功经验，果断地进一步扩大社会基础建设的启动力度，推动国民经济进入局部动员的状态。

我们所说的局部经济动员状态，意味着在面临通货紧缩和生产过剩局面，国内外严峻形势提出新挑战的特殊时期，政府采取一切必要的经济和行政手段，动员大量闲置的人力、物力、财力资源，包括过剩的生产能力和工厂设备，大批下岗职工和企业的富余人员，金融体系缺乏投资机会的闲置资金，有选择地

---

① 参见沙伊贝《近百年美国经济史》，中国社会科学出版社 1983 年版。
② 同上。

投入到国民经济的战略领域，围绕着紧迫的社会战略任务有效运转起来。

我们所说的局部动员经济，是有中国特色的动员经济体制，不同于罗斯福的战争动员经济。首先，它不进入全面经济动员状态，仅仅涉及某些行业、领域和地区；其次，它不是单纯围绕准备战争的需要，而是围绕着重大的综合性战略目标，包括大力兴修水利和加强国防建设，消除国家经济安全的种种潜在隐患等。再次，它不是搞"大跃进"，重犯建设规模超过实际国力的错误，而消除实际国力资源的闲置浪费现象，促使建设规模与实际国力相适应。

实行局部动员经济的重要目标，是调动市场经济无法利用的闲置资源，为此有必要采取计划调节的手段，但是，局部动员经济绝不是恢复计划经济，它有选择地采取计划调节的手段，目的是矫正市场经济的严重失衡，非但不是排斥市场经济的作用，而且能挽救和巩固市场经济。动员经济本身并不意味着计划经济，即使在罗斯福实行的战争动员经济，仍然保留了大部分市场经济，是一种计划与市场相结合的体制。

我们所说的局部动员经济，绝不意味着压缩社会消费，让老百姓勒紧裤带，而恰恰是解决职工下岗的难题，消除社会失业的不稳定因素，提高广大人民的收入水平，缓解消费品生产的严重滞销，从而能大大增加社会消费水平。即使在罗斯福实行战争动员经济时期，由于实现了社会充分就业，工资增长远远高于物价增长，人民生活水平也获得显著改善。我们所说的局部动员经济，主要是为了增加社会就业，促进落后地区的均衡发展，帮助消费品工业摆脱滞销困境，加强国防建设抗衡美国威胁，保卫和平经济建设和人民幸福生活，因此，恰恰有利于改善人民生活，而不会勒紧裤带、减少消费。

有些人会提出疑问，进一步扩大投资力度钱从哪里来？实际上，扩大基础建设靠的不是纸做的货币，而是靠实实在在的人力、物力资源，靠大量的工人、物资和机器设备，而现在所有这些资源非但不缺乏，而且还大量过剩陷入了闲置状态。中国仍然是一个发展中国家，许多落后地区还有大量贫困人口，企业闲置的机器设备和技术人才，都是广大人民辛勤劳动的血汗成果，都是实现人民共同富裕的财富积累，我们绝不应让这些宝贵资源被白白浪费。

倘若我们听任这些资源陷入闲置，不仅本身就是一种巨大的浪费，而且还会形成恶性循环的连锁反应，因为，工业生产是复杂的社会化大生产，倘若小部分企业出问题影响不大，市场经济有自发的调节矫正功能，但是，众多企业出问题就会通过产业间联系，影响相关企业的产品销路和债务关系，单纯市场调节非但难以矫正严重失衡，还会产生乘数扩大般的连锁负面反应，导致整个国民经济陷入严重萧条之中。因此，**政府有必要采取适当的计划调节手段，纠**

正大规模的社会资源闲置现象，调动闲置资源用于紧迫经济建设目标。历史经验证明，实行局部动员经济扩大计划调节，是克服通货紧缩和生产过剩的特效药，能迅速消除严重的社会失业危机，帮助债务累累的企业银行摆脱困境，有效防范连锁债务演化成金融危机。《威胁中国的隐蔽战争》还更深入讨论了如何筹集资金，调动闲置资源投入制约国民经济的"瓶颈"，非但不会加重财政负担造成通货膨胀，还会大幅度增加财政税收并减少银行坏账，有效解决职工下岗难题维护社会稳定。

有些人认为资源闲置是重复建设造成的，应该让市场调节自发地淘汰掉。实际上，这些闲置资源并非没有利用的价值，而是市场盲目调节造成了供求失衡，属于相对的过剩而不是绝对的过剩。例如，美国大萧条时期，各产业部门的生产能力均严重过剩，但是，罗斯福实行战备动员经济之后，这些生产能力不仅开足马力运转，而且增长数倍后仍不能满足需要。我国的工业生产能力虽然相对过剩，但是，人均拥有量仍远远低于发达国家，滞销产品对落后地区仍是奢侈品，因此，我们不应总是限制产量和淘汰设备，而应充分利用这些资源促进均衡发展。例如，日本仅有一亿人口，钢铁产量长期高达一亿吨，弹丸之地公路铁路纵横交错，水利设施发达有效防止了洪灾。我国是十多亿人口的泱泱大国，钢产量刚达到一亿吨水平，就陷入了严重过剩的困境，而许多江河堤坝仍是沙石筑成，这难道是正常现象吗？

当年罗斯福推行新政并非优柔寡断，主要是垄断资本强烈反对形成了阻力，以及反对政府干预经济的教条束缚，才导致新政因实施力度不足效果欠佳，美国经济1937年再次陷入了严重衰退，直到实行局部动员经济才摆脱困境。对于中国来说，显然不存在垄断资本利益集团的阻挠，但是，由于受西方自由主义经济理论的影响，许多经济学家对市场机制产生了迷信，对于市场经济的严重弊端无动于衷，而对政府干预和计划调节则讳莫如深，情愿坐视三角债和社会失业不断蔓延，也不愿采取政府干预经济的措施，利用计划调节矫正经济失衡现象，这种片面的思维方式是非常有害的。

对于罗斯福总统来说，利用政府计划调节存在着许多困难，不仅会遭到垄断资本的强烈反对，还存在着牵涉私有产权的法律障碍，因此，直到美国1939年进入了战备动员状态，政府才成立了"生产管理局"，敢于大胆地运用计划调节手段。对于中国来说，由于存在着众多的国有、集体企业，以及经验丰富的政府计划管理部门，因此，实行局部动员经济不存在体制障碍，而且公有制企业本身具有的独特优势，正是能服从政府的产业政策和计划指导，形成彼此密切合作的强大集团作战能力，防止和矫正比例失调造成的经济危机，促进国民经济的协调高速发展。

邓小平同志曾说，"社会主义也有市场经济，资本主义也有计划控制"，计划与市场都是必要的经济手段，不是资本主义和社会主义的本质区别。的确，西方资本主义吸取了大萧条的惨痛教训，以及"新政"和动员经济的成功经验，二战后曾广泛实行市场与计划相结合的模式，其政府干预经济的程度和范围，甚至远远超过罗斯福新政的探索时期，直接继承了动员经济时期的许多经验，正因如此，西方经济才能从二战废墟中迅速崛起，实现了相对平稳的较快经济增长，经济周期和社会失业明显缓和，出现了历史上少有的"黄金时期"。法国总统戴高乐特别重视经济计划，日本和韩国政府也都成立了计划部门，经济增长速度显著高于其他国家。

我国计划经济时期，虽然存在着许多体制僵化的弊病，还多次犯了"左"的严重错误，但是，新中国经济建设依然取得了辉煌成就，从解放初到1980年的30年间，钢、煤、化肥、电力等主要工业生产量，同英、美、法国的差距缩小了数百倍，机器制造业几乎从零起步，机床产量迅猛增长了千百万倍，从汽车、飞机到各种机械设备均能制造，一跃成为拥有"两弹一星"的工业大国。新中国取得的巨大工业化成就，恰恰是发挥了计划经济的独特优势，广泛动员社会力量集中有限资源，投入关系到国计民生的关键性产业，特别是钢铁、机器制造、能源、交通等部门，利用这些"主导产业"的形成的广泛辐射作用，推动国民经济加速发展进入"起飞阶段"。计划经济还具有统筹社会资源的优势，能减少企业破产和职工解雇的风险，创立初期就实行了比较完善的社会保障，明显优越于西方资本主义国家。

我们应该客观评价计划经济的优缺点，不应抹杀新中国前30年的辉煌建设成就。我们不应忘记，正是靠前30年建立的强大完整工业体系，新中国才战胜了美国的冷战封锁遏制，才为我们赢得了改革开放的良好国际环境。我们对前30年的许多"左"的失误，不应耿耿于怀全部归咎于计划经济，如"大跃进"和"文化大革命"等错误，恰恰同破坏计划经济体制有很大关系。

正如邓小平同志所说，"社会主义同资本主义相比，它的优势性就在于能做到全国一盘棋，缺点在于市场运用的不好，经济搞得不活"。计划经济的弊病并不是效率低下，导致新中国同西方的经济差距扩大，而是完全排斥了市场调节的积极作用，致使未能利用一切有用的经济手段，以及微观经济的大量信息和资源，更好地促进农业和消费品生产发展，从而制约了人民生活水平的提高。但是，我们不应从一个极端走到另一个极端，从完全排斥市场变成完全排斥计划，这样也会无法利用一切有用的经济手段，以及宏观范围的大量信息和资源，更好地发展战略产业和社会基础建设，避免资本主义市场经济的严重弊端，甚至会陷入困扰西方数百年的经济危机。

邓小平同志还说，"实际工作中，在调整时期，我们可以多一点计划性，而在另一个时期多一点市场调节，搞得更灵活一些"。历史经验证明，计划与市场都是有用的经济手段，而且各有其独特的优缺点，两者之间既有矛盾性也有互补性，只有将两者取长补短结合起来，才能更好适应不同时期的具体需要。例如，解放初期，新中国面对西方冷战遏制的压力，必须将实现工业化放在优先位置，因为这关系到民族独立与生存，因此，实行集中计划经济有历史合理性，缺点是完全排斥了市场调节的作用。20世纪80年代，由于国际环境的改善，我们有可能推行改革开放，更多利用市场调节的积极作用，但是，仍然坚持了计划与市场相结合，保证了国民经济的协调高速发展。由此可见，我国改革开放的巨大成就，恰恰来自计划与市场的成功结合。

20世纪80年代，美国为了遏制第三世界的工业化进程，扭转不利于自己的世界实力均衡变化，有意宣扬二战后经济重建的经验过时了，蓄意贬低计划调节的合理性、必要性，大肆鼓吹恢复自由放任的市场经济，人为制造瓦解别国的经济金融危机，用于打击威胁其建立霸权的国际竞争对手。俄罗斯改革盲从了西方专家的误导，采取了完全抛弃计划体制的激进方针，结果陷入了长期衰退的巨大灾难。由于美国大肆宣扬新自由主义的误导，日本、韩国也放弃了本国的成功经验，落入了金融自由化、全球化的陷阱。美国著名教授查默说，当前日本、韩国正对金融危机进行反思，酝酿恢复以前政府干预经济的成功经验，包括恢复政府计划部门和产业管制政策。

我国改革开放获得巨大成功，同俄罗斯的失败形成了鲜明对比。同俄罗斯完全抛弃计划调节相比，我国能有效防止经济转轨的混乱，计划调节发挥了不容忽视的作用。相反，20世纪90年代以来，由于片面强调过渡到市场经济，下放企业的投资权和资产处置权，忽视了政府计划调节的必要性，1992年出现了泡沫经济的投机过热，盲目投资造成了巨大损失。当前，我们应正确总结改革开放的经验教训，推动国民经济进入实行局部状态，克服通货紧缩和生产过剩矛盾，回到计划与市场相结合的成功道路上来。当然，我们应灵活调整局部动员经济的实施力度，以及计划调节与市场调节的范围，在通货紧缩时期扩大计划调节，恢复经济均衡后又扩大市场调节，从而更好适应不同时期的具体需要。

我国实行局部动员经济不是权宜之计，而是深谋远虑的长期发展战略，因为，经济危机是市场经济的必然伴生物，我国只有未雨绸缪长期保持局部动员状态，才能防止爆发经济危机的周期性威胁，有效抵御世界经济萧条的冲击。

此外，美国谋求世界霸权是长期战略，洪水等自然灾害也是长期的威胁，进入21世纪，随着自然生态环境趋于恶化，石油等自然资源日趋消耗殆尽，国际竞争可能导致紧张局势和战争，我国必然面临更严峻的生存挑战，必须动员充分资源实施科技兴国战略，通过科技创新源源不断地开发出新资源，才能避免自然资源耗尽导致人类浩劫。由于未来世界能源矿产资源将趋于紧张，当前我国趁能源矿产资源价格较低之时，加强国防、科研和社会基础建设，有利于21世纪我国的可持续经济发展。

五　实行局部动员经济的措施

当前我国单纯依靠市场的调节作用，难以充分利用大量的社会闲置资源，因为，市场经济的原则只关心是否有钱赚，不管是否存在着社会资源的闲置浪费。我国实行动员经济应借鉴"三平"的原则，特别是计划工作中物资平衡的丰富经验，对于过剩的生产能力和人力资源，都为其找到实现社会价值的有益用途。我国实行局部动员经济的基本思路，是计划调节与市场调节相结合，而计划调节也不应排斥指令性计划。当前，我国对国有企业的大量闲置生产能力，有必要采取指令性计划进行物资平衡，银行给予必要的生产周转资金支持，这样能迅速帮助国有企业摆脱困境，避免银行巨额设备贷款变成坏账，有效地保护社会生产力，防止国有资产的大量流失，节省政府和银行的资金投入，保证资金的安全运用和及时回收，扭转通货紧缩不断加深的趋势，而且防止再次出现通货膨胀。

有人认为计划调节必然导致效率低下，实际上这种观点是不正确的。面对战争重大威胁时，世界各国都普遍采取计划调节措施，正是为了充分提高经济的运行效率。美国资本家曾强烈反对罗斯福新政，害怕政府干预限制其谋私自由，但第二次世界大战爆发后，生死关头顾不上反对社会主义，居然也毫无怨言地接受了计划调节。罗斯福实施战备动员经济之后，生产管理局曾广泛采用指令性计划，不仅充分保证了旺盛的物资需求，而且还为政府节省了大量战争经费。二战时期美国经济增长比平时高数倍，科技创新和技术进步大大加快，这说明指令性计划并未导致效率低下。二战后美国继承了战备动员经济的经验，举足轻重的国防、航天工业部门，始终保持了相当高的计划性。

当前，我国迎接国内外的严峻挑战，需要进入局部的经济动员状态，但是，仍然应采取从实际出发的稳妥态度，既不能搞"一哄而起"的盲目冒进，重犯建设规模超过实际国力的错误，也不能采取消极观望的保守态度，又犯建设规模远远小于实际国力的错误，造成闲置社会资源的大量浪费，无法胜任迎接国内外挑战的时代重任。我国做好局部经济动员的工作，并不需要进行大量的舆论宣传，而是要踏踏实实地调动闲置资源，切实有效地克服紧迫的经济困难，围绕着国家战略目标有效地运转。

关于我国如何确定扩大基建投资的最佳规模，我在 1997 年底撰写的一篇政策建议中，提出应先调查全国各地闲置社会资源状况，再在各地试点不同规模的投资启动力度，观察其实际效果然后作进一步的调整，这样能尽快趋近符合客观实际的最佳力度，既能充分消除社会人力、物力资源闲置，又能防止通货膨胀的最佳投资启动规模。令人遗憾的是，这一建议没有受到有关方面重视。1998 年 3 月，我国政府曾提出三年基建投资 1 万亿美元，折合每年投资 2.5 万亿人民币，但是，实际上政府基建投资仅为 1000 亿人民币，倘若说 1 万亿美元的投资规模太大了，那么 1000 亿人民币的投资规模显然太小了。尽管政府扩大基建投资成效显著，但是，实践证明其实施的力度明显不足，耽误了克服通货紧缩等紧迫的困难，逐步扩大规模耗时延误时机不是好办法。

我国进入局部的经济动员状态，应该采取以下积极稳妥的步骤：

第一步，政府应尽快进行全国范围的详细调查，了解社会人力、物力、财力资源的闲置状况，包括闲置的生产能力和工厂设备，滞销积压的生产资料和消费品，过剩的铁路、公路运输和发电能力，未能充分利用的社会基础设施，大批下岗待业职工和企业富余人员，政府部门的多余管理干部和科研人员，金融机构缺乏投资机会的大量资金，等等。

根据现有的闲置社会资源的数量和结构，围绕着紧迫战略目标进行初步的合理利用规划，优先考虑重点的社会基础建设项目，特别是水利建设、交通、生态保护等，还应优先考虑国防工业和实施科技兴国战略，加快国有企业技术改造进行大规模设备更新，促进落后地区的均衡经济发展，特别是新疆、西藏等战略敏感地区，促进我国的国际地缘战略利益，援助朝鲜、中亚等重要周边国家，发展长远的合作互利关系，等等。

规划中应继承计划综合平衡积累的经验，对各种建设项目所需的资源数量进行准确测算，包括机械设备、原材料、人力和资金等，优先选择能够有效促进社会就业的建设项目。计划初期有必要提出一些控制数字的设想，但是，具体确定扩大建设投资的最佳规模，应该依据闲置人力、物力资源的数量，坚持建设规模与实际国力相适应的原则，这样才能有效消除生产过剩的局面，同时避免经济过热和通货膨胀。

政府部门进行了社会闲置资源的调查，拟订了保证物资平衡的建设计划之后，国有银行应该为建设计划提供特殊信贷票据，附加建设单位购买社会闲置资源的条件，包括大量过剩的工业品、消费品和劳动力。解决经济动员建设项目的资金来源，不应采取提高税负或压缩政府开支的办法，以免加重企业负担和导致市场需求萎缩。中央银行或国家财政应提供适当的利息补贴，以较少的代价调动数额巨大的闲置资金，支持专业银行为基础建设提供特殊政策性信贷，通过乘数效应扩大工业生产和社会就业，从而导致政府税收和正常货币供应大幅度增长，远远超过中央银行或国家财政的利息补贴。倘若闲置资金不足以充分启动闲置资源，中央银行就应进行特殊的货币发行。银行为动员闲置资源创造的特殊信贷，不同于一般的货币发行或银行贷款，用于特定的项目而且有充分物资保证，不会冲击市场供应或引起通货膨胀。

局部动员经济意味着企业的高效运转，但长期困扰企业的三角债是拦路虎，必须将清理三角债列为当前首要任务，立即开展全国范围的清理连环拖欠工作。三角债的危害性远远大于一般高负债率，是生产流通梗阻即将触发金融危机的征兆，俄罗斯爆发全面金融危机的前兆之一，正是三角债拖欠在企业间蔓延扩散。我国应继承1991年清理三角债的成功经验，采取果断措施治理大规模三角债拖欠，这样才能保证局部动员经济的顺利实施。

第二步，我国应拟订不同力度的经济动员方案，先在不同地区进行启动经济的试点。局部经济动员也需要进行试点的原因是，任何计划方案都不可能是完善的，我们一方面通过市场调节减少计划压力，另一方面通过试点来矫正计划方案的缺陷，力求做计划与市场相互取长补短，促使两者能更好地结合发挥调节作用，对于探索有中国特色的市场经济模式，克服市场经济周期性爆发的经济危机，从实践和理论方面都具有深远的意义。

尽管我们拟订计划事先进行了周密调查，筹划建设项目和物资平衡进行了计算，但是，主观认识同客观实际仍然难免存在很大差距，计算工作利用的生产函数和技术系数，难以精确反映企业生产过程和产业间联系，特别是经济模型难以准确预测市场供求关系，因此，我们也有必要"摸着石头过河"，先在不同的地区试点力度不同的方案，观察其启动社会闲置资源的实际效果，以及对市场供求和物价因素造成的影响，从而有助于我们修正主观想法的缺陷，探索出符合客观实际的最佳方案和力度。

各地拟订的基础建设和物资动员试点方案，由专业银行提供特殊的生产性信贷的信用票据，中央银行或财政提供必要的利息补贴，施工单位用其采购本地区的闲置资源，这样有利于节省交通运输费用，测算对本地经济产生的实际影响。供应社会闲置资源可以考虑采取许多种方式，或者由建设单位直接向生产企业进行采购，或者由指定的物资、商业企业统一负责供销。应该规定按平价采购闲置社会资源，限制重要物资的物价和批零差价率，对物资、资本市场的投机涨价征以重税，严防投机商扰乱市场误导资源分配。我国各级政府的物价管理部门，应该拟订适应经济动员的物价管理条例，这样能避免通货紧缩和通货膨胀，还能节省政府和银行的大量资金。

实践证明，客观的最佳力度往往会超出了主观想象，例如，罗斯福"新政"虽缓解了经济萧条，但是，规模远远超过新政的二战动员经济，才促使美国彻底摆脱了经济萧条的阴影。1998 年我国政府有关部门提出的基础建设计划，一万亿美元的方案也许规模过大，而实践证明一千亿人民币规模过小，倘若各地试点了不同规模的方案，现在对最佳启动力度就能做到胸有成竹。

第三步，经过一定时期的试点工作，应及时将各地情况汇总上来，进行比较分析并且总结经验，针对存在的问题提出改进方案。例如，某些地区发现力度过大则应适度减小，某些地区发现力度过小则应适度加大，倘若某些地区试点取得了较好的效果，则应积极稳妥地进行推广试点的工作，以检验其成功经验的稳定性和适用范围，作为拟订全国动员启动规划的重要依据。尽管试点工作耗费了一定的时间，但是，**由于各个地区同时试验了不同力度的方案，试点工作进行得深入细致，从全国来说能较快探索出最佳方案，达到既能消除社会资源的闲置和浪费现象，又能避免经济过热和通货膨胀的最佳状态。**

全国各地还应进行一系列配套试点工作，包括政府机构职能的调整，动员国有企业投入高效运转，等等。对于全国性的国有大中型企业，以及地方经济的骨干性国有企业，特别是那些分布在国民经济关键性产业，如机械、冶金、仪表、电子等行业，长期以来曾是国家和地方财政的支柱，银行曾为其提供了大量设备贷款的企业，应该优先作为依靠和扶植的对象，为其安排适当生产保证产品出路，银行为其提供必要的生产周转资金，促使这些企业开工充足效益良好，从而保证政府财税来源稳定增长，银行及时收回贷款，降低金融风险。

国家应试点通过减免税费和贴息，支持修建、购买中低档经济住宅，这样充分启动房地产市场效益巨大，包括刺激社会需求改善居住条件，搞活国有企业促使其资产增值，扩大税源、稳定金融和增加就业，远远超过减免的土地税费和利息补贴。但是，绝不应用刺激房地产泡沫扩大需求，鼓励少数富人购买多套住宅投机，这样必然步东南亚、日本泡沫后尘，重蹈我国 1992 年房地产泡沫覆辙。历史经验充分证明，人为制造股票、房地产泡沫，虽能暂时刺激虚假社会需求，最终必然造成更大经济衰退。

尽管不少国有企业陷入了经营困难，或因市场需求疲软导致产品滞销，或因泡沫经济的盲目投资所拖累，背上了难以消化的历史包袱，政府应将其历史

包袱暂时统一挂账，先帮助其开工充足恢复正常运转，银行提供封闭贷款保证其资金周转，待其经营状况明显好转并稳定后，再对其历史欠账区别对待分类处理，有些连环债务可通过治理三角债，注入清欠资金帮助解开债务链，有些债务调整期限逐步偿还，有些"拨改贷"债务可转化为股本，对于泡沫经济遗留下来的损失，政府的政策失误也应负有相当责任，应考虑由政府和企业共同分担注销。

国有企业还应借动员经济的东风，试验各种改善经营增强活力的办法。值得指出，任何经济工作的试点，无论是投资启动或企业改革，都应坚持以下原则：一是同时试点多种不同的方案，根据实际效果客观分析利弊，这样才能较快摸索出效果好的方案。建立现代企业制度的试点，仅仅试点公司制一种方案，会因效果不理想耽误了改革。美国著名经济学家斯蒂格利茨，强调西方理论不适合于提供改革建议，应同时进行多种试验找出可行的方案。二是试点取得了明显的效果，充分符合三个有利于标准，扩大试点检验了稳定性和适应范围，才能逐步在全国正式推广。前几年进行的许多产权改革，实践证明未能提高企业效益，还造成了社会不稳定后果，违反了三个有利于标准，原因是未经充分试点并获成功，就一哄而起在全国范围推广，尤其在通货紧缩困难时期，容易产生负面连锁反应。当前应该暂缓这些产权改革，待经济明显好转时再试验。

国有企业应该继承20世纪80年代的成功经验，优先试验计划与市场相结合的措施，探索政府和企业进行密切的合作，发挥各自在宏观和微观上的优势，做到既有政府的统一计划协调，又能充分发挥企业的主动精神，保证宏观经济运行"活而不乱"。局部动员时期国有企业改革的重点，应放在不断进行经营责任制的创新，包括合理吸收承包经营责任制的成功经验，兼顾国家、企业和职工三方面利益，发挥工人阶级当家作主的独有优势，广泛调动广大职工多创效益的积极性，纠正片面强调产权损害职工利益，甚至造成尖锐劳资对立的错误倾向。

随着局部动员经济实施一段时间之后，大多数国有企业的效益都会明显改善，此时应有条不紊地试验产权改革，包括对效益良好的国有企业，加快股份制或公司制改造步伐，通过股票上市或吸收法人投资，广泛筹集社会资金加快技术改造。值得指出，我们不应期望众多的国有企业，通过股份制或公司制改造来摆脱困难，因为，只有经营素质和效益良好的国有企业，才具备股票上市和吸收法人投资的条件。倘若违反客观经济规律，搞"包装上市"或"拉郎配"，就会严重影响社会稳定。因此，国有企业进行股份制的意义，在于帮助效益好的企业广泛筹集资金，进一步巩固和加快国有企业的发展。国有企业进行股份制改造的目的，并不是效仿西方的私有股份公司，摆脱政府监督并不服从计划指导，忽视职工利益只顾追求股东红利，而是兼顾国家、企业和职工的利益，既能顾全大局服从政府计划指导，又能灵活利用市场发挥主动精神，成为更加符合社会化大生产要求，优越于私有股份公司的崭新企业。

因此，国有企业试点股份制或公司制改革，应该毫不动摇地坚持以下原则：一是绝不出售公有产权搞私有化；二是保证国有产权拥有绝对控股地位，相对控股的界限模糊应该严格审批，待有充分把握之前一般作为个案处理，只有这样才能确保股份化不滑向私有化，形成优越于私有股份公司的新型企业。在大多数竞争性行业中，国有企业必须保持充分优势，才能保证政府计划的贯彻执行，才能保证国民经济的协调发展，避免市场经济爆发周期性危机。20 世纪 80 年代，我国坚持了计划调节与市场调节相结合，无论在垄断性或竞争性行业，国有企业均拥有着压倒性优势，不仅没有妨碍市场机制运行，还有效避免了重大比例失调，保证了国民经济协调高速增长，国有企业的效益一直稳步增长，从未出现严重亏损或职工下岗。实践证明，这才是中国改革的成功经验，我们不应抛弃本国的成功经验，盲从相信西方提倡的产权明晰药方，无论是俄罗斯或中国等国的经验，都充分证明了片面的产权改革，非但不能改善企业的经济效益，还可能造成尖锐的社会矛盾，甚至导致国民经济陷入严重困境。

值得指出，国有企业退出竞争性领域的主张，实际上是一种变相的大规模私有化，甚至远远超过了俄罗斯和西方国家。许多西欧国家在竞争性领域中，如钢铁、化工、机械制造等行业，国有企业拥有重要优势地位，二战后经济增长明显快于美英两国，社会平等和福利状况也更为优越。20 世纪 80 年代美英右翼政府发动保守革命，大肆鼓吹自由放任和私有化政策，是出于人为地制造经济金融危机，打击国内的社会改良进步运动，削弱和控制别国的工业金融命脉，谋求建立单极世界霸权的战略目的。实际上，即使是具有自由放任传统的美英两国，为了摆脱 20 世纪 30 年代的经济大萧条，动员经济赢得第二次世界大战的胜利，也正是依靠加强政府的计划调节，大力推进国有化和发展国有企业，如英国曾在大多数工业领域推行国有化，将大多数重要工业企业收为国有。

当前，我国克服通货紧缩和社会失业，迎接国内外严峻形势的挑战，也必须依靠国有企业发挥主导作用，因此，我们长期面临的艰巨时代使命，是通过大大加强国有企业的力量，加快关键性和支柱产业部门的发展，尽快提高我国工业实力和综合国力，加强国防建设抗衡美国霸权威胁，保卫和平建设和人民幸福生活。国有企业退出竞争性领域的主张，不仅无法纠正国民经济的失调，还会产生一系列强烈的负面效应，加剧通货紧缩和生产过剩困难，增加社会失业等不稳定因素，削弱政府的财税来源和调控能力，甚至会瓦解我国的工业和国防实力。

国有资产属于全体人民所有，分级管理可以下放资产经营权，但是，资产处置权则应实行集中管理。任何出售国有产权的行为，必须经过中央政府的严格审核，而且只能作为例外的个案处理，凡是违反上述原则的改革措施，无论已经发生或今后打算采取，政府一经发现都应该坚决加以纠正。否则的话，还可能发生地方误解中央改革精神，出现廉价出卖国有企业的错误风潮，出现腐败领导趁机大谋个人私利现象，更为严重的是会像戈尔巴乔夫那样，从提倡股份化迅速地滑向私有化，导致企业经营秩序陷入混乱，国民经济长期陷入严重衰退之中，社会财产和收入分配严重两极分化，形成擅长掠夺不愿从事经营，甚至操纵政府的垄断资本集团。正像世界银行副行长兼首席经济学家——斯蒂格利茨先生撰文所指出，俄罗斯的改革失败教训证明，无论如何出售拍卖国有企业，都是一种不费力气的改革，特别是廉价卖给送给亲戚朋友，私有化寻租远远超过其他腐败行为，这种强盗式掠夺公共财产的做法，不仅无法提高企业的经营效率，还会将企业效率低下局面固定化，阻碍进一步改革的深入进行，甚至形成阻碍民主的垄断势力。

六　实行局部动员经济的好处

（一）消除通货紧缩巩固社会稳定

我国实行局部的动员经济，能有效地克服当前困难，消除通货紧缩和生产过剩，解决职工下岗和失业矛盾。当前的各种经济社会矛盾，都是市场经济出现严重失衡，各种社会资源大量闲置造成的。我国实行局部的动员经济，直接动员闲置资源投入运转，无论是机器设备和积压物资，还是下岗职工和闲置资金，均能运用于实现价值的用途，促使国民经济恢复协调发展，是治疗当前经济病症的特效药。**国有企业效益经历持续多年的滑坡，1999 年在出口下降的困难形势下，竟然奇迹般出现了 2.8 倍增长，初步验证了"中国特色新政"的效果，倘若我们及时地实行局部动员经济，多年来难以治愈的种种社会顽症，不难出现药到病除的神奇疗效。**

当前，改革、发展与稳定之间存在较多矛盾，许多面向市场经济的深化改革措施，不仅给人们造成越来越多的痛苦，而且严重影响着社会的稳定。**我国实行局部的动员经济，不仅能有效推动经济发展，还能促进改革与社会稳定，协调改革、发展与稳定的关系。**由于局部动员经济能调动社会资源，从闲置状态投入有效地运转，经济增长速度将会大幅度提高，8% 的增长目标仿佛唾手可得，20%的增长速度也是完全正常的。当然，这属于释放潜力的恢复性增长，正像国有企业的2.8倍反弹一样。1939年罗斯福实行动员经济之后，工业生产3年中增长了1倍，出现这种超常规的奇迹般增长，正是因为存在大量闲置生产能力，经济动员有效地将其释放了出来，而且高效率地运用于推动经济增长。

　　局部动员经济促进经济发展的同时，还能有效克服通货紧缩和生产过剩，解决职工下岗和社会失业矛盾，改善国有企业效益增加政府财政税收，减少失业救济增加社会保障资金，因而能消除长期困扰人们的社会痛苦，协调经济发展与社会稳定的关系。局部动员还能有效促进经济改革，随着国有企业效益的显著改善，企业拥有更多的财力调动职工积极性，不断完善经营责任制深挖潜力，国有企业面对越来越多的发展机会，需要筹集广泛来源的社会资金，更多国有企业具备产权改革需要和条件，股份制、公司制改造也就水到渠成，根本不需要违反客观经济规律，对困难国有企业进行包装上市，也不需要人为进行产权多元化改造，强行搞"拉郎配"干扰经营秩序。由此可见，我国实行局部的动员经济，能有效解决各种社会顽症，解决改革、发展与稳定的矛盾，形成相互和谐统一的关系。

　　（二）加强国防建设抗衡美国威胁

　　我国进入局部经济动员状态，不仅有利于加强国防建设，本身也具有强大的威慑力量，意味着中国已攥紧了拳头，随时准备采取强有力的行动，打击"台独"分裂祖国行径，抗衡美国的军事干涉威胁。中国表现维护国家主权的决心，能够震慑美国反华和"台独"势力，迫使它们对反华行径三思而后行，不战而屈人之兵。实行局部动员经济之后，我国政府能以较少的财政经费，调动更多人力、物力资源，以当年制造"两弹一星"的精神，迅速加强国防高科技工业建设，形成抗衡美国霸权的威慑力量。我国应拥有更多的各种核弹头、飞越太平洋的洲际战略导弹，以及遨游海洋深处的核潜艇。我国还应加强常规军备建设，生产更多的精密制导巡航导弹，先进的歼击机、轰炸机和舰艇，加速海、陆、空三军武器装备的更新换代。我国还应大力发展宇宙航天工业，做好21世纪爆发太空战的准备。

　　我国实行局部的动员经济，有利于通过发展国防工业，缓和通货紧缩和生产过剩，加快科技创新和技术进步，帮助国有企业克服困难。美国等西方国家普遍将发展国防工业，作为国民经济的重要调节手段，用以缓和市场经济的经济危机，刺激社会需求和增加就业机会。加强国防并不意味拖经济建设后腿，因为，加强国防不仅会刺激经济需求，还有利于保卫和平的经济建设环境，防止美国像对付南斯拉夫那样，大肆摧毁其工业企业和社会基础。我国实行动员经济加强国防建设，在不远将来获得抗衡美国的实力，并非是遥遥不可预期的幻想。二战后初期，前苏联工业仅仅相当于美国三分之一，后来发挥计划经济特有的动员优势，迅速建立了抗衡美国的强大军事实力。当前，我国民用、国防工业均有相当实力，实行动员经济进一步加速发展，十年内争取再上一个新的台阶，拥有的战略导弹和高科技先进武器，很可能大大削弱美国对华军事优势，迫使其完全放弃武力干涉中国内政，确保和平建设和国家统一不受侵犯。

当然，我们应吸取前苏联的教训，不追求武器数量上追赶美国，而强调形成充分有效的抗衡力量，同时重视"软硬"两条战线，防范美国隐蔽经济战的攻击，西方媒介的意识形态宣传攻势，旨在动摇我们制度信心的攻心战。我国还应充分重视发展民用工业，改善提高广大人民的生活水平，完善社会保障确保充分就业。我国实行局部动员经济，采取计划与市场相结合、军用与民用相结合的政策，能够正确处理好国防与经济的关系，防止前苏联集中计划体制的弊病，片面强调国防而忽视民用工业。**我国应将加强国防和改善人民生活，看成保卫祖国的"硬软"两场战争，动员充分资源确保获得全面胜利。**

我国还应通过加强国防建设之机，大力实施科教兴国既定方针。国防的科研开发能刺激科技进步，美国二战中的重大科技发明，推动了战后新兴产业的蓬勃发展。我国应通过实行局部的动员经济，大力加强国防民用高科技产业，调动充分资源推进科教兴国战略，许多国有企业可改造成科研试验厂，广泛吸收政府企业的多余科技人才，既能消除过剩的工业生产能力，安排科技干部防止宝贵人才流失，又能大大充实科研创新物质基础，开发军民两用的先进技术和设备，加快国防及民用国有工业的技术改造，更好节约能源和保护生态环境。

（三）促进我国国际地缘战略利益

美国具有谋求单极世界霸权的野心，因此，它在世界各地都有地缘政治利益，到处都想扩大经济军事势力范围。中国虽然不谋求霸权，但是，为了建立公正的国际秩序，保卫国家安全和经济建设，也有自己的国际地缘政治利益。新中国成立后，曾支援抗美援朝、援越，挫败了美国包围中国图谋，在周边地区建立了缓冲屏障。前苏联东欧国家发生剧变之后，朝鲜在经济军事上陷入孤立境地，原有的贸易合作关系发生中断，许多工业企业陷入停产状态，农业反复遭受洪旱灾害饥荒严重。倘若朝鲜半岛的局势能够维持稳定，美、韩、朝三方都会需要中国的合作，有利于增加我国的国际影响力。倘若朝鲜爆发激烈的社会政治动荡，驻韩美军可能直接开到鸭绿江边，缓冲屏障消失形成直接军事威胁，我国吉林省延边自治区也可能出现不稳定局势。当前，前苏联的哈萨克等中亚地区共和国，改革陷入了困境社会局势不稳定，倘若这些国家分裂主义势力泛滥猖獗，也必然影响到我国新疆的社会稳定。西方"软战争"造成我国周边国家社会不稳定，还可能趁中亚、蒙古陷入困难之机，诱惑拉拢这些国家加入北约集团，从而对我国构成新地缘战略威胁。

二战后，美国因战时工业生产过剩陷入萧条，后来为谋求其国际地缘战略利益，曾通过"马歇尔计划"扶植西欧、日本，这种冷战压力下被迫进行的近乎无偿援助，反而为美国过剩产品扩大了销路，促使美国经济走出低谷恢复增长。当前，我国面临着通货紧缩和生产过剩，各种生产资料和消费品严重积压，我国应借鉴美国推行"马歇尔计划"的经验，调动部分过剩生产能力和多余物资，向朝鲜、中亚、蒙古等周边国家提供援助，既能促进我国的国际地缘战略利益，还能加速经济增长扩大社会就业。

有些人认为朝鲜对改革态度不积极，因此不应同它扩大经贸合作。冷战时期美国为了遏制封锁中国，曾扶植蒋介石、李承晚的独裁政府，向中国台湾、韩国提供大量经济军事援助，以贸易优惠待遇扶植其出口加工业。中国人民志愿军曾同朝鲜人民并肩作战，我们应该体谅朝鲜在强大压力下的处境，尊重它根据国情选择改革的道路。有些人认为朝鲜困难是经济体制造成的，提供援助帮助它也不会见效，这种看法有片面性。实际上，朝鲜建国五十年来，从未发生过类似的严重饥荒，取得了相当工业化建设成就，其人口仅仅相当于两个北京市，能自己制造军火、导弹和卫星，抗衡美国驻军的强大军事力量，当然这样做的代价是很大的。朝鲜作为小国面临着美国强大封锁，缺乏经贸分工合作很难长期生存。中国作为社会主义大国，无论从国际的人道主义，或从自身国际地缘战略利益，都应设法从长期经贸合作的角度，帮助朝鲜克服困难保持稳定。

中国应考虑派遣工农业经济专家，详细考察朝鲜的实际经济困难，采取计划与市场结合并举的办法，安排一批拥有过剩能力的国有企业，同朝鲜形成贸易分工合作关系，向其提供紧缺的关键性设备、零件和原料，帮助其工业、能源体系恢复运转，有针对性兴办合资工农业企业，共同开发朝鲜丰富的矿产资源，委托其进行来料加工，转包一些出口加工类业务，帮助朝鲜赚取外汇发展外贸关系，合作进行粮食、畜牧、渔林业开发，还应利用过剩生产资料和消费品，采取实物长期贷款或以工代赈的形式，帮助建立抵御旱洪灾的水利设施，开展军事合作提供一般武器装备，缓解朝鲜工业生产军火的压力，从而用更多资源生产民用产品。

20世纪70年代，中国还支持第三世界国家反霸，无私提供援助帮助独立发展，赢得了良好的国际声誉。正是在众多第三世界国家支持下，中国挫败美国等西方国家的反对，恢复了联合国常任理事国地位，成功突破封锁重返国际政治舞台。正因中国具有国际大国的影响力，迫使西方国家对中国刮目相看，为改革开放创造了良好环境。当前，西方强迫第三世界推行自由化改革，许多国家陷入困境社会贫困加剧，中国仍应继承以前的优良传统，采取政策性与市场性相结合的办法，积极开展同第三世界的经济合作，缓解社会贫困培养自主发展能力，有利于团结第三世界共同反对霸权，争取建立公平的国际经济秩序，抵御台湾经济外交维护国家主权。

（四）加强水利建设抵御洪灾威胁

洪涝灾害频繁发生的严峻威胁，迫切要求我们实行局部动员经济，迅速大大提高防洪抗洪能力。的确，动员全社会力量抵抗外来威胁，包括侵略战争和自然灾害等，正是社会主义制度的优越性，1931年长江发生特大洪水，国民党政府自称动员了数百工人，十部水车和数千条麻袋，沿江各大城市均受灾惨重，而1954年，仅武汉参加抗洪的大军就有20多万人，1998年全国动员抗洪大军800多万人，比新中国成立前大大减少了生命财产损失。

但是，我们不能将特有的动员优势，仅仅用在事后抗洪抢险上，而更应用在兴修水利设施，事先预防洪涝灾害的发生。20世纪90年代洪水连续多年造成巨大损失，充分说明了水利建设的严重滞后，我们必须将加强水利设施建设，放到防御战争同样的战略高度，因为洪水和战火都是同样的无情。1998年特大洪水中，万里江堤经过长期冲击浸泡，很难再抵御同样严重的洪水，全国许多大江大河的堤坝，都是按20年一遇的标准建造，广大农村地区的水利设施，多是人民公社时代修建的，60%以上已严重老化失修，无法应付自然气候环境变化下，特大洪水频繁发生的严峻威胁。

水利建设能产生巨大的经济效益，据计算效益投入比高达100：1，但是，倘若单纯依靠市场经济的调节，很难调动大量过剩的人力、物力资源，投入无法直接赚钱的水利建设。因此，我们应实行局部的动员经济，采取计划与市场相结合的办法，迅速动员资源投入水利建设，加固大江大河的防洪堤坝，修建一大批蓄洪大中型水库，同时清挖淤泥、疏通河道，植树造林改善生态环境。自古以来，兴修水利，利在当代，功在千秋。大禹治水，传为千古佳话。日本占领台湾时期，为了掠夺当地资源，也兴修了一些水利设施，无意中有利于普通百姓，这是台湾省人痛恨日本统治，不如东北人、朝鲜人的原因。我国政府通过广泛动员，大大加快水利建设步伐，无疑将广泽恩惠于民，必然有效提高政府的威望。

（五）支援落后地区促进平衡发展

改革开放以来，沿海地区经济发展较快，同西南内陆、边疆地区间差距扩大，如何促进地区间均衡发展成为重要战略问题。如何缩小地区间经济差距，单纯依靠市场机制存在困难，特别是在当前通货紧缩的条件下，落后地区经济更是首当其冲，生产过剩市场竞争日趋激烈，落后地区加工企业更难生存，从事自然资源采掘开放的企业，也因原材料价格下跌陷入困境。新疆、内蒙古、甘肃少数民族集中，当地经济困难职工纷纷下岗，影响人民生活不利于社会稳定，容易被人利用激化民族矛盾。中亚各国经济改革陷入困境，穆斯林分裂主义势力活动猖獗，随着边疆省份扩大开放发展边贸，毒品、武器走私活动容易泛滥，成为威胁国家安全的潜在隐患。这些问题必须引起高度的重视，未雨绸缪及早消除社会隐患。

二战结束后，美国战时的庞大工业生产严重过剩，只顾本国私利四处倾销激起强烈反对，后来冷战压力迫使美国推行"马歇尔计划"，以近乎无偿援助的低息长期贷款，帮助西欧、日本和韩国的经济重建，反而促使美国摆脱了严重的经济萧条。我国实行局部的动员经济，也应借鉴"马歇尔计划"的成功经验。在冷战的强大压力之下，**美国能超越平时狭隘自私的思维方式，以战略气魄援助其他国家经济重建，甚至包括日本、德国的前敌对国家，中国作为社会主义的泱泱大国，更应具有远大的战略眼光，在通货紧缩和生产过剩的条件下，果敢地拟订中国自己的"马歇尔计划"，支援落后地区促进经济均衡发展，缩小地区间经济差距维护社会稳定，巩固民族团结遏制国内外分裂势力。**

我国进入局部的经济动员状态，应采取计划与市场相结合的办法，动员大量闲置生产资料和消费品，发放长期的低息贷款或以工代赈，支援西南地区以及落后农村地区，加强水利、交通等社会基础设施，改善自然生态和吸引投资的环境，促进经济发展提高人民生活水平，不仅能缓解生产过剩增加社会就业，还能为沿海发达地区培育巨大的新兴市场。在经过充分论证之后，还可考虑加速大西线调水计划，促使曾孕育古老文明的黄河上、中游地区，恢复从前水草丰美森林覆盖的原貌，实施再造一个中国的宏伟计划。西南边疆的战略敏感地区，应防止市场波动影响社会稳定，无论是生产就业和发展边贸，还是扩大同中亚地区经贸关系，都应充分依靠国有企业的力量，防止异己力量崛起失去控制，消除毒品武器走私泛滥的温床，防微杜渐遏制国内外分裂势力，避免重演阿尔巴尼亚改革失败，南阿边境毒品武器走私猖獗，最终爆发科索沃暴力分裂活动，美国趁机侵略南斯拉夫的悲剧。

（六）防范爆发全球大萧条的冲击

1999 年上半年，在出口大幅度滑坡的不利情况下，国有企业的效益出现了明显改善，这一方面说明全球经济形势不容乐观，出口面临着越来越多的困难；另一方面也说明扩大国内需求的特殊意义，对民族工业生存和增加就业至关重要。20 世纪 80 年代，我国实行计划与市场相结合的政策，扩大开放的同时注重保护国内市场，国有、集体和三资企业都蓬勃发展。1992 年以来，我国片面强调市场与开放的作用，忽略了计划与保护的重要性，外资企业猛增挤占了国内市场，国有企业效益连年下降，职工下岗人数急剧上升，银行坏账积累潜伏隐患。这种状况应引起重视及早纠正，以免出现拉美的"社会贫困化增长"，即引进外资扩大出口之后，经济增长反而导致了社会贫困。

1999 年政府的扩大内需政策初见成效，我们应沿着实践指明的方向乘胜追击，进一步进入局部动员经济状态，为国有企业开拓充分的市场空间，彻底克服亏损困难和职工下岗矛盾，纠正盲目引进外资的负面效应，弥补出口下降造成的需求萎缩，做好防范爆发全球大萧条的准备。当前，有些人为美国股市暴涨所迷惑，误以为世界经济形势高枕无忧。实际上，美国泡沫经济症状越来越严重，繁荣鼎盛意味着已濒临崩溃，泡沫崩溃的历史经验足以为鉴。**我国尽快实行局部的动员经济，不仅能有效克服出口萎缩的困难，还能为防止爆发全球经济大萧条，及时修筑一道抵御冲击的防火墙。一旦大萧条导致全球市场需求萎缩，我国不仅能迅速动员启动充足国内需求，抵消出口大幅度萎缩造成的影响，还能像当年前苏联利用大萧条那样，大量采购国外廉价的机器设备、原材料，促进经济高速增长和技术进步，大大提高我国工业实力和综合国力。**

当前，在通货紧缩和生产过剩的条件下，我国正丧失吸引外资的市场吸引力，新的外商直接投资持续多年下降，来华外资企业也因市场萎缩纷纷撤离，我国进入局部的动员经济状态，扩大国内需求并消除严重生产过剩，能大大提高我国市场的国际吸引力。但是，我们应吸取以前盲目开放的教训，珍惜国内市场资源谨慎扩大开放，还应利用市场潜力作为谈判战略筹码，同团结世界各国共同反对霸权，遏制"台独"维护统一的战略目标挂钩。**我国实行了局部动员经济之后，即使长期不加入世界贸易组织，也能动员国内资源保证高速经济增长，一旦加入世贸组织后开放市场，国外过剩产品涌入冲击民族工业，局部动员经济能有效启动国内需求，最大限度地缩小大量进口的强烈冲击。**

（七）调整国有企业合理战略布局

20 世纪 80 年代，我国大多数工业领域中，国有、集体企业占绝对的优势，能较好地服从国家的计划指导，保证了国民经济的协调发展，国有企业效益一直稳步增长，亏损面保持在 10% 左右的低水平，从未出现职工下岗等社会问题。1992 年经济过热中，私营、外资企业数量迅猛增长，所占比重三年猛增了 3 至 5 倍。私营、外资企业不愿进入投资大的基础产业，大量涌入市场饱和的加工行业，大大加剧了重复投资和生产过剩，工业结构和经济效益不断恶化，企业破产和职工下岗日趋严重，社会收入差距也显著扩大。

当前，我国无论是贯彻中国式新政政策，或是实行局部的动员经济，扩大社会基础建设启动内需，克服通货紧缩增加社会就业，加快关键性、支柱性产业的发展，加强国防工业抗衡美国霸权威胁，国有企业都必须发挥主力军作用，因为，国有企业才能从社会的整体利益出发，而不单纯追求狭隘的产权利益，勇于采取力挽狂澜的"反周期"行为。无论从工业产值、投资和实现利税来看，国有大中型企业都有举足轻重的特殊地位，分布在冶金、建材、机械等国民经济的关键行业，能够通过广泛的产业间联系产生强大辐射作用，带动整个国民经济摆脱经济疲软的困境。因此，当前的任务不是降低国有企业比重，而只有大力发展国有企业才能摆脱困难。我国进入局部的动员经济状态，不仅能动员闲置的社会资源，迅速帮助国有企业摆脱困难，还能提供大量新发展机遇，促使国有企业重振昔日雄风。

有些人认为当前必须依靠民间资本，但实际上，民间私人资本属于敏感的跟进资本，经济繁荣时可能导致过度投机，而通货紧缩时则纷纷撤退加剧萧条，如 1937 年美国经济一有风吹草动，私人投资立即下降了 50%。因此，当面临通货紧缩和生产过剩，战争和自然灾害威胁的困难时期，无论是任何国家都必须依靠国有企业，扩大公共投资来克服经济困难，这正是大萧条、二战期间，西方国家大力推行国有化的原因。二战后的重建时期，无论西方或韩国、中国台湾，国有企业都起带头军作用，公共投资充分拉动了经济增长，民间私人投资才纷纷跟进。当前中国也面临同样的情况，民间私人资本正纷纷撤资，正是国有企业拉动着经济增长。

有些人认为国有企业应退出竞争性行业。实际上，几乎所有关键性产业都属于竞争性行业，包括金融、机械、冶金、高科技等，这些产业对于控制国民经济的命脉，增强国家实力和国防建设至关重要，倘若国有企业退出所有竞争性行业，意味着中国经济命脉的控制权，可能落入少数富人或外国资本手中，而中国新兴民族资本力量薄弱，因此，命运很可能是重演新中国成立前的悲剧，外国资本控制着中国经济命脉，民族资本在市场夹缝中苟延残喘。由于国有企业是国家的财政支柱，其瓦解还意味着国家丧失凝聚力，国防建设失去强大的物质基础，科教、文化和社会保障失去经费来源，不念养育之恩却鼓吹私有化的学者，也会失去衣食父母和工资来源。前苏联曾经依靠国有企业的力量，支撑着超级大国的强大国防实力，向全体人民提供完善的社会保障，私有化却促使国家财政陷入危机，工业科技和国防建设严重衰败，医疗、养老等社会保障体系瓦解。目前，俄罗斯竞选中最时髦的口号，已不再是国有企业的"私有化"，而是"反私有化"收回被掠夺的资产，非共产党的党派也正以此拉拢选民。

有些人认为凡是经营困难的行业，国有企业都应采取各种方式退出，但实际上，国有企业困难不是所有制造成的，而是 1992 年泡沫经济造成数千亿元损失，超过了国有企业 20 世纪 80 年代亏损十倍以上，引起一系列泡沫后遗症的连锁反应，导致经济失衡和市场疲软造成的。国有企业顾全大局的社会稳定功能，恰恰有利于缓和泡沫后遗症的各种症状，而国有企业退出必然导致经济的恶性循环，美国 1929 年大萧条的教训充分说明了这一点。

当前通货紧缩的困难形势下，私营企业正在纷纷退出，国有企业一有困难也要退出，宏观形势必然进一步恶化，甚至可能触发经济萧条。倘若凡是经营困难的国有企业都退出，那么就几乎要退出所有的行业，但是，这样不但加剧泡沫经济的后遗症，而且退出之后便毫无出路可言，结果不但是国有经济的全面瓦解，还会导致国民经济的崩溃，因此，国有企业的退出应该作为个案处理，以免形成"兵溃如山倒"之势，引起需求萎缩和宏观形势恶化，加剧各类企业的经营困难。机械、冶金、化工、通信等行业，具有技术复杂和固定投资大的特点，需要进行产业间的密切协调合作，私人资本缺乏进入能力和动力，倘若推行了国有企业退出的错误主张，意味着失去关系国家命脉的重要产业。

实际上，几乎所有竞争性行业中，都有大量经营出色的国有企业，包括纺织、家电、饭店、餐饮等，因此，不必人为设置不准国有企业经营的障碍。实际上，国际上并没有行业进入或退出的标准，20 世纪 80 年代，美英大肆鼓吹的私有化浪潮，恰恰是国有企业退出垄断战略性行业，包括煤气、水电、通信和交通等公用事业，是出于意识形态和谋求私利达到的目标，许多发展中国家受骗上当，如乌克兰将国有工业企业廉价卖给外国，拉美国家出售战略性国有企业偿还外债，结果乌克兰的工业城市变成了死城，拉美国家公有事业收费标准猛增数倍，严重影响了经济发展和人民生活。由此可见，倘若我们将西方国家作为规范标准，盲目地追随其鼓吹的所谓国际潮流，也会重蹈拉美、前苏联、东欧国家的灾难覆辙。

当前，大多数国有企业面临着严重困难，不具备大规模股票上市的条件，采取包装上市办法必然影响社会稳定，强迫推行产权实行多元化只能"拉郎配"，必然干扰企业的正常经营秩序，因此，所谓引入民间资本是不切实际的主张。对于经营状况良好的国有企业，应根据股票市场的资金供应能力，有条不紊地通过股票上市筹集资金，但是，其目的是进一步巩固和发展国有企业，而不是以出售国有产权的方式退出。无论经营好或坏的国有企业都要退，无论是国有实物资产或股票都要卖，但是，这样必然造成政府税源的重大损失，还会堵塞国有资产保值增值的出路，结果必然是动摇公有制的主导地位，隐蔽地用民间私人资本取而代之。所谓以民间资本取代国有资产，股权出售和"靓女先嫁"等主张，用社会化或多元化来包装私有化，实际上是对公有制丧失了信心，寻找各种隐蔽借口变相搞私有化。

其实，这些人是将私人资本看做民间资本，而将全体人民拥有的公有产权看做是与人民利益对立的官僚资本，但是，私有产权单纯为了谋求最大私人利益，而国有资产才是全民所有的民间资本，从其一贯的经营目的和行为来看，始终是为了全社会和劳动者的利益，具有脱离了狭隘产权利益的高尚品质，绝非许多人隐晦认为的官僚资本。旧中国公司制、股份制的私营企业曾广泛存在，却未能实现工业化并挽救中华民族的命运，正是所谓"产权模糊"的国有、集体企业，以撑起民族工业的脊梁和保障人民生活为己任，仅用数十年实现了西方数个世纪的工业化历程，建立了自立于世界民族之林的国家实力，因此，国有企业不是产权模糊的落后企业制度，而是成功挽救中国命运的现代企业制度。

有些人主张国有企业的退出方式，应通过股份化和公司化改造，采取出售股权、多元法人投资，贷款购股或持股基金会等形式，还认为这样做不同于俄罗斯的私有化，后者只采取了"分"和"送"形式。实际上，俄罗斯私有化的主要形式，正是对小型国有企业出售拍卖，对大中型国有企业股份化。俄罗斯私有化的初期阶段，是对股份化的国有大中型企业，通过私有化凭证的形式分配股权，而后来则尝试了所有上述产权改革方式，包括出售股权、法人购股，以及贷款购股和持股基金会，用社会化或多元化包装私有化，等等。但是，事实证明，后来各种私有化方式造成的恶果，甚至远远大于初期的私有化凭证分配，出现了政府和企业的腐败领导人，纷纷利用手中职权进行私有化寻租，以更加模糊复杂的产权重组形式，进行"贵族强盗式的野蛮掠夺"，导致俄罗斯的企业投资连续下降，大量资金被非法地转移到海外，形成了控制经济命脉的寡头阶层。

世界银行副行长兼首席经济学家，斯蒂格利茨先生撰文最近指出，"俄罗斯在1995年后在臭名昭著的'贷款换股份'，实际上变成了不合法的私有化"，"向私人贷款用来购买这些企业，或按照贷款换股份协议，以政府企业股份做抵押向政府申请贷款。谁拥有银行的控制权或特殊关系，谁就能大量廉价收购或掠夺国有资产。金融特权就意味着收购国有企业的特权。表面上腐败不那么直接，程序比政府官员将国有资产直接送给朋友还要不透明。由于存在腐败和利用职权，由此形成的私有权削弱了国家利益，危害了社会秩序"。叶利钦上台曾经以"反腐败"为号召，但现在正沸沸扬扬的洗钱丑闻，牵涉了他的家族和几乎所有政府高官，他们都涉嫌将巨额非法财产转移到海外个人账户，美国《新闻周刊》则以"盗窃国家"称呼俄罗斯。

斯蒂格利茨还批评了西方鼓吹的持股基金会，"当认识到股权过于分散问题时，西方通常建议成立投资基金，就像'华盛顿共识'在捷克推行的，这个'解决问题方案'的明显问题是，凭证投资基金比它们所拥有公司，本身还存在着更大的'公司管理'问题，大多数人认为凭证投资基金将完成监督的任务，但由谁来监督监督者呢？改革的结果是凭证投资基金，变成了高度权力滥用的工具"。[①]

由此可见，任何出售国有产权的改革方案，尽管不是采取直接分或送的形式，都必然给政府和企业的领导人，提供的谋求私利的动力和机会，促使他们打着改革的高尚幌子，间接通过不透明的暗中交易，以合法形式进行强盗般的掠夺。改革者即使最初可能是纯洁的，产权交易潜在的谋私刺激和机会，也会促使改革者忘记社会初衷，丧失关心企业经营的动力和耐心，而倾心于利益更大的资产掠夺，最终导致改革者的变质和堕落。产权改革者的腐败寻租行为，会远远大于国有企业经营者，一个是水渠管理人一时多用些水，而另一个是永久掠夺整个水库资源。近年来我国进行产权改革中，尽管中央反复强调不搞私有化，各种改革形式不以出售为主，但是，各地领导总是误解中央的精神，廉价出售赠送现象泛滥成风。正因如此，国有企业产权改革不宜过快推广，必须经过较长时期的试点，反复观察正负效果并总结经验。

---

① 参见斯蒂格利茨《改革向何处去：论十年转轨》，中国科学院国情报告译文，1999 年。

第 八 章

世纪之交的沉思:回顾沧桑变迁

一个多世纪以来,中国人从饱受同西方列强侵略掠夺的屈辱经历,深知西方宣扬的自由主义理论是不现实的天方夜谭,而只有马克思主义理论才更加准确地反映了现实世界。但是,自从20世纪70年代初尼克松访华以来,中国人对西方国家的感受发生了变化。昔日敌视、傲慢、封锁遏制中国的帝国主义,仿佛变得友善、不吝啬并主动扩大经济文化交流,慷慨地资助中国人访问并学习西方国家的经验,列宁论述的贪婪、腐朽的西方垄断资本主义,变成了令人羡慕的"美欧发达市场经济模式",被某些著名经济学家视为中国改革开放的目标方向,中国人在长期斗争中相信的马列主义,不言而喻,在某些人眼中已经过时、失效了,有些人不仅丧失了对社会主义制度的信心,甚至还重新发掘历史材料的蛛丝马迹,为当年西方列强掠夺和日本侵华大屠杀翻案。

十年前,该章结合中国面对改革道路的现实抉择,回顾了一系列重大的历史问题,论述了人们历经曲折产生的种种疑问困惑,指出如何看待历史直接关系到国家未来,对于帮助广大干部、群众认识中央强调的"六个为什么",捍卫中国革命和改革开放的成就有重要的现实意义。古人云:"亡人国先亡人史",美国实施扩大经济文化交流的"缓和"战略,也是具有强烈意识形态攻击性的"攻心战",隐含战略目的是误导人们无法正确看待自身历史,动摇人们对马列主义和社会主义的信心,前苏联领导人正是误入了美国"攻心战"的陷阱,无法正确看待历史和选择改革道路,才导致了制度解体、经济衰败和国家分裂。2010年新年前夕,笔者有幸参加了在人民大会堂召开的《列宁专题文集》出版座谈会,聆听中央领导同志发表坚持马列主义的指导思想地位的讲话后倍感鼓舞。党中央强调要坚持马克思主义而不搞指导思想多元化,坚持有中国特色的社会主义而不搞资本主义,坚持以公有制为主体而不搞私有化,坚持中国社会主义民主制度而不搞西方多党制和"三权分立",坚持走社会主义的改革开放道路不动摇、不走回头路。这意味着中国在思想理论战线上正日趋成熟坚定，尤其在国际金融危机彰显"中国模式"优势后，美国宣扬的"普世价值"、"宪政改革"、"华盛顿共识"正丧失诱惑力。中国必须清醒认识到美国"软战争"的意识形态攻击性，才能成功抵御美国"攻心战"并避免重蹈前苏联覆辙。

有些中国著名经济学家非常羡慕所谓"美欧市场经济模式"，积极宣扬美国推荐的新自由主义"华盛顿共识"，将其视为中国推行市场经济改革的最终目标模式，殊不知自己应邀访问西方看到的富裕景象，其实完全不能归功于是新自由主义的"华盛顿共识"，而应归功于西方国家在社会主义的强大压力下，被迫借鉴马克思主义而非依据凯恩斯主义理论，进行的违反垄断资本主义贪婪本性的社会改良。尽管二战后西方国家在冷战压力下推行的一系列社会改良政策，包括国有化、金融管制化、政府干预和劫富济贫的财税政策，同"华盛顿共识"倡导的私有化、金融自由化、取消政府干预和偏袒富人的财税政策截然相反，遭到哈耶克等著名新自由主义学者的激烈抨击，被贬低为浪费资源、效率低下甚至是"通向奴役之路"，但事实上，幸亏实行这些社会改良政策才挽救了资本主义濒临失败的命运，改善了旧自由主义时期资本主义的野蛮、丑陋形象，出现了资本主义诞生数百年以来历史上罕见的"黄金时期"。十年前该章强调中国不可盲目羡慕美欧市场经济模式，同是美欧市场经济模式也有仿佛天堂和地狱般的巨大反差，必须严格区分社会改良和新自由主义的市场经济模式，对于中国抵御美国在经济诱惑下竭力推荐的新自由主义"华盛顿共识"，建设有中国特色的社会主义市场经济有重要的理论和现实意义。

当前，人类文明以及中华文明，都面临着一个特殊的历史时刻，经历了上千年的沧桑变迁，特别是20世纪的社会剧烈动荡，走到千年之交和世纪之交的门槛，值得回顾一下历史的经验教训，展望历史转折关头面临的新挑战。

关于进入2000年的世界前景，西方也有两种截然不同的观点，一种认为世界将进入富裕和平的全球化时代，信息技术将人类更加紧密地连接起来，跨越国界的一体化市场促进各国的和谐发展，仿佛成了相互依赖共同生存的"地球村"；还有一种则认为意识形态的冲突，将让位于更加危险的各种文明的冲突，强者总是迫使所有受他们支配的人们，接受自己的文明准则和价值观念。

对于世界各国的善良人们来说，无疑会敞开胸怀拥抱前一种观点，而对后一种观点则根本不屑一顾，他们相信"冷战时代"早已成为历史，世界已进入了"冷战后时代"，"缓和"已代替"对抗"成为历史趋势，经济全球化正促进各国的和谐发展，"和平与发展"乃是不可阻挡的世界潮流。

但是，善良的中国人虽然喜欢祥和吉利，却在千年之交和世纪之交的时刻，看到的仿佛都是不吉利的凶兆，美国给世界送来充满血腥气的贺礼，先是北约对南斯拉夫的狂轰滥炸，接着美国导弹野蛮夺去了同胞生命，美国还公开宣布了新干涉主义战略，赤裸裸暴露了谋求世界霸权的野心。尽管善良的人们看到越来越多的迹象，似乎验证了文明冲突论的不祥预言，但是，他们却越来越紧密地拥抱着"全球化"，仿佛这是化解国际冲突的"灵丹妙药"。殊不知，"全球化"也并非什么新鲜事情，回顾历史就会清楚看出这一点。

一　全球化对世界来说并不陌生

数千年来，中华文明曾是最富裕、强盛的文明，它从来没有倚强凌弱谋求世界的霸权，而是以和平方式同各国进行着友好交往，但是，西方文明崛起的短短两三百年中，却将弱肉强食的野蛮规则强加给全世界，将全世界各种文明都带入了危险境地。大英帝国凭借着工业革命和航海技术，将资本主义的生产力与扩张贪欲相结合，率先四处侵地掠财建立了"日不落帝国"，众多西方列强紧随其后竞相效仿，世界仿佛变成了群狼激烈角逐的竞技场。尽管那时西方强加的"全球化"潮流，也曾伴随着科技生产力的巨大进步，但却给亚非拉众多民族造成了深重灾难。

今天，有些人将近代中华民族的不幸遭遇，归罪于自我"封闭保守"和儒家文化，但是，那时遭到不幸的又何止是中华文明？曾经一度灿烂辉煌的印度文明、埃及文明，甚至作为西方文明源泉的希腊文明，也都在弱肉强食的文明冲突中惨遭厄运。难道说我们应该责怪这些文明都"封闭保守"，因而落后于"先进的、开放的"西方文明吗？"弱肉强食、物竞天择、适者生存"，乃是丛林竞争中猛兽奉行的残酷法则，难道居然也应该成为人类文明的准则吗？

非洲大陆据说曾经是人类的起源地，数百年前曾接待过文明、友好的中华使者，郑和率领的庞大船队以儒家的"仁义礼仪"来对待相对落后的非洲文明和部落居民。但是，非洲随着西方文明到来却面临灭顶之灾，无数非洲黑人像牲畜一样被掳掠为奴。1978 年，联合国教科文组织曾召开专家会议，提出一份报告称在 15 至 19 世纪期间，非洲因奴隶贸易损失了 2.1 亿人。奴隶贸易造成非洲劳动力的大量流失，从 1650 至 1850 年间，欧洲人口占世界人口比重增长了 24%，而非洲人口所占比重却下降了 56%。仅 1783 至 1993 年的短短十年中，英国利物浦商人从西非运出奴隶三十多万人，获利 1200 万英镑。斯塔利亚夫在《全球分裂》一书中记述到，"先是从内地跋涉到沿海的旱路，继而是惊涛骇浪漂洋过海前往新大陆的中途转运，几经折腾，就断送了 3600 万条生命。非人的拥挤，窒息的炎热，恶劣的饮食，奴隶苦不堪言，往往蹈海自尽"。[①]

美洲大陆的印第安人，据说是一万多年前的冰河时期，途经白令海峡迁移美洲的亚洲人种，他们虽然脱离了祖先文明的"束缚"，却遭到了更为悲惨的种族灭绝命运。印第安人曾友好地接待了英国殖民者，帮助他们适应环境渡过最初的难关，但是，随着殖民者扩张欲望膨胀爆发了冲突。北美殖民当局一个立法会议曾作出决议，每剥一张印第安人的头盖骨皮或俘获一名印第安人，赏金40英镑。1720年又宣布，每张头盖骨皮赏金增至100英镑。1744年又在马塞诸塞州宣布，每剥一名12岁以上男子的头盖骨皮赏新金币100镑，俘获一名男子赏金105镑，俘获一名妇女和儿童赏金60镑，剥一名妇女或儿童的头盖骨皮赏金50镑。就这样，随着崇尚自由的英国殖民者的到来，数千万印第安人不仅失去了自由，而且被残酷的屠杀夺取了生命。

具有讽刺意味的是，就在英国统治着全球殖民帝国的时代，历史居然同今天有着惊人的相似。18、19世纪也曾经流行过一种时髦的潮流，叫做"世界主义潮流"，也曾流行过一种规范的经济学理论，就是亚当·斯密创立的"自由贸易理论"。英国大肆宣扬表面上关心全人类的"世界主义"，鼓吹通过"自由贸易"促进各国和谐发展，但实际上，却是为了凭借领先的工业实力独占世界市场。当时英国正借助"炮舰政策"向世界各地扩张，强取豪夺地掠夺殖民地的财富和资源，但是，英国统治阶层却非常重视意识形态宣传，资助御用经济学家发明"自由贸易"理论，还通过"机密费"操纵世界各国的舆论，将其损人利己的政策包装成"世界主义"。

18世纪，亚当·斯密发明自由放任的市场经济理论时，曾获得了英国东印度垄断公司的积极资助，为摧毁英国工业品进入别国市场的壁垒，提供了迷惑社会舆论的强有力理论依据。当时代表大贵族利益的英国垄断公司，正凭借英国政府的坚船利炮四处掠夺，甚至干尽贩卖奴隶和鸦片的坏事，亚当·斯密无视英国垄断资本谋私的罪恶，却编造了一只美妙的"看不见的手"，宣扬私有产权不受限制地追求自身私利，自由市场经济却会自发地实现社会利益。亚当·斯密创立的自由市场经济理论，不单纯是具有辩护色彩的"庸俗理论"，而且是具有强烈的"进攻性"色彩，为英国垄断资本谋求私利的隐蔽战略工具。

当年世界上有许多国家如德、俄、美等国，曾经因被英国所欺骗遭受了巨大损失。德国经济学家李斯特曾崇拜亚当·斯密的学说，但是，德国工业遭到

---

① 参见卫建林《历史没有句号》，北京师范大学出版社1997年版。

"自由贸易"扼杀的残酷现实，迫使他重新思考并创立了贸易保护理论。李斯特曾著书批评亚当·斯密，有意鼓吹忽略国家利益的"世界主义"，仅仅有利于少数强国而不利于世界大多数国家。美国的先贤华盛顿和林肯，他们发动的"独立战争"和"南北战争"，也是为了反对英国的"自由贸易主义"。美国轻信英国宣扬的"自由贸易"时期，本国工业曾经长期一蹶不振，为了摆脱作为英国原料产地的依附地位，美国历史上曾同英国爆发过两次战争，英国为了扼杀美国工业和独占世界市场，曾对美国进行全球范围的封锁和围堵。美国、德国和日本在实现工业化过程中，曾长期实行高关税政策保护本国工业，坚决反对英国损人利己的"自由贸易主义"。正是在这一盛行"世界主义"潮流的时代，中国被大英帝国的坚船利炮打开了大门，被迫卷入了西方主宰的全球化经济体系。

二 回顾中华民族崛起的艰难历程

今日，有些中国人非常崇拜西方文明，羡慕其自由、开放和生活富裕，自卑自己祖先贫穷落后导致挨打，责怪儒家文化过于"封闭保守"。但是，海外华裔学者杨文静撰文指出，在数千年的漫长历史岁月中，中华文明一直遥遥领先于西方，比欧洲任何地区都富裕和开放。中国曾经同世界各种文明友好交往，通过历史悠久的古丝绸之路，开辟同阿拉伯国家和西方的贸易，唐朝曾有十万外国客商云集长安，还吸收了来自印度的佛教文化，又将汉字文明传播到了朝鲜、日本。显而易见，我们的祖先并非那样"自我封闭"，也没有自高自大地盲目排外。倘若西方传教士也像印度佛教徒一样，恐怕不会激起民间的义和团运动。

西方一些学者也撰著写道，尽管进入工业革命时代，西方的生产力获得很大进步，但直到爆发鸦片战争之前，中国的对外贸易仍居世界第一，对英国的商品出口远远大于进口，甚至每年有上百万两白银贸易顺差。正是英国不愿遵循公平贸易原则，不惜大量从事肮脏的鸦片贸易，结果造成了中国的巨额贸易逆差，导致了大量白银外流和经济萎缩，民众沾染恶习社会动荡不安。当中国为维护民族利益禁运鸦片时，英国却使用武力发动了罪恶的鸦片战争，强迫中国开放门户并索取巨额赔款。看到英国从中国掠夺了的巨大财富，众多西方列强垂涎欲滴纷纷要求利益均沾，一个曾经富裕、强盛的善良的文明古国，仿佛转眼间被一群猛兽撕咬得鲜血淋漓。自此中国根本丧失了国家主权，只好依照西方规定的游戏规则，纳入了西方主宰的"自由贸易"体系。

今天，当许多中国人羡慕西方市场经济，迫切希望融入全球化经济体系之时，旧中国一百多年开放门户的曲折历史，纳入西方全球化体系的痛苦经历颇值回味。近代史上，中国对于经济全球化并不陌生。自从鸦片战争以来，西方列强一直借助炮舰推行所谓"自由贸易"，强迫中国拆除阻碍商品、资本流动的壁垒，迫使中国接受西方列强倡导的经济全球化。旧中国曾被迫实行一百多年"开放的市场经济"，实行"国际接轨"并按西方"规范惯例"运作，西方跨国公司曾自由进入中国沿海和内地，旧上海曾是全世界的三大贸易金融中心之一，西方跨国公司、跨国银行曾云集上海外滩，各种商品、外汇、证券、期货市场一应俱全，其外汇金融市场交易和投机活跃的程度，仅次于英国的伦敦和美国的纽约。旧中国不仅早就有了"产权明晰"的私有制，而且还广泛实行公司制和股份制，旧上海的股票市场不仅买卖现货而且交易期货，不仅能买到中国股票而且还能买到外国股票。西方跨国公司还在中国大量投资开设企业，遍布铁路、航运、工矿、金融、贸易等领域。

这种经济景象乍一看来，似乎接近眼下不少人追求的"规范市场经济"，但是，纳入当时西方全球化经济体系的"开放市场"，仿佛就像将羊的血管接在恶狼的身上，高效率地吸噬中国的社会财富和自然资源，无论是"产权明晰"的公司制、股份制，还是遍布旧中国大地的私有企业和跨国公司，不仅始终未能帮助旧中国实现工业化，倒是将劳苦大众置于残酷的剥削掠夺之中。西方金融投机家攻击东南亚国家的做法，其实并非是现代全球化经济的新发明创造，当年西方金融资本通过操纵旧中国外汇市场，从中国货币白银贬值中掠夺了大量社会财富，通过控制其他市场掠夺的财富更是无以计数。据有关史料统计，从 1864—1932 年间，按中国银元对美国比价计算，中国从货币贬值蒙受的损失，高达 160 多亿银元的损失。鸦片战争以后，中国丧失了自主制定关税的主权，被迫将关税大幅度降低为几分之一，外国商品享受种种免税特殊待遇，而国内生产产品却面临种种苛捐杂税，民族工业因此遭到了沉重的打击。[①]

第一、二次世界大战期间，中国利用西方列强无暇顾及的喘息之机，民族私有工业曾一度获得了较快的发展，但是，第一次世界大战结束后，西方各国的跨国公司又卷土重来，加强对中国的商品输出和资本输出，民族私有工业顿时陷入严重萧条之中；第二次世界大战之后，美国垄断资本又图谋独占中国市场，利用大量过剩商品和军火向中国进行倾销，1946 年中国沿海 22 个城市中，有 60% 左右的民族私有企业停业破产，平、津两市民营私营工厂倒闭十之七八，青岛的民营私有工业几乎全部歇业，沈阳三千多家公司中倒闭了两千多家。

---

① 参见李明银等《帝国主义对华经济侵略史况》，经济日报出版社 1991 年版。

一百多年来，在西方倾销廉价优质产品的打击下，中国民族私营工业如同"风烛之光"，始终未能摆脱"危在旦夕"的处境。

许多中国人错误地认为，中国落后于西方在于没有经历资本主义阶段，只要下决心实行开放的市场经济，同国际规范接轨并且按国际惯例办事，包括引进西方规范的公司制和股份制，纳入全球化的商品、资本市场体系，就能实现中国经济的现代化。实际上，自鸦片战争后的一百多年来，旧中国经历过资本主义初级阶段，但是，在西方控制的全球化市场经济体系中，始终处于外围资本主义的从属地位，这种依附型的资本主义的初级阶段，民族私有工业根本无法获得充分发展，必然具有强烈的"半封建、半殖民地"色彩。

旧中国20世纪30年代著名人士章士钊先生，也曾提出不应信奉亚当·斯密的"自由贸易"，而应实行德国李斯特的"保护主义"，无奈是否实行"保护"并非是理论上的失误，旧中国当时是西方列强眼中的一块"肥肉"，已经根本丧失了保护民族经济的国家主权。我们的先辈曾在资本主义道路上拼死挣扎，却始终未能摆脱民族生存面临危难的命运，为了动员广泛的社会民众挽救国家危亡，在革命事业中付出了数千万人生命的代价，推翻了万恶的依附型"开放资本主义市场经济"，才换来了今天中国的社会主义制度，我们应时刻牢记社会主义制度的来之不易，切不可轻率地回头去补资本主义初级阶段的课，也不应盲目轻信西方宣扬的经济全球化，主动放弃保护本国民族经济的国家主权。

今天某些人谈论中西方差距和改革面临的困难，总是将其归咎于社会主义制度和公有制企业，将希望主要寄托于非公有制企业和"国际接轨"，但是，倘若我们回顾中国的近代史，不难发现旧中国早就有产权明晰的公司制、股份制企业，也有门类齐全的股票、商品、外汇、期货市场，外商投资、合资企业也曾遍布中国大地，但是，私人资本积累和工业发展速度非常缓慢，西方列强可以任意欺负、掠夺和侵略中国，民族私营企业只能在跨国公司占领市场的夹缝中苟延残喘。

由此可见，令人困惑的并不是社会主义制度为何落后，国有、集体等公有制企业为何效率低下，而是社会主义和公有制企业为何拥有如此巨大的优越性，实现了100多年来无数先辈梦寐以求的夙愿，雪洗了中华民族近代史上蒙受的奇耻大辱，根本摆脱国家主权和民族生存面临的威胁，这才是一个关系到国家兴衰和改革成败，而又迫切等待国人解答的真正的谜。

为何旧中国既有"开放的市场经济"，又有"产权明晰"的公司制和股份制，在资本主义初级阶段上拼命挣扎了上百年，工业基础和综合国力却非常薄弱，始终无法摆脱贫困落后和民族危难的局面？为何尽管西方列强长期封锁遏制新中国，计划经济存在着某些体制僵化的弊病，经济建设中还多次犯了"左"的严重错误，但是，新中国建设依然取得了巨大的辉煌成就，仅用30多年就完成西方上百年的工业化历程，综合国力进入上百年来最强盛的时期，彻底摆脱了民族生存面临危险的局面？

社会主义制度之所以能够挽救中华民族的命运，一个根本的原因是无数革命先辈抛头洒血，为我们赢得了保护民族经济的国家主权。西方列强通过侵略掠夺和索取巨额赔款，搜刮走了中国发展民族经济的资本积累，又通过跨国公司的垄断优势控制了中国市场，扼杀了中国民族私有企业的生存发展空间，使中国经济陷入了一穷二白的落后境地。有人说，旧中国的经济落后是战乱不止造成的，甚至认为是人民的反抗斗争造成的，但回顾历史，两次世界大战的间歇中，西方列强暂时放松了对华的经济侵略，恰恰是中国民族工业的短暂繁荣发展时期，一旦世界大战结束，西方垄断资本又卷土重来，中国民族工商业又纷纷破产倒闭。由此可见，在诱惑人的"世界主义"和"自由贸易"幌子下，西方垄断资本进行的经济侵略，对中国民族工业的打击更甚于战争灾难。旧中国也曾有交易活跃的金融证券市场，也曾有"优胜劣汰"的破产兼并机制，那不过是西方金融投机家的赌博乐园，是跨国公司廉价吞并民族私有企业的血泪史。

三 改革开放良好环境须饮水思源

现在人人皆知解放前后今非昔比，我国面貌发生了天翻地覆的变化，但是，许多人简单地认为，这都是改革开放30年来的成就，都是"市场经济与对外开放"带来的。回顾中华民族崛起的艰难历史，不难发现解放前也有"市场与开放"，而且甚至远远超过了今天，但是，广大民众却生活在水深火热之中。综观世界，不难发现俄罗斯的市场改革更为规范，对外开放也更为全面、彻底，但是，却深深陷入泥潭无法自拔。这些事实提醒我们，"饮水不忘掘井人"，改革开放的良好环境，今日的经济建设成就，同无数先辈的英勇抗争，新中国成立前三十年的艰苦奋斗，也同样是无法分开的。

有些人错误地认为，中国和西方之间存在的经济差距，是计划经济时代的"闭关自守"造成的，倘若中国不走社会主义的道路，而搞开放的资本主义市场经济，美国就会像对待台湾地区一样，扶植中国的资本主义。这种观点是不符合历史事实的。实际上，早在抗日战争的炮声隆隆，中国和美国作为盟国浴血奋战之时，美国的权威国际地缘政治战略家斯皮尔曼，在谋划二战后的远东

国际政治经济格局时，早已将中国列为重点的战略遏制对象。二战结束后，美国果然趁其他西方列强衰落之机，大举进军并企图全面独占中国的市场。1946年，美国一方面提供军火支持国民党大打内战，另一方面胁迫其签订了卖国的《中美友好通商航海条约》，规定在投资、贸易、航运、金融、教育等方面，美国人享有与中国人同等的"国民待遇"。

随着中国向美国的商品、资本敞开门户，美国大肆倾销的质优价廉的过剩商品，当年中国民族私营企业就陷入灾难之中，短短两年里中国沿海和内地的私营工业企业，大多数纷纷陷入了破产倒闭的悲惨境地。但是，美国没有料到其对华的经济军事侵略，反而激发了中国人民反抗的革命热情，武器装备落后的共产党军队，竟然打败了装备精良的国民党军队。朱自清先生"宁愿饿死也不吃美国面粉"，就是当年中国人民同仇敌忾，进行英勇反抗精神的真实写照。

中国革命的胜利，实现了百年来无数仁人志士渴求的夙愿，赢得了独立自主发展民族经济的主权。美国看到丧失了独霸中国市场的机会，就效仿当年大英帝国对付自己的办法，对新中国进行长期的经济军事封锁遏制，企图以此来阻挡新中国的工业化步伐。美国为了将台湾地区变成"不沉的航空母舰"，被迫给予了大量援助并向其单方面开放市场，允许台湾地区退出西方主宰的关税贸易总协定体系，实行高关税政策保护当地民族工业的发展，给予其他发展中国家根本无法享有的特殊待遇。20世纪五六十年代，一些拉美国家选举上台的民族主义政府，稍微采取了一些类似于台湾地区的保护措施，美国为了维护其跨国公司的投资贸易利益，甚至不惜策划军事政变并进行了血腥镇压，美国在危地马拉扶植的右翼军事独裁政权，其残酷镇压导致了数十万人民的死亡。由此可见，倘若没有无数革命先烈不惜生命进行拼死抗争，今天中国大陆和台湾地区只能沦为美国的经济殖民地。

冷战时期美国的国际政治战略家早已深知，社会主义制度具有巨大的潜力和优越性，单纯依靠美国的力量难以遏制其扩张趋势，正因如此，美国才改变了将德国、日本变成农业国的初衷，通过"马歇尔计划"大力扶植西欧、日本和中国台湾、韩国。尽管美国竭尽全力封锁遏制社会主义国家，新中国仍然取得了巨大的经济建设成就，建立了包括重工业在内的完整工业体系，短短十多年完成了西方数个世纪的工业化历程。

经过西方列强上百年的残酷掠夺，旧中国的工业资本积累非常薄弱，1949年时，中国的工业化水平远远落后于西方国家，如钢产量美国相当于中国的582倍，英国相当于中国110倍，煤产量美国相当于中国的16倍，英国相当于中国的6.7倍，发电量美国相当于中国的90倍，英国相当于中国的13倍，化肥产量美国相当于中国的 449 倍，英国相当于中国的 131 倍，旧中国的机器制造工业几乎为零，汽车、拖拉机、机床产量方面，美、英、法均相当于中国的数十万至数百万倍。

但是，经过 30 年的经济建设，尽管有"文化大革命"等错误造成的损失，到了 1980 年，中国的经济面貌仍发生了天翻地覆的变化，钢产量增长了 235 倍，同美国的差距缩小了 579 倍，同日本的差距缩小了 29 倍，比英国超过了 70%，比法国超过了 60%；中国的煤产量增长了 19 倍，已超过英、法、德、日，居仅次于美国的世界第二位；中国的发电量增长了 83 倍，同美国的差距缩小了 83.6 倍，同英国的差距缩小了 13.1 倍，同日本的差距缩小了 9 倍，比法国超过了 60%；中国的原油、化肥产量几乎从零起步，一跃超过了主要西方工业国家，成为仅次于美国的第二大生产国；中国的机器制造业也几乎从零起步，机床产量迅猛增长了千百万倍，从汽车、飞机、各种工矿业设备，到洲际导弹、核潜艇和人造卫星均能制造。[①]

经过 20 年的改革开放，中国的综合国力进一步增强，人民生活水平得到显著改善，钢、煤、水泥、化肥、棉布的产量已居世界第一位，发电、化纤、纺织轻工、各种家电产量位次均已列世界前茅。有些人认为，中国的经济建设成就主要归功于改革开放，用"后三十年"来贬低"前三十年"，但是，没有前三十年中国人民自力更生奋发图强，就不可能击败美国冷战赢得良好开放环境，更不会有后三十年改革开放的硕果累累；没有前三十年中国钢铁工业增长的 235 倍，为中国的全面工业化奠定的坚实基础，就无法发展机械、建筑、石化等重要产业，钢铁工业也无法在后三十年增长许多倍，一跃成为世界第一生产大国。

今天人们经常指责计划经济时代"闭关自守"，但实际上，这种状况并不是我们的自愿选择，而是西方长期推行的封锁遏制政策造成的。新中国政府为了打破西方的封锁遏制，曾千方百计通过各种渠道扩大外贸联系，高瞻远瞩地保持香港的国际贸易中心地位，作为新中国进行对外经济交往的重要门户。尽管西方通过封锁遏制向中国施加压力，但是，中国政府和人民并未被西方列强的威胁吓倒，而是发扬自力更生、艰苦奋斗的精神，短短三十年就建立起部门齐全的完整工业体系，根本改变了旧中国"一穷二白"的落后面貌。

由此可见，从新中国诞生至改革开放之前，并不是一段"自我封闭"导致落后的历史，而是中国人民发扬大无畏的民族自尊精神，彻底战胜了西方帝国

---

① 参见李明银等《帝国主义对华经济侵略史况》，经济日报出版社 1991 年版。

主义的封锁遏制，取得了举世瞩目的辉煌建设成就的光荣历史。的确，西方长期的封锁遏制给我们造成了损失，但是，并未阻止中国人民工业化建设的历史步伐，这充分地说明，国际经济贸易往来的机会固然重要，但是，独立自主发展民族经济的主权更为珍贵。近代史上西方列强曾逼迫中国人民作出选择，或者是"依附的开放资本主义市场经济"，或者是"自力更生的社会主义计划经济"，中华民族曾付出千百万先烈的生命选择了后者，历史证明这种悲壮的选择是正确的。

今天我们固然应该珍惜扩大对外开放的机遇，但是，绝不应贬低当年捍卫民族尊严的历史选择，因为，正是中国人民不惧西方列强的封锁遏制压力，自力更生建立的强大工业体系和综合国力，才为我们赢得了平等互利地扩大对外开放的良好外部环境。当年美国为了保护民族工业不惜两度同英国交战，承受英国发动的全球经济军事封锁围堵，却从未谴责先辈犯了"封闭自守"的历史错误，难道曾不畏西方列强枪炮的中华民族子孙，竟然不珍惜自己先辈争取民族自强的光荣历史吗？

尽管旧中国也曾融入西方的全球化体系，跨国公司也曾踊跃进行投资兼并活动，世界工业、通信技术进步也曾突飞猛进，但是，**西方全球化体系的生产关系制度安排，决定真正受益者仅仅是西方垄断资本，中国人民宁愿付出巨大牺牲忍受封锁，也坚决拒绝那种罪恶的全球化和开放市场。事实证明，正是中国在脱离西方体系的30年中，才实现了100年未曾实现的工业化夙愿，为今天平等互利扩大对外开放创造了条件。我们不应忘记当年罪恶全球化造成的灾难，不应忘记中华民族久经磨难的屈辱历史，不应抛开生产关系笼统地迎合西方全球化，因为，世界上没有脱离生产关系的生产力，西方为谋求私利可以有意识掩盖这一点，但是，炎黄子孙却不应忘本苟同西方的论调。**

尽管美国对新中国长期实施了封锁禁运，不断在我国周边国家和地区进行军事干涉，但是，这既没有动摇中国人民维护国家主权的意志，也没有阻挡社会主义工业化建设的步伐。20世纪60年代后期，美国深深陷入了越南战争的泥潭难以自拔，遭到了国内和世界各国人民的强烈反对，迫使美国垄断资本重新思考遏制中国的战略。美国的战略家在同中国的反复较量认识到，美国通过封锁禁运阻止中国工业化的企图，已经遭到了彻底的失败，新中国已经成功建立起门类齐全的完整工业体系，包括重工业、民用工业和强大的国防工业，拥有了制造核武器和洲际导弹的能力，倘若美国继续执行敌视中国的冷战政策，只能像在越南战场上一样付出惨痛代价，因此，提议从"冷战"战略转变为"缓和"战略，局部放弃封锁遏制中国等社会主义国家，有意给予一些贸易、技术、贷款方面的好处，利用经济依赖性作为谈判筹码和诱变手段。今天我们利用国际文化经济交流促进现代化，一方面应冷静地洞察美国的国际战略动机，另一方面应牢记今天改革开放的良好外部环境，正是来自无数先烈英勇牺牲换来的民族独立，来自新中国不惧美国长期封锁遏制压力，维护民族尊严自力更生取得的工业化成就。

值得指出，美国采取这种"软硬兼施"的手腕，也仅仅限于中国这样获得了独立发展工业能力，封锁难以奏效而且代价过高的大国。今天，美国仍不顾违反国际法和世界舆论的谴责，始终没有放弃对社会主义古巴的封锁遏制。尽管有许多美国专家和学者也曾提出，为何不邀请大量古巴官员学者去美国访问，用美国的高收入和物质消费作为攻心武器，来动摇古巴人民对社会主义制度的信心，但是，美国政府和国际战略家崇尚的是实力政策，他们根本不屑于给古巴这样的小国如此"恩惠"，甘愿不顾众多国家反对和违反国际法律，以赤裸裸的霸权顽固坚持对古巴封锁禁运。

四 从战后"黄金时期"到新霸权秩序

解放前资本主义的罪恶众所皆知，但是，为何今日资本主义似乎变了？究竟有哪些因素促成了这些变化？二战西方为何会出现"黄金时期"？为何冷战时期西方会进行社会改良？二战后，由于社会主义制度在一系列国家取得胜利，促使全世界的政治经济格局发生了深刻变化。战后初期，美国曾打算凭借工业优势独占世界市场，但是，后来迫于冷战的强大压力，以及整个欧洲面临"赤化"的威胁，被迫实施了"马歇尔计划"，大力扶植西欧、日本、中国台湾及韩国的经济发展，以显示资本主义社会经济制度的优越性，共同对抗和遏制当时的社会主义国家阵营。

美国哈佛大学的著名教授爱德华曾指出，美国的对外援助总额的80%，提供给了社会主义世界的周围国家和地区。由于曾导致广泛失业、社会动荡和战争，自由主义经济理论在西方也信誉扫地，甚至被当时学术界普遍视为反社会思潮。西方国家还进行了一系列社会改良，推行政府干预经济和国有化的政策，扩大公共投资缓解失业和周期波动，完善养老、失业保障和社会福利制度，扩大工会同资方的集体谈判权力，改善收入分配状况以缓和社会矛盾。

20世纪五六十年代，美国控制的国际货币基金组织，曾对各国经济发展采取比较宽松的态度，容许各国自主制定符合具体国情的经济政策，较少粗暴地干涉各国的主权和经济决策，西方国家普遍实行保护与开放相结合的政策，如日本、法国、韩国都曾制定政府计划和产业政策，征收高关税以保护、促进本国工业发展。现在被西方媒体视为异端的外汇、资本管制，其实当时是西方国家普遍实行的通行做法，索罗斯等金融资本的投机炒作，则是必将招致严厉惩罚的违反法律行为。

美国还向韩国、中国台湾提供特殊贸易优惠待遇，一方面向其工业产品全面开放市场，另一方面容许其征高关税保护当地工业，还特别允许中国台湾退出关税贸易总协定，这就是为什么旧中国私有企业总是风雨飘摇，而到了中国台湾却能获得迅速发展的主要原因。第三世界国家也纷纷赢得民族独立，摆脱了长达数个世纪的殖民统治，获得了相对自主发展民族经济的权力，许多发展中国家通过大力发展国有企业，有效地加快了本国工业化的进程，西方国家为了保持其政治经济的影响，也被迫纷纷拉拢第三世界国家，甚至提供了一些经济援助。

具有讽刺意味的是，20世纪五、六十年代西方国家的社会改良，倘若以前定会被西方上层主流视为异端邪说，因为其违反了自由主义的经济教条，必然触动垄断资本谋求私利的自由，但是，这种在冷战的强大压力下，西方垄断资本作出的一种策略性让步，此时却成了挽救资本主义制度的救命稻草。

事实证明，政府的计划干预和产业政策，减少了市场经济盲目调节的比例失调；推行国有化的潮流和扩大公共投资，增强了政府反周期和刺激发展的能力，抑制了社会失业和经济周期波动；扩大社会福利和限制收入分配差别，增进了社会有效需求并抑制了生产过剩；扶植西欧、日本、德国的"马歇尔计划"，为美国二战中形成的庞大工业能力找到了出路，摆脱了二战后严重的生产过剩萧条；容许弱国实行外汇管制和限制外资进入，实行保护本国民族工业的高关税政策，并且随着经济重建和工业进步逐渐调整，最终反而为美国培育了更大的销售市场。

尽管这一时期西方列强无法延续"坚船利炮"政策，甚至还抛弃了以前的自由主义经济教条，但是，世界贸易与投资也获得了空前的发展。正因如此，20世纪五、六十年代，西方国家才出现了历史上少有的"黄金时代"，保持了较高速的相对平稳经济增长，社会差距和阶级矛盾相对缓和，通货膨胀和社会失业均保持较低水平。

自从资本主义诞生的数百年来，整个世界一直是危机和战争不断，正是与之抗衡的社会主义制度，才迫使西方列强收敛贪婪的欲望，放弃野蛮掠夺进行了一系列社会改良，这恰恰证明了马克思主义的英明正确，乃是全世界人民反抗斗争的丰功伟绩，但是，随着美国遏制社会主义的冷战失败，转向"缓和"战略扩大文化经济交流，倘若我们不能运用辩证思维的方法，正确地看待资本主义的种种变化，就难免产生种种错误认识和困惑，反而会认为马克思主义激进和过时了，怀疑当年是否有必要进行革命斗争，甚至认为当年西方的罪恶是"左"的宣传，后悔中国没有选择走资本主义的道路，盲目崇拜西方模式从而重蹈俄罗斯的覆辙。

20世纪80年代，美英右翼政府推行"世界保守革命"，为了集中力量打击超级大国前苏联，以及有重大经济利害关系的第三世界，对中国采取了拉拢和怀柔的战略，放弃武力威胁扩大军事合作交流，邀请大量中国官员学者进行访问，扩大贸易往来甚至提供一些援助。同昔日的赤裸裸的侵略掠夺相比，西方的对华友善举动的确令人感动，难道这还不是弃恶从善的确凿证据吗？善良的中国人仿佛出于"羊的本能"，对昔日西方豺狼曾捕杀自己早已既往不咎，纷纷将自己落后于西方国家的经济差距，归罪于自己祖先的文化"先天不足"，后天的"自高自大"和"封闭保守"，早已忘记西方文明伤害自己祖先的历史，忘记了融入西方全球化经济的痛苦经历，忘记了无数先辈为民族抛头洒血的悲壮，忘记了前30年自力更生的辉煌成就，更不知今天良好开放环境来自何方，许多人甚至还怀疑民族自强的反抗史，是不是也是狭隘民族主义的极"左"思潮。

20世纪90年代初，中国一家大报曾载文，指责"华人与狗不得入内"，乃是极"左"思潮的编造宣传，幸亏苏步青和陈岱荪先生，陈述当年亲眼所见的历史，否则中国人蒙受的奇耻大辱，反而成为西方的冤假错案了。更为令人感慨的是，出面喊冤的并不是西方人，而是曾饱尝屈辱的炎黄子孙。这件事后来就不了了之，没有人批评或"上纲上线"，但是，其中的深远意义令人三思。

纵观中国近代史，西方国家始终具有深远影响，中国人选择发展道路的权利，与其说是掌握在自己的手中，不如说是操纵在拥有坚船利炮、财大气粗的西方列强手中。当年旧中国学校中灌输的，正是西方宣扬的意识形态，但是，中国人不愿意也无法相信，情愿冒着生命的危险，去阅读违禁的马列主义书籍，此乃西方列强野蛮行径所使然。今天中国的许多学者，称自私自利乃是人之天性，以此论证私有制的合理性，以及坚持公有制的不现实。但是，昔日世界曾经私欲横流，却不是令人向往的伊甸园。正是西方列强弱肉强食的竞争，驱使无数先辈抛弃了自私天性，为了民族生存舍弃家人妻小，心甘情愿地捐献生命血洒疆场。

正当西方国家的富豪臣民，享受着掠夺自中国的肥脂油膏，体会自由世界的民主和人权，以及"看不见的手"的美妙之时，他们自私天性产生的社会负效应，却被转嫁到贫穷落后的旧中国，激励了无数先烈抛弃自私天性，甘愿忍受跋涉雪山草地之苦，甘冒枪林弹雨出生入死之险，为民族危亡而前赴后继拼争。当年留学西方国家的中国学生，许多出生于地主资本家豪门，但是，蒙受劣等民族的屈辱待遇，竟然将他们改造成了"共产主义者"。

今天，中华民族久经磨难终于站起来了，西方的坚船利炮丧失了原有威力，但是，西方经历过数百年的工业化，掠夺了第三世界无数资源财富，其生活富裕程度远非中国可比，以巨额冷战军费之九牛一毛，就能邀请大量中国官员学者来访，传输西方的政治民主理念，以及新自由主义的市场经济信条。

善良的中国人深为西方友好慷慨所感动，许多人对西方国家的富裕生活羡慕不已，以为证实了自由市场和私有产权神话，早已忘记了西方财富同先辈血泪的关系，于是许多共产党员和革命先烈的后代，又被重新改造成了资本主义信徒。一个多世纪以来，中国社会意识形态演化变迁，堪称"翻手为云覆手为雨的"，只有财大气粗的西方发达国家，仿佛证实了马克思的著名论断，"物质决定精神，存在决定意识"。

但是，许多善良的中国人尚未察觉到，正当他们欣赏资本主义的社会改良，羡慕瑞典、德国等社会福利国家，相信走资本主义道路没有风险之时，西方世界的风向又开始逆转了，美英的垄断资本财团敏锐地察觉到，二战后被迫进行的一系列社会改良，使世界人民的基本理念发生了变化，正越来越威胁到垄断资本的根本利益，国内人民正要求更多的福利和权力，第三世界要求西方提供更多经济援助，赔偿殖民地时期野蛮掠夺造成的损失，建立国际经济新秩序消除南北贫富差距。

从20世纪70年代起，美英为了遏制进步的社会改良潮流，打击蓬勃发展的"南北斗争"潮流，才操纵舆论推出了"全球化"潮流。美英垄断资本作出一系列战略决策，恢复自由放任时代的意识形态，从基本理念和具体社会经济政策上，扭转二战后社会改良造成的广泛影响，利用手中控制的传播媒介大肆进行宣传，促使曾经怀疑的全世界人民重新相信：只有私有产权才是明晰的、有效率的，在不受政府干预的自由市场经济中，放手谋求私利能导致资源最佳利用，政府从社会利益出发的干预活动，如计划指导、宏观调控政策，收入再分配和社会福利，经济援助和保护民族工业，都必然妨碍市场运转并降低效率。

冷战时期西方被迫向社会主义国家学习，对市场经济和国际贸易金融体制，进行了一系列违反自由主义教条的改良，至少对于美英的冷战盟友和中国台湾、韩国来说，能享有远优越于二战前的国际经济秩序。倘若中国希望学习市场经济和全球化的经验，这一"黄金时期"恰恰有着很大的借鉴意义，但是，现在西方有意识说"黄金时期"的经验过时了，应该恢复自由放任时代的经济政策，鼓吹新自由主义"全球化"潮流，还巧妙地以发挥市场经济的作用，加强世界贸易经济联系作为掩饰。中国人应清醒地认识到"全球化"的本质，并不是早已存在的科技生产力趋势，而是新自由主义的生产关系制度安排，旨在扭转"黄金时期"的社会改良，打击 20 世纪 70 年代的"南北斗争"潮流。

美国垄断资本暗中操纵的各种国际经济组织，有意强迫推行同成功经验相反的一系列政策，如纵容索罗斯等金融资本的恶意投机炒作，却将当年世界各国普遍实行的外汇、资本管制，视为违反金融自由化、全球化潮流的异端邪说，强迫推行有利于跨国公司的贸易投资自由化，剥夺了当年各国政府普遍享有的经济主权，如政府干预以稳定经济和维护社会利益，发展民族工业的"有保护渐进开放政策"，等等。

许多善良的中国人同天真的俄罗斯人一样，根据二战后资本主义的社会改良状况，误以为西方国家已经发生了本质的变化，他们羡慕瑞典的社会福利资本主义模式，认为搞资本主义没有风险并能迅速致富，他们相信西方推荐的规范经济改革药方，肯定是比"黄金时期"更好的政策药方，但是，实践证明俄罗斯吃下了这一套规范药方，非但没有享受到瑞典人的富裕生活，反而陷入经济衰退、贫困潦倒的境地，还丧失了原有的社会保障及福利。居心叵测的医生开错药方固然可恨，病人过于粗心大意也应负有责任。这些病人都饱尝过野蛮资本主义的苦，如今略有甜头就放松警惕麻痹大意。里根、撒切尔夫人已公开宣称其推荐的规范药方，目的是回到亚当·斯密的自由放任时代，试想这一套根本否定社会改良的药方，如何能再现二战后西方的"黄金时代"呢？

美国发动武力干涉南斯拉夫的战争，悍然轰炸我国驻南大使馆之后，其谋求世界霸权的野心已暴露无遗。许多中国人虽然认识到美国军事威胁，但是，对美国"软战争"的威胁还缺乏警惕。许多中国人心地善良至今尚未认识到，美国推荐的所谓规范经济改革药方，乃是威力巨大的隐蔽经济战暗器，他们认为俄罗斯失败原因只是吃药太急了，这套规范化药方仍是长期的改革目标模式，只要采取渐进的方式推进就问题不大。他们往往将批评意见斥责为"太极端了"，因为，这套药方毕竟是国际权威机构所推荐的，已在全世界范围广泛推广形成了潮流。

殊不知，西方推荐药方貌似"规范"实则"极端"，倘若我们不愿辩证地看待有功绩的计划经济，为二战后改良的资本主义所吸引，盲目相信西方推荐的"极端"药方，其后果将是回到二战前的野蛮资本主义，搞不好还会复辟旧中国的资本主义，真的让老百姓"吃二茬苦、受二茬罪"。天真的俄罗斯人至今还搞不懂，西方推荐的规范产权改革，由反腐败的英雄叶利钦来执行，如何就变出了"七大金融寡头"，或许唯一值得庆幸的是，比旧中国的"四大家族"

多了三个，倘若我们容忍这种悲剧在中国重演，无疑会成为中华民族的千古罪人，成为美国阴谋颠覆、分裂中国的帮凶。

五 反思30年改革开放的经验教训

世纪之交，对中国来说是一个特殊的历史时刻，新中国经历了60年的沧桑巨变，30年来改革开放取得了辉煌成就。改革开放的成就人人有目共睹，但是，很少有人深入考虑成功究竟来自何方，反思一下哪些教训值得今后引以为鉴。倘若我们不能正确总结正反两方面的经验教训，就无法确保今后改革会继续获得成功，也无法克服改革中存在的许多缺点和困难。

改革开放获得了巨大成功，大大提高了人民的生活水平，但是，现在人们心中存在着许多困惑，为何改革似乎变得越来越令人痛苦，为何以前人们见面就问发多少奖金，现在见面却往往问几个月没发薪了？为何20世纪80年代不断增加社会就业，而90年代却要忍受下岗的痛苦？

众所周知，我国改革开放取得了举世瞩目的成就，特别是同俄罗斯改革失败形成了鲜明的对比。许多人将成就简单地归于"市场与开放"，将改革方向归于向"规范化市场经济"过渡，但是，为何俄罗斯一开始就进行了"规范化改革"，市场转轨和对外开放方面迈的步伐更大，却反而遭到惨重失败长期陷入困境呢？

特别耐人寻味的是，20世纪90年代以来，随着我国进行了越来越多的规范改革，经济反而开始面临着越来越多的困难，如企业普遍亏损和银行坏账增加，社会失业增长和贫富差距扩大，同俄罗斯金融危机前的病症十分相似。这说明，我国改革已走到了一个关键性的时刻，应该认真反思一下改革开放的经验教训，这样做并非贬低改革开放的成就，而恰恰是为了确保改革开放的成功，不会重蹈俄罗斯改革的失败覆辙。

改革初期，中国面临的困难远远超过前苏联。20世纪80年代前苏联的经济发展达到很高的水平，国民收入相当于美国的67%，工业生产相当于美国的80%，钢铁、水泥、化肥的产量居世界第一位，彩电、冰箱等消费品工业也颇具规模，军事工业和高科技能够同美国抗衡，没有社会失业反而存在劳动力短缺，社会保障制度也相当完善，而中国刚刚经历了"文化大革命"的劫难，国民经济处于崩溃的边缘，农、轻、重工业比例严重失调，消费品和物资存在着严重的匮乏，数千万知识青年返城后待业没有工作。尽管中国改革初期存在着更多的不利条件，但是，由于中苏选择了不同的改革道路，其结果如此悬殊仿佛天壤之别，中国摆脱了困难走向了繁荣昌盛，而前苏联却走向经济崩溃和分裂解体。

改革初期，由于我国采取了符合国情的经济改革道路，仅仅数年就扭转了严重的经济困难，不仅消除了严重的物资短缺和通货膨胀压力，而且一举解决了历史遗留的数千万知青待业的难题，出现了农、轻、重工业协调发展，各个社会阶层的收入均迅速增长，人民生活水平不断改善的良好局面。20世纪80年代，我国各类轻工消费品呈现迅速增长，彩电、冰箱、洗衣机等家电的生产量，几乎从零起步一跃成为世界生产大国，冶金、机械、建材等行业也高速增长，钢材、水泥、化肥等主要工业品，其生产量位次均已列居世界排名的前茅，粮食、肉禽蛋、水产品的生产量，也出现了大幅度的成倍增长。相比之下，俄罗斯改革数年之后，国民收入和工业生产下降了一半，社会失业和贫困人口大幅度增长，不仅钢铁、机械等重化工业陷入衰退，电冰箱、洗衣机等消费品工业也急剧下滑，粮食生产下降了50%，畜牧业生产下降了三分之一左右，私有化企业普遍陷入严重亏损，社会保障制度因税源枯竭陷入崩溃，1998年还爆发了严重的金融危机。

20世纪80年代，中国选择了坚持社会主义的渐进改革道路，实行计划调节与市场调节相结合，有条不紊地逐步扩大市场调节范围的同时，仍保持了重大经济比例关系的计划调节，国民经济实现了均衡的、协调的顺利发展，从未出现重大的经济比例失调现象，从宏观上保证了各类企业的良好经济效益，企业改革坚持了公有制的主导地位，以广泛调动各方积极性的责任制度创新为主，产权方面的改革则通过试点稳妥、渐进地进行。由于我国坚持了公有制企业的主体地位，政府容易协调国有、集体企业之间的关系，采取政策措施干预缓解彼此利益矛盾，国有、集体企业职工的分配比较平等，职工收入增长保证了旺盛的市场需求，彩电、冰箱等消费品行业虽超高速增长，按1989年宏观紧缩之前从未出现过滞销。20世纪80年代，我国还实行了"有保护的渐进式对外开放"，引进外资时规定外销比例出让市场很少，1987年三资企业占工业产值的比重不到2%，适度竞争没有冲击国内的民族工业企业，反而通过示范效应激发了国有企业的活力，各个行业的各类企业均获得了高速的发展。

有些人认为，经济增长主要来自非国有企业，其实不然。20世纪80年代，无论从固定资产、销售收入或实现利税来看，国有工业均实现了较高的增长速度。从1980—1988年间，国有工业企业的固定资产增长了134%，企业平均固定资产规模增长了102%，国有企业的销售收入增长了172%，企业平均销售规模增长了133%，国有企业创造的利税总额增长了95%，企业创造的平均利税规模增长了69%。当时国有企业的比重远处于领先地位，对经济增长起到了巨大的推动作用。

20 世纪 80 年代，政府对乡镇、三资企业实行了优惠政策，包括"三减两免"的税收优惠和定价、投资等方面的自主权，乡镇、三资企业的竞争能力相对较强，其增长速度也明显高于国有企业，因此，许多人认为国有企业的活力不足而且效率低下，这种观点实际上是不正确的。国有企业的基数远远超过乡镇和外资企业，因此增长速度略低于其他类型企业是自然的，正如中国国有企业的增长速度远远超过西方企业，人们往往将其归于基数不同而不是所有制方面的原因。

其实，20 世纪 80 年代，国有企业不仅产值和利税增长较快，而且亏损也保持在较低水平上，亏损额同利润额的比例长期低于 10%。1991 年，我国国有工业企业的全员劳动生产率，比较集体工业企业高出 56%，国有企业职工人均创造的利税额，比较集体工业企业高出 158%，国有企业职工人均上缴利税费总额，比较集体工业企业高出 220%。[①]

由于企业承担税收负担的微小差别，就能对激烈的市场竞争状况产生重大影响，因此，国有企业在税负非常不平等的条件下，其销售收入和实现利润仍能大幅度增长，技术水平和全员劳动生产率不断提高，不仅为职工提供了大量福利和社会保障，而且从未发生过职工下岗和停发工资现象，企业的亏损面和亏损率保持很低的水平，这说明国有企业的经济效益实际上很好，仅仅因不平等竞争发展速度相对缓慢，绝不应理解为活力不足和效益低下。

20 世纪 90 年代以来，我国企业的所有制结构发生较大变化，由此导致了明显的"二元"分化特征。从整体工业来看，企业的规模结构更为趋向小型化，生产集中程度更为趋向分散化。1992 年邓小平同志南巡讲话以来，我国的改革开放步伐大大加快，个体私营经济和外商独资获得了高速发展，迅速在国民经济中占据了相当大的比重，1991 年个体私营工业企业所占比重为 4.8%，1995 年迅猛增长到了 15%，外商及港澳台资工业企业的比重，也从 1991 年的不足 5% 增长为 1995 年的 13.2%，国有企业所占的工业比重则从 1991 年的 56%，下降为 1995 年的 32%，集体企业所占的工业比重变化不大，仅从 1991 年的 33% 增长为 1995 年的 35%。

20 世纪 80 年代，我国的工业企业的所有制结构的特点，是国有、集体等公有制企业占绝对优势，个体私营经济和外资企业的比重微不足道，从 1992 年以来，国有企业的工业比重迅速下降，而个体私营经济和外资企业则迅速上升，已占全部工业产值的三分之一左右，个体私有企业的平均规模大大小于国有企

---

① 杨斌：《工业规模"二元"分化及治理对策》，《经济工作者学习资料》1999 年 4 月。

业，从而加剧了整体工业的规模结构的小型化趋势。当然，由于乡镇企业的统计数据存在浮夸，国有企业的实际比重容易被低估，但是，其地位下降趋势却是非常明显的。

20世纪90年代，随着经济结构"二元"分化的加剧，国有企业的经济效益出现了大幅度下降，特别令人担忧的是，20世纪90年代国有企业面临经营困难的性质，同20世纪80年代相比也有了较大改变。20世纪80年代初，由于"文化大革命"和"洋跃进"造成的困难，国有企业的亏损面曾经高达20%，但是，通过改革搞活和结构调整，1982年下降到了12%，1985年下降为9%，1988年为10%，特别是国有企业的亏损率比较低，即亏损总额占利润总额的比重较低，1982年亏损率仅为7%，1985年为4%，1988年为8%。1988年，国有工业企业的利润总额为891亿元，达到了改革开放以来的最高水平，而亏损额仅为81亿元。[1]

20世纪90年代以来，随着工业企业的规模结构的"二元"分化，以及国有企业所占工业产值比重的下降，直接导致了国家宏观调控能力的下降，许多行业生产过剩和重复建设的状况加剧，对国有企业的效益产生了明显的负面影响，其他各类工业企业也出现了效益滑坡。1995年，国有工业企业的实现利润为665亿元，比较上一年下降了167亿元，下降幅度达到20%，国有工业企业的亏损总额为639亿元，比较上一年上升了157亿元，上升幅度达到32%。1996年，国有工业企业的实现利润总额为412亿元，比较上一年下降了253亿元，下降幅度达到38%，国有工业企业的亏损总额为790亿元，比较上一年增加了151亿元，上升幅度达到23%，甚至出现了新中国成立以来前所未有的盈不抵亏，利润与亏损相抵净亏损378亿元，国有工业企业的利税总额，也出现了较大幅度的下降，下降金额达到137亿元。

当前国有企业面临的紧迫问题，已不是20世纪80年代的相对活力不足，而是大规模破产的严峻生存威胁。1996年，国有工业企业的利润总额，比较1988年下降了64%，亏损总额却比1988年上升了9.7倍，亏损面比1988年上升了358%，亏损率比1988年上升了12.8倍。更为令人担心的是，尽管我国采取了一系列企业改革措施，包括"抓大放小"和企业改制，强调企业以提高经济效益为核心，但是，国有企业经济效益下降的趋势，近年来尚未出现根本性的改善，反而继续呈现不断恶化的迹象。[2]

---

[1] 参见杨斌《工业规模"二元"分化及治理对策》，《经济工作者学习资料》1999年4月。

[2] 同上。

1998 年，在国内不景气和亚洲金融危机的影响下，国有工业企业的经济效益，进一步出现了大幅度的下降。1998 年 1—4 月，预算内国有工业的实现利润为负 112 亿元，比较上一年同期下降了 433%，亏损总额为 339 亿元，比较上一年同期增加了 40%。国有工业企业的上缴税金也首次出现下降，比较上一年同期下降了 1.6%。尽管从国有企业创造的净产值率和利税率来看，国有企业的效益仍然大大高于私营、乡镇和三资企业，但是，倘若国有企业的严重亏损状况持续下去，在市场经济的激烈竞争环境中，不可避免将面临大规模破产的生存威胁。

为何 20 世纪 80 年代我国国有企业的效益一直良好，而 20 世纪 90 年代国有企业的经济效益却出现大幅度滑坡呢？20 世纪 80 年代，我国的工业结构也存在一定"二元"分化，主要是城乡集体工业企业的迅速崛起造成的，城乡集体企业仍然属于公有制企业，能够利用公有产权的规模优势和政府扶植，同时必须接受政府的监督和政策指导，因此，政府比较容易通过产业政策和计划调节，协调"二元"结构利益矛盾和分工关系，例如，20 世纪 80 年代初城市纺织工业同乡镇纺织工业，出现了争夺原材料和销售市场的矛盾，后来政府通过产业政策和计划调节，较好协调了两者之间的分工和利益分配，保证了 20 世纪 80 年代我国纺织工业获得良好效益。

20 世纪 80 年代，我国国有企业改革以经营责任制的创新为主，重新明确界定国有与企业的责、权、利关系，重点放在调动社会各方面特别是职工的积极性，有效促进了生产力发展和改善人民生活水平，企业产权改革则通过长期试点逐渐积累经验，避免因产权关系急剧变迁引起经营秩序混乱。20 世纪 80 年代，我国对外开放非常注意保护民族工业，引进外资大多采取合资、合作的形式，政府容易监督管理数量较少的合资企业，因此，合资企业不仅没有对民族工业造成冲击，而且还通过示范效应传播了先进技术和管理方法。20 世纪 80 年代我国计划调节与市场调节结合较好，我国经济结构虽然有"二元"趋势，没有影响国民经济的有比例协调发展，轻纺、冶金、机械、电子等行业均顺利发展，国有、集体和中外合资企业均呈现高速增长，各个社会阶层的收入和购买力也不断提高。

但是，1992 年以来，在我国新一轮改革开放的热潮中，没有正确总结 20 世纪 80 年代改革的成功经验，出现了忽视市场调节盲目性弊病的倾向，甚至出现了泡沫经济的投机过热现象，导致了国民经济比例关系的失调，消耗和浪费了大量社会资源，必然引起企业经济效益恶化的连锁反应。20 世纪 80 年代初轻纺消费品工业落后的情况下，工业规模的小型化有利于产业结构的调整，后来轻纺工业经过高速发展市场接近饱和，需要进行产业调整和加强经济基础领域，促进经济协调发展以弥补泡沫经济损失，矫正泡沫经济过热造成的严重经济失衡，但是，国有经济所占的比重大幅度下降，大大削弱了政府进行宏观调控的能力，难以采取有力措施矫正比例关系失调。

从1992年至1995年的短短3年中，个体私营工业企业的产值比重增长了3倍，外商和港澳台资工业企业的产值比重增长了5倍，政府难以对私营和外商企业进行有效监管，也难以协调各类企业之间的分工和利益关系，私营、外商企业不愿进入投资大的基础产业，而是大量进入20世纪80年代末市场接近饱和的加工行业，特别是纺织、轻工、家电等消费品制造行业，大大加剧了重复投资和生产过剩现象，消费资料和生产资料市场均陷入疲软，工业规模结构和经济效益也不断恶化，企业破产和职工下岗现象日趋严重，社会各个阶层的收入差距也显著扩大。

许多人认为私营、外资企业的产权明晰而且效率高，国有企业的产权不明晰而且效率低下，这种观点是不全面的，尽管国有企业的效益水平确实比以前显著恶化，但是，其单位产值创造的增加值和利税总额，仍然大大高于私营、乡镇和外资企业，如根据1995年工业普查的统计，国有企业单位产值创造的全部税金，超过集体工业企业150%，超过私营工业企业330%，超过外商及港澳台资工业企业160%。

20世纪90年代以来，个体私营和外资企业的比重迅速上升，国有企业的工业比重却大幅度下降，已造成了工业结构小型化和生产分散化，倘若国有企业因严重亏损出现大规模破产，我国工业结构的"二元"分化将极大加剧。如上所述，国有企业构成了我国大中型企业的主体，占全国大中型企业60%至70%，包括小型企业的国有企业平均产值规模，相当于个体私营企业的一百多倍，不仅技术装备和管理水平更为先进，对职工、财政和社会的贡献也更大，因此，国有企业陷入困境必然牵动全局。

近年来，各地缺乏有效的改革办法扭转国有企业困境，纷纷廉价出售和拍卖困难国有企业，甚至从出售小型企业发展到中型企业，但是，这种办法并未扭转国有企业的严重困境，反而导致了国有企业效益的进一步滑坡，原因之一是工业结构"二元"分化加剧，个体私营和港澳台资企业的规模较小，不愿意进入投资大的基础工业领域，特别是建设周期长的社会基础设施，集中进入生产严重过剩的加工工业，加剧了重复建设和产业结构不合理，实力雄厚的跨国公司具有巨大规模，能够不惜代价甚至忍受长期亏损，全面争夺我国关键产业的市场控制权，采取先合资后控股的办法收购国有企业，这样国有企业受到来自两方面的夹击，无论是中低档消费品和高科技产品，国有企业拥有的市场份额都急剧萎缩，加上不公平的竞争环境并未得到根本改善，私营和外资企业的税负远远低于国有企业，上述因素造成了国有企业效益进一步恶化，反过来加剧了"二元"分化和经济恶性循环。

更为令人担心的是，尽管我国采取了上述一系列企业改革措施，包括"抓大放小"和产权重组，加快公司制和股份制改造，实行企业破产和收购兼并，强调企业以提高经济效益为核心，等等，但是，国有企业经济效益下降的趋势，近年来尚未出现根本性的改善，反而连年出现了进一步滑坡。1996年国有企业的利润比上一年下降了38%，比1988年也下降了68%，亏损额不仅比上一年增加了38%，而且比1988年也上升了9.7倍，出现了新中国成立以来前所未有的盈不抵亏。1998年1—4月，国有企业效益滑坡幅度更为令人惊讶，比较上年同期下降了433%，亏损额比较上年同期增长了40%，出现了新中国成立以来最严峻的困难形势。

近年来企业经营困难也不限于国有企业，如1995年上市股份公司中有60%的效益出现滑坡，其中21%的上市公司盈利下降了50%以上，1998年上半年受宏观经济和东南亚危机的影响，沪深上市股份公司的经营业绩都普遍明显下滑，许多地方的乡镇企业也都面临严重的经营困难，但是，由于统计不严格和浮夸掩盖了问题的严重性，沿海某些地区的私营企业和乡镇企业，受国内生产过剩和出口市场萎缩的冲击，甚至出现了60%至80%的大面积亏损，但因担心债主追债或维护商誉不敢声张。倘若我们继续将国有企业困难归罪于所有制原因，认为放开经营或企业改制就能够解决问题，很可能因判断失误耽误采取政策措施，及时化解国有企业和其他类型企业的经营困难，导致企业效益加速恶化和经济陷入恶性循环。

20世纪80年代我国改革符合"三个有利于"的原则，促进了社会各阶层收入的不断增长，但20世纪90年代中期以来，却出现了越来越多的"三个不利于"现象，大批工厂设备闲置和职工纷纷下岗，1997年城镇居民中有40%出现收入下降，社会财产和收入差距出现了显著扩大。随着企业规模和所有制结构的"二元"分化，私营、外资企业的比重会进一步上升，私营、外资企业普遍采取各种途径逃避税收，大批地下经营的私营企业根本不缴纳税收，政府进行税收监管的难度大、成本高，从而可能造成政府财政税收滑坡或增长缓慢，重蹈俄罗斯改革失败触发财政危机的覆辙。

当前，我国国有企业面临的严重困难形势，并不仅仅是所有制或微观经营的原因。1993年以来我国出现了较大的宏观经济波动，经历了泡沫经济、通货膨胀以及长期的紧缩环境。1993年盲目的开发区热和房地产热消耗了大量资源，仅房地产和钢材滞销就积压了数千亿元的资金，投机涨价还误导了大量的盲目重复建设，必然引起一系列恶性循环的连锁反应。西方国家吸取20世纪30年代大萧条的教训，治理泡沫经济的后遗症一般采取经济扩张政策，适当降低税负、放松银根和扩大财政开支。我国1993年治理整顿取得了很大成绩，有效制止了盲目的开发区热，防止了泡沫经济继续膨胀的危害，但是，此后采取了财政金融"双紧"政策，没有采取特殊措施扶植正常生产部门，以补充其泡沫经济期间的资源损失。

我国国有企业以维护社会稳定大局为重，不轻易广泛采取解雇、破产的办法，大大延缓和推迟了泡沫经济的连锁反应，也为其他类型的企业提供了生存和发展的机会。但是，由于长期实行了财政金融"双紧"政策，紧缩银行信贷和压缩基建投资规模，企业销售不旺、资金周转困难，提高税负削弱了企业的"造血"机制，当前国有企业已无力继续支撑下去了，被迫大规模破产倒闭和大批解雇职工。

各地普遍采取破产逃债和廉价拍卖国企的办法，必然引起一系列强烈的连锁负面效应，如银行和众多企业因无法收回债务受到重创，必然导致社会市场需求进一步急剧萎缩，企业亏损和银行坏账状况也会加速恶化，企业收入和社会财产分配向少数私人倾斜，职工工资和国家税收的份额将会大幅度下降，加重社会贫富悬殊和收入分配不公平的问题，进一步加快经济恶性循环的过程。倘若上述趋势不能有效地加以制止，延缓的泡沫经济连锁反应可能重新出现爆发，社会失业甚至可能出现急剧蔓延的态势。

我国国民经济因多年积累的矛盾集中爆发，以及亚洲金融风暴的强烈冲击，正处于市场疲软和失业增加的特殊困难时期。我们应该实事求是地对改革思路进行调整，暂缓推行易于引起宏观经济恶化的改革措施，如以资产利益为核心的某些改革措施，包括减员增效、破产清算、出售拍卖等，否则可能导致市场需求萎缩和社会失业增加，加剧国有资产流失和"二元"结构分化，甚至形成经济恶性循环的连锁反应。

我们还应重新辩证地认识市场经济的利弊，市场经济有自发调节供求的积极作用，同时也有容易导致经济比例失调的弊端，积累到一定程度就会爆发周期性衰退，造成大批企业破产和大规模社会失业，西方国家实行市场经济的数百年来，一般每隔十年就爆发一次严重的经济衰退，我国改革也难以避免市场调节的弊端。我们绝不可以低估市场经济盲目调节的弊端，其造成的损失完全可能超过计划经济的失误，西方数百年来频繁爆发的经济危机和战争就是明证。

这说明，我们需要重新认为市场经济弊端的严重性，恢复符合本国国情的一系列改革成功经验，消除西方规范经济理论和改革药方的影响，而不应将改革方向简单地归为"深化市场改革"。

第 九 章
迎接新世纪的经济安全挑战

　　2008 年美国爆发金融危机之后，笔者同一位美国著名学者交流时，坦率地提出美国滥发美元挽救金融垄断财团，不仅威胁到美国民众财产还威胁到世界各国的外汇储备，美国迫切需要进行深入的民主改革，因为金钱操纵政治的局面正威胁到全世界人民的利益。这位美国著名学者对笔者的意见深表赞同，他说金融危机给美国民众养老金造成了数万亿美元损失，由于石油垄断财团操纵美国某些州选举，许多环境保护法案迟迟得不到通过和实施，给当地民众的生活和健康造成了严重危害。2010 年美国高盛公司遭到美国证券委员会起诉，揭露出高盛公司在金融创新过程中的大量欺诈行为。尽管早有大量证据表明金融衍生品存在巨大危害，美国国会和政府却难以抵挡华尔街数十亿美元游说贿赂，在明知危害的情况下仍然通过一系列金融自由化法案。美国金融垄断财团还花费大量金钱资助经济研究，炮制出了种种欺骗公众的虚假经济理论和计量模型，证明不受政府监管的自由金融市场效率最高。据中央电视台制作的节目报道，高盛公司还将金钱操纵政治的游戏延伸到中国，能够公然从事一系列违反中国有关法规的业务，致使中国众多大型企业和私人富豪蒙受巨大损失。

　　十年前，该章指出西方民主仿佛是"点厨子不点菜"的民主，可供民众选择的"厨子"是靠金钱"包装炒作"出来的，尽管政客选举时能吹得天花乱坠，一旦选举结束后却可以自行其是，并不承担具体的社会责任义务，仿佛是老百姓仅仅"点了厨子"，"真正点菜"的却是金融垄断财团。当前美国受金钱操纵的民主制度的弱点暴露得淋漓尽致，这种美式民主的弱点绝非无伤大雅而是极为致命的，甚至已经威胁到了包括美国在内的全世界人民的财产和生存。该章还指出，资本主义的历史演化进程中，充满了为了贪婪追求狭隘的私人利益，将整个社会乃至全世界作为试验场的残酷事实。西方学者声称资本主义进行分散的私人试验，能够遏制风险相对来说社会代价较小，但事实上，资本主义将试验方向服从于狭隘的私利，充分释放出私人竞争谋利的贪婪欲望，累加起来往往会造成巨大社会破坏。近年来，全世界都沦为了美国华尔街财团进行金融创新的试验场，华尔街财团创造的次贷金融衍生产品短短数年就泛滥全世界，形成了具有摧毁全球经济巨大能量的天文数字"有毒资产"，美国政府和议会在明知金融衍生品巨大危害的情况下，非但不立法加强监管反而废除了以前尚不完善的监管法律，充分暴露了美式民主受金钱操纵并为垄断财团服务的本质。

该章还指出，社会主义制度能够摆脱阶级对立和资本狭隘私利的束缚，创造出一种社会公众"既能点厨子又能点菜"的实惠民主，确保社会公众不仅能直接"点自己现在想吃的菜"，还能"尝试各种新的做菜方式"，选拔"确实可靠的、能干的厨师"，"监督厨师"踏踏实实而不偷工减料，采用成熟方法高效率地为自己"做菜"，源源不断地"吃到越来越多的美味好菜"，满足广大人民不断增长的物质文化需求和当家作主的愿望。该章认为建立和完善社会主义政治民主制度，必须从中国的国情出发"扬长避短"，探索出一种不仅能充分发表不同意见，而且还能对不同方案进行科学试验，建立社会科学的"可控制实验室"，通过实践不断掌握更多、更新的知识，有效化解改革开放中潜伏的种种风险，避免主观主义仓促推行不成熟的政策，产生不良社会后果影响领导人威信，帮助党内外消除意见分歧和统一认识，促使社会主义能够自觉调整生产关系并进行制度创新的广阔前景，源源不断转化为造福全体社会民众利益的美好现实。当前美式民主受金钱操纵弊端威胁到全球民众利益的情况下，中国进行改革决策"民主化"和"科学化"的积极探索，对于全人类摆脱危机困扰并建立国际政治经济新秩序具有深远意义。

该章还指出，中国实现改革开放决策的"科学化"和"民主化"，能够更好地探索复杂的社会经济规律并试验不同的政策方案，对于帮助人们识别美国的隐蔽经济战暗器和陷阱，避免改革开放的潜在风险并维护国家经济安全具有重要意义。该章指出，美国炮制的所谓规范经济学理论体系，往往隐含着各种各样的前提、假设，似乎仅仅是为了抽象演绎的需要，实际上却经过了精心筛选设计，因为这样才能证明事先安排的结论。当善良的学者们沉溺于貌似科学的论证时，早已忘记了其前提假设根本是荒唐的，因而迷惑了不少经济学家纷纷上当受骗。该章认为，改革决策关系到千百万民众的切身利益，而西方的所谓规范经济理论布满陷阱，因此，经济学家不能满足于书斋式学术研究。该章提出经济学家应借鉴侦探破案的方法，不能满足于建立各种抽象理论假说，陶醉于论述市场如何美妙的数学模型之中，而必须仔细核实理论的前提假设和推理过程，反复求证其能否准确反映客观现实，因为，只有假设和推理都准确反映现实的，才能保证抓住真正凶手而不冤枉好人，才能找到促进广大民众利益的改革开放政策，而不是像俄罗斯"休克疗法"那样造成经济灾难。当前，美国鼓吹的新自由主义理论和"华盛顿共识"政策，不仅已被俄罗斯、东欧国家的经济转轨实践证明是灾难性的，而且在全球金融危机爆发后英国首相布朗也承认"华盛顿共识"的时代结束了，这充分说明人们切切不可盲目轻信西方经济学理论，必须进行深入科学分析以去芜存菁地借鉴其合理内容，谨防为美国的隐蔽经济战暗器和陷阱所伤害。

有些经济工作者可能对笔者的观点心存疑虑，担心怀疑西方经济学是否不利于搞市场经济？是否会冲击自己已掌握的市场经济知识？偏离西方经济学的结论是否无法达到最佳状态？其实，这种担心是完全不必要的，就像不知道商场上的陷阱诈术，很容易受骗而无法成为成熟的生意人。该章帮助人们认识西方经济学的潜伏陷阱，能够更好地掌握驾驭市场经济的知识。西方经济学关于自由市场经济才能达到最佳状态的结论，是以不存在信息不对称、道德风险、欺诈暴力等种种不现实假设为前提的，该章帮助人们认识到现实条件下自由市场无法达到最佳状态，可以促使人们认真思考各种经济理论的假设和推理是否反映客观现实，如何通过改革决策科学化和局部可控试验降低推行各种经济理论和政策的风险代价，如何通过改革决策的民主化让广大民众选择符合自身利益的成熟可靠方案，这样能更好地借鉴西方经济学的合理成分并识别隐含的各种陷阱，探索出一条充分发挥市场经济潜力并真正达到最佳状态的科学途径。从这种意义上说，笔者专著的作用仿佛是"杀毒软件"，帮助人们识别和杀灭"计算机病毒"，其目的非但不是否定计算机，而是确保计算机能够更好地发挥作用，帮助人们识别美国推荐经济理论和政策的隐含陷阱，其目的非但不是否定市场经济，而是为了促使市场经济更好地发挥积极作用。

一 识别和防范美国隐蔽经济战暗器

美国有一个广泛流传的笑话，一位医生碰到了一位经济学家，彼此交谈中谈到了医疗事故的风险，这位经济学家对医生说，"你们医生真是杀了不少的人"，那位医生则回答经济学家，"确实如此，我们医生是杀了不少的人，但是，还是没有你们经济学家杀的人多"。这个笑话以幽默的方式，深刻地揭示了经济决策的风险性，医生毕竟只是误杀单个病人，而经济决策者则可能误杀千百万人。

美国的《波士顿环球报》曾发表一篇文章，提到了美国经济学家萨克斯所说的话。萨克斯是美国哈佛大学一位有名的年轻教授，因擅长复杂数学模型而被誉为"神童"，他曾经受国际货币基金组织的委派前往俄罗斯，协助推行

"休克疗法"的激进改革方案，其政策方案在实践中遭到了惨痛失败之后，萨克斯称自己"仿佛就像是一位外科医生"，"用刀切开了病人的肚子之后，才发现原来以为有的东西，实际上一样也不存在"。看来萨克斯先生虽犯了错误却也良心未泯，但是，萨克斯参与制定经济决策的失误，已经造成了现实中的巨大社会灾难，误杀了数百万无辜的俄罗斯人民。这篇文章报道的已不是幽默的笑话，而是一个民族的真实历史悲剧。

　　倘若说萨克斯是年轻气盛、阅历不深，误将抽象经济模型当成了灵丹妙药，结果出乎意料地误杀了俄罗斯人，那么委派他的国际货币基金组织的老板们，则是代表了垄断金融资本集团的利益，早就知道"自由市场促进人类和谐发展"，乃是不切实际的理想主义理论，大肆宣扬鼓吹不过是用作华丽外衣，来精心包装其隐蔽经济战的暗器罢了。难怪美国劳联产联主席斯威尼曾指出，在众多西方经济学家的强烈谴责下，国际货币基金组织虽然被迫承认自己推荐的药方，加深亚洲的金融危机造成了社会恶果，但一年后巴西爆发严重金融危机之时，国际货币基金组织推荐的还是同一剂药方。身居幕后操纵着萨克斯的大老板们，都是老谋深算的国际地缘战略老手，他们信奉的乃是霸权寻租的现实主义理论。原来萨克斯是先被人骗，然后才用害人药方去骗人。

　　由此可见，**若要防范美国隐蔽经济战的袭击，避免改革开放过程中的潜伏风险，就必须提高识别美国战略暗器的能力。美国的战略暗器之所以容易奏效，原因之一是设计巧妙具有很强的隐蔽性，充分利用自己熟悉市场经济的优势，开始时往往利用经济利益为诱饵，诱骗对手落入圈套后才发动猛攻。**美国凭借自己实力雄厚、财大气粗，能够以金钱、贸易好处吸引国际对手，如20世纪70年代曾以贷款、投资吸引拉丁美洲国家落入全球化陷阱，邀请一些国家官员学者访问美国，炫耀美国的财富和物质生活，精心培养盖达尔等经济学家，作为传播和推行战略暗器的工具，等等。对于来自俄罗斯的官员学者来说，不懂市场经济只知道"眼前利益"，而精明的美国人熟悉市场经济，能够深谋远虑地"多算计好几步棋"，待猎物尝到甜头放松了警惕之后，再从容不迫地向咽喉要害发动攻势。

　　美国战略暗器容易奏效的另一原因，是借鉴大英帝国操纵舆论的做法，精心炮制了所谓规范经济学理论体系。19世纪德国著名经济学家李斯特曾揭露，英国为了鼓吹损人利己的"世界主义"潮流，精心炮制了"自由贸易"理论体系，巧妙地将破坏别国工业化的错误政策，伪装成有利于全社会利益的正确政策。今天，美国如法炮制的所谓规范经济理论，也经过巧妙的细致加工真假难辨，既有客观地描述市场经济的成分，又有为了谋求垄断资本的利益，有意歪曲误导社会舆论的成分。当年李斯特还提到英国曾不惜破费金钱，利用"机密费"操纵各国的社会舆论，以至于德国的众多学者和新闻记者，都不自觉地站在英国立场上讲话。今天，美国作为世界的头号超级大国，其财力雄厚远非大英帝国可比，为了重建世界霸权谋求超级利润，自然也会不惜钱财暗中操纵世界舆论，从"全球化潮流"之如此广泛流传，就可领略到美国丝毫不逊于当年的大英帝国。

美国炮制的所谓规范经济理论体系，迷惑了不少经济学家纷纷上当受骗，还在于利用貌似严谨的科学论证，巧妙地掩盖了虚伪的谋求私利目的。这些规范经济理论进行推理之前，往往提出各种各样的假设条件，似乎仅仅是为了抽象演绎的需要，实际上却经过了精心筛选设计，因为这样才能证明事先安排的结论。当善良学者们沉溺于貌似科学的论证时，早已忘记了前提假设根本是荒唐的。譬如亚当·斯密的"看不见的手"神话，其前提假设是人有小自私而无伤大雅，不存在有意伤害别人的恶劣行径，无视当年大英帝国的殖民主义掠夺，恰恰正是豪取强夺的"大奸大恶"。西方经济理论为了表白自己的科学性，还有意声称仅仅进行实证性的推理，仿佛考虑道德因素就会影响客观公正，许多中国经济学家也为之所欺骗，误以为西方经济理论更客观现实，忘记了正是资本主义的野蛮掠夺，曾经给自己民族造成了巨大灾难，忘记了正是马克思的理论体系，才敢于正视资本主义自私邪恶的现实。

近代以来，美英统治阶层特别重视资助学者，用复杂的数学模型证明亚当·斯密理论，通过大量烦琐复杂的抽象数学演绎，来论证即使是奉行野蛮丛林的竞争规则，自由市场也会自发地矫正各种缺陷，达到社会利益最大化的美妙结局，有意给荒谬的理论披上了伪科学外衣。对于心机不深的善良学者来说，貌似科学的复杂逻辑演绎过程仿佛提供了充分运用才智的机会，自发实现社会利益最佳状态的结论仿佛满足了自己良心抱负的渴望。难怪阅历不深的"神童"萨克斯，痴迷于玩弄数学模型洋洋自得，却在俄罗斯推行"休克疗法"遭到惨败之后，惊呼自己"原来以为有的东西，实际上一样也都不存在"。倒是美国的著名经济学家斯蒂格利茨先生，有长期研究发展中国家经济的丰富阅历，坦率地说俄罗斯灾难正是"过分依赖于经济学教科书模型所造成的，课本经济学对教育学生也许是不错的，但不适于向实施改革的政府提供建议，特别是由于美国模式的教科书，很大程度上依赖于某种学术学派"。

正因为改革决策关系千百万人生命，而西方的所谓规范经济理论布满陷阱，因此，经济学家不能满足于书斋式学术研究，而必须具备像侦探一样敏锐的头脑，慎重对待西方的时髦潮流和经济理论，仔细甄别西方经济理论的哪些内容对于我国经济改革具有较多的借鉴意义，哪些属于为资本主义辩护的庸俗内容，哪些属于垄断资本蓄意设置的陷阱，哪些则属于危险的隐蔽经济战暗器。**经济学家应借鉴侦探破案的方法，不能满足于建立各种抽象理论假说，只要能自圆其说夸夸其谈就算了事，而必须仔细核实前提假设和推理过程，反复求证其能否准确反映客观现实，绝不沉醉于看似完美的逻辑演绎，因为，尽管可以建立许多漂亮的理论假说，但只有假设和推理都准确反映现实的，才能保证抓住真正凶手而不冤枉好人，才能找到切实解决问题的经济政策，而不是像萨克斯那样造成更大经济灾难。**

经济学家不应将自己的思维局限于专业领域，而应根据不同案件的具体情况，灵活地借鉴各种学科的方法和手段，包括国际政治、历史学和心理学等，充分考虑到社会经济现象的复杂联系，凡是实际产生影响的因素都要考虑到，不能因超出了经济学领域就排除在外，任何理论都可以参考但绝不轻信盲从，应掌握各种理论的适用范围和局限性，取长补短综合运用来解决具体问题。**经济学家还应该借鉴侦探破案的工作方法，不满足于观察大量表面的客观现象，急于作出一种似乎合乎逻辑的解释，而应深入细致地观察每个微细环节，绝不轻易放过不合逻辑的任何疑点，因为，阴险罪犯往往作出大量表面假象，恰恰一些微小疑点才会露出马脚，倘若依据一般人的观察思维习惯，恰恰容易放跑真凶而冤枉好人。**例如，国际货币基金组织推荐所谓规范改革药方时，通过媒体进行了大量冠冕堂皇的宣传，提出种种似乎合乎逻辑的解释，还有貌似科学的数学模型论证，但是，一旦人们进行深入细致的观察，就不难发现其中存在种种疑点，以及难以解释的自相矛盾之处。

中国经济学家或许习惯于做善良好人，觉得观察细节怀疑别人似乎不道德，但是，我们虽然应该"害人之心不可有"，却也必须"防人之心不可无"，一百年来中华民族经历的痛苦磨难，俄罗斯遭遇巨大社会经济灾难的事实，说明现实世界就是非常复杂残酷的。中国经济学家向往着宁静和谐的生活，喜欢"市场促进和谐发展"的理论，但是，美国统治阶层信奉的主流国际政治理论，正是将和谐发展视为"理想主义空想"，崇尚不择手段竞争的现实主义理论。从美英国际战略家公开发表的著作中，我们可以清楚地看到其谋求霸权的野心，看到其将经济文化交流改造成战略武器的谋略，甚至看到其颠覆分裂中国的战略意图。显然，不需要中国人妄加任何的猜测和推断，西方政治家自己已清楚暴露了战略动机，就仿佛我们面对着敌视中国的对手，公开声称将采取各种手腕对付我们，甚至公开了自己搞阴谋破坏别国的前科，倘若我们对此视而不见无动于衷，蒙起眼睛一心做"善良的羔羊"，还担心怀疑别人就会冤枉好人，那么迟早必将成为"豺狼喜爱的美餐"。

中国经济学家不能沉溺于书斋之中，满足于欣赏传播西方的规范经济理论，陶醉于论述市场如何美妙的数学模型之中，因为，经济学家既然有"经世济民"之责任，就必须具有洞悉世界风云变幻之眼光，具备识别美国隐蔽经济战暗器之能力。特别应指出，正像前苏联惨遭瓦解的教训一样，即使高层领导人和国家安全部门，比较经济学家来说或许经济知识更少，也更难以识别西方的隐蔽经济战暗器，倘若我们甘心做缺少心眼的善良人，谁来维护国家利益不受阴谋危害呢？我们不仅应掌握必要的经济学知识，还应熟悉西方统治阶层的思维方式，了解真正支配其决策的地缘战略思想，这样才能看穿西方设置的经济理论陷阱，及时根据美国的战略利益动机和行为，准确判断美国谋求霸权的国际战略攻势，采取有效措施防范其隐蔽经济战偷袭，消除改革开放中潜伏的风险隐患，维护国家经济安全和广大人民利益。

中国经济学家必须更加成熟起来，具备像侦探般复杂敏锐的头脑，学会观察现实中存在的细微证据，发现凶手偶尔无意露出的马脚，根据有前科凶犯的行为和言行，掌握凶犯的心理动机和思维方式，这样才能准确推测罪犯策划的预谋，采取有效措施防止罪犯侵犯自身利益。这方面，美国中央情报局的前雇员彼得·施瓦茨，为我们上了极为生动的一课，或许能帮助我们成长为合格的侦探。他在撰写的《胜利》一书的序言中，曾经以洋洋得意的口气说道，"谈论前苏联崩溃而不知道美国秘密战略的作用，就像调查一件神秘突然死亡案子而不考虑谋杀。死亡的原因究竟何在？病人吃的是真正对症的药方吗？死亡事件是否存在着特殊反常和预谋？"

难能可贵的是，施瓦茨作为中央情报局经验丰富的老手，一眼就看出了善良人容易犯的错误，中国人面对训练有素的老师的坦率指点，不能再像粗心大意的侦探一样了，调查神秘死亡案件却丝毫不考虑谋杀，也不怀疑存在着预谋和病人吃错了药方。当然，我们也不应真的将施瓦茨当做老师，因为，了解一些犯罪心理学的人都知道，罪犯能够从炫耀自己智慧的机会中，获得极大的自我陶醉和心理满足。倘若中国经济学家不能成熟起来，拥有一个像侦探般复杂敏锐的头脑，沉溺于脱离现实的抽象经济模型，盲目崇拜西方的所谓规范经济理论，那么，就很可能成为遭到施瓦茨嘲笑的人，成为替公开招认的凶手申辩的善良被害者，或为有意开错药方的医生辩护的倒霉病人。

中国知识分子还应警惕美国通过文化交流，发动动摇我们制度信心的"攻心战"。许多经济学家大量运用西方的规范经济理论，来指导和设计中国经济改革的各种方案，他们隐晦地假设似乎西方拥有巨大财富，就证明这些国家市场经济模式的成功，因而应该成为中国改革的效仿目标，最富裕的美国倡导的规范经济学理论，乃是关于市场经济运行的知识精华，因而也是指导中国改革的最权威理论，优越于中国土生土长的不规范做法。但实际上，许多经济学家不自觉作出这种暗含假设，恰恰容易误中美国"攻心战"设置的陷阱，不知不觉中像俄罗斯的盖达尔等人一样，成为美国隐蔽经济战暗器的传播工具。

20世纪70年代，美国国际战略家倡导的"缓和"战略，明确提出将贸易、投资和经济文化交流，改造成支配世界格局的新战略武器网络。《胜利——美国政府对前苏联的秘密战略》公开的美国瓦解前苏联秘密战略，重点放在通过"软硬兼施"的软战争，动摇前苏联领导人对自身制度的信心，戈尔巴乔夫也正是因此而误入歧途。这充分说明对于社会主义制度的信心，直接关系到改革道路的选择是否正确，也直接关系到国家民族的兴衰存亡。中国的政府官员和学者应邀访问西方，不应该盲目地崇拜羡慕西方拥有的财富，忘记同自己民族遭遇和先辈血泪的关系，也不应忘记当年国人旅外遭受的屈辱待遇，不应忘记其享受的优厚物质生活待遇，正是来自新中国的国力强盛和地位提高。

留学西方的中国新老一代经济学家，对待西方经济学的不同态度深值回味。新中国培养的许多著名经济学家，尽管也曾坚定信仰马克思主义经济学，甚至对西方经济学曾持有盲目批判态度，但是，一旦访问西方享受到优越的物质生活待遇，顿时改变信仰，深深迷恋于西方经济学理论，仿佛西方财富并非来自掠夺而是抽象模型。但是，当年留学西方的老一辈中国经济学家，虽然学习的也是西方的市场经济理论，还面对着旧中国同西方的更大经济差距，却反而抛弃西方理论相信了马克思主义，许多出身豪门的留学生还被改造成了共产党员，回国后不惜舍生忘死投身于革命事业。

我国老一辈著名经济学家陈岱荪等人，曾撰文批判过盲目照搬西方经济学的倾向，许多新一代经济学家对此深感难以理解，甚至还指责陈岱荪先生过于落后保守。他们曾经下乡下干校吃过极"左"思潮的苦头，后来访问西方才打开眼界骤然解放思想，深深奇怪老一辈人为何如此顽固不化。殊不知，陈岱荪等老一辈学者虽然也曾"挨过不少整"，甚至还曾被划为右派，吃苦远远超过了年轻人，但是，他们毕竟经历过新旧中国的百年沧桑巨变，亲身品尝过遭受洋人歧视的屈辱和痛苦，还曾深入研究西方理论并思考中国命运，不会轻易为西方财富和经济理论所迷惑，更不会因个人恩怨就抹杀新中国的辉煌成就，抹杀根本改变中华民族命运的时代进步，幻想搞资本主义市场经济就能迅速致富，这一点他们比仅仅了解放区生活和革命战争，而不熟悉旧中国资本主义的老干部还要坚定。

陈岱荪先生生前早就曾撰文指出，以前中国有盲目排斥西方经济学的倾向，完全忽略了其包含的不少合理东西，也忽略了西方战后"黄金时期"的改良，但现在又出现了盲目崇拜西方经济学倾向，还深刻指出美国自己暗中奉行国家干预政策，却鼓吹新自由主义理论误导第三世界国家，有些中国人误将其作为所谓规范经济学理论，来指导中国改革很可能产生巨大的危害。许多新一代中国经济学家曾对此深不以为然，甚至有人还将陈岱荪先生的语重心长，当做了受极"左"思潮影响的思想僵化，但是，现在听一听萨克斯茫然若失的坦率忏悔，听一听斯蒂格利茨对"华盛顿共识"的批判，看一看拉美和俄罗斯经历的巨大社会灾难，我们不难领悟到陈岱荪先生的远见卓识，赞叹他关心国家不追随潮流的学者风度。①

诚然，有些经济学家对市场经济并不熟悉，感觉到弄懂西方经济学已经非常困难，因此，很容易被其貌似深奥的抽象理论所迷惑，希望国际权威组织的建议来指点迷津，当年戈尔巴乔夫、沙塔林和盖达尔等人，也是出于类似心情误入了美国的陷阱。有些经济学家羡慕西方巨大财富，急于求成地希望效仿其经济模式，还不加甄别地直接照搬西方经济学理论，来直接设计中国经济改革的各种方案。但实际上，这些人的隐含假设是不能成立的，"富裕之邦"并非就是"真理之地"，巨大财富并不能证明西方制度成功，也不能证明西方经济学就是正确的，**西方国家流行的各种经济学理论，虽然也有正确反映经济规律的成分，但是，也有为资本主义辩护的庸俗成分，还有西方蓄意设置的种种陷阱。因此，我们对于西方的各种经济学理论，必须进行深入细致的科学分析，去芜存菁地借鉴其合理内容，谨防为美国隐蔽经济战暗器所伤害。**

对于西方经济学的种种基本概念，诸如市场、竞争、开放和自由进入，我们应该采取辩证而不教条的态度，既要认识和利用其具有的积极作用，也要看到和避免其具有的消极作用。有些人设计中国经济改革的方案，直接从西方经济学基本概念出发，将竞争、开放或自由进入等绝对化，奉若市场经济不可动摇的基本公理，仿佛违反了就达不到社会最佳状态，而遵循这些原则就意味着社会利益。但实际上，西方经济学的帕累托社会最佳结论，是在精心选择的不现实假设下作出的，目的是促进资本利益而不是社会利益，因此，倘若我们盲目地遵循西方经济学的教条，恰恰无法充分发掘市场经济的潜力，达到争取整个社会利益最大化的目的，反而会落入西方蓄意设置的陷阱之中。

我们思考和设计中国经济改革的方案，应该将人民利益和"三个有利于"，

---

① 参见丁冰主编《现代西方经济学说》序言，中国经济出版社 1995 年版。

作为考虑问题的出发点和最高原则，还应确保自己的隐含假设和推理过程，尽量接近符合中国国情的客观现实。我们对于市场经济的种种基本概念，既要进行积极稳妥的改革探索，充分发挥其促进社会利益的正效应，也要辩证地认识到其内在的局限性，采取措施遏制其潜在的负效应，如将市场、竞争等作为辩证利用的手段，发挥其督促企业改善经营的积极作用，同时也应限制盲目竞争的潜在危害，如造成重复建设和社会资源浪费，大量积累甚至会诱发经济危机，等等。我们还必须认识到盲目模仿西方的危害，特别是私有制等资本主义的基本理念，同社会主义制度存在着根本性矛盾，只能谨慎地在适当范围内加以利用，而绝不能为了遵循西方规范而轻率照搬，否则就可能动摇社会主义制度的根基，动摇自身的经济基础和各种制度政策，产生一系列复杂的异体排斥反应，甚至会导致社会经济崩溃的致命后果。

日本经济学家小官隆太郎曾经说，公有制乃是"中国建国的基本理念。这个基本理念是应当被维护的，在这一点上，我认为是不应该妥协的"。尽管对于西方资本主义国家来说，私有制天然是市场经济的基本理念，历史上曾经促进了西方的财富积累，但是，恰恰是私有制产生的种种历史弊端，才迫使中国选择了社会主义的救国道路。对于中国这样的社会主义国家来说，无论是生产力、经济基础或上层建筑，恰恰都是建立在公有制的基本理念之上，倘若我们对于这样的根本性制度基础，也为了贪图小利而盲目模仿西方，就很可能"得砖瓦而毁大厦"，仿佛"千里长堤毁于蚁穴"，导致社会生产力遭到巨大的破坏，经济基础和上层建筑也会发生全面崩溃。我们应时刻牢记资本主义的掠夺历史，以及旧中国沦为西方列强附庸的不幸遭遇，必须意识到一旦为美国诱惑放弃了戒心，轻率放弃曾挽救中国命运的自身制度优势，放弃"摸着石头过河"的改革成功经验，盲目地听从国际经济组织的所谓权威建议，就很可能贸然闯入布满着陷阱的风险地带，甚至像戈尔巴乔夫和盖达尔等人一样，因缺少经验盲从西方规范药方而遭毁灭。[①]

二 如何避免改革开放中的潜伏风险

经济改革和决策领域具有巨大潜在风险，不仅由于存在着西方国家的蓄意误导，还因为经济制度创新具有特殊的复杂性，经济学仍然属于不成熟的年轻学科。经济学的研究对象是社会经济现象，属于最高级、最复杂的物质运动形式，各种经济理论在反映客观规律方面，仍然具有很大的局限性和不稳定性。

---

① 参见倪健中主编《国家安全》，中国国际广播出版社 1997 年版。

但是，人们往往忽视社会经济领域的复杂性，认为经济理论、经济模式或经济制度，具有跨越时空条件的普遍适用性，西方经济理论、制度就像机械设备一样，无论移植任何地方都能有效地运转，特别是在美国蓄意利诱和误导的情况下，许多人思想简单难以理解经济规律复杂性，更容易落入美国隐蔽经济战设置的陷阱。因此，**我们为了避免改革开放中的潜伏风险，除了提高对美国隐蔽经济战的警惕之外，还必须改善我们经济工作的思想方法，提高辩证地认识客观经济规律的能力。**

由于经济现象是错综复杂和千变万化的，我们进行理论研究必然遇到很大困难，有时建立了成功解释某种经济现象的理论，但是却难以用来解释另外一种经济现象，某种理论在特定范围内获得了充分事实证明，但是，在不同的环境、地点和客观条件下就失效了。**对于经济学家来说，重要的不仅是知道自己掌握的理论，还要知道这些理论的适用范围和局限性，也就是说，知道自己的"无知"与"知"是同样重要。社会经济现象是如此的复杂多变，无论多么深奥的理论也无法比拟。**斯蒂格利茨先生长期研究发展中国家经济，他认为没有统一适用的理论模型，只能根据具体国情建立不同模型，西方经济理论虽有教学和认识价值，但不适合于作为设计改革方案的依据。这就仿佛是侦探破不同案子的时候，虽可借鉴却无法照搬以前案子的经验，无论为了以前案子建立的假说，曾经是多么的完美无瑕和准确无误，仍必须根据新案情建立新的假说，还必须重新求证假设和推理的正确性，否则随时都可能抓错凶手和冤枉好人。

显然，我们设计改革方案不能从理论出发，而必须从人民利益和具体国情出发。早在20世纪40年代陈云同志总结工作经验时，就曾提出了"不唯书、不唯上、只唯实"，也就是说我们做工作必须从实际出发，而不能单凭书本理论和看领导脸色行事。今天当我们面临着美国的隐蔽经济战威胁，也许还应该加上一条"不唯洋"，以纠正盲目崇拜西方理论的错误倾向。新中国成立后，陈云同志曾长期领导经济工作，一贯坚持这种谨慎求实的科学态度，因而总是以较少失误出色完成党的任务。难能可贵的是，当举国上下都头脑发热，多次出现"左倾"冒进错误时，陈云同志仍坚持自己的正确看法，还为纠正"左倾"错误做了大量工作。新中国成立后前30年，尽管有"大跃进"和"文化大革命"的错误，但是，新中国仍取得了辉煌的建设成就，因此，陈云同志领导经济工作的时期，就显得更加成绩突出和功不可没。

今天我们面临更为复杂的改革重任，仍应继承陈云同志的科学严谨工作方法，以更好认识客观规律和避免改革风险。其实，当年的"左"不仅仅是意识形态的错误，同简单的思想方法也有很大关系。回想一下，人们犯错误往往不是在困难时期，而恰恰是取得了很大工作成绩，简单、片面地总结成功的经验，出现盲目乐观和头脑发热之时。社会经济现象是错综复杂、千变万化的，而许多领导干部和群众的思维方式，往往具有简单、片面、直线的缺点，特别是在尝到一些好处甜头之后，就容易自满乐观和急于求成，放弃谨慎求实态度和必要的警惕性。例如，新中国刚成立之时面临着重重困难，既有旧中国遗留的严重通货膨胀和失业，还有抗美援朝战争和美国封锁遏制的压力，但是，由于陈云同志稳妥求实地指导了经济工作，却取得了"恢复时期"和"一五时期"的辉煌成就，反而恰恰就在大好经济形势下，领导人和群众头脑发热犯了"大跃进"的错误。改革开放后出现的种种社会痛苦，也不是发生在谨慎探索的改革初期，而恰恰是发生在取得了巨大成就之后，人们采取简单的直线或惯性思维方式，忽视了市场经济调节的盲目性的时期。

陈云同志重视"全面"的客观思维方式，他说，"我们观察、分析和解决问题的方法，是唯物辩证法，从实际出发。从实际出发的关键是，从片面的实际出发，还是从全面的实际出发？有些同志不花时间弄清全面情况，弄清事物的本质，而是看到一些现象，就想当然，发议论，作结论，这是十分有害的。所以，重要的是要把实际看完全，把情况弄清楚，其次是决定政策，解决问题"。在出现了"大跃进"和人民公社化的挫折之后，陈云同志重新阐述和发挥了这一观点，指出急于求成的片面思维的危害，还批评许多领导不深入思考盲目跟风的陋习。

20世纪50年代陈云主持经济工作的时期，提出了"全面"、"比较"、"反复"的方法，1962年在调整时期的中央经济工作会议上，他进一步详细阐述了这六个字的认识方法。陈云同志说，"全面。我们犯错误，就是因为不根据客观事实办事。但犯错误的人，并不都是没有一点事实根据的，而是把片面当成了全面"，他还说，看问题容易产生片面性，比如这个茶杯放在桌子上，两边的人各看到一面，都是片面的。两人只有都不固执己见，相互虚心地交换意见，才能将问题看得更全面。

陈云同志强调要多听不同意见，通过相互磋商和交换不同意见，消除意见分歧和使看法全面起来，他还说即使没有反对意见，也不妨多作些假设，从反面和各个侧面来考虑问题，并且研究各种条件和可能性。陈云同志还指出了片面的危害性，如打仗、看病或经济工作，可能导致战争失败或将病人治死，经济工作则会造成巨大损失。

陈云同志还说，"比较。研究问题，制订政策，决定计划，要把各种方案拿来比较。在比较的时候，不但要和现行的作比较，和过去的作比较，还要和外国的作比较。这样进行多方面的比较，可以把情况弄得更清楚，判断得更准确。多比较，只有好处，没有坏处"。

陈云同志还说，"反复。作了比较之后，不要马上决定问题，还要进行反复考虑。对于有些问题的决定，当时看来是正确的，但是过了一个时期就可能发现不正确，或者不完全正确。因此，决定问题不要太匆忙，要留一个反复考虑的时间，最好过一个时候再看看，然后再作决定"。由于陈云同志主持经济工作时期，采取了上述科学严谨的思想方法，因此，经济决策中很少失误成绩突出。当前，我国经济体制改革决策的制定，都是关系国家生死存亡的重大问题，我们更应该继承陈云同志的宝贵经验，继承他谨慎求实和细致周密的工作方法。[①]

当前，我们进行改革和防范美国"攻心战"，都应采取陈云同志的全面分析方法。有些人盲目地相信西方规范经济理论，还理所当然地将其作为改革的依据，很大程度上是误以为西方巨大财富，已毋庸置疑地证明了西方模式的优越性，但是，倘若我们采取陈云同志的全面分析方法，就会发现事情远远没有那么简单。不错，中西方之间仍然存在着巨大经济差距，但是，一旦进行动态的和全方位的分析比较，我们恰恰就会发现社会主义制度的优越性，已大大缩小了中西方之间的历史差距。倘若我们仅仅将眼睛盯着西方发达国家，似乎会觉得资本主义制度就意味着富裕，但是，一旦深入地考察所有的资本主义国家，就会发现资本主义国家之间也差距悬殊，还有大批极端贫困的发展中资本主义国家，而少数西方发达国家拥有的巨大财富，恰恰是建立在新老殖民主义的掠夺基础上的。倘若我们陶醉于西方的热情邀请款待，无疑会觉得资本主义已发生了本质变化，但是，一旦深入研究西方"缓和"战略著作，看一看《胜利——美国政府对前苏联的秘密战略》一书作者的坦率表白，回想一下当年中国留学生的不同遭遇，就会体会到西方热情款待并非免费午餐，正常文化经济交流背后藏有深谋远虑。倘若广大干部群众都养成全面比较的习惯，就会自觉地珍惜社会主义制度的优越性，克服急于求富盲目效仿西方的冲动，避免重蹈戈尔巴乔夫改革失败的覆辙。

美国推荐的规范改革药方特别能迷惑人，原因之一在于并非完全没有道理，而是蓄意强调某种片面的合理性，包括市场机制、竞争和对外开放等，殊不知具有合理性的东西强调过了头，也就巧妙地被改造成了害人的暗器。识破和防范美国这类暗器的重要方法，是提高警惕运用全面的辩证分析方法。譬如，国际货币基金组织向俄罗斯、东南亚提供改革药方，都规定推行严厉的财政、金

---

① 陈光林：《陈云经济工作领导方法与艺术》，山东人民出版社1986年版。

融紧缩政策，据说是为了不惜代价控制通货膨胀，还声称物价稳定和社会就业不可兼得。但是，陈云同志曾运用全面统筹兼顾的方法，很好地处理了治理通货膨胀和失业的矛盾。当年新中国曾面临恶性通货膨胀，还有高达30%的严重社会失业，私营工商业尚未改造国家控制力弱，特别是新中国成立不久又爆发抗美援朝战争，但就是在这种困难的形势下，陈云同志负责主持全国财经工作，不仅成功地治理了通货膨胀和失业，还促进了恢复时期的经济高速增长，保证了抗美援朝战争的顺利进行。这充分说明陈云同志的全面统筹兼顾方法，是防范西方理论蓄意强调片面合理性，暗中锻造隐蔽经济战暗器的解毒良药。

解放初，存在着旧中国遗留的严重通货膨胀和失业，政府实行货币改革压缩了货币供应量，虽然物价上涨势头趋于缓和，却出现了工商业萧条和失业增长。陈云同志认为，通货膨胀和失业都危害了人民利益，为人民服务的政府都不能漠然视之，"现在我们管理国家，人民有无饭吃就成了我们的责任"。陈云同志深入调查实际经济情况，非常关心私营工商业和工人的困难，还根据经济形势和市场供求的变化，反复地调整货币政策的"松紧"力度，一旦发现物资供应紧张和物价趋升，就及时地适度"紧缩银根"，一旦发现市场疲软和物资滞销，又及时适度"放松银根"，增加贷款收购滞销物资，用于恢复遭到战争破坏的经济基础，两年中货币信贷政策就有"三紧三松"，结果同时克服了严重通货膨胀和失业。这种做法体现了全面统筹兼顾的思想，就仿佛驾驶汽车只偏向道路的一边，虽然能避开了汽车撞到山上的危险，却会增加汽车翻到山沟里的危险，因此司机需要不停地左右摆动着方向盘。一位曾获诺贝尔奖金的美国经济学家，了解到中国曾经在解放初和改革初期，成功地同时战胜了通货膨胀和失业，称赞说"谁能解释中国的成功，就能获得诺贝尔奖"。的确，陈云同志的全面辩证兼顾方法，虽然没有深奥理论和抽象数学模型，实践效果却远远超过了西方规范理论。

我们防范美国隐蔽经济战暗器的袭击，必须提高广大干部群众的辩证思维能力，揭露其用片面合理性掩盖破坏性的伪装。美国推荐的规范经济理论和改革药方，仿佛是主张市场、竞争、开放等，但却仅仅强调其合理性而忽视弊病，蓄意将其"绝对化"和"教条化"，这样塑造出一个自由市场经济神话，就将本来具有辩证合理性的东西，巧妙地改造成为隐蔽经济战的暗器，具有很强的迷惑人能力和破坏威力。美国曾深受过自由主义经济理论之害，饱尝过大萧条导致严重社会失业之苦，还上过英国"自由贸易"理论的当，如今却大肆鼓吹"新自由主义理论"，公开主张回归到亚当·斯密时代，目的正是利用市场机制的盲目力量，蓄意制造打击国际对手的经济危机，诱惑第三世界放弃保护敞开大门，任凭实力雄厚的西方跨国公司占领。

令人遗憾的是，人们的思维方式往往容易产生片面性，容易忽视现实复杂性而将问题简单化，容易根据局部的或短期的实际体验，进行直线的或惯性的推理作出结论。许多人感到辩证地思考问题很吃力，往往为了摆脱内心的困惑和矛盾，趋向于接受一种简单明了的东西，特别是存在着一定利益好处诱惑时，更容易思想简单忽略潜在的风险。大家知道，骗子善于人们的心理和思维弱点，制造种种假象迷惑人们上当受骗。美国策划秘密战略的"攻心战"，也正是利用人们的这种心理弱点，制造表面假象和利诱来迷惑人们，吞下其自杀性的规范理论和改革药方。

中国曾在西方列强威逼下被迫开放门户，饱尝过依附型资本主义市场经济之苦，为了挽救国家危亡走上了社会主义道路，因此，解放初人们往往容易牢记旧社会之苦，而忽视了市场经济还存在许多合理的东西。特别是工业化建设取得巨大成就后，干部群众的社会主义热情空前高涨，很容易产生一种盲目的乐观情绪，简单地认为"左"的就是社会主义的东西，甚至"文化大革命"等"左"倾错误思潮中，否定了自己建设社会主义的成功经验，还误以为是在"反对复辟资本主义"。也许一百年来中国遭受的苦难过于深重，人们容易通过直线或惯性的思维方式，认为危险就是"吃二茬苦"和"受二茬罪"，结果反而受了大量"左"倾错误之罪。

现在有人为改革开放的成就而欢欣鼓舞，仿佛这一切都是"市场加开放"带来的，模仿西方规范市场模式就能更快富裕起来，不自觉否定了本国改革开放的成功经验，甚至1992年的泡沫经济和盲目开放区热，造成了远远超过计划经济的数千亿元损失，还在责怪问题都是旧体制僵化造成的，仿佛市场经济就是解决问题的"灵丹妙药"，忘记了资本主义数百年的频繁经济危机，忘记了旧中国也曾经有过开放的市场经济，而且股份制、公司制企业和跨国公司一应俱全，但中国却始终未能实现工业化挽救国家命运。正是依靠公有制企业建立的现代大工业，才为我们赢得了平等扩大开放的国际地位，这些人认为加快改革开放就能解决一切问题，甚至看到出现大量"三个不利于"现象，看到俄罗斯私有化形成了寡头家族的统治，还认为这是改革中必须付出的社会代价，就像当年认为危险就是复辟资本主义一样，再次认为唯一危险就是来自"左"的错误。殊不知，**除了意识形态的不同外衣之外，上述两种人的思维方式何其相似，同样都犯了思想简单粗心大意，习惯于直线或惯性的思维的错误。**

当年曾经犯过"左"倾错误的许多同志，忘记了曾狠批过"价值规律的盲目性"，一转眼又主张同西方规范市场经济接轨。与此相比，**陈云同志早在**

1956 年就曾提出了"补充论",指出在坚持政府计划和国有经济的同时,还需要无政府的市场和个体经济作补充,现在看来这种辩证思想确实难能可贵。20世纪 80 年代,陈云同志赞成扩大市场调节的改革思路,但指出仍必须坚持"计划与市场相结合",还形象地比喻为"鸟与笼子的关系",有人误认为陈云同志想限制市场作用,其实,陈云同志强调的是计划与市场的辩证关系,他认为"笼子"应大小适当经常调整,既让鸟儿有自由又保证它不飞走,因为鸟儿和市场本身都并不是目的,关键是要保证鸟儿和市场为人民服务。换言之,许多鸟儿有灵性养熟了就不飞走,不要笼子也是完全可以的,但对某些鸟儿就必须有笼子才行。有人相信了西方的新自由主义理论,也跟着宣传私有制和自由市场的神话,殊不知,这仿佛是猛兽主张的野蛮丛林竞争,目的是保证豺狼享有充分的吃人自由,显然只有把猛兽关在笼子或保护区里,才能保证人类自己不被猛兽吃掉。倘若我们不辩证看待市场经济的利弊,也很可能成为被猛兽吞食的牺牲品。[①]

对于"计划与市场"、"开放与保护"、"紧缩与放松"、"物价稳定与充分就业",我们不应该采取片面思维方式,将任何一面绝对化对立起来,而应采取全面辩证兼顾的方法,相互取长补短形成统一和谐关系,因为,对立双方都各有优缺点和局限性,全面兼顾远远优越于片面强调一面,这样才能兼得双赢而避免风险,才能更好地全面维护人民的利益。当然,我们在处理改革中的各种矛盾,出现一些偏差是难以避免的,但是,我们应该善于总结经验教训,采取谨慎求实的辩证思维方式,避免简单片面或直线惯性的思维,及时地进行双向的辩证调整,就仿佛像善于驾车的熟练司机一样,及时地左右灵活调整汽车方向盘,而不要像缺乏经验的汽车司机一样,总是过于偏向一边吃苦头之后,又重犯过于偏向另一边的错误。

人们的片面、简单和惯性的思维方式,还导致了改革开放的一些其他误区。例如,过去有些人简单地认为资本家剥削工人,私营企业甚至个体企业也必须取消,现在一看到西方富裕就忘记了掠夺史,还相信了西方宣扬的科斯产权定律,简单地认为公有产权实际上是无人关心,产权界定不明晰必然导致效率低下,公开主张寄希望于发展非公有制企业,忘记了无数人曾为公有制舍生忘死奋斗,解放后创造的工业化和社会保障奇迹,曾极大激发了人民的社会主义热情,甚至还是当年人们为了维护社会主义,思想简单不作深入细致的科学分析,犯"文化大革命"等荒唐错误的原因之一。

---

① 陈光林:《陈云经济工作领导方法与艺术》,山东人民出版社 1986 年版。

过去有人甚至将进口西方机器视为"洋奴",仿佛一切都自己制造才是自力更生,现在他们仍然不懂"开放与保护"的辩证关系,还惯性地认为"越开放就必然好处越大",将"扩大开放"重新变成了僵化的教条,无视外国对民族工业冲击造成的种种恶果,也忘记了旧中国融入西方全球化体系的痛苦,还将前30年在美国冷战封锁遏制下,自力更生的成就也贬低为"闭关自守",忘记了20世纪80年代的"开放与保护"的辩证结合,才是中国改革开放的真正成功经验,不懂得西方国家保护民族工业的历史经验,不知道第三世界落入全球化陷阱的悲惨遭遇。他们不区分加强经济联系与全球化的区别,主张中国积极融入美国倡导的全球化潮流。

过去有人将陈云同志的谨慎稳妥斥为保守,支持建设规模超过国力的"大跃进",现在却忘记了市场经济盲目调节弊病,无视建设规模小于实际国力的危害,反对政府扩大基础建设的干预措施。过去有人指责陈云同志根据国内形势的变化,提出应该将工作重点从阶级斗争转向经济建设,将他积极使用资方人员视为搞资本主义,否定他为和平赎买民族资本阶级所作的贡献,这些人还曾犯过阶级斗争扩大化的错误,惯性地认为唯一危险就是再"吃二茬苦",否定解放后犯过"大跃进"等错误,还将调整时期纠正错误视为"复辟资本主义",后来"文化大革命"中当造反派或也受过些苦,现在却又否定前30年取得的辉煌成就,忘记了扭转中国命运的工业化丰功伟绩,仿佛大家所做的一切除了"整人还是整人",又惯性地认为"左"倾仍是唯一危险,还"一朝被蛇咬三年怕井绳",将坚持社会主义也斥责为"左"倾思潮,等等。

由于中国改革开放取得的辉煌成就,中国政府官员和学者享有很高威望。但是,值得注意的是,近年来随着人们对改革成就的承认,许多干部学者也产生了盲目乐观情绪,特别是随着西方规范经济理论的流行,许多学者觉得已掌握了市场经济规律,认为应依据西方规范理论搞系统改革,还将本国"摸着石头过河"的成功经验,贬低为"头痛医头脚痛医脚"。但是,许多人还没有意识到,就在他们认为信心大为增强之时,随着改革措施越来越接近西方规范理论,在改革开放中却面临着越来越多难题,出现了许多"三个不利于"的现象,造成了越来越多的种种社会痛苦,这一切恰恰不符合中国改革的成功历程,反而同俄罗斯爆发经济危机前的症状,出现了越来越多令人不安的相似。倘若这些痛苦发生在改革开放的初期,毫无疑问会遭到党内外的强烈反对,改革开放大业也许早已"胎死腹中"。

正如著名经济学家斯蒂格利茨先生所说,现在该是我们反思一下改革药方的时候了。倘若我们仍对这一切丝毫不作认真反省,中国经济学家享有的很高社会声望，可能会"大打折扣"或"半途夭折"。**我们不应忘记当年盖达尔、丘拜斯等人，曾因主张全盘效仿西方国家的改革，迎合民众急于求富心理获得过广泛支持，如今却变得名誉扫地遭到了万人唾骂。**俄罗斯报纸曾刊载一条有趣的报道，有个长相颇为相似盖达尔的年轻人，上街时突然遭到了民众的围攻痛打，他开始不知所措后来却骤然醒悟过来，大声呼叫"我不是盖达尔、我不是盖达尔"。盖达尔、丘拜斯盲目崇拜西方规范理论，无意中竟成了美国帮凶和民族罪人。中国经济学家必须正视的是，古人云"水可载舟亦可覆舟"，倘若他们不能继续造福于民众，反而让民众承受越来越多的痛苦，盖达尔成为"过街老鼠的日子"，很可能也有一天降临到自己身上。

其实，中国经济学家具有非常远大的前程，他们曾经在更为困难的经济形势下，创造过举世瞩目的辉煌改革业绩，只要他们善于不断地总结实践经验，改善辩证认识客观经济规律的能力，吸取俄罗斯上当受骗误入歧途的教训，提高识别美国隐蔽经济战暗器的能力，他们非但不会重新步"盖达尔的后尘"，还会成为保卫祖国的"软战争"卫士。毫无疑问，中国经济学家具备这样的良知和魄力，他们作为"孙子兵法"伟大谋略的后代传人，虽然没有谋求霸权的"害人之心"，也不乏祖先创造保家卫国的谋略之道，还有挺身而出捍卫祖国的光荣传统。他们今天应做的不只是"纸上谈兵"，还应承担起保卫国家安全的神圣责任，因为，正像昔日反抗帝国主义的"硬战争"中，知识分子也曾投笔从戎奔赴疆场一样，在今日的对抗美国谋求霸权的"软战争"中，中国知识分子理应肩负起更重要的责任，成为"软战争"疆场上厮杀的主力军。

三 我国改革决策的科学化与民主化

(一) 建立改革开放的"科学试验室"

无论是识破美国隐蔽经济战的陷阱，避免改革开放中潜伏的种种风险，还是帮助我们更好地认识客观经济规律，我国创造的改革试点方法都有重大意义。同俄罗斯盲目模仿西方形成鲜明对比的是，中国改革采取了"摸着石头过河"的办法，衡量改革的是"实践标准"和"三个有利于"，而不是书本或西方国家的规范经济模式。改革措施的出台要先试点，是否推广要看其是否有利于生产力发展，是否有利于提高人民的生活水平，是否有利于维护整个社会的稳定。这种做法看似"既不全面又不系统"，但是，实践却像一只"看不见的手"，逐渐地越来越全面、系统地为我们揭示出真正符合中国生产力发展的改革规律，而且这些规律往往是经济学家头脑中、书本上以及外国都没有的真正创新，我国农村承包制的成功就是一个突出例证。

　　我国改革采取的"先试点、再推广"的做法，可以说是对人类经济制度变迁方式的伟大创举，为人类有意识进行制度创新和调整生产关系，提供了"科学实验室"，对于避免不必要的社会震荡代价具有重大意义。社会主义制度具有的重要优越性，就是能从整个社会的利益出发，不断进行自我完善和调整生产关系。从这个意义上说，经济体制改革不是一个短期任务，而是社会主义自我完善的长期任务，但是，改革过程中必然潜伏着风险，我们必须探索出一种科学的方法，既能充分尝试各种改革的思路和机会，越来越多地释放社会主义的潜力，同时又能避免制度变迁的潜在风险，灵敏地识破西方蓄意设置的改革陷阱，防止国民经济运行发生秩序混乱，最大限度地减少社会震荡代价。**社会主义制度需要不断调整生产关系，经济体制改革也是永无止境的过程，因此，建立改革开放的"科学试验室"，实现改革决策的科学化和民主化，是关系到社会主义千秋伟业的大事，其意义远远超过某项具体改革成就。**

　　某些西方学者出于反对社会变革的目的，对于任何社会试验持强烈的否定态度，声称社会过于复杂不适合作试验，"革命"以社会为试验场不道德代价大，但实际上，资本主义的历史演化进程中，充满了为了贪婪追求狭隘的私人利益，将整个社会乃至全世界作为试验场的残酷事实，这种试验有的是由众多私人分散地进行的，有的则是由垄断资本操纵国家机器进行的，尽管有些试验确实促进了生产力的发展，但也有很多试验造成了巨大的社会灾难，比如野蛮的殖民掠夺甚至世界战争等。西方学者声称资本主义进行分散的私人试验，能够遏制风险相对来说社会代价较小，但事实上，资本主义将试验方向服从于狭隘的私利，充分释放出私人竞争谋利的贪婪欲望，累加起来往往会造成巨大的社会破坏，亲身体会过殖民掠夺的中国和第三世界，不会忘记群狼争夺造成的社会痛苦。正是因为资本主义造成了社会灾难，却堵塞为了争取社会利益的试验机会，才迫使人民选择了社会革命的道路。人民无法忍受剥削压迫的社会痛苦，进行革命和反抗斗争乃是正义事业，是为了阻止不道德掠夺必须付出的代价。

　　旧中国曾经沦为西方列强掠夺财富的试验场，某个列强国家的私人资本进行的分散试验，不论采取何种手段获得了牟取暴利的成功，立刻就会招来众多列强国家的资本竞相效仿，这种分散试验仅仅降低了资本掠夺的风险，却大大增加了中国承受的社会痛苦。近代史上，尽管中国人民进行革命斗争付出过巨大代价，但是，人们从来没有为此而后悔过，因为，他们甘愿为挽救民族危亡承担巨大牺牲，他们希望建立公正的社会主义制度，也是为能采取和平而不是暴力手段，在整个社会利益相互和谐的基础上，为争取社会利益而不是狭隘的私利，自觉调整生产关系和进行制度创新。

　　的确，社会主义为此开拓了无比广阔的前景，但是，由于许多社会主义国家领导人缺乏经验，没有认识到社会制度创新的复杂性，也曾犯过错误并付出了不必要的代价。例如，在解放初期经济建设取得辉煌成就后，有些领导人和群众盲目乐观头脑发热，脱离生产力发展需要搞生产关系升级，结果在"大跃进"和人民公社化中犯了错误。更为令人遗憾的是，领导人关于经济建设不同做法的意见分歧，甚至导致了党内不正常的尖锐斗争，后来酿成了"文化大革命"的巨大损失。**尽管解放后经历的这些错误挫折，丝毫无法抹杀新中国经济建设的巨大成就，无法抹杀根本改变中华民族命运的巨变，但是，当年许多盲目乐观的人们回想往事，仍然对付出不必要的巨大代价后悔不已。倘若当年人们的头脑更为复杂冷静一些，也采取先谨慎试点再逐渐推广的办法，历史悲剧或许能够很容易地加以避免，人们或许很容易纠正自己的认识缺陷，党内领导人也许能较顺利地达成意见统一。**

　　由此可见，尽管社会主义制度消除了阶级对立，为从社会利益发出进行制度创新，推动生产力发展和改善人民福利，自觉调整生产关系开创了广阔前景，但是，由于社会经济现象如此错综复杂，人们往往难以准确认识和运用其规律，因此，制度创新的过程中仍然潜伏着巨大风险。有人说社会过于复杂因而不适于做试验，不如说正因为社会复杂才必须试验，而且有控制的局部试验获得充分成功，并且检验其稳定性和适用范围之前，不适于随意推广某种新的政策和制度，否则拿整个社会做试验风险太大。这就像一项新的生产技术、产品或药物，即使从理论上说具有很大潜在优越性，仍然必须经过反复实验观察其效果，然后在试验车间先进行小批量的生产，经过充分考验之后才能投入社会市场，否则很可能因为不成熟或缺乏经验，仓促地大规模生产投入社会，造成难以预料的失误甚至巨大危害。

　　我国经济建设和改革开放中，恰恰是在经济比较困难的时期，人们容易采取谨慎摸索的态度，往往能克服困难取得很大成绩，而恰恰取得成绩经济形势较好时，人们稍有麻痹大意盲目乐观，简单惯性思维忽视现实的复杂性，反而容易犯错误甚至造成巨大损失。解放初，我国经济基础遭到了长期战争破坏，还有旧中国遗留下来的严重困难，还面临着支援抗美援朝战争的重任，但是，在陈云同志谨慎稳妥的领导之下，经济工作取得了巨大的成就。早在这一时期，陈云同志就提出了"摸着石头过河"的方法，主张重大决策要先试点摸索经验，看准了后再逐步地向全国推广。即使是改造旧中国的海关等机构，组织城市同业公会加入工商联，私营工商业进行社会主义改造，陈云同志也反复强调，

"在变革中，应该采取稳重审慎的步骤"，"这叫摸着石头过河。搞急了是要出毛病的。毛毛草草而发生错误和稳稳当当而慢一点相比较，我们宁可采取后者。尤其是处理全国经济问题，更需注意这点。慢两、三个月天不会塌，怕什么"。

1956年，社会主义改造基本完成以后，国民经济管理办法需要采取新措施，陈云同志又再三强调，"这些措施会带来一些新的问题，还需要进一步研究加以解决。在这方面，我们还缺乏必要的经验。因此，我们所说的这些措施，必须谨慎从事，稳步前进，经过试验，逐步推行"。恢复时期和"一五时期"取得辉煌成就后，有的领导人过于乐观急于求成，将谨慎稳妥的办法批评为"右倾保守"，结果在一片大好的经济形势之下，盲目推行"大跃进"造成了巨大损失。1962年，陈云同志为调整时期纠正以前错误，做了大量的工作并取得了良好成效。他坚持采取深入调查和谨慎摸索的办法，他认为制定调整措施要"先试点，看一看，听一听反映，看准了以后再推广"，"这些工作，都要反复考虑，进行试点，取得经验，然后铺开"。调整时期的工作部署上，陈云同志强调，"要反复考虑，看得很准，典型试验，逐步推广，稳扎稳打。慎重一点，看得准一点，比轻举妄动、早动乱动要好得多。困难时期只是着急，或者病急乱投医，不但无益，反而有害"。[①]

党的十一届三中全会以后，我国开始了经济体制的全面改革。我国渐进式改革取得了辉煌成就，与俄罗斯激进改革惨败形成鲜明对比，同陈云同志再三强调要谨慎稳妥有很大关系。陈云同志赞成经济体制改革的方针，他曾在1981年9月的政治局会议上，高度评价改革意义不亚于私营工商业改造，但是，他也提醒大家必须采取谨慎稳妥的态度，要"摸着石头过河"。1980年12月在中央经济工作会议上，陈云同志指出改革的步子一定要稳，不能急于求成，改革固然要有一定的理论研究，更重要的还是要从试点着手，随时总结经验，也就是要"摸着石头过河"。陈云同志说，"体制改革，农业先走了一步，我看工业、财贸也势在必行，但是也应该看到，工业、财贸的体制改革比农业复杂，一定要循序渐进地稳妥进行"。党的十二届三中全会上，陈云同志支持以城市改革为中心的全面改革，同时提出了改革应稳步前进的思想和方法，要边实践、边探索，边总结经验，既要解放思想，又要稳妥求实。1985年9月，在党的全国代表大会上，陈云同志说，"城市的经济体制改革，总的方向是正确的，具体的步骤措施，正在探索中。要走一步看一步，随时总结经验，坚持把改革搞好"。

---

① 陈光林：《陈云经济工作领导方法与艺术》，山东人民出版社1986年版。

有人认为陈云同志的谨慎态度是"保守"，甚至认为是不赞成或反对改革开放，误以为是主张计划经济反对市场经济，实际上，人们稍微回顾就会知道，谨慎稳妥乃是陈云同志领导经济工作的一贯作风，无论是解放初稳定物价治理严重失业，进行私营工商业的社会主义改造，还是取得辉煌成就的"一五"计划时期，陈云同志始终强调要"摸着石头过河"，提醒人们务戒简单片面和急于求成，采取谨慎稳妥和全面兼顾的工作方法，难道说陈云同志这样做也是反对计划经济？或不赞成自己领导下制定的政策措施？事实证明，陈云同志一贯采取的谨慎稳妥态度，恰恰是为了更好贯彻党的方针政策，不仅丝毫没有耽误反而出色完成了任务，确保这些时期取得了辉煌的建设成就。

早在 20 世纪 20 年代，陈云同志曾在旧上海从事经济工作，堪称是我党懂得市场经济的领导人之一，恰恰就在 1956 年计划经济的鼎盛时期，他比党内其他领导人都更早地指出，应保留市场调节和个体经济的成分，调整时期工作还曾实施过"包产到户"，显然，陈云同志的超前思维堪称是改革的先驱。改革初期，党内对改革的认识和信心尚不充足，许多改革措施没有陈云同意很难推行。陈云同志一方面赞成支持改革方针，另一方面再次反复强调要"摸着石头过河"，经过试点探索总结经验后逐步推广，他的谨慎态度绝不是反对改革开放，而是坚持了"一五时期"和"调整时期"由实践证明非常成功的一贯工作方法。现在人们回顾一下，陈云同志始终坚持谨慎稳妥的工作方法，不仅为新中国前 30 年取得辉煌建设成就，还为保证中国走上渐进改革的成功之路，避免了俄罗斯急于全面模仿西方模式，盲目推行激进市场改革遭到巨大灾难，作出了不可替代的特殊历史贡献，其功劳恰似战争年代毛泽东的巨大贡献。

党内许多干部出于革命时期养成的传统，工作有魄力但粗心，不善于作细致思考，总是喜欢大刀阔斧地改造生产关系，怀疑陈云同志的谨慎态度是否必要，担心会影响群众搞社会主义的积极性，改革年代又担心谨慎会影响解放思想，嫌"先试点再逐步推广"速度太慢，妨碍一步迈入规范的市场经济模式，主张大胆改革直接拿整个社会做试验，甚至主张向相反方向搞生产关系变革。战争中难免有牺牲，勇气和魄力是重要的，但搞经济建设和社会制度的改革创新，更重要的是符合复杂的客观经济规律，而经济规律如此复杂远远超过理论，必须进行细致观察和谨慎稳妥的探索，稍有粗心大意或主观主义脱离实际，就会受到客观经济规律的无情惩罚。许多干部认为大胆地闯才能干出成绩，工作方法粗心还是细心差别不大，但事实证明，两者的实践效果仿佛天壤之别，细微之处恰恰是决定成败的关键。

今天西方理论认为通货膨胀和失业无法兼治，但是，新中国刚成立时遍地战争创伤困难重重，还面临着严重的通货膨胀和社会失业，陈云同志领导经济工作却创造了奇迹，"恢复时期"国民经济顺利高速增长，不仅同时战胜了通货膨胀和严重失业，还支援抗美援朝打败了头号世界强国。"一五时期"，陈云同志全面兼顾经济建设和人民生活，不仅工业化取得了辉煌的历史成就，干部、工人还年年涨工资提高生活水平。尽管"一五时期"打下了良好工业基础，领导人和群众稍有盲目乐观粗心大意，竟然在大好形势中犯了"大跃进"错误，造成了难以估量的巨大经济损失。当年陈云同志领导私营工商业的改造，热情关怀、大胆使用资方管理人才，创造了平稳向社会主义过渡的奇迹，成功地将敌我矛盾转化为人民内部矛盾。但是，后来许多干部群众认为"左"就是社会主义，惯性思维、粗心大意不作深入的思考，甚至将党内矛盾也转化为了敌我矛盾。以前有人思想简单地热爱社会主义，认为唯一危险就是复辟资本主义，现在却大彻大悟认为旧体制是万恶之源，不分"姓资姓社"，盲目崇拜西方市场经济，殊不知，这种粗心大意的简单、片面思维，无论搞"左"或"右"都会造成灾难。

特别难能可贵的是，尽管陈云同志领导经济工作成就卓著，但是，他却始终谦虚谨慎从不居功自傲，也不以自己是党内懂经济的领导人自居，一贯强调要谨慎稳妥"摸着石头过河"，随时了解情况变化不能单凭经验办事，要"不唯书、不唯上、只唯实"，要多听不同意见从正、反面考虑问题。正是因为陈云同志深知经济规律复杂，远远不是某一时期的经验所能概括，也不是领导人权威和群众热情所能左右，才强调改革必须经过谨慎试点摸索经验，广大干部必须提高经济工作的思想方法，认识规律、总结经验要"全面、反复、比较"，要力戒思想方法简单、片面的危害。陈云同志还反复告诫经济领导干部，人们常常胜利时容易疏忽、骄傲犯错误，在取得较大工作成绩的情况下，要看到我们面临的任务还很多，"不能疏忽，要时刻小心，谨慎从事"。**陈云同志还语重心长地指出，"背了'正确'的包袱，就会跌筋斗。没有犯过错误的同志，很顺利的同志，应该十分警惕。同时犯过错误的同志，如果一个时期正确了，不小心，骄傲了，同样也可以再跌筋斗"。**

也许衡量一个经济学家是否经验丰富，不仅在于他知道自己的"所知"，还在于知道自己的"无知"。哈佛年轻经济学家萨克斯曾趾高气扬，运用复杂数学模型指导俄罗斯的经济改革，却在遭到惨败后垂头丧气不知所措。相比之下，**世界银行的首席经济学家斯蒂格利茨，享有长期研究发展中国家经济的声誉**，却从不以为会玩数学模型就是知识丰富，他早就指出教科书或许适合于课堂教学，却远远不足以指导复杂的改革实践，改革应该从试验多种不同方案入手，以实践效果而不是规范理论为衡量标准。**斯蒂格利茨作为资深经济学家，同经验丰富的陈云同志看法相似，真可谓是英雄所见略同。**斯蒂格利茨先生指出，西方学者曾嘲笑社会主义是搞乌托邦试验，但是，如今他们公文包中装着西方正统教科书，飞到前社会主义国家大搞"休克疗法"，仿佛是进行相反方向的乌托邦试验，而且拿整个社会作为西方理论的试验场，俄罗斯灾难正是盲从西方教科书的结果。

某些西方经济学家曾贬低中国渐进改革，"不全面、不系统、不符合市场规范"，但是，斯蒂格利茨先生却大为赞扬中国模式，"中国人并不是从历史上来讲就对这种思想方法具有免疫能力，但他们似乎通过'大跃进'和'文化大革命'教训，已经'将它从他们的制度中除掉了'。当他们开始为市场经济选择一条道路时，他们选择了渐进主义的道路，也就是一步一步'摸着石头过河'，并且是非理想化的实用主义道路。他们有着这样的至理名言，'了解所做的事情中所不知道的东西'，因此尽管专家向他们保证再向前跳一大步就可以越过深坑，他们也不会因此而跳下山崖。相反，俄罗斯人在用正统课本模型武装的先知的引导下，选择了一个更加乌托邦式的改革道路。他们这回可真正理解了'并不是你所不知道的会伤害你，而往往是你所知道的会给你带来伤害'这句老话的意思了，但代价却很沉重"。

（二）探索符合国情的完善民主之路

建立社会制度创新的"科学试验室"，对于实现改革决策的"民主化"，推进国家政治体制的民主化，发挥社会主义制度的潜在优越性，自觉完善生产关系和上层建筑，也具有非常重要的意义。大家知道，**政治改革照搬西方的民主模式，容易造成社会经济秩序的混乱，甚至为西方势力利用是非常危险的，**前苏联剧变的教训证明了这一点。但是，无论是经济建设还是改革决策，都确实需要以符合中国国情的方式，行之有效地推进民主化的进程。

正如陈云同志指出，制定经济政策需要全面考虑问题，听取不同侧面和正反面的各种意见。尽管领导人的知识经验比较丰富，但是，相对于复杂多变的现实仍有局限性，有些领导人善于全面辩证思考问题，作风民主而且善于听取不同意见，但也有些领导人考虑问题不够全面，工作方法简单不善于听取不同意见，容易急于求成给经济建设造成损失。特别是处在大变革的改革开放年代，客观形势千变万化不断出现新问题，倘若各级领导人缺少谨慎稳妥的态度，不善于深入调查广泛听取不同意见，即使是经验丰富也往往难以胜任，稍有主观主义和思想方法简单片面，不能全面认识客观规律只凭经验办事，都可能给改革开放造成巨大的危害。

正因如此，改革过程应有广泛参与和民主决策，制定政策应充分听取不同意见，既要有效维护政府领导的权威，确保社会经济秩序的平稳正常运行，又要防止领导人缺乏民主作风独断独行，仓促作出错误决定造成巨大经济损失。一方面，各级领导人应努力提高民主意识，继承陈云同志的科学严谨工作方法，充分意识到客观经济规律的复杂性，多听不同意见，多从正、反面考虑问题，全面兼顾和维护社会各阶层的利益。另一方面，更重要的是，必须将民主决策建立在科学基础上，通过科学的有控制局部试点，实践检验不同意见方案的可行性，全面评价吸取不同意见的长短处，达到统一认识和消除分歧的目的。

值得指出，政府领导人对于重大改革决策问题，在没有充分听取各方面不同意见，尚未在试点中获得充分成功之前，不应该轻易地下结论和作决议，否则容易堵塞言路和更好的方案，很可能给经济建设造成重大损失，反而会有损于政府和领导人的威信。尽管有些改革方案和政策主张，似乎从理论分析来说很有道理，也得到了国内外权威专家的支持，但是，实践中仍然难以获得满意效果，仓促推行甚至可能造成很大损失。新中国成立初期，陈云同志领导经济工作，总是强调先进行深入调查，没有充分把握不发表意见。据说蒋经国吸取其父专断教训，主持开会时让下属畅所欲言，唯恐自己定调子会堵塞言路，后来再综合分析采纳各种意见，在台湾地区的建设中取得了卓越成就。

陈云同志反复强调，"要不唯书、不唯上、只唯实"，就是因为客观现实错综复杂，不能迷信书本理论和领导权威，他领导工作虽然总是取得出色成绩，却仍然强调必须谨慎进行试点探索。中国革命时期，王明路线盲目照搬理论教条，曾给革命事业造成了惨痛教训。毛泽东同志享有崇高的领导威望，但由于不懂经济过于主观主义，坚持"大跃进"造成了巨大损失。倘若当时领导人不是固执己见，先谨慎稳妥地进行局部试点探索，即使犯错误也不会造成太大损失，反而能避免错误维护自己的威信，避免党内发生不正常的激烈斗争。

改革初期，人们刚刚经历了"文化大革命"的浩劫，痛定思痛进行了深刻的反思，再也不愿意盲目急于求成，改革和发展都采取了谨慎态度。陈云同志领导经济工作的方法，重新在党内受到了充分的重视。尽管党内对改革的具体方法和步骤，存在着意见分歧，信心尚不充足，但是，大家都同意有必要进行改革试点，通过实践积累经验摸索新路子。邓小平同志谦虚地称自己不懂经济，他赞成陈云同志的谨慎稳妥思想，也主张改革应"摸着石头过河"。当时领导人推行每项新改革措施，常常会有许多天睡不着觉，唯恐稍有不当损害了人民利益，增加"文化大革命"给人民带来的欠账。重大政策都是试点成功并推广之后，党和政府的文件才加以肯定并纳入决议。

党内存在不同批评意见的压力，促使改革采取了谨慎试点方式，而通过谨慎改革试点积累的经验，反过来消除了党内的意见分歧，帮助人们统一认识增强了改革信心，推动改革走上符合国情的成功之路。倘若中国不是采取谨慎试点的道路，从一开始就给人民带来巨大的实惠，包括消除市场短缺和失业困难，不断增加工资提高生活水平，而像俄罗斯效仿西方规范市场模式，一开始就造成物价飞涨失业严重，人民生活水平下降两极分化严重，那么肯定会遭到党内外的强烈反对，改革开放大业早已胎死腹中。由此可见，正如斯蒂格利茨先生所说，通过谨慎的试点"摸着石头过河"，乃是保证中国改革开放成功的关键，也是中俄两种改革道路的根本区别。

中国不能模仿西方的政治民主制度，是因为迫于种种复杂的历史原因，中国选择了不同的社会进化道路。由于社会主义和公有制消除了阶级对立，就为人民更为广泛地参与各种层次的决策，进行更为广泛的制度创新的科学试验，开辟了人类历史上最为广阔的美好前景。今日中国建立和完善政治民主制度，必须从具体国情出发扬长避短，这样完全能建立优越于西方的民主制度，反之则必然导致秩序混乱和社会灾难。现代西方的政治民主制度，是建立在资本主义的私有制基础上，早期选举权曾直接与私有财产挂钩，就像雅典民主是奴隶主的民主一样。尽管这种民主制度也有可借鉴之处，但历史事实证明，它无法解决中国面临的民族生存问题，还给许多转轨中国家造成了社会混乱，因此，我们不应将西方民主作为目标模式，而必须具有远大抱负超越西方模式，建立更好维护社会利益的民主制度。

今天在西方国家，宪法虽然规定公民普遍享有选举权，表面上人民也能选举总统和国会议员，但是，垄断资本却实际操纵着选举过程，这种情形仿佛是"点厨子不点菜"。无论是党派和政客参加竞选，还是通过新闻媒介宣传竞选纲领，都必须先获得雄厚的资金支持，都必须拉拢依靠垄断财团做后盾。难怪西方人也讽刺说，有钱才有新闻言论的自由，民主是一场富人们玩的游戏。更重要的是，民众"点厨子"的权力也很有限，可供民众选择的少数几位"厨子"，还是靠富人出钱"包装炒作"出来的。尽管政客选举时能吹得天花乱坠，一旦选举结束后却可以自行其是，并不承担具体的社会责任义务，仿佛是老百姓仅仅"点了厨子"，"真正点菜"的却是有钱的大富翁，做菜是好是坏也只好听之任之。显而易见，无论从政党目标的确定，选择实现目标的政策手段，还是监督政党执政的过程，垄断财团都拥有更大的支配权，金钱和幕后游说起着更大的作用。

有些中国人向往瑞典式的资本主义，甚至主张倒退到社会民主党的纲领，但是，他们忽略了一个严酷的历史事实，社会民主党只适合于发达国家的土壤，从来就不属于第三世界贫穷国家的人民。20世纪初，曾信奉马克思的社会主义国际运动，分裂成了第二国际和第三国际。第二国际也就是后来的社会党国际，他们只关心西方发达国家的工人利益，主张对资本主义社会进行民主改良，却从不关心殖民地广大人民的命运。西方从殖民地掠夺了大量的资源财富，虽然缓和了西方国家的社会阶级矛盾，却加剧了旧中国等落后国家人民的痛苦。19世纪末，英国的两大主要政党对外扩张方面是一致的。主张殖民扩张的英国政治家罗德斯，看到伦敦失业工人集会上的愤怒情绪之后，称他坚信帝国主义才能解决"社会问题"。他说，"帝国是一个关系到面包和黄油的问题，假使你想避免内战，你就要做一个帝国主义者"。第一次世界大战中，欧洲各国社会党曾积极支持帝国主义战争。

有些人后悔中国选择了革命的道路，而没有选择资本主义民主的道路，还责怪是孙中山领导的辛亥革命，导致了近代以来中国的社会动荡不安。的确，倘若当年西方列强不倚强凌弱，大肆掠夺中国财富激化社会矛盾，而像帮助台湾地区那样提供大量援助，邀请大批官员学者进行友好访问，中国人民何必舍生忘死地进行反抗，君主立宪和资本主义民主都有可能，但残酷的历史事实是，当年西方列强不愿平等对待旧中国，而是毫不留情地压榨贫穷的旧中国，自私自利的掠夺虽缓和了本国矛盾，有利于社会稳定和民主制度演化，却将旧中国推入了社会动乱的深渊，堵塞了平稳的社会进化和改良的道路。

从某种意义上说，西方的民主仿佛是"豺狼的民主"，狼并不仅仅有贪婪残忍的一面，它们也有自己的道德和社会规范。尽管狼具有很强的独立性和攻击性，但是，它们也能保持相对平等的和谐关系，等级制度划分不如某些弱小的动物，如猴群、羊群和鹿群，等等。但是，豺狼之间保持的友好、团结关系，却是出于掠食弱小动物的共同利益，一旦没有足够猎物可供追杀捕食，狼群出于食肉动物的攻击本能，很可能出现残酷的相互残杀。英国政治家罗德斯深深领悟这个道理，他大肆鼓吹对外扩张来避免内战，精明地将本国矛盾转嫁给弱小国家。当代美国的著名政治家亨廷顿也宣称，美利坚民族过于强调追求自我利益，倘若没有对抗征服外敌的共同利益，追求私利的攻击性很可能导致内部混乱，因此，冷战结束后还要有"文明的冲突"，缺乏外敌才是美国面临的最大威胁。

今天有些中国人崇拜西方的自由民主，还将其归功于个人主义的文化传统，仿佛西方文明等于"仁慈和宽厚"，一股脑将近代中华民族的不幸遭遇，归罪于祖先儒家文化的残忍和不道德。殊不知，这就像是善良的羔羊在作自我谴责，羡慕和崇拜豺狼之间的友善与和睦，将不幸惨遭捕杀归罪于自己不道德，仿佛羊群抛弃集体精神追求自我，就能变得更加强大避免遭到捕杀，而忘记了豺狼的仁慈不适用于自己，除非羊群有足够的自我保护能力，一旦羊群抛弃集体精神成为一盘散沙，就更加难以抵御豺狼的无情攻击。中国的儒家文化强调道德约束缺乏攻击性，虽有注重等级礼仪束缚个性的弊病，却能不依靠掠夺较好保持社会和谐。相比之下，当年英国强调追求个人最大利益的文化，为了保持资本主义的社会稳定，却要依靠掠夺全世界的大量资源财富，奴役相当于本土面积近百倍的殖民地，还压榨着像旧中国这样的半殖民地国家。英国的鸦片贸易贪婪掠夺，强加不平等条约和巨额战争赔款，转嫁矛盾打破了中国社会的脆弱平衡，导致中国陷入了连续不断的战乱之中，四十多年就间接损失了一亿多人口。

旧中国也曾有过"三权分立"和国会选举，上演过一出出议员选举腐败行贿丑剧，但是，单纯腐败并不是导致民主失败的原因。直至 18 世纪中期，英国国会还充满着贪污腐败现象，选举中普遍存在贿赂和收买选民，全国 700 多万人口中，仅有 15 万人有选举权，城市中只有大商人团体有选举权。英国民主虽然也不完善充满了腐败，却不妨碍其尽情从全世界掠夺财富，而当年中国处在民族危亡的紧要关头，必须探索出一种新的社会制度出路，增强社会凝聚力扭转一盘散沙的局面，这样才能动员力量尽快实现工业化，共同抵御外敌克服民族生存的紧迫威胁，保障人民生存权利救民于水深火热之中。

一位朋友曾提到他老家姑姑的亲身经历，解放前兵荒马乱，他家乡总遭兵灾匪患，抗战时期日本侵略军也曾来烧过房子，有一天有人喊："兵来了，快躲起来啊"，他的姑姑刚做好饭来不及收拾，赶忙也跟着大家跑到山上躲起来了，没想到原来是贺龙的部队来了。他的姑姑听到山下喊话："老乡们出来吧，别害怕，我们贺龙的部队，是人民的军队。"大家都害怕谁也不敢出去，过了好久才回家一看，锅里做熟的饭一点儿也没动。这位朋友总是喜欢批评以前的宣传说法，没想到却说出了这样一番感人经历。的确，旧中国的广大民众曾饱经磨难，基本生存权利也受到野蛮侵犯，还谈什么人权民主和言论自由，他们就是通过朴素的亲身感受，来区分究竟谁真的对老百姓好，为了获得最基本的生活权利，不得不用自己的鲜血生命投票，选择了挽救民族危亡的革命道路。

历史上，西方国家标榜人权民主和言论自由，却不让殖民地人民享有类似的权利。直到二战后，亚非拉国家纷纷赢得了民族独立，美国为了维护自己的政治经济特权，仍经常粗暴干涉亚非拉国家的内政，扶植右翼独裁政权野蛮屠杀进步人士。越南战争失败后，美国被迫从冷战转向了缓和战略，刚刚放下屠杀了数百万人的炸弹，又拿起了新发明的"人权武器"，将贸易经济利益同

"人权"挂钩，专门攻击社会主义国家的制度要害，专门维护"持不同政见者的人权"，要挟给他们言论自由并实行多党选举。事实上，就在美国开始实施人权战略的早期阶段，还策划政变推翻了智利的民主选举政府，杀害了社会党阿连德前总统和大批民主人士。根据近年来美国公开披露的秘密文件，美国中央情报局和一些大跨国公司，以及谋划"缓和"战略的基辛格博士，都涉嫌策划智利军事政变的幕后活动，这充分暴露了美国人权战略的虚伪性。

由于历史原因，社会主义国家诞生的早期阶段，制度创新偏重于动员全社会力量，实现工业化维护国家主权与独立，而在制定政治经济决策的民主程序，广泛征求吸取党内外的不同意见，发挥个人与企业的主动性和创造性，防止领导人主观武断和滥用职权方面，确实存在着制度上的不完善和缺陷，还因重大决策失误付出过许多代价。这种情况下，人们容易产生模仿西方民主的冲动，希望照搬西方模式来解决民主问题。美国大肆鼓吹"人权外交"和多党民主，也正是希望"以己之长攻人之短"，趁机从根本上动摇社会主义制度。因此，我们既要认识到到完善政治民主制度，实现重大决策的科学化与民主化，促进社会利益与个人利益的和谐统一，是必须加以重视和解决的紧迫任务；同时也必须认识到完善政治民主制度，绝不能照搬西方的多党政治民主模式，否则可能导致社会秩序混乱的灾难，误中美国软硬兼施"攻心战"的诡计。

有些人对民主抱有理想主义热情，也主张搞政治多元化和全民选举，忽视了政治改革的复杂性和风险性。实际上，社会制度的创新是非常复杂的过程，无论是领导人、专家和普通群众，都难以充分掌握社会进化的规律，投票的人数多并不能代表正确，正像决定"科学理论"是否正确，必须根据从科学试验中得出的结果，不能根据投票人数多少来决定一样。与此相似，对于社会政治经济制度的创新，也必须建立起完善的科学试点制度，而不能简单地根据投票选举来决策，因为，社会客观规律如此错综复杂，领导人和专家都很容易犯错误，普通群众的专业知识和经验有限，不充分了解各种改革方案的效果，即使是多数人投票作出的选择决定，也不一定真正符合多数人利益，也可能像领导人一样出现重大失误。

前苏联剧变的导火索是政治体制改革，其惨重教训深刻说明无论领导或是群众，都难以充分了解自己选择产生的影响，都可能产生与自己最初愿望相反的恶果，特别是在社会大变革的关键时刻，重大决策失误可能造成无法挽回的危害，甚至会导致国家分裂和经济崩溃的灾难。由于过于仓促推行政治多元化改革，少数政客为了最大限度地追求自身权力，必然选择激烈的否定现行体制的道路，普通民众缺乏经验也往往误认为，越是激烈的反对派就越代表自己的利益，特别是在某些领导人和学者们的误导之下，不能客观评价自身制度的功绩，为了急于求富迫切希望模仿西方模式，以为这样就能"一步迈入发达国家的天堂"，饥不择食地吞下了美国的"民主诱饵"。

这样情形恰好为美国施展"软战争"攻势、推荐破坏性改革药方提供了天赐良机，他们操纵玩弄缺乏经验和根基的新兴政客贵族，任意摧毁工业军事实力并控制经济命脉。新兴政客贵族们以谋求自身财富和权力为重，根本无心捍卫国家和广大人民的利益。广大民众一旦在选举"点错了厨子"，也只好任凭无能的厨子任意乱做菜，苦水咽下肚只能自认倒霉无可奈何。更糟糕的是，重大道路的抉择一旦失误就难以回头，例如1996年，当俄罗斯民众饱受社会经济灾难的煎熬，对叶利钦大为不满支持率不到10%时，才发现要想改变现状已经非常困难，强大的新兴寡头阶层和黑手党势力，不断威胁、恐吓选择共产党就意味着内战，俄罗斯民众饱尝动荡之苦成了惊弓之鸟，只好苟且偷安重新选择叶利钦当总统。

1996年，叶利钦竞选时口口声声说要改正错误，但是，俄罗斯的经济命脉已掌握在美国之手，要想贷款就必须听命于国际货币基金组织，于是只好沿着以前的改革道路走下去，最终于1998年爆发了严重的金融危机。当年俄罗斯民众选举叶利钦当总统，曾满怀希望他采取有力措施反对腐败，促进经济发展并带来西方的富裕生活，但是，俄罗斯民众却发现叶利钦做了"相反的菜"，黑社会与官僚勾结的腐败千百万倍膨胀，人民饱尝了社会保障体系瓦解的痛苦煎熬，储蓄存款两次被危机洗劫一空，工业实力衰落而强大国防不复存在，分裂恐怖活动严重威胁着百姓生活。1999年议会选举中，选民甚至顾不上关注严重的经济困难，只要能有力镇压恐怖活动就心满意足了。

俄罗斯民众发现美国宣传的民主美梦，最终就是财大气粗的美国操纵一切，名义上是自己"点了一回厨子"，实际上最终"点菜"的却是美国老板。俄罗斯民众得到的是同自己希望相反的"菜"，而美国却圆满实现了国际地缘战略目标。难怪美国经济学家斯蒂格利茨指责，国际货币基金组织强加的贷款附加条件，导致转轨国家无法通过民主达成改革共识，被迫推行由"华盛顿共识"规定的改革药方，而"华盛顿共识"往坏里说是"误导"，"虽然西方一直对重建民主而欢欣鼓舞，而医生开出的药方却一再拒绝民主程序"。具有讽刺意味的是，斯蒂格利茨和俄罗斯人或许不知道，这恰恰正是美国鼓吹民主的真实用意。[1]

---

① 参见杨斌《工业规模"二元"分化及治理对策》，《经济工作者学习资料》1999年4月。

由于中国已经选择了社会主义的道路，简单模仿西方民主必然带来灾难性恶果，还会为美国虚伪地利用"人权民主武器"，削弱颠覆和分裂瓦解中国提供可乘之机，重蹈俄罗斯政治体制改革失败的覆辙。由于中国的人口众多而经济基础薄弱，一旦政治动荡打破了脆弱的社会平衡，其灾难深重将远远超过前苏联解体。当年中国是在民族危难的紧要关头，为了维护国家主权和民族生存，无数先辈被迫用自己的鲜血生命投票，毅然决然地选择了社会主义道路。**从建立和完善政治民主制度角度来说，社会主义制度结构可以说长短处并存。社会主义制度实现政治民主的长处在于，公有制消除了阶级之间的尖锐对立，为社会成员在利益和谐的基础上，广泛参与各种层次的政治经济决策，开拓了无比广阔的前景和历史机遇，具有资本主义无法比拟的潜在优势。**

譬如，资本主义政治民主的范围非常狭窄，大多数经济决策权属于私有资本，直接按照金钱原则而不是投票来决定，财富和收入分配存在着严重不平等，资本在企业中享有至高无上的权力，人们形式上敢骂总统却不敢骂老板，即使是少数公共部门的决策领域，垄断资本鼓吹的自由主义意识形态，也大大限制了政府维护社会的功能，更何况老百姓选举"点了厨子"之后，"点菜"的仍然是垄断资本的幕后游说，军火工业存在的巨额贿赂就是一例，财团政治捐款直接体现了金钱政治，可看做是一种合法化的贿赂制度，特别是 20 世纪 80 年代"右翼保守革命"以来，政府调节、社会福利和工会不断削弱，民众利益虽屡屡遭到侵犯却无可奈何。

相比之下，社会主义政治民主的范围非常广泛，既可涉及到宏观和公共部门决策，还可包括职工参与管理等一切领域。旧中国缺乏凝聚力仿佛"一盘散沙"，广大人民虽有报国之心也无能为力，社会主义和公有制具有强大的凝聚力，能广泛动员社会资源和团结全体人民，共同实现振兴工业富国强兵的重任，还能有效地协调众多国有、集体企业，推动国民经济实现高速的平稳增长，避免经济危机并保障就业、社会福利。公有制企业能够实现广泛的民主管理，广大职工充分行使当家作主的权利，包括直接参与技术创新和挖潜增效，监督企业领导决策和财务分配，等等，20 世纪 50 年代鞍钢的"两参一改三结合"，改革中邯钢的工人积极参与挖潜降耗，都是我国实现职工民主管理的成功经验。上述优越性绝不是空洞的理论说教，而是旧中国和资本主义政治制度下，老百姓渴望却难以实现的"实惠大菜"。

俗话说，凡事有正面必有反面。社会主义制度的特殊构造产生的长处，从某种意义上也是衍生其短处的原因。社会主义和公有制具有强大的凝聚力，同时也产生了集中管理体制的内在弊端，容易产生官僚主义导致体制僵化，仿佛是"船大难调头"，缺乏灵活性，阻碍制度创新的广阔前景转化为现实，倘若某些方面的制度创新发生失误，就很容易给全局性工作造成负面影响，整个体制运转需要统一领导的权威性，而制度创新需要民主发表不同意见，两者之间处理不当容易产生矛盾，过于强调前者会导致僵化缺乏灵活性，过于强调后者会影响现行体制运行。倘若像陈云同志那样谦虚听取不同意见，谨慎地领导经济建设和制度创新变革，就可能发挥制度潜力取得巨大成绩，反之稍有大意也可能造成巨大危害。

社会主义制度有集中动员资源的优势，反过来也容易束缚企业和个人的主动性，确实存在着某些限制个人自由的弊端。英国历史学家汤因比曾经谈道，"共产党中国具有很高的组织才能，将广阔领土上的大众有效动员起来，为追赶现代化进行了一场'急行军'，'急行军'需要有严格的纪律，为此，中国牺牲了某些个人自由和权利，这是可以理解的"。但是，中国取得了较大现代化成就的今天，如何在保证社会整体利益的前提下，促进个人与社会利益的高度和谐，更充分地保障个人自由和完善民主，确实是一个不容忽视的重要任务。

建立和完善社会主义政治民主制度，必须从中国的国情出发"扬长避短"，发挥公有制条件下群众能广泛参与、民主范围可涉及到一切领域的优势，探索出一条新路：人们不仅能充分发表不同意见，而且还能对不同方案进行科学试验，建立社会科学的"可控制实验室"，通过实践不断掌握更多、更新的知识，产生从"必然王国"到"自由王国"的飞跃，有效化解改革开放中潜伏的种种风险，避免主观主义仓促推行不成熟的政策而产生不良社会后果影响领导人威信，帮助党内外消除意见分歧和统一认识，促进制度创新的广阔前景和巨大潜力，源源不断转化为造福社会的美好现实，推动社会生产力不断蓬勃发展，有效改善人民生活和增进社会稳定。

建立和完善社会主义民主制度的过程中，应该区别两类不同的重大决策问题，一类决策涉及现有体制的运行，相对来说有比较成熟的知识和经验，还有一类决策涉及重大体制改革和政策调整，往往缺乏成熟的经验存在着较大的风险。对于前一类决策问题，关键是提高现行体制的运行效率，督促领导人更好地为社会公众服务，应考虑完善"社会承诺制"，将"单向承诺"的办法，逐步扩展到"双向契约"，先通过各种渠道征求群众意见，让老百姓直接"点自己渴望的菜"，对各级政府和公有企业的领导人，提出具体的希望要求和责任目标，再由人大、政协的专家咨询委员会，同政府部门和社会各界进行磋商，共同制定具体的社会责任契约，监督机构设置和奖励惩罚办法，等等。

近年来，各地政府和企业试行"社会承诺制"，如规定社会服务的各种量化指标，成立有权威的专门监督执行机构，取得了督促政府和企业提高效率，更好为社会公众服务的明显效果。但是，现行"社会承诺制"仍有许多缺陷，如缺乏群众参与"直接点菜"，以搞运动方式推行缺乏持久性，等等。今后应考虑将完善"社会承诺制"，通过试点逐步建立"社会契约制"，作为社会主义民主的重要内容，将其纳入制度化和法制化的轨道，正式列入人大、政协的工作议程，成为社会公众维护改善自身利益，监督和约束政府廉洁勤政提高效率，创造"直接点菜的实惠民主"的重要途径。

对于后一类决策问题，即涉及体制改革和政策调整的重大决策，直接关系到国家安危和人民利益，由于缺乏充分的知识和成熟的经验，往往潜伏着较大风险必须谨慎从事。改革开放和经济建设的重大决策，需要建立和完善科学化民主决策程序，才能化解风险和维护经济安全。这类重大决策往往存在许多不同意见，必须发扬民主，允许不同意见畅所欲言，推动不同部门和社会团体充分协商，这样有利于从不同侧面深入考察问题，促使决策方案变得更为全面和成熟，从而更好地兼顾不同社会团体的利益。

值得指出，民主讨论和协商虽能促使认识更为全面，却往往仍无法获得充分可靠的知识，倘若此时由权威部门和领导人来决断，或者通过民主程序由投票多少来决定，仍然不能保证主观意志符合客观规律，从而无法避免重大决策的潜伏风险。此时即使领导或投票人希望权衡利弊，仍然缺少衡量利弊的充分科学依据，唯一办法是通过实践来探求知识，用实践作为检验真理的唯一标准。完善社会主义民主的一项重要任务，是推进这类决策的科学化和民主化，为改革开放和经济建设制定重大决策，建立起一种制度化的"科学实验室"。我国应规定凡是制定这类重大决策，必须首先经过充分的民主讨论和协商，然后再初步设计代表不同意见的方案，通过科学的试点程序进行实践检验，通过实践获得更多的可靠知识和经验，了解不同方案的长短处和利弊得失，帮助人们消除意见分歧和统一认识，防止意见分歧导致党内激烈斗争和分裂，在获得充分可靠的科学知识的基础上，最后再由民主投票来作出重大决策，这样才能有效地化解种种潜伏的风险，确保制定的政策真正符合人民利益。

对于体制改革和政策调整的重大决策，应该逐步建立起一整套科学的规章制度，确保能够公正地组织民主讨论和协商，广泛征求实际部门和社会团体的意见。人大、政协应设立专门的咨询委员会，吸收不同观点的专家和社会团体参加，协助政府部门设计多种不同的试点方案，通过实践考察其实际效果和潜在风险，客观、公正地评价各种方案的利弊得失，综合分析、总结经验并提出改进意见，力求寻找到效果显著而副作用小的方案，能够妥善兼顾社会各方面的实际利益，避免社会痛苦或将其减少到最低限度。民主协商和试点不会影响领导人权威，也不会耽误经济建设和改革开放，因为，这样做能集思广益提出更多的有用思路，帮助领导人树立作风民主的良好形象，避免领导人仓促作出重大决策犯错误，还能通过实践找到效果最佳的方案，取得成绩大大提高领导人的威信。

实践证明，无论是"恢复时期"和"一五时期"，还是"三年调整"和改革开放初期，陈云同志谨慎稳妥地领导工作，强调要通过试点"摸着石头过河"，都取得卓越成绩迅速摆脱了经济困难。那时面临着极为错综复杂的局面，以及更为紧迫的各项工作压力，如抗美援朝战争、私营工商业改造、"大跃进"造成的巨大损失、"文化大革命"遗留的严重困难，但是，陈云同志强调越是在困难形势下，就越是要谨慎稳妥进行试点，耐心找到符合客观规律的办法，经济困难也就随之迎刃而解。恰恰在上述严峻的形势下，陈云同志的谨慎稳妥的主张，容易受到党内领导干部的重视；而恰恰在建设顺利的形势下，人们却往往容易麻痹大意，急于求成反而会铸成大错，"大跃进"的惨痛教训，1993年的盲目开放区热，都是"胜利冲昏头脑"的结果。建立改革开放重大决策的试点制度，能够将陈云同志的宝贵经验制度化，防止领导干部和群众再犯类似的错误，帮助我们解决当前面临的紧迫难题。

改革试点既要解放思想又要科学严谨，应该有条不紊地通过有控制的局部试验，探索不同思路的实践效果和长短处。试点应遵循"大胆试验、谨慎推广"原则，对于有效果而副作用较大的方案，也不宜急于推广而应摸索消除负效应办法，即使是效果显著并没有明显副作用的方案，也应通过扩大试点检验稳定性和适用范围，否则仓促推广到超出了适用范围仍可能造成危害。我们应继承陈云同志的全面兼顾思想，力求扬长避短地综合不同方案的优势，探索出全面维护人民利益的最佳方案，尽量消除负面效应不让群众忍受痛苦。

我国应完善多党合作制积极参政、议政，人大、政协应成立专门评价、监督机构，广泛吸收中立专家和不同社会利益群体参加，对改革试点工作进行监督和客观评价，提出有关改进、扩大试点和能否推广的建议。由于改革直接关系到人民的切身利益，他们应有权了解某项改革方案的利弊得失，判断是否应推广或需继续试点进行改进，这样由人民群众来鉴别"菜"和"厨子"是否已经充分成熟并且符合自己胃口，防止"厨子"为好大喜功而"乱做菜"，仓促推行损害人民利益的不成熟方案。

衡量改革必须坚持"三个有利于"标准，而不是领导权威或规范经济理论。这样对推广改革方案提出了严格要求，那些虽然能够扩大局部的经济效益，但不利于社会整体稳定和生产力发展，给人民群众造成痛苦的方案不宜推广。改革初期，党内存在各种不同意见的批评压力，促使衡量改革采取了相当严格的标准，有效防止了出现"三个不利于"的现象，现在仍应坚持这个中国改革的成功经验。

推广改革方案不应损害人民的现有利益，应努力寻找促进共同富裕的改革方案，允许大多数人改善的同时少数人先富，但绝不允许仅仅提高少数人的收入，而降低大多数人民的生活水平。对于部分群众利益受到损害的方案，倘若能通过"做大馅饼"进行再分配，充分补偿部分群众利益下降而有余，才意味着真正是利大于弊可以推广，否则无法进行充分补偿就不宜推广，应继续试点摸索，直到找到圆满方案为止，这样才能督促改革者做深入细致的工作，不仓促草率地乱做伤害人民的"菜"。

值得指出，只有坚持这样严格的衡量改革标准，才能避免落入西方设置的"改革阵痛"陷阱，才能确保真正符合"三个有利于"标准，否则完全可以像西方哄骗俄罗斯人那样，随意将改革的重大失误说成是"阵痛"，将损害大多数人民利益说成是"暂时的"，甚至将导致企业大批倒闭和破坏生产力，也说成是从长远来看有利于生产力发展，将"三个不利于"也诡辩成"三个有利于"，直到人民知道受骗了却已后悔莫及。

改革试点工作实现制度化和长期化，能够帮助人民通过一条科学道路，尝试制作各种"自己渴望的新菜"，通过参与、监督"试验新菜"过程，确保推广成熟的"做菜方法"。人民还可通过试点选拔领导人，规定领导人只做"自己想吃的菜"，确保领导人用成熟的方法"做菜"，并试验选拔哪些领导人"做菜最好"。

法国启蒙运动的著名思想家卢梭的《社会契约论》提出的进步思想，推动资本主义民主摆脱了"君主神权"束缚，却仍然无法摆脱资本主义的腐败金钱政治。社会主义制度才能为民主制定"社会契约"，逐渐将越来越多权力转移到成熟的民众手中，直接"点自己喜欢的菜、做菜方式和厨师"，提供无比广阔的社会制度创新的前景。

完善社会主义政治民主制度的工作，应先从广大群众"直接点菜"入手，然后逐渐扩大到"点厨子"，建立试点选拔"厨子"的科学制度，试验考察"厨师"的"实际做菜能力"，由社会各界组成的专家审查委员会，初步审查、鉴定候选人的资格能力，再由社会公众投票选举待选的"厨师"，这样才能确保选举出可靠的"厨师"，避免"无能的厨师乱吹牛和许愿"，靠蒙骗群众当选后再谋求私利，仅仅为少数特殊利益集团服务，"不会做菜、乱做菜"危害社会利益，避免重蹈俄罗斯政治改革失败的覆辙。

这种崭新的社会主义政治民主制度，是社会公众直接参与的全面、实惠的民主，优越于西方金钱政治的不实惠民主，能够确保社会公众不断改善自身利益，不仅仅能"点自己现在想吃的菜"，还能"尝试各种新的做菜方式"，选拔"确实可靠的、能干的厨师"，"监督厨师"踏踏实实而不偷工减料，采用成熟方法高效率地为自己"做菜"，源源不断地"吃到越来越多的美味好菜"，满足广大人民不断增长的物质文化需要。

社会主义制度创新的范围非常宽广，涉及到宏观、微观经济等一切领域。改革开放决策的科学化和民主化，应通过试点制度化有条不紊地进行，首先应围绕国民经济发展的紧迫任务，注重解决关系人民利益的重大问题，如试点探索社会基础建设的最佳力度，克服通货紧缩和生产过剩困难，如何尽快有效解决社会失业的难题，如何帮助国有企业尽快摆脱困难，如何促进地区间均衡发展和西部开放，推进安居工程解决居民住宅困难，等等。与此同时，其他各方面的改革试点也应深入展开，包括国有企业改革和行业管理，财政、金融、外贸、商业领域，等等。各项改革都应从多方面进行试点，如国企改革应试点经营责任制创新，强化管理人员的激励约束机制，股份制、公司制改造等产权改革，改善市场、税收、融资的外部环境，等等。试点工作应广泛吸收社会公众参与，包括各行业、社会团体和专家学者，特别是需要解决困难的社会群体，这样能充分体现社会主义民主，是切实关心人民利益的实惠民主。

改革试点应采取科学客观的态度，摆脱思维定式，试验各种不同思路，如解决紧迫社会失业难题，帮助国有企业尽快摆脱困难方面，应从宏观、微观多种角度进行试验，既要试验"市场"也要试验"计划"，特别是应发挥社会主义制度的优势，摆脱迷信市场思维定式的束缚，探索市场与计划调节的最佳结合。近年来，人们深为市场改革的种种痛苦所困扰，与其坚持流行思路苦苦找不到出路，不妨再尝试一下计划与市场相结合，种种困难很有可能迎刃而解，因为，这是实践证明的中国改革成功经验，曾成功克服了失业与通货膨胀并存的困难，促进了国有企业实现长期高效益增长，而没有带来"三个不利于"的副作用。难道我们能解放思想学习西方，就不能也大胆解放一下思想，客观评价借鉴本国改革的成功经验？

我国坚持试验市场与计划的最佳结合，对于完善社会主义民主制度有重要意义，意味着人民将能够直接"点宏观大菜"，包括物价稳定与充分就业，避免经济危机的周期困扰，丰富消费与"铁饭碗"并存，充分维护国家安全的强大国防，优先发展社会需要的特定产业，特定消费积累率和经济比例关系，等等。计划经济虽然有种种弊病，但仍然成功提供过不少"宏观大菜"，如"国防建设"和"铁饭碗"等。改革开放初期，我国实行计划与市场调节相结合，在没有放弃以前的"实惠大菜"同时，又增添了商品供应丰富的"大菜"。现在我们也不必迷信市场经济，就放弃以前的"实惠宏观大菜"，还非要忍受社会失业等痛苦，那样市场岂不成为"空头馅饼"，搞不好爆发金融危机还会人财两空。西方指责政府计划是"不民主"，今后不妨通过试点"社会契约制"，让老百姓参与直接点"宏观大菜"，比西方"点厨子"民主岂不更实惠。

试点工作应周密地设计不同试点方案，以解决国民经济发展的紧迫难题为重点，重视借鉴实践中取得初步成效的方法经验，特别应虚心征求经济实际工作者的意见，因为他们对经济难题的症结有亲身体验，而且通过实践积累了大量卓有成效的经验。**改革方案的设计也需要参考各种经济理论，应参考借鉴多种理论而不仅仅是一种理论，因为任何理论都不可能完美，都各有长短处，由于社会经济现象错综复杂、千变万化，任何深奥的理论也难以准确地反映现实，因此，理论虽然能对设计改革思路提供启发，但是，直接获得成功改革方案的机会不大，因此，不应偏重经济理论而轻视实践经验。**美国著名经济学家斯蒂格利茨认为，"西方课本经济学对教育学生可能是不错的，但不适于向实施改革的政府提供建议，特别是美国教科书过于依赖于某种学派"。因此，我们应力戒偏重"洋理论"，而轻视本国创造的"土经验"，实践中往往是后者更成功，当然，也应努力将经验上升到理论高度。

我们在设计经济改革的试点方案过程中，应有分析地借鉴而不模仿西方模式。俄罗斯盲目模仿西方的失败教训充分说明，简单地模仿西方模式将是非常危险的，因为，不同国家的社会经济组织和制度，同生物系统的复杂的构造和形态一样，起源于各自不同客观环境和自身基础，是经过漫长的历史过程渐进地演化而成的，简单的模仿或移植必然破坏自我生存基础。**我们在借鉴西方的制度模式过程中，应采取谨慎求实的科学态度，切忌急于求富的浮躁心态，充分做到"知己知彼、百战不殆"。我们不仅应该研究西方制度的静态现状，更应该分析其产生的历史动态过程，以及技术、经济社会众多因素的影响，不同制度要素的相互配合和排斥问题，经过长期试点反复观察其正负效应，进行周密细致的分解、筛选和淘汰，去除不符合国情的西方制度要素。**这种科学严谨态度不仅有利于避免风险，还能更好地借鉴西方制度模式的合理成分，取芜存菁创造出更为优越的崭新社会制度。

我们可以借鉴西方制度中任何有益成分，这方面不应受意识形态的限制，但是，必须经过长期的改革试点，由实践验证符合"三个有利于"原则，不仅有局部促进生产力发展的作用，还必须有利于社会整体长期稳定，提高人民生活水平实现共同富裕。许多人出于急于求富的心态，迫切希望引进中西方根本差异的制度，如推行私有化和多党民主制等。这些做法看似"胆大"实为"冒失"，很可能导致国家分裂经济崩溃的局面。这些中西方截然相反的基础制度，实际上是在制度借鉴中应尽量回避的，否则会摧毁我们赖以生存的自我基础，就像生物会产生致命的"异体排斥反应"。

斯蒂格利茨认为，由于改革面临着很多复杂的新情况，经济学课本又无法提供现成答案，因此要进行试验，不是一个试验而是很多试验，需要同时进行很多的试验，找出"究竟什么是可行的"。改革试点应该设计不同思路的多种方案，应借鉴各种不同经济理论流派和实践经验，甚至包括相互矛盾或对立的理论和经验，因为任何经济理论、思路和实践经验，仍然有其相应的适用范围和局限性，解决经济难题往往需要多种办法互相补充。倘若仅仅根据某种"规范的经济学理论"，设计和试点单一思路的改革方案，而实践中又难以取得显著的成效，就可能耽误找到解决经济难题的有效办法，迫使我们为解决紧迫困难而"病急乱投医"，大大增加经济改革的潜在风险。更何况，西方推荐的所谓规范改革药方，往坏里说是"误导"害人的。

我们应根据设计的各种改革方案的特点，选择不同的地区或企业进行试点。倘若某种改革方案取得了较好的效果，就应该考虑进一步扩大试点的范围。倘若某种改革方案没有取得明显的成效，我们暂时不宜贸然扩大试点范围，而应该深入地分析效果不理想的原因，适当地调整设计方案和进行试点的思路。改革试点还应借鉴自然科学方法，特别是有控制的局部试验方法，有意识控制不同政策变量和环境参数，弄清哪些政策措施或外部环境因素对改善经济效益产生了多大实际影响，不仅对于今后实际制定改革政策，而且对经济学进步也有重大意义，能为理论创新突破提供科学依据。

改革试点有可能出现似是而非的困惑情形，许多彼此矛盾甚至相互对立的试点方案，都能够在试点实践中找到支持或否定的证据，这种矛盾情况恰恰有利于深入认识复杂的经济现实。我们应深入分析改革试点出现的矛盾证据，各种不同的方案究竟在何种地点、时间和客观条件下，引起了何种正面的或负面的实践效果。我们不应抱有任何教条主义偏见，仅仅搜集支持某种理论方案的证据，而排斥或忽视有利于其他方案的证据，仿佛像"盲人摸象"一样争论不休。我们必须采取科学客观而且严谨求实的态度，深入分析各种方案的利弊长短和适用范围，特别是导致各种方案有效和失效的具体原因，这样才能在正确的地点、时间和条件下，采取正确的政策措施和力度来推进改革，才能综合运用多种改革方案相互取长补短，更为有效地解决经济建设面临的各种复杂难题。

人们的思维往往存在着片面性，如"市场与计划"，"开放与保护"，"承包制"与"股份制"等等，在现实中都存在着正反面效应，容易被看做相互对立和排斥的机制，实际上，这些手段机制都各有特殊功能与长短处，适用于不同的场合、时期和条件，我们应抛弃机械的片面思维方式，非此即彼地将它们人为对立起来，完全可以因地制宜辩证地对症下药，探索各种政策手段的最佳结合，促使它们相互取长补短共同发挥威力，这样很可能创造更高的社会经济效益，甚至远远优越于西方的市场经济模式。

还有人不愿意作深入细致的分析，认为只要是改革开放就会利大于弊，这仿佛是不愿意区分药的适用范围，认为药能治病就必定利大于弊，其实，药超出了适用范围不仅不能治病，而且还有可能成为害人的毒药。有人只谈市场、开放，不谈计划、保护，就仿佛只懂得用"阳性补药"，不懂得用"阴性凉药"，一旦"阴阳失去平衡"，补药也会变成毒药。治病必须辨症下药不能乱来，需要有许多味药相互配合，发挥各自的功效促进阴阳平衡，病人才能治好病恢复健康。

设计改革试点方案应采取多样性原则，有利于突破传统思维定式的局限性，充分开拓制度创新的巨大潜力。当然，试点应重点放在有较多经验积累，有适当理论支持的几种主要思路，适当兼顾试点机会较小的思路，有时偶然发现也能产生重大突破。在推广成功方案上也应保持多样性，即使某些方案从整体上看不适用，仍然保持进行少量的长期试点，可以长期观察对比方案的利弊得失，有利于完善主体方案和推动理论研究。某些方案虽然缺乏整体上的适用性，但仍然有局部的或特定时期的适用性，少量保留并推广有利于增加多样性，满足不同地区和社会团体的特殊需要，而且当整体情况发生较大变化时，甚至可能成为整体上的必要制度选择，因此，适当保持制度创新试点和推广的多样性，能满足不同社会群体的制度偏好，有利于增强整体的灵活性和适应性。

社会主义制度能够从整体利益出发，不受西方垄断资本狭隘私利的束缚，提供更大的制度多样性和兼容性，"一国两制"正是这种优越性的成功体现。从长远来看，我们采取科学严谨态度进行多样性试点，将充分开拓社会主义制度创新的广阔前景，实现社会利益和个人利益的高度和谐，更全面兼顾各种社会团体的利益需要，必定能够创造出更为优越的崭新社会制度。

总而言之，我们应积极完善社会主义民主制度，推进改革决策的科学化和民主化，促使改革试点工作长期化和制度化，以科学严谨态度进行大胆创新，有效地解决改革开放中的种种难题，减少不必要的社会震荡痛苦代价，化解改革开放中潜伏的重大风险，将社会主义制度创新的广阔前景，源源不断化为造福人类的美好现实。

四　对外开放与保护民族工业的关系

解放初，没有人怀疑是应该保护民族工业发展，倘若有人居然也会对此提出疑问，一定会被认为是洋奴买办或卖国贼。当时新中国刚刚摆脱半殖民地地位，人们对西方列强的掠夺记忆犹新，丝毫也不留恋洋人租界和跨国公司，美国货倾销上海成为"美祸"，派克钢笔打败民族品牌英雄钢笔，民族私营工业缺乏国家主权保护、风雨飘摇的历史教训历历在目。谁都知道维护国家主权和民族尊严，必须依靠强大的民族工业作为后盾。当年新中国并非不想扩大对外联系，但是，美国却实行冷战封锁、遏制，百般阻挠，人们敬佩朱自清宁死不屈的民族气节，毫不畏惧地选择了"自力更生"的道路，直到美国在越南战场上遭到惨败后，才结束"冷战"封锁转而实行"缓和"。

大概是"风水轮流三十年"，倘若今天有人再谈"保护民族工业"，似乎显得那样的不合时宜，仿佛直接意味着"保护落后"，或者干脆就是"反对对外开放"，还有人认为现在是全球化的时代，甚至民族工业的提法也根本过时了。今天最时髦的字眼无疑是"开放"，常有人说，鸦片战争以来中国的落后挨打，在于清朝"闭关锁国"的历史错误，解放后中西方经济差距的扩大，在于计划经济的"闭关自守"，"越是开放的就越先进"，"越是保护的就越落后"，"狼吃羊的威胁，也有利于羊的发展"，等等。

令人遗憾的是，由于中国的特殊不幸历史遭遇，人们思想认识容易产生片面性，从一个极端骤然走向另一个极端，难以认识保护与开放的辩证关系。旧中国没有保护自己的主权，又饱尝了西方列强的掠夺之苦，解放后又遭受美国的冷战封锁，因此，人们无法品尝到平等开放的好处，容易片面强调自力更生而忽视开放，但是，一旦美国放弃冷战改善对华关系，人们品尝到平等扩大对外开放的好处，又容易片面强调开放而忘记保护，甚至将一切建设成就都归功于开放，忘记了民族工业缺乏保护的痛苦。

人们产生上述片面认识情有可原，但是，它却会对改革开放造成极大危害。对外开放与保护民族工业之间，与其说是相互排斥的对立关系，不如说是相辅相成的辩证关系。无论是"越开放就越好"，还是"越保护就越好"的观点，其实都是简单的错误思维方式。旧中国曾有悠久的被迫对外开放门户历史，关税贸易的开放程度远远大于西方，但没有促进发展反而沦为西方附庸。新中国自力更生虽然成功实现了工业化，但也是美国冷战封锁下迫不得已的选择，今天我们完全可以利用开放环境来加速发展。最适合经济发展的环境土壤，不是片面强调过度保护或过度开放，而是根据不同产业的具体实际情况，将对外开放与保护民族工业辩证结合起来，精确地确定两者的最佳结合方式与程度。

改革开放以来，我国开放既有成功经验也有挫折教训，成功经验正是"开放与保护相结合"，挫折教训则正是采取简单惯性思维，不加区别地片面地强调扩大开放。20世纪80年代初期，陈云同志赞成扩大开放的方针政策，但强调要先试点"摸着石头过河"，还告诫干部不应忘记解放前的教训，盲目扩大开放可能重演殖民地危险。有人将陈云同志的谆谆教诲，看成是"保守落后反对扩大开放"，其实，陈云同志从来主张全面分析问题，强调要辩证地看到正、反两方面，他在计划经济鼎盛时期强调市场作用，充分体现了丰富的经济工作经验。早在20世纪20年代，陈云同志曾在旧上海搞经济工作，堪称是党内懂经济的资深领导人，他深知过度开放可能造成巨大危害，事关民族经济存亡和社会稳定，才谆谆告诫扩大开放必须慎之又慎。现在回想起来，我国改革开放初期获得了巨大成功，正是因为遵循了陈云同志的谨慎主张，1992年人们稍有大意、头脑发热，立刻就遭到了客观规律的无情惩罚，形成盲目开发区热造成了巨大损失。

改革初期，我国对外开放采取了谨慎求实的态度，首先从深圳等4个特区的试点起步，积累经验获得成功后才加以推广，逐步扩大到了沿海的14个城市。我国建立深圳等特区的成功实践，体现了适当保护与渐进开放的辩证结合，"自我封闭"显然不利于经济发展，但仓促开放会给民族工业带来巨大冲击，选择在局部范围内实行高度开放的优惠政策，既为外商提供了利用国内便宜资源的机会，又能筑起保护民族工业的防波堤，为我们提供一个便于了解世界的可调控窗口。由深圳等4个特区试点后逐步推广，有利于探索规律、积累经验、降低改革成本，集中有限的财力资源搞好配套建设和服务，有利于政府进行监督管理和宏观调控。我国对外开放就像周密策划的投资项目，先有科学可行性分析和慎重的试点探索，没有带来副作用还迅速产生良好经济效益，仿佛就像追加投入推动了开放不断滚动发展。

20世纪80年代，我国对外开放非常注意保护民族工业，一直采取了有效的关税贸易保护措施，引进外资大多采取合资、合作的形式，政府容易监督管理数量较少的合资企业，对合资企业的出口率、国产化率等都有严格的要求，因此，合资企业不仅没有对民族工业造成冲击，还通过示范效应传播了先进技术和管理方法，起到了适度竞争激励和沟通国际市场的作用，保证了国有企业的技改和产业投资效益良好，成功培育了大批新兴产业并吸收数千万知青就业。

由此可见，我国改革开放的成功经验，恰恰在于"保护与开放"的辩证结合，同美、法、德等西方国家，以及日本、朝国、中国台湾的工业化进程中，长期控制外国的直接投资和进口，保护本地工业的经验也是一致的。

尽管20世纪80年代初，由于"文化大革命"后遗症和"洋跃进"的影响，我国面临着严重的通货膨胀和社会失业压力，有数千万知青返城后待业没有工作，经济结构存在着严重的比例失调，但是，由于改革坚持了计划调节与市场调节相结合，正确处理了对外开放与保护民族工业的关系，国有企业不仅没有受到外来冲击的负面影响，还加强技术改造投资和产业结构升级，轻纺、冶金、机械、建材行业均蓬勃发展，培育出来彩电、冰箱等一大批新兴产业，大大缓解了通货膨胀压力和社会失业困难，扭转了经济结构失调和国有企业的困难，国有工业企业的亏损面，从1981年的22%下降为1985年的9%，减亏面积达到59%，提供丰富的商品供应形成了卖方市场，还吸收数千万知青就业解决了就业困难。

但是，1993年经济过热中，由于没能全面地总结20世纪80年代的"开放和保护相结合"、"计划与市场相结合"的成功经验，片面地强调了市场和开放的作用，忽视了适当保护与计划的重要性，甚至把市场的盲目性弊端也美化为活力，于是，形成了遍及全国的开发区热，盲目炒作房地产、钢铁造成数千亿元损失，超过20世纪80年代国有企业全部亏损的10倍以上，各地对外资敞开大门竞相给予优惠政策，甚至把跨国公司进入中国的数量和投资额，当成衡量改革开放的力度大小的标志。仅从1992年到1995年的短短三年中，外资工业企业所占比重猛增了5倍之多，使中国市场受到外资和进口商品的极大冲击，国有企业陷入了越来越严重的困难之中。

20世纪80年代国有企业在银行贷款的支持下，进行了大量长期的设备和技术改造投资，本来应该在20世纪90年代发挥良好的效益。但是，由于各地盲目引进外资占领国内市场，当这些投资见效时却发现市场出路已被严重堵塞，于是，利润下降，亏损面扩大，上千万国有企业职工被迫下岗，国有企业无法获得投资收益和偿还银行贷款，以前用于引进、改造设备的上万亿贷款，随时可能转化为触发银行体系危机的呆、坏账，各类企业和居民的储蓄存款也会蒙受损失。从这个意义上，20世纪90年代各地盲目竞相引进外资获得的有限好处，恰恰是以国有企业亏损扩大和职工下岗为代价的。同1988年相比较，1996年国有企业的盈利额下降了64%，亏损额却增加了9.7倍，亏损面上升了358%，亏损率（亏损额与利润额之比）上升了12.8倍。倘若这种情况继续发展下去的话，国有企业无法摆脱困境效益进一步滑坡，拖欠银行的不良债权也越积越多，整个国有经济和银行体系都有被拖垮的风险。

1992 年邓小平同志南巡讲话后，一位政府高层领导人深感小平讲话意义深远，但也预感到各地干部群众可能出现盲目倾向。果然人们因开放成就"胜利冲昏头脑"，恰恰犯了陈云同志反复告诫的错误。许多人采取了简单的直线或惯性思维方式，未能正确总结对外开放的成功经验，重新将对外开放"绝对化、教条化"，盲目地强调扩大开放和引进外资，无视造成大量"三个不利于"不良后果。20 世纪 80 年代我国对外开放的成功，体现了"有保护的渐进式开放原则"，是"开放和保护相结合"的成功，而后来盲目开放和引进外资的倾向，其实不是发扬而是抛弃了开放的成功经验，也违反了邓小平同志提出的"实事求是"原则，以及衡量改革开放的"三个有利于"标准。

其实，邓小平同志是从战略高度总结开放经验，并未鼓励各地干部盲目地大搞"开放区热"，他还反复强调改革必须坚持正确的方向，不能背离社会主义走到两极分化的斜路上去。他针对有些同志的思想僵化和教条主义，形象地以合资企业引进的机器设备为例子，指出扩大开放发展生产有利于社会主义，不要为"姓资还是姓社"的问题纠缠不休，但是，许多干部群众缺乏全面辩证思维习惯，未能正确理解小平同志讲话精神，结果头脑发热犯了盲目扩大开放错误。1993 年经济过热中，全国涌现出了大大小小数千个开放区，众多企业、银行纷纷将资金投入房地产，几乎将国民经济带到了崩溃的边缘，幸亏政府果断采取了治理整顿的措施。这种盲目热情仿佛就是"大跃进"的重演，说明广大干部群众的思想方法亟待改进，应继承陈云同志实践证明的宝贵经验，才能确保不重犯类似错误避免重大损失。

我国对外开放的一条成功经验，就是凡是事关重大的改革政策措施，不能单纯依据理论分析或领导意志，而必须经过改革试点的实践检验，符合"三个有利于"的衡量标准，采取"摸着石头过河"的稳妥办法。正是因为我国开放采取谨慎求实的态度，才能取得举世瞩目的巨大成就。扩大开放中潜伏着巨大的风险，稍微疏忽大意或盲从西方的规范理论，都可能像俄罗斯那样导致社会灾难。我们必须正视的是，倘若缺乏充分的实践检验，无论再严密的理论论证也不可靠，更何况，西方自由贸易理论具有很大欺骗性，是强国诱惑弱国敞开大门的战略武器。西方国际贸易理论片面强调开放，有意回避本国长期实行保护的历史，就像德国经济学家李斯特所指出的，"这是一个极寻常的巧妙手法，一个人当他已攀上了高峰以后，就会把他逐步攀高时所使用的那个梯子一脚踢开，免得别人跟着他上来。亚当·斯密的世界主义学说的秘密就在这里"。

令人遗憾的是，许多中国人就像当年德国人一样，受西方贸易理论的熏陶和欺骗，已经将开放与保护完全对立起来，将原来合理的东西变成了僵化教条，还不自觉站在西方强国立场上说话。当看到本国民族工业遭受外来冲击，导致倒闭破产和社会失业猛增时，有些中国人却说"狼吃羊，对羊好"，其实，那是从狼的立场上散布的诡辩，世界上从没有欢迎狼的牧羊人，澳洲没有狼牧羊业更兴旺发达，据一项科学研究表明，生活在狼的威胁压力之中，羊会恐惧不安消化不良，焦躁消瘦无法正常地成长。牧羊人除非受骗不会"引狼入室"，否则不知会糟蹋多少饲料和羊，更何况让羊奔跑强壮也不是目的。我们扩大开放是为维护民族利益，而不是为了遵循野蛮的丛林竞争法则，应该欢迎"三个有利于"的开放，绝不应允许外来竞争摧残民族工业，造成下岗失业猛增和社会不稳定的恶果。中国不应盲目接受自由市场逻辑，听任弱肉强食竞争淘汰民族工业，而应像组织文明体育比赛那样，允许"有组织、有秩序的竞争"，强者通过竞争可以获得较多利益，却无法扼杀弱者的生存成长机会。实践证明，倘若我们坚持改革开放的成功经验，完全能够避免危害社会的种种负面效应。

孙子兵法曰："胜兵先胜而后求战，败兵先战而后求胜"，告诫不应在缺乏必胜把握的情况下，进行事关生死的战争冒险，善战者应先求不败而后求胜。20世纪80年代我国改革开放中，无论是农村的联产承包责任制，城市改革扩大市场调节和企业自主权，还是开办经济特区和中外合资企业，都采取了先试点成功后再推广的谨慎办法，今后我们仍应继承本国开放的成功经验。倘若我们对国家长远利益缺乏认真思考，未经充分的实践检验或改革试点，而依据主观意志或西方自由贸易理论行事，甚至出现了大量不良后果也不及时纠正，就会给经济安全和国家主权造成重大威胁。从这个意义上说，东南亚各国盲目扩大外贸金融开放，爆发金融危机造成社会动荡的教训，应该促使我们对开放战略作更冷静的思考。

当今世界，全球经济的相互联系的确越来越密切，但这并不等于说我们就可以放弃自己的独立性。东南亚金融危机充分说明，越是联系密切，就越应该注意保持经济发展的独立性和主动性。倘若我们像数年前世贸谈判中承诺的，允许资本账户开放和自由流动的话，即使我们宏观经济和外汇储备状况很好，也很难敌得过国际金融炒家的联手袭击，难免不像东南亚那样落入金融危机陷阱。具有讽刺意味的是，中国避开了东南亚金融危机冲击，并不是依靠宏观经济和金融体制健全，也不是依靠加速深化改革和扩大开放，而是依靠改革开放的步伐侥幸还不够快。其实，这恰恰揭示了改革开放的深刻哲理，某些辩证强调正、反面影响的逆耳忠言，才是保证改革开放大业成功的关键。

有些人认为全球化是不可阻挡的世界潮流，中国必须顺应潮流不断扩大开放程度，否则就可能面临被时代潮流淘汰的危险。其实，正如前面章节所述，全球化对世界和中国来说都并不陌生，自从人类文明进入资本主义时代以来，科学技术和生产力进步确实突飞猛进，各国之间的经济联系的确也日益紧密，但是，没有脱离生产关系的生产力和经济联系，一旦生产关系的制度安排损害社会利益，西方主宰的国际经济秩序危害弱国利益，全球化潮流就可能成为危害人类的祸水。

我们不应忘记，旧中国曾有一百年融入西方主宰全球化体系的历史，有门类齐全的商品、证券、外汇、黄金市场，也有产权明晰的公司制、股份制企业，外国跨国公司投资的企业曾经遍布中国大地，但是由于不能掌握独立发展民族经济的主权，不但没受国际经济交往之利，反而饱尝了国际联系紧密之害。日本垄断资本也曾广泛投资东北三省，建立过冶金、采矿、铁路等工业企业，倘若抛弃生产关系抽象谈生产力，这些境内工业似乎促进了中国经济发展，但实际上，却是为了垄断资本掠夺中国财富资源。中国人民情愿付出巨大牺牲进行反抗，也不愿忍受这种全球化体系的野蛮压榨。这充分说明，利用国际贸易投资的机会固然重要，但是，独立自主发展民族经济的主权更为珍贵。

第二次世界大战后，由于一系列社会主义国家的诞生，国际政治格局发生了根本性变化，20世纪50、60年代，世界盛行亚非拉争取民族独立的潮流，西方发达国家盛行社会改良的潮流，英国鼓吹的世界主义潮流销声匿迹，这种生产关系制度安排的历史进步，才促使科技进步和生产力的发展，国际贸易和经济联系的不断扩大，造福于更多国家的广大社会民众。中国台湾、韩国的民族私营工业曾非常软弱，倘若依照自由贸易的开放市场逻辑，无疑应该遭到西方跨国公司的淘汰，但是，美国却出于政治考虑予以大力扶植。"马歇尔援助计划"遵循的是社会利益逻辑，而不是弱肉强食的全球化开放逻辑，才推动西方进入历史少有的"黄金时期"。20世纪70年代，世界盛行的是轰轰烈烈的南北斗争潮流，第三世界要求改革旧的国际经济秩序，呼吁所有国家都应享受发展的权利，都应享受类似中国台湾、韩国的经济待遇。中国正是依靠支持第三世界的正义要求，而非迎合西方鼓吹的相反全球化潮流，才突破西方的封锁成功重返国际政治舞台，赢得了今天改革开放的良好国际环境。

但是，美国无法容忍第三世界的改革要求，蓄意鼓吹与此相反的全球化潮流，操纵新闻媒介大肆宣扬新自由主义，还利用扩大开放和经济联系作为借口，以掩饰其剥夺第三世界国家经济主权，扭转改革旧国际经济秩序的进步潮流，强迫推行有利于垄断资本的制度安排，谋求重新建立世界单极霸权的反动实质。倘若中国人忘记民族崛起的艰难历史，不自觉受到西方鼓吹的全球化宣传诱惑，迷恋于抽象的生产力和科技进步幻觉，忽略了丧失发展民族经济自主权的危险，就很可能落入西方诱导的盲目开放陷阱，遭到美国发动的隐蔽经济战的重创，像俄罗斯、亚洲等国那样爆发经济危机，工业金融命脉落入美国的控制之中，甚至诱发导致国家分裂的政治经济动荡，像旧中国那样重新沦为美国的政治经济附庸。

五　加入世贸组织与维护经济安全

1999 年，在全球经济因金融动荡陷入低迷的新时期，美国向中国伸出了世界贸易组织的橄榄枝，但是，橄榄枝的背后却是机关重重和杀机四伏。1999 年 4 月份，朱镕基总理访美期间，中国曾满怀诚意作出很大让步，人们也对谈判抱有很大希望，但是，不料美国谈判代表团却得寸进尺，最终再次否定了中国提出的方案，还单方面公布了所谓协议承诺文本，摆出一副订立城下之盟的姿态，向中国提出了更为苛刻的要求。1999 年 4 月 10 日，中国总理朱镕基在华盛顿表示，在中国加入世贸组织的问题上，美国对中国要价过高，而且对中国缺乏信任，不愿平等对待中国。他还对克林顿政府未经中美双方商定，就单方面公布所谓的承诺协议表示不满，并且明确表示中国方面没有同意。

美国在科索沃的隆隆轰炸声伴奏下，以如此方式接待来自中国的贵宾，此后不久就派遣 B—2 战略轰炸机，悍然轰炸了中国驻南斯拉夫大使馆，充分表现出谋求霸权的嚣张气焰。回想当年美国发动侵越战争初期，为了促使局势升级也曾轰炸中国使馆，后来中国大力支援越南令美国连吃败仗，才迫使美国打消嚣张气焰谋求缓和，美国曾责令轰炸远离中国边境四十公里，生怕触怒了中国令美军在战场上吃不消，尼克松还亲自前来中国拜会毛泽东主席。现在，美国大概觉得已用经济利益套牢了中国，认为中国贪吃"甜饽饽"就不敢出声，肯定会"韬光养晦"容忍美国的霸权行径，才敢于如此肆无忌惮地欺负中国。

但是，中国政府和广大民众表现的强烈义愤，以及席卷全国声势浩大的抗议浪潮，也着实令美国政府和新闻界吃了一惊。中国认为缺乏气氛拒绝同美国继续谈判，反而令以前要高价的美国政府暗中着急，再三向中国政府表示希望尽早恢复谈判，还表示愿意作出一系列重大的让步。江泽民主席出席亚太经合会议时表示，恢复谈判的要求是美方首先提出的，而不像西方媒介所说是中方主动要求的，中国将根据权利与义务相符合的原则，坚持按发展中国家的身份加入世贸组织。中国政府维护国家利益的坚定立场，迫使美国在谈判中采取了更为务实的态度。1999 年 11 月，经过历时 13 年的艰苦谈判，中美双方终于就加入世贸问题达成了协议。

中国加入世界贸易组织谈判取得的进展，为扩大开放促进经济发展提供了机遇，国内报刊媒介纷纷呈现一片欢欣鼓舞景象，描绘着享受廉价进口轿车、消费品的前景。毫无疑问，我们应该利用加入世贸组织提供的机遇，最大限度地促进经济发展和消费者利益，但是，**我们也应冷静地认识到，加入世贸组织之后是风险与机遇并存，只有采取充分措施化解潜在的风险，成功迎接国际竞争对民族经济的冲击，才能真正享受到加入世贸组织的种种好处，促使扩大开放提供的机遇转化为现实。陈云同志曾强调经济政策的重大调整，要周密考虑到正、反两面和不同侧面，实践证明这种科学严谨的工作方法，才是顺利推行党的方针政策的可靠保证。对于迎接加入世贸组织的重大挑战，我们更应继承陈云同志的科学严谨态度，趋利避害做好充分的防范风险工作。**

有人说加入世贸组织就是参加国际比赛，必须"经风雨见世面"才能成长壮大。但是，参加国际比赛与国际竞争有很大的区别，前者一旦输了仍然有再次参赛机会，而后者不像比赛更像残酷的丛林竞争，一旦输了就意味着弱者遭到强者吞食，甚至被无情淘汰出局永无翻身之日。因此，我们必须从国家经济安全的战略角度，谨慎审视加入世界贸易组织的潜在风险，做好充分准备防范美国发动隐蔽经济战，最大限度地化解加入世贸组织的风险。孙子兵法云："知己知彼，百战不殆。"中国希望通过加入世界贸易组织，扩大开放增加出口和促进经济发展，但是，美国人究竟希望得到什么呢？美国也希望中国通过加入世界贸易组织，增加出口促进发展变得强大起来吗？

曾担任克林顿国际贸易商务次秘书长，现任美国耶鲁大学管理学院主任的杰佛里·加尔顿，1999年3月23日在《纽约时报》发表文章认为，首先，中国加入世贸组织是使它从共产主义转向资本主义的强大保证；成为世贸组织的成员，意味着中国正式宣誓使自己成为市场经济，将给美国的跨国公司带来巨大的利益，假如中国尽不到世贸组织所规定的义务，就不仅会受到美国的惩罚，还会受到所有世贸组织成员的惩罚，这个激励比华盛顿的单方威胁要强大多了。其次，改革派就有了和政敌论战的根据，改革派可以引据世贸组织条约中的义务，就像墨西哥总统塞迪略推行新自由主义政策，曾用这种办法成功地遏制政敌的反对。再次，中国改革积累越来越多的问题，如出口、外资的增长急剧下降，失业和社会不安定在增加，银行系统积累了大量坏账，因此，正好到了必须给中国穿上一件紧身囚衣的关头，以防止中国重新回到国家控制经济的状态。

尤其值得人们关注的是，2000年2月25日，剑桥大学管理学院的皮特·罗兰教授（Peter Rolan），在香港中文大学同华人学者王绍光、王小强、金观涛等交谈，提到了前不久他同一位美国政府高级官员的谈话，这位高级官员私下透露说，美国让中国进入世贸组织主要不是基于经济考虑，而是基于政治考虑。美国政府认为，中国的企业无法与美国和西方的企业竞争，中国进入世贸组织后势必造成失业狂潮，这样中国社会就会不稳定，政府就可能垮台。有人当时曾问这位官员，那么中国不是会像俄罗斯一样吗？这位官员的回答是，"这正是我希望看到的结果"。据悉当时在场有的人为美国的真实意图感到震惊，有的华人学者还表示没料到美国政府用心如此险恶。

加入世贸组织可能面临许多潜在风险，其中宏观性风险涉及到国民经济的全局。当前，我国面临严重的生产过剩和失业困难，各类企业销售不畅存在着大面积亏损，银行体系长期坏账积累金融风险增大。在这种困难的形势下，一旦加入世贸组织后竞争冲击增大，很可能导致众多行业的市场进一步萎缩，各种类型企业陷入更大的经营困境，甚至有可能引起连锁反应触发经济危机，美国很可能利用我国经济困难发动攻势，乘虚而入试图控制我国工业金融命脉。这样说绝非杞人忧天、危言耸听，俄罗斯、拉美和东南亚爆发危机时，美国曾操纵国际货币基金组织强加苛刻条件，雪上加霜促使这些国家危机进一步恶化，为垄断资本控制其经济命脉大开方便之门。**美国的前商务次长杰佛里所说的"紧身囚衣"，就清楚表明了美国控制中国的战略图谋。美国政府官员私下透露的真实意图，更清楚地表明了美国政府的险恶用心，打算利用世贸冲击形成社会不稳定局势，力促中国重蹈俄罗斯惨遭破坏的覆辙。**

关于加入世界贸易组织的潜在风险，《亚洲华尔街日报》的一项估算认为，失业人口将至少增加1000多万，相关产业的生产锐减30%。中国的汽车关税将减少70%，计算机、通信设备关税将完全取消，其他行业如化工、冶金关税也大幅度削减，但是，现在全球工业产品面临着全面的生产过剩，包括汽车、钢铁、机械甚至计算机芯片，许多国家的货币贬值增加了竞争力，中国加入世贸组织后很难增加出口，一旦大量进口和外资涌入中国，许多行业如汽车、冶金可能遭受沉重打击，巨额投资和银行贷款将成坏账，牵连到相关的机械、钢铁、化工等行业，生产过剩和经营困难可能进一步加剧，形成恶性循环连锁反应甚至触发经济危机。一般来说，引进外来竞争增强国内企业活力，应该循序渐进而且选择适当的时机，最好选择国内经济发展顺利的时期，国内各类企业的效益较好抗风浪能力强，因此，考虑到当前的生产过剩和失业困难，我国有必要采取特殊的趋利避害措施。

我国必须防患未然做好充分的准备工作，国内的工农产业部门、金融、外贸部门，都应认真估算"入世"的直接、间接影响，不仅应考虑到各个行业遭受的直接冲击，还应测算由此引起的一系列间接影响，如汽车、电信、化工等行业借银行多少贷款，倘若进口产品和外资大量涌入，是否还能保证收回投资和偿还银行贷款，通过复杂的产业间直接、间接的联系，对各个产业的历史投资和未来机会，生产、税收、就业以及国有资产状况，究竟会产生多大程度的正、负面影响，是否会加剧社会需求萎缩和生产过剩，是否会引起企业连锁破产倒闭风潮，银行需要增加多少企业破产的冲销准备金，是否会加重银行不良债权甚至坏账危机，上市公司和老百姓的股票是否会受到冲击，等等。孙子云："夫未战而庙算胜者，得算多也；未战而庙算不胜者，得算少也。多算胜，少算不胜，而况于无算乎？"这就是说，必须事先周密估算做到深谋远虑，才能知道应采取多少防范风险措施，如何趋利避害立于不败之地。

倘若加入世贸组织后外来竞争冲击加剧，通过复杂经济联系引起较大宏观困难，超过了各个产业能够独立应付的程度，政府就应考虑采取特殊的宏观措施，增加投资扩大内需弥补市场份额损失，特别是存在触发金融危机的较大风险时，还应果断进入局部的动员经济状态，适当地加大计划调节的范围和力度，启动充足的国内需求缓和外来冲击，确保国家能有效地控制工业金融命脉，确保广大人民的就业和存款安全，确保国内关键性战略产业渡过难关，然后循序渐进地增加市场竞争力度，确保战略性企业获得充分的缓冲余地，先立于不败之地再逐渐适应竞争，否则一旦外来冲击超过了适当限度，恶性循环连锁反应触发了金融危机，众多企业、百姓存款蒙受重大损失，不要说难以享受廉价进口的好处，还可能诱发社会动荡和国家分裂。

有人建议组成大型企业集团增强竞争力，但是，仓促组建大型企业集团难以形成凝聚力，单打独斗仍然难以抗衡西方跨国公司。我国应发挥公有制适应社会大生产，国有、集体企业之间能进行密切合作，在政府计划指导下相互协调的优势，形成集团作战能力共同抵抗外来竞争。旧中国，众多民族私营企业仿佛"一盘散沙"，缺乏凝聚力难以抵抗外来竞争。解放后，我国正是依靠公有制企业的优越性，在政府计划指导下相互协同作战，才成功建立了完整的现代工业体系。有人说，一对一进行竞争，中国人比日本人强，而三个人对三个人，中国人就不如日本人。日本人赢得国际竞争的秘诀之一，就是企业之间相互合作形成集团，企业集团与政府之间密切合作，形成"日本——这家最大的公司"。从历史上看，中国的私营企业家缺乏合作精神，难以成长为现代大规模企业，股份公司中也容易闹矛盾纠纷。因此，迎接加入世贸组织后的外来竞争挑战，我们必须发挥社会主义和公有制的优势，彼此之间相互支援并密切合作，形成最大限度的凝聚力抗衡外来竞争。

许多西方发达国家的法律都规定，一旦出现经济萧条和外来冲击，威胁市场秩序和社会经济稳定时，政府有权力采取特殊的宏观措施，扩大公共投资刺激社会需求，增加保护措施力度遏制进口竞争。美国规定国内法律高于国际法律，还威胁随时准备退出世贸组织，倘若世贸组织裁决不符合美国利益。美国还在世贸谈判中坚持特殊条款，一旦出现中国纺织品出口的激增，美国保留权力采取特殊的保护措施。中国为了维护自身的重大利益，也应毫不犹豫地采取果断措施，确保国家经济安全和社会稳定，绝不应束缚手脚穿上"紧身囚衣"。参加国际竞争本身只是手段，发展壮大自己才是真正的目的，不应本末倒置听任竞争削弱自己。中国必须拥有充分的经济主权，果断采取强有力的政策措施，确保加入世贸组织后的竞争秩序，是有利于民族经济成长的文明竞争，绝不接受危及民族经济的生存，弱肉强食的野蛮"丛林竞争"，绝不允许旧中国的悲剧重演，绝不允许国家的工业金融命脉落入西方垄断资本的控制之中，绝不允许外来竞争触发金融危机，威胁到广大人民就业和存款安全，威胁到社会稳定和国家领土完整。

据报道，西方国家正酝酿通过世界贸易组织，推出一系列新的贸易金融自由化措施，更加彻底地剥夺政府保护民族经济的主权，有利于西方大跨国企业和大跨国银行，不利于发展中国家保护民族利益，跨国企业、银行可据此起诉主权国家的政府，中国也应对此做好充分准备。一位法国的著名社会活动家苏珊·乔治，现任巴黎"全球化观察"组织的主席，非常关切中国加入世界贸易的问题，她认为应警惕美英正酝酿的新全球化、自由化措施，如社会公众普遍反对的"投资多边协议"，美英正设法通过世贸组织"自上而下"推行，该协议准备扩大跨国公司和大金融机构的权力，包括因损失利润等理由起诉政府的权利，同时强加对各国政府行为格外严格的限制，政府将不得在任何领域给予当地公司以优先待遇，政府也有义务接受短期和长期的金融资本的流入与流出，政府也不得通过任何有可能干涉投资的立法，而且现有的类似立法也必须加以取消，"国民待遇"原则和"最惠国待遇"的原则，将适用于任何领域的投资，包括自然资源，知识产权，农地和城市用地，股票、国债以及其他金融工具，等等。这种维护垄断资本利益的全球化措施，必将严重损害广大社会民众利益，正激起世界各国人民的强烈反对。美国西雅图召开世贸会议期间，爆发了全球范围的广泛抗议活动，这预示着世界各国人民正在觉醒，强烈反对全球化的浪潮即将来临。美国扬言将力争取消发展中国家的优惠待遇，值得引起中国和广大发展中国家警惕。中国应该利用加入世贸组织提供的机遇，积极参与制定国际经济的游戏规则，同广大的发展中国家一起维护自身利益，呼吁改革不平等的旧国际经济秩序，共同抵制西方鼓吹的新自由主义全球化，倡导充分保障发展中国家的经济主权，确保经济发展有利于广大人民利益，而不仅仅服从于西方跨国公司利益。

美国善于"以己之长攻他人之短"，在贸易谈判中总是逼迫对手开放农业市场，并不单纯是为了获得农产品贸易利益，其意图是降低别国农业的自给率，利用这种依赖性谋求美国的全球战略利益。美国自然条件好，农业生产力高，因此，美国农产品极具竞争力，其出口占国际农产品出口总额的一半左右。由于在美国大力推行全球化压力下，不断拆除了发展中国家的贸易投资壁垒，许多亚非拉国家的农业自给率大幅度下降，1990 年以来俄罗斯农业生产下降了近一半，这样就扼住了俄罗斯战略安全咽喉要害。波兰加入欧洲联盟之后，本国农产品无法抵挡大量涌入的进口，1999 年爆发了大规模的农民示威和抗议活动，据公众舆论调查显示，波兰民众中有 71% 支持农民的保护自身利益的要求。

我国的农业基本上还是劳动密集型小农经济，劳动生产率很低。目前国际市场农产品价格约为国内市场价格的 60%—70%。倘若入世后农产品市场过度开放，可能导致大批的农民陷入困境，现有的统购分销的体系也将受到很大压力，可能形成国家收购的粮食不能顺价销售，而市场上却行销低价外国粮食的局面。香港浸礼学院经济系的胡敦蔼教授认为，向美国小麦开放中国市场必然影响中国的粮食生产，影响农民的收入，政府应该采取措施补贴农民损失，如果不能合理地补贴，就可能发生社会问题，此外，还要看政府如何为农民提供其他就业机会，现在国有、乡镇企业普遍不景气，农村剩余劳动力消化困难重重。因此，中国入世后仍应坚持关税配额等措施，将保护农业稳定视为重大战略安全问题，不为贪图小利而动摇粮食生产自给，确定粮食化肥等进口配额应谨慎从事，国内各界密切磋商充分考虑承受能力。中国政府应通过加强农村基础建设，改善农民生活促进落后地区发展，支持国有企业开拓广阔农村市场，扩大购买农副产品的社会有效需求，扶植农业科学技术开发和普及推广，帮助农民克服调整生产结构的困难，大力发展高附加值农业生产和出口。

中国入世后将加大金融领域开放程度，外资银行进入会增加外资企业的竞争力，增加政府对外资企业进行监督管理的难度，如外资企业常见的逃税、避税、转移定价，金融开放可能造成隐性外债、套利、逃汇等。东南亚国家允许外国银行进入，开设的分支机构和离岸金融设施，是造成外债失控和金融泡沫泛滥的重要原因。据外电报道，以前中国在加入世贸组织谈判中，曾承诺 2000 年人民币完全自由兑换，但东南亚危机爆发后，中国才知道这是非常危险的。这说明，对金融开放的潜在风险很可能估计不足，必须采取更为慎重的态度深入分析，采取更为充分的相应措施防范冲击，如外债、外汇、金融市场的监管会面临哪些困难，会有多少企业和居民的资金流向外资银行，如何避免国内银行经营困难加剧触发金融危机，应如何确保政府对金融领域的有效控制，如何将引进外国银行限制在适当范围内，既能起到适度竞争的激励、示范作用，促进国内金融企业改善经营和服务质量，又不会造成失控局面丧失金融主权，等等。

旧中国，西方跨国银行曾广泛进入开设机构，其竞争造成大量中国银行倒闭破产，严重遏制了中国工业的长期发展。金融等战略服务行业作为国民经济的制高点，控制了制高点，则本国各行各业都暴露在对方火力之中。旧中国的腐败官员为了逃避监督和惩罚，总是将大量贪污、受贿的金钱存放在西方银行，西方国家曾利用掌握这些官员的把柄，谋求各种经济利益和谈判好处。**俄罗斯腐败官僚和黑社会分子，也利用外国银行的渠道逃避政府监管，导致大量资金、外汇非法逃往国外，现在广泛报道的俄罗斯洗钱丑闻，已经充分证明了这种危险的存在，外国随时可利用把柄威胁国家安全。中国入世后外资银行在中国开设分支机构，应研究如何解决替客户保密的原则，同增强"透明度"和"反腐败"的矛盾，完善政府金融监管措施防止腐败避风港。**

美国轰炸我国驻南使馆事件后，一些美国人在网上发表的言论，令人感到非常震惊和愤怒，他们公然洋洋得意地说，"这次袭击中国使馆是精心选择的目标，非常成功，打得好……中国人也许会愤怒、跺脚、喊叫，但这没有什么大不了的，用不了多久一切都会过去，因为，他们的经济必须依赖美国企业，他们得靠美国市场提供就业，他们得依靠美国企业的资金、技术，他们现在已被我们用市场、资金拴牢了，不老实就打他们一顿，他们大吼大叫后还得来求我们……"这也提醒我们，中国在扩大对外开放的过程中，必须注意维护经济发展的独立自主性，特别是入世后仍应坚持原则敢于斗争，否则被迫依照美国制定的游戏规则行事，丧失有战略选择地开放市场的自主性，将中国的经济命脉暴露在美国的威胁下，一旦美国发动经济战略攻势获得成功，还可能更加猖狂地侵犯中国的主权，甚至公开通过武力干涉分裂中国。

我国必须从国家战略利益和经济安全的角度，而不单纯从外贸投资利益的角度，谨慎审视各种扩大开放政策的风险性，包括入世后的各种开放举措，三年内开放进出口权，发展边境贸易等。我国应正视改革开放中的失误渐进积累，最终酿成社会动乱和民族分裂的危险性。南联盟科索沃省爆发分裂主义者的武装叛乱，同南斯拉夫和阿尔巴尼亚两国，被迫接受国际货币基金组织的改革药方，结果导致经济长期陷入衰退的困境，失业大幅度增长社会动荡不安，黑社会组织的武器和毒品走私活动泛滥，南阿边境贸易缺乏有效管理非法走私猖獗，与西方暗中扶植科索沃分裂主义势力有关。

美国操纵国际政治的惯用伎俩是，先以一些贸易、贷款、投资等好处作诱饵，待对方麻痹大意吃下诱饵并且形成依赖性，再利用依赖性作为谈判筹码或攻击手段，达到削弱或控制别国经济要害的战略目的。美国曾经利用类似先予后取的巧妙手腕，诱迫俄罗斯、拉美、亚洲各国贪小便宜吃大亏，推行贸易、金融自由化敞开了大门，等待时机成熟后金融投机资本发动了恶意攻击，再利用金融危机控制这些国家的经济命脉。日本长期拒绝向美国开放农产品市场，有效防止了美国控制日本的粮食命脉，但是，经不起美国不断诱迫推行了金融自由化、全球化，结果落入了美国精心设置的战略陷阱，遭到了金融风暴的强烈冲击和重创。

美国在谈判中要求我国开放许多行业的市场，包括工农业、电信、金融等战略行业，这恐怕不单纯是追求贸易投资利益的行为，很有可能是美国培养我国对美战略依赖性的实质性步骤。对此，我们不能不有所防备，必须考虑到美国拆除我方壁垒并形成依赖性之后，发动恶意经济战略攻势的最坏情况。正如孙子云："无恃其不攻，恃吾有所不可攻也"，我们必须做好应付激烈的市场竞争，甚至美国恶意战略攻势的充分准备。美国谈判中要求有51%的电信企业控股权，其目的不在于多争取一些经济利益，而是出于控制我国经济要害的战略考虑。我国政府坚决拒绝了美国的控股权要求，表现了维护国家战略利益的决心，但是，今后仍然应警惕美国通过其他方式暗中渗透，占领市场制高点后伺机发动攻势的可能。我国的外经贸部应该向日本的通商产业省学习，以保护、促进民族工业发展作为首要任务，而不单纯追求进出口、外商投资额的增长。应该鼓励国内产业反映面临的实际困难，共同磋商采取适当的对应和保护措施，不要麻痹大意抱有任何侥幸心理，以免国内战略产业被竞争冲垮后悔莫及。我国进行政府部门的机构改革，应考虑加强外经贸部同产业部门的协调，成立负责保护民族工业的跨部门高层机构。

中国应吸取俄罗斯因轻信美国惨遭玩弄的教训。尽管俄罗斯曾对美国言听计从和不断退让，但是，美国却毫不领情反而步步进逼，终于将俄罗斯逼到了面对"热战"的边缘。美国侵略南联盟和轰炸我国大使馆的危险警号，提醒我们必须重新谨慎地审视世界政治经济的战略格局，我们应像准备战争一样构筑我国经济安全的防御体系，正视一旦开放市场暴露了我国战略行业的弱点，美国等待时机成熟后必然会发动全面攻击，而一旦其伺机削弱或控制了我国的经济要害，甚至可能像对待南斯拉夫等前战略盟友一样，以军事干涉达到颠覆、分裂中国的战略企图。

六 团结世界各国共同反对美国霸权

21世纪，人类文明正面临着两种前途的抉择，一种是各种文明彼此相互尊重，相互取长补短促进和谐发展，共同分享科学技术进步的巨大成果，真正实现"和平与发展"的美好理想；还有一种是各种文明陷入危险的冲突，强者利用文化、经济和军事的优势，将自己的意识形态和价值观念，通过各种手段强加给其他各种文明，甚至利用各种借口武力侵犯别国主权，重新建立支配世界的新霸权主义秩序。两种截然不同的前途命运何去何从，是摆在世界各国人民面前的重大挑战。

回想20世纪之初，科学技术和通信方式的巨大进步，国际贸易和经济联系的日益紧密，也曾经向人类文明展现过美好的前景，但令人遗憾的是，资本主义的狭隘自私和贪婪欲望，却将世界经济拖入了激烈动荡之中，给人类带来了两次空前的战争浩劫，造成了前所未有的生命财产的损失。为了扭转人类文明的厄运，世界各国人民曾前赴后继，进行可歌可泣的英勇反抗斗争，终于结束了长期的殖民主义统治，迎来了世纪后半叶的相对繁荣与发展。

数千年来，中华文明曾为人类作出巨大贡献，不仅传播了指南针、造纸、印刷等发明，更以其善良仁义和宽容博大的胸襟，同世界各种文明友好相处、和谐发展。在漫漫历史长河中，中华文明曾一直是世界上最富裕、强盛的，但却从来没有倚强凌弱谋求霸权，为建立人类文明秩序树立了光辉的榜样。近代以来，西方列强贪婪掠夺仿佛群狼角逐，将人类文明和民族国家拖入巨大灾难，中华文明面对西方强敌临危不惧，展现了爱好正义、刚强不屈的气质，同世界各国人民一道英勇斗争，终于结束了野蛮殖民主义的时代。

20世纪50年代，中国提出了"和平共处"五项原则，呼吁建立公正的新国际政治经济秩序，赢得了亚非拉各国政府和人民支持。20世纪70年代，中国旗帜鲜明地反对强权政治和霸权主义，深深赢得了第三世界各国人民的拥护，鼓舞了他们反对不平等的贸易关系，要求建立国际经济新秩序的斗争。正因中国敢于不畏强权主持正义，第三世界国家不惧美国的恐吓，积极投票支持恢复中国的联合国席位，才成功地帮助中国突破封锁重返国际舞台。由于中国具有举足轻重的国际大国地位，如何处理国际事务直接影响西方的利益，才迫使西方国家对中国刮目相看格外讨好，也为中国创造了良好的对外开放环境。由此可见，中国拥有的国际地位和对外开放环境，并不来自"韬光养晦"和"委曲求全"，也不在于迎合西方鼓吹的"全球化"，而恰恰是来自坚持原则和敢于斗争，支持广大第三世界国家反对霸权主义，开展"南北斗争"改革旧国际经济秩序。

世纪之交，美英再次暴露出谋求世界霸权的野心，对各种人类文明均构成了巨大威胁。美国著名的国际战略家亨廷顿，提出冷战结束后意识形态的冲突，**将由更为危险的文明冲突所替代，这绝不是文人墨客的夸夸其谈，也不是无中生有的空穴来风。**美英两国实施重大国际地缘战略，都是在这些战略家们中间酝酿诞生的，越战后这些学者智囊提出了"缓和"战略，笔下文中勾画着各种新式政策武器，后来果然变成了"隐蔽软战争"的利剑，变成了里根瓦解前苏联的秘密战略，变成了国际权威机构的"华盛顿共识"。当然，这些学者的谋略一旦变成政府计划，自然属于绝对机密外界无从得知，只有大获全胜后才会由某些知情人，以类似《胜利——美国政府对前苏联的秘密战略》一书形式向外界披露。因此，对于亨廷顿等美英战略家们，勾画的世界前景的"大棋局"，我们切切不可等闲视之。

美国战略家亨廷顿所说的文明冲突，显然是指美英的盎格鲁－撒克逊文明，同世界各种文明之间的冲突，包括亚洲各国的儒家文明，世界各地的伊斯兰文明，甚至还有欧洲大陆的文明。如前所述，美英两国的盎格鲁－撒克逊文明，强调个人谋求私利的最大自由，具有强烈的趋利性和攻击性色彩。英国曾凭借着这种文化的扩张冲动，率先建立遍布全世界的"日不落帝国"，开创了全球殖民主义掠夺竞争的时代。冷战前世界并不存在意识形态的斗争，但是，不同文明和民族国家之间的冲突，也是异常激烈并且造成了巨大灾难。今天，美英发动"软战争"瓦解了前苏联，无论从意识形态和军事实力上，世界战略格局失去了"制衡"力量。**亨廷顿所提出的"文明冲突"的论调，认为美国追求自私利益的攻击性文化，失去外敌威胁将导致内部混乱，这乃是美国面临的最大危险，因此，无论如何也要树立外部敌人，继续进行文明冲突谋求霸权。此时此刻，亨廷顿关于文明冲突的预言，仿佛就是人类文明的不祥预兆，对世界各国人民都构成了新威胁。**

英国曾统治全球殖民帝国数百年，善于玩弄经济军事的权谋之术，通过人为制造分裂内乱和经济困难，间接地打击自己的国际竞争对手，曾令旧中国衰败不堪以尽情掠夺，消除中华文明崛起构成的潜在威胁，还竭力阻挠新兴西方列强的工业化。英国的精明自私的全球地缘战略，正是造成一百年来中国的社会悲剧，以及两次世界大战灾难的重要原因。鸦片战争后清朝末年的四十年中，英国的贪婪鸦片贸易和战争赔款，迫使满清王朝横征暴敛转嫁负担，诱发了严重社会动荡、饥荒和战乱，曾造成中国间接损失了一亿多人口，第二次世界大战夺去了 6000 多万人的生命，远远超过了数个世纪战争死亡人数总和。英国发动的鸦片战争和经济掠夺，直接屠杀的中国人似乎并不多，但是，摧毁中国经济基础和脆弱社会平衡，诱发动乱、战争和饥荒造成的死亡，甚至远远超过了日本的侵华战争。毫不夸张地说，英国精明的全球地缘战略的权谋文化，乃是全人类文明共同面临的重大威胁。

如今人们常常谴责日本右翼篡改教科书，但是，英国的教科书从来都将鸦片战争，有意掩盖歪曲为纯粹的"商业战争"，说明英国从未忏悔过自己的历史恶行。更为恶劣的是，英国又将玩弄地缘政治谋略的文化，传给了英美的新一代国际战略家。英国积极为美国霸权战略出谋划策，积极怂恿北约武装干涉轰炸南斯拉夫。北约的新干涉主义战略，始作俑者并非美国人而是英国人，被广泛称之为"布莱尔主义"，英国的布莱尔甚至比克林顿，还更为积极主张地面战进攻科索沃，法国、德国则表现了明显不同的态度。倘若说美国是野心勃勃的"狼"，英国就是精明狡猾、诡计多端的"狈"。美、英两国同属盎格鲁 - 撒克逊文化，具有自由放任追求极端个人主义传统。如果任凭美英狼狈为奸，扰乱世界，必然后患无穷。

美英国际战略家发明的"软战争"武器，破坏威力巨大甚至超过了核弹，已横扫了拉美、俄罗斯和亚洲大陆，令全球经济遍体鳞伤，满目疮痍。俄罗斯吞下美英推荐的规范改革药方后，七年中人口就净减少了 450 多万，乌克兰人口相当于俄罗斯的三分之一，改革之后人口竟减少了 200 多万。东南亚遭到金融风暴袭击后，社会贫困状况急剧恶化，失业和人口死亡率大幅度上升，印度尼西亚贫穷人口猛增数千万，现在仍处于社会动荡和分裂的边缘。美英暗中支持俄罗斯的分裂主义势力，随时准备利用"软战争"制造的经济困难，将北约的势力范围扩大到中亚地区，对我国西部边疆构成了潜在的地缘战略威胁。①

对于力量薄弱的非洲大陆，美英以"软战争"扫平道路后，甚至重演旧殖民主义掠夺的悲剧。冷战时期，美、苏竞相提供援助拉拢非洲，非洲大陆人均寿命增长很快，20 世纪 90 年代，国际组织强迫非洲推行规范改革，诱发了经济困难和社会动荡，美英胁迫推行多党制民主之后，政治斗争种族矛盾激化为内战，美英矿产垄断公司的雇佣军，趁机介入挑拨离间加剧矛盾，制造战乱、饥饿和难民潮，大肆掠夺矿产资源渔翁得利，占领垄断自然资源的制高点，撒哈拉南部非洲损失了 3000 万人。昔日曾饱尝英国殖民主义掠夺的非洲，今日再次惨遭美英全球地缘战略的毒手。

---

① 《国际货币基金政策的破坏性》，《美国政治经济信息述评》1999 年 4 月 16 日。

正值世纪之交，人类文明再次面临着重大威胁之际，中国应同世界各国人民一道，再次肩负起反对美国霸权的重任。有些人担心中国反对霸权会引火烧身，现在应该"韬光养晦"和"明哲保身"，悄悄积蓄力量待足够强大后再说。但实际上，精明的美国不会坐视中国的强大。当年美国为了集中力量对付前苏联，打击有重大经济利害关系的第三世界，曾暂时对中国采取怀柔拉拢的办法，但是，当美国以隐蔽"软战争"横扫了全球，根本改变了世界实力均衡对比之后，已再次明确将中国列为重大的战略对手，大肆宣扬中国威胁论并且制造反华舆论，甚至悍然野蛮轰炸我国驻南斯拉夫大使馆。这种情况下，中国仅仅"韬光养晦"和"消极防守"，必然鼓励美国更加猖狂侵犯自身利益。倘若我们被美国软硬兼施的计谋迷惑，坐视美国危害世界谋求霸权而不顾，那么众多被害国家的今天就是我们的明天。

美国已赤裸裸地暴露了谋求霸权的野心，明目张胆地武力干涉南斯拉夫，悍然野蛮轰炸我国驻南斯拉夫大使馆。美国国务卿奥尔布莱特公然宣称，21世纪美国将奉行新的干涉主义战略，将武力干涉南斯拉夫模式推广到全世界。当此全世界面临美国霸权挑战之际，中华文明应责无旁贷肩负起反霸责任。中华文明曾为人类作出重大贡献，树立了各种文明和睦相处的典范，中华民族有着悠久的反抗强权历史，曾经同全世界各国人民一道反对西方列强，成功地击败了野蛮的旧殖民主义统治。现在，无论是出于爱好正义的优秀品质，还是维护民族利益的迫切现实需要，中国都应广泛团结世界各国人民，再次形成反对美国霸权的统一战线，共同铲除美英地缘权谋文化的毒瘤，这样才能创造各种文明和谐发展的环境，争取"和平与发展"的世界潮流。

当前，世界经济出现了令人不安的动荡，亚洲、俄罗斯和拉丁美洲相继发生金融危机，美国的泡沫经济已出现了渐趋破灭的迹象。频繁的金融危机、社会失业和战争危险，这些曾困扰了资本主义数百年的幽灵，仿佛在二战后西方的"黄金时期"渐渐远去之后，又重新回到世界各国人民的身边徘徊。

世界各地频繁爆发的金融危机提醒我们，应该正视经济全球化中潜伏的风险，辩证地认识全球化的正、负两方面效应。我们应该欢迎的经济全球化进程，意味着科学技术和通信手段的进步，日益促进国家之间经济联系的密切化，形成相互依赖的平等互利交换关系，促进商品、技术、信息等各种贸易的发展，促进各国人民生活水平的提高。

但是，美英操纵国际权威机构大肆鼓吹的全球化，却是指推行新自由主义的一系列政策，剥夺和限制第三世界国家的经济主权，放弃政府干预政策，任凭自由市场调节，拆除一切阻碍商品、资本、信息流通的障碍，促使西方跨国公司凭借资本技术的优势，不受约束地摧毁和控制当地民族工业，加深不平等的经济分工和贸易交换关系，其核心是给予垄断资本最大的牟取私利自由，废除二战后"黄金时期"的社会改良政策，恢复到二战前的自由放任资本主义时代，同善良中国人所希望的全球化是两回事。

正如德国《明镜》的著名记者汉斯指出，全球化造成了社会财富的两极分化，仅有少数富人和跨国公司是受益者，它使发展中国家民族工业遭到摧毁，政府丧失了宏观调控稳定经济的能力，饱受西方金融投机家兴风作浪之苦，跨国公司肆意追求超额利润逃避税收，导致世界各国社会失业大幅度增长，社会保障福利因税源枯竭濒临崩溃。他还指出，全球化是自然而然的进程的说法，纯粹是蓄意编造的一派胡言。20世纪80年代，美英右翼保守政府上台后，推行新自由主义的意识形态，全球化才成为捍卫资本自由的工具。

美国作家威廉·普法夫，最近在《波士顿环球报》撰文指出，"西方正在进行着两场试验，一场是美国设计的俄罗斯市场改革，过去十年影响到了数亿人，大多数人认为他们的生活变得更糟了，他们被掠夺了私有和公有资产，而少数人却暴富起来。斯蒂格利茨提出了十分中肯的批评，指责这场试验是'极其错误的'。西方还一直进行着第二场试验：努力实现国际经济的全球化。这场试验出于同样的构想，在试验的过程中，有着同样的盲目自信。西方向亚洲和拉丁美洲推行的全球化计划，没有吸取俄罗斯试验失败的教训。国家的社会稳定和政治平衡再次被忽视。其结果是发生社会动荡，财富的重新分配出现大的倒退。当可预见的危机发生时，外国投资商一走了之，而广大民众的生活变得更糟。推动全球化的因素是西方投资者试图谋求利润，但也是出于这样一种信念，全球化将带来全球繁荣。令人感到惊讶的是他们缺少基本的谨慎态度和他们的傲慢。美国的傲慢使全球付出了代价"。

我们应该冷静地认识到，自从全世界进入了资本主义工业化时代以来，尽管人类在科学技术和通信手段方面迅速进步，早就形成了相互关联紧密的全球化市场经济，但是，却从未形成过平等互利的国际经济秩序，二战前西方主宰的经济全球化体系，始终伴随着频繁的经济危机、动荡和战争。旧殖民主义正是西方列强依靠"坚船利炮"，打开弱国大门肆意掠夺的恶劣全球化。今天美英大肆鼓吹新自由主义和全球化，乃是为了以软战争打开弱国大门，推行新殖民主义重新征服控制全世界。

我们不应迎合西方全球化宣传回避矛盾，抽象地谈经济联系和生产力发展趋势，而忽略维护经济主权和生产关系分配制度，否则中国人民就不必进行长期艰苦斗争，摆脱压榨旧中国的西方全球化经济体系，也不必支持第三世界改革旧国际经济秩序，那样也就没有二战后的民族独立运动，没有西方"黄金时期"的社会改良潮流，没有20世纪70年代蓬蓬勃勃的"南北斗争"，没有第三世界支持中国突破封锁重返国际舞台，更没有今天扩大对外开放的国际环境和机遇。

中国应广泛团结世界各国的人民，共同反对垄断资本鼓吹的全球化，揭露全球化名为促进开放和经济联系，实为变相推行新殖民主义的政策，为美国谋求世界霸权创造条件的本质。平等互利的开放和经济联系，前提是国家享有充分的经济主权，能根据本国的具体国情和发展阶段，自主地调整开放的领域、程度和范围，采取有效宏观调控措施稳定经济波动，保护民族工业免受外资和进口的冲击。二战前中国也有高度开放和紧密联系，但却为西方列强任意掠夺敞开了大门，二战后西方"黄金时期"的成功经验，正是在于政府限制资本滥用谋私的自由，第三世界国家获得了较快的经济发展，正是在于独立后赢得了经济主权。

20世纪80年代以来，西方垄断资本打着促进开放的幌子，强迫推行新自由主义的全球化政策，无论在发展中国家或是西方发达国家，加剧了社会失业、贫困和两极分化，广大民众饱受其害怨声载道。西雅图世贸会议期间爆发的抗议活动，显示了反全球化呼声日益高涨，正迅速发展成为声势浩大的社会运动。中国应团结南、北方各国的广大人民，共同反对新自由主义的全球化，倡导保障国家主权的平等互利全球化，要求建立公正平等的国际经济新秩序；坚决反对国际组织将正常的援助贷款，同新自由主义的全球化政策挂钩，趁火打劫剥夺各国政府的经济主权；要求对国际经济组织进行全面彻底改组，加强决策程序的透明度和各国的民主监督。中国旗帜鲜明地反对新自由主义全球化，不仅能赢得世界各国人民的广泛支持，还能有效维护本国主权利益不受侵犯，挫败美国操纵国际组织作为战略工具，先从控制各国的工业金融命脉入手，建立单极的世界霸权秩序的战略图谋。中国还应同世界各国广大人民一道，强烈谴责美国蓄意推荐破坏性改革药方，误导拉美、俄罗斯、亚洲和非洲国家，造成的巨大生命财产损失和社会灾难。美英等西方国家动辄指责别国侵犯人权，中国也应以其人之道还治其人之身，绝不能对美英制造的人权灾难保持沉默，还应支持受害国追究法律责任和索取赔偿。

中国应该团结世界各国政府和人民，重点反对美国鼓吹的资本流动自由化，这样能沉重打击美国谋求霸权战略。美国鼓吹全球化特别重视资本自由流动，奥妙在于这样能"以己之长攻人之短"。美国拥有美元的国际货币特殊地位，纵容金融投机资本制造泡沫攻击汇率，任何国家的外汇储备都无法与之抗衡，不仅能以此无偿占有别国的财富，还能利用金融危机控制别国经济命脉。多年来美英先是诱迫各国推行金融自由化，为金融资本通过泡沫投机牟取暴利创造条件，适当时机再趁火打劫发动恶意金融攻势，制造金融风暴给各国人民造成深重社会灾难。东南亚许多国家20年的工业化成就，在金融风暴的冲击下遭到严重破坏，众多企业家的不仅股票、财产大幅度贬值，而且欠西方金融资本的债务也成倍增长，背上了无法偿还的沉重外债包袱，被迫廉价出售工厂设备来抵债，社会失业人数大幅度增长。

但是，有压迫必有反抗，无论是亚非拉还是前苏联东欧国家中，强烈反对美国和国际货币基金组织的声浪不断增长，反对美国纵容金融投机资本的呼声日益强烈。近年来，拉丁美洲各国频繁爆发社会反抗运动，矛头直指西方倡导的自由化和全球化政策，俄罗斯、独联体也不断爆发罢工和抗议活动，抗议西方强迫推行的新自由主义改革政策，导致了严重的经济衰退和金融危机，造成了广泛的饥饿、失业和社会贫困。马来西亚总统马哈蒂尔公开批评美国金融投机资本，是掠夺弱小国家财富的西方金融强盗，还效仿中国实行了外汇资本管制，经济恢复状况明显好于其他亚洲国家。中国香港特区的外债少、外汇多，遭受打击比东南亚国家轻得多，1998年在中国政府的坚决支持下，沉重地打击了美国金融投机资本的进攻，不仅维护了我国香港货币和经济的稳定，也为其他国家和地区进行反抗斗争树立了榜样。

当前，亚非拉、前苏东地区甚至西方国家，社会各界对美国操纵国际货币基金，破坏和控制各国经济的做法怨声载道，中国应抓住时机利用"遍地干柴"的大好形势，积极联合世界各国的政府和广大人民，发动一场反对美国经济霸权的"软战争"，重点反对美国鼓吹的资本流动自由化，纵容金融投机资本破坏别国经济的恶行，这样容易获得世界各国政府和人民的广泛支持，沉重打击美国谋求经济霸权战略的要害，迫使美国因后院遍地起火而自顾不暇，无力发动针对中国的经济、军事攻势，拆除美国建立全球单极霸权的经济基础，以"软战争"阻止美国建立世界霸权的"硬战争"。

中国政府、经济学界、新闻界和社会各界，应通过各种渠道联合世界各国人民，包括各国正蓬勃兴起的反全球化社会运动，西方有社会正义感的许多著名经济学家，积极要求建立公正的国际经济新秩序，反对美国诱迫推行的新自由主义全球化政策，破坏和控制别国经济的霸权主义行径；主张禁止西方金融投机资本的恶劣行径，打击损害各国经济的金融泡沫投机活动；恢复各国政府管制外汇、资本流动的主权，抛弃新殖民主义的贸易投资全球化政策；扩大各国通过关税投资保护政策扶植民族工业的主权，实行有利于发展中国家的"有保护的渐进开放政策";反对美英20世纪80年代出于政治目的鼓吹的私有化运动,恢复20世纪50—60年代获得巨大成功的国有化运动,以更好维护整个社会利益和扶植民族工业;恢复20世纪70年代轰轰烈烈的南北斗争和不结盟运动,大力加强"南南"政治、经济和军事合作,努力摆脱对美国和西方国家的过度依赖。

我国应广泛联合亚非拉甚至日本和西欧国家,充分利用美国经济外强中干的致命弱点,如物质生产衰败和严重依赖进口,股票市场和金融衍生品泡沫严重,每年吸收大量外国资金弥补政府赤字,依赖外资流入维持国债和股市泡沫,等等,采取类似香港反击美国金融投机家的办法,共同狙击美国金融垄断资本的全球经济攻势,令其在泡沫投机失败中遭受惨重损失,大力发展区域性贸易和货币交换机制,削弱美国利用美元地位占有各国资源的能力,釜底抽薪地瓦解美国追求世界霸权的经济基础。

中国不必担心反对美国经济霸权,会得罪美国促使其恼羞成怒,因为,美国垄断资本一向非常精明狡诈,注重实际利益而从不感情用事。倘若看到中国识破了其全球化诡计,赢得了世界各国人民的广泛支持,采取强有力手段反击其战略阴谋,威胁到其金融霸权的致命要害,美国反而会不敢对中国轻举妄动,甚至还会作出拉拢讨好的举动。20世纪70年代,我国团结第三世界国家反对霸权,掀起了轰轰烈烈的南北斗争高潮,不仅大大提高了我国的国际地位,还迫使美国放弃公开反华以礼相待。倘若前些年,我国能及时识破美国的霸权阴谋,团结第三世界、俄罗斯和日本、欧洲国家,共同反对美国利用美元建立全球金融霸权,世界战略实力对比或许不会如此失衡,亚洲或许不会爆发如此强烈的金融风暴,那样美国也许不敢贸然侵略南斯拉夫,也不敢悍然轰炸我国驻南斯拉夫大使馆。我们不应忘记历史经验,美帝国主义本质是纸老虎,软的欺,硬的怕,只有敢于斗争才能维护自己利益,无论"软或硬"的战争都是如此。

第 十 章

私有制与公有制:孰优孰劣?

中共中央强调要坚持以公有制经济为主体的基本经济制度而不搞私有化,有些人认为私有企业效率高并不理解中央方针的重要性。该章所论述的内容对于帮助广大干部、群众认识"六个为什么",增强对公有制企业的信心有重要的理论和现实意义。

该章回顾了私有制和公有制企业的诞生和发展历程,论述了私有制企业的历史积极作用和局限性,为何一个世纪以来未能完成实现中国工业化的历史任务,为何挽救中华民族危亡的历史责任落在了公有制企业的肩上。该章还着重论述了现代企业制度的内涵和意义,指出将现代企业制度简单归结为公司制是不正确的,评价什么企业形态属于现代企业制度应依据时代赋予的历史使命,从这个意义上说,公有制企业正是成功完成了实现中国工业化历史使命的现代企业制度。美国著名管理学家钱德勒对现代企业制度的论述,为世界各国研究企业管理的学者所普遍接受,他认为工业革命前的传统私人企业,一般是缺乏管理分工的家族式企业,而工业革命后为适应大规模生产和销售的需要,企业进行了制度创新和"职业经理人革命",实行管理分工并且由职业经理人负责管理。二战后西方社会迫于冷战压力进行广泛社会改良,提出"现代企业"应承担更加广泛的"社会责任",为企业的所有利益相关者(Stakeholder)服务,包括投资者、消费者、企业职工和关联企业,还应考虑到环境保护和社会公益事业,等等。中国公有制企业所具备的"现代企业制度特征",无论是适应工业革命时代的社会生产力发展需要,还是在管理分工、职业经理人和社会责任等方面,都完全符合西方管理学权威关于现代企业制度的定义,许多方面都远远超过了难以摆脱家族式管理的私有企业。

值得指出,二战后西方强调企业"社会责任"的社会改良,是借鉴马克思关于生产社会化的产权理论,借鉴社会主义优越性进行的有进步意义的制度创新。马克思指出生产社会化要求企业为整个社会服务,而私人产权追求狭隘私利必然同职工和社会利益发生矛盾，导致脱离实体经济的虚拟金融膨胀和欺诈投机泛滥，各种矛盾酝酿积累到一定程度必然爆发经济金融危机。二战后西方推行的许多社会改良政策，如强调企业承担更广泛的"社会责任"，实行严厉金融监管打击投机，鼓励工人维权斗争并改善收入分配，远远超出了凯恩斯的货币财政政策范围，更多借鉴了马克思的产权、金融和危机理论，因而缓和了收入分配和经济周期波动，改善了资本主义自由放任时代的野蛮形象，出现了资本主义数百年历史上的罕见"黄金时期"。但是，20世纪80年代美国策划隐蔽经济金融战争，将新自由主义的科斯产权理论作为国际战略武器，推行大规模私有化帮助垄断资本控制各国经济金融命脉。随着新自由主义恢复自由放任时代的经济政策，以效率为借口鼓吹"股东和私有产权利益至上"的科斯产权理论出现，自由放任时代的野蛮资本主义的种种弊病又重新回归。

二战前日本企业制造的产品质量很差，旧中国人们普遍将"东洋货"视为劣质产品，当年财阀家族垄断企业有很多办法追求利润，包括压榨职工、垄断市场和对外侵略扩张，但是，二战后日本财阀家族被剥夺了大部分企业产权，企业开始重视职工利益并实行终身雇用制，强调消费者利益、质量管理和社会责任，出现了以"丰田质量管理"为标志的日本经济奇迹。但是，20世纪80年代，美国诱迫日本推行新自由主义经济政策，实行浮动汇率和金融自由化刺激泡沫经济，企业重新不受约束追求最大利润和股东利益，丰田公司也不择手段削减成本并雇用临时工，抛弃了社会改良时期非常成功的一整套管理办法，资本贪婪本性重新萌发并忽视职工、消费者利益，甚至在大量质量问题暴露后不去解决而刻意隐瞒，最终导致丰田优质汽车重新变成了劣质"东洋货"，日本泡沫经济破灭后陷入20年长期停滞，当年社会改良造就了日本经济奇迹和"一亿人总中流"社会，今天日本媒体则将新自由主义改革称为"社会改恶"，指责其导致了"一亿人总下流"和社会经济沉沦。

日本"丰田汽车事件"、美国金融危机和欧洲主权债务危机，充分说明中国不应盲目羡慕所谓"美欧市场经济模式"，必须严格区分二战后西方借鉴马克思理论推行的"社会改良"，以及新自由主义复辟自由放任政策造成的"社会改恶"。20世纪80年代，中国开始扩大同西方的经济文化交流，人们访问西方看到实际上是社会改良带来的成果，而被传授的却是美国竭力推荐的新自由主义，正如中国研究西方经济学的老前辈陈岱荪指出，以前中国有盲目批判西方经济学的倾向，忽视了西方社会改良时期值得借鉴的经验，而改革开放后又出现了盲目崇拜西方的倾向，特别是盲目崇拜主张复古倒退的新自由主义。

这方面中国应充分吸取俄罗斯改革的教训。前苏联酝酿改革的早期阶段，人们很羡慕瑞典的社会福利国家制度，曾将其视为理想的市场经济模式，但后来受到美国和国际货币基金组织的诱导，为了推行所谓"最彻底的规范改革"，又转向了新自由主义的经济改革方案。但是，在经历了十年改革的曲折历程后，人们纷纷指责美国推荐的新自由主义政策，表面上是"最彻底的全面、系统改革方案"，实际上是搞"最原始、最野蛮的资本主义"，给俄罗斯带来了巨大的社会灾难，导致了国有企业瓦解和经济实力衰败，大规模私有化过程中腐败、掠夺泛滥，形成了操纵经济的暴富权贵、寡头阶层，巨额掠夺资产通过各种非法途径流失海外，广大民众生活困苦和社会严重两极分化，恶性传染病死灰复燃而人口出现持续下降。改革结果与期盼的反差巨大令人惊叹，但这种结局并不意外而且尽在情理之中，众所周知，新自由主义倡导者早已公开声称，他们反对社会改良时期的福利国家制度，主张恢复亚当·斯密时代的资本主义，试想依照这样的返古复辟的理论搞改革，自然只能得到最原始、最野蛮的资本主义的结果。

一　私有制企业的利弊剖析

私有制企业具有悠久的历史，自从人类开始从事商品交换后，就逐渐产生了从事商品生产的私人企业。数千年来，中国不仅早就有了私有企业，而且堪称是世界上最发达的，正像中国当时在世界的地位一样。早在春秋、战国时期，中国就出现了丝织手工业，养蚕、丝绸技术达到很高水平，精美制品从丝绸之路传遍世界。明清时期，苏、杭乃是天下闻名的丝织中心，私营手工业企业数量多、规模大，有些私有企业甚至拥有数百织机，雇用大批劳动力从事生产。元明以后，景德镇成为著名的陶瓷生产地，"民窑二三百，工匠人夫不下数十余万"，生产过程实行分工细致，"过手七十二，方克成器"。明初放宽禁令，铁器制造也成为大规模民营手工业。商业领域的私人企业也很发达，行销遍及全国市场和世界各地，家财万贯、富抵王侯的商人也不乏常见，据史书记载，"淮商资本充实者，以千万计"。商品生产和流通的发展，也促进了银行雏形的产生，出现了从事存放款、汇兑的钱庄、票号。[①]

人类进入资本主义时代以来，私有企业为推动生产力蓬勃发展，促进科学技术应用于机器大工业，形成连接世界各国的统一市场，发挥了前所未有的重要作用。英国是资本主义工业革命的发源地，1769 年瓦特发明了单向蒸汽机，为大规模的机器生产提供了新动力来源，逐渐应用到纺织、冶金、机械、交通

---

① 参见蒋建平《简明中国近代经济史》，北京大学出版社 1984 年版。

等部门，大大促进了工人劳动生产率的提高，从此奠定了英国在世界工业、贸易中的垄断地位。英国的现代资本主义私有企业，虽然推动了社会化大生产的发展，但是，由于私有产权贪婪欲望的急剧膨胀，资本主义企业追求最大利润的本能，占领市场空间和获取廉价原料的需要，同盎格鲁－撒克逊文化的攻击性，以及现代先进工业军事技术相结合，促使英国大肆进行野蛮的殖民扩张，建立了遍布全球的"日不落帝国"，推动生产力发展和财富积累的同时，也给全世界人民带来了深重的灾难。

18世纪，英国的亚当·斯密曾创立了自由市场理论，认为尽管私有制企业追求狭隘的私利，自由市场竞争却会像一只"看不见的手"，自发地抑恶扬善促进整个社会利益。自此以后的西方经济学各种理论流派，不过是以更为复杂、烦琐的逻辑演绎，来论证自由市场和私有制确实如此美妙，能自发地达到社会利益的最大化状态。实际上，这些西方经济学理论在分析自由市场和私有产权时，为了证明资源最佳配置和帕累托最佳的结论，有意识将理论模型建立在不现实的抽象假设基础上，如不存在超经济的强权因素，不存在非道德竞争如掠夺、阴谋诡计，不存在任何交易成本和代理成本，不存在社会化生产的规模经济，所有参与者都能公平地充分拥有市场信息，等等。这些貌似客观公正的西方经济学理论，忽略了现实世界中存在的许多重要经济因素，有意识地回避资本主义的严重社会弊端，显然具有强烈的意识形态辩护性色彩。

西方经济学为了表白自己的虚伪科学性，声称不考虑道德因素和社会价值判断，这样有意识忽略了资本主义的最严重弊端，即私有产权贪婪地追求最大私利的欲望，必然导致不择手段和违反道德准则的行为，甚至进行阴谋欺诈和赤裸裸的侵略掠夺。整个资本主义历史中确实充满这种贪婪行为，英国大肆玩弄国际地缘政治的阴谋诡计，如此残酷地对亚非拉民族进行殖民掠夺，正是为了获得违反社会道德准则的超额利润，这乃是私有制和市场经济促进财富积累，伴随产生的不容忽视的社会外部负面效应。**西方经济学无视资本主义的上述恶劣行径，奢谈私有制和市场经济促进社会最大利益，显然不是出于粗心大意而是精明的自私考虑。这也并不奇怪，英国的历史教科书忽略鸦片战争，蓄意将其粉饰为纯粹的"商业战争"，于是英国资本家的贪婪无耻掠夺行径，竟然变成了为自由贸易而战的壮举，甚至美国历史教科书也重复类似谎言，相比之下，其经济学教科书暗做手脚就相形见绌了。**

西方经济学家大肆赞美的"看不见的手"，也就是自由市场经济的竞争机制，虽然确有改善经营、降低成本的作用，但是，事实上不仅无法做到"抑恶扬善"，完全遏制私有产权狭隘自私的负面效应，还会形成扩大负面效应的恶性循环机制。例如，当年一些英国资本家开创了对华贩卖鸦片贸易，众多资本家为高额利润所诱也纷纷效仿，甚至还怂恿英国政府发动了罪恶的鸦片战争；一些资本主义国家通过掠夺殖民地获得了廉价资源，残酷的市场竞争也诱迫其他资本主义国家纷纷效仿，形成了扩大势力范围和谋求霸权的恶性竞争，20世纪甚至导致了两次世界大战的浩劫。近代以来，资本主义虽然创造了前所未有的财富，同时也造成了空前巨大的生命财产损失。

诚然，西方的各种国内法律能约束一些违法行为，但不能阻止资产阶级操纵政府和立法过程，侵犯缺少权势的社会中下层民众利益。国际间根本不存在有效法律而只有强权政治，更无法阻止垄断资本操纵国家军事机器，直接侵犯别国的主权和全体社会成员的利益。英国垄断资本制造反对政府干预的舆论，仿佛任何干预都会影响市场促进社会利益，但自己却肆无忌惮地操纵政府机器，动用军事强权进行侵略掠夺和殖民扩张。现在许多善良的中国人，相信了自由市场经济的神话，指责为何英国当年不遵循自己的理论，信守政府不干预经济的教条，殊不知，英国垄断资本鼓吹政府不干预教条，只是为了欺骗国内和别国的社会民众，不让他们利用政府维护社会利益，而自己谋求私利却可采取任何手段，自然绝不会错过操纵政府谋私的机会。美英垄断资本鼓吹"大社会、小政府"，真实含义乃是"大资本、小社会"。

私有企业一方面为追求利润不断扩大生产，另一方面采取各种办法减员增效降低工资成本，必然导致生产无限扩张与有限购买力的矛盾，加上盲目竞争谋求私利的无政府状态，积累到一定程度就会引起周期性经济危机，导致生产过剩、失业增加和社会动荡，数百年西方频繁爆发的经济危机就是明证。二战前，垄断资本无视危机造成的损失和社会痛苦，始终坚持自由市场自发实现均衡的教条，反对政府采取任何计划调节干预经济。同时，垄断资本还利用经济危机"趁火打劫"，打击工会势力威胁工人降低工资，"大鱼吃小鱼"廉价吞并中小资本，利用国内矛盾煽动对外扩张情绪，通过发动侵略战争来转嫁国内危机。当年日本走上发动侵华战争的道路，正是为了转嫁大萧条的冲击，缓和国内日趋严重的社会矛盾。冷战压力下西方被迫进行社会改良，政府计划调节曾一度缓解了经济危机，但是，现在垄断资本又再次抛出新自由主义，难怪许多中国人刚刚以为马克思过时了，强烈的金融危机又频繁地袭来，美国干涉的战争阴云再次笼罩世界。

有些人将近代史上中国的不幸遭遇，归罪于自己祖先文明的"先天不足"，儒家文化束缚了私人企业家的精神，悠久的封建传统阻碍了转向资本主义。但是，如前所述，中国民间私有企业有着悠久的历史，数千年来一直是世界上最繁荣发达的，儒家文化虽然束缚了商人的欺诈行为，或者违反道德准则的贪婪掠夺欲望，但是，并不反对"君子好财取之有道"，也未妨碍历史上保持社会安定的同时，创造出世界上最富裕的物质文明。从某种意义上说，全世界和西方文明都应感谢儒家文化，促使中国没有倚强凌弱谋求霸权，扼杀曾经软弱的西方文明和各种文明。今天，许多外国学者也将亚洲的经济迅速发展，归功于儒家文化培育的勤俭和自强不息精神，这说明儒家文化虽确有束缚商品经济的缺陷，但并不构成一成不变和不可克服的障碍。英国也曾长期保持了大量的封建贵族特权，通过"圈地运动"压榨民众加速原始积累，其残酷程度甚至超过了清朝的封建统治，欧洲大陆各国的封建解体也曾非常缓慢。

近代史上，中华文明的不幸遭遇有许多原因，而西方列强掠夺应负最主要的责任。鸦片战争前后，旧中国虽然落后但仍拥有巨大财富，但是，这些财富没有转化为现代工业资本，原因是遭到了西方列强的豪取强夺，敞开门户丧失了保护民族工业的主权。有些中国人埋怨责怪祖先的贫穷落后，但且看当年一位法国议员如何看待中国。1883 年，法国议员儒勒·费里向下议院作报告时，将当年西方列强仿佛群狼争食肥羊，扑向中国的疯狂贪婪心态暴露无遗，"太平洋上巨大的宝库——中国，引起了四面八方贪求利润的向往。古老的神奇中国，被各国暗算谋取的中国，它拥有四五亿人的广大市场，它那足有 70 万平方公里遍布地下的煤层，它那取之不尽的地下宝藏，它那等待着工业机器、铁路的广大省份，成为列强共同梦寐以求的对象。纷纷奔向'理想国'的欧洲竞争者中，谁能最先到达，谁就能割取它的一块领土，它的势力范围，它的特权领域"。

英国打着传播文明的旗号来到中国，却将本国禁止的鸦片强加给中国。据统计，1800 年至 1839 年，输入中国的鸦片共有 46 万箱，价值 3.5 亿万两白银。从第一、二次鸦片战争至清朝末年，输入中国的鸦片共有 290 多万箱，价值 21.9 亿多两白银。英国通过鸦片战争获得巨额暴利，西方列强也纷纷效仿欺负中国，强迫中国签订了上千个不平等条约。《中英南京条约》的鸦片战争赔款，到后来《辛丑条约》的庚子赔款，甲午战争的《马关条约》赔款，仅仅三项主要条约赔款，连本带息共计 16 多亿两白银。这些赔款远远超过了中国的财政收入，清朝只好以高息向西方借贷赔偿，甚至将海关和财政征税权抵押给外国。中国虽然曾是富甲天下的文明古国，但因缺乏自我保护的尖牙利齿，转眼间变成了群狼争食的一头肥羊。①

英国有意掩盖鸦片战争野蛮掠夺的历史，大肆宣扬自由市场和私有产权的

---

① 参见李明银等《帝国主义对华经济侵略史况》，经济日报出版社 1991 年版。

神话，仿佛其财富都是高效率的私有产权创造的，但是，我们不应忘记英国这个小小岛国，竟然掠夺奴役着庞大的全球帝国，其面积和人口远远超过本土数百倍。倘若中国也效仿英国发展资本主义，恐怕需要数个地球还嫌不够。前些年，中国人撰文探讨日本资本主义的发展经验，称日本天皇将中国甲午战争的赔款，大多用于振兴教育和修建全国的小学校，仿佛日本的崛起和财富来自"教育兴国"，但是，据日本的史料记载，当年中国甲午战争的巨额赔款，竟然相当于日本数年的国民收入，大多用于发展钢铁重工业和军火生产，乃是尝到甜头继续扩军备战侵略中国，用于教育部分甚至少于给皇家拨款。看来近代日本资本主义的发迹史，并非来自中国人想象的"教育兴国"。

鸦片战争以后，中英两国于1843年签订了第一个关税协定，剥夺了中国制定海关税率的经济主权，规定将中国征收的进出口海关税率，比原来降低58%—85%。1844年，中美两国签订了不平等的《中美望厦条约》，美国提出了臭名昭著的"利益均沾"原则，要求将降低关税适用于一切西方列强国家。西方列强还强迫清政府取消降低内地税，外国企业和进口商品享有种种优惠待遇，将苛捐杂税的沉重负担全部压给中国企业，中国商人被迫"逢关抽税、遇卡抽厘"。后来西方列强为了确保偿还战争赔款，允许清政府和国民党政府稍微提高税率，但仍然是执行殖民地关税协定的原则。据有关史料计算，从1895—1911年间，中国蒙受了关税损失69亿多两白银，从1917—1927年，损失关税收入高达109多亿银元。

随着西方机器大规模生产的廉价纺织品涌入，中国繁荣的私有手工纺织企业纷纷破产。有些中国人埋怨祖先缺乏企业家精神，但事实上，中国的江苏、浙江、安徽等广大地区，有着悠久的经商传统和繁荣的私有企业，江浙人、徽商有丰富的经商技巧和雄厚资本，但是，经济主权沦丧和廉价进口货物的冲击，令这些中国私有企业家陷入了严重困境，丧失了将财富转化为现代大工业的机遇，家财万贯的商人也只好沦为外国人的买办。外国的跨国公司也大举投资兴办企业，遍布商业、金融、工矿、交通领域，表面上虽然暂时促进了中国的经济发展，却占领市场遏制了长远的发展机遇，根本堵塞了中国资本投资增值的渠道，无法建立现代大工业增强国家实力。

中国也曾在资本主义道路上拼命挣扎，许多私有企业家也曾提出过"实业救国"，但是，中国民族工业发展始终非常艰难，众多私有企业规模很小，拥有的资本数量有限，自身资本积累的速度缓慢，生产技术和机器设备落后，难以同外国企业产品竞争，始终处于风雨飘摇之中，难以摆脱岌岌可危的处境。一些民族私有企业克服重重困难，终于实现了现代机器大规模生产，但也大多集中于纺织、轻工等行业，机械行业只能进行简单的维修，冶金、采矿、电力、铁路等行业，外资跨国公司占有压倒性的优势。众多私有企业仿佛"一盘散沙"，面对外国的激烈竞争自身难保，虽有报国热情却也力不从心，根本无力发展钢铁、机械工业，增强国家实力挽救民族危难。

有些人看到英国资本主义的全球掠夺和日本财阀支持政府进行凶猛扩张，误以为这些国家资本家的扩张欲望，体现的乃是强烈的民族主义精神，还责备中国民族资产阶级过于软弱。但实际上，垄断资本只是煽动民族主义情绪，作为侵略扩张掠夺财富的手段，并非是真正为民族、社会利益着想。第一次世界大战中，德国生产军火的克虏伯财团，一方面竭力支持政府进行战争，另一方面暗中向英国销售枪榴弹，为了牟取暴利不惜屠杀本民族同胞。正因如此，人们常说资产阶级是无祖国的，至高无上的原则乃是赚钱谋利。强国的资产阶级具有扩张冲动，但是煽动战争绝非为了民族，乃是让人民充当炮灰和谋利工具。日本垄断财阀发动的侵略战争，也给本国人民造成了巨大灾难。弱国的资产阶级虽然也具有民族性，但是，竞争中只能以自我赚钱生存为主，这就决定中国民族资产阶级的软弱性，无法肩负起挽救民族危亡的时代重任。西方资产阶级为了缓和国内矛盾，也将从中国野蛮掠夺的大量财富中，拿出一小部分与本国普通民众分享，但是，这种掠夺却加剧了中国的社会灾难，促使中国的各种阶级矛盾空前激化，包括工人阶级同资产阶级的矛盾，民族资产阶级同官僚买办阶级的矛盾，等等。这正是中国人民为了挽救民族危亡，选择社会主义革命道路的历史原因。

旧中国也曾广泛流传西方正统经济学，但是，无论是亚当·斯密的"看不见的手"，还是关于私有产权优越性的种种神话，对于中国人民来说没有任何的诱惑力，因为，西方列强贪婪掠夺中国财富的野蛮行径，清楚地集中暴露了资本主义的弊病。但是，今天对于强大起来的社会主义中国，西方国家主动表现了种种友好行为，邀请了大批中国政府官员和学者进行访问，展示着西方国家拥有的财富和富裕生活，在这种情况下人们很容易产生种种错觉，仿佛亚当·斯密学说和科斯的产权定律，确实有"点石化金"的神奇功效，俄罗斯人正是被西方的这种诡计所愚弄，落入了推行激进私有化的灾难陷阱。因此，中国人确实应该认真反思自己的历史，冷静客观地评价私有产权的利弊，以免被盲目的急于求富热情所误导，重蹈前苏联改革滑向私有化的覆辙。

二 公有制企业的历史意义

现在许多学者认为，自私自利乃是人之天性，因此，私有制具有天然的合理性，公有制则无法吸引人们的关心。但是，当受到人类自私自利的天性驱动，私有制追求无限财富的欲望膨胀，威胁到社会民众和弱小民族的利益，甚至诱发世界大战威胁到人类生存时，公有制的诞生也就具有了历史的必然性。事实上，公有制不仅能够吸引人们的关心，还驱动了无数中国人抛弃狭隘的私利，甚至不惜牺牲宝贵生命为之英勇奋斗。无数先辈舍生忘死的壮烈之举，正是资本主义的私欲横流使然。"人不为己、天诛地灭"，乃是西方剥削掠夺者的低劣品性，由此带来的种种社会灾难痛苦，却培育了无数先辈以"天下为先"，甘愿为民族"舍生取义"的高尚情操。

社会主义思想自从诞生以来，不仅仅是人类追求公平的、共同富裕的社会的美好理想，而且也为推动人类社会的文明进步作出了巨大贡献。20世纪上半叶，科学技术虽然推动了生产力发展，人类文明却都走到了充满危险的关头，连续经历了规模空前的两次世界大战，中华民族也面临着生死存亡的考验，正是实现社会主义的美好理想，鼓舞着人们前赴后继英勇奋斗，才在危险关头扭转了人类历史进程，中华民族才摆脱了一百年来的厄运。饱受殖民奴役的民族纷纷赢得了独立，人类文明终于在饱经磨难之后，20世纪下半叶迎来了"黄金时期"。

据香港《明报》1999年10月2日报道，英国广播公司（BBC）举行公众投票活动，马克思获得了压倒性的得票优势，被评选为千禧年人类最伟大的思想家，甚至超过了爱因斯坦、牛顿和达尔文，那些也作出了伟大科学发明的思想家，包括创造"看不见的手"的亚当·斯密，或许由于公众认为他忽略了资本主义弊端，在榜上排到有影响思想家的前十名之外。据报道，来自挪威的投票者科里森说，"马克思启蒙了数以千计的争取自由公义的斗争，他是现代政治思想之父"；来自美国的卡普尔，在投下评价历史的神圣一票之后说，"马克思对于资本主义模式作了最好的分析。他的思想学说，对于帮助我们认识当今的世界，仍极具参考价值"。

近些年来，中国知识界中"西风日盛"，亚当·斯密等西方经济学家的思想流行，鼓吹自由主义的经济学家哈耶克，尽管属于极端反共的著名右翼学者，或许由于最彻底否定前苏联式的社会主义体制，居然深受中国青年经济学家的推崇，在许多深负盛名的改革设计家的文章中，经常可以看到类似哈耶克的观点主张，仿佛解决中国困难只有依靠自由市场经济，哈耶克鼓吹的最自由放任的市场经济，就意味着市场改革最彻底、最深入。因此，倘若在这些青年经济学家中举行投票，最有影响的思想家也许是亚当·斯密或哈耶克，而马克思主义反对市场经济，还主张"不明晰"的公有产权，无疑会被认为是保守、落后的观点。从解放前青年舍生忘死投身革命，到今日哈耶克成为中国青年学者的新偶像，我们可以体会西方物质财富之威力，无论是真枪真炮或是糖衣炮弹，其影响巨大远非其他文明可以相比。尽管如此，我们还是想唤醒信奉自由主义的青年人，认真反思人类文明和中华民族的历史，不要重蹈盖达尔、丘拜斯的覆辙。

历史事实证明，西方大肆鼓吹的"自由市场"的竞争机制，并不能自发消除私有产权追求狭隘私利的种种弊端，近代人类社会的许多社会进步和改革，是各国广大人民为通过艰难的斗争才实现的，如今人们普遍享受的八小时工作制，乃是美国工人付出流血代价换来的；近代西方国家的社会福利保障制度，也是在社会主义运动的强大压力下实现的。20世纪中叶，世界资本主义的各种矛盾尖锐化到非常严重的程度，最终爆发了两次瓜分世界的灾难性战争，给各国广大人民造成了巨大的痛苦，并且导致了一系列社会主义国家的诞生。社会主义首先在许多经济发展落后的国家实现，很大程度是因为工业化早期阶段，资本主义积累过程是更为野蛮和残酷的，而且西方列强采取了一系列的政治经济强权政策，通过掠夺大量财富缓解了本国的阶级矛盾，却严重限制和阻碍了落后国家的经济发展，极大加重了这些国家广大人民的痛苦，甚至直接威胁到许多国家的民族生存，从而为剧烈社会变革提供了导火索和客观条件。

西方某些学者认为，近代人类文明的进步都是私有产权和自由市场经济的成果，但是，回顾一下历史，仅仅数十年前，西方列强还曾依靠军事强权支配着整个世界，名义上奉行着"不干预经济"政策，实际上维护着本国大资产阶级的利益，对内压迫本国广大人民，对外推行弱肉强食的殖民掠夺，世界近代史中充满了资本主义的贪婪、掠夺和战争灾难。今天，西方国家虽然普遍实行社会保障制度，但是，20世纪30年代大萧条爆发后，西方国家曾有数千万工人被迫失业，陷入了贫困潦倒和饥肠辘辘的困境，当时的保守政府却坚决反对政府救济失业工人，认为救济会导致"懒惰和低效率"，违反资本主义的自由主义原则，德国、日本等国为转嫁严重社会经济危机，采取了对外加速侵略扩张的政策。旧中国和众多的亚非拉国家一样，饱受着西方列强的侵略掠夺，广大人民饥寒交迫、灾难深重，整个民族陷入生死存亡的危险境地。

第二次世界大战以后，由于一系列社会主义国家的诞生和建设成就，世界政治格局发生了非常深刻的变化，西方资本主义国家被迫进行了一系列社会改良，广泛推行社会保障制度，改善社会分配状况，以缓和紧张的社会矛盾；第

三世界国家纷纷赢得民族独立，摆脱了长达数个世纪的殖民统治，获得了自主发展民族经济的权利，西方国家为了保持其政治经济影响，也被迫纷纷拉拢第三世界国家，甚至提供了一些经济援助。值得指出，人类文明的这些巨大进步，没有发生在资本主义制度取得主导地位的数百年中，而是发生在一系列社会主义国家诞生后的数十年中，这绝不是历史的偶然巧合，而是社会主义制度对人类文明进步所作贡献的历史证明。

迄今为止，社会主义制度和公有制企业诞生不过七、八十年，尽管也有许多挫折教训，但是，依然取得了巨大的经济成就，大大地加快了工业化的进程，提高了人民生活水平，实行了比较完善的社会保障制度，体现了适应社会大生产的种种优越性。西方自由主义经济学家认为私有产权才是完美无缺的产权制度，但如前所述，私有产权与社会化大生产之间存在着许多深刻的矛盾，如大规模生产和销售需要大量的资金，而私人资本的积累必然是相当缓慢的过程，剩余价值归资本拥有难以广泛调动工人积极性，私人财产分配与管理能力之间存在着不对称，私有产权的唯利是图必然产生种种社会负效应，股份制和公司制虽然能够扬弃私有产权的某些缺陷，但是，其扬弃的过程却是相当缓慢的和不彻底的。西方的私有股份公司的产生已有数百年的历史，长期以来一直残酷掠夺第三世界的资源财富。

美国著名国际战略专家保罗·肯尼迪撰写的《大国的兴衰——没有永恒的霸权》一书，提到以 1913 年的工业生产量为 100，到了第二次世界大战前的 1938 年，美国的工业生产增长到了 143，前苏联的工业则突飞猛进到了 857，其增长速度比较美国快数倍之多。倘若前苏联没有取得如此辉煌的工业化成就，而仅仅保持美国或沙俄时代的增长速度，那么何以抵抗希特勒虎狼之师的闪电战呢？倘若希特勒也像英国征服落后民族一样战胜前苏联，那么整个人类文明的历史都将重新改写。

社会主义中国诞生仅仅数十年的时间，却依靠公有制企业适应社会化大生产的优越性，完成了西方国家需要数个世纪的工业化历程，彻底改变了民族生存和国家主权受到威胁的局面。旧中国是一个贫穷落后的农业国家，私人资本积累和工业化的速度相当缓慢，长期遭受西方列强的任意掠夺和侵略。解放后，中国经济取得了前所未有的高速发展，社会生产力和人民生活有了极大提高。同 1949 年相比，1988 年，中国的社会总产值增长了 38 倍，国民生产总值增长了 19.8 倍，工业总产值增长了 134 倍，工业固定资产增长了 134 倍，钢产量增长了 375 倍，发电量增长了 125 倍，相当多工业品生产已列居世界前列，科研、教育、医疗卫生和社会保障事业也取得了巨大进步。1996 年，我国的钢、煤、

化肥、水泥等主要工业品产量，均已跃居世界第一的位置（详见表3）。[1]

的确，目前中国同西方发达国家相比，经济发展水平仍然存在较大差距，许多人认为这是社会主义制度和公有制企业效率低造成的，似乎解放后同西方的差距反而扩大了，这种观点是不正确的。中国虽然工业化起步较晚，人口众多而经济基础薄弱，但是，解放后经济发展速度大大超过西方资本主义国家，1953—1979年间，中国工业的发展速度为11%，高于美国的4%，法国的5%，英国的3%，西德的5.7%。中国主要工业品产量同西方国家的差距，解放后均大幅度缩小了数百倍之多。中国的工业实力和综合国力也大大增强，国民生产总值从解放前的居世界第四十多位，上升到1988年的第八位。1950年，印度的经济发展水平高于中国，那时印度的钢产量为147万吨，我国为67万吨，印度的发电量为59亿度，我国为46亿度，印度的棉布产量为42亿米，我国为25亿米，印度的汽车产量为17000辆，我国尚不能生产汽车。但是，到了1987年，我国经济发展水平已明显超过印度，按人口平均计算，钢产量，印度为16公斤，我国为51公斤。发电量，印度为214度，我国为457度。原油产量，印度为39公斤，我国为125公斤。谷物产量，印度为190公斤，我国为337公斤。这些无可辩驳的事实，充分说明了社会主义和公有制企业的优越性。[2]

表3　　　　　　　　　中国主要工业品生产居世界名次的变化

年份 工业品	1949	1957	1978	1985	1996
钢产量	26	9	5	4	1
发电量	25	13	7	5	2
煤产量	9	5	3	2	1
石油	27	23	8	6	5
水泥		8	4	1	1
化学纤维		26	7	4	2
化肥		33	3	3	1
棉布		3	1	1	1
电视机			8	3	1

数据来源：《中国统计年鉴》（1998），中国国家统计局编。

社会主义制度具有的巨大优越性，不仅体现在已经取得的辉煌成就，而且

[1] 参见《中国统计年鉴》（1998），中国统计出版社1998年版。
[2] 中共北京市委研究室：《西方世界透视》，人民出版社1990年版。

还体现在突破了资本主义制度的局限性，特别是私有产权追求狭隘私利的束缚，为人类文明从整个社会的利益出发，在所有社会成员利益相互和谐的基础上，有意识地调整生产关系和进行经济制度的创新，提供了无比广阔的前景和崭新的机会。新中国成立初期，我国依靠社会主义和公有制的优越性，形成了广泛动员社会力量的强大凝聚力，迅速建立了部门齐全的完整工业体系，获得了维护国家主权和民族独立的综合国力。当时实行集中的计划经济有历史合理性，因为，面对美国冷战遏制压力，民族生存是首要任务，缺点是完全排除了市场调节的积极作用，特别是随着国民经济的发展和日益复杂化，体制僵化的弊病就显得越来越突出，迫切需要进行改革以更好促进生产力发展。

但是，我们必须认真区分两种根本不同的改革思路，一种改革思路肯定公有制的历史贡献和经济成就，认为改革目的是在继承其优越性的基础上，设法消除其体制僵化的弊病，以更好促进生产力发展和改善人民生活，进一步开拓社会主义制度的巨大潜力。还有一种是西方鼓吹的新自由主义改革思路，其特点是完全否定社会主义制度和公有制企业的合理性，认为社会主义制度是一种不切实际的空想，公有制企业必然是产权不明晰和效率低下的，同市场经济存在根本性矛盾无法有效地结合，必然存在"预算软化"和普遍商品短缺，必然扼杀企业和个人的积极性、创造性，甚至二战后西方的政府干预政策也是有害的，必然妨碍市场经济运行并且降低效率，唯一的出路是回到自由放任的市场经济时代，依照科斯产权定律推行国有企业的私有化。

事实胜于雄辩，20世纪80年代，我国在坚持公有制企业的主导地位和重大比例关系的计划调节的同时，有条不紊地逐步扩大市场调节的范围，实现了国民经济的协调高速增长，迅速摆脱经济困难获得了巨大成功，不仅消除了长期以来存在的严重物资匮乏，形成了商品琳琅满目的买方市场，大大提高了人民的生活水平，而且还保留了原来的社会主义制度优越性，如广大职工享有的稳定就业，全方位的社会保障和福利待遇，包括医疗、养老保险和生活补贴等。

我国改革的成功经验充分说明，社会主义制度、公有制和计划调节，同市场经济之间不仅不存在根本性矛盾，还能消除私有产权追求狭隘私利的贪欲，克服资本主义市场经济的种种弊端，如盲目市场竞争和生产政府状态，资本与劳动对立造成的尖锐矛盾，贫富悬殊造成的有效需求不足，周期性爆发的生产过剩和经济危机，企业破产和职工失业的痛苦威胁，从而为人类文明驾驭难以驯服的市场力量，更好地为全体社会成员的共同利益服务，开拓了无比广阔的前景和崭新的历史机遇。

当然，我们将社会主义制度所提供的无限创新机会，化为促进生产力发展和改善人民生活的现实，还需要不懈努力克服前进道路的种种障碍。我们应该珍惜无数先辈流血牺牲换来的社会主义制度，珍惜这一制度提供的无与伦比的历史机遇，即人类文明进行制度创新的历史过程中，能够摆脱私有产权追求狭隘私利的束缚，消除各个社会阶层利益之间的根本对立，创造出一个既能有效维护社会整体利益，又能充分发挥个人主动性和首创精神，达到个人与社会利益高度和谐一致的理想制度。倘若我们不珍惜社会主义和公有制的优越性，盲目羡慕和模仿西方的私有制和市场经济，就很可能释放出难以驾驭的私人贪欲，造成类似俄罗斯的掠夺公有财产的疯狂浪潮，重演资本主义原始积累的野蛮掠夺悲剧，复辟到旧中国的依附型资本主义初级阶段。

我们必须沿着社会主义的道路探索改革方向，不仅是为了高尚的道德标准和社会理想，也是为了维护和争取广大人民的切身利益。倘若我们沿着上述"继承与创新"相结合的方向，以坚定不移的意志进行长期的耐心探索，不仅能有效避免转轨的社会痛苦代价，还完全可能创造出优越于西方的制度模式，众多企业既能充分享受开拓市场的经营自主权、职工收入迅速增长形成的旺盛市场购买力，又能在政府计划协调形成的稳定宏观环境中，相互密切合作减少重大决策的市场风险；广大人民既能充分享受丰富的物质消费，拥有发挥自己聪明才智的各种选择机会，还能继续保留原来的稳定就业保障，医疗、养老等社会保险和各种福利待遇，以及犯罪率低的良好社会治安，实现共同富裕和收入分配公平，道德风气良好和社会安定团结，等等。

这种"熊鱼兼得"并非不切实际的空想。20世纪80年代，我国采取了符合国情的改革开放政策，坚持计划调节与市场调节相结合，坚持国有、集体企业的主导地位，实行"有保护的渐进开放"政策，强调兼顾国家、企业和职工的利益，充分调动社会各方面的积极性，有效避免了不必要的改革痛苦代价，人民曾切实享受到的类似"实惠"，取得了符合"三个有利于"的巨大成功。这充分说明，改革的希望并不在于效仿西方规范模式，而恰恰在于坚持本国的改革成功经验，不断开拓社会主义制度的内在潜力，在继承其优越性的基础上进行完善创新。

倘若我们缺乏高尚理想和首创精神，缺少远大的历史眼光和毅力耐心，采取急于求富的浮躁短浅思维方式，就难免为自由市场和私有制的神话诱惑，落入美国精心设置的规范化改革陷阱，重蹈俄罗斯改革失败的灾难性覆辙。我们应时刻牢记社会主义和公有制，乃是资本主义制度给人类造成巨大灾难，中华民族面临着生死存亡的历史关头，无数先辈抛头洒血才换来的社会制度，我们应珍惜这一千载难逢的历史机遇，最大限度地开拓这一制度的创新潜力，无愧于人类文明赋予我们的历史责任。

三 公有制企业正是民族振兴希望

当前，我国一种广泛的流行说法是，公有制企业具有"产权模糊"的缺陷，只有公司制、股份制才是现代企业制度，但是，一百多年来，采取公司制、股份制的私营和外资企业曾广泛存在，却未能实现工业化并挽救中华民族的命运，反而成为西方列强剥削、掠夺中国财富的手段，正是"产权模糊"的国有、集体等公有制企业，具有心系天下的宏伟抱负和广阔胸怀，以撑起民族工业的脊梁和保障人民生活为己任，而不是单纯计较狭隘的"产权利益"，它们仅用数十年实现了西方数个世纪的工业化历程，建立了自立于世界民族之林的国家实力。

实际上，公司制、股份制已具有数百年的悠久历史，早在十四、五世纪已经诞生了其雏形，十六、七世纪已形成了其基本法律框架。荷兰的东印度公司创建于1602年，具有独立法人地位和法人治理结构，设立了股东大会、董事会和经理会，确立了多元化股权结构和股东有限责任，向社会发行股票并允许股票转让。股份公司本身虽然是一种中性的企业组织形态，但是，以私有产权为主导的股份公司却并非如此，无论是荷兰、英国或丹麦的东印度公司，它们的诞生并非是为了工业化筹集资本，而是为了全球扩张和侵占、掠夺殖民地，为了满足私有产权不择手段追求的私欲，获得一般商业中无法实现的不道德超额利润。

19世纪以来，我国曾深受这类西方"现代企业"之害，英国实力雄厚的东印度股份公司，通过开拓鸦片贸易获得了超额利润，诱导了众多西方资本家也纷纷来华效仿掠夺，后来还怂恿、资助英国政府发动罪恶的鸦片战争，迫使中国陷入了上百年社会动荡的灾难深渊。1840年，鸦片战争的炮火打开中国的大门之后，股份公司也随着西方鸦片和商品进入了中国。西方资本家对华投资和开设企业，广泛采取了扩张能力极强的"参与制"，兴办了大量股份公司和中外合资企业，实现以较少资本控制更大中国市场的目的，如美国商人在报告中承认，他们开办企业的资本总额中，实际输入的资本仅占36%，还有64%是在中国集股筹资的，但是，外资操纵着公司决策权和关键技术，华人资本仅以附庸资本的地位存在，外商广泛利用熟悉本地市场的华人买办，出让些小利作为廉价占领中国市场的酬劳。①

---

① 参见王广谦主编《中国证券市场》，中国财政经济出版社1991年版。

19 世纪 60 年代以来，"洋务运动"中官督商办各种企业，也广泛采取了向民间募集资本的办法，民间私人企业虽然具有浓厚家族色彩，但也普遍向社会筹集资本以补充自有资本不足。从 1895 年以后，民间私有资本兴办的工业企业，虽然在企业数量和资本总额方面，远远超过了官督商办和官商合办的企业，但是，大多属于规模有限的中小企业，根本无法同外商价廉质优的产品竞争，它们分散在市场夹缝中生产质次价低的轻工产品，跨国公司凭借着资本实力和先进技术装备，垄断了大中城市的主要工业产品的市场，控制了工业、采矿、商贸、金融等部门。

1891 年，英国证券商在华开办了第一家证券交易所，名为上海股份公所，进入 20 世纪以来，中国的证券市场也曾经历了几次发展高潮，但是，始终具有脱离产业发展的强烈投机性，例如，两次世界大战之后，在外商的商品和资本输出的打击下，中国民族私人工业陷入了严重萧条，大量过剩资本反而涌入证券市场，形成了加剧经济危机的泡沫投机热潮，日本帝国主义侵华期间，一方面破坏经济导致中国大批企业倒闭，另一方面蓄意制造股票投机热潮掠夺财富。

公有制企业之所以能肩负起民族赋予的历史使命，在于其具有脱离了狭隘私有产权利益的高贵品质，还具有适应社会化大生产的一系列优越性。公有制企业能广泛动员全社会的力量，将工业化初期阶段的有限资本积累集中起来，投入关系到国计民生的重要产业，特别是钢铁、机器制造、采矿、能源、交通等部门，并利用这些"主导产业"形成的广泛辐射作用，推动国民经济加速发展进入"起飞阶段"；公有制还具有私有制无法比拟的规模优势，能充分利用规模经济和现代科技加速工业化，迅速建立起一大批大中型的国有工业企业，达到社会化大生产所要求的很高起点，并且带领众多的中小型国有、集体工业企业，形成集团作战般的强大社会凝聚力，共同维护国家主权和抵御西方的封锁遏制。

旧中国民族私营工业企业的力量薄弱，资本积累速度非常缓慢，重要原因之一是规模狭小，自有资本不足，平均规模仅为外企的数十分之一至数百分之一，始终难以立足于重工业部门，在钢铁、机器制造、发电、采矿方面，外资企业拥有压倒性的垄断优势，即使在民族资本集中的轻工业部门，如纺织、面粉、榨油、卷烟等，无论在技术、机器设备或产品质量方面，民族私营工业企业也处于明显的劣势，被迫在外国资本占领市场的夹缝中挣扎求存。

我国的国有、集体企业只有发挥公有产权的优越性，才能具有"天下为先"的广阔胸怀，而不是单纯追求狭隘的、短期的产权利益，将剩余价值的分配服从于社会整体利益，优先用于保障人民基本生活和加快工业化进程，用于维护和保障广大劳动人民的权益。尽管新中国创立之初经济基础非常薄弱，但已将发展社会保障视为基本的国策，视为劳动人民应享有的一项基本权利，向职工提供全方位的社会保障和福利待遇，包括医疗、养老、伤残甚至子女教育，充分体现了劳动人民的"当家作主"地位。公有制企业还具有从全局出发的高尚觉悟，能服从政府的计划调节和产业政策，在生产、供销、投资等方面彼此协调配合，减少市场盲目调节造成的经济比例失调，统筹社会资源具有"船大抗风浪"的优势，避免经济周期波动造成的资源损失，减少企业陷入破产和职工遭到解雇的风险，从而实现国民经济平稳、持续高速增长。

旧中国，在帝国主义列强的不断侵略掠夺下，民族私有工业企业处在风雨飘摇之中，广大劳动人民甚至缺乏基本生存权利，更谈不上医疗、养老和失业等方面的保障，20 世纪 30 年代在世界大萧条和西方转嫁危机的冲击下，有 68% 的民族私营企业陷入停产倒闭。大多数发展中资本主义国家，由于人口众多而经济基础薄弱，存在严重两极分化和社会贫富悬殊，缺乏足够的财力建立社会保障制度。西方资本主义国家也是经历了漫长而残酷的资本积累，掠夺了第三世界国家的大量资源财富之后，才在社会主义运动的强大压力下被迫实行社会保障的。新中国在经济基础尚不巩固的条件下，国有企业就实行了比较完善的社会保障制度，同发达与不发达资本主义国家相比较，这无疑是一个了不起的历史性成就，使旧中国饱尝饥寒交迫之苦的劳动人民，通过亲身感受体会到社会主义制度的优越性，极大鼓舞了广大人民建设社会主义的热情，调动了国有、集体企业职工的劳动积极性。

我们评价什么企业形态属于现代企业制度，应主要依据其能否完成时代赋予的历史使命，能否促进生产力发展和社会文明的进步，因为，"现代企业"必然具有鲜明的时代属性，任何企业制度都不可能适应所有时代的要求。中国近代史上面临的残酷时代考验，就是如何实现工业化和增强经济军事实力，维护国家主权和挽救民族危难，将劳苦大众从饥寒交迫中解救出来，摆脱沦为西方列强的殖民地的亡国奴命运。

历史事实证明，无论是产权明晰的公司制和股份制，还是产权多元化的法人治理结构，都未能克服民族私营企业的家族性和软弱性，实现建立现代工业的历史使命，帮助中国增强国力抵御西方列强的侵略，至于西方跨国公司在华开设的独资、合股企业，虽然拥有雄厚的实力和先进技术，但其来华目的是掠夺廉价劳动力和自然资源，通过占领市场遏制中国的长期工业发展。

正是所谓"产权模糊"的国有、集体企业，发挥公有产权适应社会化大生产的优势，形成了动员全社会资源的强大凝聚力，以私人资本无法比拟的资本积累规模和速度,迅速建立起包括重工业在内的完备工业体系,使中国跻身于拥有核武器、洲际导弹的大国行列,赢得了自主发展民族经济的国家主权,还将剩余价值优先用于保障人民基本生活,向广大职工提供了就业、养老、医疗等全面社会保障,使劳动人民摆脱了饥寒交迫的苦难命运。因此可见,我国的国有、集体等公有制企业,正是具有鲜明时代色彩的"现代企业"。

我们断言公有制企业属于现代企业制度,即使从西方管理学理论来说也有充分的学术根据。美国著名管理学家钱德勒对现代企业制度的论述,为世界各国研究企业管理的学者所普遍接受,也为中国主张公司制、股份制的学者所认同。钱德勒对现代企业所下的定义,主要是概括了工业革命时代的企业制度特征,他在《看得见的手》一书中提出,工业革命前的传统私人企业,一般是缺乏管理分工的家族式企业,而工业革命后,为适应大规模生产和大规模销售的需要,企业必须进行一系列制度创新,采取实行管理分工的多部门组织结构,由支薪的专业经理人员进行管理。应该说,钱德勒对现代企业的定义,比较好地从社会生产力发展的角度,概括了工业革命时代对于企业制度进化的要求。

第二次世界大战后,西方迫于冷战压力进行了广泛的社会改良,以前的自由主义经济理论受到了普遍的批判,许多西方管理学家认识到,倘若私有企业单纯追求狭隘的产权私利,即使有自由市场竞争的"看不见的手",广泛采取了现代科学技术进步的成果,人类也无法摆脱社会冲突和战争灾难,因此,他们提出了关于"现代企业"的新概念,认为"现代企业"不应单纯追求最大利润,为企业产权的所有者或股东的利益服务,而应承担更加广泛的社会责任,为同企业相关的所有社会成员服务,不仅包括消费者、职工及家属和关联企业,还应考虑到环境保护和社会公益事业,等等。

从上述西方管理学界的权威定义来看,我国的国有、集体等公有制企业,恰恰是具备了"现代企业"的主要特征,因为,尽管许多公有制企业没有采取公司制的法律形式,但是,它们比较私营企业更为符合社会化大生产,从创立初始就彻底地摆脱了私人家族式管理,采取了机器大工业的先进生产方式,具有实行细致管理分工的多部门组织结构,经理人员全部是非私人家族的支薪专家,更为令人敬佩的是,这些公有制企业摆脱了狭隘产权私利的束缚,具有强烈的时代使命感和社会责任感,以振兴民族工业和保障人民生活为己任,具有私人企业无法比拟的规模经济优势,能自觉服从政府计划指导和产业政策,具有彼此协调合作的大规模集团作战能力,像大家庭一般关怀着广大职工的生活,无微不至地照顾广大职工的生、老、病、死,缴纳大量税金支援国家建设和科学文化事业,能较好杜绝蓄意偷税和弄虚造假的违法行为。

显然，我国公有制企业所具备的"现代企业的特征"，远远超过了西方管理学权威所下定义的范围，无论从促进社会生产力发展方面，还是从承担的广泛社会责任方面，恰恰是连西方私有股份公司也无法比拟的"现代企业"。难道说这些胸怀"天下为先"的远大志向，成功完成了建立现代工业体系的时代使命，从创办初始就向广大职工提供全面社会保障，自觉遵守国家各种政策法规的公有制企业，不正是中华民族振兴所需的"现代企业"吗？许多私有企业虽然采取了公司制形态，但仍长期难以摆脱家族式管理色彩，具有单纯追求产权利益的唯利是图倾向，甚至为追求最大利润而不择手段，经常有偷税和弄虚造假的违法行为，难道这些私有企业反而是"现代企业制度"，反而是中华民族的希望所在和改革方向吗？

值得指出，仅仅将西方企业制度演化的某种法律形态定义为现代企业制度是不全面的，企业的某种具体法律形式只是上层建筑的范畴，不能概括企业成长不同阶段上丰富的生产力和生产关系内容。美国著名管理学家钱德勒对现代企业所下的定义，主要是概括了企业的组织结构和经营管理等生产力因素的特点，反映了工业革命的技术进步对企业制度的影响，也是符合马克思的历史唯物主义观点。二战后，西方管理学界关于现代企业的新概念，阐述了现代企业应承担的社会责任，反映了社会进步对现代企业提出了更高的时代文明要求。有限责任公司和股份公司也有促进生产社会化的进步意义，有限责任公司和股份公司的法律形式，对于我国公有制企业改革无疑具有很大积极意义，但是，以此作为现代企业制度的唯一定义，或者作为我国企业体制改革的唯一方向，显然是范围过于狭窄了。

我国公有制企业进行所有权改革，有必要借鉴有限责任公司和股份公司的组织形态，但是，必须依据马克思的产权理论和股份制理论，应该在坚持公有制主导地位的基础上，充分发挥股份制广泛筹集社会资金的作用，进一步巩固和加快公有制企业的发展，而不应依据西方自由主义经济理论推崇的科斯定理，将公有产权视为不明晰的模糊产权，否认其适应社会化大生产的巨大优越性，主张推行国有企业的大规模私有化。我们应时刻牢记正是国有、集体等公有制企业，胸怀远大理想肩负起挽救民族危难的重任，成功完成了时代赋予的民族振兴的历史使命，我们绝不应盲目相信西方的"科斯产权理论"，将其贬低为"产权模糊"的落后企业制度。

四 各类民族企业的命运戚戚相关

现在不少人对公有制企业丧失了信心，将经济发展的希望寄托于非公有制企业。但是，据各地反映，由于前一段时间市场需求不振和效益不佳，私营企业也深深陷入了经营困境，许多地方的私营、外资企业正纷纷撤资。据南方某发达省份的私营企业家反映，当时当地私营企业困难重重，十家有七八家陷入经营亏损，大多数处于奄奄一息的状态，只是担心债主追债和银行拒贷不敢声张。民营、私营企业一般来说规模较小，大多集中在起点低、过度竞争的行业，拥有资金有限承受风险的能力较差，现在一不赚钱就纷纷撤资，如何能带动国民经济走出疲软的困境，成为中国经济发展的前途和希望？

据当时的香港《远东经济评论》的记者报道，"最近走访国内各地，与许多私营企业家交谈，深感私营企业处境困窘，说来令人难以置信。官方数据对此只字未提，但民间叫苦连天不可不信"。这位记者认为，关于私营企业状况的数据纯属误导，原因是"越来越多的国企被私人拥有，私企的增长速度自然要超过国企，这并非真正的有机增长。过去四年中，约有30%的国企归了个人。私营企业身处困境，其数量却飞速增长。下岗职工和谋职无路的人只好去开小店，小店开得多倒闭得也多"。这位记者还写道，"银行不愿意向私营企业贷款，不能再归咎于意识形态，应该从风险意识方面找原因。这几年经济增速减缓，私营企业也跟着遭殃。破产数量攀升导致银行不再贷款，这对私营企业犹如雪上加霜"。

显而易见，**近年来由于宏观经济不景气的影响，各类企业的经营状况都出现恶化，规模较小的私营企业抗风浪能力差，更是难以抵御经济周期波动的冲击。在这种情况下，政府官员和学者纷纷赞扬私营企业，将经济增长的希望寄托在它们身上，不是"帮助"而是"捧杀"私营企业。**香港《远东经济评论》的记者写道，"说来好笑，20世纪80年代政府对私人所有制尚感不快，可当时**私营企业的生意反而好做**"。其中的原因究竟何在？当时国有、集体等公有制企**业蓬勃发展，职工收入增长形成了旺盛的购买力，而且国有企业集中的行业和经营行为，同私营企业之间的竞争少而互补性很大，因此，尽管社会舆论并未过多吹捧私营企业，却反而真正给私营企业提供了"实惠"。许多私营企业家面对今天举步维艰的处境，不由留恋感叹20世纪80年代发财一帆风顺。**各地许多政府官员学者竭力赞扬私营企业，丝毫不介意国有企业面临的严重困难，但试想听任国有企业严重萎缩职工纷纷下岗，也加入私有企业领域狭窄的激烈竞争，私营企业的日子如何好过得了呢？

当前在通货紧缩和市场疲软的形势下，国有企业才能从社会利益出发力挽狂澜，发挥其分布在国民经济关键性产业的优势，通过广泛的产业间联系产生强大辐射作用，带动整个国民经济摆脱疲软的困境，增强我国的整体工业实力特别是国防力量。国有、集体企业的比重虽然下降，但仍是国民经济特别是关键产业的主体，国有大型工业企业的数量，占全部大型工业企业的70％，国有中型工业企业的数量，占全部中型企业的64％，即使国有小型企业的平均规模，也相当于私营企业平均规模的132倍，集体企业的平均规模相当于私营企业的11倍。根据1995年全国工业普查，国有工业企业单位产值创造的全部税金，相当于私营工业企业的430％，相当于外商及港澳台工业企业的260％。由此可见，公有制企业特别是国有大中型企业，仍然构成了国民经济的主体和中坚力量，是我国实现现代化必须依靠的主力军。[1]

旧中国早就有产权明晰的公司制、股份制，也有门类齐全的商品、股票、外汇、期货市场，但是，民族资本只能在跨国公司占领市场的夹缝中痛苦挣扎。无论是过去还是今后，作为后起发展中国家的中国，在全球市场经济弱肉强食的残酷竞争中，新兴的资产阶级力量薄弱自身难保，既无法保证广大民众的衣食温饱，更无法保卫国家抵御西方的经济、军事侵略，倘若缺少公有制企业作为国家的中流砥柱，必然面临内外夹攻的悲惨命运。据一家著名民营大企业经理称，现在市场需求不振难以把握，深感经营艰难前途莫测，搞不好就会周转不灵陷入破产，倘若甚至一家著名的民营大企业，都完全缺乏信心把握自己的命运，如何将民族的希望寄托在他们的身上呢？

的确，生产过剩和经济萧条都是市场经济的伴生物，单靠自己顾自己的私营企业很难摆脱困境，但是，倘若众多国有、集体企业同心协力，彼此密切协调合作，在政府宏观调控和计划协调的指导下，就有可能比较顺利地摆脱市场萧条，避免经济危机这个资本主义的伴生怪物。国有企业克服自身的困难和带动整个经济增长，应扬长避短发挥公有产权的一系列独特优势，而不能弃长求短地效仿西方私营企业的种种行为，抛弃社会整体利益和协调一致的作战能力，单纯追求局部的最大利润和产权利益，否则将导致加深市场萧条的恶性连锁反应。实际上，20世纪30年代经济大萧条和二战后重建时期，西方缓和经济周期和社会失业的困扰，实现较平稳的经济增长和充分就业的秘诀，正是推行政府干预政策和国有化运动。

20世纪80年代，我国乡镇、私营、三资企业发展较快，许多人认为这证明了非国有企业的优越性，其实这同国有企业的经济贡献有密切关系，如果没有国有企业服从政府计划调节和产业政策，国民经济就难以保持比例协调的顺利发展，如果没有国有企业承担大部分改革成本，就不可能长期保持社会的稳定，

---

[1] 参见杨斌《工业规模"二元"分化及治理对策》，《经济工作者学习资料》1999年4月。

国家就会缺乏财力兴建必要的基础设施，民营企业就难以获得良好的发展环境，更难以享受到国家提供的各种优惠政策。北京中关村的高科技民营企业的迅速发展，不仅得益于国家长期以来的教育、科研投入，而且得益于众多国有企业提供的巨大销售市场，近年来国有企业面临着越来越多的困难，越来越多的民营企业也纷纷陷入了不景气。由此可见，国有企业和民营企业的发展是戚戚相关的，两者之间存在着相互依赖和休戚与共的关系。

国有企业的职工连同他们的家属共有数亿人，植根于国内土壤，同各类民族企业有千丝万缕的联系，技术水平同民营企业相对来说比较接近，不像外资企业具有很强的攻击性，特别不像来华的大型跨国公司那样，缺乏同民族企业的广泛产业间联系，因此，国有企业才能为民营企业的生存和发展，提供不可替代的广阔市场，国有企业和民营企业同属民族企业，两者的命运是戚戚相关的。

倘若国有企业陷入了崩溃，意味着数万亿银行贷款和百姓存款的损失，意味着丧失维系国家实力的重要工业命脉，意味着民营企业丧失生存市场和发展机遇，意味着竭力赞扬私有制的政府官员和学者，将失去曾为之提供工资、教育的衣食父母。倘若国有、集体企业陷入了崩溃，民族私营企业将不堪跨国公司一击，必然重温旧中国民族资产阶级的噩梦。国有、集体企业搞好了，民营企业才有光明的未来，民营企业的前途是擦亮眼睛，不受西方宣扬的种种错误理论欺骗，牢记中华民族崛起的艰难历史，认清社会主义才是国家和自己的希望，同各种类型的民族企业结成牢固的同盟。

第十一章

现代企业制度：不模仿西方的静态结果

改革开放以来，我国的政府官员和学者纷纷访问西方，考察了西方国家企业制度演化的历史及现状，详细了解了关于股份制、公司制的情况。许多学者主张国有企业改革应效仿西方企业制度模式。十年前，该章认为这种思路存在着局限性，只侧重于借鉴西方企业制度演化的静态结果，忽略了其复杂的、漫长的动态演化过程。该章结合马克思关于社会经济发展规律的论述，以及西方财务理论、代理理论的研究成果，从动态角度考察了企业的产权结构和法律形态的演化规律，以及企业的组织结构和经营管理的创新过程。

该章指出，人们在羡慕西方富裕生活的利益驱动之下，很容易盲目崇拜西方的政治、经济、企业制度，而忽略了这些制度产生的历史环境背景，误以为只要模仿西方就无需经历漫长的演化过程，可以直接获得其物质生活富裕的静态结果，就像伊索寓言中的鱼儿忽略了鸟儿进化的漫长过程，误以为只要勇敢离开大海就能自由翱翔，享受天空中和陆地上的丰富的食物一样，结果自己成为了不怀好意的鸟儿的食物。

许多经济学家认为国有企业的"产权虚置"造成了"预算软化"问题，给企业改革、市场体系培育以及宏观调控造成了困难。十年前，该章结合马克思产权理论和西方企业理论的新成果，指出"预算软化"实质上是所有权与经营权相分离所必然产生的代理成本，即使在股权分散程度很小的私有合伙企业也存在同样的问题，而且股份公司中的"预算软化"现象比较私有合伙企业更为严重，如果从"产权虚置"角度根本解决预算软化问题，那样只有回到"两权合一"的私人业主企业，但这意味着不是建立适应社会化生产的现代企业制度，而是倒退到实行私人家族式管理的原始企业制度。

近年来中国各地国企改革流行的管理层收购，导致许多大型国有企业和上市股份公司，逐步退化为私人家族式管理并排斥专业管理人才，比如某家大型医药企业改制后重要管理职位均为私人家族把持，不择手段追求暴利而忽视科学质量管理,结果因劣质药品造成了致人死亡的医药安全事故,以血的教训证明了该章揭示的模仿西方制度风险,不是空洞、抽象的理论阐述而是活生生的现实。该章指出美国推荐的新自由主义产权理论,以不现实假设为前提并缺乏实际应用意义,因此,坚持并发展马克思强调生产社会化的产权理论,能够更好借鉴西方企业理论中比较贴近现实的研究成果。美国竭力推荐的科斯产权理论和大规模私有化政策,实质上是美国策划隐蔽经济金融战争的政策武器,继续依据新自由主义产权理论推进国有企业改革,还有可能出现类似俄罗斯金融寡头控制经济局面,甚至倒退到旧中国的官僚买办资本主义时代。

一 伊索寓言的启示:鸟和鱼的对话

据报道,有一位前苏联的作家,曾因持有不同政见而流亡海外,但是,前苏联发生了社会剧变之后,他却不赞成俄罗斯人效仿西方模式。一位西方记者采访时向他询问,为何不赞成效仿西方民主和市场经济,这位前苏联的持不同政见者,回答时提到了一则伊索寓言的故事。从前曾有一群生活在河水中的鱼儿,非常羡慕在天空中飞翔的鸟儿。鸟儿对鱼儿说,你们在水中有又湿又冷,河里的食物又少,看看我多么自由自在,可以在天空中任意飞翔,空中和陆地上的食物也多,你们快快从水里到岸上来吧!有些鱼儿觉得鸟儿的话有道理,就忍不住跳到岸上学习飞翔,结果跳到沙滩上很快就憋死了,成为了聪明的鸟儿的腹中食物。这则伊索寓言乍一看是个简单故事,其中却包含着意味深长的深刻哲理,它说明盲目模仿往往会带来灾难性后果。这位持不同政见的前苏联作家,或许是长期流亡海外的生活,促使他对西方有了更加深入的了解,从而对制度变迁有了更成熟的看法。

我们不必嘲笑鱼儿的愚蠢,其实,人类也经常会犯类似的错误。人们回想自己的生活经历,往往会有羡慕别人的成功,急于效仿而遭致失败的教训。俄罗斯人在改革道路的选择上,正是犯了鱼儿盲目模仿鸟儿的错误。在生物进化和社会制度改革道路的选择上,往往存在着忽略动态演化的规律,盲目模仿一种静态结果的误区,而这种错误却往往招致致命性灾难,就像鱼儿和俄罗斯人的不幸遭遇。

人们之所以容易犯类似的致命错误,是由于存在着利益驱动和认识论的陷阱,当鱼儿亲眼看到鸟儿自由飞翔的姿态、遍布陆地和空中的丰富食物来源时,的确很难抵御鸟儿充满诱惑的劝说。同样,**当人们不再面临西方列强的武力威胁,亲眼看到西方的富裕物质生活,也很自然不再将西方的资本主义制度,同野蛮掠夺和自己痛苦经历联系起来,而是误以为西方的资本主义制度,就意味**

着个人自由和富裕生活。人们很容易产生急于求富的模仿冲动，迫切希望模仿西方的政治经济制度，以为这样就能像西方一样富裕起来。

除了急于求富的利益冲动之外，人们还容易落入认识论的误区。人们容易观察到现存的静止状态，而往往忽略复杂的动态演化过程。人们在羡慕西方富裕生活的利益驱动之下，很容易盲目崇拜西方的政治经济制度，包括议会选举、股份制、公司制等，而忽略了这些制度产生的历史环境背景，所经历的复杂、漫长的动态演化过程，误以为只要模仿了西方政治经济制度的现状，就能无需经历其漫长、痛苦的动态演化过程，直接获得其物质生活富裕的静态结果，就像鱼儿忽略了鸟儿进化的漫长过程，误以为只要勇敢地跳跃到沙滩上，自己的双翅很快就能变成飞翔的翅膀，自由遨游天空享受丰富的食物一样。

其实，社会经济系统和生物系统的相似之处，就是其进化过程的多样性和复杂性，它们都是经历漫长的、渐进的历史过程，在适应环境的生存斗争中逐渐实现的。大自然从简单生命孕育出种类繁多的物种，不同物种均有其独特的器官结构和形态，独特的协调机制、生存方式和内在逻辑，任何盲目的移植和模仿都是非常危险的。社会系统属于最高级的物质运动形式，比较生物系统的进化过程更为复杂。因此，我们更不能采取简单的机械思维方式，误以为西方的议会制度、股份制、公司制，仿佛就像无生命的机器零件一样，可以随意安装到不同社会环境之中，这样可能会产生致命的"异体排斥反应"，造成类似俄罗斯经历的巨大社会灾难。

改革开放以来，我国的政府官员和学者纷纷访问西方，考察了西方国家企业制度演化的历史及现状，详细了解了关于股份制、公司制的情况。许多学者提出的国有企业改革的一种重要思路，就是效仿西方国家的企业制度模式，对国有企业进行产权多元化的改造，形成股权分散的股份制、公司制企业。但是，我们必须认识到这种思路存在着局限性，侧重于借鉴西方企业制度演化的静态结果，而忽略了其复杂的、漫长的动态演化过程。西方的私有企业是经历了漫长的过程，才从简单的私人业主型企业，逐渐产生了合伙制企业和有限责任公司，最终演化为股权分散的大型股份公司的。为了弥补上述缺陷，以下我们将考察西方企业的不同成长阶段中，企业的产权结构和法律形态的演化规律，以及企业的组织结构和经营管理的创新过程，从而更好地在改革中借鉴股份制的合理内涵。

尽管这种动态考察比较静态考察能更全面反映现代企业制度演化规律，但是，对于我国设计国有企业改革方案来说，仍然仅仅具有借鉴意义而不能照搬，因为，中国的国有、集体等公有制企业，同西方的私有股份制、公司制企业比较，毕竟诞生于截然不同的历史环境背景中，前者是为了实现工业化挽救民族危亡，后者却是为了集中财力加速殖民扩张掠夺，两者是服务于完全不同的社会目标，还具有完全不同的动态成长经历，所面临的生产力与生产关系之间的矛盾，所需解决的成长难题和经营困难，也都必然具有截然不同的内容和性质。

孙子兵法云，"知己知彼，百战不殆"。社会政治经济体制和国有企业的改革，是比生物进化更为复杂、漫长的过程，而且还潜伏着关系到国家生死存亡的风险，因此，我们必须要沉下心来切忌轻率浮躁，深入考察西方和中国的政治经济体制，其产生的历史客观条件和动态演化过程，万万不可重犯"鱼儿模仿鸟儿的错误"，重蹈俄罗斯盲目效仿西方模式的灾难覆辙。

二　企业产权结构与"预算软化"之间的关系

我国经济学界普遍认为国有企业存在着较严重的"预算软化"现象，而且这个问题给企业改革、市场体系的培育以及宏观调控造成了困难。许多经济学家认为，以往经营权方面的改革不能根本解决企业的"预算软化"现象，因为"预算软化"现象的根源是公有制经济的"产权"不明晰，解决问题的办法是参照发达市场经济国家的规范做法，广泛采取股份公司和有限责任公司的形式。但事实上，西方国家的股份公司和有限责任公司中同样存在"预算软化"问题，不同的是，西方经济学界一般将此称之为由于所有者和经营者追求目标和利益存在差异所必然产生的"代理成本"。亚当·斯密于1776年在《国富论》中也曾写道："由于股份公司的董事，只是别人财富而不是自身财富的代理人，因此，不能指望他们以像私人合伙企业业主对待自身财富同样的敬业精神来管理股份公司的财富。就像富翁的仆人一样，他们关心的并不是主人的荣誉，而是与自身利益相关的事情。因此，在股份公司的管理中，难免不出现渎职或不节俭的现象。"

西方产权理论中的著名科斯定理认为，只要有了明晰的私有产权，不论产权结构如何，都必然导致资源的最佳配制，这个推论的前提假设是包括信息交流、协调和代理成本在内的各种交易成本为零。但是，经济现实中存在着非常大的代理成本和交易成本，而且这些成本对于市场经济的形成和效率有着重要影响。由于西方产权理论是以不现实的假设为前提，所有其实际的应用价值不大。西方传统公司理论假设公司会像一个人一样，自发追求最大利润，也忽略了企业中存在的代理成本。实际上，在有限责任公司和股份公司等法人企业中，不同的股东和经营者都有不同的目标和利益，彼此之间难免有矛盾和冲突，实际存在的巨大代理成本直接影响着微观经济学中传统公司理论的正确性。20世纪 70 年代以来，西方的新企业理论特别是代理理论有了很大发展，其特点是从所有权与经营权相互关系的角度研究企业的实际运行机制，正视西方的产权理论和传统公司理论所忽视的代理成本，并着重研究其作用，因而更加符合现代企业中的现实情况。值得指出，我国对西方产权理论和传统公司理论的研究和介绍较多，而对于西方企业理论的新发展如代理理论、公司财务理论等研究和介绍较少。

代理理论主要研究所有者同经营者之间的代理经营契约关系，以及有关企业产权结构的各种问题。美国著名工商学院教授杰森和迈克林两人共同发表了一篇重要的论文，可称为是运用代理理论探索公司所有权结构问题的先驱。杰森教授等人是公司财务理论的专家，非常熟悉企业的实际运行机制，其理论的重要意义在于融汇了代理理论和公司财务理论的成果，突破了传统微观经济学忽略制度因素的弱点，首先以严谨的数学模型和图表模型揭示了当私人业主企业扩大生产规模的需要，为了克服自身资本的局限而引入外部股权或债权时，这种生产社会化造成的所有权与经营权分离乃是"代理成本"和"预算软化"现象产生的经济原因和历史起点。他们的理论分析对于我国企业改革有很大借鉴意义。[①]

杰森和迈克林认为公司并不像微观经济学所假设的，是一个自觉追求最大利益或利润的个人，而只是一个法律上的框架，让具有相互不同的目标和利益的许多个人通过它达成各种各样的经济契约，如股份契约、代理契约、雇佣契约、采购契约等，就是说公司实际上是各种契约合同的法律汇合点。公司的经济意义在于能降低谈判、制定各种合同并监督其兑现的交易成本。公司所有者和经营者之间的代理合同具有特殊的重要性，因为它是联系各种合同契约的交叉点。公司的所有者和经营者追求的目标存在差异，所有者希望获得最大的利润和股值，而经营者关心自身的利益——权力、报酬、保障、优雅以及舒适的工作环境。缺乏适当的激励和制约，经营者可能过分追求企业规模和自身权力的扩大，追求豪华的办公室、汽车、宴会甚至渎职，造成我们所说的企业"预算软化"问题。企业所有者为减少上述损失所付出的激励、监督、调整成本以及依然无法避免的损失之和统称为代理成本。

杰森和迈克林考察的起点是一家纯粹的私人业主企业，业主持有 100% 的企业股份，假设企业财富的价值为 V1。此时业主虽然可以将企业财产用于个人职务消费和享受，但是他会自觉地对此加以限制，因为这种花费每一元都是

---

① 参见密契尔·杰森《公司理论：管理行为、代理成本与产权结构》，《财务经济学》1976 年。

100%的掏自己的腰包。换言之,纯粹的私人企业中,由于没有任何两权分离和代理关系,预算是绝对硬的,代理成本为零。

如果私人业主由于种种原因,将企业股份的一部分 $1-a$ 出售($0 < a < 1$),自己保留 a 股份,此时即使 $1-a$ 只是全部股份的一小部分,业主仍然是绝对的控股股东,他的行为也会发生变化,因为他现在既是股东又是别人财产的代理人。他在面临是否将企业财产用于个人职务消费和享受的选择时,如汽车和办公室的装修,再不会将其保持在以前的低水平上,因为此时每一元的花费只有 a 是掏自己的腰包,另外 $1-a$ 来自外部股东,这意味着所有权和经营权即使发生了很小程度的分离,企业的预算成本曲线也会发生一定程度的软化。企业股份出售后,由于所有权结构的变化导致了业主行为的变化,企业盈利能力和实际价值下降了,由 V1 变成了 V2,企业价值之差 V1 – V2 是两权分离带来的代理成本,也就是"预算软化"造成的损失。如果外部购股者能够预见到私人业主的行为变化,他就不会按($1-a$)V1 的价格收购企业的股份,而是低于此值,这样部分代理成本就由私人业主来承担。如果外部股东能够以支付一定的监督成本的方式以限制私人业主的行为变化,或者私人业主愿意垫付一定的抵押担保成本,如以公开财务报表的形式赢得外部股东的信心,则可以提高企业股份的售价,减少总代理成本,则对于双方都有利。

杰森和迈克林的理论模型,对于筹集外部股本后造成私人业主的经营行为变化,以及代理成本的产生过程和计算问题,运用微观经济学的效用等量曲线、预算成本线、企业的投资扩张曲线和许多数学公式,作了详细的描述和严格的论证。

从杰森和迈克林的上述分析中我们可以得出许多有意义的推论,当纯粹的私人业主首次以筹集外部股金时,同时发生了几件具有历史意义的事情,所有权结构出现了最初的多元化或分散化,所有权与经营权之间出现了最初的分离,业主兼经营者原来面对硬的预算成本曲线出现了最初的软化,由此产生了最初的代理成本。产权多元化的前提条件是,只有当私人业主碰到收益较高的投资机会,但由于自身资本积累的有限而难以实现时,才会通过出售股份的形式筹集外部股金,此时扩大生产规模带来的投资收益才能弥补由于股权分散化造成的代理成本和企业价值损失。当然,代理成本不一定意味着低效率,它是人们为了克服私人资本的局限性,获得生产社会化效益所必须付出的代价。一种观点认为"预算软化"产生的根源是公有制经济的产权的"不明晰或虚置",从上述分析中可以看出,"预算软化"乃是生产社会化造成所有权与经营权相分离所必然产生的代理成本。杰森和迈克林的模型不仅从理论上证明了著名经济学家亚当·斯密早已指出的经济现象，即股份公司中的"预算软化"现象比较合伙企业更为严重，而且还证明了"预算软化"产生的真正根源，证明了即使在股权分散程度很小的合伙企业，也存在同样的问题。如果从"产权虚置"角度根本解决"预算软化"问题，那样只有回到"两权合一"的小私人业主企业，但这意味着放弃社会大生产所带来的巨大经济效益，显然是不可能的。值得指出，代理成本是反映所有权与经营权之间相互关系的经济现象，杰森和迈克林以上论述的代理成本，仅仅是所有权结构变动所带来的代理成本，经营权结构的变化，也会引起代理成本，这个问题我们留在以后再作讨论。

由于代理成本是由企业的所有权与经营权之间相互作用而产生的，因此，它能够集中反映出企业的经营管理等生产力因素与企业的产权制度等生产关系因素的相互作用，以及彼此之间的辩证关系。正像马克思研究商品的历史起源具有重要理论意义一样，我们从代理成本的起源这个起点出发考察其动态的变化，可以研究企业在成长的全过程中，生产力发展是怎样导致了企业产权结构和组织法律形式的变化。我们可以揭示出企业产权结构和组织法律形式动态演化的经济规律，如企业如何从私人业主企业、合伙企业、无限责任、有限责任公司逐渐成长为股权较分散的上市股份公司。我们还可以解释西方国家中有关企业制度、会计规则以及股票市场的各种法律规章形成的经济原因。显然，这些问题对于我们研究企业改革，特别是建立现代企业制度的有关问题，有着重要的理论和实践意义。但是，杰森和迈克林的模型，仅仅局限于私人业主企业，因此只是静态的分析。在开创了有意义的起点后，他们转而着重探讨了有关企业财务和筹资的问题。因此，我们有必要对其理论作进一步发展，以深入研究我们所关心的各种经济体制改革问题。值得指出，我国经济研究中倾向于独立地研究企业的产权制度问题，对于企业成长过程中经营管理、委托代理制等生产力因素与产权制度等生产关系因素之间的相互作用研究不够，理论上对西方的产权理论借鉴较多，对国外企业理论的新发展如代理理论、公司财务理论研究和借鉴不够。我们应该加强这方面的研究工作，从而更好地解决建立我国现代企业制度过程中存在的各种问题，将企业的产权改革与经营权改革、科学管理等更好地结合起来，将国有企业的改革、改造、改组更好地结合起来，并且为国有大中型企业建立起更加有效的激励、监督和调整机制，大大加强其适应市场竞争的活力。

三 企业的产权结构与法律形态的演化规律

值得指出，杰森和迈克林对于企业所有权结构与代理成本关系的分析，仅仅限于纯粹的私人业主企业第一次以出售股份的形式筹集外部资金，因此，在很大程度上依然是静态的分析。本章中，我们将对他们的分析作动态化的发展，用于考察企业成长过程中不同阶段的所有权结构、法律形态的变化与代理成本的动态关系，这对于我们了解西方现代企业制度演化的原因和规律，进而分析其中的某种具体形态如股份公司或有限责任公司对我国企业改革的借鉴意义，无疑有很大参考价值。

我国所有制改革的一个重要思路，就是参照西方发达国家的股权较分散的大型股份公司，将公有企业改造成由国家、个人、社会团体共同持股的股份公司。这种股份公司虽然在静态上同西方的股份公司形式相似，但却忽略了西方股份公司的动态成长过程。我国国有企业的动态成长过程不同，单纯模仿西方企业的静态结构，难以取得相同的实际效果。这是因为，现代公司的所有权结构和法律形态是在历史进程中在众多的内、外部经济技术因素相互作用中逐渐形成的。一般来说，私人企业是由业主企业、合伙企业、有限责任公司逐渐成长为股权较分散的股份公司。目前，我国经济学界已经认识到股份公司在我国并不具有普遍的适应性，提出了先将国有企业改造成有限责任公司，这种思路具有更多的动态观点，比以前是一个进步。实际上，我们只有弄清西方企业成长的全过程中所有权结构和法律形态演化的内在规律，才能知道某种具体企业法律形态产生的原因以及它对我国企业改革的借鉴意义。

如果我们对西方的企业制度的演变作深入的考察，就会发现这样的事实：那些规模庞大的企业往往是经过几百年漫长的历史过程才逐步由私人业主企业、合伙企业、有限责任公司成长为所有权结构分散的股份公司的。企业的成长过程中，起支配作用的并非是企业的所有权结构和法律形态，而是生产技术、筹资方式和成本、管理因素、代理成本、信息沟通方式等更加基础的经济因素。我们知道，企业的所有权属于生产关系范畴，企业组织的法律形式属于上层建筑范畴，而企业的生产技术、经营管理、代理成本、筹资成本等属于生产力范畴。马克思揭示的社会经济发展规律是：生产和经营权等生产力因素是最活跃的并且起决定作用的，而所有权等生产关系因素和企业法律形式等上层建筑因素则是相对次要的、被动的，应该顺从生产力发展的需要变化和调整，而不是相反的。我们下面的分析会表明，西方企业制度的演化历程完全证实了马克思论断的正确性。

为什么西方企业一般不能立刻成长为所有权结构分散的大型股份公司，而往往需要经过几百年漫长的历史过程才逐步由私人业主企业、合伙企业、有限责任公司成长为所有权结构分散的股份公司呢？这是由企业的生产技术、筹资成本、代理成本、经营管理等生产力因素所决定的。考察一个具体的私人创业过程，企业能否创办成功，取决于创业者的生产知识、资本数量和经营能力。一般来说，创业初期，私人创业者的能力尚未得到实践检验，此时风险很大，银行和公众投资者不知道他是否会有效使用资金或是挥霍浪费，而且对于不熟悉的个人的经营能力、敬业精神、信用担保能力等也难以进行有效的调查和监督，就是说，包括信息调查、担保、监督、潜在的渎职损失在内的各种代理成本都非常高，因此，资金市场对于个人创业者一般是关闭的，寻找稳定的合伙人也是相当困难的。这时，创业者一般只能依靠自有资本或少数亲友，因为家族关系的纽带可以代替纯粹的经济担保，所以私有企业创办初期往往采取私人业主企业的形式，由私人业主对经营风险承担无限责任。私人业主企业的创办成本较少，注册程序简单，而且无需重复纳税。承担无限责任的私有企业曾在历史上居于主导地位，今天在西方国家仍是数量最多的企业形式，但资产份额和经济实力已大大下降。在创业过程中，私人业主如果认为所选中的项目效益前景很好，一般不愿意将创业股权出让，这常常不仅是出于收益分配方面的考虑，也是为了满足权力欲望，以及有效进行统一管理和控制的实际需要。私人业主企业中，所有权和经营权完全合一，预算是硬的，这种情况符合此阶段上生产经营的要求，否则即使并不很高的潜在的代理成本也会超出私人业主十分有限的承受和担保能力。

为了适应技术进步和激烈的市场竞争，私人企业存在着不断扩大企业规模的实际需要，而私人业主企业发展经营的资金需要，可能会超出了自身资本的积累和家族资本的供应能力，使其失去了许多有利可图的机会，而且生产和经营管理的日趋复杂也可能会超出业主的经营能力。如果私人业主经过相当一段时期的奋力拼搏，创业获得了成功，在市场中初步站住了脚，由于其取得的商誉和财产已经一定程度上提高了自己的担保能力，从而比以前更容易寻求扩大规模的资金来源和经营合作伙伴的范围，并且支付由于所有权结构适度分散化带来的代理成本，合伙企业的形式就是一种扩大企业规模的自然选择路径。上面提到的美国的杰森和迈克林所描述的大体上属于这一阶段的情形。合伙企业的创办程序也比较简单，成本费用较低，不需重复纳税，合伙人共同对经营风险承担无限责任。值得指出，合伙企业的所有权结构的分散应是谨慎的和渐进的，否则可能因破坏了经营权的统一性，造成合作困难和代理成本大幅度上升，超出合伙企业的承受能力，最终导致企业的失败或破裂。国外对企业发展史的研究表明，合伙企业的稳定性较差，不少合伙企业都因为急于满足扩大资金需要而违反了上述规律，导致"一年合伙，两年散伙"的结局，我国温州地区的情况也证实了这一点。合伙企业扩大了企业的资金和经营实力,推动了企业的进一步发展。但是,合伙企业在筹资能力和经营上仍有很大局限性,当企业发展到一定程度时,又会难以满足多方面的需要。为了进一步扩大筹资范围,企业就得考虑采取公司的法律形式。

企业采取公司形式有许多优越性,如参加的股东人数和筹资数量都可大大增加,而且公司是法律上虚拟的人,其生存和运转可以超出任何自然人的寿命限制。但是,公司形式虽然能满足企业的扩展需要,其代理成本却大大增加了。正如美国的杰森和迈克林所论述的,外部股东所占的份额 1−a 越大,意味着所有权和经营权的分离程度越大,所有权结构的变化所导致的业主兼经营者的行为变化也越大,企业预算的软化程度和代理成本也越大。另外,股权多元化还会产生许多新的成本,即由于外部或非控股股东的个数增多,彼此之间进行信息交流和协调的成本也越大,对经营者进行有效的监督也就越困难。为此需要建立一定的多元制衡的治理结构,如建立董事会、监事会、审计制度、会计事务所等,付出相应的监督成本,但是,这种多元制衡结构只能局部缩小而不能完全抵消因代理成本增长造成的经济效率损失。因此,股权多元化的前提条件是,生产社会化应带来相当大的经济效益,足以弥补上述各种代理成本和信息协调成本,以及外部或非控股股东所承担的风险。正因如此,企业控股股东所占的股份比例一般是在漫长的历史进程中逐渐缩小的,这样他才能有充裕的时间,不断积累控制企业和选择、激励、监督代理人的办法和经验,才能将由于扩大各种内、外部股权和债权产生的代理成本控制在一定范围,而且为扩大公司规模带来的经济收益所补偿。违反了所有权结构逐渐演变的规律,就会出现代理成本的上升超过公司承受能力和规模效益增长的情况,导致公司的亏损或破产。

由于代理成本的增加可能对外部股东和债权人造成利益风险和损失,西方国家一般都制定各种法规,对公司审批手续比私人业主企业和合伙企业更为严格。西方国家几百年来经过长期实践摸索,既考虑到工业革命时代私人企业日益增长的筹资需求,又考虑到尽量减少代理成本上升到对外部股东和债权人的利益损害,反复修改并逐渐形成了有关公司的法律,一般将公司的法律形式划分为无限公司、两合公司、有限责任公司和股份公司几种类型。无限公司是最初级的公司形式,考虑到中小私人企业可能商誉较弱,规定股东的无限偿债责任,以保证债权人的利益。两合公司是一种过渡形式,规定控股股东的无限偿债责任,而一般股东的有限偿债责任,这是为了区分大股东和一般外部股东在经营权利和义务上不同,以便更好地保护外部股东和债权人的利益。当私人的自有资本、经营能力和信用达到一定水准,就可申请成立有限责任公司,这样既可免去追究两合公司中无限股东财产的麻烦，全部股东一律对经营风险承担有限偿债责任，从而更加符合企业经营中两权分离进一步扩大的实际情况。但是，赋予有限责任待遇可能降低从事经营的大股东的风险意识，引起代理成本的增加和"预算软化"现象，损害外部股东和债权人的利益。因此，西方国家对赋予有限责任待遇的企业，在注册、经营范围和纳税方面有更为严格的要求，如对于某些行业要求较高的资本起始额，创办者必须具备一定资历以证明其能力，超出其经营范围则免除其有限责任的待遇，必须承担双重纳税的义务，等等。由于上述种种限制因素，私人企业往往发展到一定阶段时，才愿意为筹资需要付出成立有限责任公司所需的成本代价。在筹集资金方面，有限责任公司只能定向募集外部股金，而不容许面向社会公众发行股票，因为有限责任公司的商誉还不足以打开资金市场的大门。西方国家对于上市股份公司，在财务制度、经营状况和实力规模等方面都进行更加严格的审查，并且设立专门机构对股份公司和股票市场进行监督。这些法律规定并非出自西方经济学理论，因为西方经济学理论一般假定不加干涉的自由市场才是完美无缺的。西方国家普遍制定严格的法律体系对资本市场进行监督管理，原因是从社会公众在股市中反复被骗的惨痛事实中吸取了教训。英国历史上曾因缺乏有关的监督法律，未能制止大量劣质股份公司欺骗社会投资人，被迫禁止股份公司长达一个世纪。今天我们借助代理理论可以认识到，西方国家关于企业组织形态的各种法律规定，其内在经济原理是保证企业所有权结构和组织形态的逐渐进化，以适应技术进步、市场竞争、经营管理及代理成本等因素变化的要求，避免出现因代理成本急剧上升导致企业破产和损害公众投资者的情况；西方国家关于股票市场的各种法规和监督机构，其经济原理是通过垫付一定的社会监督和担保成本，以降低由于股份公司的经营者可能营私舞弊造成的总代理成本，既满足企业发展的筹资需要，又避免损坏公众投资者的利益。

上述分析揭示了西方企业制度演变的内在规律：企业成长过程中，起主导作用的是生产技术、筹资方式和成本、经营管理权、信息沟通方式等反映生产力的经济因素，而企业的所有权结构和法律形态等生产关系和上层建筑因素，则是顺应生产力发展的需要，在漫长的历史过程中逐渐地、被动地变化的。代理成本作为一种伴随着两权分离而产生的经济现象，反映着所有权和经营权的动态联系，反映着生产力和生产关系的相互作用，对于我们理解西方企业制度演化的内在规律，解释有限责任公司、股份公司等西方企业制度的具体形态产生的经济原因，有十分重要的理论和现实意义。

我们将以表4的形式，结合马克思关于社会经济发展规律的论述，以及对代理理论的研究成果,对于西方企业的产权结构与法律形态的动态演化规律作一个简明的概述。

表4　　　　　　　西方企业的产权结构与法律形态的演化规律

法律形态	业主	合伙	无限	两合	有限	股份
<生产力因素>						
生产规模	小	较小	较小	较大	大	巨大
经营管理	简单	简单	较复杂	较复杂	复杂	特复杂
财产、商誉	小	较小	较小	较大	大	巨大
筹资范围	家族	合伙人	较大	较大	大	特大
协调成本	小	较小	较小	较大	大	巨大
代理成本	无	较小	较小	较大	大	巨大
<生产关系>						
所有权结构	集中	较集中	较分散	较分散	分散	特分散
两权分离	无	较小	较小	较大	大	特大
<上层建筑>						
法律监督	松	较松	较严	较严	严格	特严格

四　企业的组织结构与经营管理的创新过程

现代企业的成长过程中,技术进步和生产规模的扩大不仅相对间接地影响着企业的产权结构和法律形态的演化,而且还更为直接地推动着企业的管理方法、组织结构以及代理责任制的创新和进化。手工业时期乃至现代工业化社会中,私人业主企业在初创阶段,由于拥有的创业资本有限,采用的生产技术和设备工具一般相对比较简单,雇用的职工人数较少,私人业主往往身兼数职,直接承担生产、人事、财会和销售等方面的管理职能,所有权与经营权两权合一,不存在代理成本。私人业主为了更好地适应市场竞争,需要扩大生产或服务的规模,利用劳动分工和技术进步来提高效率。随着私人企业规模的扩大,雇用的工人人数增加了,采用的技术设备更为复杂了,各种经济来往的金额和账目增多了,私人业主越来越难以承担全部管理任务,就逐渐将部分工作委托给雇用的管理人员来承担,这样就逐渐引起了所有权与经营权的分离,导致了因经营权结构变化而产生的代理成本。工业革命以前,生产机器的驱动主要采取人力、水力、风力等传统能源,企业规模和生产能力扩大很有限,私人业主一般只需要雇用少数工头和管账者。

工业革命后,采用新能源作动力的机器极大地提高了生产效率,新运输工具的发明拓展了市场的地域范围,从而大大加快了私人企业规模扩大的速度,也大大增加了经营管理的复杂程度。为了适应这一变化，私人企业必须雇用更多的管理人员，专门从事产品生产、市场销售、技术开发、财务簿记等方面的管理工作，这逐渐导致了企业组织结构的创新，促进了所有权与经营权的进一步分离，形成西方管理学家所称的 U 型结构企业。在这种类型企业中，企业内部成立了生产、销售、技术开发、财务会计等管理职能部门，雇用支薪的经理人员来完成各种管理工作，私人业主或大股东一般仍然担任主要高层经理的职务，但逐渐雇用一些高层支薪经理或咨询专家，协助其从事业务的策划、运筹和监督，指挥和协调各个职能部门的业务活动和经营管理，因此亦称为职能部门型组织结构。这种类型企业具有许多经济优点，如通过雇用专门的支薪经理人员，促进了两权分离的发展，减轻了企业所有者的经营压力和负担，形成了高层、中层、低层管理人员之间的分工，提高了管理工作的效率；通过划分各种职能部门，促进了管理职能的专业化分工，从而大大加快管理经验和知识的积累过程，有利于提高管理水平和效率；企业的权力相对集中统一，所有者能够一方面加大经营权授权力度，一方面保持对企业的有效控制，各个部门之间易于进行协调合作；高层经理能够直接控制和调动企业的人力、物力资源，将有限的资源集中于若干效益好的投资领域，利用工业化革命的技术进步，实现社会化大生产的规模效益。美国著名管理学家钱德勒曾写道，1840 年之前美国企业主要是采用简单机器的传统小私人企业，之后逐步过渡到采取新动力机器从事大规模生产和大规模销售的现代企业。19 世纪后期美国在钢铁、烟草、石油、食品加工等许多行业，形成了按照职能部门组织起来的 U 型结构的大规模企业，大大促进了社会生产力的发展。为了有效控制所有权与经营权进一步分离造成的代理成本，这一时期企业管理的各个领域都出现了大量代理责任制和管理方法的创新，如泰罗所倡导的生产"科学管理"、梅特卡夫提出的"车间—订单记账制度"、企业销售组织和方法的完善化、推销员的佣金激励和监督制度、现代工厂会计的成本核算和监督方法、财务管理程序和风险控制制度、支薪经理人员的激励奖金制度等。[①]

20 世纪初，科学技术进步加快，发明了大量新产品、新原材料和新工艺设备，企业迫切需要采取多元化的经营战略，以充分开拓新的市场机会。随着产品和销售市场的日趋多元化，企业的规模进一步扩大了，资金和员工人数不断增加，技术设备和工艺流程也日趋复杂。当企业成长到一定阶段，U 型结构就变得越来越不适应，原因是行政机构越来越庞大，各部门的协调越来越困难，

---

① 参见钱德勒《看得见的手》，商务印书馆 1987 年版。

公司总部处理日常经营的负担越来越重，缺乏精力考虑长远的战略发展，难以进行有效的监督，集中控制与调动各个部门的积极性之间的矛盾越来越大，这种情形造成了企业内部信息交流和管理协调成本的上升，难以充分开拓新的市场机会，有效推行产品和市场多元化的经营战略。19世纪，西方许多著名的大公司，如杜邦、通用汽车、通用电气，一般都采用U型组织结构，但到20世纪初，都面临规模庞大，体制僵化和难以适应市场变化的局面。在这种情况下，美国通用汽车公司率先进行了内部分权的组织制度创新，采用了新的M型组织结构，活力大大增强，此后美国的大公司纷纷效仿。M型组织结构亦称事业部门型组织结构，其特点是在庞大的企业组织内部实行分权化改革，试图将市场机制引入企业内部，从而将企业组织的规模经济优势与市场机制的灵活性有机结合起来，既能够调动庞大的资源迅速投向新技术和新市场领域，又能够降低高昂的信息交流和管理协调成本，西方称此为组织的市场内部化的过程。M型结构企业一般将经营业务按产品、服务、客户或地区划分为事业部门，公司总部授予事业部门很大的经营自主权，使其能够像独立的企业那样根据市场情况进行自主经营。事业部门下设自己的管理职能部门如生产、销售、开发、财会等，独立核算，自负盈亏，公司总部则从繁重的日常经营业务中解脱出来，集中力量策划公司的长期战略发展，并监督事业部门的战略进展和经营业绩。公司总部下设战略计划部门，有时也设财务、会计、人事等职能部门，其任务不是从事具体日常业务，而是制定一般规则和政策，对事业部门所属职能部门进行监督，并且提供指导、服务、咨询等。事业部门按性质可分为利润中心、投资中心或战略事业单位。公司总部授予利润中心生产和销售方面的自主权，并根据其资产和市场情况规定相当的盈利责任。利润中心可模拟独立的公司运转，下设若干销售中心、生产成本中心和行政、科研费用中心，明确各个环节的经济责任。利润中心特别适合于开发较成熟的产品或项目，因为其成本和市场情况相对较稳定。投资中心负责某一大类产品的生产和投资，一般下设若干经营稳定的利润中心和较大的投资项目。公司总部授予投资中心较大的投资权，并规定相当的投资收益任务。战略事业单位是一种更高级的新型事业部门，其任务负责有相互关联的若干大类产品的战略开发、投资、生产和销售，一般下辖若干投资中心。利润中心和投资中心承担较大的短期盈利和投资回报压力，战略事业单位则从更高的角度出发，分析市场形势和机会，考虑公司资源在若干大类产品或行业的战略布局，使公司投资在规模上有合理的大、中、小组合，在回收周期上有合理的长、中、短组合，从而保证公司资产的盈利性、增长性和安全性。战略事业单位的优点是可密切配合公司总部制定和实施公司的长远发展战略，处理好短期盈利和长期发展的关系，避免不同事业部门在战略开发上的重复努力，充分发挥公司现有资源的边缘效益。它特别适合产品繁多和市场多元化的大型跨国公司。例如，美国通用电气公司曾率先采用了战略事业单位的 M 型组织结构，这家庞大的综合性跨国公司，生产产品大到火箭，小到电吹风，产值数百亿美元，相当于美国国民生产总值的百分之一，许多人认为其规模如此庞大，必定效率低下，但事实上，通用电气公司由于采取了战略事业单位的制度，充分将中、下层经理的企业家首创精神同公司的庞大资源结合起来，开展了大规模的创新、创业和提高生产率活动，长期以来取得了良好的经济效益。

除了 M 型组织结构以外，H 型组织结构也是一种实行分权化改革的组织创新。H 型组织结构亦称控股公司型组织结构，不同于 M 型结构，H 型结构中事业部门由独立的子公司或分公司所替代，公司总部持有子公司或分公司中部分或全部股份。由于子公司是独立的法人，因而具有更大的经营独立性，总公司对子公司的投资承担有限责任，风险得到限制。子公司可分布在完全不同的行业，十分有利于分散总公司的财产和经营风险。但是，总公司的影响必须通过子公司的董事会，投入和调出资源均受一定限制，监督和控制也比较间接，因此，公司整体资源的战略运用存在一定困难，子公司往往独立性过强，缺乏必要的战略联系和协调。20 世纪 60 年代，美国出现了大量混合型企业，大都是采取 H 型结构，经营从制造业到旅游、餐饮业等完全不同的行业，有较强的分散风险功能，但是，混合型企业往往缺乏战略优势和凝聚力，难以适应竞争，一些大公司不得不撤出许多行业。[①]

当企业从由所有者比较紧密控制的 U 型结构企业逐步转变为实行更大两权分离的 M 型或 H 型企业时，如何选择、激励和监督各层经理人员就成为越来越重要的问题。20 世纪初，西方具有相当规模的公司广泛实行了产权和经营权分离的代理制。现代企业必须解决两大类代理问题：一是公司的股东通过董事会雇用高级经理作为代理人来经营企业；二是公司的高级管理层授权并委托中间管理层来经营独立的事业部门或子公司。代理的困难之处在于：所有者同经营者的利益之间存在差距，所有者追求最大利润和股值，而经营者关心报酬、权力、保障和舒适。如果缺乏适当的监督和激励，经营者可能片面追求企业或部门的规模和权力的扩大，追求公职享受甚至渎职。企业组织分权化改革加大了两权分离的程度，由此也产生了更多的代理成本。为了控制两权分离造成的代

---

① 参见奥利佛《市场与组织等级结构》，迈克米兰出版社 1975 年版。

理成本损失，企业需要不断改进和完善代理经营责任制，特别是代理人的监督和激励机制。

在由所有者比较紧密控制的 U 型结构企业中，各层经理拥有的经营权范围很小，一般只是普通支薪雇员，他们的经营行为往往直接服从所有者的命令。在实行两权分离和内部分权的企业中，高、中层经理是公司所有者的代理人，享有相当大的自主决策权。但是，所有者虽然放弃了经营权，仍然必须对代理人的经营进行监督。企业一般在总部设立各种专门委员会和负责监督的职能、咨询部门，协助董事会控制自主经营的事业部门的业务活动。企业的各层组织结构、人事制度和代理责任制，都有重要的监督功能。不同的是，在 U 型公司中，监督以行为为主要依据，而在 M 型和 H 型公司中，监督以经营业绩为主要依据，以战略性行为为辅助依据。M 型和 H 型组织结构的特点是将市场引入公司内部，重新界定和明确各级管理层的责、权、利配制关系，以市场环境中的独立经营业绩作为考核的主要依据，大大减轻了监督工作的难度和负载量，使公司的规模虽然庞大，但却能够充满活力。管理学家威廉在分析 M 型、H 型公司的监督功能时，认为其优点在于将内部专家监督同市场监督结合起来，单纯的专家监督难以摆脱个人主观影响，单纯市场监督易受投机波动的影响。例如，专家有知识根据内部的和市场的信息综合评价事业部门的战略工作进度，而股市只能对公开的财务报表和消息作出反应。由于内部监督、决策的需要，促进了企业管理会计制度及其报表体系的创新，以适应新组织结构的变化。例如，美国通用汽车公司进行分权化改革后，一度出现财务监督失控和资金周转危机，为此进行了生产、库存和销售信息收集和控制方法的制度创新，使公司总部对部门责任中心的经济核算和监督方法有了很大进步。为了广泛吸引社会资金，向外部股东和债权人反映企业经营状况的财务会计制度也越来越完善，逐渐形成了比较规范的财务会计体系。为了保证各种生产、销售和财务报表的准确性，公司的会计部门和审计部门享有很高的地位，并且实行高薪养廉的政策。对于易于出纰漏的各个环节，也由各级专家进行必要的行为性监督。公共会计和审计体系的建立，以及防止和惩罚商业犯罪的法律的完善，也起着保护公司内外部投资者的重要作用。对于实行较大两权分离的 M 型和 H 型结构企业，监督体系固然非常重要，但更重要的是如何通过激励机制调动各层经理的自主创造性。1918 年，美国通用汽车公司在推行 M 型组织分权化改革中，率先实行了由著名美国著名管理学家斯隆设计的高、中层经理人员的激励性报酬方案，取得良好的效果，以后美国的大公司纷纷效仿。目前，西方大企业经过长期的实践摸索，对于雇用的高、中层经理人员，包括总公司、事业部门或子公司的主管，普遍采取激励性合同的形式，不同于雇用一般技术人员和职员的合同，具有以下特点：对象范围小，报酬金额大，一般局限于1%—0.5%的高级雇员，报酬金额可达雇员平均收入的几十、几百到上千倍；激励性报酬所占的比重大，紧密同整个公司或分部门承担的责任目标和经济效益挂钩，奖励以完成保证股东的利益为前提；解雇是惩罚经营者不能达到基本责任目标和造成亏损的重要手段。西方大企业对雇用高、中层经理采取激励性合同的形式，主要出于以下考虑：（1）降低监督成本，防止渎职行为。由于公司的组织庞大，进行严密的监督需要大量开支，反之则可能因经营者渎职造成更大损失。通过给予高、中层经理较高的报酬，可以增强他们的职业自豪感和敬业精神。如果经营不善或发现渎职行为就解雇，可以迫使经营者为保住巨额收入奋力拼搏。公司实行两权分离的和内部分权的程度越大，激励性报酬在减低监督成本方面的作用越重要。（2）将所有者同经营者之间的利益联系起来，缩小两者的目标差距。经营者的固定报酬的比重较小，奖金等同公司效益挂钩的部分比重大，可以促使经营者从自身利益出发自觉维护所有者利益。奖励公式一般规定基本的资产盈利率目标，超过则可提取一定比例的奖金。据美国《商业周刊》报道，美国瑞伯克公司的总经理费曼的雇用合同条款中规定公司的税前利润必须达到2000万美元，他可从超过此目标的税前利润中提成5%作为奖金，他于1986年据此获得基本薪水36万美元和奖金1200万美元。（3）在市场竞争中吸引和保留优秀的经营人才。一般来说，公司为了自身生存宁愿以高薪吸引有良好经营业绩和丰富经验的经营者，也不愿冒险以低薪聘请缺乏实践经验的经营者。在激烈的市场竞争中，众多公司竞相以优厚待遇吸引优秀的经营人才，活跃了代理人市场的供求关系。事业部门或子公司的经理一般具备全面的企业家素质，可以在受聘或自己创业之间自由选择，这也迫使公司提高待遇水平。高层经理人员的高薪报酬，还反映了企业所有者为了获得高额利润，有意识将部分剩余索取同高层代理人分享，但是，高、中、低层雇员的薪金之间存在着巨大差距，表明一般经理人员和普通雇员无法分享剩余索取，不利于更为广泛地调动职工的积极性，容易造成劳资之间的严重对立，这也是由资本主义企业的私有性质所决定的。

值得指出，实行激励性合同应注意一些负面影响，一是防止各层经理只追求短期盈利或账面利润，如拼设备或忽视科研开发，影响公司的长期发展；二是防止经营者只追求本事业部门或子公司的经济效益，忽视部门间配合和公司整体效益。为了防止上述现象，美国一些大公司采取以下措施：根据长期经营业绩付给的激励性报酬占很大比重，对总经理可达其总收入的 40%—60%，其形式如延期支付的奖金、分成、购股证和赠股等，一般根据公司过去 3—6 年的平均效益确定，某些公司将效益奖金支付的时间延期 3—5 年；报酬随职位等级递增的梯度大，也有鼓励长期行为的作用，这样可加大中、下层经营者争取晋升机会的动力，而晋升决定是根据长期经营业绩作出的；许多公司的部分报酬采取购买股权的形式，例如，规定经营者在一两年内可以略高于现价的水平购买一定数量的公司股票，如果公司未来因效益好而股票升值，经营者将购股证出售可得到收入，反之公司效益不好，经营者就得不到收入。为了防止经营者产生本位主义，鼓励部门间的战略配合，许多公司规定激励性报酬按一定比例同本部门、关联部门和整个公司的经济效益挂钩，如美国通用汽车公司的激励方案在鼓励部门间合作方面取得了良好效果。公司在以经营业绩作为主要考核指标的同时，也考察经营者的关键性和战略性行为，作为重要的评价参考依据，这样可证实数据的真实性，并发现数据难以反映的问题。以上论述了西方企业的组织结构与经营管理的创新过程。可以看出，随着技术进步和生产规模的扩大，企业的经营权结构也必然逐渐发生适应性变化，从所有者承担全部经营责任的私人业主企业，逐渐演化为由支薪经理承担更多管理职能的 U 型结构企业，最后过渡到所有权与经营权高度分离的 M 型或 H 型结构企业。我们以表 5 的形式，对西方企业的组织结构与经营管理的创新过程作一个简明的概括。

表 5　　　　　　　　　西方企业的组织结构与经营管理的创新过程

	传统工业时期 （18 世纪以前）	工业革命时期 （18、19 世纪）	近代工业时期 （20 世纪）
生产技术	手工或简单机器	采用新动力的机器	科技进步加快，发明新产品、原材料、新设备工艺
经营管理特点			
生产管理	小作坊或车间	现代工厂，大规模生产单一或类似产品	产品多元化，连续流水生产或装配线
销售管理	本地市场销售	专门经销机构，跨地区大规模销售	多元化销售战略，全国及跨国销售
财务管理	简单簿记	专门财会部门	责任中心独立核算
组织结构	单一管理部门	U 型结构，管理分工	M 型结构或 H 型结构
代理责任制	业主兼职	雇用较多管理专家	所有者仅保留少数重大决策权，
与两权分离	两权合一	两权逐渐分离	两权高度分离

　　以上我们首先论述了在现代企业的动态成长过程中，所有权结构等生产关系因素和法律形态等上层建筑因素的演化规律，进而论述了企业的组织结构、

经营管理和代理责任制的创新进化过程。值得指出，技术进步和生产规模等方面的生产力因素，是现代企业的产权制度演化和经营管理创新的最主要推动力，不同的是，它对于前者的推动作用是比较间接的和渐进积累性的，而对于后者的推动作用则是更为直接的和连续性的。传统企业采用一种新的生产技术，如大规模生产特定产品的新机器或流水线，要求有与之相适应的严格管理责任制度，必然在生产库存管理、经济核算、人事管理和销售组织等方面引起一系列变化。企业为了适应市场发展的需要，一般首先考虑利用自有资本或内部积累，引进新技术扩大生产规模，同时在经营管理方面进行一系列创新，如采用新的成本控制方法，增设管理部门或层次，采取新的人员培训和激励办法，努力降低各种成本和费用，以确保社会化生产的规模效益，足以补偿两权分离造成的代理成本增加，这样企业才能获得最大的经济效益，以技术内涵方式扩大再生产。如果企业拥有一个效益很高的投资机会，但仅仅靠自身资金积累或内部挖潜无法实现，而且投资收益率足以补偿因产权多元化带来的协调困难和代理成本，此时才会设法筹集外部股金或贷款，采取相对外延的扩大再生产方式。如果企业拥有足够的商誉，但筹集外部股金或贷款受到的法律条款的限制，此时就会设法改变企业组织的法律形态。

由此可见，企业的经营管理、组织设置和代理责任制方面的创新，就像不断发展的生产力因素一样，将是一个永恒的活跃过程，而企业的产权结构和法律形态方面的演化则是相对缓慢和被动的，应适应企业生产力的发展的需要逐渐进行。技术进步和生产规模等生产力因素，对于企业所有权结构和法律形态演化的影响，仅仅有一般趋势意义上的间接影响，而并没有严格的对应联系，如采用同一技术而且规模相同的许多企业，很可能有差别很大的不同所有权结构和不同的法律形态。现代企业的所有权结构和法律形态，一般是在漫长的历史进程中由内、外部的众多社会经济和技术因素有机决定和逐渐形成的。

值得指出，私有产权不仅能产生众多的社会外部负效应，而且在适应生产力发展方面也存在着一系列困难。马克思曾深刻分析了资本主义发展过程中私人资本积累与社会化大生产之间的矛盾。工业革命以来，新动力和机器的发明为大规模生产开辟了道路，产品也需要面向更为广泛的社会市场销售，但是，生产社会化与私人资本积累之间产生了一系列矛盾。社会化大生产需要大量的资本购买机器和原材料，雇用更多的支薪的专业管理人员和工人，采取先进的科学管理方式，建立多部门的组织结构，加强市场销售与生产的计划性，但是，正如以前章节对西方企业制度演化规律的分析所示，私有企业的资本积累和两权分离，必然需要经历一个相当漫长和艰难的过程。私人企业在创业初期，拥有的资金一般非常有限，而且缺乏商誉难以筹集广泛的社会资金，因此，很难采取复杂的先进技术，生产规模扩大面临重重困难。正因如此，私人企业为了获得更多盈利，往往采取残酷的手段剥削工人，不惜违反道德规范和法律约束，进行欺诈和非法经营活动，以加快资本积累的速度，适应充满风险的市场激烈竞争，如许多西方著名的现代大企业，早年都曾从事过非法经营以加速资本积累。私人企业发展到一定阶段，虽然可以采取公司组织形式扩大资金来源，但如前所述，这一过程也存在许多困难，首先，私人业主一般希望尽量保持对企业的控制，而产权的多元化会降低原股东的控制权力；其次，产权多元化必然带来所有权与经营权的分离，带来代理成本和"预算软化"的损失，从而增加企业经营和投资的风险；再次，产权多元化还会增加信息交流和协调成本，带来股东之间发生矛盾和纠纷的机会，影响经营权的统一性和权威性。由于上述种种原因，私有企业的动态成长面临重重困难，产权多元化和组织形态的演化，需要经历一个相当漫长和艰难的过程，在矛盾和冲突中逐渐实现。私有企业为了加快扩大规模，在市场竞争中赢得优势，除了采取正常竞争手段，也经常采用各种残酷阴谋诡计，迫使竞争对手破产倒闭，如西方垄断大财团常常借经济萧条之机，廉价吞并中小私人企业，这种情形下出现的产权重组和破产兼并，往往是损害经济效率的，妨碍了社会生产力的正常发展。此外，生产规模扩大和技术进步需要不断更新管理知识和技能，但是，社会化大生产发展的需要，必然与私人业主的管理能力和控制欲望发生矛盾。尽管私有企业可以雇用支薪管理人员，但是，私有企业的高层经理位置往往长期由私人家族成员担任，从私人家族控制过渡到由支薪高级专业经理控制，也必然需要经历一个漫长和艰难的过程。许多西方现代大企业都是经历了数代人的私人家族控制后，为了解决企业面临严重的经营危机，才逐渐实现两权高度分离和控制权转移的。显然，资本主义社会中财富分配与管理能力的不对称，必然影响企业规模的扩大和社会生产力的发展。

以上分析了西方企业的产权制度和经营管理创新的过程。西方的现代企业制度和经营管理方式，是适应具体历史条件下生产力发展的需要，经过数百年漫长的历史摸索，特别是工业革命时代，才逐渐形成并不断加以完善的。这些创新有力地推动了西方国家以私有产权为基础的经济发展，马克思曾在其著作中对这些制度创新在相应历史阶段中起到的解放生产力、促进资本主义经济蓬勃发展的作用给予高度赞扬，但是，马克思同时也深入分析了私人资本积累与社会化大生产之间的内在矛盾，指出了资本主义发展方式的内在矛盾必然产生的各种严重社会弊端。

西方传统的经济学理论将私有产权和自由市场经济视为完美无缺的经济制度，认为尽管资本家在私有产权利益的驱动下追求自私的最大利益，市场竞争却会像一只"看不见的手"，自发地实现资源的最佳配置和社会利益的最大化。但实际上，如果私有产权和市场经济确实能够自发实现社会利益的最大化，我们就无法解释近代资本主义发展史中出现的严重社会矛盾和冲突，以及世界范围的殖民掠夺和灾难性战争，也无法解释促成社会主义国家和公有制企业诞生的历史原因。

从上述分析中还可看出，私有产权具有强烈的追求盈利动力，而且企业中两权分离的程度越小，代理成本和"预算软化"现象也越少，所产生的追求盈利的动力也越大。在纯粹的私人业主企业中，由于不存在所有权与经营权的分离，因而也不存在任何代理成本和"预算软化"现象，私有产权利益驱动的盈利动机达到最大化。确实，仅仅从这个角度来看，企业产权越是为私人所直接拥有，经营效率似乎也就越高。

但事实上，私有产权的强烈盈利动力，一方面促使资本家努力提高经营效率，另一方面也可能带来种种社会负面效应，如采取残酷的手段剥削工人，强迫工人提高劳动强度和延长工作时间，不顾道德和法律的约束，从事损害社会利益的非法经营活动，或在合法经营中采取弄虚作假的欺诈手段，等等。私有产权产生的追逐利润动力越大，代理成本和"预算软化"现象越少，往往不是意味着没有偷懒或浪费机会，而是意味着劳动强度超过了人的生理限度，缺乏必要劳动保护条件和措施，甚至不顾道德规范和法律约束胆大妄为，此时私人代理成本小并非意味着社会利益大，而是恰恰相反。西方经济理论所赞美的"看不见的手"——即自由市场的竞争机制，并不能完全遏制私有产权狭隘自私的负面效应，事实上经常形成扩大其负面效应的恶性循环机制，例如，在工业革命时期，一些资本家曾强迫工人延长工作时间，从而降低了产品的生产成本，残酷的市场竞争迫使众多资本家纷纷效仿，普遍形成了高达十多个小时的工作日制度；无论是早期或当代资本主义社会中，都普遍存在着严重的黑社会组织犯罪，如大量的有组织的贩毒、卖淫、欺骗、敲诈活动等，而且是无法治愈的社会顽症，原因在于无论道德规范或法律约束，都很难抵御高额利润对私有产权的诱惑；英国的东印度股份公司开创了对华贩卖鸦片贸易，众多私有企业也为牟取暴利纷纷效仿；某个西方国家的私有企业从殖民地获得了廉价资源，残酷的市场竞争也会迫使其他资本主义国家进行效仿；西方列强名义上标榜奉行"不干预经济"政策，却积极凭借军事强权瓜分世界，致使20世纪发生了两次世界大战，广大人民蒙受了巨大灾难。西方经济学在研究私有产权和企业制度变迁时，有意识忽略了这些影响历史进程的重要事实，而我们进行分析西方现代企业制度的演化时，应该将这些正、反面因素结合起来进行研究，这样才能避免盲目效仿西方演化的静态结果，为建立中国的现代企业制度提供全面的科学借鉴。

第十二章

企业改革的关键:责任制创新

    2004 年 8 月 28 日,笔者参加了引发"郎旋风"的关于国有资产流失的研讨会,会上有记者责问为何经济学家对国企产权改革的公开掠夺和腐败现象集体失语,左大培教授指出他早就对国企产权改革提出了类似郎咸平的批评,但令人遗憾的是未能引起媒体和有关方面的重视。十年前该章也曾明确指出国有企业改革的关键是责任制创新,这是中国改革成功和俄罗斯改革失败的重要原因,但是,中国效仿俄罗斯转向以国企产权改革为目标,可能滑向隐蔽私有化并重蹈俄罗斯失败的覆辙。那次会议上某位著名经济学家反驳郎咸平为各地产权改革的辩护格外引人注意,他承认产权改革造成了痛苦代价和大量腐败现象,但他称"无论在哪个国家,国企改革都是一个非常痛苦的过程,不仅仅会引来国资贱卖的争议,而且极有可能带来社会动荡",英国、东德和俄罗斯的国有企业改革都是如此,为向市场经济转轨值得付出这样的代价。这位经济学家虽然表达了不惜代价坚持改革的强烈决心,但是,他没有区分中国与其他国家的国企改革具有的完全不同性质,将不同国家的国企改革混为一谈将会导致改革大方向的迷失,确实"极有可能带来社会动荡"和严重的政治恶果。

    笔者在那次会议上发言指出,市场转轨和国企改革的痛苦代价是完全可以避免的,中国和匈牙利推进社会主义市场改革的实践证明了这一点。20 世纪 80 年代中国改革依据马克思的产权理论,强调调动企业职工的劳动积极性而非产权利益,企业扩权促进了职工收入增长和消费品市场繁荣,旺盛购买力支撑了不依赖出口的经济高速增长,根本没有裁员、下岗、无法报销医药费等痛苦代价,但是,有些学者将 20 世纪 80 年代国企改革贬低为"放权让利",主张依据科斯产权理论推行深层次的明晰产权改革,片面追求产权利益导致忽视职工利益和社会利益现象,开始出现职工下岗、内需不振和劳动收入比例下降,甚至出现严重危害生命安全的矿难、有毒奶粉等恶性事件。

    20 世纪 60 年代,匈牙利依据马克思理论进行社会主义市场改革时期,市场调节和企业扩权提高了国有、集体经济比重，迅速形成了商品琳琅满目、供应丰富的买方市场，职工收入、社会保障与商品供应水涨船高，肉禽、家电、住宅人均拥有、消费数量位居欧洲前茅，全国每年有一半以上人口享受出国旅游，享有社会保障的公民从人口的38%上升到97%，根本没有出现裁员、失业、侵权和腐败现象，甚至被西方记者誉为"东方巴黎"和"消费者天堂"。特别值得关注的是，匈牙利农村改革是从个体经济转变为集体经济，新型合作社拥有规模优势并面向市场自主经营，能应用先进农业技术并进行食品深度加工，农业生产迅速增长且效率高于大多数西欧国家，产品质量优良、大量出口且从未发生危害公众安全事件，能向农民、消费者保证采购、销售的质量和价格低廉，明显优越于缺乏企业自主权的集中计划时期，优越于匈牙利事件后被迫分田到户的时期，更是优越于大规模私有化导致农业生产崩溃的时期。

值得指出，匈牙利经济学家科奈尔也曾提出"预算软化"、"放权让利"之类指责，批评匈牙利的社会主义市场改革没有解决深层次产权问题，但是，后来事实表明他倡导产权改革目的就是复辟资本主义。匈牙利制度剧变后推行新自由主义改革时期，市场转轨和国企私有化带来了巨大的痛苦代价，表明科斯产权理论同马克思产权理论相比，严重损害了广大劳动者利益并降低了经济效率。根据奥地利费塞尔公司进行的剧变后民意测验，匈牙利74%的接受测验者认为剧变前的经济制度要比现在的好，73%的人认为生活水平比过去低。2009年英国广播公司（BBC）在柏林墙倒塌20周年之际进行了一项调查，表明匈牙利多数人仍然表示赞成社会主义。中国和匈牙利推行社会主义市场改革的成功实践说明，公有制企业完全能够同市场经济结合、兼容，依据马克思的产权理论充分调动劳动者的积极性，就能促进劳动者收入和社会购买力的迅速增长，就能避免生产过剩、经济危机和大规模失业，就能比西方资本主义更加充分发挥市场经济的潜力，就完全能消除所谓不可避免的市场转轨代价、阵痛。

一 斯蒂格利茨谈产权与代理制

中国和俄罗斯改革的一个显著不同，就是中国的企业改革是从责任制创新起步，而俄罗斯的企业改革则依据科斯产权定律，从一开始就以深层次的产权改革为主。许多西方经济学家批评中国改革不规范，没有触及到更深层次的产权不明晰问题，但是，转眼间时光如梭，俄罗斯改革已有十个年头，两种改革思路的究竟孰优孰劣？世界银行的副行长斯蒂格利茨先生，对此有一番颇为精彩的深刻论述。

斯蒂格利茨先生说:"转轨开始十年后的今天，我们如何评价已经发生的事情？应该从中吸取什么教训？在刚开始改革的时候，俄罗斯的国内生产总值曾是中国的两倍还强，而在后来却比中国缩小了三分之一。成功与失败的差别是如此之大，如果我们不试图从中吸取一些教训，那么我们也未免太不负责了。"

斯蒂格利茨指出，俄罗斯改革派犯了本末倒置的错误，将市场化和产权明晰作为成功标志，而不是人民生活水平的提高，建立平等、可持续的发展基础。他写道："尽管那些鼓吹私有化的人很骄傲地指出，大部分国有企业都转移到了私人手上，然而这些成就却不那么令人信服。不论怎么样，将国家资产简单地送出是件挺容易的事情，特别是送给自己的朋友和亲戚。这样做存在着很强的利益激励机制，特别是倘若负责推行私有化的政府官员，能够直接或间接通过各种形式得到回扣。事实上，如果私有化是通过被民众认为不合法的手段实现的，并且在缺乏必要的机构建设的环境中进行，那么从长远来看市场经济可能实际上受到了损害。更糟糕的是，由于存在腐败和滥用职权，由此形成的私有产权削弱了国家利益，危害了社会秩序。"①

斯蒂格利茨还尖锐地指出，"经济学中没有一个神话像'产权神话'那样在人们心目中根深蒂固，这一神话的危害在于，误导了许多转型中国家把注意力集中在产权问题上，而不是去关注在更大范围内的一系列问题"。他还认为俄罗斯产权改革失败的原因，"至少部分是由于过分依赖经济学教科书模型所造成的。课本经济学对教育学生可能是不错的，但不适于向实施改革的政府提供建议，特别是由于美国模式的教科书，很大程度上依赖于某种学术学派"。

斯蒂格利茨还认为，"回顾历史，西方顾问给予前社会主义国家的'华盛顿共识'建议的一个显著特点，特别是他们处理私有化问题的方法，就是没有注意考虑到所有权和经营权的分离"。他还指出，对于小规模的私人业主企业，私有产权同管理职能也许是一回事，但是，对于大型股份公司、保险公司和银行来说，资本所有者几乎完全同管理职能相脱离。西方推荐的"华盛顿共识"规范改革药方，没有建议如何通过完善管理契约和代理责任制，来激励、约束和监督这些企业的经营者，而仅仅建议用通过私有化来明晰产权界定，由此形成的私有产权的"自然激励机制"，仿佛这些国家的大型国有企业，可以像小型的私人业主企业一样经营，完全忽视了即使在西方国家的大型企业中，管理职能也不是依赖明确界定的私有产权，而必须依赖逐渐形成的管理契约和代理制。

斯蒂格利茨指出，当西方顾问意识到众多小股东的私有产权，并不能累加

---

① 参见斯蒂格利茨《改革向何处去：论十年转轨》，中国科学院国情报告译文，1999 年。

起来对公司进行有效管理时，他们就提出了通过投资持股基金会进行监督管理，但是这种办法也在改革实践中失败了。斯蒂格利茨这样写道:"当认识到股权过于分散问题时，西方通常建议成立投资基金，就像'华盛顿共识'在捷克推行的，这个'解决问题方案'的明显问题是，凭证投资基金比它们所拥有公司，本身还存在着更大的'公司管理'问题，大多数人认为凭证投资基金将完成监督的任务，但由谁来监督监督者呢？改革的结果是凭证投资基金，变成了高度权力滥用的工具。"

斯蒂格利茨还分析了投资持股基金会失败的原因，他指出这些持股基金会的经理实际上也只是财产的代理人，他们只拥有众多股份公司的一小部分股份，股份公司盈利对基金会收入影响微弱，更何况这种收入并不真正属于基金会的经理，后者的工资收入主要依靠提取管理费，且不说这些基金会的经理不能分身有术，无法掌握必要的专业知识和经济信息，对所持股份的众多股份公司进行有效监督管理，即使他们拥有足够的专业知识和经济信息，也缺乏足够的经济利益激励来进行管理，难怪转移资产和收取回扣等不合法手段，对于私有化企业和持股基金会经理来说，成为了具有更大吸引力的获利途径。

斯蒂格利茨还指出，当西方顾问们看到东欧的投资持股基金会的失败，就提出"解决问题的答案可能是改善管理制度，为持股基金会设计一个好的激励机制。那么退一步想，倘若政府真的有这样的监督和执行能力，来克服私有化企业的激励机制不利的问题，为什么不把这种能力直接用来改善国有企业管理呢"？斯蒂格利茨还指责这些西方顾问的自相矛盾，他们先是认为国有企业改革无法获得成功，原因是通过完善管理契约的激励机制和代理制，没有触及深层次的产权明晰问题，因此，他们"主张进行私有化的一个立足点，就是要用'私有产权的自然激励机制'，来代替国有企业中管理契约的激励机制，但现在我们又回到原来的起点，现在顾问们的建议变成了改善规章制度，改善管理契约刺激那些有控制权的代理人，像一个真正的'私人所有者'一样行为处事，因此，现在是我们该反思'规范的私有化模式'的时候了"。

斯蒂格利茨指出，"现代市场经济是基于高度成熟的代理关系。现实经济与教科书上的模型最重要的不同之处，是现实中存在不对称信息和不完善的监督，代理人谋求自身利益的机会主义行为，因而，一些至关重要的经济制度是用于解决代理问题。在稳定的发达的市场经济中，长期、多环节的代理关系的链条已然发展成熟，例如，工人是经理的代理，经理是像互助基金那样的股东的代理，互助基金的股份由退休基金拥有，退休基金是他们的受益人如工人的代理。但在初期阶段，市场经济的代理链条相对要短得多"。

斯蒂格利茨还指出，前苏联的社会主义经济的运转，也是依靠不同形式的代理关系的链条，体现为不同的社会机构资本和组织形态，西方顾问忽略了这些复杂代理链条的重要性，竭力鼓吹的国有企业的大规模私有化改革，必然强烈冲击和破坏原来的代理关系链条。斯蒂格利茨说这些西方顾问"批评休克疗法之所以失败时，常常指责存在腐败和寻租现象，但是，他们没有意识到闪电般地毁掉旧机构，而不是逐渐建立新的规范替代旧的社会规范，相当于清除了防止社会腐败现象的最后屏障。这就像是扔一个火把将一个涂满旧漆的房子烧掉，而后又表示对房子烧掉感到非常伤心，后悔没有办法再给房子涂上新漆"。

斯蒂格利茨还指出，无论是西方的资本主义市场经济，还是前苏联的社会主义计划经济，"代理制度需要几十年的慢慢积累和发展过程。如果想要在短时间内建立市场经济，破坏原来的广泛、相互联系的代理关系，那么，上层建筑就会由于功能混乱而崩溃，这正是在俄罗斯和前苏联国家发生的事实。那些本来应该使制度发挥作用的代理人，那些代表前苏联地区广大选民的精英们，往往不能抵抗谋求私利欲望的诱惑，又缺乏有效的代理监督制度约束他们的行为，他们极大地背叛了社会对他们的信任。那些承担代理责任和维护法律的人，经常就是造成代理困难和违反法律的人"。

斯蒂格利茨还一针见血地批评到，正是西方顾问鼓吹的诱惑人的"产权神话"，促使人们忽视了一系列更大范围的重要问题，包括完善管理契约和复杂的代理关系链条，结果出现了"贵族强盗式的野蛮掠夺"，导致俄罗斯私有化企业投资连续下降，大量掠夺资产被非法地转移到了海外，最终形成了控制经济命脉的金融寡头阶层。

二 企业扩权与经济责任制创新

20世纪80年代，我国经济改革是从经济责任制的创新起步的，1978年安徽凤阳县创造的农村联产承包责任制，就是在坚持土地的公有产权的基础上，调动广大农民积极性的伟大实践，从此揭开我国更为广泛的经济改革的序幕。1979—1980年，我国政府安排国民经济计划时，明确提出经济体制改革要把扩大企业自主权，实行严格的经济核算制和经济责任制，建立新的奖惩制度作为重要内容。从此以后，国有企业经济责任制的创新可谓方兴未艾，出现了利润留成、上缴利润包干等形式，后来还涌现了各种承包经营责任制。国有企业的各种经济责任制的创新，促使国民经济迅速扭转了困难局面，明显减少亏损和提高了经济效益，国有工业企业亏损面从1981年的22%，下降为1985年的9%，减亏面积达到59%，从1979年至1984年，国有工业企业的利税总额，共计增长了 288 亿元，增幅为 33%。

但是，关于究竟什么是国有企业改革的关键？国有企业改革应该采取怎样的主攻方向？20 世纪 80 年代中期出现了一场影响广泛的争论。当时世界银行派驻中国的经济学家，提出中国的经济改革和企业改革"不规范"，建议我国政府应推行国有企业的私有化。尽管世界银行的建议遭到了我国政府的拒绝，但是，其推荐的规范改革药方的影响却日益扩大，西方推崇的科斯产权理论也日益广泛流传。我国许多著名经济学家也纷纷提出，公有制具有产权关系界定不明晰的缺陷，产权改革才是绕不过去的深层次改革，才是国有企业改革的关键所在和主攻方向。尽管经济学界早就出现了主张产权改革的热潮，但是，20 世纪 80 年代我国企业始终是以责任制创新为主，直到 1992 年的向市场经济过渡的高潮中，产权改革才成为了国有企业改革的主攻方向。但是，尽管许多经济学家指责 20 世纪 80 年代改革不规范，这一时期国有企业的效益始终大幅度增长，相比之下，国有企业的产权改革尚未取得明显的效果。1996 年同 1988 年相比，国有企业的利润额下降了 64%，亏损额却增加了 9.7 倍，亏损面上升了358%。许多地方还廉价出售拍卖国有企业，出现了类似俄罗斯的掠夺国有财产风潮。

为何中国看似土生土长的"不规范改革"，取得了提高国有企业效益的显著成效，而依据西方产权理论的深层次"规范化改革"，却似乎效果不佳而且有诸多负效应呢？原因在于中国改革从经济责任制创新入手，恰恰是抓住了国有企业改革的关键所在，历史证明公有制具有的适应社会大生产优越性，远远超过单纯追求狭隘私利的私有制，因此，国有企业根本不存在产权不明晰的问题，公有产权属全体人民所有是明晰的，但是，确实存在不能利用市场机制和微观信息，充分调动企业和职工积极性的弊病，国有企业改革从经济责任制的创新入手，能够在充分继承公有制优越性的基础上，通过引入市场机制和扩大企业经营自主权，直接地解决国有企业存在的不灵活和体制僵化弊病，改善激励机制调动企业和广大职工的积极性，同时在保留原有责任制框架的基础上创新，有充分的监督约束防止代理人滥用职权，从而能取得了效果大而代价小的巨大成功。中国采取以责任制创新为主的改革方式，不仅不排斥还能加速正确的产权改革，即随着国有企业效益的明显改善，创造出更多吸收法人和社会投资的条件，进行符合经济规律的公司制和股份制改造，巩固和发展公有制适应社会大生产的优越性。

正如斯蒂格利茨所说，现代工业化大生产的经济运转，无法依靠私人业主式的"自然产权激励"，必须依靠稳定的、多环节的代理关系，而代理关系链条的培育需要漫长过程，经过数十年甚至更长时间渐进地形成。西方国际组织大肆鼓吹的"产权神话"，在人们心目中形成了根深蒂固的影响，误导人们不去关心真正重要的制度创新问题，如改善代理责任制的激励、监督机制等。由于产权改革直接触及企业的最高决策层，甚至牵涉到整个经济基础和上层建筑，必然严重冲击和破坏原来的广泛代理链条，上层建筑可能会因功能混乱而陷入崩溃，造成贪污腐败猖獗和经济运行陷入瘫痪。由此可见，20世纪80年代国有企业改革以责任制创新为主，并非是许多经济学家认为的单纯"放权让利"，而恰恰是符合中国国情的经济制度创新。

斯蒂格利茨非常赞赏有中国特色的改革，包括"下放权力"、经营责任制创新、租赁制等，不同意西方学者批评中国改革不规范。斯蒂格利茨说，倘若俄罗斯的改革者意识到真正的变革需要参与，他们应该很欢迎"下放权力"、"租赁制"等改革，而西方误导改革者走的却是一条相反的道路。在俄罗斯，租赁的运动停滞、搁浅了，取而代之以凭证式私有化。在所有的前苏联的国家中，官方声明都强调这样做是为了加速私有化进程，但私下官员承认停滞租赁是为了增加供私有化拍卖的国有资产。斯蒂格利茨还认为，"租赁制企业，比如中国的乡镇企业，按西方的标准来讲远远不够'完美'。前苏联的改革者们没有努力改进这些改革形式，防止出现滥用，并引导这些自发的力量，却将这些'有瑕疵的'和'不够完美'的自下而上的改革完全停滞下来，根据教科书关于公开交易的联合股份公司的模型取而代之，实行了自上而下的凭证式私有化计划"。

中国和俄罗斯两种改革方式的巨大差异，还可以从进化论角度进行形象的比喻。各种生物进化遵循的一般规律是，生物尝试进行适应环境的生存活动，选择有利于发展自我基础的生存方式，并且随着环境变化不断进行调整。寻找食物和抵御天敌的生存活动变化，一般先是导致了运动功能的变化，这种低层次的功能变化渐进积累，才导致了高层次的器官形态变化，这种从量变到质变需要漫长过程。生物的进化不能以模仿其他物种为标准，而只能以巩固和发展自我基础为标准；生物系统进化需要遵循上述规律，是为了尽量减少进化过程的消耗，更好地适应环境和避免物种灭绝。

中国国有企业改革从责任制度创新入手，表面上是浅层次的运动功能的改变，但恰恰是符合进化论的客观规律，能够在不改变原有机体构造的基础上，直接扩大适应环境的生存活动范围，充分利用市场机制和大量微观经济信息，更好地巩固和发展社会主义的自我基础，通过促进生产力发展积累了大量的体能，支持更高层次的器官系统发育和构造改变，这种责任制度的创新经过长期的逐渐积累,还会自然而然地以符合客观规律的方式,引起宏观经济体制和企业组织形态的创新,避免激烈的产权变更导致经济基础瓦解。

俄罗斯国有企业改革从产权制度入手,表面上直接属于深层次的器官系统改变,但恰恰是违反了进化论的客观规律,实际上是为西方的"产权神话"所诱惑,采取了盲目模仿其他物种的错误做法,似乎可以一跃进入发达的市场经济,却恰恰犯了鱼儿盲目模仿鸟儿的错误,忽略了西方的市场经济和产权制度,以及股份公司等企业的组织形态,是经过漫长的历史过程逐渐形成的。俄罗斯急于求成的深层次产权改革,不仅无法直接促进生产力的发展,还会激烈冲击自身经济基础和上层建筑,严重破坏原来的复杂、多环节代理链条,促使企业责任制瓦解陷入秩序混乱,导致贪污腐败和掠夺资产泛滥成灾,就仿佛鱼儿被鸟儿诱骗跳到了沙滩上,自身丧失抵抗力机体组织逐渐腐烂,只能任凭食腐的细菌和蛆虫大量滋生,任凭不怀好意的狡猾鸟儿肆意吞食。

中国选择符合国情的国有企业改革道路,首先必须考虑到自身的历史起点,在发挥自身优势的基础上借鉴别国的长处,就像各种生物选择自己的进化道路,必须从自身所处的环境出发。中国之所以选择了社会主义和公有制,正是因为在西方列强群狼掠夺的环境中,私有制企业的规模小、力量薄弱,无法迅速实现工业化挽救民族危亡,而社会主义和公有制企业的优越性,能够广泛动员全社会力量加速工业化。因此,尽管社会主义和公有制企业存在某些缺陷,我们也不应忘记其实现工业化的功绩,也应看到其自我完善增强活力的巨大潜力,也应在最大限度继承其优越性的基础上,依照符合客观规律的方式进行渐进的改革。解放后,由于种种历史原因,我国曾经长期实行了集中计划经济体制,这样有利于加速工业化增强国家实力,但是,随着国民经济规模的日益扩大和复杂化,其体制僵化和不灵活的弊病就显得越来越突出。

现代组织理论认为,市场和组织是两种分配资源的主要方式。我们一般将旧体制称为计划经济体制,但仅仅从计划的角度难以概括旧体制的主要结构特征,因为,组织具有计划、协调、控制等经济功能,计划的制订和执行都必须依靠具体的组织实体。因此,我们也有必要从组织的角度分析旧体制,以更好理解其优势、弊病和改革方向。根据现代组织理论,企业的组织结构主要分为U型、M型和H型,U型结构是集中型,M型结构是中间型,H型结构是分散型。计划经济必须依靠一个庞大的组织来实现,这个组织的结构特征与西方的U型大企业有许多相似之处,其特点是组织核心部门直接控制和分配经济资源,统一协调和指挥各个行业部门的生产经营活动,以及人事、财务、金融、科研等服务部门的活动,众多企业隶属于各个行业部门或地方政府管辖,其生产、投资、销售必须服从统一的指令性计划，仅仅相当于生产成本中心，财政部门承担了许多公司财务监管职能，银行除了有限的信贷业务外，肩负着总出纳和会计监督的职能，货币发挥有限的商品交换媒介功能。

国民经济管理采取 U 型的组织结构，在一定历史条件下有合理性，其优点一是能够将有限的人力、物力资源迅速集中起来，投入关系到整体经济发展的重要产业和科研事业，克服了私人资本缓慢积累的局限性，充分利用规模经济加快工业发展和技术进步；二是具有较好的协调性，增加重大投资项目之间的配合，避免过度重复投资和不配套现象，降低经济结构迅速变迁中潜在的风险。解放初期，我国面临着实现工业化的紧迫任务，而且经济结构相对来说比较简单，采取计划经济体制有利于加快工业化进程，特别是"一五计划"时期取得了巨大成就，但是，随着国民经济规模的日益扩大和复杂化，U 型组织结构的弊病就显得越来越突出，主要表现在计划部门协调经济活动越来越困难，缺乏精力考虑重大战略发展和宏观控制问题，各级行业管理部门变得越来越庞大，难以有效协调、监督众多工业企业，行政费用、管理成本和信息成本日益上升，束缚了基层企业和广大职工的首创精神，妨碍了企业充分利用多种多样的机会加快发展。

早在 20 世纪 50 年代陈云同志就曾提出，应认识到政府计划的必要性和局限性，利用无政府的市场调节作为补充。但是，由于"左"倾思潮的影响，陈云同志的辩证思想没有受到重视。毛泽东同志认识到计划经济存在僵化弊病，但他提出的改进办法是"大跃进"的群众运动，结果严重破坏了计划协调机制和责任制度。三年调整时期，我国重新强调计划调节和加强管理，有效地促进了国民经济摆脱严重困难。"文化大革命"的左倾错误泛滥时期，再次将责任制当做资本主义的"管卡压"，严重冲击了正常生产秩序和经济运行。由此可见，我们批判"左"倾错误造成的危害时，不应笼统地将其归罪于计划经济体制，实际上，改革前遭受的许多重大经济损失，恰恰同破坏计划经济和责任制有很大关系。倘若我们不正确地总结历史经验教训，改革开放中也可能犯同样荒唐可笑的错误，俄罗斯的激进市场改革就是很好的例子。

"文化大革命"结束后，党的十一届三中全会纠正了"左"倾思潮的错误，揭开了我国经济体制改革的序幕。1978 年，我国首先在四川省的部门工业企业进行了扩大企业自主权的试点。1979 年 7 月，国家经委、财政部等六个部门在京、津、沪选择八个国有大中型工业企业进行扩权试点，到年底，试点企业扩大到4200 多个。1980 年发展到 6600 多个，占全国预算内工业企业总数的16%，产值的 60%，利润的 70%。这些工业企业试行了新的经营责任制，重新界定了国家与企业之间的责、权、利关系，逐渐扩大了在生产计划、产品销售、资金使用、人事干部等方面的经营权力，同时也采取了新的利益激励机制（如利润留成制度），改变了以前利润全部上缴的状况，增加了企业积累，职工的经济利益同企业的经营成果初步挂钩，分配上的平均主义现象有所改变。1982 年逐步推广了一些大中型企业试点新的经营经济责任制的成功经验，取得了很好的效果。企业扩权改革不仅限于工业系统，商业系统从 1979 年起实行全行业利润留成制度。1980 年，大约有 3900 个国营商业企业推行并扩大了自主权改革，占商业系统独立核算企业的 5% 左右。1981 年商业系统推行新型经营责任制的企业增加到 47550 个（商业企业 23800 个，粮食企业 11600 个，供销企业 13000 个），占独立核算企业的 35%，扩权试点企业采取利润包干、分成等多种形式，企业逐步扩大的业务经营权，如非计划商品可以多渠道进货，利润留成可用于集体福利和发放奖金，部分产品的定价处理权等。此外，交通、邮电、建筑、军工及农垦等部门，有的实行行业利润留成或亏损包干，也取得较好的效果①。

有些经济学家将我国 20 世纪 80 年代的企业改革归纳为"放权让利"，认为这种改革有一系列重大缺陷，实践中难以获得成功。事实上，"放权让利"仅仅归纳了这一阶段企业改革的某些表面现象，并没有体现出这一阶段企业改革的深远实质意义。20 世纪 80 年代初，我国经济体制和公有制企业改革的一个重要方向，是首先从经营权的改革入手，改变政府权力过于集中的状况，有条不紊地扩大市场调节的范围，促使公有制企业转化为自负盈亏的经营主体。改革初期，我国企业改革采取了渐进的方式，从直接推动生产力发展的经营责任制度的创新起步，暂不涉及企业的产权制度，不仅符合具体国情，而且也符合现代企业制度演化的内在经济规律，避免了因产权结构等生产关系因素的急剧变化妨碍生产力发展。

斯蒂格利茨分析了俄罗斯产权改革的失败，恰恰主张重视改善代理制和激励机制，采取渐进的"放权让利"方式。他认为："由于社会和组织成本非常脆弱，'一经毁坏很难修复'，因此最好从现有的社会机构入手，并努力引导进行渐进性的转变，而不是'从根到枝干'全部铲除以实现'从一张白纸'开始。有一种重组的形式十分重要的，即将决策权进行下放。但不幸的是这种重组形式很少受到重视。事实上，我认为有一种十分全面的重组方式，可以用来解释广泛意义上的成功。设想有一个集权式的机构长期无法正常运行，这个机构可以是政府机构或是一个企业，由于过度集权已陷入僵化和停

①　参见徐凤臣主编《工业经济责任制》，辽宁人民出版社 1984 年版。

滞，放权意味着把一个大企业从纵向或横向，分成不同的半独立经营的单位或利润中心。放权可以改善激励机制和责任心，并强化预算约束，消除大型企业中经常存在的交叉补贴的情况。由于出现很多新的复杂情况，因此要求进行试验，不是一个试验而是很多试验。需要平行进行很多的试验找出'什么是可行的'。这样就分散了风险，因为一个单位作出的不良决策，不会对其他单位产生很大影响。"

斯蒂格利茨所说的"下放权力"重组方式，乃是现代组织理论根据西方企业的演化，总结出来的提高组织效率的成熟经验。根据现代组织理论，U 型组织结构属于集中型，其特点是组织的最高权力机构直接领导和指挥各部门的经济活动，M 型组织结构则是中等程度的分权组织，其特点是将市场机制引入庞大组织的内部，将组织与市场两种资源分配方式的优点结合起来，既能促使下属责任中心按市场经济原则独立经营，降低协调成本和消除僵化、不灵活弊病，又能由组织高层统一协调重大的战略决策，继续对独立经营的责任中心进行有效的监督，防止过度分权导致秩序失控和滥用职权，在确保责任制的连续性基础上灵活进行创新，因而被现代组织理论认为是 U 型的集中组织，提高效率、消除僵化弊病时优先考虑的分权方式。H 型组织结构则属于分权程度更大的组织，其特点是各个经营单位成为独立的法人，组织高层无法通过组织关系直接协调监督，而是通过持有相关独立法人的控股权，间接地通过董事会来影响决策过程，优点是能够更多下放权力和分散风险，缺点是难以确保战略协调和有效的监督。

由于计划经济属于 U 型结构组织，这种高度集中的组织成长到一定阶段，必然会出现规模庞大和体制僵化的种种弊病，此时应该优先考虑改善效率的有效方式，是进行分权化改革和引入市场竞争机制，逐步向中等分权程度的 M 型组织结构过渡，为了防止出现权力失控和"预算软化"问题，必须进行一系列经营责任制度的创新，用灵活的新责任制取代僵化的旧责任制，促使组织所属的许多生产单位和业务单位，从生产成本中心过渡到独立的利润责任中心，基本上按照市场经济原则进行独立经营，而后逐渐过渡到投资中心或经营战略中心。组织的分权化改革从责任制的创新入手，采取循序渐进的方式，能够直接推动生产力发展，而且避免因产权多元化带来的管理层矛盾纠纷和协调困难，有利于保持经营权的统一性和权威性，有利于防止"预算软化"和代理成本的急剧膨胀，避免出现不必要的混乱甚至组织解体。组织的特点是按计划统一分配资源，市场的特点是按价格机制分配资源，M 型组织结构通过分权化和引入市场机制，能够将两种资源分配方式的优点结合起来，克服资本主义市场经济的种种弊病,是实行计划与市场相结合的组织形式,因而应成为社会市场经济改革的重要方向。一位美国著名教授曾将日本战后的经济奇迹,归功于政府协调与民间企业首创精神的相结合,称此为类似于 M 型组织的 M 型社会模式,认为这是一种优越于自由放任市场经济的模式。

改革初期,我国从扩大企业自主权入手进行体制改革,积极推进一系列经营责任制度的创新,重新界定国家与企业之间的责、权、利关系,将企业从政府部门下属的生产成本中心,转变为独立核算、自主经营的利润中心或投资中心,直接调动了广大企业职工多创效益的积极性,防止了产权结构等生产关系因素急剧变迁造成生产衰退;国民经济的组织管理逐步从 U 型结构转变为 M 型结构,在不断扩大市场调节范围的同时,适当保留一些重大比例关系的计划调节,有利于计划经济向市场经济的平稳过渡,有利于加速经济结构和比例关系的调整,如改革初期逐步放开消费品市场的同时,政府部门也采取了一系列计划措施,对轻纺工业所需的资金、能源、原材料供应等实行“六个优先”,迅速繁荣了消费品市场,有效解决了通货膨胀压力与社会失业并存的难题。有些人以西方的规范改革药方为标准,来评价我国符合国情的经济改革,指责这种循序渐进的改革方式,似乎既“不全面也不系统”,如在尚未全面放开价格的条件下,利润留成无法反映真实的企业业绩,而且没有触及深层次的产权制度,易于导致“预算软化”问题如滥发奖金,等等。

但是,实践证明,我国 20 世纪 80 年代的经济改革和企业改革取得了巨大成就,在“文化大革命”后国民经济处于崩溃边缘的条件下,短短几年就扭转了严重的经济困难,调整了不合理的产业结构,促进了农、轻、重工业的协调发展,国有企业效益提高而亏损面明显减少,不仅消除了长期存在的物资匮乏,缓解了严重的通货膨胀压力,而且通过发展生产增加了大量就业机会,1979—1984 年间共安置了 4600 万人就业,一举解决了历史遗留下来的大批知青待业的严重问题,使失业率从 1979 年为 5.9% 的新中国成立以来最高水平,逐步下降到 1984 年的 1.9%。20 世纪 80 年代我国经济改革的成功经验,虽然同西方的规范经济理论有较大出入,但是,符合“实践标准”和“三个有利于”的原则,不仅推动了社会生产力的发展,而且提高了广大人民的生活水平,有力地维护了整个社会的稳定。尽管如何治理通货膨胀和大规模失业是世界公认的难题,许多西方发达国家也对此束手无策,但是,由于 20 世纪 80 年代我国采取了符合国情的经济改革和企业改革政策,是过渡经济国家中唯一保持高经济增长、高就业水平和低通货膨胀的国家。与此形成鲜明对比的是,俄罗斯、东欧国家直接效仿了西方的发达市场经济模式,其方案从西方规范理论逻辑角度来说似乎是无懈可击的，如价格改革、财税改革、金融改革和产权改革实行全面配套启动，以求"一步迈入规范化的市场经济"，仿佛会取得良好的实践效果，可惜事与愿违，无一例外地饱尝了经济长期衰退、物价飞涨、人民收入下降和工人大量失业的苦果。①

三　企业承包经营责任制的发展

1978—1980 年主要是国有工业企业推行经营责任制改革的试点阶段，1980—1982 年则进入了逐步推广和不断完善试点企业经验的阶段，扩大自主权和推行新经营责任制的国有企业的比例不断增长，至 1982 年末上升到占全部工业系统企业的 80% 左右。1978—1979 年，新的经营责任制在界定国家与企业之间的利益分配关系方面，主要采取各种形式的利润留成或以税代利自负盈亏，20 世纪 80 年代初由于我国农村改革取得了突破性进展，在农村承包制的巨大成功启发之下，1981—1983 年城市综合改革中国有企业也开始试行了各种形式的承包经营责任制。我国农村承包制起源于安徽省凤阳县，该地区的自然条件良好，但由于旧体制的束缚，农业生产非常落后。1978 年十多个农民与干部自发签订了承包责任契约，实行"包产到户"和"超包全留"，粮食生产当年翻一番。1979 年全县推广其经验后，粮食增长 49%，油料作物比 1977 年增长 3 倍，人均收入增长 80%。受到农村改革成功的巨大鼓舞，我国一些国有大中型企业首先试行了各种形式的承包经营责任制，有效地调动了企业和职工的积极性，取得了比较明显的效果，工业系统的国有企业纷纷效仿，1983 年大约有 60% 的县以上国有企业实行了不同形式的承包制，或与其非常相似的经营责任制（当时主要称上缴利润包干或企业减亏包干）。这种改革形式表面上没有明晰产权关系，却能够在企业扩权面向市场经营条件下，更加明确地界定政府与企业的"责、权、利"关系，有效地改善代理契约的监督激励机制，调动企业和职工挖潜增效的积极性。

尽管企业推行承包制的积极性很高，但是，政府财税部门和学术界对"包字进城"存在较多疑虑，主要认为这种改革形式不如"利改税"规范，不能保证国家利益"得大头"。1984 年以后，除了少数一些国有大中型企业继续实行承包制外，大多数国有企业转为推行利改税。我国经过 1983 年的"一步利改税"试点后，从 1984 年起正式在全国推广"二步利改税"，从利税并存过渡到完全以税代利，对企业征收所得税、产品税、营业税、调节税等 11 个税种。利

---

① 参见杨斌《探索解决当前就业矛盾的宏观治理对策》，《中国工业经济研究》1996 年 6 月。

改税虽然更加符合西方市场经济的规范做法,但是,从我国经济体制的具体特点来说,"二步利改税"并未很好解决国家与企业利益分配问题,因为,我国政府具有社会事业管理者和全民生产资料所有者的双重身份,上缴的形式比较实质利益分配是相对次要的,改革关键是如何形成公平的市场竞争环境,将国有企业转变为真正具有自我积累能力的自负盈亏的经营实体,充分调动企业和广大职工创造经济效益的积极性,分配关系方面兼顾国家、企业和职工三者的利益。由于我国旧体制的 U 型结构具有政府部门庞大的缺陷,财政支出和财政税收的刚性压力相当大,因此,"二步利改税"实施过程中,国有企业的实际负担不断加重,流转税种和税率的增加,取走了企业创造的一半纯收入,而后征收 55% 的所得税和调节税,又收取了一半以上的实现利润,留利还需要缴纳15% 的能源交通基金,10% 的预算调节基金,派销国债券、重点建设债券等,以及其它各种形式的不合理摊派,国有企业通过各种利、税、费上缴了大约80%—90% 的纯收入,严重削弱了国有企业的激励机制和积累能力,而且在利改税条件下企业缺乏明确的经营责任目标压力,以致从 1985 年起财政收入出现了连续 22 个月的滑坡。由于"二步利改税"还对乡镇企业和三资企业实行了三年免税和两年减税的优惠政策,这些非国有企业具有很强的自我积累能力,竞争能力大大加强,而国有企业的各种税收和社会保障负担沉重,难以进行技术改造,在市场竞争中处于十分不利的地位。

但是,同实行利改税的众多国有企业陷入困境相比,一些继续实行承包制的国有大中型企业却显示了强大活力,通过自我积累不断进行技术改造,竞争能力不断增强,上缴利税、企业留利和职工收入实现了大幅度同步增长。为了扭转财政收入持续滑坡的严重局面,国务院决定从 1987 年 5 月起在全国推行企业承包经营责任制,这一改革在全国国有企业中获得了迅速的推广,到 1987 年底,预算内工业企业的承包面达到 78%,大中型企业的承包面达到 80%。实践证明,这一改革取得了显著成效,当年财政收入就开始转为回升,1987 年税收利润增加 118 亿元,增长 9.9%,其中承包制所增加的利润大约 60 亿元。陕西省当年有 60% 的企业实行承包制,承包企业的实现利润增长 15.8%,而未承包的企业则下降 27%。尽管 1988 年原材料、副食品大幅度涨价加重了企业负担,但是,承包制企业仍然取得了很好的业绩,经济效益增长大大高于产值增长,1988 年预算内工业产值增长 10%,销售收入增长 22%,实现利税总额 1557 亿元,净增 230 亿元,增长 17.4%,其中税金增长 20%,利润增长 14%。北京地区推广承包制较快,1988 年工业产值增长 12%,实现利税增长 15%,上缴利润增长 9.7%,某些地区推广承包制较慢,1988 年初实现利润仍在下降,后来实行承包后降速明显趋缓，山东、河南、吉林等推广承包制较快的省份，经济效益增长明显高于全国平均水平。[①]

1987 年我国出现了第二次推行企业承包经营责任制的浪潮，与 20 世纪 80 年代初出现的第一次企业承包经营责任制有许多不同之处。首先，实行企业承包制的经济环境发生了很大变化，第一次承包浪潮中，一般规定在完成国家指令性计划之后，企业才能面向市场争取多创销售收入和利润，第二次承包浪潮中，随着经济体制改革的深入，国家的指令性计划范围大大缩小，消费品、生产资料、资金、技术、劳动力市场发育更加成熟，乡镇企业、三资企业的崛起形成了激烈的市场竞争。其次，第二次承包浪潮中，承包制的形式比以前更为复杂，如上缴利润递增包干、两保一挂综合承包、上缴利润超基数分成、减亏包干、资产经营承包制，等等。承包制的具体做法也更加多样化，如竞争招标选择承包人、风险抵押承包、全员承包、个人承包、企业法人承包，等等。再次，实行承包制的范围也更加广泛，遍及冶金、机械、轻纺、建筑、商业等各个行业，生产规模不同的大、中、小型企业，以及国有、集体、乡镇等不同类型的公有制企业。企业承包制是在坚持"二步利改税"的基础上，对其流转税的部分不做改变，也没有改变对留利征收的利、费，仅仅变动所得税部分，对企业实现利润从以 55% 的税率计征，改为超利润定额返还政策，上缴利润定额大体上按上年的所得税数额计算，再加上年递增率，这样一方面保证了财政收入不会滑坡，而且逐年稳步增长，另一方面又使企业面对明确的经营目标的压力，激励企业为了增加自身积累和职工收入，努力多创经济效益。企业承包制虽然取得了很大成绩，但是，整体上不如农村承包制的成绩那样显著，原因之一是没有充分体现农村承包制的"超包全留"精神，企业承包制虽然包死了所得税，但由于政府在强大的财政支出压力下，不断增加流转税种、税率和摊派，流转税又大大高于所得税，形成了"以税挤利"的局面，企业的各种上缴负担依然非常沉重，从而大大限制了承包制的激励效应。

四　投入产出总承包的改革实践

20 世纪 90 年代初，我国各地通过长期的企业改革实践，摸索和创造出了一种新型的企业承包制形式，在搞活国有大中型企业方面取得了显著成绩，在此值得进行较为深入的分析。这种新的承包形式一般称为"投入产出总承包"，其特点是通过代理契约的形式，规定企业的主要经营目标，如实现利税、上缴

[①]　参见杨培新《承包制：企业改革的必由之路》，中国经济出版社 1991 年版。

利税、技术改造投入、技改项目完成进度、国有资产保值和增值、职工收入与
企业效益挂钩等;一般是根据行业平均先进水平确定上缴国家的财税基数,并
保证其逐年的增长率,超额部分全部留给企业,作为内部积累资金和职工奖励
基金;不同于一般承包形式,"总承包"的内容更广泛,不仅包括了经营效益
目标,而且包括了技术改造投入和进度目标,以及国有资产的保值增值目标;
包死部分不仅包括所得税,还包括流转税在内的全部税费,因而既能保证国家
所得税、流转税的逐年稳定增长,又能有效地解决了企业缺少"自主钱"的困
难,具有比其他承包形式更为强大激励作用,更好体现了农村承包制的"超包
全留"的精神。

据中国工业经济协会于1994年对全国23个省市进行的调查,全国大多数
省市都有一批实行投入产出总承包企业,大多数是重点行业的国有大中型企业,
遍及机械、化工、冶金、医药、电子、纺织等大多数工业领域。"总承包"有
效地促进了国有企业经济效益的大幅度提高,特别是帮助许多亏损严重或濒临
破产的企业走出了困境,迅速完成了需要大量投入的技术改造项目,增加了产
品和企业的市场竞争活力,稳定了广大职工的就业并消除了企业冗员。据调查,
作为老工业基地的辽宁省,有123户企业实行投入产出总承包,1993年共实现
利税68.4亿元,其中利润33亿元,分别比上一年增长77.3%和171.3%,比全
省全部预算内工业企业,分别高出24.6个和12.9个百分点,比全国国有企业
的增长率高出一倍;黑龙江、湖南、安徽、河南等地的调查情况也大致相同[①]。
李鹏总理在1991年中央工作会议上,曾明确提出"实行投入产出总承包,赋予
企业更大的自主权"。近年来,国家有关政策也规定,对符合产业政策的国有大
中型企业可以实行投入产出总承包,以加快其技术改造并增强竞争活力。

全国各地许多国有大中型企业实行了"投入产出总承包",形成了强大的
内部积累和利益激励机制,取得了良好效益和高速增长,例如全国闻名的周口
味精厂、邯郸钢铁厂、桦林橡胶集团、深圳建设集团、北人集团、安徽马钢等
企业,其中许多企业因效益良好加快了股份制改造和股票上市的进程,特别突
出的是东北的桦林橡胶集团,该企业曾是黑龙江省的第一"摇钱树",新中国
成立以来上缴国家利税50多亿元,相当于建厂投资的9倍,但在旧体制外延增
长方式的影响下,该企业长期以来产出多而投入少,因设备陈旧落后处于亏损
边缘,从"摇钱树"变成了"苦菜花";1990年经省政府研究决定实行"总承
包",包经济效益目标和技术改造进度,包国有资产增值和还贷,实行利税统

---

① 参见李忠凡主编《成功的实践》,经济管理出版社1993年版。

算，承包基数 7283 万元，其中产品流转税 6658 万元，上缴利润 625 万元，从 1992 年起每年递增 10%；实行"总承包"后，企业三年迈出三大步，主要依靠自身积累加快了技术改造，共积累资金 2.36 亿元，先后完成了六大技改项目，开发出 32 个新产品，实现利税大幅度增长，1991 年达 1.02 亿元，年增长 62%，1992 年达 1.6 亿元，年增长 60%，1993 年达 2.19 亿元，年增长 36%，从"苦菜花"又重新变成了"摇钱树"。[1]

"投入产出总承包"的基本经济原理，是在两个层次的代理关系方面进行了重要的责任制度创新，一是以代理契约的形式，更为明确地界定了国家与企业之间的责、权、利关系，通过规定全面效益目标和技改目标明确了企业经营责任，通过更为全面的利税递增包干，来解决财政与企业利益分配的矛盾，最大限度地降低政府的监督成本，保证了财政收入的增长和国有资产的增值，保证企业拥有充分的内部积累进行技术改造，防止企业将留利用于不合理用途；二是发挥公有产权将剩余索取权与劳动者利益紧密结合的优势，最大限度地调动企业和广大职工多创效益的积极性，激励企业进行各种内部代理责任制的创新，如在生产管理、成本核算、组织结构、产品销售方面进行一系列管理责任制度创新，通过层层承包将经营目标落实到基层的每个职工，并且以雄厚的财力作为激励手段，激励广大企业职工尽力完成本职的责任目标。

我国政府和学术界对于企业内部的各种承包责任制的创新，一般来说争议较少。例如，邯郸钢铁厂从 1980 年在河北省率先实行利润递增承包责任制，1987 年成为该省上缴利税超亿元的四大企业之一，1990 年在原材料涨价和效益滑坡的形势下，进行了"模拟市场、成本否决"的经济核算责任制的创新，根据有市场竞争力的目标价格，核算出每个分厂、车间、工序的成本指标，通过层层分解和层层承包，将具体责任落实到企业各部门、各车间的全体职工，实行奖罚分明的激励机制，将企业利益同每个职工的利益密切联系起来，通过内部挖潜和自身积累进行技术改造，大大提高了生产能力和经济效益，其成功经验得到了社会各界的普遍赞扬，目前正在全国各地大力推广。

但是，对于承包制在界定国家与企业之间责、权、利关系方面的作用，社会各界的争议较多，一般认为不如西方的所得税、增值税更为符合市场经济规范。我国制定财税改革政策，应该借鉴外国的财税制度，但是，外国的制度毕竟产生于特定的社会经济环境和历史进程中，简单模仿难以产生相同的制度效果，因此，我们更要从具体的国情出发。我国的具体国情是，由于重速度、轻

---

① 参见李忠凡主编《成功的实践》，经济管理出版社 1993 年版。

效益的外延增长方式，国有企业长期以来上缴多、积累少，各种社会负担沉重，缺乏足够的内部积累和激励机制，因此，财税改革应设法弥补和克服国有企业的上述弱点。实际上，西方的财政理论也认为，大多数税种包括所得税、增值税，都有一定程度的影响生产者积极性的负激励效应，完全没有负激励效应的唯一税种是"定额税"（Lumpsum tax），既征收与企业利润和销售额无关的固定额的税收。定额税虽然取自企业收入，但是不会影响企业追求新增加收入的积极性，同不征税的情形相比，整体国民收入不会因此下降；而所得税、消费税和增值税会削弱企业追求新增加收入的积极性，鼓励人们追求轻松舒适的惰性，起到奖懒罚勤的作用，当新增收入需要企业付出额外努力时更是如此，这样同不征税的情形相比，会造成整体国民收入下降或增长放慢，西方财政学称此为额外效率损失（Excess burden）。由于"定额税"是完全没有负激励效应的唯一税种，不会造成额外效率损失，而且不会带来所得税、增值税等税种所固有的其他负效应，如降低资本积累积极性和扭曲相对价格的副作用等，故西方财税理论称其为"最佳税"。[①]

投入产出总承包之所以具有强烈的激励效应，能促进财政税收、企业积累和职工收入的大幅度同步增长，也在于符合"定额税"的经济原理。根据西方财税理论，税负的负激励效应具有超过自身的放大作用，税负的一定数量的增加可以造成整体国民收入更大数量的减少，反之则能造成整体国民收入更大数量的增长。换言之，税负的较小差别，就能对企业的积极性和市场竞争的结果产生重大影响。上述财政学的理论分析，已为我国经济中的许多现实例子所证明，如农村联产承包责任制的"超包全留"政策，极大地调动了农民的积极性，创造出了增产奇迹；城市国有企业的各种税负较重，影响了承包制发挥效果，"二步利改税"曾造成长期的利税滑坡；我国对于乡镇企业和"三资"企业实行的税收优惠政策，大大地促进了非国有经济成分的高速增长，从国有企业与乡镇、"三资"企业之间的明显税负差别，我们也很容易理解它们之间在竞争能力上存在的较大差距。

投入产出总承包之所以效果良好，在于依靠以下责任制和激励机制的创新：一是国家作为公有产权的代表，有权向公有制企业提出逐年递增的上缴目标，但是，"包死基数，亏欠自补"相当于定额税，形成了强迫企业克服初始惰性的强大启动力，迫使企业为之奋力拼搏，实行严格的内部管理责任制度；而在西方经济中，国家不拥有私有企业的产权，难以实行定额税，是依靠私人盈利

动机和经理高薪报酬提供企业的启动力。二是"超额全留，同职工利益挂钩"，意味着企业一旦被启动，就进入了无阻力的发展环境，形成了强大的内部资本积累机制，促使企业不仅关心劳动生产率，而且关心内部资本积累和投资效率，为企业的技术改造提供了雄厚的物质基础，为企业自发追求无止境发展提供了内在动力和物质条件。由此可见，投入产出总承包恰好能够提供国有大中型企业所缺乏并迫切需要的强大内部积累和激励机制，以及优越于西方财税制度的无阻力发展环境，甚至使公有制企业赶超西方私有制企业成为可能，正因如此，河南的周口味精厂才能从一个县级国营小厂，迅速发展成为具有世界一流水平的超大型先进企业，利税连续五年居全国同行业首位，生产规模升至世界排名第一。

投入产出总承包的成功原因在于，充分调动企业和广大职工的积极性，通过深挖潜力创造更多的内部积累，内部积累是企业自我发展的基础，也是企业的最佳资金来源，其代理成本远远小于外部股金和贷款。现代企业的良好运转，应形成优化的资本结构，即必须保持内部积累、外部股金和借贷的合适比例。西方国家的经验表明，企业资本形成的三分之二来自内部积累，三分之一来自贷款，大约百分之几来自发行股票。我国国有企业长期以来在重速度、轻效益的外延增长方式影响下，给国家的上缴多，提取的留利、折旧少，缺乏内部技术改造和自身发展的资金，背上了沉重的债务包袱。我国国有企业资金困难和债务负担的根源是内部积累不足，解决问题的办法就是减轻国有企业负担，增强"元气"和发展"后劲"。当然，在国家财政困难的条件下，不能以降低财政收入为代价，而"总承包"的优势，恰恰在于不仅能有效保证上缴财税的绝对规模，还能保证其逐年的稳定增长。通常情况下，政府为保证国有资产的保值和增值，必须支付巨大的监督成本，而且效果很不理想。"总承包"通过代理经营契约的形式，为国家和企业双方都提供了非常有利的条件；对于国家来说，不仅可以将税收和经营国有资产的风险降低到最小限度，而且可以最大限度地减少监督成本和整体代理成本；对于国有企业来说，不仅提供了强大的内部积累和激励机制，而且最大限度地减少了政府干预，提供了发挥主动性和创造性的条件；对于社会来说，国有企业提高效益和增强活力，为增加就业机会和维护社会稳定提供了有利条件。

投入产出总承包与企业的产权改革并不矛盾，因为，经营权改革能够直接推动生产力的发展，而生产力发展则是生产关系变革的动力源泉；企业承包制能够加强内部积累和激励机制，而内部积累不仅是代理成本小的最佳资金来源，也是企业吸收外部贷款或股金的物质基础。许多国有企业比较顺利地进行了产权改革,其重要原因在于承包期间取得了良好效益,有效地利用了企业留利资金进行技术改造,从而加速了股份制改造和股票上市的进程。

五 关于承包制的若干争论问题

(一) 财税改革与承包制

1994年第二轮企业承包结束后,我国在全国范围内进行了新的财税改革,对内资企业实行统一的所得税,建立以增值税为核心的新流转税体系,对许多税种进行简化合并,等等。新税制的实施起到了许多积极作用,有利于增加政府税收和宏观调控能力,建立公平竞争的市场环境,简化、规范种类繁多的税种,缩小不同地区的经济差距,等等。但是,企业普遍反映增值税加重了负担,因为增值税不同于所得税,企业不论盈亏都必须承受,因而原来负担沉重的国有企业处境更加困难,上缴税金大幅度增长,实现利润和自我积累却大幅度下降,资金周转困难更加严重,甚至许多乡镇、三资和股份制企业也出现了效益滑坡。据对北京市200家大中型企业的调查,1994年增值税的实行使其流转税负增加15.7%。1993年北京的14个工业局中有2个全行业亏损,1994年增加到了9个全行业亏损。据国家统计局的调查,1995年国有企业的亏损额增加20%,实现利润下降20%,总亏损面达到45%,远远高于20世纪80年代的10%左右。1996年1—5月,国有企业的总亏损面进一步上升到50%,国有大中型企业的实现利润下降78%,甚至实现利税总额也首次出现大幅度下降,出现了新中国成立以来从未有过的盈不抵亏。1996年国有大中型企业的实现利润为负1.18亿元,而1995年同期为正105亿元,这说明陷入困境不仅是国有中小型企业,国有大中型企业也面临着严重困难。一段时间内,国有企业的经济效益严重滑坡,资金周转困难,三角拖欠严重,大批企业陷入于停产、半停产,大量设备和人力处于闲置状态,下岗待业或失业人员显著增长,许多职工因停发工资生活困难。

我们应充分认识到国有企业困难的严重性和紧迫性。20世纪80年代,国有企业的亏损率一直较低,即亏损总额/盈利总额之比较低,长期保持在低于10%的水平。近年来,国有企业的亏损率大幅度上升,1995年亏损率上升到43%,1996年甚至猛增了数倍之多,进一步上升到201%,1997年国有企业的亏损率略有下降,但仍然保持在171%的高水平上,1998年国有企业亏损状况出现显著恶化。根据1998年1—5月的统计数据,国有企业的盈利总额竟然变成了负数,比较1988年的890亿盈利总额下降了百分之百,而亏损总额相当于全年达到1000多亿,比较1988年的81亿亏损总额增长了十多倍,现在国有企业困难的性质同 20 世纪 80 年代相比发生了很大改变，已从以前的相对活力不足变化为严峻的生存困难。俄罗斯私有化企业的经营困难持续数年之后，就导致了国家财政和银行体系的全面崩溃，甚至不断造成政府垮台和社会动荡的局面。倘若我国国有企业的困难不能迅速得到根本扭转，这意味着将出现大面积的企业倒闭破产，形成对财政金融体系和社会稳定的巨大冲击，财政税源萎缩不仅减少社会基础建设的资金，而且还会威胁政府和军队的基本经费，一旦银行体系发生信用危机，不仅广大人民的储蓄存款受到威胁，其他各种类型的企业也会受到牵连，导致整个国民经济的崩溃。由于国有企业单位产值创造的税收，相当于私营企业的430%，相当于外商和港澳台资企业的260%，是国家财政不可替代的税源支柱，国有企业长期无法摆脱困难，必然意味着国家财政陷入困境。因此，我们必须搞好国有企业，除此之外别无选择。政府不能仅仅关注少数利税大户，众多国有企业无法摆脱严重困难，必然也牵连到上缴利税多的企业，甚至导致这些企业陷入亏损困境。我们必须兼顾国家财政和国有企业的利益，因为，它们都是国民经济不可缺少的有机组成部分，两者之间存在着唇亡齿寒、休戚与共的关系。

当前，如何搞活国有企业不仅关系到经济体制改革，而且还直接关系到整个社会稳定。我们应该解放思想，广开思路，认真研究如何在坚持新税制的基础上，继承和发展多年改革中积累的宝贵经验，包括企业经营权改革和责任制度的创新，特别是投入产出总承包的成功经验，切实减轻国有企业的各种沉重负担，增强企业的自我积累和技术改造能力，兼顾国家、企业和职工三方面的利益。实际上，实行新税制与投入产出总承包并不矛盾，各种类型的企业都经常需要所有者进行注资，实行"总承包"的企业也应执行新税制，超过基数后多创的利税按政策返还，可以看做是政府对国有企业的注资行为，即采取一种"不真掏钱的注资方式"，通过改善代理契约的激励机制形式，由国家用税收返还激励企业挖潜增效，并作为对国有企业保证上缴税收的规模及增长的奖励，这样能够充分调动企业和职工的积极性，解决国有企业资本金不足和债务沉重的矛盾，而且不会带来依靠国家投资或拨款的副作用。可考虑对需要重点扶植的行业和企业，特别是关键产业困难的国有大中型企业，有选择地实行投入产出总承包的政策，激励它们多创效益、增加内部积累摆脱困难，待困难的国有企业实行'总承包'一段时期，恢复'元气'从亏损企业变成盈利企业，政府仍然可以恢复增值税、所得税，此时财政税收比重会在更高的起点上增长，还会创造条件加速股份制、公司制改造，广泛吸收外来资金甚至对外进行多元投资，有效促进国有企业"三年脱困"和产权改革。

实行"总承包"不妨碍建立公平的市场竞争环境,因为,长期以来存在的不公平税负环境,大大削弱了国有企业的市场竞争能力,其积累的副作用不是短期内能够消除的,而且国有企业担负了大量应由政府承担的社会责任,其财务监督比较健全,纳税行为比较规范,因而其实际税负仍然大大高于外资和私营企业,倘若我们无法采取有效措施矫正不公平税负环境,民族工业可能被不公平竞争所击垮和兼并。外资企业的技术产生于本国高工资的经济环境,一般不愿花费巨资改造为适应我国国情的技术,加上其具有通过转移价格牟利的强烈的动机,因此,外资企业占领我国市场的份额不断扩大,意味着我国工资收入和国家税收份额的不断缩小,十分不利于改善人民生活和保持发展后劲。我国迫切需要进一步完善和发展新税制,加强对外资企业和私营企业的税收征集工作,严格防止通过转移价格和其他方式逃避税收,同时有选择地对不同类型的国有企业实行"总承包",有利于矫正不公平竞争和提高市场运行效率,帮助国有企业迎接日趋激烈的国际竞争挑战,防止国有企业萎缩导致政府税收的比重不断下降。国有企业是财政不可替代的支柱,财政部门对国有企业陷入困难,绝不能只顾本位利益坐视不管,应该认真倾听国有企业的疾苦,密切磋商找到兼顾双方利益的办法。

当前,我国实行"总承包"政策有利于提高宏观调控能力,1993年泡沫经济造成了社会资源的巨大消耗和浪费,仅房地产和钢材滞销就占压资金数千亿元,由于我国国有资产的总值大约为数万亿元,流动资产所占的比重就更少,因此,这种巨大损失仿佛就像人体严重失血,必然引起一系列恶性循环的连锁反应。我国宏观调控应该采取特殊措施补充国有企业的损失,才能避免类似于1929年美国泡沫经济后遗症的连锁反应。西方国家为防止泡沫经济后遗症的连锁反应,一般应降低税负、放松银行和扩大公共投资,但是,1994年我国为抑制价格改革带来的通货膨胀,反而采取了相反的财政金融"双紧"政策。由于国有企业以社会稳定的大局为重,不轻易采取解雇职工和倒闭破产的办法,大大延缓了1993年泡沫经济后遗症的连锁反应,但是,1993年治理整顿虽然制止了泡沫经济的继续"出血",却没有采取特殊措施扶植正常生产部门的发展,以补充其泡沫经济期间的巨大资源损失。1997年亚洲诸国因泡沫经济破灭爆发了金融危机,国际货币基金组织蓄意强迫推行雪上加霜的紧缩政策,韩国仅仅一年中就有70%的小型私人企业破产,泰国、印度尼西亚等国的私营工商业也普遍陷入萧条。美国著名经济学家克鲁格曼、托宾等人,强烈批评国际货币基金组织强迫推行严厉紧缩政策,困难时期蓄意提高税收加重企业负担,大大加深了亚洲、拉美国家的金融危机。

1994 年以来我国长期实行了财政金融的"双紧"政策，国有企业刚刚严重"失血"之后又经历了一系列打击，包括提高税负、紧缩银根和限制投资规模等等，艰难维持了数年后正面临着严峻的生存困难。实行"总承包"有利于宏观调控治理泡沫经济的后遗症，防止国有企业遭受泡沫损失后又因增税而"雪上加霜"，最终无力支撑而被迫大量破产和解雇职工，导致延缓的泡沫经济后遗症连锁反应重新爆发，社会失业迅速蔓延引起市场需求急剧萎缩，促使国民经济陷入恶性循环并且威胁社会稳定。改革开放以来国有企业始终是国家财税的主要来源，搞活国有企业才能保证财政收入不断增长，支持社会基础建设和科学文教事业的发展。当前国有企业在生死威胁下仍承担着深重的税负，充分体现了高尚的内在素质和社会责任感；外商、私人企业一般都是以谋求私利为主要目标，许多企业甚至采取了制造假账和转移价格的非法手段。目前，倘若国有企业大量廉价出售、破产的趋势持续下去，政府财政必然失去稳定的长期税收来源，我国的军队、政府公务员和文教科研人员，将难以获得维持生存所需的工资保证，下岗职工也难以获得失业救济和重新就业机会，广大人民的养老、医疗和社会保障也会面临威胁，从而重蹈俄罗斯推行私有化和增值税改革失败的覆辙。

实行"总承包"有利于对国有企业"放水养鱼"，防止国有企业因上缴税负过重而"竭泽而渔"，增加国有企业的周转资金和技改资金，避免出现三角债危机和破产倒闭风潮，扩大社会需求和缓解市场疲软的状况。当前在通货紧缩和生产过剩形势下，一般应采取积极的财政政策扩大需求，包括增加公共投资和减少企业税负，但是，在财政困难情况下降低税收存在困难，实行"总承包"既能不降低国家财政税收，又能激励企业通过挖潜增加内部积累，加强技改投资和提高职工收入水平，减轻国家财政投资扩大内需的支出负担，远远优越于西方的降低税率缓解危机办法，也优越于依赖国际市场而不是国内市场，通过出口增值税全额退税扩大出口的办法，是一种不需要国家财政出钱进行投资，仅仅"给政策"就能扩大企业和职工购买力，"代价小而效果大的积极财政政策"。

一种观点认为我国财政收入占国民收入的比重过低，因而不能降低国有企业的税负，实际上，国有企业的税收产值比率大大高于非国有企业，国民收入中财税比例下降的原因是非国有企业的高速增长。据统计，尽管 1996 年是国有企业新中国成立以来最困难的一年，其占全国的工业产值比重虽然下降到29%，但是，所创造的利税比重仍占全国工业的55%；尽管实行了新税制，三资企业的实际税率仍仅为国有企业的一半左右，国有企业的纳税额占其营业收入的 9.4% ,而私营企业的纳税额仅占其营业收入的 3.2% 。因此,实行"总承包"的政策搞活国有企业,不仅有利于增加上缴利税的绝对数额,也有利于避免国家财政占国民收入的比例下降。衡量国有企业效益不能仅仅考察利润,而且还应考虑其创造的全部增加价值,包括工资收入、社会福利和上缴税金等,否则即使企业效益增长也会导致社会效益恶化。此外关于政府财政收入比例下降的计算,一般没有考虑非规范财政收入和社会保障筹资,进行国际比较时也往往忽略了发展阶段因素,如美国人均收入与我国相当的发展阶段,各级政府财政收入占国民生产总值的比例仅为 6.7% ,联邦政府占整个政府收入的比重仅为 25.4% ,以后随着经济发展才逐步有所提高。

美国获诺贝尔经济学奖的诺思教授,在《经济史中的结构与变迁》著作中,论述了税赋与产权制度创新的重要关系。他认为政府税赋直接影响了产权的收益,因而可以视为产权制度的重要构成,英国与法国等欧洲大陆国家相比较,海洋减轻了其面临的敌国入侵威胁,因而军费开支和政府税收均比较低,这大大刺激了私人资本利用新技术发明,从而促进了资本主义工业的蓬勃发展,而欧洲大陆国家普遍征收沉重的税赋,限制了私人资本发展并导致了税源萎缩,正因如此,英国才获得了统治世界的经济军事实力。我国经济学家热衷于产权制度的创新,却忽视了税赋在产权制度中的关键作用,历史上英国和欧洲各国都拥有私有制,但是,税赋的不同却导致了完全不同的结果。[①]

我国在考虑企业改革和财税改革方案时,应注意借鉴俄罗斯经济改革的经验教训,俄罗斯以全面的产权改革为主攻方向,推行国有企业的大规模私有化,企图依靠征收高额增值税、所得税实现社会保障,但是,经济陷入长期衰退,企业效益不断下降,逃避税收现象严重,政府出现了严重的财政危机,1996 年财政收入不到预算的一半,有限的福利计划难以应付广泛的社会灾难,拖欠了居民的工资、养老金等高达 60 万亿卢布(大约折合 150 亿美元)。俄罗斯的产权改革和增值税改革方案,都是由代表西方政治经济利益的国际货币基金组织制定的,许多著名的国际关系专家认为,西方国家从地缘政治战略出发,为了削弱俄罗斯作为大国的经济军事实力,有意识使俄罗斯企业陷入经营混乱和负担沉重的困境,为西方垄断资本廉价控制俄罗斯经济创造有利条件。我国 20 世纪 90 年代初,企业界和经济学界曾经达成一种共识,今后改革应设法减轻国有企业的沉重税负,但是,国际货币基金组织向我国提出税改建议时,声称增值税负不会加重国有企业负担,因为其税负是由消费者承担的,实际上,根据西

---

① 参见诺思《经济史中的结构与变迁》,上海三联书店 1994 年版。

方财税学理论的基本常识，增值税赋是由生产者和消费者共同承担的，各自承担的份额取决于供给和需求弹性，对于市场竞争激烈的大多数产品来说，生产者无法通过提高价格将税负转嫁出去，因而将被迫承担绝大部分的增值税负。国际货币基金组织的解释如此违反经济学常识，特别是泡沫经济后增加税负会加重危机，我们应该对其建议抱有足够的戒心。西方一直对我国综合国力增强深感忧心忡忡，我们应该警惕其趁机提出蓄意搞垮我国国有企业的建议。

国际货币基金组织诱迫俄罗斯和东南亚国家实行高增值税，将适合我国国情的承包制贬低为"包税制"，从其追求的国际战略目的来看是不足为怪的，令人遗憾的是，我国有些学者对西方国际经济组织的建议毫不怀疑，却贬低本国工人农民在改革长期实践中的成功创造。实际上，我国的承包制完全不同于法国中世纪的"包税制"，法国封建王朝为了避免征收各种工商税收的麻烦，将征税的权力"包"给有特殊关系的少数商人，任其滥用征税的特权欺压社会各阶层的民众，而我国的承包制则兼顾了国家、企业和职工的利益，有利于减轻国有企业的负担和调动职工积极性，在改革实践中深受国有企业和广大职工的欢迎。我国的承包制是严格的责任制而并非单纯优惠政策，倘若从减免税收的角度来看，其优惠程度远不及温州等地私营企业的"包税制"，或者国家对外贸、外资企业实行的出口退税制度。许多地方财政对私营工商企业征税困难，因为私营企业的现金交易难以进行监督管理，于是也普遍采取了"包税"的办法，但是，其征税定额一般是较容易完成的低定额，而且没有定额逐年递增的规定，虽然大大刺激了私营企业的积极性，但是，却对规范纳税的国有企业形成了不公平竞争。奇怪的是，我国有些学者出于对私营企业的偏爱，从不指责私营企业普遍实行的"包税制"，却坚决反对国有大中型企业实行承包制。我国对外贸、外资企业实行的出口退税制度，相当于上缴定额为零的全额税收返还的政策，同国有企业实行高定额起点逐年递增的承包制相比，其财税政策的优惠程度必然会超过千百万倍，但是，或许是这种做法在国外有先例可循，我国学者从未抱怨过其影响了不平等市场竞争，政府部门也很少抱怨其造成了财税流失。我国对私营、乡镇和三资企业长期实行了优惠政策，包括"三减两免"、"低定额包税"和各种退税，为何不能实行并非单纯财税优惠政策的承包制，扶植作出巨大社会贡献的国有大中型企业，促进国家税收、企业留利和职工收入的同步增长呢？

（二）承包制与政企分开

国内对于企业承包责任制有截然两种相反的批评意见，一种认为承包制难以彻底解决政企不分的矛盾，"一对一"谈判不如西方税制规范，容易导致向旧体制的回归；另一种则认为承包制会削弱政府的监督、管理作用，导致过分的权力分散和权力失控。实际上，在公有产权占主导地位的条件下，政府作为全民资产的代表必须履行其监管职责，但是，权力过于集中会导致僵化和效率低下，权力过于分散则会导致"责任虚置"，两权完全合一或分离都是不可能的，问题的关键是在不同具体条件下，选择两权分离的适当形式、内容和程度。计划经济虽有体制僵化的弊病，依然有比较严格的监管体系防止出现"责任虚置"，如政府部门以指令性计划规定了企业的责任目标，以种种规章制度监督和约束企业的经营行为，等等。承包责任制的优势恰恰是在不割断历史的条件下，"依托旧体制生长新体制"，一方面逐步扩大企业的生产、销售、投资等方面的自主权，另一方面以代理契约明确界定政企双方的责任、权力与利益，而且能够根据不同条件和环境变化进行灵活的调整，如 20 世纪 80 年代初，利润递增承包责任制规定企业在完成指令性计划后，才能面向市场追求经济效益，以后随着体制改革的深化，指令性计划的范围大大缩小，政府的职能也逐步从直接管理向间接调控转化，企业逐步走向市场并且以追求效益目标为主，投资决策权也是逐步下放给企业的，规定了企业留利用于积累和职工福利的比例，规定了技术改造进度和国有资产增值目标，许多企业还实行了风险抵押承包或"包股结合"。

由此可见，在公有产权占主导地位的条件下，企业承包责任制是一种适应性较强的委托—代理形式，其特点是一方面逐步扩大企业自主权，另一方面赋予企业明确的经营责任和激励机制，能够灵活地调节政企分离的具体内容和程度，从而保证责任、权力与利益的统一性和对称性，保持两权分离过程的连续性和渐进性，防止分权化过程中容易出现的权力失控现象，有利于计划经济向市场经济的平稳过渡。"一对一"谈判形式上虽然不符合西方税制规范，但是，即使企业缴纳统一的所得税、增值税，政府履行公有产权代表职责的过程中，仍然必须与公有制企业进行一对一谈判，无论谈判是由行业部门或国有资产管理机构进行，否则难以形成合理的企业经营责任目标压力，出现"脚踩西瓜皮，滑到哪儿算哪儿"的现象，"二步利改税"后和 1996 年出现的利税总额滑坡问题说明了这一点。目前，国有资产等有关部门再度提出实行"扭亏增盈"目标责任制，这种减亏办法虽然是必要的，但是显得有些被动和不全面，没有防患于未然，提供必要的企业内部积累和激励机制。一般来说国有资产机构缺乏必要的行业知识，难以进行必要的行为性监督，不如由行业管理、财税、金融、国有资产等有关部门密切合作，与国有企业共同磋商界定政企双方的责、权、利关系，共同制定明确的经营目标，共同监督以保证其实施更为合理，正像西方大现代企业中，资产管理部门主要负责财产交易过程的估值、注册和核销，企业资产的运用和保值增值，主要由各个产品事业部门及其所属的企业负责，由管理计划、财务、会计、资产管理等部门共同协助监督。

（三）承包制与短期行为

有一种观点认为承包制必然导致企业的"短期行为"，如追求短期利润、拼设备，取得效益后吃光分光，导致国有资产流失贬值，忽视社会效益，等等。旧体制下，企业的利润全部上缴，导致设备落后老化，企业的实际资产严重贬值，扩大再生产主要靠政府投资拨款，企业争投资、争项目，造成投资饥渴症，不关心投资的效率。实行承包制后，企业逐步转变为投资主体，可以通过努力挖潜多创经济效益，增加内部积累和职工收入，进行技术改造和长期投资。由于广大职工的利益是同企业密切相关的，企业的内部积累是广大职工辛勤努力创造的，因此，企业进行投资时就会精打细算，用于关键性的技术改造项目，从而能产生较好的经济效益，保证国有资产的保值增值。邯郸钢铁厂从1980年实行承包后，不断进行挖潜、改造、配套、扩建，至1987年共计投入技改资金2.3亿元，使企业设备能力和技术水平大大提高，产量比1979年增长了1.5倍，实现利税比1979年增长8.5倍。东北佳木斯造纸厂从1983年开始承包，将留利的大部分用于提高质量、增产降耗、治理污染等方面的技术改造，7年中完成71项重大技术改造项目，主体设备的技术水平从20世纪40年代的水平提高到20世纪90年代的国际水平，新增固定资产1.6亿元。北京机械行业的8家大中型企业实行承包后两年中，技术改造投资比较前两年增长111%，从8026万元增加到1.6亿元，企业的固定资产增长9500万元，增长16%，实现利润增长38%，实现利税增长49%，上缴利税增长57%。这8家企业的特点是生产周期长，技术密集程度高，承包前没有稳定的资金来源，承包后企业的自我积累大大增加，有能力制定和实施中长期的技术改造规划，从而有效避免了短期行为。有一种观点认为承包制属于粗放的外延增长方式，会导致企业片面追求产值而忽视经济效益，实际上承包制能够建立强大的内部积累和激励机制，充分调动企业实行集约经营和挖潜降耗的积极性，邯郸钢铁厂、周口味精厂的成功经验证明了这一点。依靠筹集外部贷款或股金进行投资，属于外延型的扩大再生产方式，而依靠内部积累进行技术改造，则属于内涵型的扩大再生产方式。1987年全国推广企业承包制后，1988年预算内国有工业企业的产值增长了10%，而销售收入增长了22%，实现利税增长了17.4%，上缴税金增长了20%，企业经济效益的增长大大高于产值增长。还有一种观点认为承包制会导致企业减少折旧资金，造成国有资产的实际贬值，实际上企业实行承包责任制后，内部积累资金取决于超基数多创的经济效益，与折旧率的高低无关，有些企业为了达到较高的效益指标，有可能选择较低的折旧率，但一般是在国家财税政策规定的范围内，不会因此影响设备更新和技术改造投资。[①]

20 世纪 80 年代，国有企业实行承包较好地防止了"预算软化"和短期行为，主要原因是国企中各种管理责任制度比较完善，内部留利主要用于自己熟悉的本行业技术改造，政府部门保留了对企业经营的必要监督，如重大投资、财务、分配、人事决策的监督，当然也存在干预过多的缺陷，以致企业纷纷抱怨妨碍了经营自主权。20 世纪 90 年代的市场经济热潮中，政府部门对企业的监督大大削弱，许多企业出现了泡沫投机和盲目投资失误，或因各种监管规章制度的松弛化，出现了管理滑坡和营私舞弊现象增多的问题。解决这些问题的有效办法，是以渐进方式调整两权分离的形式、内容和程度，如一方面加强企业的内部积累和激励机制，另一方面加强考核盈利真实性的财务监督体系，对折旧、库存、奖金等关键项目进行严格的财务审计；一方面扩大企业的技术改造投资自主权，另一方面限制进行不符合产业政策的跨行业投资，特别是严格防止挪用资金进行高风险的泡沫投机。

政府的监督与企业承包经营非但不矛盾，而且是履行承包经营契约的必要保证，问题关键是明确界定政企双方具体的责任、权力、利益的划分，并且随着改革的深化和企业经营能力的积累，逐步进行比较必要的调整。为了保证企业很好地履行承包契约，政府不仅有必要监督企业经营业绩，也有必要监督企业的重大经营行为，这样才能避免"以包代管"或"一包就灵"的错误。解决政企分离的矛盾，需要不失时机地针对改革实践中出现的问题，不断进行各种具体的管理和监督责任制度的创新，不能认为经营权改革不是制度创新，而进行股份化或公司化改造就能彻底解决问题。实际上，西方股份公司中也存在大量的"预算软化"和短期行为，如外部股东片面追求短期盈利分红，经理人员为了使财务报表显得光彩，有意低估折旧成本、库存成本，忽视长期投资和科研开发，等等。有些乡镇企业实行个人承包，一般存在较多的"短期行为"，某些农村地区的集体经济力量比较薄弱，缺乏各种完善的监督管理制度，将集体财产的委托给少数"能人"经营后，难以约束其谋取自身私利的各种"短期行为"；与此相反，苏南地区各级政府较好地处理了政企之间的适度分离，乡镇企业大多数采取了集体承包形式，重视调动广大职工的积极性，分配上兼顾社区、企业和职工的利益，既能发挥公有制集中资源的规模优势，加快企业的技

---

① 参见杨培新《承包制：企业改革的必由之路》，中国经济出版社 1991 年版。

术进步和产业升级，又能保证农田水利和社会基础建设的协调发展，实现广大人民的共同富裕。某些地方的政府片面追求上缴利税的增长，也是造成企业短期行为的重要原因，如承包契约中规定工资总额同上缴利税挂钩，这样做就会诱导企业多缴多分，忽视企业的内部积累和技术改造，其短期行为的根源是由政府造成的。

还有一种观点认为承包制会导致企业片面追求经济效益，忽视社会效益，实际上两者之间不存在不可调和的矛盾，因为争取社会效益也需要雄厚的经济基础，也需要采取尽量具体的数量指标和考核办法，如邯郸钢铁厂对于其所属的职工医院、环境保护、安全保卫等事业单位，也普遍实行了承包责任制，但是，考核办法不是经济效益指标，而是非常具体的量化社会效益指标，如空气粉尘排污率、危重病人抢救成功率、偷盗案件查处率等，也实行了严格的奖罚制度，如不达标或服务态度恶劣一次扣奖金10%；当然，邯郸钢铁厂对事业单位也实行了严格的成本管理，如规定超过费用月考核指标扣奖金5%，等等。目前，我国地方政府和社会服务行业，正积极推广社会服务承诺制，规定了具体的量化标准和奖惩办法，有效地促进了社会服务态度和质量的改善，这些事实说明，社会契约形式具有广泛的适应性，不仅适应以经济效益为主的企业经营，而且也适应以社会效益为主的事业单位，不能因某些单位承包不当片面追求经济效益，就完全否定契约形式促进社会效益的潜在功能。

（四）承包制与国有企业摆脱困境

当前，摆脱国有企业面临的严峻困难形势，在于实现经济增长方式的根本转变，从单纯追求速度的外延增长方式，转变为重视技术进步的内涵增长方式。但是，实现内涵增长的最佳资金来源，就是企业自我创造的内部积累。投入产出总承包的经济优势，恰恰是充分调动企业多创效益的积极性，依靠企业自我积累进行技术改造，实现促进技术进步的内涵式经济增长。企业虽然也需要吸收外部股金和贷款，但是，吸收外部资金相当于从外部输血，不能从根本上解决企业的资金困难，而且还必须以经营效益良好为前提，仅能"锦上添花"而难以"雪中送炭"。由此可见，当前国有企业摆脱严重困境的出路，关键是增强企业的自我造血机能，充分调动企业多创效益的积极性，增强其自我积累和技术改造的能力。解决了国有企业改革的这一主要矛盾，才能从根本上增强企业的"元气"，降低国有企业的沉重债务负担，防止企业拖欠的银行贷款变成呆账，加快公司制和股份制改造的进程，顺利地吸收社会个人和法人股金，而避免采取欺骗社会公众的"包装上市"办法，防止因广大股东蒙受损失而影响社会稳定。

实行"总承包"有选择地进行政策注资,还有利于我国进行产业结构的调整,支持国有企业产生更多社会外部效益,减少增值税、所得税具有的各种负效应,如降低资本积累积极性、扭曲相对价格等。许多人担心实行承包制会影响财政税收,实际上"总承包"相当于逐年递增的定额税,而不是单纯的减免税优惠政策,我国曾对外资、乡镇企业长期实行减免税,至今仍然实行出口增值税退税的优惠政策,相当于"包了增值税"而且上缴基数为零,是比较任何承包制都更为优惠的全额税收返还,为何却不让国有企业实行高定额起点逐年递增的承包制呢?实行"总承包"的国有大中型企业,上缴利税的实际数额远远超过了同类型企业,仅仅是上缴利税占利税总额的比例有所下降,但是,实际上比例下降的幅度越大说明政策效果越好,这部分经济效益并非来自"放权让利"的损失,而是来自激励企业创造出更多的增加价值,以及避免税收内在的额外效率损失和负激励效应。此外,有困难的国有企业实行"总承包"一段时期,从"苦菜花"又变成了"摇钱树"之后,政府仍然可以恢复增值税、所得税,此时国家财政税收的比例也会同步地上升,而且是从更高的税收基数为起点逐年提高,政府采取将"鱼儿养肥后再捞"的办法,比较"竭泽而渔"或者"养鱼不捞",显然都是一种更为聪明的做法。

当前,我们迫切需要采取行之有效的办法,尽快摆脱国有企业面临的严峻困境。许多规范经济学理论推出的改革方案,往往不切实际或远水不解近渴,因此,我们应该珍惜改革实践积累的宝贵经验,将其作为是搞活国有企业的主要途径。但是,由于国家财政存在着较大的困难,实行投入产出总承包的政策,不宜广泛地而应有选择地推行。以下类型的国有企业不必实行"总承包":一是处于盈利收获阶段而且相对饱和的行业,如空调、大屏幕彩电等畅销产品的行业;二是效益良好而且具备股票上市条件的企业,这些企业能够筹集广泛来源的社会资金;三是经济效益良好的自然垄断行业,如邮电、烟草、电力、石油等。属于上述行业的各种类型的国有企业,相当于已经培育成熟的"现金牛",已经进入了投资回报的收获阶段,征收高税负一般不影响其发展,具有承担较大的财政税负的条件。

当前,推行投入产出总承包的政策,应该重点扶植有困难的国有大中型企业,这些企业是国民经济的骨干力量,分布在冶金、机械、化工、能源等关键性部门,长期以来为经济发展作出了重要贡献。我国的国有大中型企业,长期以来积累了丰富的管理经验,职工队伍素质和技术水平较高,各种管理和财务制度比较健全,因此,其困难不应该简单地归结为管理的问题。在重速度的外延增长方式条件下,国有大中型企业长期上缴多、提留少,缺乏自我积累和技术改造的资金，尽管曾经取得过良好的经济效益，长期下去难免因设备老化和技术落后而陷入困境。我国改革实践中积累的丰富经验充分证明，克服国有大中型企业的上述困难方面，实行"总承包"正是一副对症的良药，能够充分调动企业和职工的积极性，加快自我积累和技术改造的步伐，增强企业资本金和减轻沉重的债务负担，帮助企业尽快恢复"造血机能"和"元气"。对于国有大中型企业来说，实行"总承包"不仅具有重要的经济意义，而且还具有巩固公有制的经济基础，维护整个社会稳定的重要政治意义。国有大中型企业一般拥有庞大的职工队伍，如果简单采取失业或破产的办法，将对社会产生巨大的震动，而且这些企业的职工曾长期辛勤劳动，为我国经济发展立下汗马功劳，从道义上说也应尽力维护他们的切身利益，更何况他们还是我国工业的宝贵人力资本，一旦分散后将严重影响经济发展后劲儿。正因如此，即使西方国家的大企业濒临倒闭，政府也会采取各种援助措施，设法帮助企业渡过难关。实践证明，"总承包"不是用国家拨款或投资的办法给企业注资，而是像农村承包制一样通过"给政策"，激励企业和广大职工多创效益，能实现国家上缴、企业积累和职工收入的大幅度同步增长。

对于严重亏损的许多国有大中型企业，应该实行"扭亏增盈"承包制的成功经验，这种办法曾于20世纪80年代广泛推行，有效地帮助国有企业提高了经济效益，大大减少了国有企业的亏损面。对于濒临破产的严重困难的国有企业，应该广泛推行破产整顿而限制破产清算，以防止企业破产引起连锁反应和恶性循环，避免政府税源和银行债权的损失。我国应尽快修改和完善破产整顿法，应借鉴西方破产整顿的各种优惠政策，如减免税收、延期偿债和政府承担社会保障费等，同时也应坚持我国改革实践中积累的成功办法，继续实行各种扭亏包干承包责任制，将减免税同扭亏增盈责任密切联系起来，加强企业的自我积累和激励机制，保证企业整顿所需的必要资金注入。许多人认为政府不应该提供减免税的优惠政策，挽救严重亏损或濒临破产的国有企业，因为，这种办法会减少国家的财政税收，妨碍市场经济的"优胜劣汰"规律；实践证明，20世纪80年代我国曾广泛实行了扭亏包干承包制，不仅有效地帮助国有企业克服了经营困难，而且没有付出企业破产必不可免的巨大代价，包括资产流失、银行坏账和职工失业等。政府虽然提供了一些减免税的优惠，但是，大多数困难企业成功地扭转了亏损之后，其创造的上缴利税数额远远超过了减免税额。不愿意为困难企业提供必要的优惠政策，意味着政府税源将遭受永久的损失，这样相当于不愿意为"病牛"治病，而强迫其同"好牛"一样耕田，无疑是一种十分愚蠢的办法。

　　我国实行投入产出总承包政策的范围，除了有困难的国有大中型企业之外，还应包括符合产业政策的各类企业。某些新兴产业具有很大的发展潜力，但是尚处于起步或成长阶段，企业的利润较少或存在着经营亏损，需要大量的资金和技术改造投入，政府能够直接提供的投资有限，吸收银行贷款过多会增加利息负担，对于这类企业可以实行"总承包"的优惠政策，以加快其内部积累和技术进步，早日进入市场成熟和盈利收获时期。许多产业虽然已进入了衰退时期，但是，属于国民经济的关键性部门，政府提供"总承包"的优惠政策，有利于企业进行产品调整和设备更新，加快产业升级和技术进步的步伐，早日进入产业周期的新成长阶段。各类企业仍然须依据国家税法纳税，超过定额基数的利润留在企业，对于国有企业来说可视为政策性注资，对于民营企业来说可视为低息政策性贷款，对于股份制企业或合资企业来说，其部分产权应界定为国有资产，部分产权可界定属于其他股东，因为，超过基数的留利虽然属于政策性注资，但也是全体职工和股东共同努力创造的。许多中外合资企业属于关键性产业，或者属于市场潜力很大的高效益产业，中方有必要保持"控股"地位，但是，由于政府缺乏财力进行必要的注资，被迫将企业控股权转让给了外方，这类合资企业也可实行"总承包"，利用政策性注资保持中方的控股地位。总而言之，"总承包"具有广泛适用性，能有效增强各类企业的竞争活力，加强技术改造和产品的升级换代，"雪中送炭"帮助企业渡过生存难关，不仅不降低还能增加财政税收，不是依靠"给钱"而是"给政策"，能长期采用又特别适合于经济困难时期，代价小而效果大，是一种积极财政政策。

第十三章

企业产权改革:长期性与渐进性

2008 年美国金融风暴引发全球金融和经济危机以来,关于"中国模式"的讨论正在成为世界舆论的热点。新加坡著名学者郑永年撰文指出,"西方国家在拯救经济危机过程中往往只有金融杠杆,而缺少经济杠杆。因为存在着庞大的国有经济体,中国政府具有金融和经济两种杠杆来实施其危机拯救计划。一个明显的事实是一些同中国经济体紧密相关的经济体都开始出现增长的势头"。的确,在西方爆发严重金融危机之后回顾改革,中国应该为坚持走自己的改革道路和拥有强大的国有经济感到庆幸,因为,全世界都已意识到这恰恰是中国成功抵御国际金融危机的优势。

十年前,该章指出中国改革已走到关键的十字路口,主张国有企业推行更为激进产权改革,直接效仿西方、俄罗斯的呼声高涨,但是,人们应该认真反思一下俄罗斯的产权改革,仔细考察各种产权改革措施的丰富实践。倘若人们沉不住气"病急乱投医",只顾不断深化改革而不问方向,结果很可能是不激进的产权改革不奏效,而越激进的产权改革却越糟糕,结果不是跨入规范市场经济的"天堂",而是重蹈俄罗斯激进私有化失败的覆辙。几年后各地果然兴起管理层收购和贱卖国有企业浪潮,幸亏"郎旋风"激起全国对掠夺国有资产腐败现象的强烈反对,政府采取措施制止大中型国有企业的管理层收购,中央明确提出要坚持公有制为主体而不搞私有化,才避免了中国重蹈俄罗斯私有化失败覆辙的悲剧。

十年前该章指出中国坚持以公有产权为主的股份公司,虽然似乎违反了西方规范企业模式,但实际上不是坏事而是一件好事,如果中国依据马克思的股份制和产权理论,将公有产权与股份公司两种优势结合起来,发挥公有产权服从大局、配合政府宏观调控的优势,发挥股份公司广泛筹集资金、经营灵活的优势,那么以公有产权为主体的股份公司,完全能成为优越于西方私有股份公司的崭新企业,相反西方私有股份公司将会面临很大的问题。当前全球危机中西方私有股份公司的弊病得到充分暴露,美欧爆发严重金融危机后将许多大银行、大企业收归国有,是因为其公司治理结构已无力改善其混乱腐败状况。

当前西方股份公司治理结构正面临着巨大危机,特别是在金融衍生品创新的巨大诱惑力之下,股份公司的治理结构难以遏制来自内部的腐败,现在金融衍生品一次交易规模动辄就成百上千亿美元,即使高层经理在股份公司里拥有比较大比重的股权,其一年收益也远远小于一次金融衍生品作弊收益。许多公司衍生品交易损失都涉及串谋欺诈。政府不拥有企业产权无法深入到股份公司内部,无法掌握会计审计、重大交易的详细信息。政府无论怎样监管也深入不到公司内部,仅仅从外部监管不仅成本很高而且难以奏效。政府高官、美联储本身也是垄断财团利益的代理人,即使在风险充分曝光后仍继续纵容金融衍生品投机。西方的代议制民主政体架构、现代企业制度的公司治理架构,现在都无法抵御金融衍生品创新的腐蚀。华尔街花了50亿美元游说、贿赂美国国会,最后纸里包不住火,美国主流媒体都发表了文章称"华府和华尔街勾结起来把美国给卖了"。

美国在危机爆发后采取的国有化和政府干预做法,同其强迫发展中国家推行的私有化和取消政府干预截然相反,这种双重标准表露了其鼓吹"华盛顿共识"的虚伪。西班牙驻华使馆前商务参赞恩里克·凡胡尔撰文指出:"当前全球金融危机的可能结果之一是'中国模式'的浮现。对于发展中国家而言,'北京共识'可能会最终替代声名狼藉的'华盛顿共识'。"当海外学者高度重视和赞扬中国模式和国有经济的重要性之时,中国更不应忽视该章所论述的依据马克思产权理论推进本国改革的成功经验,转而依据科斯产权理论效仿俄罗斯的大规模私有化失败改革。

美国推行作为"华盛顿共识"核心的金融自由化和私有化政策,总是密切围绕发展中国家的经济金融命脉和战略产业,首先通过私有化政策拆除国有企业形成的阻碍,再通过投资自由化、金融自由化和资本市场自由化,为跨国公司控制发展中国家经济金融命脉打开大门。对于遇到民族主义抵制较小的国家和产业领域,美国和国际货币基金组织会直接要求实行跨国公司直接收购兼并,对于遇到民族主义抵制较大的国家和产业领域,美国和国际货币基金组织往往以产权多元化为借口,策略地先提出通过引进境外战略投资者这种看似中性的产权改革,让跨国公司间接地参股涉及经济金融命脉领域的国有企业,然后再通过各种途径包括政府双边高层战略会谈施加压力,以最终实现完全控制发展中国家的核心国有企业和国有银行的目标。美国竭力推行作为"华盛顿共识"核心的金融自由化和私有化政策,发动控制发展中国家和经济转轨国家经济金融命脉的隐蔽经济金融战争，是否也会误导中国的国有企业、国有银行改革，值得引起人们的高度关注并保持警惕。

中国应该遵循马克思的产权理论而不是科斯产权理论，强调企业社会责任才能符合生产社会化的客观经济规律。考虑到私营企业和跨国公司具有不择手段谋利的贪婪本性，中国应坚持马克思主义理论并严格执行国家宪法规定，重新确立公有制经济在国民经济中的主导地位，特别是涉及国民经济命脉的金融行业和战略性产业，以及涉及社会公益和人民生命安全的行业，对于增强中国抵御国际金融危机冲击的能力，有效防止类似有毒奶粉的恶性事件发生具有重要意义。许多行业存在着导致市场失灵的正负外部经济效应，如房地产市场存在着诱发泡沫经济和经济危机的宏观负外部效应，企业的成本收益与社会成本收益之间存在较大差异，只有政府和公共企业介入，矫正市场失灵才能达到最佳状态。

中国应该探索建立一种新型的公有制企业，既能充分发挥公有制的生产社会化属性，又能灵活经营并避免过于集权的弊端；公司治理应该体现广泛社会代表性和经济民主，股权结构融国有、集体合作和个人投资于一身，职工、消费者代表都能直接参与监督管理。德国的莱茵模式强调职工参与监督和经营，二战后社会改良实践中取得了不小成绩，德国私营股份公司如此重视职工参与，中国公有股份公司改革更应以此为方向。倘若在三鹿奶粉造假的事件中，广大职工和消费者作为全民股的代表人，直接参与监督企业质量管理和生产经营决策，或许就能避免导致许多婴儿死亡的悲剧，股份公司也能避免蒙受巨大损失并陷入破产。中国应珍惜公有制企业提供的无与伦比的历史机遇，即人类文明在进行制度创新的历史过程中，能够摆脱私有产权追求狭隘私利的束缚，消除各个社会阶层利益之间的根本对立，创造出一个既能有效维护社会整体利益，又能充分发挥个人的主动性和首创精神，达到个人与社会利益高度和谐一致的理想制度。

一 两种不同的产权改革思路

关于公有制企业的产权改革，我们不能简单地说赞成或反对，而必须认真区别两种截然不同的思路，一种改革思路符合客观经济规律，能通过调整生产关系促进生产力发展，提高广大人民的生活水平，巩固和发展社会主义的经济基础；还有一种改革思路不符合客观经济规律，将会造成社会生产力的巨大破坏，导致社会财富分配的两极分化，甚至形成控制经济命脉的寡头家族统治，重温解放前资本主义初级阶段的噩梦，重蹈俄罗斯企业产权改革失败的覆辙。

产权改革既然属于是深层次的改革，就意味着具有更大的难度和风险性，我们必须采取慎之又慎的态度。

一种改革思路对公有制充满了信心，认为公有产权根本就是明晰的，而且成功完成了建立现代工业的时代使命，创立了挽救中华民族命运的丰功伟绩，社会主义和公有制的生产关系，基本上是适应生产力发展需要的，产权改革的目的是依据马克思的产权理论，进一步完善社会主义的生产关系，通过股份制等形式广泛筹集社会资金，扩大其适应社会化大生产的优越性，增强企业的资金实力并加速技术改造，促进国有、集体等公有制企业的发展。

这种改革思路符合客观经济规律，认为生产关系调整是长期的历史任务，产权改革不能一哄而起、急于求成，而必须适应社会生产力发展的要求，根据企业筹集资金的条件和需要，以及社会投资者供应资金的能力，有条不紊地长期、渐进进行。这种改革思路认为，公有制企业不仅能同市场经济兼容，而且优越于资本主义的市场经济，改革应从企业的责任制度创新入手，在继承原有体制的优越性的基础上，逐步扩大企业面向市场的经营自主权，用灵活的新责任制来代替僵化的旧责任制，然后根据企业适应市场经营能力的提高，以及效益状况和筹集资金的实际需要，有条不紊地进行股份制、公司制改造。

这种改革思路认为，产权改革必须符合中国的国情，从公有制企业的现实基础出发，绝不能简单地模仿西方企业模式，特别是忽略长期动态演化的客观规律，仅仅盲目模仿长期演化的静态结果，不能以模仿的是否像西方企业制度作为最终目标模式和衡量改革成败标准。我们必须考虑到中国的公有制企业，是诞生于不同于西方的历史背景下，具有截然不同的历史成长过程，承担着不同的时代使命和社会义务，因此，尽管我们应借鉴股份制的发展规律，但从完全不同的历史起点出发，中国公有制股份公司演化的最终结果，必然同西方私有制股份公司有着本质区别，这恰恰才符合社会制度进化的客观规律。

我们可用生物进化规律形象地比喻，为何上述改革思路是符合客观规律的。有人认为责任制创新属于浅层次的改革，产权改革才属于深层次的规范改革，但是，从生物进化的一般规律来看，为适应自然环境的生存活动变化，一般首先引起浅层次的运动机能改变，低层次的功能变化长期渐进积累，才导致了高层次的器官形态变化。企业责任制的创新属于生产力范畴，相当于浅层次的运动功能的改变，产权改革属于深层次的生产关系范畴，相当于深层次的器官形态的改变；在生物进化和人类社会经济活动中，运动功能和生产力变化是永恒的，是经常不断发生和大量存在的，而器官形态和生产关系的变化，是前者经过了长期渐进积累之后，由量变引起质变时才会偶然发生的。运动功能和生产力进步的逐渐积累，才能为深层次的器官形态和生产关系，提供进化的迫切需要和物质能量积蓄，而高层次的器官形态和生产关系进化，也反过来加强运动功能和推动生产力发展。为了模仿别的生物或社会经济制度，脱离自己的生存环境和历史经历，人为地改变器官形态和生产关系，必然导致生物毁灭和破坏生产力。①

有人认为，中国产权改革坚持公有制的主导地位，不出售国有资产而吸收社会资金，仅仅是增量改革，无法调整资产存量，这种改革不符合西方的产权理论，无法解决公有产权不明晰的问题，这样的股份公司不符合规范模式，永远无法变成类似西方的企业制度，偏离了规范市场经济的目标模式，因而改革实践中难以获得成功。但实际上，增量调整恰恰符合进化的一般规律，生物为了适应生存环境的变化，一般先是尝试运动功能的增量变化，这种变化渐进积累才引起器官的增量变化，一般表现为旧器官构造的改变，或者从旧器官逐渐发育为新器官，而不可能一下抛弃旧器官的存量，骤然长出类似别的生物的新器官。生物系统进化需要遵循上述规律，是为了尽量减少进化过程中的消耗，避免出现自身毁灭的危险。除非面临重大疾病或外敌威胁，生物才会被迫进行存量调整，如外科手术切除患有疾病的器官，或者像蜥蜴那样主动放弃自身肢体。无论是企业责任制创新还是股份制改造，中国在实践中都采取了增量改革的形式，如农村的超包全留的联产责任制、城市的上缴利润递增承包责任制、国有企业的增量式股份制改造，这恰恰才是符合制度进化的客观规律。

至于中国以公有产权为主的股份公司，是否偏离西方的规范市场经济模式，以及中国企业改革的最终目标模式，是否必须以西方的企业制度为标准，也可从生物进化规律中获得有益启示。生物进化不能以模仿的像别的物种为标准，而只能以有利于自身生存和发展为准绳。生物可以尝试适应环境的不同生存活动，但只能选择巩固自身基础的生存方式。处于不同环境和进化起点的生物，一般来说必然选择不同的进化道路，进化过程呈现出错综复杂的多样性，不存在着什么统一的规范模式。有些人认为经济制度存在趋同的现象，因此，我们应该采取西方的规范经济制度。实际上，由于各个国家的具体情况千差万别，不可能存在普遍适用的"规范模式"，就像生物的生存和进化不存在"统一规范"。尽管当所处环境和生活方式相似时，生物进化也会呈现出某些趋同现象，但是，这种趋同进化仅仅是表面形式，而不是物种之间的本质性差别，如有一些陆地上的哺乳动物，为了适应环境变化获得足够食物，从陆地上返回到海洋

---

① 参见河北师范大学生物系《生物进化论》，人民教育出版社 1975 年版。

中谋求生存,逐渐进化成了类似鱼类的身躯,但是,这种趋同进化仅仅是鱼的外形,而在肺呼吸、循环和养育后代等方面,仍必须保持哺乳动物的根本特征,否则必然丧失生存的自我基础。同样,当公有制企业进行股份制改造时,呈现趋同表象的仅仅是外在形式,无论是公司内部的产权主体构成,还是经营的目的和行为方式,都必然同西方股份公司有本质区别,两者不可能进化成相同的企业,许多学者将西方的企业制度模式,作为中国国有企业改革的目标模式,是违反进化规律的不切实际的主张。

中国坚持以公有产权为主的股份公司,虽然似乎违反了西方规范企业模式,但实际上不是坏事而是一件好事,有利于发挥适应社会化大生产的优势,形成优越于私有股份公司的崭新企业,正像鲸鱼最早是从鱼类进化为哺乳动物,后来又从陆地返回到海洋谋生,虽然内部构造不可能同鱼类一样,但无论是呼吸、循环和养育后代方面,必须仍然保留哺乳动物的独特方式,这意味着形成更高级的海洋生物,而不是退化为更为原始的鱼类生物,鲸鱼凭借着哺乳动物的先进内部构造,能够消化更多的食物维持更大的运动,拥有远远超过鱼类的智力和体力。

与此相似,中国的国有、集体等公有制企业,是从资本主义市场经济脱胎而来,无论在规模经济和协调作战方面,都具有私有制企业无法比拟的优势,因而能够迅速建立起现代工业体系,成功完成挽救民族危亡的时代使命,现在为了克服体制僵化弊病和增加灵活性,有必要重新返回到市场竞争中进行经营,但是,仍然必须保持自身的公有产权属性,以及原有的独特的监督和协调机制,这些独特之处不仅不是市场转轨的障碍,而且能防止丧失产权主体的秩序混乱,避免出现代理成本膨胀和贪污腐败现象,是市场转轨必不可少的可靠制度保证。中国保持公有产权属性的新型股份公司,就如同重返回海洋的鲸鱼优越于其他的鱼类,能够将股市筹资和市场调节的灵活性同公有制企业原有的种种优势结合起来,仿佛是"猛虎添翼"或"蛟龙入海",拥有私有股份公司难以比拟的巨大潜力。西方的私有股份公司虽然拥有巨大财富,但是有从事野蛮殖民掠夺的历史污点,绝不是值得中国人羡慕效仿的理想模式。中国公有制企业虽不及西方企业发达,但却有成功挽救民族命运的光荣历史,中国的股份公司应以公有产权为自豪,成为优越于西方私有股份公司的崭新企业。

另一种改革思路丧失了对公有制信心,认为公有产权具有不明晰的缺陷,中国和西方之间存在的经济差距,证明社会主义制度和公有制企业,不如资本主义制度和私有制企业,公有制企业是产权模糊的落后企业制度,因此,改革方向是依据科斯产权理论,模仿西方国家将其改造为股份制、公司制,中国特

色的企业改革是"不规范的"，只有产权改革才是深层次的规范化改革，股份制改造中坚持公有产权也不规范，应通过出售形式大大降低国有股权的比重，西方的企业制度才是改革的目标模式，才是衡量改革的规范尺度和成败标准。

这种改革思路忽略了历史的演化过程，羡慕西方股份制企业的巨大财富，忘记了它们野蛮掠夺剥削的历史，忘记了旧中国虽有股份制、公司制，一百年来却始终未能实现工业化，忘记了正是所谓产权模糊的公有制企业，成功实现工业化挽救了民族命运，忘记了受到西方邀请访问奉为座上贵宾，正是依靠国有企业撑起的坚强工业脊梁，依靠拥有"两弹一星"的强大综合国力，忘记了解放前早就有众多的私有小企业，温州人早就有历史悠久的经商传统，但是，中国却始终未能摆脱民族危难的命运，当年即使出身豪门的中国留学生，也曾饱尝着劣等民族的歧视与屈辱。

这种改革思路从羡慕西方财富出发，进而推崇西方的企业制度模式，希望模仿西方企业演化的静态结果，而忽略了其长期的动态演化规律。这种改革思路违反了社会制度进化的规律，不了解属于生产关系范畴的所有权变革，乃是具有更大难度和风险的深层次改革，必须从属于生产力范畴的责任制创新起步，只有浅层次的企业生产力进步长期渐进积累，才能形成筹集社会资金的需要和条件，进一步推动深层次的生产关系变革，以符合经济规律的方式促进产权多元化。

从生物进化的角度来进行形象的比喻，这种改革思路表面上是"走捷径"——根据对最发达的西方国家的考察，从企业的组织形态和产权结构上，直接效仿最先进的股份制和公司制，似乎也就能获得经济发达的结果——但是，这样改革虽然似乎能够"一步到位"，跳过浅层次的代理责任制创新，直接实现深层次的产权制度创新，形成产权多元化的法人治理结构，但却必然冲击企业正常经营秩序，无法改善管理获得充分的经济效益，补偿矛盾纠纷造成的代理成本膨胀，实际上恰恰仿佛是"拔苗助长"，将苗儿拔到了主观希望的高度，却违反了植物生长的自然规律，挫伤了苗儿的根茎、支干组织，无法从土壤中正常吸收水分营养，结果必然导致苗子的枯萎甚至死亡。俄罗斯推行国有企业大规模私有化，直接模仿西方的企业制度模式，无论是"私有产权明晰的程度"，还是多元化产权结构和组织形态，都可谓比中国更规范、更彻底，但由此造成的灾难后果也就更大，就仿佛一下子将苗儿拔得越高，对苗儿造成的组织损害也就越大，出现枯萎和死亡的可能也就越大。

从1993年市场经济转轨进入高潮以来，产权改革思路越来越占据了主导地位，但是，国有企业效益却从以前的不断增长，变成了多年来的持续大幅度滑坡。吉林大学李显君先生最近撰文指出，"'产权是绕不过去的'论点，非但从理论上难以成立，实践中也难以使企业摆脱困境，六年来'产权明晰式'改革的效果足以为证。产权崇拜的思维产生了很多危害，一是寻找所有者的努力无效，最终一步步滑向私有化；二是误导改革的注意力，从而忽视了更大范围的重要问题，特别是完善委托代理制的关键性问题；三是产权改革的效果不佳，面对企业越改毛病越多的现实，社会各界逐渐对改革丧失了信心"。

正如斯蒂格利茨先生所说，由于"产权神话"的根深蒂固影响，这种改革思路"把注意力集中在产权问题上，而不是去关注在更大范围的一系列问题"。国有企业面临着严重的经营困难，这些困难是由多方面因素造成的，包括泡沫经济造成的资源损失，比例失调引起总供给需求失衡，产业结构亟须调整和升级换代，企业缺乏内部积累和技术改造资金，代理责任制的激励、监督机制问题，责任制松弛和缺乏监督造成管理滑坡，导致代理成本膨胀和腐败现象泛滥，等等。但是，由于"产权神话"广泛流传的影响，人们往往将国有企业面临的困难，统统归罪于公有产权的"不明晰"，误以为只要解决了产权不明晰问题，其他一切问题也都随着迎刃而解了。

但是，这种思路恰恰妨碍人们全面地看待问题，采取对症下药的办法进行综合治理，从而耽误了国有企业找到摆脱困难办法。人们纷纷将注意力集中于产权问题，急于求成地搞企业改制和产权重组，甚至不惜将困难企业"包装上市"，为加快产权结构多元化搞"拉郎配"，借企业改制、破产之名逃避债务，单纯强调产权利益而忽视职工利益，不仅难以解决国有企业面临的困难，还会进一步冲击脆弱的代理关系链条，导致代理成本膨胀和管理责任制度滑坡，加剧泡沫经济后遗症的连锁反应，引起需求萎缩和生产过剩状况恶化，国有企业的效益也必然随之继续下滑。

但是，由于"产权神话"束缚了人们的思维，人们反而进一步将国有企业的困难，统统归罪于公有产权弊病的"顽固不化"，似乎公有制企业已经到了不可救药的地步，现有的产权改革还不够激进、彻底，今后改革只能效仿俄罗斯"动大手术"，干脆彻底放弃产权模糊的公有制企业，于是，许多人就千方百计绕过意识形态限制，寻找各种借口来包装隐蔽的私有化，如用社会化和多元化来包装私有化，主张大规模地出售国有企业、资产和股权，效益好的国有企业应该"靓女先嫁"，有困难的国有企业则廉价出售甚至赠送私人，还将上述任何国家都认为属于私有化的行为，称之为国有资产从实物形态变为货币形态，还主张国有企业应该退出竞争性领域，将国有企业的比重降低到西方国家水平，今后中国经济发展和实现现代化的希望，只能寄托于非公有制企业和民间资本。

显然，中国改革已经走到了关键性的十字路口，人们都觉得国有企业的困难不能再拖下去了，迄今为止产权改革的效果不能令人满意，主张国有企业推行更为激进的产权改革，直接效仿西方、俄罗斯的呼声高涨，但是，正如斯蒂格利茨先生所说，现在到了人们认真反思"产权神话"的时候了，人们应该认真反思西方企业制度的演化史，不应再为其炫耀的巨大财富所蒙蔽，还应该反思中华民族崛起的艰难历史，不应忘记公有制企业创立的丰功伟绩，人们应该认真反思一下俄罗斯的产权改革，仔细考察各种产权改革措施的丰富实践，不应再回避西方倡导的产权理论神话，已在改革实践中遭到惨重失败的现实。倘若人们沉不住气"病急乱投医"，只顾不断深化改革而不问方向，结果很可能是"越困难越改革"，而"越改革却困难越多"，不激进的产权改革不奏效，而越激进的产权改革却越糟糕，结果不是跨入规范市场经济的"天堂"，而是重蹈俄罗斯激进私有化失败的覆辙，甚至回到了旧中国野蛮资本主义的"地狱"。

二 中国式股份制改革的成绩

改革开放以来，我国公有制企业通过经营权改革，逐步扩大了生产、销售、投资等方面的经营自主权，建立了内部积累和激励机制，积累了在市场竞争中独立经营的经验，从而为进一步进行所有权方面的改革打下了良好的基础。正如前述章节所述，现代企业在成长过程中，一般是首先依靠内部资本进行内涵式的扩大再生产，但是，仅仅依靠内部积累，往往难以适应市场需求和生产规模扩大的要求，从银行借贷超过一定限度会增加经营风险，因此，无论是西方的私有制企业或是我国的公有制企业，都存在着广泛筹集资金以更好适应社会化大生产的客观需要，也都需要根据不同成长阶段中生产力发展的具体特点，考虑采取有限责任公司或股份公司等组织形态。

我国的股份制最先产生于农村社队企业为扩大生产而进行的筹集资金活动。20 世纪 70 年代后期，随着我国农村改革的深入，一些农村社队企业为了解决资金短缺的问题，采取了集资入股、合股经营的做法，1979 年国务院在关于农村社队企业问题的文件中对此给予肯定。1984 年 4 月，国家体改委召开了城市经济体制改革试点工作会议，会议认为"允许职工投资入股、年终分红"，是进一步搞活城市集体和国有小型企业的一种途径；同年 7 月，北京天桥百货股份公司正式宣告成立，揭开了我国城市国有企业实行股份制改革的序幕；同年 10 月，上海飞乐音响公司经批准向社会公开筹集股金 50 万元，成为上海第一家股份制企业，随后全国各地陆续出现了越来越多的股份制试点企业。1985 年 10

月，我国第一家证券市场——深圳经济特区证券公司正式成立，专门从事股票发行、转让及管理工作，沈阳、上海、广州等地也先后试办了证券交易所。

　　20世纪80年代，我国进行股份制试点的多是国有小型企业及集体企业，由于人们对股份制缺乏必要的知识和经验，缺乏立法、管理办法和监督机构，股份制企业的组建和运作很不规范，出现了一些问题，如将股票等同于债券，资产评估中低估国有或集体资产，将股息在成本中列支，等等。20世纪90年代以来，我国的股份制试点开始逐步走向规范化，特别是1992年邓小平同志南巡讲话以后，为股份制的发展注入了新的活力，出现了股份制企业迅速蓬勃发展的形势。1992年，我国政府颁发了《股份制企业试点办法》和《股份制企业规范意见》，随后陆续出台了一系列配套的政策法规，组织成立了国务院证券委员会和中国证券监督管理委员会。1993年我国八届五次人大会议通过了《公司法》，进一步将我国股份公司的发展纳入了正常的法制化轨道。据统计，1991年底，全国共有股份制试点企业3220家，其中由国有企业改制的占22%，由集体所有制企业改制的占63%，向社会公开发行股票的有89家，占2.76%，其中公开上市的有34家，占1.05%。从公开发行股票的企业的股权结构来看，国家股占47%，法人股占29%，个人股占14%，外资股占9.63%，这说明公有制占有主导地位。1993年底，股份制试点企业增加到4000多家，公开上市企业增加到182家，其中上海上市的企业有106家，比1992年增加了179%，深圳上市的企业有76家，比1992年增加了130%。1994年，我国的股份公司增加到6329家，上市公司增加到291家，比1993年增加了59%，深圳、上海两地股票市值总值达3687.83亿元，比1993年增加近200亿元，全年上市总额达644亿元，比1993年增加50%以上，有17家国有企业完成公司制改造并到境外上市，共募集境外资金192亿港元和9.58亿美元。至1995年4月，我国的股份公司进一步增加到9069家，其中工业交通类企业占50%，商业类企业占34%，建筑、房地产、公用业类企业占8%，金融、证券类企业占1.7%。这些股份制企业的股本总额大约5971亿元，其中国家股占42%，法人股占25%，个人股占20%，外资股占10%，始终保持了公有制的主导地位。我国国有企业在改制股份公司之后，筹集了大量社会资金加强技术改造，经济实力普遍不断增强，经济效益方面取得了显著成绩。1994年全国纯利润超过亿元的226家企业中，有股份公司63家，占27.8%。股份公司的人均利润为8.4万元，最高值达到88.4万元；人均劳动生产率为74万元，最高值达到346万元，均大大高于全国平均水平。从亏损面来看，1994年股份公司的亏损面为0.58%，比预算内国有企业41%的亏损面较低得多。1994年，股份公司年销售额在20亿元以上的达到23家，销

售总额在 10 亿元以上的达到 73 家，销售总额在 5 亿元以上的达到 161 家，有
107 家企业进入了 1994 年全国 500 家最大的工业企业的排行榜，62 家企业进入
了全国 500 家最大的服务企业。1994 年，股份公司的销售额平均增长率为
62%，利润平均增长率为 108%，净资产平均增长率为 42%，大大高于其他类
型的企业。在首次进行的全国 300 家最大的股份制企业评价中，上市公司达到
154 家，占 51.4%，经营业绩尤为突出。据统计，1994 年上市公司的销售利润
增长幅度最大，而资金利润率和人均工资增长幅度最小，非上市公司的人均工
资增长率则远大于上市公司。这表明，上市公司在股东和股市的双重压力下，
在控制工资成本和增加利润方面作出了更大成绩。[①]

　　我国公有制企业的所有权改革取得了显著成绩，其重要原因在于坚持了公
有制的主导地位，采取了符合本国国情的渐进方式。某些西方经济学家认为，
企业改革首先应从产权制度改革入手，推行国有企业的大规模私有化，中国的
渐进式改革从经营权改革起步，没有触及到企业的产权制度，股份制改造因坚
持公有制的主导地位，未能根本改变公有产权模糊的缺陷，因而不符合西方的
市场经济规范，是难以取得实际成效的。但是，事实证明，我国渐进地推行企
业的经营权、所有权改革取得了显著成绩，而俄罗斯激进地推行所谓规范的私
有化改革却陷入了困境，其中的缘故究竟何在？根据前述章节中现代组织理论
的分析，中国和俄罗斯的计划经济均属于集中的 U 型组织结构，中国经济改革
的特点是首先通过分权化引入市场机制，扩大企业自主权和进行经营责任制创
新，促进国民经济从 U 型结构转变为 M 型结构，并且稳妥地进行所有权改革试
点以积累经验，然后随着企业进行独立经营能力的提高，根据企业进行社会筹
资的需要和条件，循序渐进地进行股份制改造，完善有关政策法规和证券监督
机构，始终注重保持公有股权的控股地位，促使国民经济中越来越多的部分，
逐渐地从 M 型结构演化为 H 型结构。

　　**中国企业改革采取以上积极稳妥的方式，符合组织分权化和企业产权结构
演化的经济规律，有利于维护经营权的统一性和权威性，有利于保持两权分离
过程的连续性和渐进性，避免因产权结构急剧变迁导致经营秩序的混乱，防止
因权力失控导致"责任虚置"和代理成本膨胀。俄罗斯经济改革的特点，是完
整地遵循西方的市场理论和产权理论，短期内彻底摧毁了旧的 U 型国民经济组
织结构，解散了各级政府中的计划和行业管理部门，推行国有企业的大规模私**

---

　　① 参见杨斌《现代企业的产权结构与组织制度的演化规律》，《中国社会科学院青年科研基金课题研究报
告》，1997 年。

有化,以求彻底明确产权界定和提高经营效益,但是事与愿违,产权结构的过快多元化破坏了经营秩序,监督机构的解体导致了代理成本的急剧膨胀,股票市场和私有化企业为黑社会组织和腐败官僚所操纵,其恶果是社会两极分化严重,国民经济陷入长期衰退之中。根据前述章节中关于现代企业制度的演化规律的分析,企业的经营权和管理责任制方面的创新,就像不断发展的生产力因素一样,是一个永恒的活跃过程,而企业的所有权等生产关系的演变,则应是相对缓慢的和被动的,应根据不同企业筹集资金的需要和条件逐渐进行。20 世纪 80 年代,我国企业改革是从经营权改革起步,这种做法能够直接推动生产力发展,加强国有企业的自我积累和技术改造,提高国有企业的经济效益,从而为国有企业筹集广泛的社会资金,创造了良好的经济条件和物质基础。改革 30 多年来,我国企业的所有权改革一直是通过试点逐渐进行的,这样有利于逐步积累经验,避免急剧的产权变革引起混乱和妨碍生产力发展。由于我国企业的经营权改革和技术改造成绩显著,搞活了一大批国有、集体和乡镇企业,这些企业的经济效益良好,具备了广泛吸收社会资金的需要和条件,从而比较顺利地实现了股份制改造和股票上市,进一步提高了企业的经济实力和发展速度。尽管我国改革是以企业的经营权改革为突破口,不像俄罗斯改革是以全面的产权改革为主攻方向,但是,我国却在产权改革方面取得了更大的实质性进展。

三 股份制改革中存在的问题

尽管我国股份制改造取得了显著成绩,但是,仍然面临着许多亟待改进的问题。特别值得关注的是,从 1995 年以来,同国有企业经济效益的整体态势一样,股份制企业的经济效益也出现了较大幅度的下降。根据 1995 年公布的上市公司的中期业绩报告,上市公司的经营业绩比上一年同期普遍大滑坡,从税后利润来看,300 家上市公司中有 60% 的效益比上一年下降,有 21.6% 的公司的盈利水平甚至下跌了 50% 以上,亏损企业的数量增加到 7 家,亏损面虽较小为 2.34%,但比上一年增长了数倍之多;1995 年上半年,300 家上市公司的净资产受益率超过 10% 的仅 37 家,占总数的 12%,而净资产收益率低于 5% 的有 141 家,占 46.7%,还有 7 家的为负值;上市公司的平均每股税后利润为 0.25 元,1996 年同期则进一步下降至 0.14 元,比上一年大幅度下降了 66%,平均净资产收益率为 5.74%,比较上一年同期下降了 21%,大大低于同期的银行储蓄利率。近几年来,上市公司的业绩不仅没有好转,反而出现令人担忧的继续恶化趋势,1997 年,719 家上市股份公司中,净利润亏损的公司增加到 40 家,亏损面为 5.56%,亏损面比较 1995 年上升了 141%。1998 年,由于国内通货紧缩和亚洲金融危机的双重压力，上市公司中亏损企业上升到89家，亏损面扩大到9.45%，比1997年大幅度增长了69%，比较1995年甚至猛增了315%。从沪深公司的每股收益和净资产收益率两项指标来看，同去年同期相比分别下降了19.23%和18.97%。

由于各地进行股份制试点的企业，一般都是经过精心选择的优秀企业，具有较长期的优良经营业绩，产品市场前景看好，管理责任制度比较健全，而上市公司更是众多股份制企业中的佼佼者，在产权明晰和资金实力方面更具优势，因此，这些企业的经济效益出现大幅度下降，不能不引起人们的担心和关注。这说明，我们在研究近年来国有企业经济效益滑坡问题时，不应仅仅注意到产权明晰和所有制改造方面，也应注意到经济环境中许多不利于企业发展的因素。1994年宏观经济紧缩后，其效应并未立刻充分显现，上市公司的经营业绩普遍比较理想，但是，随着宏观紧缩环境的持续，尽管上市公司具有较强的资金实力，但也越来越难以抵御严重的市场疲软，同众多国有、集体和私营企业一样，出现了大幅度的经济效益滑坡。上市公司的这次效益滑坡涉及了许多行业，包括房地产、冶金、机械、汽车、建材、纺织、外贸等，其中生产资料行业的滑坡尤为突出，冶金股的滑坡面为71%，机械股的滑坡面为61%，安徽马钢1994年获上市百强排行第三，1994年中期利润7亿元，1995年却急剧下降为4000万元，川长钢的税后利润也比1994年同期下降了85%；沪市水泥股中有一半企业，经济效益滑坡幅度超过了60%；琼海虹、深中冠、联华化纤等纺织股，税收利润也出现了大幅度滑坡。

近几年来，由于片面强调重视产权利益的改革措施，如"减员增效"、破产兼并和产权重组，将国有企业承担的义务转移给社会，国内市场疲软和生产过剩的局面更趋严重，同时还忽视了采取宏观经济政策及时矫正泡沫经济后遗症的比例失调，强化责任监督机智扭转管理滑坡趋势，因此，上市公司的亏损行业呈现迅速蔓延趋势，逐渐从景气敏感的生产资料生产行业，扩大到消费品生产行业和第三产业，地区分布也从以东北、内地居多，扩大到遍布全国各地包括南方、沿海发达地区。1998年，从上市公司亏损的行业分布来看，亏损最多的行业依次是商贸、家电、房地产和轻工行业，郑州百文为1998年的亏损首户，每股亏损高达2.54元，亏损亚军为广州的白云山制药股份公司，每股亏损高达2.19元。特别令人惊讶的是，许多名列前茅的绩优上市公司如春兰电器和长虹电器，以前曾以善于经营和业绩出色闻名全国，1998年也出现了大幅度的业绩滑坡，四川长虹电器的营业收入和税后利润，分别比上一年下降了14%和32%，深发展的中期每股收益，比上一年同期下降了43%。据报道，亏损公司多属于老牌上市公司,新上市公司刚刚经过包装亏损较少,这说明以前的绩优国有企业效益出现了恶化。[1]

尽管当前股份制企业的亏损面,仍然低于国有企业的整体水平,但是,股份制企业是精心挑选的优秀企业,拥有其他企业不具备的筹集资金能力,因此,数百家企业的亏损面达到9.45%,超过20世纪80年代数万家国企的整体水平,也充分说明对问题的严重性不可掉以轻心。更何况,还有大量股份公司通过各种手法,从财务报表上掩盖了实际经营困难,还存在大量只有微利的上市公司,编造种种借口"配股圈钱"现象,因此,上市股份公司的实际亏损状况,远远比财务报表所反映的更为严重。当然,我们不应将困难归罪于股份制改造,正像也不应将困难归罪于公有产权一样。应该说,中国的股份制改造取得了显著成绩,对比俄罗斯的私有化灾难更是如此,但是,股份制不是一剂包治百病的灵丹妙药,倘若人们像斯蒂格利茨先生所说的,受"产权神话"影响迷恋于股份制,而忽略更大范围内的一系列问题,包括泡沫经济造成的经济失衡,责任制松弛造成的管理滑坡,那么不仅国有企业无法摆脱严重的困难,缺乏进行股份制、公司制改造的条件,就是已经上市的股份公司也会陷入困境,出现经济效益滑坡和亏损增加的局面,近年来,上市公司的效益恶化状况充分说明了这一点。

当前,已有大量的事实说明,各种类型的企业均面临严重困难,包括国有、集体、乡镇企业,还有私营、三资和股份制企业,因此,我们再不应受西方的"产权神话"误导,仅仅从所有制改革寻找解决办法了。实际上,如此众多的各种类型企业陷入了困难,说明困难不是微观或所有制造成的。由于泡沫经济损失造成了经济失衡,长期紧缩加重需求萎缩和市场疲软,企业普遍销售不畅,资金周转困难,融资能力很强的上市公司也难以抵御,更何况社会负担较重的一般国有企业,这充分说明,如何保证国民经济的比例协调增长,矫正泡沫经济后遗症的连锁反应,为各种类型企业创造稳定的经营环境,是一个当前迫切需要解决的难题。以前人们往往认为,企业自主权大就意味着效益好,但是,倘若没有必要计划指导和协调合作,也可能意味着企业间相互冲突,正像没有统一交通指挥的必要协调,各种车辆可以随意地发挥主动性,结果必然导致彼此相互摩擦冲突,反而会因交通严重堵塞丧失主动性。

今后,中国股份制企业特别是上市公司,将更多来自各个行业的骨干企业,

---

① 参见杨斌《现代企业的产权结构与组织制度的演化规律》,《中国社会科学院青年科研基金课题研究报告》,1997年。

特别是实力雄厚的国有大中型企业，因此，它们除了通过经营获取利润之外，还必须承担更为广泛的社会责任，包括服从政府计划指导和产业政策，相互密切合作协调重大经济决策。我国公有制企业进行股份制改造的目的，不是模仿西方的私有股份制企业，单纯追求自身盈利和狭隘产权利益，还必须坚持公有产权的控股地位，逐渐从 M 型结构过渡到 H 型控股结构，一方面扩大社会筹资和经营灵活性，另一方面仍应保持公有企业的种种优势，包括服从计划指导和相互密切合作，这样才能确保国民经济的协调增长，避免出现盲目投资和重复建设，防止过度竞争和生产过剩危机，协助宏观调控采取"反周期"行为。我国股份制改造坚持公有产权的控股地位，形成优越于私有股份公司的崭新企业，能更好地维护社会、股东和职工的利益，促进经济高速增长，保证股东投资回报，减少企业因投资失误导致破产风险，还能防止企业产权改革滑向私有化，避免少数代理人与股东相互勾结，出现掠夺股份公司资产的腐败现象，监督约束弄虚作假欺骗股民的行为，制止通过违法投机炒作圈套股民资金。

许多股份制企业存在资金运用不当的问题，也是造成经济效益滑坡的重要原因。国有企业进行股份制改造以后，能够从广泛的社会来源筹集资金，但是，一些企业缺乏足够的投资风险意识，没有将筹集的资金用于本行业技术改造，而是进行大批跨行业的多元化投资，甚至从事房地产和股票泡沫投机，1993 年经济过热时期这种现象特别严重，后来随着市场环境发生了较大变化，不少资金实力雄厚的股份制企业，也盲目投资，逐渐陷入了困境。20 世纪 80 年代，政府部门对企业逐渐下放自主权，对企业投资仍有较多监督和协调，虽然不少企业抱怨政府干预过多，但是，确实减少了跨行业风险投资的失误。国有企业进行股份制改造后，董事会作为各类产权的监督代理机构，依然不能很好地承担最终的投资风险，它不像政府部门具有较强的宏观协调能力，也并未有效地约束盲目投资和投机活动，因此，仍需要研究如何建立公司治理结构，加强对投资的必要监督和宏观协调。生物一般遵循增量渐进进化的规律，从旧器官逐渐发育出新器官，因此，不应强调由"新三会"来取代"老三会"，抛弃以前有效的政府监督和协调，完全效仿西方的私有股份制企业，而应采取"新、老三会"双向进入的办法，注重各种宏观、微观责任制的创新，切实有效解决企业面临的重大问题，保证决策过程的民主性和科学性，而不必拘泥于西方股份制的规范形式。实践证明，仅仅依靠董事、监事的个人力量，无法确保对企业的重大决策的监督，因此，政府部门作为公有产权的代表，仍然有必要参与企业重大决策。即使是西方实行分权的大公司中，所有者虽然下放较多的经营决策权，但是，仍集中管理重大投资权和资产处置权。为了确保庞大国有资产的有效运转,政府作为代理机构必须发挥作用,应该根据不同的行业和企业的具体情况,实行适度的"政企分开"和权力下放,但是,对于重大投资决策和资产处置权,政府仍必须保留较严格的监督和协调。政府部门掌握全面宏观的、行业的信息,拥有权威性和集体科学决策过程,无论在迅速实现工业化的过程中,还是在 20 世纪 80 年代改革开放的年代,都曾发挥了功不可没的重要作用,公有产权要求政府积极发挥作用,正是适应社会化大生产的优越性,西方私有制企业的"政企完全分开",绝不应作为我国企业改革的效仿方向。

我国应根据不同企业投资经验的积累,采取渐进的方式下放投资自主权,充分落实企业技术改造投资的自主权,适当限制风险大的跨行业多元化投资,严格监督有泡沫投机倾向的投资活动。一般来说,国有企业技术改造投资效果普遍较好,而跨行业多元投资的风险则会大大增加。许多原来业绩良好的股份制企业,都是因为跨行业多元投资的失误,造成了程度不同的经济损失,出现了经济效益大幅度滑坡现象,例如一家省级先进冶金企业,20 世纪 80 年代生产发展和经济效益一直很好,1992 年进行了无主管部门企业试点,1993 年进行了股份制改造,筹集了大量社会法人和个人资金,进行了一系列当时市场前景甚佳的跨行业投资,如兴建码头、仓储等大型项目,后来因紧缩环境陷入了进退两难境地,1996 年终因资金周转困难而停产。上市公司普遍设立了专门的证券投资部门,不少企业因嫌实业投资的回报太低,将大量资金投入证券市场,甚至不惜挪用了巨额银行借贷资金,1996 年股票市场的飞涨与此有直接关系,更重要的是,监督机构尚无法有效制止这种明显违规的行为。1996 年下半年出现了股市高潮,许多上市公司从中赚取了大量利润,因此,在上市公司主业业绩下降的同时,非主营利润却出现了大幅度上升。20 世纪 80 年代国民经济保持协调高速增长,很少出现重大投资损失和泡沫投机,政府部门的监督协调起了重要作用。政府行业部门拥有丰富的专业人才,有长期从事监督协调的实际经验,掌握计划协调所需的宏观经济信息,其作用是资产管理部门无法取代的,因此,应该强调明确政企双方的责、权、利关系,进行适应市场经济的责任制度创新,而不应否定、贬低政府的必要干预,简单地由董事会代替作为最高决策机构,或者由单纯的政府资产管理部门取而代之。

许多股份制企业出现严重效益滑坡,与内部管理责任制涣散有很大关系,某些企业还出现了掠夺国有资产现象。一些地方进行股份制改造时,对于选择上市企业的质量把关不严格,一些管理不善的企业为了筹集资金,想方设法蒙混过关。一些国有企业本来经营管理良好,股份制改造中又剥离了社会负担,改造初期经济效益曾大幅度上升,但后来因此而麻痹大意,内部管理制度松弛,生产和管理成本大幅度上升，一旦市场疲软后就缺乏竞争能力。还有一些上市公司的效益严重滑坡，但是为了取得配股筹资的资格，不是加强管理和降低成本，而是在业绩报告上做表面文章，如将投资失误形成的不良资产，暗中转移给原国有企业，夸大投资于其他企业所获的利润，而相关的投资企业往往缺乏严格的审计制度，这种做法必然损害国家和股民利益。

何清涟女士所著《现代化陷阱》一书，提到了许多企业在进行了股份制改造之后，并未真正转换经营机制和改善效益，还有许多地方借股份制改造之名，蓄意圈套股民资金掠夺国有资产，将这种股份制改造讥讽为"免费的午餐"。她认为，"西方实行股份制其实着眼于它的集资功能"，而我国"过高估计了在筹集资金之外的、有一些甚至是一厢情愿地想象出来的功能，如效率功能，必然会带来一大堆问题"。的确，根据接近企业实际的西方管理学理论，而不是骗人的科斯产权明晰理论，我们可看出股份制的优势是筹集资金，而代价则是协调和代理成本的上升。因此，当人们迷恋于"产权神话"，希望股份制会自动改善经营时，就很可能会导致管理松弛效益滑坡，原因就在于大企业运转依靠复杂的责任制，改善经营、提高效益必须强化责任制，这是任何其他形式改革都无法替代的，"追求私有产权利益的自然激励"，对小私人业主企业的管理也许有效，但对于大企业恰恰会转化为贪婪掠夺，倘若缺乏严格的责任制和监督约束的话。我国股份制公司出现的种种问题，如制作财务报表中弄虚作假，代理人利用种种手腕掠夺国有资产，只能通过强化责任监督机制来解决，而无法通过强化个人产权激励来解决，包括股权向少数经营者手中集中，否则会像俄罗斯那样造成更大灾难。①

我国应该明确企业转换经营机制，关键是明晰责任制度而不是产权，建立适应市场经济的新责任制度。改革必须坚持公有产权的控股地位，相对控股界限模糊应作个案处理，绝不允许出售公有产权搞私有化，资产的处置权必须集中不能下放，因为资产难以估价且作弊机会太大，任何国家的所有者都不能放权，这样才能有效防止和纠正资产掠夺。改革还必须明确政企分开是相对的，必须保留政府行业部门的有效监督，多元产权制衡约束只能作为补充，否则必然出现多元勾结掠夺现象，如《现代化陷阱》一书所记述的，著名的深圳原野公司通过资产转移，将数千万国有资产转移到私人手中，出现将国有资产从原来的控股地位，降低到只占1.4%不参与优先股的荒唐演变。一旦上述制止私有化的阀门打开，产权改革中潜伏的巨大谋私机会，很快就会导致改革者的变

---

① 参见何清涟《现代化陷阱》，明镜出版社1997年版。

质堕落,出现贪污腐败、野蛮掠夺资产现象泛滥,那样国有企业的各种产权改革,不仅谈不上提高效率转换机制,而只会变成掠夺者的"免费午餐"。

当前市场不振,各类企业面临重重困难,越来越多的企业寻找不到其他出路,纷纷将希望寄托于股份制改造筹资,仿佛就像"千军万马争过独木桥",有人称此为"以前吃财政、现在吃股民"。许多企业知道这条路是僧多粥少,因此,打破脑袋争先恐后抢上市指标,唯恐晚了就赶不上"最后的晚餐"。但是,采用这种吃股民的办法,究竟能救活多少家企业呢?上市公司也面临着重重困难,即使能够筹集到一大笔资金,产品销不好日子又能熬多久呢?由于大多数各类企业面临重重困难,不具备大规模股份制改造的条件,勉强采取包装上市的办法,必然影响股民利益和社会稳定。近年来,各类企业普遍效益恶化的情况下,上市公司业绩不佳导致股市低落,股份制改造和上市融资存在很大困难。于是,我国许多人希望效仿美国股市的榜样,通过人为刺激股票市场的繁荣,来加快股份制改造和企业上市步伐,但是,这种虚假的股市繁荣不能长久维持,一旦破灭必然造成更大经济损失。据反映,当前各类企业经营非常艰难,一发现股市上涨赚钱容易,就纷纷将资金撤出生产经营领域,结果必然导致实质经济的需求萎缩,各种类型企业也会面临更大的困难,这种情况下,上市公司经营也必然受到很大冲击,筹到资金又能派何用处熬多久呢?在今天紧密联系的现代经济中,上市公司又如何能独善其身呢?倘若最终失败又如何面对广大股民呢?

实际上,解决各类企业困难的正确办法,还是像斯蒂格利茨先生所说的,在于不受西方"产权神话"的影响,关注更大范围的一系列问题,包括宏观调控矫正经济失衡,政府干预帮助解开企业连环债务,完善代理责任制扭转管理滑坡,等等。倘若我们采取正确的有效措施,切实解决了企业面临的紧迫困难,就能以真正符合经济规律的方式,加快股份制改造和企业上市的步伐。倘若有正确的宏观调控和计划调节,国有企业发挥密切合作协调作战的优势,很容易矫正经济失衡摆脱经营困难,根本不需要采取"包装上市"的办法,问题是我们的思路受到西方理论的束缚,反而忘记了本国改革开放的成功经验,只要我们敢于解放思想、实事求是,不再将本国经验视为不规范的做法,国有企业摆脱困难实际上指日可待,正像 20 世纪 80 年代初期,中国采取了符合国情的改革办法,迅速摆脱困难取得了巨大成功,而俄罗斯受到西方规范理论的误导,反而从鼎盛时期跌入了灾难深渊。为何明知西方规范产权改革有诸多副作用,却非要放弃本国"三个有利于"的成功经验呢?

我们必须认识到,股票市场既有集聚分散资金的有益功能,也可能诱发泡沫投机造成巨大的危害。中国股票市场的发展应走自己的道路，不必将西方股票市场作为模仿的理想模式，因为，西方强调保证私人资本牟利的最大自由，只是在经济危机造成了巨大的社会危害时，才能形成足够的社会舆论反对压力，制定一些保证社会利益的法规制度。中国作为一个发展中的社会主义国家，资金运用必须服从整个社会的利益，要考虑到增强工业实力和国防力量的任务，尽量满足众多各类企业的发展需要，保证广大社会股民投资的增值和安全性，因此，不应允许股市泡沫拖累大量的资金，即使是上市公司也应根据实际投资需要，统筹考虑社会资金供求，合理吸纳资金，不应允许采用"吃股民"的办法摆脱困难，也不允许超过实际需要吸纳大量资金，然后用过剩资金搞重复建设和泡沫投机。中国股市发展应该从全社会利益出发，制定更严格的规章制度限制泡沫投机，如建立"国有股流通稳定基金"，打击庄家投资炒作，防止暴涨暴跌，要成立社会专家机构，根据企业业绩潜力，评议允许不同企业股价波动的合理范围，对于超范围的投机炒作征收交易重税，这样既能防止泡沫投机无效占用大量资金，更好地满足各类企业的合理筹资需要，避免银行资金流失卷入风险性投机，又能更好地维护广大社会股民的利益，制止机构大户投机炒作圈套股民资金，同时还能保证股价的合理波动和流动性，监督机构易于操作而且能增加财政税收。

四 股份合作制的发展与困难

我国经济改革中农村乡镇企业异军突起，取得了举世瞩目的成就，20 世纪90 年代其就业人数超过一亿，占农村社会总产值的三分之二。乡镇企业起源于公社时期的社队企业，在党的十一届三中全会的改革政策推动下，采取了乡办、村办、联户办、个体办的"四轮驱动"方式，取得了持续的高速发展。乡办、村办企业依靠集体经济的规模优势，具有较强的集中和积累资金能力，推动生产发展和技术进步，其整体发展速度远远高于私人乡镇企业。乡镇集体企业不仅生产发展很快，还具有较好的社会公益性，上缴大量资金用于社区公益事业，如兴修水利、交通、文化教育、支农等，有力地促进了农村社区的全面发展。一些外国经济学家盛赞我国乡镇企业，称其开辟了一条新的农村工业化道路，避免了西方工业化过程造成农村衰落的痛苦过程，也为第三世界国家树立了榜样。

20 世纪80 年代，乡镇集体企业广泛推行了经营权改革，改变了社队企业以前集中管理的办法，实行了各种形式的承包经营责任制，如苏南模式创造的生产要素承包责任制、净收入分配责任制等，提高了乡镇企业的管理水平；与此同时,乡镇企业还积极试尝进行产权制度的改革,20世纪90年代广泛推行了股份合作制,进一步理顺了产权关系,获得了广泛的社会资金来源,为其发展注入了新的活力。股份合作制是一种新型的集体合作经济的组织形式,其特点是将股份制与合作制结合在一起,兼有劳动联合与资金联合的优势,其产权结构的特色是乡村公股和职工集体股占优势,分配原则采取因地制宜的方式,一般是部分利润依股份制原则支配,部分利润依合作制原则支配。

浙江绍兴著名的万向节集团原来是一家小乡镇集体企业,20世纪80年代初通过实行承包制发展较快,1984年进行了职工集资入股的尝试,1987年又较早实行了股份合作制,通过清产核资理顺了产权关系,形成了乡公股占36%、企业集体股占40%、法人股占7%、个人股占16%的股本结构;乡公股的设置,体现了历史上乡镇社区对企业的原始投入,较好地处理了企业与所在社区的关系;设置企业集体股又不量化到个人,体现了全体劳动者的共同利益,避免了不必要的产权纠纷矛盾,形成了剩余分配与职工利益的密切联系;社会法人股的设置,有利于广泛发展经济联合和经济协作。万向节集团通过一系列的经营权改革和所有权改革,综合实力取得了迅速发展,从1985年至1992年产值增长了10倍,出口创汇从26万美元增长到780万美元,1992年万向节集团又着手进行了上市公司的准备工作,从而完成了向更为规范化的股份制企业的过渡。[①]

1992年浙江绍兴、萧山等县市在74家企业中进行了股份合作制试点,其中绝大部分是乡镇集体企业,各县制定了有关股份合作制的章程以及相应配套政策,参加股份合作制试点的集体乡镇企业,一般都采取了原有资产量化折股与新吸收社会法人和个人入股相结合的办法,设有社区公有股、企业集体股、社会法人股、个人股等股种,实际操作中各县遵照"边规范、边发展"的原则,联系当地和企业的实际,不搞一刀切,做法多种多样,以后又逐步普遍推广了试点企业的经验。20世纪80年代,浙江温州的家庭乡镇企业发展迅速,但由于企业的规模普遍较小,生产发展和技术进步存在一定困难,20世纪90年代温州涌现出了越来越多的股份合作制企业,至1992年温州地区注册的股份合作企业发展到了2.4万家,但并非都是真正的股份合作制企业,其中相当一部分企业实际上是合伙企业,存在着"一年合伙,两年散伙"的不稳定情况,也有一些实际上是家庭控股企业,为了获得集体所有制的名义引入了少量职工股份。除

---

① 参见杨斌《现代企业的产权结构与组织制度的演化规律》,《中国社会科学院青年科研基金课题研究报告》,1997年。

了浙江以外，江苏、山东、河南、河北、安徽等省份也普遍进行了股份合作制的试点，越来越多的乡镇集体企业采取了这一新的集体经济的组织形式，1993年山东省的股份合作制企业发展到了 14786 家，其中淄博地区实行股份合作制的企业占 35%。

关于股份合作制企业，目前理论界仍存在着较多的争议，主要是认为这种组织形式不符合市场经济的规范做法，集体公共股的产权是"不明晰的"，"一人一票"的决策原则难以操作，只是一种"不稳定的过渡形态"。确实，如果以西方国家的股份制为衡量标准，我国的股份合作制是不规范的，但是，衡量我国改革的制度创新应该用"实践标准"和"三个有利于"，仅仅以外国的经济规范为衡量标准是一种教条主义的做法。20 世纪 80 年代改革实践充分证明，我国的乡镇集体企业与私有企业相比较，不仅在扩大生产规模和技术进步方面具有优势，而且更好地促进了共同富裕和社区全面发展，因此，集体公有产权事实上是一种更为优越的产权形式，尽管以西方产权理论为衡量标准是模糊的。乡镇集体企业为了广泛吸收社会资金，更好调动各方面的积极性，有必要借鉴西方股份制的经验，但是，其目的应该是发展而不是抛弃集体经济，否则会像俄罗斯的产权改革一样引起严重社会后果。

集体所有制企业进行产权改革时，有必要保留相当比例的公有产权。农村乡镇集体企业设置乡村公股，不仅体现了历史上乡村居民的共同投入，而且能够集中行使对企业的监督制衡权，有效防止企业违反社会规范的经营行为，保证社区公益事业有稳定的资金来源，为乡镇企业发展提供良好的社会基础设施。设置企业集体股能够体现职工劳动的共同贡献，避免量化到人必然引起的产权纠纷矛盾，有利于保持经营权的权威性和统一性，从整体上调动全体职工的积极性，加强职工与企业整体的共依共存关系，形成剩余分配与职工利益的密切联系。某些地区则采取了将乡镇企业的部分集体资产量化到人的做法，乡村居民、企业职工和领导人提出了不同的产权要求，造成产权纠纷和矛盾的现象比比皆是，严重干扰了企业的正常经营秩序。企业集体股通过职工代表大会进行管理，按"一人一票"的合作原则行使权力，能够加强全体职工对企业领导的集体监督，有效防止官僚主义和腐败行为，体现劳动者的主人翁地位，避免因股权继承或转让造成部分职工丧失产权。

由于乡村公股、法人股和个人股的存在，"一股一票"与"一人一票"的原则共同发挥作用，能够减少短期行为或内部人控制等潜在的负面影响，至于两种原则相对作用的大小，不同企业生产力发展的具体条件，如行业性质、生产规模、技术特点或资金结构等，都必然产生不同的相应影响，并不存在什么统一的规范。根据社区环境、融资条件、企业特点和发展阶段等因素，乡镇企业可能选择不同的发展道路，如保持集体所有制企业组织形式，改组为不同结构的股份合作制企业，向更为规范的股份制企业过渡，而不应根据某种理论进行人为规范或干涉，否则可能妨碍企业生产力的发展，例如，浙江万向节集团转变为规范化的上市公司，并不意味着其他乡镇集体企业也具有同样的条件或需要。一些经济学家认为浙江温州的私人家庭或合伙企业出于政治因素考虑，注册为股份合作制企业不符合规范，这种意见是很有道理的，因为，两种企业的产权性质和经营行为不相同，混淆不清容易造成政府监管和统计工作的混乱；此外，私有企业的组织形态的演化规律，毕竟不同于乡镇集体企业，不应强迫合伙企业提留不可分割的公共积累，也不应强迫私有企业吸收职工入股，否则不利于生产力发展，但是，职工持股有利于加强企业的社会属性，应该在自愿选择的基础上加以鼓励，甚至西方国家也对此制定了相应的优惠政策。

20世纪80年代创立的众多民营企业，具有经营机制比较灵活的特点，还形成了较多的集体所有资产。目前，民营企业正纷纷推进公司化改造，对产权改革的复杂性应该有足够认识，特别是"存量资产量化到人"的做法，既有一定的积极作用，也可能带来许多负面效应。民营集体企业将存量资产量化到人，能够增强职工对资产的关心程度，但是，由于企业资产是职工的共同劳动形成的，民营企业普遍具有较大的职工流动性，资产分配方案如何体现公平性就非常困难，处理不当可能导致许多难以解决的纠纷，如果将过多资产分配给少数创办人和老职工，就可能削弱普通职工和新职工的劳动积极性。因为，职工持股仅仅反映过去劳动与企业效益的联系，却无法体现职工活劳动对企业效益的贡献，倘若职工的资产收入达到较高的比例，反而会削弱职工创造劳动收入的积极性，甚至出现吃"股权大锅饭"的倾向，或者干脆变卖股票后辞职自己经商，从而影响企业职工队伍的凝聚力。

民营企业的发展可选择多种多样的道路，企业改革也应从生产力发展的具体需要出发，不必盲目遵循西方企业发展的规范化模式。倘若某些企业属于资本密集型的工业企业，需要回收周期较长的设备投资，货币资本投入的重要性就会增加，或许需要采取有限公司或股份公司的形态，以便于筹集来源广泛的社会资金。但是，在增强剩余索取与职工利益的联系方面，民营企业在进行公司化或股份化改造时，仍可采用股份制与合作制相结合的方式，考虑保留相当比例的集体共有资产，其利润按贡献原则分配以激励职工的活劳动，根据企业各层管理人员和每个普通职工，对企业经济效益的贡献大小进行分配，不一定僵硬地按照"一人一票"的方式，可由董事会和职工代表大会协商进行。要充分考虑到经理人员承担的责任和风险，以及技术骨干人员的知识经验的贡献，这样能更好地激励活劳动多创效益的积极性，比较按死劳动转化的股份进行分配，更有利于增强企业的竞争活力和凝聚力，避免存量资产量化到人的负面效应，防止普通职工、新职工无法参与剩余分配，有利于民营企业不断广泛吸收社会人才，公有产权的部分利润还可改善集体福利，充实医疗养老保险和文化体育经费，有利于保持经理和职工队伍的稳定性，培养集体主义精神和融洽和谐的人际关系。

从某种意义上说，这种保留公有产权的"股份合作制"，能更好促进社会与企业利益的和谐统一，以及集体与个人利益和谐统一，优越于以明晰的私有产权为基础的股份制，后者单纯追求狭隘的个人产权利益，而忽视了职工活劳动和团体合作精神，容易出现私人家族式管理的弊病，甚至还会造成劳资之间的对立。企业可以根据其生产力发展的实际需要，具体决定"股份制"或"合作制"的比例，倘若企业经营属于资本密集的类型，或者经营中迫切需要吸收外部资金，则可相应地重视"按资分配"的原则，扩大"股份制"所占的比重，倘若企业经营属于一般劳动或智力劳动密集的类型，或者经营关键是调动广大职工的挖潜增效的积极性，则可相应地重视"按劳分配"的原则，扩大"合作制"所占的比重，这样不仅能够考虑到资本利益和过去劳动，而且还能对职工的活劳动进行量化奖励，充分考虑到经理技术人员的知识经验的贡献，同传统的"一人一票"的劳动合作制相比，前者更加适合于经营或技术复杂的各种类型企业，更加有利于调动各层经理和技术专家的积极性，更加有利于维护经营权的统一性和权威性，而后者则比较适合于技术简单的劳动密集型企业，更加有利于调动广大基层职工的积极性，因此，股份合作制企业设计决策程序和激励机制，决定集体产权的具体利润分配原则，应该有利于调动企业职工整体的积极性，充分考虑到企业生产力发展的具体条件，如行业特点、企业规模、组织结构和技术性质等，应该同企业的各种管理责任制保持协调的关系。

20 世纪 80 年代，我国城乡中小工业企业蓬勃发展，这些企业大多数属于集体所有制企业，既能拥有规模优势和政府扶植，接受政府的计划指导和适当监督，又能根据市场供求进行灵活的经营，同国有企业形成了密切的合作关系，共同促进了国民经济的协调发展。1993 年向市场经济过渡高潮中，城乡中小企业虽然一度高速增长，但由于忽视计划调节和泡沫经济过热，出现大量重复建设和盲目投资，城乡中小企业和各类企业一样，也很快因市场疲软陷入了经营困境。

由于西方的"产权神话"的广泛流传，人们没有深入地分析"更大范围的问题"，纷纷将集体中小企业面临的困难，统统归罪于公有产权的"不明晰"，忽视了以前责任制创新的成功经验，集体中小企业的改革出现了偏差。尽管中央强调中小企业改革有多种形式，但是，许多官员、学者片面强调产权改革，还简单地认为集体企业面临经营困难，就证明以前的改革办法统统无效了，忘记了这些办法曾经获得过巨大成功，而现在暂时困难是多方面原因造成的。许多地方进行中小企业的改革中，纷纷将集体资产"量化到个人"，还有很多干脆卖给经营者或廉价出售赠送给亲戚朋友。有许多地方搞股份合作制改造，强迫规定职工必须掏钱购买股份，否则将失去在企业工作的权利，在群众中造成了严重不良影响。

20世纪80年代，苏南地区集体乡镇企业非常繁荣，不仅大大加快了地方的经济发展，还积极支援农业和社区公共建设，是实现全体人民共同富裕的成功典范。但是，现在许多苏南地区的干部痛心地说，以前大家都团结一心搞好集体企业，现在报纸上纷纷强调要"明晰产权"，大家也都跟着计较"产权是否属于自己"，结果企业闹纠纷失去了凝聚力，纷纷将集体资产"量化到人"，甚至有许多企业干脆卖给了个人。但是，这种改革办法并未真正取得成效，现在苏南乡镇企业进入了最困难时期。

改革出现偏差的不仅是集体企业，许多地方在进行国有中小企业的改革中，也出现了股份合作制强迫职工入股，廉价出售赠送国有资产的错误风潮。内地某地区曾以"卖光国有企业"闻名，报刊舆论的宣传也曾搞得沸沸扬扬，但是，来自邻近地区的一位企业家说，报上大肆宣扬的成效并不属实，其实职工群众对改革怨声载道，股份合作制强迫集资入股，许多人担心丢饭碗被迫掏钱，结果后来企业未能摆脱困难，最后工作和股票还是都泡汤了。在该地区搞改革的众多企业中，到了年底仅有三家能发出工资。正是由于无法解决问题，该地区政府又出了新文件，强调实行了股份合作制的企业，今后股权应向少数经营者集中。显然，这种不成功的产权改革，最终会一步步滑向私有化。

当前通货紧缩和生产过剩的形势下，城乡中小企业资金少力量薄弱，依靠自身很难摆脱经营困难，搞私有化不仅会造成集体资产损失，还会侵犯职工利益造成社会需求萎缩，引起社会收入和财产分配的两极分化，导致经济进一步陷入恶性循环。从长远来看，私有化还会产生严重的社会恶果，引起社会经济结构的"二元"分化，类似于旧中国和不发达国家的状况，乡镇私人企业无法吸收过剩劳力，大量无业农民流入城市冲击就业，市场无政府状态导致盲目竞争，频繁造成中小企业破产和大量失业，甚至导致黑社会组织贩毒、卖淫泛滥猖獗，地方政府将失去重要社会财税来源，政府官员依附于富人并为少数富人服务，经济矛盾激化还会引起社会动荡。因此，那种不珍惜集体公有产权，以为搞私有化就能迅速致富，不仅是一种不切实际的幻想，还会重温旧中国和俄罗斯的噩梦。

我国的城镇、农村集体工业企业，不应该将暂时的经营困难归于公有产权，也不应搞"放任自流"或私有化，而应该继承 20 世纪 80 年代发展的成功经验，接受政府的计划调节和产业政策指导，协调同国有企业的分工合作关系，避免出现争夺原材料和销售市场的尖锐矛盾，集中力量发展各自具有相对优势的项目，纠正许多行业的重复建设和过度竞争状况，这样才能从根本上摆脱经营困难，保证自身长期的稳定协调发展。城乡集体企业进行股份合作制改造，还应继承和发扬公有产权的优势，一方面广泛筹集资金增强自身实力，加快技术改造步伐和产品升级换代，另一方面保留合作制和按劳分配原则，加强剩余索取与职工活劳动的联系，扩大职工监督和参与管理的民主权利，积极支持社区公益事业和全面发展，实现广大人民共同富裕的美好理想。

五　建立和完善企业破产制度

我国企业所有权改革的一个重要方面，是逐步建立和完善企业的破产制度，以体现市场经济优胜劣汰的竞争规律，实现社会资源的优化配置。1985 年 1 月经国务院批准成立了由 12 个部委联合组成的企业破产法起草小组，于 1985 年 7 月产生了第一部提交全国人大常委会审议的《企业破产法草案》。与此同时，各地积极进行了建立企业破产制度的试点，1985 年 8 月，沈阳工商部门向沈阳防爆器材厂、沈阳五金铸造厂和沈阳农机厂发出破产警戒通告，1986 年 7 月宣布沈阳防爆器材厂破产倒闭，成为我国第一家宣告破产的企业。武汉无线电厂、武汉量具刃具厂、重庆洗衣机厂等许多企业，在破产警戒的威吓作用下，较好地整顿了经营管理秩序，生产经营状况迅速好转。1988 年正式实施《企业破产法》以来，全国各地的企业破产工作有了一些进展，取得了一定成效，但从整体上迈出的步伐不大，面临着许多困难。从 1988 年至 1991 年期间，全国法院仅仅受理了数量很少的破产案件，而且大多数是非国有的中小企业。1992 年以来在新一轮经济改革热潮的推动下，法院受理和宣告企业破产的案件呈逐渐增长趋势，至 1995 年 9 月，全国累计共有破产案件 4507 件。国民经济经历了较大的宏观波动和紧缩环境，国有、集体企业的经营困难严重，亏损面大幅度增加，企业破产数量也随着大幅度增长，仅 1995 年 1—9 月，法院受理了破产案件 1497 件，约占六年累计破产案件的三分之一，其中有 300 家国有企业，2 家是资产超亿元的大中型国有企业。

深化改革需要进一步完善企业破产制度,但是,国有企业实施破产依然步履维艰,面临着重重困难,而且出现了许多新的问题。

首先,企业破产成为某些地方国有资产流失的重要途径,据估计前几年通过企业破产的途径,国有资产流失金额每年高达上百亿元,现在国有企业破产数量呈现大幅度增长,国有资产流失的规模也不断扩大。随着国有企业产权改革步伐的加快,各地纷纷下放了企业的资产处置权,经理人员对企业的控制权限扩大,但是,有关部门缺乏对企业资产的有效监督,而资产的估价、处置本身难度较大,代理人有较多机会钻空子造成国有资产流失。通过破产主要有两种方式造成国有资产流失,一是"组织转型式"破产,即产权重组过程中将原大中型国有企业拆散,组成多个相关企业、子公司或合资企业,将这些相关企业的经营独立于政府的监管之外,并将各种不良债务负担转移到原国有企业身上,宣布破产的原国有企业实际上是一个"空壳";二是亏损的中小型国有企业直接破产过程中,由于缺乏有效监管和约束机制,代理人利用各种办法将国有资产低价清算,然后转移到个体、私营和合资企业或让渡给私人使用,从而造成国有资产的大量流失。目前,许多地方廉价拍卖有困难的国有企业已经泛滥成风,甚至演变为借"企业改制"的名义,直接向私人廉价出售或赠送盈利的国有企业。

其次,企业破产造成银行债权损失过大,处理不慎可能引起银行信用危机,导致严重的宏观经济连锁反应。近年来,国有企业的实现利润大幅度下降,自我积累不足,债务负担沉重,而负债结构中债权约有80%来自银行。一旦企业宣布破产,银行首当其冲,而且在债务清偿顺序中,银行贷款没有优先受偿的优惠,许多地方甚至将企业破产作为逃避银行债务的合法途径,从而大大增加了银行贷款的损失。一般企业破产后债权受偿率平均为10%左右,而银行的受偿率低于平均受偿率,1993年吉林省32家国有企业破产中,银行无法收回的贷款损失高达1.2亿元。目前,国有企业面临着严重的经营困难,各大银行不良债权随之大幅度增长,如果企业破产改革处理不慎,很可能导致全面的银行信用危机。此外,许多企业之间存在信用担保关系,如果债务担保的数额较大,可能引发企业间的连锁债务危机,造成破产震荡的连锁不良反应。

再次,破产企业的职工安置存在较多的困难。由于宏观经济的紧缩环境,国有企业普遍存在开工不足,设备和人力的闲置状况严重,冗员比例高达三分之一,而且我国的社会保障制度尚不完善,国有企业长期以来担负着养老、医疗等社会保障,广泛实施企业破产制度可能影响社会稳定。破产企业的职工安置涉及到三方面费用来源,一是破产企业职工待业期间的保险救济费用;二是国有企业离退休职工的离退休费用；三是待业职工的再就业安置费。由于许多破产企业长期处于亏损状态，普遍存在欠缴各种社会保险金现象，社会保险部门不会承担这些企业职工的安置费用，而按照有关部门的政策规定，通过处理破产企业财产来解决也很困难，因为一次性补偿难以提供长期生活、养老及医疗的费用，许多破产企业存在着严重的资不抵债现象，破产清算过程本身也消耗大量成本费用，初次清算分配尚未结束常常就无资可分，有一些国有企业在实施破产过程中，职工生活困难导致了社会不安定情况，不得不依靠银行贷款提供最低的生活保障费用，一家中型国有企业破产后反而增加了数千万元债务。许多地区陷入严重困难的国有企业较多，而新增加的社会就业机会较少，破产企业职工再就业存在较多困难，特别是曾在长期工作中作出贡献的中老年职工。

我国改革的实践说明，企业破产虽然有优胜劣汰的积极作用，但是，也具有相当的负面影响，不能将其作为国有企业摆脱困境的主要途径。"适者生存"法则虽然有推动进步的积极意义，但也使竞争具有很大的残酷性和破坏性，人类社会制定经济领域的文明竞争规则时，应借鉴自然界"适者生存"法则的积极作用，并努力限制其残酷竞争的消极作用。西方国家早期的破产法具有较多的"丛林竞争"色彩，如债权人采取严厉办法惩罚失败的经营者，后来则越来越强调从整体上保护社会各方面的利益，包括债权人、股东、雇员和消费者。随着市场经济的不断发展，社会分工和相互依赖关系越来越复杂，影响企业经营的各种因素也越来越多，特别是宏观经济或金融领域的震荡，会通过复杂的经济联系产生连锁反应，迫使好的或坏的经营者同样陷入困境。美国经济曾在19世纪末反复经历了多次金融恐慌，众多企业陷入严重亏损和债务危机，大批工人被迫失业，促使立法机构于1898年修改了《破产法》，将破产概念从清算偿债扩大到了企业的整顿重组，强调从整体上保护社会生产力而不是惩罚困难企业。20世纪30年代美国大萧条中，市场萎缩导致企业普遍开工不足，企业效益恶化而"三角债"大幅度增长，资本家为减少亏损大规模解雇工人，垄断资本趁机对中小企业进行破产兼并，通过债务链引起了连锁破产倒闭风潮，银行也因大量坏账出现了信用危机，大大加深了经济萧条和整个社会动荡。这种形势下进行的破产清算和廉价兼并，仅仅有利于垄断企业控制市场份额，实际上不利于经济效率和技术进步。大萧条期间，美国为了对付连锁破产风潮和银行坏账危机，又被迫进一步修改了企业破产法，大大加强了"破产整顿保护"条款，以防止"萧条时期强制性出卖财产和停业对整个国家，以及每个债务人和债权人都造成损失"。为了防止大萧条的蔓延扩散，美国修改了企业破产法，加强了破产整顿的优惠保护政策，企业有权暂时中止偿还各种债务本息，延缓或减免缴纳财政税收，政府帮助承担企业的养老金义务，等等。上述做法有利于缓解严重的经济萧条，防止破产风潮引起经济的恶性循环。美国的企业破产法从适者生存的自然法则，演变为强调保护生产力和社会整体的利益，是一种适应社会大生产需要的历史进步。①

当前，我国国有企业面临的严重经营困难，并不仅仅是所有制或微观经营的原因造成的。1993 年以来我国出现了较大的宏观经济波动，经历了泡沫经济、通货膨胀以及长期的紧缩环境。1993 年盲目的开发区热和房地产热消耗了大量资源，必然引起一系列恶性循环的连锁反应，包括企业经营困难和三角债拖欠危机。美国 1929 年股票泡沫破灭之后，引起了企业破产风潮和社会失业危机，我国由于国有企业以社会责任为重，不轻易广泛采取解雇、破产的办法，大大缓解了泡沫经济后遗症的连锁反应。西方国家吸取 20 世纪 30 年代大萧条的教训，治理泡沫经济的后遗症一般采取经济扩张政策，适当降低税负、放松银根和扩大财政开支，同时完善企业的破产整顿制度，防止破产风潮加剧经济周期的连锁反应。我国 1993 年治理整顿取得了很大成绩，有效制止了盲目的开发区热，防止了泡沫经济继续膨胀的危害，但是，此后没有采取特殊措施扶植正常生产部门，以补充其泡沫经济期间的资源损失。我国国有企业以维护社会稳定大局为重，大大延缓和推迟了泡沫经济的连锁反应，但是，由于长期实行了财政金融"双紧"政策，企业销售不旺、资金周转困难，提高税负削弱了企业的"造血"机制，当前国有企业已无力继续支撑下去了，被迫大规模破产倒闭和大批解雇职工。各地普遍采取破产逃债和廉价拍卖国企的办法，必然引起一系列强烈的连锁负面效应，如银行和众多企业因无法收回债务受到重创，必然导致社会市场需求进一步急剧萎缩，企业亏损和银行坏账状况也会加速恶化，企业收入和社会财产分配向少数私人倾斜，职工工资和国家税收的份额将会大幅度下降，加重社会贫富悬殊和收入分配不公平的问题，进一步加快经济恶性循环的过程。倘若上述趋势不能有效地加以制止，延缓的泡沫经济连锁反应可能重新出现爆发，社会失业甚至可能出现急剧蔓延的态势。目前，我国迫切需要采取紧急的有效治理对策，实行市场调节与政府调节相结合的办法，扩大社会基础建设增加社会有效需求，利用大量过剩的生产资料和消费资料，以及大量的企业闲置设备和人力资源，用于水利、交通、能源、市政、环保等方面建设。同时，我国还应采取一系列配套政策措施，包括建立有效的企业破产整顿制度，以防止企业连锁破产风潮的破坏作用。

①　参见崔之元《不完全市场与破产法》，麻省理工学院。

完善企业破产整顿制度防止出现破产风潮，对于防范银行的金融风险具有重要意义。我国银行的主要贷款对象是国有企业，20世纪80年代，我国银行的经济效益一直很好，每年除了纳税以外还上缴财政大量利润，银行系统的坏账数额也保持在较低的水平，原因是国有企业的效益良好、偿还贷款能力强。但是，近年来，随着国有企业效益滑坡导致银行坏账猛增，银行为避免坏账被迫缩小贷款规模，进一步加重了资金周转困难和亏损状况。据有关方面的估算数据，我国银行作为国有企业的最大债权人，贷款总额中大约20%成为了呆账，而银行的呆账准备金仅占贷款比例的1%。由于银行系统的呆账统计存在一定困难，因此，上述银行呆账数据不一定准确，但是，我国银行体系作为国有企业的最大债权人，肯定无法承受国有企业大面积破产的冲击，而且我国的社会保障体系尚有待完善，根本也无法承担广泛的社会失业的重负。我国维护银行体系的安全和降低金融风险，根本办法只能是尽快帮助国有企业摆脱困境，因为，银行资产实际上大部分是国有企业的设备和产品，国有企业对银行贷款的负债率高达80%，国有企业因陷入亏损或破产造成的任何损失，实际上都直接是银行贷款和居民储蓄的损失，因此，任何人轻视国有企业的困难就等于轻视自己的储蓄。各地领导人普遍推行破产逃债和廉价拍卖国有企业，必然造成银行资产和政府税源的重大损失，实际上等于破坏自己的储蓄存款和工资来源，无疑是一种严重损害自身利益的短期行为。由于政府必须对广大人民的储蓄承担无限责任，因此，倘若认为将国有企业改造为有限责任公司，政府就能对其债务承担有限责任是非常危险的，一旦企业破产风潮触发了银行体系的信用危机，政府必须设法注资以保证银行维持资金周转，但单纯发行货币而失去物质保证就意味着通货膨胀。由此可见，我们应该采取有效措施解决国有企业的困难，将其亏损率和亏损面降低至20世纪80年代的水平，否则国有企业的亏损状况长期持续下去，就可能因纷纷破产倒闭而触发银行体系的危机。我们必须从社会整体上考虑国有企业破产问题，否则可能因银行信用危机导致整个国民经济的崩溃，因成千上万企业职工陷入失业而影响社会稳定。

我国建立企业破产制度的工作，应该侧重于完善企业整顿重组制度，促使陷入困境的国有企业恢复活力，以达到预防企业破产解体的目的。西方国家的破产法一般都包括企业整顿重组条款，规定企业面临债务危机或破产威胁时，可以自愿申请进入破产清算程序，或进入企业整顿重组程序。法院向申请整顿的企业提供特殊保护，企业有权暂时停止偿还债务，减免或延期缴纳国家的税金，终止支付养老金，余下的养老金费用由政府承担。允许濒临破产企业进行整顿重组，并为其提供种种特殊保护政策，其目的是防止企业解体破坏生产力，避免大量解雇工人影响社会稳定，促使企业恢复经营秩序和偿债能力。我国的破产法制度也有关于企业整顿重组的内容，但是，其中仍然存在着许多不足和缺陷。

（1）我国破产法规定，整顿重组申请只有在破产程序开始后，才能由企业的主管部门提出，企业无权主动提出整顿申请，而且整顿仅限于债权人提出破产申请的案件，这点与许多国家的破产制度有明显不同。西方国家的企业整顿制度是独立的制度，整顿申请不以破产程序开始为前提，企业面临破产威胁或可能性时，作为债务人的企业、企业董事和股东以及债权人，在一定的条件下都可以主动提出整顿申请。我国破产法的规定虽然有利于防止滥用整顿申请权，但是，剥夺了企业主动利用整顿程序预防破产的权利，往往使企业处于被动的地位。债权人一般难以及时了解企业经营的内情，企业主管部门担心影响自身政绩，一般不愿意启动破产程序。一旦企业陷入严重困难或债务危机，有充分的理由启动破产程序时，企业整顿重组的难度已大大增加。因此，应建立独立的企业整顿制度，适当放宽企业整顿的申请权，鼓励企业整顿而限制破产清算，建立完善的破产预警指标体系，限制地方和企业变卖国有资产的自主权，适当集中和加强政府有关部门的监督权，严格监督企业破产的申请和实施过程，防止企业破产过程中造成国有资产流失。目前，我国政府因担心国有企业破产的负面影响，限制破产清算但也不提供破产整顿保护，这样会导致企业因困难长期积累而无力回天，最终因无法回避矛盾而面对更加困难的局面。

（2）我国破产法规定由主管部门负责主持企业整顿，虽然也规定了设立债权人会议，但是，没有赋予债权人会议审议企业整顿方案的权力，从而削弱了债权人在企业整顿中的地位，不利于维护银行和其他债权人的利益，也不利于发挥银行机构在企业整顿中的作用。在西方国家，企业整顿必须设立关系人会议，由债权人、担保人和所有者共同组成，企业整顿计划必须获半数以上的股东和三分之二的债权人审议批准。日本银行拥有企业的股份较多，因而在整顿重组中发挥着更大的作用。我国银行作为企业的最大债权人，不仅拥有遍布城乡的分支机构，熟悉市场行情和企业信用方面的经济信息，而且曾长期发挥过重要的监督作用，近年来，权力下放和多头开户削弱了银行的监督作用，当前改革中应尽快建立和恢复银行制度，给予企业和银行主动提出整顿的申请权，规定由主管部门、债权人和股东共同主持整顿工作，这样才能有效避免破产逃债现象的泛滥，调动银行提供信贷支持企业整顿的积极性，防止银行信用危机引起国民经济的崩溃。

（3）社会各方面应该尽量减少企业的各种负担，创造一个相对宽松的经济环境，支持企业的整顿重组工作。改革初期，由于"文化大革命"遗留的管理混乱和结构失调问题，国有企业面临着严重的经济困难，但是，政府采取了搞活微观的财税优惠政策，广泛实行了扭亏包干承包制，银行信贷积极支持企业调整产品结构，迅速扭转了国有企业的困难局面，避免了企业破产和职工失业，新吸收了数千万返城知青参加就业。近年来，全国普遍取消了财税优惠政策，停止或减少了对亏损企业的补贴，银行也不愿意向困难企业贷款，新税制加重了技术改造的还贷负担，各地无法采取以前的有效办法帮助企业扭亏为盈，致使严重亏损的国有企业大幅度增加，进行整顿重组缺乏有利的外部环境，长期拖延下去只有进行破产清算。这种情况导致了各地政府态度的急剧变化，无奈中纷纷将破产清算看做摆脱困境的有效途径，甚至采取种种手段有意逃避银行债务，造成了很大的负面经济影响。当前应更加重视破产整顿重组工作，借鉴国外破产整顿制度的特殊保护政策，坚持实践证明行之有效的改革办法，保留各种财税和金融扶植政策，继续实行各种扭亏包干承包制，将减免税收与扭亏增盈责任密切联系起来，这样才能加强企业的内部积累和激励机制，保证企业整顿所需的必要资金注入，避免政府税源和银行债权的重大损失，防止大批职工被迫失业并陷入贫困。我国可考虑借鉴日本的"萧条卡特尔法"，当企业普遍存在开工不足的情况下，容许协商定价或行业协会定价，以防止恶性削价竞争导致破产风潮。

总而言之，社会主义市场经济的企业破产制度，应该体现人道主义的文明精神，而不是残酷无情的"丛林竞争"，应该提供更为符合社会整体利益的政策环境，帮助有效地挽救而不是淘汰困难的企业，从而更好地保护社会生产力和广大职工的利益，有效防止政府税源和银行资产的重大损失。

六　各种形式的企业产权重组

20 世纪 90 年代以来，我国许多行业或地区的市场客观条件发生了重大变化，许多国有、集体和乡镇企业因难以适应而陷入困境。为了解决企业困难问题，我国许多地区开展了广泛意义上的企业整顿重组工作，并且取得了许多积极的成效。广泛意义上的企业整顿重组，是指在企业出现经营困难时，在所有者和债权人的监督下，对企业的产权结构、高层管理队伍、企业组织形式、产品结构、经营战略和生产力布局进行重新调整，以恢复企业的正常运转和竞争活力。

同企业破产整顿相比较，两者之间既有相似之处又有区别，相似之处是经营整顿的内容大体相同，不同之处在于整顿的原因、程序和方式等。破产整顿必须以破产或可能破产为前提条件，必须向法院提出申请并获批准，实施过程须接受法院监督并有法定期限，因此，破产整顿重组仿佛是一种"亡羊补牢"的挽救措施，实施过程须耗费较高的成本费用，不能做到"未雨绸缪"，就有必要进行广泛意义上的整顿重组，以更加及时地帮助企业克服经营困难。

20世纪80年代，我国的企业整顿重组的主要特点，是进行经营权改革和各种责任制度的创新，加强技术改造和调整产品结构，这有效地改善了国有企业的经济效益。20世纪90年代，我国进一步拓宽了企业整顿重组的思路，积极开展了各种形式的产权重组改革，以更好地适应市场环境的迅速变化，取得了许多明显的成效，如北京一轻总公司率先广泛进行了企业产权重组的试点，其改革成绩引起了全国的普遍关注。20世纪80年代，北京轻工行业的国有企业普遍效益较好，20世纪90年代初却出现了大面积的亏损，富余职工高达30%，手表、纺织品、自行车等甚至出现了全行业萎缩，原因是宏观紧缩中市场从旺销转为疲软，三资、乡镇企业和进口产品形成了激烈竞争，国企的沉重社会负担导致技术进步缓慢。

北京一轻总公司为了摆脱困境，从1992年起进行了企业重组和结构调整试点，考虑到该系统地处北京城区黄金地段企业多的优势，邓小平同志南巡讲话后出现了外商投资和购地的热潮，一轻总公司及时抓住这一难得的发展机遇，充分利用通过盘活土地资产带来的巨大效益，作为国有企业进行结构调整的资金来源，进行了生产转移和资产滚动式开发。一轻总公司还进行了国有资产授权经营改革，从政企合一的行政公司改造为国有资产经营公司，建立了规范的法人治理结构，对全系统内的国有资产实行统一经营、统一开发。一轻总公司对系统内的32家企业进行了详细的摸底调查，较快成就了12家企业的搬迁改造和存量资产重组，取得了明显经济效益。

据报道，北京火柴厂是一家职工近千人的老企业，年亏损额曾达2500万元，通过产权重组和资产转移，在通县建立了一个同等规模的新厂，投产后很快盈利，原厂通过资产再开发建立了12万平方米的综合性小区，有商业、饮食、娱乐和房地产等，新组建的物业管理公司的资产从1000万元增值到1.1亿元，这样消灭了一个亏损企业，创建了两个新的盈利企业，而且企业富余职工也得到了妥善安置。

一轻总公司进行企业资产重组的经验，开拓了搞活国有企业的新思路，但是，也应看到这种做法所具有的局限性，因为，北京毕竟是全国的政治经济中心，1992年经济热潮中土地又迅速升值，这些特殊的有利条件不是普遍或永远存在的，盘活土地资产能一时解决企业资金困难，但长期发展必须依靠产品升级和技术创新，形成强有力的内部积累和激励机制，否则一旦外部条件变化就难以生存，如一家轻工企业以前生产畅销产品，技术和质量都优越于乡镇企业，后来面临困难也学习北京火柴厂的经验，同外地企业合作将生产转移出去，但是，由于存在纠纷没有形成稳定的合作关系，变卖光原有资产后难以保证职工生活。某些企业在开发土地资产和第三产业时，忽视了长期积累的商誉、品牌等无形资产，没有及时进行技术改造和产品升级，甚至完全丧失了生产能力和技术优势，后来因房地产市场萧条而陷入了困境，当年靠资产重组缓解困难的企业，许多并未真正摆脱困难最终又垮掉了，出售变卖资产缓解困难是无源之水，调动职工搞活企业生产才是长久之计，这些教训都值得引以为戒。

20 世纪 90 年代以来，我国还通过收购兼并或出售资产等多种方式，广泛开展了国有企业的产权重组工作。企业兼并是指一家企业通过购买或其他有偿转让方式，获得另一家企业法人的资产，从而实现资产转移和社会资产存量的调整。我国企业兼并起步于改革初期，经历了试点和逐步向全国推广的过程，据统计，20 世纪 80 年代全国共有 6226 家企业兼并了 6966 家企业，共转移存量资产 82.25 亿元，减少亏损企业 4095 家，减少亏损金额 5.22 亿元，尽管兼并的整体步伐迈得不大，但比较稳妥而且取得了良好效益。至 1989 年，全国共有 12 家企业产权交易市场挂牌营业。20 世纪 90 年代初，由于紧缩环境中企业资金普遍紧张，许多具有优势的企业也遇到了困难，因而企业兼并的势头有所减缓。[①]

1992 年邓小平同志南巡讲话以后，我国又出现了新一轮企业兼并浪潮，1993 年被兼并或出售的企业达 2900 多家，转移存量资产 60 多亿元，全国的产权交易市场、服务中心和中介机构也获得了迅速发展，但是，兼并浪潮中也暴露出一些新的问题。1992 年以来，企业的资产处置自主权下放较快，但是，许多企业缺乏足够的经验和风险意识，特别是受到 1993 年经济过热的误导，耗费巨资进行兼并且扩大资产规模，甚至盲目兼并一些毫不相关的企业，以求获得土地投机的超额利润，1994 年宏观调整后却变成了沉重包袱。近年来越来越多的国有企业陷入困境，因此，政府部门希望"多兼并、少破产"，寄希望于通过兼并解决企业困难，但是，国有企业的整体盈利水平大幅度下降，而陷入严重困难的企业却迅速增多，实行广泛的兼并缺乏足够的财力基础，用行政办法强迫兼并只能加剧企业困难，改革实践中许多兼并企业效果不佳，甚至反而将原来优秀企业也拖垮了，迫使许多地方又将重点从兼并转向破产。

---

① 参见杨斌《现代企业的产权结构与组织制度的演化规律》，《中国社会科学院青年科研基金课题研究报告》，1997 年。

但是，无论是资产重组还是兼并、破产，都属于代价较大的资产存量调整，相当于有痛苦风险的外科手术，不到万不得已的情况最好不用。当前各类企业普遍存在着严重困难，大量运用上述存量资产调整的办法，不能解决问题还可能导致经济危机，正像病人迫不得已时可以做少量手术，同时做很多大手术反而会加重病情。生产过剩时出现廉价兼并和破产风潮，往往会加剧失业危机和社会需求萎缩，缓解局部困难却会加剧国民经济萧条。俄罗斯、东南亚各国爆发金融危机后，企业普遍困难，出现破产兼并风潮，导致外资趁机廉价控制工业金融命脉。现在西方发达国家盛行企业兼并浪潮，有些属于投机资本掠夺公司资产的行为，美国影片《华尔街》对此有生动描述；有些属于生产过剩爆发危机的前兆，企业拼命争夺有限市场增强抗危机能力；有些虽属合理兼并其实也不值得羡慕，因为，公有制条件下有代价更小的调整办法。我国应继承20世纪80年代的改革成功经验，宏观上协调企业发展保证良好效益，微观上重视经营权改革和责任制创新，产权改革应以"增量为主、存量为辅"，这样才能在合理范围内运用存量调整，以社会代价最小的方式推进经济改革。

近年来，我国许多地方试尝采取出售部分或全部资产的办法，来实现国有、集体企业的产权重组工作，如山东某地国有中小企业存在着严重亏损，地区领导采取了将国有资产全部折价出售给职工的办法，将企业改造成为由职工直接持股的股份企业，建立了职工利益与企业产权的密切联系，调动了广大职工改善经济效益的积极性。这种产权重组的办法虽然取得了较好效果，但是仍然存在着某些缺陷和局限性，一般仅适用于规模小的劳动密集型企业，出售国有资产虽然实现了存量资产置换，企业拥有的资产总量却并没有增长，企业资产负债情况也没有获得改善，不如保存国有资产而吸收职工集资入股，既能增加企业资金并且降低资产负债率，又能调动地方政府和企业职工两方面的积极性。地方政府一般很难确保出售企业所获资金的增值，不如将国有资产委托给企业和职工进行经营，由行业部门和全体职工共同进行监督，这样能更好实现国有资产的保值增值。

当前，我国政府对于"抓大放小"工作有明确政策规定，国有小企业进行产权结构的调整时，应该主要将资产出售给内部职工，而且保留相当比例的公共股权，但是，许多地方在进行"抓大放小"工作中，并没有很好执行中央的有关政策，据有关调查了解，地方国有小企业出售资产缺乏必要的监督，资产估价缺乏统一标准钻空子机会多，往往由地方政府或企业的领导人决定，经常以低廉价格出售或赠送给少数私人，这样私人再出售企业资产也能盈利；私人控制企业后往往搞家族式管理，导致资本控制与经营才能不对称的矛盾，甚至出现经营状况恶化情形，但是，政府部门失去了对企业的审计权，私人企业主也不情愿反映真实情况；一些私人企业家随意解雇原企业职工，新雇用的多是便宜的农村劳动力，企业职工丧失了社会保障的权益。上述情况说明我国的产权重组过程中，也出现了类似俄罗斯的掠夺资产问题，以及损害职工利益的"三个不利于"现象，应暂缓推广并进行有控制的局部试点，待总结经验找到防止弊端办法后再说。

许多地方在进行国有、集体企业的产权重组过程中，采取了将全部产权或控股权出售给外商的办法，包括辛勤创业成功而且经济效益良好的企业，这种出卖"摇钱树"的做法实际上是短期行为，广东顺德将一家生产空调的优秀集体企业出售给港商，私人家族控制与企业经理、职工的矛盾严重干扰了经营；福建泉州将全部县属国有企业的控股权出售给一家外商，但是，该外商实际上并没有经营实业的管理经验，后来因宏观环境变化中止了资金投入，造成众多的企业被迫停工待料，广大职工的生活也陷入困难处境。许多地方向外资出售，企业中存在腐败现象，蓄意低估国有、集体企业的资产价值，同外商勾结侵吞资产索取贿赂回扣。我国必须尽快试点找到控制掠夺资产的办法，这样才能防止加入世界贸易组织之后，外商兼并收购我国企业造成种种问题。

我国进行企业的整顿重组工作，应正确处理好经营权调整与产权调整之间的关系。一种观点认为，解决企业困难应优先考虑产权重组，因为产权重组才能从根本上解决深层次的矛盾。实际上，调整经营权的难度和代价是较小的，而调整产权的难度和代价则是较大的，因为，资产估价一般缺乏统一的客观标准，而且受经济环境波动的影响较大，一旦代理人利用各种机会钻空子，就会造成不可逆转的巨大损失，正因如此，西方企业实行两权分离之后，经理人员一般享有充分的经营自主权，但是，所有者仍然保留重大的资产处置权，倘若面临经营困难或亏损，企业会优先考虑进行经营权调整，迫不得已才会进行产权重组。20世纪80年代，我国的企业整顿重组工作，主要是进行经营权调整和各种责任制的创新，如实行扭亏增盈包干、优势企业承包劣势企业等，取得了良好的效果，迅速扭转了"文化大革命"遗留的经济困难，大大降低了国有企业的亏损面。当前，我国进行企业整顿重组工作，应该在重视进行产权调整的同时，继续坚持以前经营权调整的成功经验，将两方面的工作有机地结合起来。例如，通过收购兼并实现产权的转移，需要耗费巨大的财力，并且承担较大的市场风险，而通过优势企业承包劣势企业，实现经营权的有偿转让，其代价和风险则相对小得多，因此，在破产和兼并操作困难的条件下，不应仅仅盯住产权交易市场，也应注重培育经营权市场，委托和鼓励绩优企业承包、租赁落后

企业。上海第二毛纺厂是一家国有大中型企业，具有良好的管理素质和经济效益；成都毛纺厂虽然规模大、设备先进，却因连年亏损已经濒临破产；上海第二毛纺厂的万德明厂长认为，成都毛纺厂亏损原因在于管理和技术，而这些正是上海第二毛纺厂的长处；1992年3月上海第二毛纺厂派出技术咨询考察组，对成都毛纺厂进行了详细的经营诊断，8月签订了上海第二毛纺厂对成都毛纺厂的风险承包合同；上海第二毛纺厂承包成都毛纺厂后仅一年，就迅速实现了扭亏为盈，从亏损600万变成盈利近千万；上海第二毛纺厂还采用相似的办法，先后承包了许多亏损企业，如上海十二毛、张家口五毛等，利用原企业6000万的有限资产，获得了10亿多资产的使用权，实现了以少控多、以小控大，取得了良好的经济效益，向国家上缴2亿多税金。

当前，我国江苏省在进行整顿重组工作中，采取了"先托管、后兼并"的办法，将一些尚不具备兼并条件的困难企业，全面托付给效益良好的企业来代管，或实行"一长两厂"，由优势企业厂长兼任困难企业厂长，原企业法人地位保留，由优势企业负责全面的统一管理；江苏二轻系统还跳出本系统的条块束缚，在更大范围进行调整，将49家企业通过租赁、承包形式，实现了企业经营权的有偿转移；优势企业承包困难企业取得成功以后，再根据双方企业的具体条件和需要，考虑是否在适当的时机进行兼并，这样保证了有充分的实践机会，大大减少了仓促兼并中潜在的风险；江苏省进行企业整顿重组的做法，较好地处理了经营权调整与产权调整之间的关系，取得了较好的实践效果。

第十四章

再析建立现代企业制度的难点问题

中国在推进建立现代企业制度的过程中，经济学界提出了一系列国有企业配套改革思路，诸如实现企业产权结构多元化，减轻企业的债务、"办社会"负担，等等。十年前该章指出这些配套改革思路虽然有合理性，但也一定程度上受到新自由主义产权理论影响，关键是主张企业目标是追求产权利益或股东利益，涉及职工及家属生活、福利保障等责任应推向社会或市场，倘若中国不是借鉴西方社会改良时期经验，转而效仿西方新自由主义时期的经济政策，就很可能加剧生产过剩和职工下岗、失业矛盾，不利于调整经济结构并扩大国内市场需求，不利于抵御亚洲金融危机冲击并弥补出口需求萎缩。

当前人们正重新反思那种推向社会或市场的改革做法，抱怨医疗、住房、教育成为了新的"三座大山"，成为了民众的沉重包袱并限制了生活水平改善，社会群体事件不断上升，严重影响社会稳定，个体积怨得不到关怀，不断引发恶性死亡事件，袭击幼儿园、小学事件和富士康"十连跳"震惊了社会，因此，重温该章有利于从理论和政策上反思社会不稳定根源，有利于思考当前中国如何提高广大民众的购买力，更好地应对全球经济危机冲击导致出口下降的困难，更好地扩大国内市场、调整结构并转变经济发展方式，贯彻党中央提出的"以人为本"精神并建立和谐社会。

关于国有企业的"办社会"负担和社会保障改革，该章指出，西方国家在古典资本主义的发展阶段，盛行私有企业不受限制追求利润的做法，曾经严重侵犯工人利益并造成社会冲突，二战后西方国家普遍进行了社会改良运动，提倡私有企业也应更多照顾工人的利益，承担保护环境和服务公众等社会责任。由此可见，现代企业制度的标志不是单纯追求利润，而是更好地兼顾职工、企业和社会的利益，对于社会主义国家的现代企业来说更应如此。但是，在新自由主义盛行的时期，西方垄断资本主张恢复"股东利益至上"原则，西方垄断大众媒体的广泛宣传，对我国经济学界也产生了误导作用，许多人将国有企业面临的经营困难，归罪于其承担的各种社会义务，包括提供各种职工福利和社会保障。

事实上，1929年美国泡沫经济破灭后爆发大萧条时，私有企业提供的非工资社会福利所占比重，仅仅为20世纪70年代流行标准的十几分之一，但是，私有企业单纯追求最大利润和产权利益，忽视职工利益导致了社会购买力低下，大大加深了生产过剩危机的严重程度，导致了大批企业破产和严重社会失业。二战后西方社会改良时期，企业提供的非工资社会福利比重大幅度上升，社会收入分配的改善缓解了社会矛盾和经济周期。据统计，1929年，美国企业职工非工资性福利费为7000万美元，占全部收入的比重为1.3%；至1982年，非工资性福利费上升到了2958亿美元，占全部收入中的比重上升到了15.9%。

马克思曾用"相对贫困化"和"绝对贫困化"来描述工人阶级的生活状况。二战后西方发达国家实行社会改良的时期，工人阶级的生活水平有了一定提高，社会相对收入差距也获得了一定改善，有些人认为马克思的贫困化理论已经过时了，但是，随着新自由主义恢复自由放任的经济政策，西方不仅出现了相对收入差距的急剧扩大，而且普通职工的绝对收入水平也呈现下降趋势。美国经济学家卢特沃克曾是反对前苏联的冷战鼓吹者，今天他认为新自由主义改革纯系一场"令人不快的恶作剧"，使得一百年前马克思经济理论的著名论断，"资本家越来越富，工人阶级却越来越穷"，虽然在二战后冷战时期似乎已经失效，今天竟然又重新变成了现实。

当年丰田公司关心职工并提供细致入微的服务，虽然增加成本却促使职工敬业并关心企业长期发展，职工也细致入微地关心企业并不断改进产品质量，创造丰田汽车奇迹并为企业赢得了更多的长期利润。但是，日本推行新自由主义的"社会改恶"时期，科斯产权理论崇尚"股东利益至上"使其恢复了资本贪婪，重新将关心职工生活的各种措施视为企业包袱，丰田公司大量雇用临时工以减少社会福利负担，职工后顾之忧增加且无法细致入微地关心企业发展，削减成本、增加利润却埋下了长期质量安全隐患，最终导致丰田汽车声誉扫地并付出了沉重代价。近20年新自由主义的"社会改恶"导致日本经济社会沉沦，自杀人数比二战后的困难时期呈现大幅度上升，频繁发生故意杀人报复社会的恶性事件令人深思。

关于如何解决国有企业的沉重债务负担问题，该章指出问题根源不是国有企业产权不明晰。从改革开放以来国有企业始终存在着众多体制和微观问题，但以前这些因素对国有企业债务并未产生很大影响。事实上，国有企业的高负债和国有银行的不良债权，同货币政策大松大紧以及宏观经济波动有密切关系，如 1989 年为控制通货膨胀实行紧缩政策，企业间债务拖欠从 1988 年仅有 320 亿元，猛增 3 倍达到 1990 年的 1000 亿元，1992—1993 年信贷猛增刺激了经济过热和泡沫经济，1994 年全面紧缩导致企业间债务拖欠猛增到近 10000 亿元，国有银行也随之首次出现改革以来的严重不良债权问题。有些人认为国企债务负担的根源是产权不明晰，主张加快产权改革并推行大规模私有化，但是，2008 年美欧爆发金融和经济危机之后，私有股份公司和私有银行也面临着严重债务危机，甚至比中国企业的债务问题有过之而无不及，这都充分说明宏观经济波动和货币政策才是问题的关键。

当前美欧经济呈现出的微弱活力和复苏迹象，几乎全部来自政府和央行挽救金融部门的巨额注资，为了刺激一美元的国内生产总值增长，美欧政府和央行对金融部门至少注入 10 倍金额以上资金，当美欧经济严重依赖输血措施时其实谈不上真正复苏。美国为挽救一个百分点的经济衰退，付出的救市代价相当于大萧条时期的 54 倍，美欧经济蓄积的经济危机能量远远超过大萧条时期，正处于一个随时可能喷发的巨大债务泡沫火山口之上，欧洲主权债务危机只是拉开了全球债务危机的序幕，其背后隐藏着金融衍生品赌博形成的巨额银行有毒资产。2009 年 7 月 20 日，美国财政部"不良资产援助计划"特别督察长巴洛夫斯基表示，目前联邦政府各项援助计划仅仅是挽救银行行动的开始，未来救助银行的总金额可能高达 23.7 万亿美元，远远超过了美国国内生产总值的 14 万亿美元规模，这表明他间接承认已经暴露的问题不过是"冰山一角"。美国过去十多年来一直采用注资救市办法，但是，美欧采取凯恩斯主义的财政赤字和天量信贷刺激经济，本质上是利用新债务泡沫延缓旧债务泡沫破裂后的危机，最终无法阻止债务泡沫利滚利酿成更大规模的危机。

十年前，该章提出的处理债务危机和刺激经济融资办法，对中国今天抵御全球经济危机冲击，避免出现类似美欧的银行、企业和主权债务危机仍有重要意义。该章指出，中国应警惕美国操纵国际组织向各国推荐的经济政策，"国际货币基金组织为维护金融投机资本的利益，不惜动用大量纳税人的金钱向私有银行注资，以挽救金融投机泡沫破灭形成的巨额不良债权，一方面却对实质经济领域的生产企业毫不关心，任凭其在严重的市场萧条中自生自灭，甚至采取严厉的紧缩政策加速其陷入破产，上述单纯挽救银行体系的办法是'饮鸩止渴'"。美欧政府和央行不惜巨额财政赤字借贷和发放天量信贷，目的是在笼统的宏观宽松政策掩盖下挽救虚拟金融部门，为金融垄断资本谋取暴利刺激更大的泡沫经济，并且打着稳定经济的幌子向民众转嫁危机代价损失。中国一度采取笼统的天量信贷政策刺激经济，结果导致了股市、楼市泡沫经济的过度膨胀，转而采取区别性信贷政策才抑制了房价过快上涨，这充分说明我们切切不可效仿美欧偏袒金融投机资本的刺激经济政策。该章指出中国应采取同美国推荐政策相反的做法，不采用凯恩斯主义或货币主义的笼统宽松或紧缩货币财政政策，而是采取谨慎甄别的宏观货币财政政策，严格区分实体经济和泡沫经济形成的债务负担，实行差别性的信贷、注资、融资和债务处理政策，积极扶植实体经济部门的企业减轻负担、恢复运转，严格限制股市、楼市泡沫和金融投机活动，防止泡沫投机暴利误导信贷投向导致银行危机。

欧洲主权债务危机说明笼统的凯恩斯主义刺激经济政策，长期实行之后代价越来越大而效果越来越差。为了应对美欧刺激经济政策难以为继以及欧洲主权债务危机不断蔓延的复杂局面，该章所论述的刺激经济融资办法有重要的现实意义。该章主张坚持马克思主义的国民经济均衡发展理论，继承陈云同志运用"四平"理论治理经济的经验，探索一条在保持财政平衡和信贷平衡的基础上，根据经济危机冲击造成的市场闲置资源数量，不实行可能刺激泡沫经济和通货膨胀的笼统宽松货币政策，而是发放有充分人力、物力资源保证的生产性信贷，在政府计划调节指导下专门用于启动闲置资源，解决社会就业困难实现充分就业和人力资源平衡，解决企业经营困难提高纳税能力实现财政平衡，改善企业偿贷能力实现信贷平衡消除金融风险隐患，充分启动内需转变增长方式实现外贸、外汇平衡。

美国积极误导世界各国央行发放天量信贷刺激经济，其战略目的是准备利用民众对恶性通货膨胀的恐惧，嫁祸各国央行并彻底剥夺各国的货币发行主权，推行由少数金融寡头控制的超主权世界货币，为滥发货币导致美元衰败后继续控制世界金融作铺垫。中国不应效仿美国的天量信贷政策刺激经济增长，因为笼统的宽松货币政策的副作用很大，难以有效甄别实体经济与楼市、股市的投机泡沫，倘若美欧泡沫经济破裂再次引发全球经济危机之时，中国继续延续这种天量信贷政策刺激经济，就很可能同外部冲击发生共振引发恶性通货膨胀，为美国制造舆论嫁祸各国央行和主权货币提供借口。中国应清醒地认识到美国宣扬的所谓经济复苏的泡沫性质，利用危机缓解的短暂平静时期抓紧调整经济结构，建立起常备不懈抵御西方危机冲击的经济机制，切不可盲目轻信美国经济复苏并收购美元资产，不可效仿美国诱发了次贷危机的滥发信贷的失败货币政策，不可长期实行西方诱发了主权债务危机的财政赤字政策，必须做好充分准备迎接更加猛烈的金融风暴来临。

一 企业的产权多元化问题

目前，我国公有制企业改革的一个重要思路，是将国有、集体企业改造成产权多元化的有限责任公司或股份公司，逐步建立现代企业制度。企业产权结构多元化具有许多潜在的积极作用，如广泛吸收社会资金，缓解企业长期资金不足的问题；有利于政企分开，形成多方互相制衡的产权约束，等等，因此，产权多元化被认为是公司化和股份化改造成功与否的关键。但是，这一设想在改革实践中碰到了许多困难，成为企业产权改革的主要难点之一。

产权多元化需要吸收外部资金入股，其前提是具有相当高的资产收益率，但是，目前国有企业普遍经济效益不佳，企业承担的各种社会负担沉重，广泛吸收社会或法人投资的条件不成熟；国有企业的资本负债率普遍较高，在自有资金尚不十分充裕的情况下，很难有动力将自有资金投入自己难以控制的外部企业；对于效益良好的国有企业来说，操作中则未必愿意将经济利益与他人分享，更何况投资主体多元化后还会造成经营中合作与协调的困难。

这种现象提出了一个值得研究的问题，为什么西方的大中型企业大多数是有限责任公司或股份公司，而我国大中型企业的公司化改造却会面临诸多困难呢？我们对于现代企业的产权结构和组织制度动态演化的经济规律的研究，有助于分析这个问题。西方企业的演化的规律表明，尽管产权的多元化是企业动态成长过程中一个经济趋势，但它却是在企业成长的漫长过程中，适应生产社会化的需要逐渐地实现的。

我国公司化或股份化改造中关于产权多元化的设想，侧重与借鉴西方企业几百年发展的静态结果，而忽略了西方企业几百年发展的动态过程。美国著名工商学院教授杰森的研究成果表明，当私人企业主筹集外部股金时，产权结构的多元化必然带来所有权与经营权的分离，而所有者与经营者的利益和目标的差异必然带来代理成本或"预算软化"现象；企业产权结构分散化的程度越大，两权分离的程度也越大，由此产生的代理成本或"预算软化"现象也越严重；产权多元化的前提条件是，私人企业主拥有一个效益很高的投资机会，但由于自身积累的不足无法实现，而且投资收益率足以补偿因产权多元化带来的协调困难和代理成本时，才会设法筹集外部股金或贷款；最佳的资金来源是企业内部积累，其次才是筹集外部股金；由于外部股东难以监督经营者，必定存在着相当大的代理成本，此时需要花费相当的担保和监督成本，如建立董事会、监事会、审计制度、会计事务所，等等，以相对缩小因代理成本造成的经济效率损失。

私人企业主筹集外部股金，目的是为了克服自身资本积累的局限性，而不是为了引入监督和制衡自己的产权利益；西方企业产权多元化的经济原因，主要是为了克服生产社会化与私人资本积累局限性的这一矛盾；多元产权制衡结构的形成，只能部分缩小而不能抵消由此带来的代理成本增长。美国杰森教授的上述分析得到了西方企业实际筹集资本数据的证明，据统计，美国企业1979—1983年的资本形成中，63%来自内部积累，35%来自借贷，仅有2%来自外部股金。我国国有企业普遍面临内部积累资金严重不足的情况，其原因在于税负重、折旧少，以及各种社会负担沉重。如果不加强国有企业的内部积累机制，切实减轻国有企业各种负担，仅仅靠外部股金或借贷难以根本上解决问题。我国公司化改革的设想，既应重视产权多元化的积极作用，也要重视产权多元化的消极作用。

西方企业的演化规律表明，私人企业一般是由业主、合伙、有限责任企业逐渐成长为股权较分散的大型股份公司的，这样控股股东才有充分的时间，逐步积累控制企业和选择、监督代理人的经验，将由于股权分散化和两权分离造成的代理成本限制在一定范围，保证经营权的统一性和权威性不会受到冲击和破坏。西方国家的法律将企业的组织形态分为业主、合伙、无限责任、有限责任直至上市股份公司，并在注册审批、筹资方式、监督管理方面有严格程度不同的法律规定，也是为了保证企业所有权结构和组织制度的逐渐进化，避免出现因代理成本急剧上升伤害企业及公众投资者的情况。

例如，如果私人企业的股权分散化过程过快，私人业主不慎选择了不适当的合资伙伴，就会因内部纠纷和冲突干扰经营权的统一性，导致企业的亏损甚至解体。正像马克思关于社会经济发展规律的研究所揭示的，企业的生产规模、经营管理、代理成本等生产力因素，才是最活跃的和起决定作用的，而产权结构等生产关系因素和企业组织的法律形式等上层建筑因素，则是相对被动、次要的，应该适应企业生产力发展的具体需要逐渐有机地形成。

关于企业的产权结构对信息交流及协调成本影响的研究成果，对于我们在进行公司制改造工作也有参考意义。企业产权结构的多元化，会造成信息沟通成本和协调成本的上升，如果缺乏社会化生产规模效益的补偿，就会超出企业的承受能力，导致企业经营效率的下降，当多元投资主体的股权比例相差不大，这种情况尤为严重。我们可以借助以下图型模型，形象地揭示企业股权结构的分散程度与信息交流成本及协调成本之间的关系，下图中的圆圈表示股东个数，圆圈之间的连线表示相互合作时所需的信息交流量。我们还可用一个数学模型来归纳这种关系，$A = aB = aN（N-1）$ 其中，A 表示经营合作所需的信息交流和协调成本，a 表示成本系数，B 表示信息交流量，N 表示股东数量。

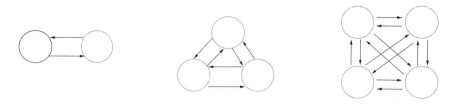

企业股权结构的分散程度与信息交流成本、协调成本关系图

从上述分析中可以看出，随着股东数量的扩大，信息交流和协调成本大幅度上升，几乎呈现几何级数的增长。一位中国开发区官员根据自身经验认为，"当企业的合资伙伴超过三个时，往往会因为矛盾和纠纷多破坏企业经营"。我国许多地方成立的产权多元化的有限责任公司，董事会中各方代表往往存在众多矛盾，无论是重大经营决策或具体的业务运作，经常是因争执不休而难以运转，甚至导致严重的管理混乱和资产流失，有时因某方强行封账而陷入停顿状态。西方企业产权结构变化较缓慢，原因之一就是为了保持经营权的统一性和权威性，让控股大股东拥有相对权威的地位，获得足够的时间消化和控制这类成本。日本企业之间相互持股现象，主要是在战后解散的大财团内部进行，也是为了防止外部企业或西方企业的介入，维护经营权威的统一性和连续性。

中国改革前的计划经济体制，属于一种巨大的集中型结构组织，其弊病之一就是信息交流和协调成本较高，根据现代组织理论，分权化和引入市场机制可以降低这类成本。我国经济改革的目的是要降低这类成本，但是，如果我们主观主义地推行企业产权的多元化，而不是根据不同企业生产发展的具体需要逐步进行，就可能违反了经济规律，反而导致了信息交流成本和协调成本的大幅度增加，加剧企业经营的困难。这方面，俄罗斯产权改革失败的教训值得我国借鉴。俄罗斯改革依据西方产权理论大规模推行私有化，产权结构过快的多元化破坏了经营秩序的统一性和权威性，造成了协调成本和代理成本的急剧上升，导致了经济责任制的瓦解和生产混乱，造成了严重的长期经济衰退。

我国企业产权结构的多元化，应该由不同企业根据自身生产力发展的具体需要长期逐渐进行，不能急于求成。我国国有大中型企业转换经营机制，必须解决国家大股东的地位和作用问题，实现国家所有者对企业经营者的有效委托代理经营问题，特别是建立有效的激励、监督和调整机制，这些都是难以回避的关键性问题。如果企业的国家大股东对经营状况和经济效益不关心，很难期望企业产权多元化后，外部小股东拥有足够的利益和权力来改善企业的经营，因为外部小股东一般只愿意出于对控股大股东商誉的信任，将资金投入经济效益高于自身的企业，而不愿意投入自己无法控制的经济效益很差的企业。

这就是说，企业产权多元化的重要意义在于为效益较好的国有大中型企业提供广泛的社会资金来源，弥补企业内部积累的不足，而难以成为效益差的国有大中型企业转换经营机制的主要途径。企业的产权多元化如果处理不当，也可能出现若干小股东共同侵犯和损害国有大股东利益的不正常情况。

我国企业产权改革的一个基本标准应该是，实践中能有效地推动本国生产力的发展，不应盲目模仿外国企业长期演化的静态结果，而应遵循生产关系适应生产力需要动态发展的经济规律。如果强迫推行适合外国生产力发展的产权规范，不尊重本国生产力发展的具体特点，不尊重企业自身的意愿，很可能适得其反。

有一种观点认为，我国企业实行公司制改造和产权多元化，不应期望很快带来经济效益，主要目的是建立符合市场经济的规范产权制度。从我们上述分析中可以看出，如果产权结构的多元化是符合经济规律的，就应该产生相当的经济效益，不但足以补偿代理成本的损失，还能带来很好的投资回报。如果不能产生很好的经济效益，就意味着产权结构的多元化违反了经济规律，这种生产关系的变革会妨碍生产力的发展，具体的原因可能有很多，如经济条件不成熟、缺乏良好的投资项目或合作伙伴等。如果我们认为，即使短期内缺乏经济效益，从长期来看必定促进生产力发展，那是错误的想法，如两个投资伙伴合作困难，长期捆在一起会造成更大的经济损失。

应该指出，并不是所有经济效益良好的企业，都应该搞产权结构的多元化，如果企业内部积累可能足以保证投资的需要，此时搞多元化虽然可能不会造成亏损，但也会导致经济效益的下降。例如，上海华生化工厂是个传统的集体企业，却连续12年保持高速增长，利税达到2.2亿元，人均利税比现代化的宝钢还高一倍。许多人奇怪该企业为何能取得如此好的效益，而且没有搞合资或股份制等先进的组织形式。实际上，成功的原因在于该企业抓住了市场开发的关键，而且递增包干的机制保证了企业有良好的激励机制和足够的内部积累。目前，该企业已从集体小企业发展成为资产数亿元的大厂，却没有兴趣关心产权界定和多元化问题，尽管多年来希望谈合资的内、外商踏破了门槛。

这就是说，搞产权结构的改革，必须从企业的具体条件和实际需要出发，而不能从主观愿望出发，否则可能妨碍生产力发展，造成经济效益下降。由于企业的具体条件千差万别，所以不能急于求成，只能遵循经济规律，积小胜为大胜。许多人认为像递增包干政策这样的经营权改革，虽然易于推行而且效果好，但是同市场经济的规范相矛盾，宁可舍弃而追求难度大的产权改革。实际上，这些直接推动生产力发展的经营权改革，能够为产权制度等生产关系方面的改革创造有利的条件。如果大多数企业的经济效益得到提高，就会为企业间的法人投资提供更多的机会和物质基础，加快产权结构多元化的进程。

我国的产权改革，还应充分尊重企业从国情出发创造出来的新经验和形式，不应该因为这些制度创新不符合外国的经济规范而简单加以否定。例如，我国乡镇企业改革中创造出来的股份合作制，虽然不符合外国规范，但有利于调动职工劳动和集资积极性，比较适合于技术相对简单的劳动密集型企业。对于国有和集体企业，不应简单视其为落后的企业组织形式，改革形式上应从实际出发，充分尊重企业的意愿。

例如，我国一家著名的大型乡镇企业集团，一直实行集体所有制，其产权关系似乎不明确，但符合本地经济的特点，不仅促进了生产力的高速增长，而且在支农、共同富裕和社区建设方面起到良好作用，但地方政府强迫该企业搞股份制，遭到了企业的拒绝；有些乡镇企业违反自己意愿，在不具备条件时被迫搞了股份制改造后，出现了吃股权"大锅饭"的现象，不得不规定股份分红同出勤率挂钩，这种做法的效果不佳。著名企业家鲁冠球的"万向节"集团，在股份制改造中有意保留了大部分企业集体股，这种做法似乎不规范，但符合本国的具体国情，避免了产权纠纷代价和财产收入效应对劳动积极性的不利影响。

我国幅员辽阔，各地众多国有、集体和乡镇企业的生产力发展的特点不尽相同，许多企业采取因地制宜的改革方式，包括各种形式的经营责任制改革，取得了良好的经济效益，吸引了内、外资的合资伙伴入股，实现了产权结构的多元化，获得了更为广泛的资金来源。相反，许多地方给企业强迫规定任务，在条件不成熟时推行产权多元化，用行政方式搞"拉郎配"，使企业经营受到各种矛盾和纠纷的干扰，加剧了企业的经营困难，造成资源的浪费。这样，我们即使在形式上实现了与西方发达国家相同的产权规范和多元化结构，也会妨碍生产力的发展。

我们应该充分尊重企业的意愿，自主选择经营方式和改革形式，正如江泽民同志在八届二次人大会议上所说，"不同类型、不同条件的国有大中型企业的经营形式可以多种多样，增强活力的途径也可以多种多样，可以充分发挥自己的创造性"。实际上，推动我国所有制等生产关系方面改革的最有效办法，是抓紧和不放弃任何能够直接促进生产力发展的改革，包括企业经营权方面的改革，以及企业的改造、改组，因为生产力的发展是推动生产关系发生变革的动力源泉。任何脱离企业生产力发展的具体要求而人为进行的主观生产关系变革，尽管可能符合外国的经济规范和长期的经济趋势，也都会妨碍生产力的发展，欲速而不达。

二 企业的债务负担及治理对策

近年来，我国国有企业的债务负担长期居高不下，成为制约国有企业改革和经济发展的重要障碍。据 1995 年全国清产核资的统计数字表明，已完成的全国清产核资 30.2 万户国有企业，清查前账面资产负债率 69.3%，清查后账面资产负债率为 71%。特别令人担心的是，随着国有企业经营困难的日益加重，国有企业的资产负债率也不断增加，偿还债务的能力却不断下降，据 1997 年的一项专门调查显示，77 户国有大中型工业企业，其资产负债率平均达到了 86%。[①]

近年来，我国提出并采取了一系列政策措施，努力减轻国有企业的沉重债务包袱，这些政策措施在实践中产生了一定效果，但是，从整体上来看，近年来由于宏观经济环境的影响，众多行业出现了生产过剩和市场疲软，始终未能扭转国有企业经济效益的滑坡，一些企业通过改革减轻的资产负债率，后来随着盈利水平和偿债能力的下降，又重新出现了不断攀升的态势，许多地方有意借破产和改制之机逃债，这虽然减轻了本地企业的债务负担，但却打击了相关的众多企业和贷款银行，实际上将坏账损失转嫁给其他企业和居民储蓄，银企债务长期积累必然酿成严重金融危机。

我国采取的减轻企业债务负担的政策措施，主要针对造成过度负债的体制性和微观性原因。但是，人们分析和解决国有企业的过度负债问题时，往往忽视了宏观经济因素的重要影响。从改革开放以来，国有企业始终存在着众多体制和微观问题，以前这些因素造成的债务负担，并未对国有企业效益产生很大的影响。事实上，国有企业的高负债和银行的不良债权，同宏观经济的波动有着密切的关系。

20 世纪 80 年代国有企业取得了较好的经济效益，销售收入和实现利税一直大幅度增长，亏损面和亏损率均保持在 10% 左右，企业间的三角债务拖欠是鲜为人知的现象，企业具有较强的偿还银行和商业信贷的能力，债务负担并未影响国有企业的高速发展。日本、韩国在经济高速增长的时期，企业负债率曾经高达 85%—90%，远远高于我国的国有企业和国际水平，但由于政府采取必要

---

① 参见杨斌《重视解决企业连环债务的紧迫困难》，国家社会科学基金资助课题的中间成果，1998 年。

的产业政策，重点扶植工业生产和基础建设，严格限制炒房地产、炒股票的投机信贷，因此，20 世纪 80 年代以前日本从未出现过泡沫经济，也未发生三角债和银行的不良债权危机。20 世纪 80 年代中期，日本企业和银行的自有资本率虽然大大提高，反而因金融自由化放松了政府的管制，因泡沫投机泛滥造成了大量不良债权。我国和日本、韩国的经验表明，只要国民经济能够协调顺利地发展，企业效益好而且偿债能力强，不存在阻碍经济运行的大量三角债，企业的高负债本身不会构成问题，甚至还会通过杠杆机制提高资金利润利率。

20 世纪 90 年代初，国有企业出现了第一次全面的债务危机，主要是宏观经济环境的骤然变化造成的。1989 年为控制通货膨胀实行紧缩政策后，政府急剧压缩了固定资产投资和银行信贷，许多行业出现了产品滞销和市场疲软，企业间三角债曾呈现迅猛增长的态势，1989 年增长到 1085 亿元，1991 年甚至猛增至两、三千亿元。1991 年政府将清理三角债列为首要经济任务，在全国范围开展了大规模的清理工作，银行适当注入清理连环债的启动资金，以较少资金偿清了数额巨大的三角债拖欠，有效地缓解了国有企业的资金周转困难，避免了出现大规模停产和职工下岗现象。[①]

1992 年邓小平同志南巡讲话以后，全国出现了改革开放和经济发展的高潮，宏观调控政策出现松动并加大货币投放，国有企业的三角债曾一度出现明显缓解，但是，由于出现"开放区热"和"房地产热"，诱导企业进行了大量盲目投资和重复建设，泡沫经济消耗和浪费了大量的宝贵资源，由此诱发了改革以来第二次全面债务危机，众多的国有、集体、民营和三资企业，都因进行大量的盲目产业和房地产投资，背上了沉重的债务包袱甚至濒临破产。

1994 年政府进行紧缩的宏观调控后，压缩基建规模导致生产资料市场疲软，银行提高利率和新税制取消了税前还贷，导致国有企业的自我积累显著下降，偿还技术改造和流动资金贷款的负担加重，企业因资金周转困难相互拖欠严重，再次出现了严重的全国性三角债危机，1996 年大约达到了 8000 亿元，相当于 1991 年规模的两三倍之多，到 2000 年已经迅猛增长到一万亿元左右。

随着债务拖欠积累导致了商业信誉普遍下降，企业资金周转的成本和风险显著增加，市场疲软和产品滞销的状况更趋严重，国有、集体和私营企业均出现效益滑坡，众多企业因资金困难陷入了停产、半停产，开工不足导致大量设备闲置和大批职工下岗，国有银行的不良债权也随之大幅度增长。银行因担心坏账不敢向企业发放贷款，从而加剧了市场需求萎缩和企业资金困难。

---

① 参见杨斌《重视解决企业连环债务的紧迫困难》，国家社会科学基金资助课题的中间成果，1998 年。

　　我国必须重视解决大规模三角债拖欠，因为，这种现象的危害性远远大于一般高负债率，并非是局部的企业微观经营不善造成的，能够通过产业间联系引起乘数扩大的连锁反应，导致企业缺乏相互信任和经营风险上升，甚至导致正常的经济联系陷入混乱和中断。大规模三角债拖欠是市场经济的"洪水猛兽"，一旦在生产、流通领域中蔓延、扩散，无论经营效益好或差的企业都会受到波及，企业无法作出正常的生产、销售和投资决策，甚至被连锁债务拖累得精疲力竭和举步维艰。

　　大规模三角债拖欠是经济危机的典型特征，一般发生在经济比例失调和生产过剩时期，或因泡沫经济膨胀造成大量资源浪费之后，初期阶段仅表现为产品滞销和企业效益滑坡，倘若政府不采取干预政策及时进行治理，就会很快波及到众多企业和整个银行体系，导致市场货币交换关系陷入混乱甚至瘫痪，最终因银行不良债权积累爆发全面金融危机。

　　俄罗斯改革采取了激进的市场过渡方案后，"放开价格"引起市场需求萎缩和成本上涨，"管紧货币"造成企业资金困难"雪上加霜"，私有化改革又导致企业经营秩序陷入混乱，使企业间三角债大幅度增长而效益严重滑坡，但是，这种状况并未引起政府和经济学界的重视，反而将其归于产权界定不明晰和"改革阵痛"，误以为加快市场改革和私有化就能渡过难关，结果企业间三角债在生产、流通领域迅速蔓延，导致了市场秩序混乱和易货贸易泛滥，1998 年最终爆发了全面的财政金融危机，政府的财政税源枯竭无法支付军队工资，银行体系因不良债权积累陷入全面瘫痪，社会民众因无法提取存款大规模挤兑银行，甚至新兴资产阶级的股票、存款也一扫而空。

　　我国应借鉴 1991 年治理三角债的成功经验。1989 年为控制通货膨胀实行紧缩后，我国众多行业都出现了严重的市场疲软，企业间的三角债曾呈现迅猛增长的态势，从 1988 年的 320 亿元猛增至 1990 年的 1000 多亿元，1990 年底突破了 2000 多亿元"大关"，众多国有、集体和乡镇企业叫苦不迭。这种状况引起了我国政府的高度重视，1991 年将清理三角债列为首要经济任务，由当时的朱镕基副总理主持全国范围的清理工作，首先统一各级政府部门和企业的思想，提高对三角债危害性及其治理紧迫性的认识，然后在全国范围进行调查摸底工作，弄清三角债的源头和主要债务链，特别是固定投资项目的拖欠资金，以及国有大中型企业的产销连锁债务，组织银行机构适当注入清欠启动资金。东北三省国有企业是三角债的"重灾区"，政府首先进行了清理债务拖欠的试点工作，仅一个月内就实现 1 元钱清偿 5 元债务，全国正式开展大规模的连环清欠工作后，仅仅 10 天时间各地就取得了明显的效果，上海市取得注入 1 元清偿

4.6 元的效果，浙江、湖北、南京、哈尔滨和沈阳等省市，也取得了明显的缓解连锁债务的成果。1991 年，全国共注入银行清欠启动资金 306 亿元，地方和企业自筹资金 24.5 亿元，通过组织全国范围的连环债务清欠工作，一共清理三角拖欠债务 1364 亿元，达到投入 1 元资金清理 4.1 元拖欠的显著效果，超过了清理三角债工作原定的计划目标，大大缓解了国有企业的资金周转困难，改善了国有、集体和乡镇企业的效益，有效遏制了三角债迅猛蔓延的态势，防止其造成经济混乱并演化为全面衰退，避免了出现停产、半停产和职工下岗现象。我国 1991 年清理三角债工作的巨大成就，仍然是指导当前经济工作的宝贵经验。

我国防止企业债务拖欠转化为银行坏账危机，关键是重新振兴物质生产领域的国有企业，而不能单纯采取向银行体系注资的办法，因为，金融体系本身是无法创造真正的社会财富，实质经济领域才是创造真实利润的唯一来源，银行贷款资产很大部分是生产企业的设备产品，生产企业恢复正常运转才能挽救银行大量坏债，因此，尽管生产企业遭受到泡沫经济盲目投资的损失，因大量三角债务拖欠而资金周转困难，陷入了产品滞销和严重亏损的困难境地，政府也必须启动社会基础建设扩大有效需求，提供低息政策信贷帮助生产企业渡过难关。

政府对于国有、集体和乡镇企业的大量坏债，应该采取具体分析、区别对待的办法，对于无法偿还的固定投资特别是技术改造贷款，应该提供优惠政策，帮助企业减轻偿债负担，尽管许多生产企业暂时缺乏盈利能力，但是，一旦启动基础建设扩大了社会有效需求，这些生产企业仍能创造有用产品和经济效益；对于企业因缺乏流动周转资金拖欠的债务，应注入清欠启动资金解开连环三角债务；对于企业因税负和社会包袱过重形成的坏债，一方面应采取各种办法减轻企业的负担，另一方面考虑实行投入产出总承包优惠政策，充分调动企业和职工多创效益的积极性，依靠企业挖潜多创利润和增加自我积累，既能补充企业的资本金又能增强偿债能力，比单纯采取政府或银行注资的办法效果更佳；对于产品销路和经济效益均好的国有企业，应该鼓励其进行股份制、公司制改造，通过多元化投资渠道广泛筹集社会资金，提高生产技术水平和降低资产负债率；对于"拨改贷"形成的国有企业债务负担，应该采取"债转股"促使债务转化为资本金；对于 1992—1993 年经济过热时期，企业和银行盲目投资形成的巨额坏债，在很大程度上是各地误解中央政策造成的，一般超出了企业和银行自身消化的能力，倘若任凭市场经济机制进行自发调节，许多企业和银行的正常运作也会受到影响，甚至通过乘数效应扩大泡沫经济的损失，政府应考虑制定统一的政策进行处理，对于生产性重复建设所形成的坏债，应采取按低息暂时统一挂账的办法，以避免其不断扩大影响企业的正常经营，待企业恢复正常生产并获得充分效益后逐步偿还；许多信托投资公司利用政府监管不严，进行了大量炒地皮、房地产的盲目投资，这些具有较多泡沫性质的投资难以挽救，应该考虑在弄清责任后将其彻底关闭；对于许多生产企业进行的炒房地产投资，应在帮助企业吸取教训和严格监管制度的同时，设法由政府按较低价格收购后统一处理，损失在政府、企业和银行之间合理分摊，避免债务"利滚利"不断扩大妨碍正常经济运行。

我国应警惕西方国际组织推荐的所谓规范调整方案。国际货币基金组织为维护金融投机资本的利益，不惜动用大量纳税人的金钱向私有银行注资，以挽救金融投机泡沫破灭形成的巨额不良债权，但却对实质经济领域的生产企业毫不关心，任凭其在严重的市场萧条中自生自灭，甚至采取严厉的紧缩政策加速其陷入破产，上述单纯挽救银行体系的办法是"饮鸩止渴"。国际货币基金组织依据自由主义经济理论，胁迫接受所谓"援助贷款"的发展中国家，放弃政府干预并盲目依靠市场调节，推行国有企业私有化和贸易金融自由化，采取扼杀生产企业的严厉经济紧缩政策，这种调整办法不是治病良药而是致命毒药。

俄罗斯及东欧、亚洲和拉美的许多国家，实施了国际货币基金组织的所谓规范调整方案，结果导致当地的物质生产部门陷入了严重萧条，如韩国一年中有70%的私人小企业破产，众多工厂设备闲置价格跌为原价的几分之一，外资大量涌入廉价收购兼并当地困难企业，企业大批裁员造成社会失业急剧攀升，人民生活水平下降而贫富差距不断扩大。国际货币基金组织为了维护金融投机资本的利益，制造了许多令人误入歧途的"理论陷阱"，如将金融危机的罪责归咎于政府的经济干预，鼓吹市场自发调节才能帮助这些国家摆脱困境，实际上，泡沫经济本身就是市场自发调节造成的，盲目依靠市场机制必然加剧不良债权危机，美国克服20世纪30年代泡沫经济后的长期萧条，摆脱私有企业和银行巨额坏债缠身的阴影，正是依靠罗斯福"新政"的政府干预，特别是二战时期政府的紧急动员经济。二战后西方国家普遍实行政府干预经济的政策，才出现了历史上少有的经济增长"黄金时代"，社会失业和通货膨胀均长期保持在较低的水平。我国应充分珍惜本国积累的成功经验，如1991年政府积极干预清理三角债的经验，而不应受所谓西方规范经济理论的束缚。

三　建立和完善企业社会保障制度

20世纪80年代，我国国有企业的职工福利不断提高，包括住宅福利和各种非工资生活补贴，养老、医疗等社会保障费用支出也增长很快，有力地调动了广大职工多创效益的劳动积极性，社会购买力提高保证了旺盛的市场需求，从未妨碍国有企业经济效益的大幅度增长，也未造成企业亏损和职工下岗现象。近年来，尽管我们不断减员增效和下岗分流，削减国有企业承担的各种社会义务，但是，国有企业的效益未能好转反而大幅度滑坡，因社会需求不断萎缩陷入了更深的困境，人民银行多次降低利息也未能促进市场需求，原因之一是职工缺乏社会保障的安全感。我们应反思造成国有企业陷入困境的真正原因，适当调整国有企业和社会保障制度改革的思路。

我国的社会保障制度改革取得了许多进展，但是也存在着不少的问题。近年来，制约我国社会保障制度发展的最大问题，就是国有企业的经济效益持续严重滑坡。1995 年，国有工业企业的实现利润，比较 1994 年下降了 167 亿元，下降幅度达到 20%，亏损额比较 1994 年上升了 157 亿元，上升幅度达到 32%。1996 年，国有工业企业的实现利润，又比 1995 年下降了 253 亿元，下降幅度达到 38%，国有工业企业的亏损总额，却比 1995 年上升 151 亿元，上升幅度达到了 23%。1998 年在国内外多种不利因素的影响下，国有企业效益进一步大幅度滑坡，亏损上升了 40% 左右。

更为令人担心的是，近年来国有企业困难的持续恶化，是在各地采取许多改革措施，包括企业改组、改造和产权重组，完善社会保障体系以减轻企业负担，强调以提高效益为中心的情况下发生的。随着近年来国有企业效益的不断下滑，许多企业因亏损而拖欠社会保障统筹缴费，严重制约了社会保障基金的筹集工作，致使社会保障基金的收缴率显著下降，有些地方已经下降至 50%—60%。1995 年底，天津市有 300 多家企业欠缴养老保险费，累计欠缴金额达 1 亿多元，严重损害了社会保障事业和职工利益。[①]

我国社会保障的原定设想是，通过提高职工保障的社会化程度，来减轻国有企业的"办社会"负担，形成更加公平的市场竞争环境，提高国有企业的市场竞争能力。但是，由于改革以来我国社会保障的覆盖面较小，主要以城镇的国有和大集体企业为主，三资、私营个体和小集体企业大多数没有参加，因此，在生产过剩和市场竞争激烈的情况下，众多企业都千方百计削减生产成本，国有企业的社会保障缴费，反而成为导致不公平竞争的沉重包袱，迫使一些困难企业为了生存而拖欠逃避。尽管最近将各种类型企业都纳入了社会保障体系，

---

① 参见杨斌《再析国有企业的社会保障与办社会问题》，国家社会科学基金资助课题的中间成果，1997 年。

但是，长期实践证明，私营、外资企业在纳税和遵守国家政策法规方面，一向同国有企业存在着较大的差距，因此，很难期望不公平竞争的状况有根本好转。

近年来，国有企业的下岗职工人数大幅度增长，致使社会失业保险基金难堪重负。失业保险解决短期的摩擦性失业比较有效，但难以应付宏观周期性和结构性长期失业。1986—1990年期间，我国享受失业救济的职工共计20万人，每年的平均人数为5万人，1994年领取失业救济金人数增加至143万人，1996年进一步猛增至300万人。1996年正式登记的国有企业的下岗职工为891万人，倘若这些职工全部推向社会由失业保险负担，按每人每月150元的标准发放救济金，那么历年积累的40多亿元失业救济金，仅够维持这些职工的3个月的基本生活补助。我国的失业保险救济金的标准定得较低，很难维持失业职工的基本生活费用，更谈不上抚养家庭子女和医疗教育。

据河南总工会对6508名失业职工的调查，有34%的职工靠节衣缩食度日，有20%的职工靠亲友救济，40%的职工依靠借债度日，只有3.3%的职工靠领取失业救济生活。据黑龙江工会1997年的调查，有60.4%的下岗职工，为36岁以上的女职工，在原企业领不到生活费的占67%，40.8%的下岗职工仍在家中待业。众多下岗职工都有失望、忧虑、自卑和困惑的心态。尽管各地政府出台了许多救助下岗职工的政策，但实际上不少企业根本拿不出钱救济职工。这种现状长期持续并且处理不当，很容易诱发下岗职工的义愤情绪，甚至导致利益矛盾激化影响社会稳定。

上述问题的出现，说明我国从计划经济时期的社会保障制度，过渡到社会主义市场经济的社会保障制度，尚缺乏成熟的经验或可供照搬的模式，仍然需要相当长的摸索和试点过程。我国应该正视向市场经济转轨过程中，潜伏着许多人们尚未充分重视的风险，处理不当可能导致旧的社会保障制度瓦解，但又因市场秩序混乱和企业效益滑坡，缺乏足够财力建立新的社会保障制度。俄罗斯盲目向市场经济过渡中，导致了社会保障体系崩溃的教训，特别值得我们引以为戒。俄罗斯改革遵从了国际货币基金组织的建议，采取了效仿西方模式的激进改革方案，全面放开价格工资"一步到位"，解散各级政府的计划部门和行业管理部门，大规模推行国有企业的私有化，彻底实行政企分开和明晰产权界定，完全摧毁了计划经济的社会保障体系。西方国际经济组织欺骗俄罗斯人民，稍微忍受一下社会保障制度的消失，一旦私有化明晰了产权就会提高效益，通过征收高额税收可以实现收入再分配，达到比原来更高的社会保障水平，但事实上，俄罗斯的私有化企业并没有提高效率，1997年有50%的私有化企业陷入亏损，80%的私有化企业有严重逃税行为，俄罗斯政府根本无力建立社会保障体系，甚至无法给现有职工和军队发工资，拖欠了数百亿美元的工资、养老金和福利费，被迫依靠借外债和出卖战略资产勉强维持，以至于在 1998 年最终爆发了全面的财政金融危机。

有一种观点认为，我国计划经济时期的社会保障制度，是一种已经过时的落后制度，而西方发达国家的社会保障制度，才是我国应该效仿的理想模式，这是一种片面的错误观点。实际上，西方国家一般是经过了漫长的资本积累，掠夺了殖民地的大量资源财富，建立了发达的工业和财税体系之后，才在社会主义运动压力下进行社会改良，建立了比较完善的社会保障制度的。大多数第三世界的市场经济国家，由于人口众多且经济基础薄弱，存在严重两极分化和社会贫富悬殊，缺乏足够的财力建立社会保障制度。在亚洲金融风暴的冲击下，东南亚国家的众多企业陷入破产，大量解雇员工导致社会失业人数猛增，由于缺乏社会保障的安全网，贫困人口激增引起了社会动荡。

我国解放初，在经济基础非常薄弱的条件下，国有企业就实行了比较完善的社会保障制度，同发达与不发达资本主义国家相比较，这无疑是一个了不起的历史性成就，充分体现了社会主义制度的优越性，极大地调动了广大职工的劳动积极性。我国能够在工业化初期阶段，建立维护劳动者利益的社会保障制度，主要是发挥了社会主义制度的内在优势：一是发挥公有制适应社会化大生产的优势，将剩余价值的分配服从于社会整体利益，优先用于加快工业化和保障人民基本生活，很快建立了包括重工业在内的完备工业体系，完成了西方国家需要数个世纪的工业化历程，彻底改变了民族生存和国家主权受到威胁的局面；二是国家通过有计划协调经济发展，有利于避免市场盲目调节造成的比例失调，减少企业陷入破产和职工遭到解雇的风险，统筹社会资源具有"船大抗风浪"的优势，因而能较早就承担了广泛的社会保障义务，甚至提供了优越于西方失业救济的就业保障，避免了西方工业化过程中人民遭受的巨大痛苦，这充分体现了公有产权比较私有产权的优越性，证明了公有制企业并不是落后的企业组织形态，恰恰是具备了现代企业适应社会化大生产的主要特征。我国改革中摸索建立新的社会保障制度，不应盲目效仿西方发达国家的社会保障制度，必须继承而不是抛弃自身制度的内在优势，才能避免重蹈俄罗斯社会保障制度崩溃的覆辙。

1998 年，我国面临着特别严峻的宏观经济形势，亚洲金融危机的冲击逐步显现，出口增长放慢加剧了国内市场疲软状况，1—4 月预算内国有工业企业的实现利润，比 1997 年同期下降了 433%，亏损总额比 1997 年同期上升了 40%。我国建立社会保障制度面临的难题是，一方面企业经营困难导致大批职工下岗，需要增加社会保障费特别是失业救济金；另一方面，经济效益滑坡导致亏损企业大量增加，拖欠社会保障统筹缴款的数额急剧增长，筹集社会保障资金面临着前所未有的困难。

我国应该正视这种趋势的潜在危险性，倘若这种状况长期持续下去，必然导致社会保障基金的入不敷出，最终像俄罗斯那样导致社会保障体系崩溃。有一种观点认为，为了减轻向市场经济过渡造成的社会痛苦，必须加快建立和完善各种社会保障制度，为此应该提高国有企业社会统筹的缴费率，以扩大社会救济和弥补社会保障基金的不足。但是，提高社会统筹缴费率必然加重企业负担，加剧来自三资、私营企业的不平等竞争，迫使更多的国有企业陷入经营困难，甚至增加社会失业导致经济的恶性循环。还有人提出应该征收专门的社会保障税，采用出售国有资产的办法弥补保障基金，但是，这些办法也有一定副作用和局限性，在当前生产过剩和需求不振情况下，应该适当降低企业税负刺激需求，而不宜再提高税负加重企业负担，出售国有资产是暂时弥补的权宜之计，社会保障费长期依靠此法会变成无源之水。俄罗斯改革不仅开征了高额增值税，还广泛出售国有资产弥补预算不足，但是，导致了企业经营困难和秩序混乱，反而加速社会保障体系陷入瓦解。

我国克服当前面临的宏观经济困难，不能单纯依靠市场经济机制的自发调节，也不能消极地依靠社会保障缓解痛苦，更不能依靠廉价出售国有企业的私有化，否则必然像俄罗斯那样陷入更深的经济危机。政府必须发挥社会主义制度的独特优势，采取科学的强有力的干预政策措施，纠正市场经济盲目调节造成的比例失调，克服1993年泡沫经济后遗症的连锁反应，以及亚洲金融危机形成的强烈冲击波。当前，我国应扩大基础建设增加社会有效需求，利用大量过剩的生产资料和消费资料，以及大量的企业闲置设备和人力资源，用于水利、交通、能源、环保等方面建设，矫正市场经济运行中出现的比例失调，尽快促进国民经济进入良性循环的轨道。

我国还应扩大社会保障的覆盖面和预算支出，特别是对下岗职工的生活费用救济，以防止社会需求萎缩和减轻失业痛苦。但是，扩大社会保障支出不应增加企业缴款，以免加重企业负担导致失业进一步增加，而应由政府采取积极的财政平衡政策，适当增加预算支出并减少企业税收负担，矫正经济失衡和恢复协调发展，通过乘数效应刺激工业生产和社会就业，企业开工和职工下岗状况将明显改善，而且创造出大量新的社会物质财富，促进财税增长和弥补社会保障资金缺口。

当前，我国国有企业职工下岗的人数大幅度增加，远远超过了社会失业保险基金的承受能力，国家财政一方面应该扩大专门预算拨款，用于救济下岗职工和弥补失业保险基金的缺口，另一方面应扩大基础建设增加社会有效需求，创造就业机会从根本上解决职工下岗问题。值得指出，单纯建立社会失业保险制度，保障下岗职工的基本生活费用，并不能长久维持社会的稳定，下岗的中年职工家庭负担较重，不同于待业青年和老年退休职工，失业救济难以解决长期生活费的来源，也无法解决抚养家庭和医疗教育费用，更无法满足职工实现社会价值的自尊心。

西方国家的经验也表明，社会失业保险和市场自发调节，仅能解决小规模的摩擦性失业，根本无法解决宏观周期性失业。20 世纪 50、60 年代，西方国家曾重视计划与市场调节相结合，政府采取积极干预措施纠正生产过剩，失业率曾长期保持在较低水平。20 世纪 80 年代，西方国家再次推行自由主义经济政策，片面强调市场经济的自发调节，西欧各国的失业率再度长期居高不下，美国官方公布的失业统计数字虽然较低，但是，有社会保障的全日工作机会急剧减少，被迫依靠低收入服务业的零散工作扩大就业，美国劳工部采取统计技巧蓄意掩盖真实失业，如将实际失业的人口排除在劳动人口之外，包括因长期寻找工作失败而丧失了信心的人，或将难以养活自己的打零工者算作就业人口。

20 世纪 80 年代，我国国有企业获得了良好的经济效益，从未出现过大规模的职工下岗现象，一个重要原因是坚持计划与市场调节相结合，国民经济实现了均衡的、协调的顺利发展，从宏观上保证了各类企业的良好经济效益，对外经济实行了"有保护的渐进式开放"，引进外资时规定外销比例，出让国内市场很少，适度竞争不仅没有冲击民族工业和国内市场，反而通过示范效应激发了国有企业的活力，促进国有企业在众多新兴产业中蓬勃发展。当前，我国应警惕西方自由主义经济理论的误导，坚持本国改革实践证明的成功经验。

20 世纪 50、60 年代迫于冷战的压力，西方国家比较重视社会保障和福利事业。20 世纪 80 年代，西方右翼政党推行了"世界保守革命"，西方垄断财团控制的大众媒体广泛宣扬，声称社会保障和福利导致了经济效率低下，妨碍了自由市场经济的正常运转，将西欧国家的私有企业缺乏竞争力，以及高失业率统统归罪于社会福利。西方垄断资本的御用经济学家哈耶克等人，还公然反对 20 世纪 50、60 年代的社会福利政策，鼓吹"社会福利国家也是通向奴役之路"，这是因为他代表的垄断资本势力意识到，政府维护社会的作用将限制垄断资本谋私的自由，社会民众享有越来越高的福利和教育，必然提出更多的参与决策甚至所有权的要求，从而威胁到垄断资本的政治经济支配地位，因此，西方必须扭转 20 世纪 50 年代发展国有企业的潮流，放弃政府干预政策并且减少社会福利，尽管政府干预、国有化和社会福利等政策，曾有效地促进了二战后西方的经济复兴。

西方垄断大众媒体的广泛宣传，对我国经济学界也产生了误导作用，许多人将国有企业面临的经营困难，归罪于其承担的各种社会义务，包括提供各种职工福利和社会保障。实际上，1929 年美国泡沫经济破灭后爆发大萧条时，私有企业提供的非工资社会福利所占比重，仅仅为 20 世纪 70 年代流行标准的十几分之一，但是，私有企业单纯追求最大利润和产权利益，忽视职工利益导致了社会购买力低下，大大加深了生产过剩危机的严重程度，导致了大批企业破产和严重社会失业。二战后在冷战的强大压力下，西方国家普遍重视职工福利和社会保障，职工购买力提高增加了社会有效需求，才出现历史上少有的经济增长"黄金时期"。目前，西方国家的经济实力比二战后初期大大增强，但是，由于放弃政府干预和盲目依靠市场调节，导致了实质经济衰败而金融泡沫投机泛滥，经济周期加深导致社会失业大幅度增长，社会保障制度正面临财源枯竭的危机。

20 世纪 80 年代，国有企业的社会福利增长很快，养老、医疗费用支出也增长很快，这并未导致职工懒惰和企业效率低下，反而有效调动了职工劳动积极性，促进了人民社会购买力的提高，旺盛市场需求推动了经济增长，国有企业效益才能大幅度增长。当前，我国正面临严重的生产过剩局面，供过于求的商品数量接近 80%，政府多次降低利息也未能促进市场需求，出现这种情况的一个重要原因是社会保障的改革思路，过于强调模仿西方的市场经济模式，忽略了继承原有社会保障制度的优点，过多强调产权利益而忽略了职工利益，导致职工缺乏社会保障的安全感，致使国有企业同 20 世纪 80 年代相比，并未能因减轻包袱而提高效率，反而陷入了更严重的经营困境，因此，我们有必要采取实事求是的态度，适当调整社会保障制度改革的思路。

四　企业的"办社会"负担及治理对策

除了社会保障之外，国有企业还向职工提供了各种社会性服务，以及住宅福利、生活补贴等非工资性福利。关于国有企业的"办社会"对竞争能力的影响，我们也应有更全面的认识。20 世纪 80 年代至 90 年代初，国有企业对职工的社会性服务增长很快，职工的非工资福利平均每年增长了 50%，住宅福利隐性收入平均每年增长 145%，这一时期国有企业的产值和销售额均大幅度增长，实现利税和劳动生产率也不断提高，亏损面和亏损率均保持在 10% 左右的低水平，从未因提高职工工资和福利待遇陷入困境，相反职工福利的增长促进了实际购买力提高，旺盛的市场需求保证了各类企业的经济效益，这些事实充分说明住宅福利和社会性服务，不是造成国有企业经营困难的主要原因。

改革开放以来，由于私营、乡镇和三资企业的迅速发展，国有企业常常在市场竞争中处于相对劣势，但是，国有企业"办社会"负担并不是全部或主要原因。整体上说，私营、乡镇和三资企业一般规模较小，从经济规律来说不具备"办社会"的条件，只能依靠外部社会市场，因此必须支付更多的劳动补偿费用。有些非国有企业发展到了较大规模，但由于种种原因无法"办社会"，妨碍了企业的进一步发展。例如，许多外资大企业，由于缺乏配套的职工住宅，难以招收和保持稳定的技术队伍，或因职工居住地点分散，难以办班车，影响了工作业务，不得不给职工支付出租车费。

又如，近年来举办的社会统筹医疗，受到中小企业职工的欢迎，但是，国有大企业觉得加重了负担，因为社会统筹需要到指定的医院就诊，医院中存在乱收费的现象，相反，国有大企业可以监督和指导职工医院，保证收费合理和服务质量。因此，实行社会统筹保障改革时，不应该搞"一刀切"，而应该根据不同类型企业的特点，采取因地制宜的灵活办法。

国有企业的竞争力较差，除了不合理的办社会因素以外，长期存在的较大税负差别也是非常重要的原因。西方国家对于企业自愿向职工提供的非工资性福利，采取不征税或征税低的政策，鼓励企业投资于社会公益事业，但是，对于我国国有企业来说，各种非工资性福利费用，包括公费医疗、社会性服务和政策性生活补贴，都必须从国有企业的税后留利中提取，这样就额外地加重了国有企业"办社会"的负担，减少了国有企业用于技术改造和扩大生产的资金积累，削弱了国有企业的竞争能力，甚至使国有企业本来合理的"办社会"做法，也变成了更加沉重的包袱。由此可见，解决国有企业的"办社会"负担，需要从多方面进行配套改革。

国有企业"办社会"虽然会增加企业的负担，但是，也有许多潜在的积极作用。国有企业所设立的各种社会性服务组织，虽然同生产经营活动没有直接的联系，但作为服务对象的企业职工，则是企业生产中最重要的生产要素，服务的范围、质量和效果对于职工是否健康、精力旺盛有很大影响。如果对职工的服务工作搞得好，解除职工的后顾之忧，他们能全心全意地投入企业的生产，从而对企业经营产生积极的促进作用。对于许多国有企业来说，"办社会"不仅是正常生产的客观需要，而且也能更好地发挥规模经济的优势，降低服务成本，提高服务的质量，使服务的品种更加符合职工的需要，比从社会市场上购买更加经济实惠。因此，国有企业"办社会"并非一律是违反经济规律的，需要根据企业的具体情况作具体的分析，特别是处理好主体企业同所属社会性服务机构的关系。

前几年，我国在推进国有企业改革的工作中，解决"办社会"负担的步子迈得不够大，主要是许多企业担心影响一些职工的利益，精减下来的人员的生活出路是否有保证。但是，由于近年来国有企业的效益持续出现严重滑坡，许多企业因销售不畅等原因面临开工不足，特别是1997年许多行业出现了严重生产过剩，建材、冶金、电子、轻纺产品均大量积压，不少国有企业面临着严峻的生存困难。这种情况下，许多地方又出现了另外一种错误倾向，就是不分青红皂白地削减企业的社会性服务，将国有企业的困难主要归于各种"办社会"负担，不惜一切代价减员增效降低成本。

当社会普遍存在有效需求不足和生产过剩时，一部分企业通过削减社会性服务降低了成本，确实有利于暂时提高本企业的市场竞争能力，但是，众多企业为适应激烈的竞争压力也纷纷效仿，就会导致职工福利下降和社会有效需求萎缩，进一步加剧生产过剩和企业效益恶化的趋势。1998年，我国许多行业都出现竞相削价的恶性竞争，不少企业为降低成本甚至不惜一切代价，削减合理的原料设备开支和社会性服务，但是，这种做法并未改善企业的经济效益，反而导致众多企业陷入了更加严重的亏损。当前，我国应采取有力措施纠正上述错误做法，制定法规制止恶性竞争和规范市场秩序，国有企业改革解决国有企业"办社会"负担时，也应进行具体的辩证分析以避免负面效应。

我国还应纠正一种片面、错误的改革观点，就是国有企业在建立现代企业制度中，应放弃社会职能转向单纯追求市场利润。的确，我国国有企业在转换经营机制中，应该更加重视市场竞争和利润指标，但是，利润指标并不能完全反映经济效益，企业单纯追求自身效益甚至可能损害社会利益，因此，我国建立有中国特色的现代企业制度，不应片面效仿西方企业的利润最大化原则。实际上，西方国家在古典资本主义的发展阶段，盛行私有企业不受限制追求利润的做法，曾经严重侵犯工人利益和造成社会冲突，二战后西方国家普遍进行了社会改良运动，提倡私有企业也应更多照顾工人的利益，承担保护环境和服务公众等社会责任。由此可见，现代企业制度的标志不是单纯追求利润，而是更好地兼顾职工、企业和社会的利益，对于社会主义国家的现代企业来说更应如此。

西方发达国家中，社会保障制度比较完善，市场化服务体系比较发达，但是，企业为职工提供的各种非工资性福利，依然在职工的全部收入中占有一定比重，而且从20世纪初以来，一直呈现不断增长的趋势。据统计，1929年，美国企业职工非工资性福利费为 7000 万美元，占全部收入的比重为 1.3%；至 1982 年，上升到了 2958 亿美元，占全部收入中的比重上升到了 15.9%。据 1981 年美国制造业企业的统计数字，企业向职工提供的全部非工资性福利收入 中，法律规定征收的社会保障统筹费约为 40%，而企业自愿提供的福利费 为 60%。①

西方市场经济中实行公司制的企业占主导地位，但是，为什么企业也向职 工提供相当多的非工资性福利费呢？许多美国企业将非工资福利看做是激励职 工的手段，自愿提供并非法律规定的各种社会福利，包括赠送保险、住房优惠、 购房贷款和担保等。日本企业受到中国的儒家文化影响，更是注重通过非工资 性福利，培养职工以企业为家的精神，这样虽然花费了一定财力，但是形成了 类似家庭成员之间的非货币交换关系，所获收益却是从市场上购买不到的。西 方国家的税收制度，对非工资性福利的征税大大低于工资收入，对企业的社会 公益投资提供免税优惠，从而也导致了企业福利费用支出的增加。

20 世纪 80 年代，西方国家的自由主义经济思潮再度抬头，西方垄断资本控 制的新闻媒介也大肆宣传，重新鼓吹私有企业应不受限制地追求利润，政府也 削减对企业非工资福利的税收优惠，导致了富人财产收益和高级经理收入大幅 度增长，广大社会中下层的实际收入持续下降，有社会保障和福利待遇的正式 工作急剧减少，难以养活家庭的小时工、零散工作却大幅度增长，二战后曾缩 小的社会收入差距再度显著扩大。我国在改革中应有分析批判地借鉴西方经验， 防止被垄断资本追求自身私利的宣传所欺骗。

五 企业职工下岗问题的治理对策

当前，我国面临着严峻的国有企业职工下岗形势，这并不是单纯的微观经 济或所有制问题，而在很大程度上是宏观不景气因素造成的。国有企业的体制 问题是长期存在的，但是，20 世纪 80 年代我国国有企业的就业人数迅速增长， 直到 1994 年以前，很少出现过停发工资和职工下岗问题。近年来普遍采取了减 员增效和下岗分流的办法，但是，国有企业的经营困难不但没有缓解，相反， 市场需求萎缩和效益滑坡趋势更为严重，这说明我们应对国企困难和职工下岗 的原因重新进行反思并且探讨新的治理对策。

（一）国有企业职工下岗和生产过剩的矛盾

近年来，我国国有企业的冗员和职工下岗状况日趋严重。从 1994 年以来，

---

① 参见丹尼尔·海默迈什《劳动与报酬经济学》，纽约哈伯出版社 1984 年版。

在宏观调节"双紧"的环境下，国有工业企业普遍资金周转困难，亏损面积不断扩大，企业的隐性失业人数也有明显扩大，受停产、半停产影响的职工不断增多。1995 年，国家统计局等有关方面认为，目前我国劳动就业方面的矛盾非常突出，大约三分之一的企业开工不足，公开失业及停工、半停工职工人数已经超过警戒线。特别值得关注的是，从 1997 年以来，国有企业的隐性失业正转化为大规模公开失业。据工会方面的统计，1997 年各种类型所有制的下岗职工有 2400 万人，其中国有企业的下岗职工超过了 1000 万人，比较 1996 年同期大幅度增长了 40% 左右，涉及的行业、地区和所有制范围也在不断扩大。国有企业的职工下岗情况，从行业分布上来看，建筑、电子、机械、冶金等重工业部门，比较轻工行业、第三产业更为严重，因为生产资料部门受宏观经济不景气的影响较大，但是，轻工行业和第三产业的企业正面临越来越多的困难，企业职工下岗正呈现不断增长态势。值得重视的是，许多国民经济中关键产业的国有企业，特别是老工业基地的大中型国有企业，职工下岗达到了相当高的比例，许多职工面临着严重的生活困难，因此，解决国有企业的冗员问题，不仅是关系到企业改革的重大问题，也是关系到社会稳定的紧迫问题。

随着国有企业的冗员转化为公开失业，国有企业的经营困难不但没有缓解，相反，近年来一直存在的效益滑坡趋势更为严重，产品滞销和生产过剩的状况也不断恶化。1996 年国有大中型企业利润为负 1.18 亿元，而 1995 年同期为 105 亿元，1997 年国有企业的亏损面达到 50% 左右，比较 20 世纪 80 年代的 10% 左右高出数倍之多，并且随着国有企业效益滑坡导致银行坏账猛增。1997 年我国许多行业存在严重的开工不足问题，生产资料和消费品普遍出现了相对生产过剩，据中国企业家调查系统公布的问卷调查报告，有 68%、82%、89% 的企业家，分别认为生产资料、消费品和房地产市场供过于求。1997 年 4 月生产资料价格出现下降，至 6 月全部工业品出厂价出现了负增长，钢铁和建材行业甚至出现了前所未有的全行业亏损。1998 年，我国出现了明显的通货紧缩环境，生产过剩导致物价水平不断下降，国有工业企业的经济效益，进一步出现了大幅度的下降。1998 年 1—4 月，预算内国有工业的实现利润为负 112 亿元，比较上一年同期下降了 433%，亏损总额为 339 亿元，比较上一年同期增加了 40%。

上述现象已经清楚地表明，国有企业的冗员和职工下岗问题，并不是单纯的微观经济或所有制问题，而在很大程度上是宏观景气因素造成的。国有企业的体制问题是长期存在的，但是，20 世纪 80 年代我国国有企业的就业人数迅速增长，直到 1994 年以前，很少出现过停发工资和职工下岗问题。根据 1995 年的全国工业普查的数据，大型国有企业的富裕职工比率仅为4%，中型国有企业的富裕职工比率为6%，小型国有企业的富裕职工比率为7%。有一种观点认为，国有企业存在着严重的冗员状况，因此，大批职工下岗是自然的事情。实际上，冗员是一种非常不精确的概念，以前关于国企冗员的许多抽样调查数据，是根据满工作负荷的理想假设推算的，还有许多数据是以外资企业为标准估算的，但是，中西方的生产要素价格存在着相当大的差别，外资企业节省劳动力的资本密集型技术，甚至可能是不符合我国国情的不适用技术。许多经济学家根据外资企业用人少的特点，断定国有企业"人浮于事"而且"技术落后"，承担的社会保障义务也是多余的包袱，实际上，国有企业采用充分利用劳动资源的技术，很可能是符合我国国情的宝贵适用技术。20世纪80年代，国有企业即使在税负非常不平等的条件下，销售收入和利润仍一直持续不断增长，职工收入和劳动生产率也不断地提高，亏损面和亏损率均保持在较低的水平上，从未出现过职工下岗和停发工资现象，也从未因承担社会保障义务而陷入困境，这说明国有企业虽然需要进一步提高效率，但其严重困难并非是职工过多造成的。

（二）经济结构调整不应单纯依靠市场机制

解决当前我国的经济矛盾主要依靠经济结构调整，但是，结构调整面临着相当大的困难，不应单纯强调依靠市场机制进行自发调节，原因是生产资料和消费品市场普遍存在过剩，发展第三产业如商业、旅游也有很大局限性，因为，各个产业之间应保持协调的比例关系。近年来，随着许多工业行业的经济效益下降，社会资金纷纷涌向第三产业，商业网点也出现了设施和人员过剩的现象，百货公司和连锁店出现了破产倒闭风潮。由于社会消费结构存在稳定的比例关系，在城镇社会失业矛盾日趋突出的形势下，人们一般会缩小而不是增加服务、旅游开支，许多大城市的外地民工纷纷被迫返乡，依靠第三产业吸纳下岗职工的困难越来越多。据工会方面反映，帮助下岗职工安排的再就业机会，许多是难以解决长期生活的临时性工作。有些人希望依靠私有企业吸纳下岗职工，这种主张并不切合实际。大多数私有企业尚处在资本积累的初期阶段，在生产过剩和激烈的竞争压力下，普遍千方百计压低工资和逃避税收，雇用工人几乎都是来自落后农村和山区的青年，每日工作时间一般都高达十七、八个小时，普遍不遵守劳动法规也不提供社会保障，在农村落后地区的廉价劳动力吸纳完毕之前，不可能牺牲自身利益来吸收国企的下岗职工，这种就业的增加甚至会减少正常的社会就业，更何况在生产过剩和产品滞销的情况下，私有企业也面临着强大的减产和裁员压力。

结构调整采取减员增效、破产兼并的办法，也有相当大的副作用和局限性。目前，众多行业普遍存在着严重的开工不足，企业普遍面临着经济效益不佳的局面，一部分企业通过减员降低了生产成本，通过激烈竞争挤占了其他企业的市场份额，迫使其他企业纷纷大量减员降低成本，这必然导致失业增加和市场需求急剧萎缩，使企业开工不足和亏损状况更趋恶化。据 1997 年中国企业家系统的调查，企业家普遍感觉维持简单再生产已很困难，根本无力投资进行必要的技术改造，这种现象非常不利于经济结构的调整。美国 1929 年泡沫经济破灭之后，政府采取了依靠市场自发调节的不干预政策，企业大规模解雇工人以提高效益，银行压缩信贷规模以避免坏账危机，垄断资本趁机逼迫中小企业破产倒闭，在这种形势下进行的产权重组和破产兼并，实际上阻碍了经济效率和技术进步，结果导致了企业银行的连锁破产危机，大大加深和延长了经济衰退。

我国 1993 年泡沫经济过热消耗了大量企业资源，仅仅房地产、钢材积压就占压资金数千亿元，投机涨价还误导企业进行了大量的重复投资。由于国有企业以社会稳定的大局为重，不轻易采取破产清算和解雇职工的办法，大大缓和了泡沫经济后遗症的连锁反应，也为其他各种类型企业提供了更多生存机会，但是，由于没有及时补充其泡沫经济时期的资源损失，反而进一步遭受了一系列的沉重打击，包括税负增加、物价上涨、压缩信贷投资规模等，当前，国有企业正因无力支撑而大批破产和解雇职工，从而必然加重市场萎缩和亏损状况，并通过产业联系导致企业银行连锁债务危机。倘若银行系统也大批裁员来提高经济效益，对于解决银行体系坏账问题的帮助并不大，如全国工商银行系统共有 40 万职工，工资成本不过几十亿元。国际货币基金组织强迫东南亚国家采取严厉的紧缩政策，关闭了许多家银行并且大量进行裁员，社会公众普遍认为银行都出了大问题，结果导致了全国挤兑风潮和银行信用危机，中央银行被迫发行货币挽救商业银行，则进一步引起了严重的通货膨胀。

（三）关键是疏通国民经济的"堵塞穴道"

当前，我国克服经济困难主要依靠结构调整，但是，采取压缩轻、重工业的生产和就业人数，进而向第三产业转移资源的存量调整办法，存在着相当大的局限性和负面效应，原因是随着职工下岗和社会失业矛盾日益突出，第三产业的市场也会趋于萎缩或增长缓慢，如商业、旅游业现在也出现设施、人员的过剩。因此，我国应借鉴改革初期的成功经验，采取增量调整而不是存量调整的办法，在促进第一、二、三产业全面发展的同时，适当地优先扶植第三产业的发展。当然，当前我国所面临的经济结构矛盾，同改革初期相比已有了较大变化。改革初期，我国的经济结构矛盾表现为经济比例关系失调，计划经济时期长期片面强调发展重工业，钢材、机电产品存在大量的积压，而农业、轻工业的发展却相对滞后，存在着严重的物资短缺和通货膨胀压力。但是，当前我国生产资料和消费品行业均面临着生产过剩的问题，缺少充分解决社会就业矛盾的新增长点，产品升级和扩大出口的增长潜力有限，而充分放开面向国内市场的外商企业投资，虽然有利于保持一定经济增长速度，但是，这必然会加重国内企业的困难和社会就业矛盾，也不利于增加政府税收和保持发展后劲。住宅建设虽然是具有相当潜力的增长点，但是，由于企业普遍困难而社会购买力不旺，单纯依靠住宅建设来启动经济孤掌难鸣，1997 年住宅建设因大量积压出现了滑坡。上述情况说明，我国国民经济堵塞的"经络穴道"已发生了变化，需要采取新的结构调整和经济发展战略。

20 世纪 80 年代，我国经过经济改革和结构调整，消费品加工业和农业改变了落后状况，重工业调整服务方向后也保持了高速发展，但是，水利、交通、能源、市政环保等社会基础建设相对滞后。例如，我国的许多农田水利设施已经严重损坏或老化失修，迫切需要进行维护和改善，我国近年来连续发生严重的洪涝自然灾害，几乎每年都造成数千亿元的巨大损失。我国是一个相对落后的发展中国家，一方面兴修水利等社会基础建设亟待加强，由于缺乏足够的长期投入，广大人民的生命财产受到威胁；另一方面大量的社会资源处于闲置状态，钢材、水泥、机械、建材等物资大量积压，公开、隐性失业现象严重，这是一种很不正常的现象。这个问题也启发我们，是否能够加快水利、交通、能源等社会基础建设的步伐，使闲置的社会人力、物力资源得到充分利用，帮助解决国民经济中存在的一系列突出矛盾呢？这方面，我们可以借鉴许多中外的历史经验。美国 1929 年"泡沫经济"破灭之后，生产资料和消费品生产严重过剩，企业设备和人员大量闲置，胡佛政府采取了自由主义的经济紧缩政策，大大加深和延长了经济衰退，美国罗斯福总统执政后推行了"新政"，大力兴修水利、公路铁路、市政工程等，刺激对钢铁、建材、机械等投资品的需求，通过产业联系扩大了消费品和整个社会需求，有效缓解了经济衰退和失业危机。

当前，我国需要解决投资启动的资金来源问题，如何将闲置的资源投入亟须的社会基础建设？许多人对基础建设投资的资金来源存在很大疑虑，尽管社会基础建设具有很大的潜力。如据有关部门的测算，水利建设投资的社会效益非常高，投资效益比例甚至超过 1：100，但是，单纯依靠市场机制难以解决资金问题，仿佛我国经济虽然有足够的"气血"，但因"经络堵塞"无法达到需要的地方，政府应采取干预政策以"疏通经络"。

政府解决社会基础建设所需筹集的资金，可以采取增税减支、发行债券，以及国家银行提供特殊政策性信贷等办法。

一般来说，在泡沫经济之后出现严重就业矛盾时，企业普遍面临着资金短缺和经营困难，应该适当降低税负而不宜提高税负，减少政府开支节省的资金也十分有限，远远满足不了基建投资启动经济的需要，而且还会进一步降低社会的最终需求，通过乘数反应加剧市场萎缩和社会失业。西方国家大萧条早期曾实行财政金融的紧缩政策，大大加深和延长了经济衰退和失业危机，后来吸取教训实行同私营企业相反的矫正办法，采取减税增支的办法促进市场需求和社会就业，如罗斯福总统推行"新政"大幅度增加了政府开支，扩大公共投资、增加政府雇员和发放失业救济，公务员人数从 3380 万人增加到 4560 万人，有效地缓解了严重的生产过剩和社会失业危机。罗斯福总统大幅度增加政府开支和雇员人数，是因为私营企业萧条时普遍削减开支和工人，经济复苏后仍以利润为主增加就业有限。

政府采取发行债券的办法也有局限性，其数额和利率必然受到资本市场的限制，利率过高就会加重政府的还债负担，利率过低则无法吸引社会资金。发行债券过多还会导致利率上涨和银根紧缩，进一步加重企业资金紧张和市场萎缩。我国筹集建设资金应采取更为巧妙的办法，实际上基础建设所需的资金是现成的，现实中大量闲置的设备、产品和劳动力，正是能够创造社会物质财富的真正资本，但是，由于市场调节的内在弊病而难以充分利用，特别是泡沫经济导致了严重的比例失调，正常生产部门的供给和需求均遭受打击之后。倘若社会闲置资源无法获得充分的利用，直接意味着企业资产贬值和银行坏债增加，同时还会通过复杂的产业间关联和债务链关系，形成乘数扩大效应导致经济陷入恶性循环。

我国政府应采取积极的干预经济政策，中央银行或国家财政提供适当的利息补贴，以较少的代价调动数额巨大的闲置资金，支持专业银行提供特殊的政策性信贷，设法将社会闲置资源投入基础建设领域，促进现有企业的技术改造和产品升级，加速安居工程的建设和消化房地产积压，帮助矫正国民经济的严重比例失调。随着我国矫正经济失衡和恢复协调发展，社会的闲置资源将会获得充分的利用，通过乘数效应刺激工业生产和社会就业，企业开工和职工下岗状况将明显改善，而且创造出大量新的社会物质财富，中央和地方政府的财政税收都会显著增长，正常生产和交换所需的货币供应也会增加，远远超过对政策性信贷的利息补贴数额，地方政府依靠其税收的增加和适当收费，不难偿还长期的低息政策性信贷。

我国确定基建投资的最佳规模，有必要提出一些指标和设想，但主要应依据社会闲置资源的数量，这样就不需要扩大货币发行或举借外债，从而不会引起通货膨胀或外债危机。当前，我国需要推行大规模的基础建设启动计划，涉及的行业和地区范围十分广泛，提供政策性信贷的任务主要应由专业银行承担，因为，各大专业银行的制度健全而且经验丰富，在全国各地广泛设立了分支机构，从而更为熟悉各行业和各地区的实际情况，新设立的政策性银行应该积极地协助工作，但是，难以单独承担大规模的基建投资启动任务。

我国政府采取上述积极的宏观调控政策，仿佛会获得"无本万利"和"一箭三雕"的效果，既能解决失业矛盾和维护社会稳定，又能加快基础建设和经济发展的步伐，还能增加政府税收和减少银行坏账。上述办法仿佛是医生看病对症下药，帮助疏通病人的"堵塞穴位"，促使"经络畅通"和"活血化淤"，然后依靠病人自身活力增强来治愈疾病。

我们所论述的银行提供特殊政策性信贷的办法，并不是缺少实际根据的理论空谈。许多西方国家通过长期实践摸索，采取国家银行提供生产性信贷的办法，成功地支持了宏观调控和战后重建任务。这些国家向基础建设部门提供的生产性信贷，同其他类型的信贷之间有很大不同，主要用于启动闲置的人力、物力资源，其资金的规模大小和具体用途，均经过严格科学论证和周密计算，有充分的现有资源作为物质保证，因而不属于超经济需要发行货币。生产性信贷属于低息的长期政策信贷，由中央银行或国家财政提供适当的利息补贴，一般不会加重政府部门的偿还债务负担，其具体形式是附加条件的特殊信用票据，公共工程承包商使用其采购闲置的社会资源，并且由中央银行或国家银行进行贴现。

许多国家的银行都曾通过创造生产性信贷，支持战后的经济重建和稳定物价，促进社会基础建设和调节生产过剩危机。如美国罗斯福总统推行的反萧条政策，德国和日本中央银行也曾成功地运用生产性信贷，支持了二战后艰巨的经济重建任务。实践证明，生产性信贷不仅能有效解决失业问题，而且还能发挥稳定物价的作用，因为，通过雇用大量以前失业的工人，能够生产出巨大的物质财富，如铁路、住宅、消费资料和生产资料，其新创造的财富价值的总和，远远大于银行的信贷及其抵押品。除此以外，生产性信贷创造还能带来更大的收益，包括政府节省的失业救济金和福利开支，新就业工人创造的财政税收和社会保障缴款，银行信贷资产的质量改善和坏债减少等。

目前，由于众多行业普遍存在着经济效益不佳问题，我国银行因担心坏账问题不断缩小信贷规模，1997年度的信贷规模指标为8000亿元，而实际发放贷款仅仅为4000亿元，上述紧缩信贷的做法必然导致储蓄与投资的不平衡，从而加速企业亏损和银行坏账状况的恶化。**资金实际上并不是货币或银行的账面资产，而是现实中存在的产品、设备等物质财富，大量物资和生产能力陷入闲置状态，也意味着企业资产贬值和银行坏账增加。实践证明，市场经济机制难以自发矫正生产过剩问题，创造生产性信贷用于社会基础建设，有利于矫正生产过剩的失衡状态，促进闲置物资和生产能力的实现和增值，因此，不仅能有效地保护企业资产和银行债权，而且还能有效地发挥稳定物价的作用。**

当前，我国进行结构调整和发展第三产业，应主要采取增量而不是存量调整的办法，在促进第一、二产业的物质生产发展的同时，适当优先发展知识经济领域的第三产业。倘若众多的工业生产部门纷纷陷入困境，通过大量破产、解雇强迫地转移社会资源，第三产业也必然出现萎缩和人员过剩，原因是整体物质生产和社会需求趋于萎缩，第三产业勉强增加就业人数，不仅会导致平均工资和职工生活水平下降，而且还会造成人力资本的严重浪费。据有关部门的调查，我国1997年有40%的城镇居民收入下降，许多具有丰富经验的企业下岗技术工人，仅仅从事摆摊等非生产性的简单服务工作。有的政府部门及附属科研机构也纷纷裁员，而有关部门为下岗人员安排的再就业机会，多是扫地清洁之类低层次的服务工作，这样不仅会大大加剧严重的社会失业矛盾，还会导致宝贵的人力资本大量流失。随着企业扩大经营自主权和实行政企分开，政府部门需要适当地压缩管理职能和人员，同时仍需加强其监督审计和科研开发职能，这些领域直接服务于物质生产和科技进步，属于知识经济领域的高层次服务行业。

我国的科研开发经费和科技进步对经济的贡献率，远远低于世界上工业发达国家的水平，大大加强科研开发领域经费和就业人数，恰恰属于社会基础建设领域的高效率投资，不仅有利于提高经济效率和生活质量，而且还有利于实现经济增长方式的根本转变。尽管我国政府部门及其附属科研机构的人员数量，大大超过了解放前和历史的最高水平，但是，这恰恰反映了我国解放后工业化的巨大成功，是适应社会化大生产的客观需要，而且同发达工业化国家相比仍有很大差距。我国解放初期和改革初期，政府部门及附属科研机构发展很快，有力地促进了第一、二、三产业的全面发展，当前政府机构改革应借鉴上述成功经验，主要采取增量而不是存量的结构调整办法，通过加强审计监督和科研开发等方面职能，向高层次的知识经济的服务行业转移资源，大力扶植物质生产发展和科技进步，适当地降低政府部门的相对比例而不是绝对规模，这样做不仅能防止人才流失和加快经济发展，减轻企业财税负担和加快企业技术升级，而且还会缓解失业矛盾和维护社会稳定。

附　　录

《国际货币基金组织政策促使东欧经济恶化》

[美] 乔治·康斯坦丁

国际货币基金组织于 1997 年 4 月 26—27 日召开了年会，发表了东欧和前苏联地区国家的经济报告。该报告认为前社会主义国家的改革"前景良好"和"有理由感到乐观"，新闻媒介对此进行了广泛的报道。但是，对这些国家经济的最新观察表明，实际情况与此恰恰是截然相反的。

即使被称为所谓"改革楷模"的中东欧国家，经济形势也极为糟糕。美国倡导自由市场经济的《华尔街日报》，最近刊登了《中东欧经济评论》1997 年 5 月号发表的一篇调查报告，反映了东欧国家 1996 年家庭收入的状况，1996 年除了阿尔巴尼亚以外，东欧国家的人民生活水平普遍恶化；波兰仅有 20% 的人口收入增长，37% 的人口收入下降，40% 的人口收入大体没有变化；匈牙利仅有 6% 的人口收入增长，72% 的人口收入下降，21% 的人口收入保持不变。1996 年阿尔巴尼亚多数人口收入虽然有所增长，其缘故仅仅是金字塔筹资骗局尚未破灭前的假象。

（一）东欧国家青年人的生活状况极为恶劣

国际货币基金组织在东欧国家犯下的最严重的罪行，或许就是对青年一代的物质和文化生活条件的破坏，其恶劣影响将持续数十年。具有讽刺意味的是，国际货币基金组织年度报告发表的数日之前，联合国儿童基金会恰好发表了一份关于前苏联、东欧国家青年悲惨状况的详细报告。这份报告的主要作者是噶斯波·费兹，篇幅长达 170 页之多，于 1997 年 4 月 21 日在德国波恩发表。作者认为，对于前苏联、东欧国家的大多数人来说，生活状况比较共产主义时代远为恶劣，"他们生活的许多方面都恶化了，实在令人感到愤慨"。

该报告说自从 1989 年以来，前苏联、东欧国家在推行国际货币基金组织的改革期间，至少造成了 2100 万人失业，按地区分布如下：中东欧（波兰、捷克、匈牙利、斯洛伐克）有 480 万人失业，南东欧（罗马尼亚、保加利亚和前南斯拉夫）有220万人失业，前苏联地区有1320万人失业。该报告还记载了酗酒、吸毒和儿童卖淫的天文数字般的增长，以及被称作"社会孤儿"的遗弃儿童的直线上升。1995年俄罗斯有13万多社会孤儿，比较1989年增长了130%。俄罗斯成人中与酗酒有关的案件发生率，1990年为每10万人发生14.8件，1994年上升为每10万人发生27.3件，几乎增长了一倍之多。该报告引用了有关统计数字，表明在俄罗斯的大多数学校吸毒已经成为"普遍现象"。

另一个令人吃惊的统计数字是15岁至19岁的青年男子的自杀率，俄罗斯的该项统计数字居最高位，平均每10万人中有42人自杀，其后为立陶宛、拉特维亚和斯洛文尼亚。1989年俄罗斯男子的平均寿命为64.2岁，目前下降为仅仅58.3岁。该报告强调说，父母为生计所迫同时兼作两三份工作，由此引起了众多社会问题。下学后无人照看的儿童占极高的比例，保加利亚每5个儿童中有4个属于此类。同样令人吃惊的是失学儿童的比例，俄罗斯有5%的儿童不上小学，罗马尼亚此类儿童多达27%。该报告中还有专门一节反映前苏联、东欧地区传染病的扩散情况，包括白喉、肺结核和梅毒等，例如，从1989年以来，俄罗斯有17000人死于白喉。

俄罗斯的第一副总理丘拜斯，是国际货币基金组织在莫斯科的忠实追随者，甚至他也承认俄罗斯的国家财政处于崩溃的边缘。1997年4月17日，丘拜斯在俄罗斯联邦议会的演讲中说，"俄罗斯正在经历巨大的政府预算危机，如果显露出事情的真相，人们会怀疑政府履行职责的能力"。他宣布为了满足国际货币基金组织的条件，政府预算必须减少100兆亿卢布（174亿美元）。国际货币基金组织和世界银行深知内情，俄罗斯政府财政接近崩溃边缘，正因如此，世界银行总裁詹姆斯于1997年4月中旬专程赶到莫斯科，向俄罗斯破例提供了60亿美元的1997—1998年度贷款，仅仅为了填补俄罗斯政府预算的窟窿，世界银行以前几乎从未提供过类似的贷款。这一行动完全是出于紧迫的政治考虑，以避免俄罗斯政府财政在1997年第二季度崩溃，而这不仅意味着国际货币基金组织的"改革"政策陷入破产，还将对国际金融体系产生直接的影响。[①]

国际货币基金组织的贷款刚一到手，俄罗斯政府就四处宣扬"形势一片大好"。俄罗斯税务总局宣布在4月1日至14日期间，税收完成了计划目标的

---

① 为了防止出现社会爆炸性局势，俄罗斯从国外获得的贷款只能用于偿还长期拖欠的巨额工资，特别是拖欠军队的工资，根本谈不上用于促进经济发展。俄罗斯副总理丘拜斯在1997年6月的政府预算会议上称，"俄联邦政府预算支出的30%，仅仅用于偿还国内债务，这意味着国家财政已经濒临破产"。由于俄罗斯借贷的高风险，其筹集资金的成本高于黎巴嫩和墨西哥。俄罗斯依靠大量借贷能够暂时维持社会稳定，但是这种做法是难以长期持续下去的。

84%，为年初以来的最高水平，超过了第一季度56%的完成率，征收金额为7.4兆亿卢布。这一宣布的时间选择很策略，恰好是国际货币基金组织代表团到达莫斯科的时间，距离丘拜斯参加国际货币基金组织年会仅有5天。但是，这一宣布中没有提到以下事实，征税情况虽然有明显的改善，仅因4月15日是补缴欠税的最后期限，否则企业将面临没收财产等处罚措施，而且纳税高潮也没有达到年初的预订目标。

（二）更大的灾难即将来临

1997年4月23日，国际货币基金组织批准了向罗马尼亚提供一笔备用贷款，这笔贷款的金额为4.3亿美元，标志着"休克疗法"将进入下一个阶段。贷款将采取分批支付的方式，第一批将立即支付650万美元，以后每个季度还将支付同等数额的贷款，"前提是罗马尼亚将努力达到国际货币基金组织附加的条件"。

罗马尼亚之所以能够获得上述贷款，原因是新政府的维克多总理和埃米尔总统冷酷无情地推行"休克疗法"。他们放弃了以前的一切价格管理，致使3月份物价猛长了30%，创造了共产主义制度以后的通货膨胀新纪录。他们采取的其他措施如货币贬值，大幅度削减政府预算，通过容许外国人拥有罗马尼亚土地和房地产等，公开出售一大批"亏损"的国有大企业。"休克疗法"的主要措施如摧毁国有工业部门和冷酷地削减政府预算，不久将引起一系列灾难性后果，导致成千上万的工人失业。新政府的总统和总理都赞扬同国际货币基金组织达成的协议，称这一协议标志着罗马尼亚与国际金融机构的"关系正常化"。①

保加利亚也沦入国际货币基金组织的全面统治之下。保加利亚过渡政府的部长们，同国际货币基金组织商定了1997年实行休克疗法计划，经济部长克拉斯米和私有化部长波士克夫将担任伊凡总理内阁的主要成员，克拉斯米部长正在起草有关的经济法律，将于5月成立遵从国际货币基金组织指挥的货币委员会。该货币委员会将独揽财政、货币、预算和信贷政策方面的一切权力，而政府、议会和中央银行将拥有橡皮图章的权力，事实上恢复了不加掩饰的直接殖民统治。波士克夫部长的职责是推行彻底的私有化，他于1997年4月24日宣

---

① 国际货币基金组织强迫前苏联、东欧国家推行"休克疗法"，严厉的经济紧缩和私有化政策导致大批企业陷入困境，此后趁机逼迫这些国家向外国资本廉价出售国有资产和有困难的私有化企业，甚至包括战略性行业如邮电通信、能源、公用事业等。哈萨克斯坦被迫向外国资本出售了电力和供水企业，而这些战略性行业即使第三世界国家也不容许外国资本染指。外国垄断资本廉价获得控制权后提高价格数倍，甚至哈萨克斯坦总理也因难以承受而拖欠了水电费，外国资本廉价收购哈萨克斯坦许多工业企业之后，因难以获利将这些企业处于闲置状态，哈萨克斯坦许多工业城市已经变成死城（摘译自美国《政治经济信息述评》）。

布，保加利亚将于 1998 年底实现全部经济的私有化，还将关闭大批亏损的国有企业，1997 年夏季将有 64 家国有大型企业被关闭，至少 20 万名工人将沦为失业。波士克夫部长在推行国际货币基金组织的社会迫害政策时，表现出了冷酷无情的心态，他在回答有关工人大批失业的问题时，宣称此事无关紧要，因为即将解雇的工人们本来就被拖欠了工资。

《保加利亚：悲惨的十年》

（常仁译自《纽约时报》1999 年 11 月 11 日）

布拉戈维斯塔·唐切娃

从 1989 年起，我们保加利亚已经享受了十年民主。在这十年里发生了什么？

国际货币基金组织和世界银行成功地毁灭了保加利亚的工业。两者坚持要把保加利亚的工矿企业私有化。在很多情形下，保加利亚政府不遗余力地执行它们的旨意，把这些工厂出卖给强大的外国公司。这些公司经常停业拍卖这些工厂资产（一种消除竞争的新方法）。

结果如何呢？成群结队的失业工人、乞丐在街头游逛，老人们在垃圾箱里翻掏破烂和发霉的面包。我们的社会结构分崩离析。在 1989 年之前，保加利亚作为一个社会主义国家，每个人都能享受免费医疗和教育。母亲和老人还享受其他额外的福利资助和优惠。

如今，打从共产党垮台后，我看到越来越多的学童不得不离开公共学校，他们的父母无法供养其鞋子、衣服，更谈不上课本纸张了。老年人的境况同样糟糕。在 1989 年，我朋友的母亲每月能拿到 105 列弗，现在只有 46 列弗，折合 24 美元。

许许多多的人，特别是那些超过 30 岁的，无事可做；没人需要他们，没人向他们提供工作。报纸上的招聘广告反反复复地表明只找 30 岁以下的求职者。但就是你在 30 岁以下，你会得到什么？为那些"新生企业"一天奴隶般地辛劳 12 小时，得到的报酬却微乎其微。

到了 1 月份，我们仅存的社会主义国家余迹将会消失：对学生、老人和携带孩子的母亲乘坐火车，政府将不再补贴。这意味着人们将被迫待在村镇里，对那些积极寻找工作的失业者和救济金领取者大为不利。他们只能偶尔在本地打些零工，聊补家计。或者他们在菜园里种些蔬菜水果以备过冬。从经济角度看，用半价车票鼓励这些人流动是明智之举；但在新的一年中，这一明智将消失。

我们经历了被隐瞒的艰难困苦，但乔治·索罗斯，那位金融家，却告诉我们：拆除壁垒，开放社会。我们保加利亚人现在总算明白了这些美妙的口号意味着什么：意味着摧毁试图求得生存的保加利亚工业，土耳其的进口货物洪水般地席卷市场。

保加利亚生产的袜子能卖一个列弗一双。我看到土耳其的袜子只卖半个列弗一双。所以很快的，我们将只会看到土耳其的袜子，但看不到工作职位。很多劣质食品和其他货物自由地涌进保加利亚，使本地生产者无法抵挡应付。我有一个侄子拥有一个四头牛的小畜场。接连两年，他因无法卖出一头牛崽而破产。据那家收购小牛肉的公司告知，他们宁可经营从希腊进口的、那些很容易被加工成香肠之类的低价冻牛肉。

西方为我们的苦难作出了什么贡献？在一个被蹂躏糟蹋的国度里，什么东西最吸引外国公司？这就是廉价劳力和资源！这就是为何要拆除壁垒，这就是为何要开放社会。我个人也生活在艰难之中，但我还能得以幸存。那些老人妇女搜寻垃圾桶的情景，使我见了心痛欲碎！

在共产党垮台以前，我和许多人一样，认为共产党政府有关美国的一切说法和警告，纯属欺骗和宣传。从 1989 年到 1993 年，我是一个支持民主的积极分子。那时候，我并不懂得国际货币基金组织、世界银行和跨国公司以及它们的扩张政策。我们的陷落，是因为我们受到了民主和开放的引诱。十年以后的今天，我真希望当初这一切都没有发生。

《探索解决当前就业矛盾的宏观治理对策》

杨　斌

【内容提要】 该文为作者 1995 年从事课题研究完成的成果，发表于《中国工业经济》1996 年第 6 期。该文认为我国应特别重视通过宏观就业政策，解决因宏观经济波动引起的企业冗员问题，因为，宏观性冗员一般数量都非常巨大，而且涉及到国民经济各个行业。本文认为，宏观调控应加大社会基础建设投资力度，既能解决社会"瓶颈"行业的结构性供给不足，又能缓解机械、冶金、建材等行业的结构性需求不足，在存在大量闲置能力和企业隐性失业的情况下，适当追加农业、能源、技术改造、基础设施方面的投资，不会带来物资紧张和通货膨胀压力，相反，既能以技术内涵方式促进有效供给的增长，又能解决企业开工不足和宏观就业困难。上述政策建议后来曾以多种方式向中央领导反映。

（一）当前我国面临的严峻宏观就业形势

近年来，我国的城镇失业率呈现不断上升的趋势，1992 年底为 2.4%，1993 年底为 2.6%，1994 年底为 2.8%，1995 年估计将达到 3%，远远高于 20 世纪 80 年代的最低点 1.8%。据劳动部信息中心的统计，1994 年我国城镇的公开失业人数为 500 万人，比 1993 年增长 11%。值得指出，上述失业数字不包括国有、集体企业中存在的大量隐性失业，因此，远远不能正确反映出当前宏观就业形势的严峻性。我国公有企业的隐性失业状况究竟如何呢？目前尽管缺乏完整的、精确的统计数据，但是，已经有了不少根据抽样调查整理出来的分析结果。据国家劳动部信息中心的统计资料，至 1994 年底，全国城镇职工共有 1.51 亿人，其中国有企业有职工 1.1 亿人，目前由于多种内外部经济原因，国有企业的隐性失业已达到相当惊人的数量，全国范围内大约有 3000 万人，占职工总数的 20%—30%。近年来，在宏观调节"双紧"的环境下，国有工业企业普遍资金周转困难，亏损面积不断扩大，企业隐性失业人数也有明显扩大，受停产、半停产影响的职工有 2000 多万人。国家统计局的有关方面认为，目前我国劳动就业方面的矛盾非常突出，大约三分之一的企业开工不足，公开失业及停工半停工职工人数已经超过警戒线。国有企业的隐性失业情况，从行业分布来上看，建筑、电子、机械、冶金等重工业部门，比较轻工行业第三产业更为严重，因为生产资料部门受宏观经济景气的影响较大。值得重视的是，许多国民经济中关键产业的国有企业，特别是老工业基地的大中型国有企业，冗员达到了相当高的比例，许多职工面临着严重的生活困难，因此，解决国有企业的冗员问题，不仅是关系到企业改革的重大问题，也是关系到社会稳定的紧迫问题。

有一种观点将国有企业的冗员问题看成是单纯的经济体制或微观经济问题，这种看法不够全面。西方市场经济国家中，经常出现宏观周期波动、经济结构失调、季节性供求变化、技术变化以及市场竞争变化等，私有企业无论是由于上述宏观或微观因素的变化而面临经营困难时，一般都是采取解雇职工的办法将闲置劳动力推向社会，从而形成公开失业。一般可根据失业的原因，将其分为宏观周期性失业、结构性失业、技术性失业、季节性失业、摩擦性失业等。我国在社会保障体系尚不健全的情况下，国有企业无论是由于宏观、中观、微观或体制等多方面原因面临经营困难时，都很难将职工推向社会，从而都会形成隐性失业或冗员负担。我们对隐性失业不能掉以轻心，因为，如果国有企业的经营困难长期持续下去，隐性失业可能会转化为大规模的公开失业，从而影响社会的稳定。

值得指出，我国应特别重视通过宏观就业政策，积极避免和有效解决因宏观经济波动引起的国有企业冗员问题，原因是宏观性冗员的数量一般都非常巨大，涉及到国民经济各个行业，尤其是冶金、机械、电子、化工等生产资料部门，难以通过社会劳动市场、企业破产和兼并等微观经济措施来解决。通过公开失业和社会保障的办法解决企业冗员，也存在着许多困难和缺陷。首先，国有企业特别是大中型企业，培养技术人员和工人需要做大量的长期人力投资，当面临宏观经济波动和经营困难时，用解雇的办法消除冗员固然能一时降低成本，但也会失去宝贵的长期人力投资，一旦宏观经济好转时，企业扩展还需要付出更多代价。其次，将大量企业冗员推向社会，会影响社会的稳定，给我国尚不健全的社会保障体系带来沉重压力，特别是曾在长期工作中作出贡献的大批中年职工，子女家庭的负担较重，重新转业比较困难，一旦失业后生活会很艰难，比一般知青或民工待业，对社会稳定的影响更大。世界各国的经验也表明，社会保障制度中的失业保险基金，对于解决摩擦性、技术性、季节性失业比较有效，但难以应付因宏观经济周期或结构失调引起的长期性失业，即使是财力雄厚的西方发达国家，也往往因此而陷入财政危机；对于大多数发展中国家，由于人口多而财力薄弱，更是难以实行广泛的失业保障，众多失业者往往陷入贫困之中。

近年来我国的改革实践表明，尽管各地采取了许多行之有效的微观措施，包括完善劳务市场、多渠道分流和破产兼并等，但是企业富余人员问题却依然十分严重。当宏观经济出现波动时，市场疲软导致企业出现销售不畅，资金普遍周转困难，开工不足，闲置设备和人员大量增加，即使许多优势企业也难免会受到影响，进行收购兼并和多元化投资的能力降低，筹集社会保障基金的难度增大，企业深化改革和进行公司制改造也会受到影响。如果作为社会就业主渠道的国有、集体企业吸纳就业的能力明显降低，而每年新增的 1000 多万劳动人口需要就业，失业人口可能迅速增长，整个社会的就业形势必然面临沉重压力。

（二）如何才能兼治通货膨胀和就业困难

近年来，我国正面临着改革以来最严峻的宏观就业形势，其背景是 1992—1995 年宏观经济的较大波动，出现了"泡沫经济"和通货膨胀，以及随之而来的宏观紧缩环境。当前正值我国国有企业进行改革攻坚的关键时刻，如何进行宏观调控，克服通货膨胀，为企业改革创造宽松的就业环境，具有特别重要的意义。由于当前宏观经济矛盾的成因比较复杂，既有改革中旧体制难以转轨的因素，又有市场经济盲目性造成的新困难，因此，我们需要作深入的具体分析，探索对症下药的治理对策。

1992 年我国各地出现了开发区热、房地产热和炒地皮、炒股票热。全国的房地产公司数量从 3000 多家猛增到近 2 万家，大多数的业务只是炒地皮和房产，反复倒手，层层加价，造成土地和房产价格的狂涨。1992 年股市开放后，股价暴涨，投机旺盛。在"泡沫经济"暴利的驱动下，全国各地大办公司，到处搞社会集资，金融秩序混乱，1992 年专业银行净拆出资金增加 593 亿元，约 30% 用来炒地皮，仅南方的海南和北海就流入了 150 亿元和 50 亿元搞房地产，后来大部分成了呆账。"投机泡沫"占用和浪费了大量社会资金，致使工农业正常生产出现了严重的资金周转困难。

我们可用宏观经济理论对 1992 年以来我国的"泡沫经济"和随后的宏观调整过程进行深入的分析。1992 年我国房地产、股票市场的活跃起到一定刺激经济的作用，推动总需求的扩张，并通过产业关联推动建筑、建材、机电等行业供给的增加。但是，"泡沫经济"初期的总需求增加是投机旺盛造成的，缺乏真实的经济基础，当其虚假繁荣发展到一定程度势必破灭，迫使总需求和总供给大幅度下降，而且"投机泡沫"扩张得越大，破灭后造成的经济损失也越大。1993 年政府果断采取的整顿金融秩序的措施，及时防止了泡沫的过度膨胀，从而也缩小了泡沫破灭必然带来的经济损失，这是 1993 年调整的历史功绩。1993 年调整的特点是从压缩膨胀的总需求入手，不仅控制固定资产投资，而且也严格控制银行信贷和拆借，对于迅速抑制泡沫投机起到了良好作用。调整后工业部门特别是生产资料的生产和价格水平也受到一定抑制，企业开工率下降，设备和人员的闲置增加。由于工业部门的正常运转也受到很大牵连，紧缩一段时期后银行信贷略有放松。但是，由于 1994 年推出放开粮价等一系列价格改革，促使肉、副食等价格上涨了一倍，加上 1993 年生产资料价格放开的滞后效应，通过对各个行业工资成本和生产成本的影响，造成了全面的成本推动型物价上涨，压缩了有效资金供给，使总供给和总需求水平均受到进一步抑制，企业经营和资金周转更加困难，宏观就业困难进一步扩大。1994 年我国出现了改革以来最严重的物价涨幅，消费物价指数高达 24.8%，零售物价指数高达 20.7%，其中农副产品涨价因素占了 80%。为了抑制物价上涨，政府通过紧缩的宏观政策进一步压缩总需求，控制固定投资和信贷规模，物价涨幅虽然受到一定抑制，但生产资料部门的结构性需求不足更为严重，并且通过产业关联效应影响到其他经济部门，付出了企业冗员和失业状况更为严峻的代价。

我国曾于 1985 年和 1988 年发生经济过热导致的通货膨胀，其原因是总需求扩展过多，采取宏观紧缩政策压缩总需求，抑制通货膨胀的效果较好。目前，我国面临的是价格改革推进型物价上涨与大量企业冗员、失业并存的宏观经济形势，两种困难的产生原因都是总供给方面先后受到一连串的打击，其中包括"泡沫经济"造成的资源消耗和浪费，宏观紧缩带来的市场疲软和资金周转困难，以及价格放开后造成的生产成本上涨过猛，导致有效需求和资金供给下降，这种宏观经济矛盾明显不同于以前的总需求过热，现在通过宏观紧缩政策压缩总需求，抑制通货膨胀的效果不佳，而且付出代价较大，会使原有的企业资金困难和宏观就业矛盾更加严重。当前宏观经济形势的特点，同我国改革初期的经济困难有一定相似之处，当时"洋跃进"的经济过热同"泡沫经济"一样，消耗和浪费了正常部门的大量资源，使正常部门的总供给和总需求都受到沉重打击，造成了严重的通货膨胀压力与就业危机，如果为抑制通货膨胀采取过紧的宏观调控政策，会进一步加剧正常部门的困难。由于"洋跃进"的政策失误，以及"文化大革命"遗留的经济问题，经济结构严重不合理，企业吸纳新劳动力的能力明显降低，被迫调整后建筑行业和工业企业都出现了大量冗员，加上"文化大革命"后 1700 万名知识青年全部返回城里，人口增长失控使待业人数猛增，我国 1997 年出现了新中国成立以来最高的公开失业率，有数千万人需要安排工作。一种宏观调控办法是像 1962 年那样采取紧缩的财政、金融政策压缩总需求，进行集中统一的行政干预，但是，这种做法在新形势下难以实行，原因是历史的积累欠账太多，单纯压缩总需求不利于改善人民生活、就业困难和社会稳定。由于不能沿用 1962 年用大规模下乡的行政办法安置企业冗员，而且还必须解决大批回城的知青的就业问题，因此，必须探索一种既能够通过发展经济解决宏观就业困难，又能够克服通货膨胀和经济结构失调的两全之策。

尽管改革初期我国面临着新中国成立以来最严重的宏观就业危机，但是，在党的十一届三中全会提出的正确方针指导下，我国创造了通过改革搞活和调整结构来解决就业危机的成功经验。我国这次调整主要从增加总供给入手，由于国家财政困难不能增加投入，主要通过"搞活微观"的改革政策，增加企业留利和内部积累，激励企业和职工的积极性。我国改革初期并未采取国际货币基金组织提倡的"放开物价、管紧货币"政策，而是谨慎渐进地推行价格改革，配合搞活经济的金融改革政策，充分发挥银行广泛筹集和灵活运用资金的作用，帮助工业企业进行技术改造和调整产业结构，大力发展农业、轻工消费产品生产，促进重工业调整服务方向。1979—1983 年，我国的货币供给和银行贷款增长较快，如银行和信用社的农业贷款增加 222 亿元，是改革前 30 年农业贷款净增加额的 142%，对工业企业也发放了大量中短期设备贷款，支持技术改造和调整产业结构，许多人担心这是在通货膨胀情况下继续放松银根，会造成信用膨胀，但后来事实证明，当时政府注重支持改革和增加供给的货币政策是正确的。经过两三年的时间，我国国民经济出现了农、轻、重工业协调发展，市场供应充裕，品种丰富，物价稳定，人民生活改善的良好局面。1979—1984 年间，由于宏观经济形势的改善，我国不仅没有像 1962 年那样用下乡的办法安置 2000 万企业冗员，反而新安排了 4600 万人就业。城镇中的全民和集体所有制单位，都安置了大量新就业人员，其中全民单位占 50.38%，集体单位占 49.6%。个体劳动者也从 1978 年的 15 万人增加到 1984 年的 339 万人。更重要的是，1979—1984 年持续地、大规模地安置就业，不但没有降低劳动生产率和工资水平，而且促进了经济持续增长，劳动生产率逐年提高，职工收入也不断增加，从而实现了国民收入、就业水平和经济效益的同步增长。这样不仅消除了企业的宏观性冗员，而且一举解决了历年积累下来的知青失业问题，使失业率从 1979 年的 5.9% 下降到 1984 年的 1.9%。

我国 20 世纪 80 年代经济改革和宏观调整的巨大成功，具有深远的世界意义。如何治理通货膨胀和大规模失业是世界公认的难题，社会主义国家向市场经济转轨也是史无前例的。但我国通过改革和调整，短短几年中就解决了严重的通货膨胀与大规模失业并存的经济困难，消除了长期存在的物资匮乏，出现了物品丰富的买方市场。这个经济成就，无论西方的凯恩斯主义或货币主义都是难以实现的。20世纪80年代，西方国家奉行货币主义的紧缩政策，为医治通货膨胀付出了经济萧条和严重失业的代价。前苏联和东欧地区在经济转轨过程中，采取了货币主义的"放开物价、管紧货币"政策，无一例外的饱尝了经济长期衰退、物价飞涨、人民收入下降和工人大量失业的苦果。西方国际组织信奉货币主义理论，认为想要治理通货膨胀就必然付出严重失业的代价，经济转轨或调整中充分就业和物价稳定不可兼得，片面强调采取紧缩的货币政策，不顾对经济发展和人民就业的不利影响。但是，实践证明，我国20世纪80年代采取通过改革和结构调整增加总供给的办法，是一种优越于压缩总需求的宏观调控政策，其效果是"一箭三雕"，既克服了当时严重的宏观就业困难，又消除了"文化大革命"和"洋跃进"造成的物资短缺和通货膨胀压力，而且还使人民收入提高和货币供给增加有了充分的物质保证。我国由于采取了符合国情的改革和宏观调控政策，是向市场经济转轨过程中能够保持低通货膨胀、高经济增长和高就业水平的唯一国家。这一事实说明，充分就业和物价稳定是可以兼得的，只要我们认真总结中国改革的成功经验，开拓思路，善于分析宏观经济形势的新变化，积极探索有效的治理途径，就一定能够克服当前的通货膨胀与大量企业冗员、失业并存的问题，为企业深化改革创造良好的宏观经济环境，推动我国经济改革的顺利进行。

（三）"一箭双雕"的宏观治理对策

中国社会科学院同国家统计局1995年秋季联合发布的经济形势报告中认为，宏观调控不能单纯在需求面的"松"和"紧"上做文章，而应通过金融和财政等政策手段，促进技术改造和产业结构的调整和升级，增加有效总供给。我国改革初期的成功经验表明，增加总供给的宏观政策，既能有效治理通货膨胀，又能解决宏观就业困难，是一条"一箭双雕"的最佳途径。宏观紧缩政策要求严格控制投资规模和货币供给，对增加总供给有许多不利的影响。由于外延经济增长方式下，我国长期忽视了现有企业的设备折旧和技术改造，当前在市场竞争激烈和技术进步加快的情况下，我国国有企业又面临着新的重大结构调整和技术改造任务，以解决众多行业的技术落后、设备老化和产品升级问题。但是，固定资产投资规模限制过严，不利于对国有企业进行技术改造、设备更新和产业调整。1993年宏观调控以来，我国对固定资产投资规模限制较严，尽管投资的计划规模有所增长，但由于近年来出台了一系列价格改革措施，土地费用、劳动成本和生产资料价格上涨了很多，实际用于购买投资物资的资金并不多，诸多重点工程都因原来的投资预算难以应付物价上涨，而陷入停滞状态或推迟了工期。1995 年我国全社会的固定资产投资计划为 1.7 万亿元，比 1994 年的 1.59 亿元有所增长，但是，由于 1994 年固定资产投资 1000 亿元未到位，需要在 1995 年度补足，这样就挤占了 1995 年的投资额度，再考虑到物价上涨因素，甚至有可能出现负增长。又如，我国农业供给增长缓慢，同长期以来投入不足有关，据调查，我国 60% 的农田水利设施已经严重损坏或老化失修，迫切需要进行维护和改善，以保证农业生产的需要和抵御自然灾害；"菜篮子"和"米袋子"工程直接关系到控制通货膨胀和保障人民生活，需要加大资金的投入，以增加产量和改善品种结构，满足城乡人民日益增长的需要。能源、原材料、交通和社会基础设施等部门，长期以来一直是制约国民经济发展和总供给增加的"瓶颈"行业，也需要大量的长期投资，以提高其有效供给能力和技术水平，改变其发展"滞后"的局面。因此，我国制定宏观调控政策中，可以考虑加大这些方面的投资力度，以解决国民经济"瓶颈"行业的结构性供给不足，以及机械、冶金、电子、建材等投资品生产部门的结构性需求不足。在生产资料部门存在大量闲置能力和企业隐性失业的情况下，适当追加农业、能源、基础设施方面的投资，扩大现有企业进行技术改造和设备更新的规模，不会带来物资紧张和通货膨胀压力，既能以技术内涵方式促进有效总供给的增长，又能解决企业开工不足和宏观就业困难。

目前，我国城乡人民的居住条件还很不宽裕，许多困难户的住房条件亟待改善，住宅建设在我国是一个具有很大发展潜力的行业，甚至有可能成为国民经济的支柱产业。但是，房地产、钢铁、建材等行业在"泡沫经济"中的价格飞涨以及后来陷入停滞，却是我国近年来出现通货膨胀和企业冗员、失业的重要原因。如何改变这种不正常的局面，防止再次出现类似情况，也是我国完善宏观调控体系，解决通货膨胀和宏观就业困难的重要途径。如果国家果断采取措施，大力发展安居工程，增加住宅投资的力度，同时进行配套的住房、金融改革和政策扶植，降低并限制土地、钢材及建材价格，制止乱收费和摊派的现象，力求将成本降低到广大人民容易接受的低水平，就很可能使房地产业像改革初期的轻工、家电行业一样，从目前经济运行的障碍变成经济发展的带头军，并推动建筑、钢铁、建材、机械、装饰以及住宅配套轻工行业的全面发展。这样，我们不仅能够有效地回笼大量货币，制止通货膨胀，而且还能够有效地减少企业停工半停工现象，缓解当前的企业隐性失业矛盾，甚至还可能增加大量的新劳动就业机会。

值得指出，适当增加对国民经济的瓶颈部门的固定资产投资规模，不应是为了追求经济增长的高速度，而应是为了提高经济增长的效益，使社会中闲置的劳动力和生产能力得到充分的利用，消除社会资源的浪费现象。如果盲目追求高速度，超过了现有劳动资源和物质资源的供应能力，无疑会造成通货膨胀，但是，也不能认为宏观调控政策应"紧缩"一些才是稳妥、保险的。这是因为，现实经济中劳动资源、物质资源和生产能力如果出现了较多闲置，就会通过乘数效应带来一系列部门的不平衡，压缩经济效益和生产能力，直到达到闲置资源消失的更低均衡点为止。就是说，社会资源的闲置不仅本身是一种浪费，而且还会造成经济失衡和生产能力的倒退，导致更大的经济损失。实现我国经济增长从外延方式向内涵方式的转变，要求充分提高现有资源的利用效率，如果大量社会生产能力和人力资源处于闲置状态，就会造成很大浪费，难以实现经济增长方式的转变。市场经济具有一定的盲目性弊病，尽管每个企业努力提高微观效益，但是，宏观经济波动依然会造成巨大的资源浪费。正因如此，当西方国家出现了失业和生产能力过剩时，往往扩大公共投资，采取政策措施鼓励企业扩大更新设备投资，推动投资品行业的复苏，采取优惠政策鼓励居民购买住宅，以消除资源的闲置并恢复经济平衡。例如，美国罗斯福总统采取的"新政"政策中，大力发展公共工程和社会基础建设，以缓解 1929 年"泡沫经济"后的经济萧条和严重失业危机；近年来日本为消除 20 世纪 80 年代"泡沫经济"的后遗症，增加了数十万亿日元的公共开支，以促进总需求，增加就业机会，缓解银行和企业的债务拖欠，等等。

实践证明，长期实行紧缩政策对企业效益存在许多不利影响，20 世纪 80 年代改革中我国国有企业的亏损面一直很小，1988 年仅为 10%，1989 年实行紧缩政策后，1990 年骤然上升到 27%，增加了接近 3 倍，亏损总额也从 1988 年 81 亿元骤然增加 4 倍，上升到 1990 年的 348 亿元。1993 年紧缩以来，国有企业的亏损面和亏损额都比上一年大幅度增加，达到 1994 年的 44% 和 486 亿元。20 世纪 80 年代初，我国面临着严重的通货膨胀压力，但是我国并未采取过紧的货币政策，而是谨慎地进行价格改革，通过搞活金融的改革政策，帮助企业进行技术改造和调整结构，通过增加总供给有效地控制了通货膨胀，通货膨胀率保持在 10% 以下，尽管银行的一些放贷也有失误，特别是对乡镇企业的贷款，但由于促进了经济顺利发展，企业效益较好，很少有三角拖欠，各专业银行的资产总额迅速增长，整体呆账率较低。1989 年至今，我国经济大部分时间处于紧缩的宏观环境中，1992 年虽然所有放松，但由于"泡沫经济"的不利影响，反而进一步消耗了工业部门紧缺的资源，这些不利因素是造成国有工业的资金周转困难，亏损面长期居高不下的重要原因，银行呆账率和企业间三角债也大幅度上升。对一些大中型企业虽然发放了解困性贷款，但往往很快又被三角债拖死，难以从根本上解决资金普遍紧张的矛盾。1993 年尽管采取了紧缩的金融政策，由于 1994 年放开粮价等一系列价格改革的影响，通货膨胀率反而上升到24%，为改革开放以来的最高峰。这说明，在对待宏观调控、经济改革与治理通货膨胀关系上，我们更应该重视改革初期的成功经验，而不应受货币主义"放开物价、管紧货币"教条的影响。我们应像改革初期那样，努力探索出一条既能防止和控制通货膨胀，又能避免对生产和就业产生负面效应的有效途径，这样就能获得巨大的宏观经济效益。物价稳定和充分就业都直接关系到人民的财产保值和安居乐业，即使兼顾两者存在一定困难，我们也应千方百计探索出一条能够全面维护人民利益的道路。

（本文原载《中国工业经济研究》1996 年第 6 期）

《适当扩大经济建设规模
积极改善宏观经济形势》[*]

杨　斌

20世纪90年代以来，我国已有许多年份发生了遍及全国的洪涝灾害，甚至有历史上罕见的特大洪水。今年夏天以来，我国各地再次普遍都遭受了严重的洪涝灾害，受灾范围波及南方、北方的许多省份，如福建、湖南、浙江和河北等，灾区人民的生命财产受到了巨大的损失。由于有许多熟人的家乡恰好地处灾区，而且河北的洪水直接威胁到北京，所以此次了解的情况较多，留下的印象也格外深刻。年初（1996）曾去浙江一些地区考察，那里私人经济相当发达，但地方税收占产值的比重较少，仅为苏南的三分之一，因而水利、交通等公益事业相对落后，今年洪灾损失严重，一些地区损失了数十亿元。一位朋友的福建老家遭受洪灾，有十多万人家园被毁，经济损失十多亿元。湖南洞庭湖今年发生特大洪灾，出水口城陵矶的水位超过历史最高点0.7米，数百人不幸遇难，数百万人无家可归，仅直接经济损失就有600亿元。河北的许多区县，为了保证确保北京、天津的安全，毅然掘堤放洪，受灾人口多达数百万人，经济损失高达400亿元。为了感谢河北人民，首都的机关组织支援灾区，大家踊跃响应，纷纷捐钱捐物，虽然尽了心意，但遗憾的是无法更多挽回灾区人民的损失。

尽管灾区的损失令人心情沉重，但有时也能听到令人鼓舞的好消息。一位来自苏南乡镇企业的朋友告之，苏南地处长江三角洲的出海口，地势较低，以前几乎年年发生洪灾，损失巨大。改革开放以来，苏南的乡镇经济高速发展，由于乡镇企业多属集体所有制，不仅资金积累的规模较大，企业技术进步较快，而且上缴大量资金用于集体公益事业，如兴修水利、交通、文化教育、支农等。

---

[*] 该文系作者根据频繁爆发的严重洪涝灾害，于1996年提出的既加强水利防洪等基础设施建设，又解决生产过剩和职工下岗的政策建议，发表于中国建设银行《投资研究》1996年第12期。

为了彻底治理水患，他们不仅修水库，而且兴修了纵横交错的泄洪灌溉渠道，已经有许多年未发生洪灾了。今年虽然也降了特大暴雨，但很快就顺利排泄入海，人民生活和正常生产均未受影响。这一事实说明，天灾固然可怕无情，但是，只要认真搞好经济建设，大力兴修水利设施，完全有可能抵御自然洪涝灾害，避免人民生命和财产的巨大损失。

根据科学家的分析，随着"温室效应"导致全球气候变暖，全球气象可能出现更多的异常，洪灾的发生也可能越来越频繁。这种形势迫切要求我们将兴修水利放在重要的战略位置。当然，修堤筑坝、疏通河道、清挖淤泥、开凿渠道等，这些工程都需要大量人力、物力、财力，必须协调好与国家经济建设的相互关系。这样，从兴修水利抵御洪涝灾害，就自然联想到当前我国的经济建设问题。

20 世纪 80 年代，我国的消费品工业和一般制造业发展较快，而水利、交通、能源等社会基础建设相对落后，因此我们亟须加强这些国民经济"瓶颈"部门，以改变其相对"滞后"的局面。但是，20 世纪 90 年代，我国经济中出现的一些问题，主要是"泡沫经济"和通货膨胀，以及随之而来的宏观紧缩政策，制约了我国社会基础部门的建设步伐。目前，经历了多年的紧缩环境，我国经济建设出现了明显的困难，工业品和消费品市场都出现了疲软，1996 年国有企业亏损面扩大到 50%，出现了新中国成立以来从未有过的盈不抵亏；钢铁、水泥、汽车、机械、电子、建筑材料等生产资料行业，普遍出现了严重滞销，资金周转困难，企业开工不足，大量设备和人员处于闲置状态，甚至长期一直紧张的铁路运输也局部出现了能力闲置；经济发达的沿海省份，经济运行受到明显阻力，西南和东北地区的重工业相对集中，受宏观经济波动的影响更大，地区间经济差距进一步扩大；甚至以前活跃的乡镇企业和民营高科技企业，经营状况也普遍恶化，产品销售和资金周转困难，亏损面明显增加；全国国有、集体企业中就业矛盾突出，大批职工被迫下岗待业，受停产、半停产影响的职工有 2000 多万人，直接影响到整个社会稳定。

我国是一个相对落后的发展中国家，一方面兴修水利等社会基础建设亟待加强，缺乏足够的长期投入，广大人民的生命财产受到威胁；另一方面大量宝贵的社会资源处于闲置状态，钢材、水泥、机械、建材等物资大量积压，公开、隐性失业现象严重，这是一种很不正常的现象。这个问题也启发我们，是否能够加快水利、交通、能源等社会基础建设的步伐，使闲置的社会人力、物力资源得到充分利用，帮助解决国民经济中存在的一系列突出矛盾呢？

这方面，我们可以借鉴许多中外的历史经验。美国 1929 年"泡沫经济"的崩溃，导致了经济大萧条，工业品严重滞销，企业开工不足，设备和人员大量闲置，三角债务危机严重，大量企业亏损倒闭，工人大批失业；当时美国总统胡佛，坚信市场经济自发调节的教条，反对政府刺激经济需求，反对救济失业工人，甚至采取了紧缩货币政策，以防止银行坏账的扩大，结果加深和延长了经济衰退。

美国罗斯福总统执政后，采取了国家干预政策，大力兴办社会基础建设，如兴修水利、公路铁路、市政工程等，通过大幅度扩大社会公共投资，刺激对钢铁、建材、机械等投资品行业的需求，并且通过产业相互关系，促进消费品行业以及整个社会的总需求，从而增加企业开工率，减轻严重的社会就业危机，有效地促进了国民经济的复苏。罗斯福执政期间，兴办的最为成功的社会基础建设，就是美国著名的田纳西河流域工程。为了缓解经济衰退，美国成立了国营的田纳西河流域管理局，负责该地区的兴修水利、防洪抗灾、开发电力和全面发展经济的任务，管辖范围包括田纳西、佐治亚、阿拉巴马等七个州中 4 万平方英里的广大地区。田纳西河流域有丰富的自然资源，但由于是美国降雨量最大的地区，以前经常洪水泛滥，经济发展相当落后。1933 年田纳西河流域管理局成立后，在广大的流域地区兴修了 20 座新水坝，改建了原来的 5 座水坝，开凿了 650 英里的内陆水道，此后基本杜绝了洪水泛滥。此外，管理局还在农业灌溉、改良土壤、发展航运业、旅游业等方面取得了巨大成就，通过示范农场、科技实验站、职业教育等方法帮助广大农民致富；该地区兴修了许多水电站，供电量 3 倍于全国平均水平，加快了工业化进程，促进了产业结构的升级换代；至 20 世纪 40 年代初，该地区七个州的经济指标，如人均收入增长、储蓄存款和商品零售额，其增长速度远远高于全国平均水平。田纳西河流域管理局的巨大成就，受到广泛的世人称赞，被誉为是美国历史上政府进行的"第一次巧妙安排整个流域发展和居民命运的有组织尝试"。

当前我国是否能够扩大固定投资规模，加强社会基础部门的建设步伐，对此许多人存在忧虑，主要是担心投资需求增加可能会引起"泡沫经济"和通货膨胀。"泡沫经济"和通货膨胀与固定投资规模之间是否存在必然联系，我们需要对此进行具体的分析。1992 年我国出现了"泡沫经济"的过热现象，为此政府果断采取了治理整顿政策，防止了"投机泡沫"过度膨胀的危害，取得了显著成效。"泡沫经济"产生的原因，是房地产、股票等资产价格脱离实际价值的过度膨胀，造成投机需求旺盛，形成国民财富像泡沫般的虚幻的增长，与正常的社会固定投资和信贷规模扩大有本质的区别，两者之间并无必然联系。日本经济高速增长时期，工业发展需要进行巨额风险投资，银行对企业投资大力支持，信贷条件相当宽松，许多企业资产负债率达 80% 左右，远远高于国际规范水平，但是，由于政府采取必要的产业政策，提供各种财政和金融方面的优惠，重点扶持钢铁、化工、电子、机械等支柱产业，以及原材料、能源、水利、交通等经济基础建设，严格限制对房地产、股票的投机信贷，因此，日本 20 世纪 80 年代以前从未出现"泡沫经济"，银行的呆账也很少，通货膨胀和失业率均较低。20 世纪 80 年代，日本的经济实力大大增强，企业的自有资金充裕，负债率降低到 50%，投资需求也明显降低，但是，由于受到美国自由主义的经济思潮影响下，大搞金融自由化和国际化，对炒土地、不动产和股票的融资不加限制，才导致了"泡沫经济"崩溃和严重的银行债务危机。英国的撒切尔夫人执政后奉行货币主义，一直采取了紧缩的货币政策，但是，由于缺乏必要的产业政策，任凭市场经济进行自发调节，引起了严重的恶果，需要大量长期投资的工业部门受到了沉重的打击，牟取暴利的房地产、股票、期货的投资活动却兴旺发达，结果 20 世纪 80 年代末出现了"泡沫经济"的崩溃，导致了长达数年的严重经济衰退。英、日两国的实践说明，"泡沫经济"与货币政策的松紧之间并无必然联系，对于土地、不动产、股票及期货投机这类"市场陷阱"，融资活动必须有严格的行政和法律限制，而对于产业部门的正常生产和投资，银行信贷和融资活动则应充分搞活。

适度扩大固定投资规模，与通货膨胀之间也没有必然的联系。的确，我国历史上曾经因盲目追求经济增长速度，有许多次导致固定投资规模过大，造成了物资紧张和通货膨胀压力。但是，投资既有增加需求的一面，也有增加供给的一面。如果固定投资的方向正确，增加了国民经济"瓶颈"行业的供给，就能有效地缓解通货膨胀的压力。目前，钢铁、建材、机械等投资品行业存在着严重的生产能力过剩，物资大量积压，价格持续下降。这种情况下，适度扩大固定投资规模，加快社会基础建设的步伐，不仅不会造成通货膨胀，而且能够有效缓解企业设备闲置和职工下岗待业的矛盾。20 世纪 50、60 年代，西方国家普遍重视促进公共投资和企业投资，有效地加速了经济发展，缓解了经济周期波动，并没有因投资扩张带来通货膨胀，通货膨胀率和失业率长期保持在 2%—3% 左右。20 世纪 70 年代，西方普遍出现了通货膨胀与失业并存的"滞胀"问题，其原因是阿拉伯国家大幅度提高原油价格，造成了成本推进型通货膨胀。社会基础建设的直接投资回报率虽然较低，但能够有效改善国民经济的结构性矛盾，促进经济的良性循环，增加各个行业的有效供给，从而抑制长期存在的通货膨胀压力。20 世纪 90 年代以来，我国频繁地发生洪涝灾害，造成了多达数千亿元的巨大经济损失，严重破坏了正常工农业生产，必然带来相应的通货膨胀压力。适度加快全国水利建设的步伐，能够有效地减少洪涝灾害造成的经济损失，保证工农业生产的正常进行，促进粮食和农副产品供给的增长，从而有效缓解通货膨胀的压力。我国遭受洪涝灾害的地区，各类物资和农副产品的供应紧张，物价上涨压力较大，而苏南和其他兴修了完善水利设施的地区，工农业生产不受自然灾害的侵扰，各类物资和农副产品的供应丰富，物价稳定就有较好的物质保证。由此可见，我们只要有正确的经济指导思想，采取有效的产业政策措施，就不会因投资需求的适度增加引起"泡沫经济"和通货膨胀。